首都圏における
言語動態の研究

田中ゆかり
TANAKA Yukari

笠間書院
kasamashoin

はしがき

　東京を中心とする首都圏は，現代日本における経済的・文化的・政治的中心地のひとつである．交通網でリンクする巨大な都市生活空間であり，インターネットなどでリンクする巨大なバーチャル空間でもある．そのような空間において生ずる事態は，日本語や日本語社会の近未来予想図となることも多い．

　本書は，首都圏という地域をフィールドとし，主に1990年代から2000年代前半に行なったフィールドワークやアンケート調査をはじめとした各種調査を基に，そこで用いられる"ことば"と"ことばに対する意識と態度"から，日本語や日本語社会の変化を観察していくことを目的とする．

　本書は，目次に示した序章・終章のほか，5部27章からなる．内容は，第1部から第3部，第4部と第5部の大きく2つに分けることができる．

　第1部から第3部では，首都圏方言がどのように成立し，今後どのような方向に進もうとしているのかについて，当該地域において進行中のアクセント，イントネーションにかんする言語変化事象を中心に，「気づき」と「言語変化」という視点から，検討を行なった．その結果，首都圏方言は，この100年の間に，濃厚に存在した関東方言的色彩を急速に失い，東京中心部化あるいは共通語化による単一化の方向をいったんは示したが，ほぼ同時期に生じてきた共通語化とは異なるいくつかの方向を示す変化により，複雑な言語状況を示すに到っていることが分かった．この検討において，アクセントは，従来「気づきにくく変わりにくい」事象であるとされてきたが，むしろ「気づきにくく変わりやすい」側面を強くもつ事象であることも確認された．

　第4部と第5部は，新しいメディアの登場によって成立しつつある「打ちことば」という「社会方言変種」と，新しく登場してきた言語変種に対する受容態度と受容感性を取り上げることによって，新しい社会方言変種が生み出されていく「現場」に立ち会っていくことを主な目的とした．そこで観察された事象は，単に「都市」や「若者」に限られた流行的事象として現れているものではなく日本語社会における"新しい標準"が形成されていく過程とみることもできそうだ．

　本書は，各種調査データに基づいた日本語学的研究を軸とするものであるが，現代日本を対象とした日本学に対する関心が高まる中，第4部・第5部

における「打ちことば」の現在,「方言」の新しい社会的価値とその用法などについては,日本学における文化研究とみることも可能かも知れない.

　本書を現在刊行する意味と,本書を含め自身が目指しているものとしては,次のようなものがあると考えている.

［1］首都圏言語に関心を抱く人々に対して,フィールドワークと質問紙調査によって集めた具体的データを公開することで,現代における首都圏の言語状況の総合的把握に役立つ.

［2］首都圏における日本語変種のありようとその変化方向,ならびにその受けとめられ方などは,日本語や日本語社会全体の変化の先取りという面がある.首都圏は,現代日本の経済的・文化的・政治的中心地のひとつである,という観点から,本書で示した首都圏における動向が,今後の日本語社会の動向を見通す資料となりうる.

［3］研究対象に,新しいメディアと日本語のかかわりについても視野に入れた.現代日本語の問題は,メディアの発達や変遷といった周辺事象との関連も考慮しなければ,その全体像をとらえることはできないと考える.この観点を導入した研究の実践を,研究成果として示しうる.

［4］調査・分析の基盤データは,1990年代前半から2000年代後半にかけて実施した各種調査に基づく.この十数年間は,社会の枠組みや情勢が大きく変化したばかりではなく,インターネットの一般化をはじめとするメディアの大転換期でもあった.これらの大きな転換は,日本語や日本語社会の変化に対しても大きなインパクトを与えてきたと思われる.さまざまな変化の激しい現代において,調査年から時間をおかずにその具体的データを公開すること,とくに新しいメディアにかんする調査分析については,最初期のデータとなるものであり,記録的価値をもつと思われる.

［5］［4］に関連して,20世紀末から21世紀初頭にかけての十数年間のデータとデータ分析・解釈を,21世紀初頭期において公開することで,首都圏言語や日本語・日本語社会全体における次の10年,20年の問題を検討していくことができる.

　なお,本書は,早稲田大学大学院文学研究科に提出した博士号申請論文『首都圏における言語動態の研究』(平成21(2009)年1月21日・博士(文学)授与)に,加筆・修正を加えたものである.

首都圏における言語動態の研究　目　次

はしがき
凡　例

序　章……………………………………………………………………………3
　1．本書の目的……………………………………………………………3
　2．本書における「言語動態」…………………………………………3
　3．本書における「首都圏」……………………………………………5
　4．本書における調査・分析対象の範囲………………………………7
　5．言語研究における首都圏方言研究の位置づけ……………………9
　6．本書の方法……………………………………………………………14
　7．本書の構成……………………………………………………………15

第1部　「気づき」と言語変化……………………………………………19

第1章　「気づき」と「変わりやすさ」…………………………………20
　1．はじめに………………………………………………………………20
　2．「気づき」と「変わりやすさ」からみた言語変化事象の分類…20
　3．「気づき」と「変わりやすさ」の観点からみた「とびはね音調」…21
　4．おわりに………………………………………………………………22

第2章　「聞き取りアンケート調査」の有効性と制約…………………25
　1．はじめに………………………………………………………………25
　2．「聞き取りアンケート調査」とは…………………………………26
　3．先行研究からみた「聞き取りアンケート調査」の有効性………28
　4．「聞き取りアンケート調査」の制約………………………………30
　5．おわりに………………………………………………………………33

第3章　「気づき」にかかわる言語事象の受容
　　　　　―山梨県西部域若年層調査を中心に―………………………35
　1．はじめに………………………………………………………………35

2．「気づき」のない（弱い）言語事象としての非共通語 ……………………35
　　3．「気づかない非共通語」検討に用いる山梨若年調査資料の性質 ………36
　　4．出現率からみた「気づかない非共通語」……………………………………37
　　5．「歩み寄り」の方法としての非共通語受容 ………………………………45
　　6．まとめ ……………………………………………………………………………50
　　7．おわりに …………………………………………………………………………50

第4章　アクセント型の獲得と消失における「実現型」と「意識型」
　　　　―外来語アクセント平板化現象から― ……………………………………53
　　1．はじめに …………………………………………………………………………53
　　2．「実現形」と「意識形」 ………………………………………………………55
　　3．首都圏西部域若年層における外来語アクセントの「実現型」…………58
　　4．首都圏西部域若年層における外来語アクセントの「意識型」…………61
　　5．全体パターンとしての観察―数量化理論第3類による分析― …………65
　　6．おわりに …………………………………………………………………………69

第5章　形容詞活用形アクセントの複雑さが意味するもの
　　　　―「気づき」と「変わりやすさ」の観点から― …………………………72
　　1．はじめに …………………………………………………………………………72
　　2．先行研究における形容詞活用形アクセント型の複雑さ …………………73
　　3．首都圏高年層読み上げ式調査による検討 …………………………………76
　　4．聞き取りアンケート調査データによる検討 ………………………………91
　　5．形容詞活用形アクセントの複雑さが意味するもの ………………………94
　　6．おわりに …………………………………………………………………………96

第6章　Ⅰ類動詞連用形尾高型の消失 ……………………………………………98
　　1．はじめに …………………………………………………………………………98
　　2．Ⅰ類動詞連用形尾高型について ………………………………………………98
　　3．分析に用いるデータの概要 ………………………………………………… 100
　　4．高年層データからみるⅠ類動詞連用形のアクセント ………………… 101
　　5．高校生データからみるⅠ類動詞連用形のアクセント ………………… 105
　　6．山梨中学生データからみるⅠ類動詞連用形のアクセント …………… 106

  7．3種類のデータからみたⅠ類動詞連用形のアクセント ……………109
  8．おわりに …………………………………………………………………112

第2部　「とびはね音調」の成立とその背景 ……………………117

第1章　「とびはね音調」とは何か ………………………………………118
  1．はじめに …………………………………………………………………118
  2．「〜ナイ？」の問いかけ音調のバリエーション………………………120
  3．「とびはね音調」成立の背景……………………………………………124
  4．「とびはね音調」に付与される社会的コメント………………………128
  5．おわりに …………………………………………………………………128

第2章　新しい音調の受容と回避
   ―「とびはね音調」と「尻上がりイントネーション」― ……………131
  1．はじめに …………………………………………………………………131
  2．首都圏高校生調査概要 …………………………………………………132
  3．実現音調からみる「とびはね」と「尻上がり」……………………134
  4．意識調査からみる「とびはね」と「尻上がり」……………………139
  5．実現音調と意識調査からみる「とびはね」と「尻上がり」………143
  6．「とびはね」と「尻上がり」に対するイメージと採否行動………145
  7．「とびはね」と「尻上がり」の差をどのように考えるか…………147
  8．まとめ ……………………………………………………………………148
  9．おわりに …………………………………………………………………149

第3章　「とびはね音調」の採否とイメージ ……………………………152
  1．はじめに …………………………………………………………………152
  2．首都圏西部域高校生調査データの概要 ………………………………152
  3．リスト読み上げ式調査による「実現型」……………………………155
  4．聞き取りアンケート調査による「意識型」…………………………157
  5．聞き取りアンケート調査における「意識型」とイメージ …………160
  6．おわりに …………………………………………………………………164

第4章　中学生のアクセントとイントネーション
　　　　　―世田谷区立中学校における聞き取りアンケート調査から― ………167
　1．はじめに ……………………………………………………………………167
　2．調査概要 ……………………………………………………………………167
　3．聞き取りアンケート調査結果概観 ………………………………………172
　4．「とびはね音調」項目と他項目とのかかわり …………………………181
　5．まとめ ………………………………………………………………………187
　6．おわりに ……………………………………………………………………188

第5章　「とびはね音調」の成立と拡張
　　　　　―アクセントとイントネーションの協同的関係― …………………190
　1．はじめに ……………………………………………………………………190
　2．聞き取りアンケート調査概要 ……………………………………………190
　3．聞き取りアンケート調査結果 ……………………………………………193
　4．回答者の回答傾向からみた検討 …………………………………………202
　5．おわりに ……………………………………………………………………210

第3部　アクセント変容からみた首都圏方言 ……………213

第1章　方言接触からみた首都圏西部域のアクセント
　　　　　―2・3拍名詞の場合― ………………………………………………214
　1．はじめに ……………………………………………………………………214
　2．調査地域のアクセントと先行研究 ………………………………………215
　3．調査概要 ……………………………………………………………………216
　4．2拍名詞のアクセント ……………………………………………………217
　5．3拍名詞のアクセント ……………………………………………………223
　6．おわりに ……………………………………………………………………232

第2章　指向性解釈の可能性
　　　　　―首都圏西部域高年層アクセントデータによる検討― ……………235
　1．はじめに ……………………………………………………………………235
　2．データ構造の検討に用いる多変量解析の手法 …………………………236

3．データ構造の把握による帰納的解釈の試み ……………………238
　　4．アクセント型の観点からの解釈 …………………………………240
　　5．話者の観点からの解釈 ……………………………………………244
　　6．試行により提示したこと …………………………………………248
　　7．おわりに ……………………………………………………………248

第3章　外来語アクセント平板化現象の実態と意識 ……………………250
　　1．はじめに ……………………………………………………………250
　　2．平板化現象にかんする先行研究 …………………………………251
　　3．調査概要 ……………………………………………………………252
　　4．平板化現象実態調査の結果 ………………………………………253
　　5．高校生聞き取りアンケート調査の結果 …………………………260
　　6．高校生調査におけるアクセント型イメージ ……………………269
　　7．まとめ ………………………………………………………………273
　　8．おわりに ……………………………………………………………274

第4章　首都圏の地名アクセント
　　　　　　―地元アクセントとメディアアクセント― ………………276
　　1．はじめに ……………………………………………………………276
　　2．地名アクセントにかんする先行研究 ……………………………277
　　3．調査概要 ……………………………………………………………278
　　4．高年層調査における地名アクセント ……………………………281
　　5．高校生調査からみた地名アクセント ……………………………285
　　6．まとめ ………………………………………………………………289
　　7．おわりに ……………………………………………………………290

第5章　古いアクセント型が保持される要因
　　　　　　―「東山道」・「東海道」・「中山道」を例として― …………293
　　1．はじめに ……………………………………………………………293
　　2．「東山道」・「東海道」・「中山道」のアクセント型新旧 …………293
　　3．街道名の馴染み度調査の結果 ……………………………………294
　　4．旧街道沿い生育者に保持される古いアクセント型 ……………296

5．特殊な場面における古いアクセント型の保持 ……………………298
6．メディア露出度と古いアクセント型とのかかわり ………………299
7．まとめ ……………………………………………………………302
8．おわりに …………………………………………………………302

第6章　山梨県西部域若年層調査におけるアクセント ………………305
1．はじめに …………………………………………………………305
2．調査概要 …………………………………………………………305
3．先行研究から想定した「山梨県方言的要素」……………………306
4．先行研究から想定した「新共通語的要素」………………………308
5．共通語アクセントの出現率からみた全体的な傾向 ………………310
6．学校差のみられる項目 …………………………………………316
7．まとめ ……………………………………………………………338
8．おわりに …………………………………………………………339

第4部　新しいメディアのインパクト ………………………………341

第1章　「携帯電話」と日本語社会
―携帯普及期における大学生アンケート調査から― ……………342
1．はじめに …………………………………………………………342
2．調査概要 …………………………………………………………343
3．携帯電話の所持率・所持時期・所持理由 ………………………344
4．携帯電話の使用機能 ……………………………………………346
5．つながる相手は誰か ……………………………………………348
6．常時接続の携帯で話されることは何か …………………………349
7．携帯電話で「便利になったか」,「変わったか」…………………350
8．通話ルールの改変 ………………………………………………351
9．携帯マナーについて ……………………………………………352
10．コミュニケーションの変化 ……………………………………353
11．「携帯コトバ」……………………………………………………353
12．携帯に関連した研究テーマ ……………………………………354
13．おわりに …………………………………………………………356

第2章　大学生の携帯メイル・コミュニケーション
　　　　　―「打ちことば」親密コードルールの萌芽― ……………358
　　1．はじめに ……………………………………………………358
　　2．調査概要 ……………………………………………………359
　　3．首都圏大学生の「携帯環境」………………………………359
　　4．メイル優位の背景 …………………………………………361
　　5．PCメイルは携帯メイルに及ばない ………………………362
　　6．送受信相手と連絡手段の私的性 …………………………363
　　7．携帯メイルの内容と構成要素 ……………………………366
　　8．携帯メイルにおける記号類の使用 ………………………369
　　9．携帯メイルで人間関係は変化したか？ …………………371
　　10．おわりに …………………………………………………372

第3章　携帯メイルの「おてまみ」性 ……………………………374
　　1．はじめに ……………………………………………………374
　　2．「携帯＝メイル」ハードユーザーにおける携帯行動……375
　　3．男女を問わない携帯メイルの「実況中継性」……………381
　　4．「メモ」化していく文体……………………………………382
　　5．おわりに ……………………………………………………384

第4章　携帯電話と電子メイルの表現 ……………………………386
　　1．はじめに ……………………………………………………386
　　2．調査概要 ……………………………………………………389
　　3．大学生における携帯電話とパソコンの普及状況 ………390
　　4．携帯通話・携帯メイル・PCメイルの送受信件数 ………391
　　5．固定電話と携帯電話の違い ………………………………393
　　6．PCメイルと携帯メイルの違い ……………………………397
　　7．おわりに ……………………………………………………409

第5章　携帯メイルハードユーザーの「特有表現」意識
　　　　　―携帯メイル第一世代の大学生調査から― ……………411

1．はじめに ………………………………………………………411
　2．調査当時における携帯電話・携帯メイルの状況 ……………411
　3．携帯メイル表現先行研究 ……………………………………413
　4．調査概要 ………………………………………………………414
　5．携帯メイルの「特有表現」 …………………………………414
　6．おわりに ………………………………………………………422

第6章　携帯メイルの「キブン表現」
　　　　―携帯メイル第一世代の大学生調査から― ………………424
　1．はじめに ………………………………………………………424
　2．調査概要 ………………………………………………………426
　3．調査結果からみる「キブン表現」 …………………………427
　4．おわりに ………………………………………………………437

第5部　「方言受容」の新しい姿 ……………………………441

第1章　首都圏における関西方言の受容パターン
　　　　―「間接接触」によるアクセサリー的受容― ……………442
　1．はじめに ………………………………………………………442
　2．調査概要 ………………………………………………………443
　3．テレビによる「間接接触」 …………………………………446
　4．関西方言語形項目の受容パターン …………………………447
　5．アクセント項目の受容パターン ……………………………455
　6．クラスター分析による考察 …………………………………457
　7．おわりに ………………………………………………………461

第2章　現代における「首都圏方言」とは何か
　　　　―「方言意識」と「方言使用」― …………………………464
　1．はじめに ………………………………………………………464
　2．言語意識としては，首都圏に「方言」はない ……………464
　3．しかし，「方言」は存在している ……………………………465
　4．世田谷中学生調査からみる方言意識と使用意識 …………466

        5．おわりに …………………………………………………………468

第3章　メイルの「方言」は，どこの方言か …………………………472
　　1．はじめに …………………………………………………………472
　　2．「打ちことば」に現れる「リアル方言」と「バーチャル方言」…………472
　　3．大学生調査からみる「ニセ方言」…………………………………475
　　4．おわりに …………………………………………………………477

第4章　「方言コスプレ」にみる「方言おもちゃ化」の時代 …………480
　　1．はじめに …………………………………………………………480
　　2．前景化する「方言コスプレ」………………………………………481
　　3．「方言コスプレ」前景化の背景……………………………………482
　　4．3つの「方言」の層 ………………………………………………484
　　5．携帯メイルに現れる「ニセ方言」…………………………………486
　　6．若年層にとっての3つの方言層 …………………………………490
　　7．おわりに …………………………………………………………496

終　章……………………………………………………………………503

　　文献一覧 ……………………………………………………………507
　　初出一覧 ……………………………………………………………558
　　図表一覧 ……………………………………………………………562

　　あとがき ……………………………………………………………571

　　索　　引 ……………………………………………………………573

―――― ［凡　例］ ――――

1．引用

　文献の引用に際しては，次のような方針とした．仮名遣いは「現代仮名遣い」に改め，送り仮名や，「ゆれ」のある外来語のカタカナ表記については引用文献の通りとした．旧字体等を用いている場合については，固有名詞も含め，新字体への置き換えを行なった．

　　　例：ヴァーチャル

　　　例：埼玉縣　⇒　埼玉県

　なお，各章でもちいた文献は，各部各章ごとに，その一覧を巻末の文献一覧に収録した．文献情報の示し方については，巻末文献一覧の冒頭に示した．

2．アクセントの表示方法

　アクセント型提示方法については，次のいずれかの方法を用いた．

　［1］アクセント核の位置をアラビア数字で示す方法：橋が2型

　［2］アクセント核の位置を「］」または「'」で示す方法：ハシ］ガ／ハシ'ガ

なお，京阪式アクセントなどのように式をもつアクセント型については，式をローマ字（高起式はH，低起式はL），アクセント核の位置をアラビア数字で表す．

　　　例：橋がH1

ただし，場合によって，具体的な音調を示す場合には，次のように示すこともある．

　　　高い拍を●（▼）やH，低い拍を○（▽）やLで示す方法：橋が○●▽／LHL

　　　※●／○は自立語を，▽／▼は付属語のそれぞれ1拍を表す

　引用文献において，高い拍を上線で示す方式や，特殊な記号類によって拍の高低やアクセント核の位置を示しているものを引用するに際しては，上記のいずれかの方法による表記に変更した．

3．索引の方針

　巻末の索引は，事項を中心とした索引を目指した．項目索引としては，調査域，調査対象，調査項目，術語にかんするものを重視した．これとは別に本文中に掲出した図・表・地図を一覧にして示した．引用文献・参考文献の執筆者については，巻末文献一覧で示しているので，索引項目とはしなかった．

　　　　　　　　　　　　　　　　　　　　　　　　　　　　　　以上

首都圏における言語動態の研究

序　章

１．本書の目的

　本書は，フィードワークやアンケート調査などの各種調査から得たデータを用いて，首都圏における言語動態を把握し，広くは日本語や日本語社会の変化を観察していくことを目的としている．首都圏において実施した各種調査の目的をおおまかに示すと，次の３点となる．

　　［１］首都圏で観察されるさまざまな日本語変種の実態と意識の把握
　　［２］首都圏で観察される日本語変種の成立背景の解明
　　［３］首都圏において観察される日本語変種の受容過程の解明

　東京を中心とする首都圏は，現代日本における経済的・文化的・政治的中心地のひとつである．そこで生ずる事態の中には，日本語や日本語社会の変化を先導するものも少なくないと予想される．本書では，首都圏で生じた事態の把握と分析を通じ，今後の日本語や日本語社会の変化方向も検討したいと考えている．

　以下では，本書のタイトルに含まれる「言語動態」，「首都圏」を，どのように考えているかを示した上で，首都圏をフィールドとした言語調査について概観する．

２．本書における「言語動態」

　本書のタイトルに示した「言語動態」を立項した主要な辞典・事典類はまだみあたらないものの，その指し示す内容については，ある程度衆目が一致するものがあると考えている．そのことば通り，ある「言語」が動いている状態，変動している状態をさして「言語動態」とみることが一般的だろう．あるコミュニティーにおいて，そこで使用される言語変種がさまざまな要因によって変動する様子を記録し，その動向を分析することを「言語動態」研究と呼ぶことが多いようである．本書でも，そのような意味合いで，「言語動態」ということばを用いている．

　「言語動態」ということばが目立つようになったのは，比較的近年のこと

である．このため，言語研究における「言語動態」が指し示すものは何であるのか，「動態」をタイトルに含む論考数の推移とそれらの論考が取り扱う内容の観点から，以下において確認したい．

たとえば，日本方言研究会（編）(2005)『20世紀方言研究の軌跡』の文献目録（付録 CD-ROM）に収録されている論考を例に，「動態」をタイトルに含む論考数の推移を示すと図1のようになる（収録論考は2001年刊行のものまで）．

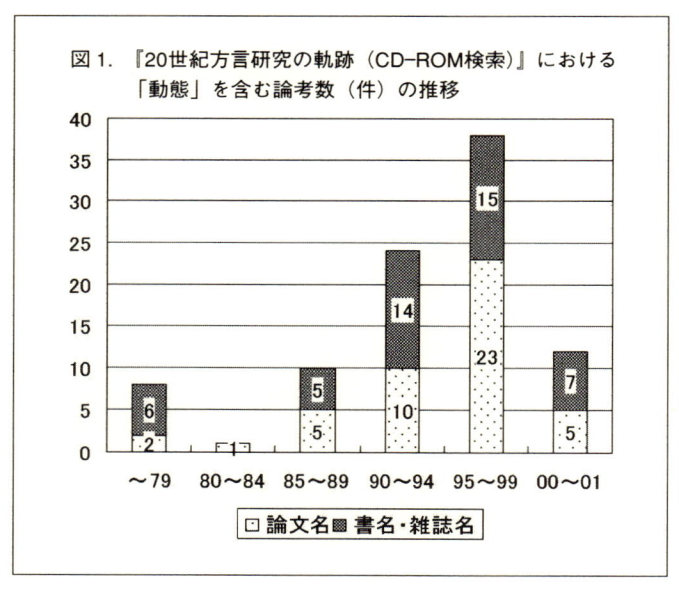

「動態」をタイトルに含む論考の初出は，1969年であるが，これは音響分析におけるピッチ曲線等のふるまいを「動態」としたもので，本書で用いる「動態」とは異なる用いられ方のものである．言語が変動する状態，という意味をもつ「動態」をタイトルに含むもっとも早い論考は，真田信治(1971)「富山県利賀谷におけるアクセントの動態」(『文芸研究』68) である．調査地域における「アクセントの実態と動向」を言語地図やグロットグラムを用いて検討したものである．

1980年代後半からは，「動態」をタイトルに含む論考が急増していく．この時期は，方言研究において社会言語学的視点をもつ研究が増加していく時期（真田信治，1988；同，1994）でもあった．そのことを示すように，この時期以降に現れる「動態」をタイトルに含む論考は，ある地域コミュニティーに現れる言語変異の「実態と動向」にかんする調査報告が主たるものとなっている．

　方言研究以外も視野に入れ，「動態」・「言語動態」をタイトルなどに含む研究を概観しても，概ねは，さまざまな変異が観察される言語事象を取り上げ，その変動するようすを「動態」と呼び，その様相の報告と分析を行なっているものであることが分かる．1990年代後半以降になると，危機言語研究や，多言語化する社会における言語使用ならびに言語使用権などに関連した社会動向についての研究も，「言語動態学」や「言語動態」研究として登場してくるが，「言語動態」研究のさすものは，地域方言を対象とした言語変異の「実態と動向」についての報告ならびに分析であることが多い．

　本書においては，方言研究の文脈に即して，首都圏で用いられる言語変種に現れるさまざまな変動を「言語動態」と呼び，その実態と，実態を支える言語意識や志向性などについて検討していく．具体的には，首都圏言語の動態を，地域方言の観点と社会方言の両側面からみていく．地域方言の観点からは，こんにちの共通語基盤方言である首都圏方言を，首都圏内の東京中心部方言対東京周辺部方言，ならびに首都圏方言対首都圏隣接方言の関係からとらえていく．一方，社会方言の観点からは，新しいメディアの登場によって成立してきた「打ちことば」に焦点を当て，現代の文化的中心地のひとつである首都圏というフィールドでどのようなことが生じつつあるのか，ということを検討していく．

3．本書における「首都圏」

　本書における「首都圏」について，以下公的機関などにおける「首都圏」の一般的な定義と，本書の目的と調査対象項目などの観点に基づく「首都圏」の範囲について述べていく．

3.1. 「首都圏」の定義

「首都圏」の定義はさまざまある．首都圏整備法（1956年立法）では，東京特別区（23区）を中心とした関東地方に山梨県を加えた1都7県を「首都圏」と定めている．政治・行政用語として用いられる場合は，ほぼこの範囲をさしている．

また，総務省が定義する「関東大都市圏（首都圏）」は，東京特別区（23区）を中心とした1.5％通勤通学圏[1]（約70km圏）をさし，その範囲は，島嶼部を除く東京都・埼玉県・千葉県・神奈川県の1都3県とほぼ重なる．

本書においては，この1.5％通勤通学圏を日常的な交流の範囲である生活圏とみなし，その範囲となる利根川以南の1都3県を「首都圏」と呼ぶことにする．1.5％通勤通学圏を，日常的な言語接触が生ずる都市圏とみてのことである．

3.2. 首都圏言語の性質

東京中心部や首都圏は，当該地域のもつ「都市」と「首都」という機能[2]から，「新しい言語変化」を生み出していく変化活力の強い地域である．同時に，当該地の言語変種は，当該地のもつ「都市」と「首都」という機能によって，さまざまな日本語の言語変種に対する顕在的・潜在的いずれの観点からも強い威光をもつ[3]．

このような変化活力の強く，かつ顕在的・潜在的威光を兼ね備えた言語変種において生ずる事態は，近未来の日本語変種に対する先駆け的なものとして，その実態や動向などを把握しておく重要度も高いと思われる．

しかし，東京中心部や首都圏言語変種の現在の姿や，その激しく揺れ動く実態についての研究は，5．で述べるように活発であるとはいいにくい．

その背景には，こんにちの東京中心部あるいは首都圏方言には，他地域方言変種にみられるようなはっきりとした「地域方言的要素」が多くは存在せず―少なくとも「気づきやすい」レベルのものとしては―，「標準語化」あるいは「共通語化」という観点からは，分かりやすい結果を導き出しにくい地域であることが指摘できるだろう．

また，首都圏に生活する話者自身にとっても地域方言変種を用いていると

いう意識はほとんどなく,「共通語話者」意識がきわめて高い[4]ため,「言語調査」,とりわけ「方言調査」に対する関心が他地域に比べ高いとはいえない.

さらに,当該地域の特徴として,他地域よりも情報流通量が多く,人的・物的流動性が高い[5]ため,想定される言語変化要因が複雑多岐にわたり,言語変化要因の同定や,その変化方向がつかみにくい,というようなことも,当該地言語変種研究の不活発さの理由として指摘できるだろう.

しかし,首都圏における言語動態研究がもたらす知見は,首都圏という地域のもつ「都市」や「首都」という機能により,近未来の日本語社会全体に波及するものも多いと予想される.

たとえば,首都圏における地域方言変種にかんする研究を通じては,近過去における「標準語化」あるいは「共通語化」の成立過程で生じてきたことをたどることができるし,現在生じつつある「脱標準語」あるいは「脱共通語」にかかわる言語変化を検討することによって,近未来の「首都圏方言」あるいは,「標準語」／「共通語」が向う方向性を示すだろう.

また,首都圏におけるさまざまな社会方言変種の動向をとらえていくことからは,それぞれの社会方言変種における"新しい標準"の形成過程を検討することにつながっていくと考える.

4．本書における調査・分析対象の範囲

本書における実際の調査・分析対象の範囲としては,「新しい言語変化」に焦点を絞るという観点から,とくに高度経済成長の過程において「都市化」の著しい地域であった首都圏西南部[6]を中心調査域と設定した.すなわち,1都3県のうちの「東京中心部（23区）」,「東京都下（島嶼部を除く）」,「神奈川県」,「埼玉県西南部域」である[7].

千葉県から埼玉県東部や,埼玉県・千葉県に隣接する東京都23区東北部（足立区,葛飾区,江戸川区）にかけては,母音/i/の中舌傾向,母音/i/と/e/の混同など「標準語,東京語との違いがきわだって（加藤正信,1970）」いる地帯でもあり,方言的特質の観点から西南部方言とは異なる様相を示すため,本書では主たる調査対象域とはしない.

また，本書では，話者の「気づき」にかんする事象を多く取り扱う．とりわけ，「気づき」の薄いあるいはほとんどない事象として，アクセント変化にかかわる事象を調査対象項目として多く取り扱っている．

アクセント項目においては，現代の共通語アクセント[8]と同一体系内における変化事象を分析対象として取り上げているため，上記1都3県（首都圏）における共通語アクセント基盤方言となる「京浜系アクセント」分布地域を主要な調査・分析対象地域とする．

「京浜系アクセント」は，金田一春彦（1942）による定義で，「明瞭な型の区別があり，個々のアクセントが標準語とよく似ているもの」で，首都圏内部においては次の地域が分布域とされている．

［1］「埼玉県の中部以西」
［2］「千葉県の大部分」
［3］「東京府のほとんど全部」
［4］「神奈川県の全部」

本書のアクセント事象にかんする論考においては，必要に応じて，3.1. で定義した「首都圏」内に位置しながらも，明瞭な型区別をもつ「京浜系アクセント」とは体系を明らかに異にする「埼玉特殊アクセント地域」を分析対象地域から除外する．金田一春彦（1942）による「埼玉特殊アクセント地域[9]」は，次の通り．

［1］「埼玉県東部の大部（南埼玉郡の大部，北葛飾郡の南部以南，北埼玉郡の一部か，北足立郡の東部，その他）」
［2］「東京府東隅の所々（旧足立郡花畑村，旧南葛飾郡葛西村等）」
［3］「千葉県西隅の所々（東葛飾郡浦安町・梅郷村等）」

「埼玉特殊アクセント」は，アクセント型の区別が曖昧で，音調が安定的ではない上に，個人内・個人間いずれにおいてもきわめて型が不安定という特性を示す．

「埼玉特殊アクセント」は，共通語化によって勢力を失いつつも，1980年代以降の調査においても利根川流域の埼玉県東部から埼玉県東部に接する東京都23区東北部にかけて，その特徴をもつアクセント体系が分布していることが確認されている[10]．

本書の一部では,「京浜系アクセント」の成立,共通語アクセントの伝播について検討する目的から,首都圏西域方向に隣接する山梨県,静岡県東部地域の首都圏隣接地域も調査対象地域としている．

５．言語研究における首都圏方言研究の位置づけ
　ここでは,本書が調査・分析の対象とする首都圏をフィールドとする方言研究を概観する．

5.1.「東京語」研究から首都圏方言研究へ
　先行研究において,「首都圏方言」は,「首都圏」という都市圏の地域方言変種として取り扱われることは少なく,主として関東方言の一部として研究されるか,「東京方言」の周辺方言変種として研究されるかというアプローチが主たるものであった．「東京語」研究から「首都圏方言研究」までの流れを,代表的な先行研究を取り上げながらみていく．

　まず,近世期の江戸語から「東京語」がどのように成立したのかについての代表的な研究に,松村明（1957）がある．松村明（1957）では,「東京語」と「標準語」・「放送のことば」とのかかわりという視点がすでに導入されており,東京のことばの多重性が示されている．東京のことばの多重性を,地域方言,「公用語」,「共通語」と３つの側面からなるものとして考え,それぞれが互いに影響を与え合った結果が,現代と今後の東京語であると,とらえた研究に田中章夫（1983）がある．また,東京語を主に共通語の成立とのかかわりから検討したものに,飛田良文（1992）,土屋信一（2009）がある．

　野村雅昭（1970）においても,東京のことばは「日常の会話」,「社会的な活動を行なう時の,ややあらたまりの気持ちを持つことば」,「特定の個人を対象としない,公共的なことば」の３層からなると指摘されており,これらを体系的にひとつの構造として把握してはじめて「現代東京語の全貌」をとらえることができる,としている．野村雅昭（1970）は,こんにちの「東京語」は,東京都といった行政区画によって区分されるべきものではなく,行政区画を超えた東京と日常的なかかわりをもって生活する居住者のことばとみるべきであることを提言している最初期のものである．

なお，大都市圏の言語を，移住者・日常的な通勤・通学者を含めて考察すべきであるという考えに基づく「大都市言語学」の必要性を述べたものに石垣幸雄（1961）があるが，首都圏を対象とした大規模調査に基づく都市言語学的研究が出現するのは，国立国語研究所（1981）を待つことになる．

　首都圏を含む関東地方における伝統的地域方言の分布と変化に主眼をおくものとして，大橋勝男（1974，1976.02，1976.10，1989-1992）がある．そこからは，首都圏方言において共通語化が完了し，さらに脱共通語化とみることが可能な新しい言語変化が進みつつあることが読みとれる．また，東京23区西南部，京浜地域など，首都圏西南部から新しい動向が生まれ，首都圏各地に拡張していくパターンがうかがえる．

　地域方言としての「東京語」・「東京方言」の変化動向を主眼としたものに，東京都教育委員会（編）（1986），大島一郎・久野マリ子（1991），佐藤亮一（編）（1991，1992，1993），国学院大学日本文化研究所（編）（1994），秋永一枝（1999）などがある．

　これらからは，1980年代の若年層においては，ほぼ伝統的な東京方言色や，都下や隣接県方言との対立が薄まり，広域方言としての首都圏方言化が完了していることが分かる．つまり，「東京語」や「東京方言」に独特な語彙や地域アクセントは消滅し，「共通語」的要素を獲得し，さらに脱共通語的な動向が広がりつつある様子が確認される．この場合においても，新しい動向の多くの発信地域は，23区西南部，京浜地域，などの首都圏西南部地域となっていることが分かる．

　伝統的な「東京語」・「東京方言」の変容とは異なる視点をもつ「首都圏」を対象地域に含んだ研究として井上史雄・荻野綱男（編）（1983），井上史雄（編）（1987）がある．これらは，「東京」に他地域方言由来の「新方言」が入りこみ，「東京新方言」として勢力を拡張していく共通語化とは異なる変化が首都圏に生じていることを示した．

　東京の「郊外」のことばについて，東京中心部のことばとのかかわりから検討した初期的な研究として，加藤正信（1970）がある．加藤正信（1970）では，東京近郊という位置にありつつ東北方言的要素をもつ東関東方言域に含まれる東京東部域における地域方言の標準語／共通語化または東京中心部

化の様相を示したものである．その「東京語化」のパターンとして，「イ．教育，マスコミによる標準語化」，「ロ．標準語的東京語の侵入」，「ハ．方言的東京語の侵入」の3種類を提示している．ロについては，イに支えられたものが多いと推測している．このパターンは，東京東部域においてのみ観察されるものではなく，東部域に比べ都市化の先行した首都圏西南部域においても同様のことが観察されると考えられる．

東京都内から近郊における非東京生育者を視野に入れた大規模な言語意識調査として，大石初太郎（1969，1970）がある．ここからは，1960年代後期の東京居住者における標準語／方言意識が確認できる．非東京生育者も含め，すでに半数以上が自身のことばを「標準語」であると認識している様子がうかがえ，とりわけ若年層は生育地がどこであれ，自身のことばをほぼ「標準語」と認識し，方言コンプレックスもほとんどもたない状況にあることが分かる．大石初太郎（1970）では，この状況を「現代のこの社会の言語生活の変化に属する現象として見のがすことのできないもの」ととらえている．

首都圏の言語を「都市言語」としてとらえ，社会調査の手法を用いた規模の大きな調査としては，国立国語研究所（1981）がある[11]．東京生育者，非生育者にかかわらず東京に居住する人々を対象に，言語意識や言語実態を調査したもので，その調査報告からは「東京のことば」の重層性が，鮮明に示された．

アクセントに焦点を絞ったものであるが，近年の東京のことばを扱った研究としては東京都台東区と東京都五日市町における多人数調査に基づいた三井はるみ（1996），佐藤亮一・三井はるみ（1997）がある．三井はるみ（1996），佐藤亮一・三井はるみ（1997）からは，首都圏が単純に共通語化あるいは東京中心部化しているわけではないことが確認される．多くは，共通語化あるいは東京中心部化する一方で，地域独特のアクセント型の保持傾向や，わずかながら東京中心部で生じつつある新しい変化である脱共通語の先取りとみられる事象も観察されている．

1990年代中盤になると，首都圏の言語を，都市言語として，またそこで生ずる言語変化事象を言語動態としてとらえる研究が現れる．

早野慎吾（1996）では，1994年に千葉県松戸市において実施された調査データを基に，さまざまな観点から首都圏の言語使用の実態を分析している．語彙・語法を主とする調査データの分析から，首都圏言語において生じつつある２つの大きな傾向を指摘している．すなわち，「東京語化」と「新しい方言形」の発生である．いずれも首都圏に限られた傾向ではないことが指摘されているが，「東京」を中核地として含む首都圏においては「東京語化」は他地域に比してとくに強い傾向を示し，それにもかかわらず「新しい方言形」の発生も少なくない程度生じていることを指摘している．首都圏における「東京語化」については，「首都圏では地域言語の特徴とされた伝統方言形の多くが，東京的な方言に置き換わっている」ことを，「新しい方言形」は「新方言形」や「ネオ方言形」として現れてくることを指摘している．また，早野慎吾（1996）では，「移住者」の言語使用にも注目している点，従来の伝統方言研究の視点にたつ首都圏地域の方言研究とは異なる．そこでは，移住者，とくに女性の移住者が，出身地の方言を使用しない傾向にあることが指摘されている．同時に首都圏における「新しい方言形」の採用行動において，若年女子が先行し，若年男子が追随する，という事例も報告されており，首都圏における言語動態をみる上で，話者の性という観点が意味をもつケースが少なくないことが示唆されている．

5.2. 近年における首都圏方言研究

　近年における「東京／首都圏方言」の研究は，その重要性とは裏腹に，以下で示すように活発であるとはいえない．

　そのことは，2002年１月から12月に刊行された学会誌・研究機関紀要類・同人誌に掲載された地域方言に関する論考94編の対象地域の内訳（図２）からも明らかである（田中ゆかり，2004より再掲）．

　刊行された論考数の多い中部・近畿・東北・九州などの地域は，当該地域内に当該地方言研究の活発な研究活動機関や組織が存在すること，方言形式が明確な地域であること，「イメージ濃厚方言（友定賢治，1999）」地域であること，などが指摘できる．首都圏はこの３つの条件いずれもが当てはまらない．

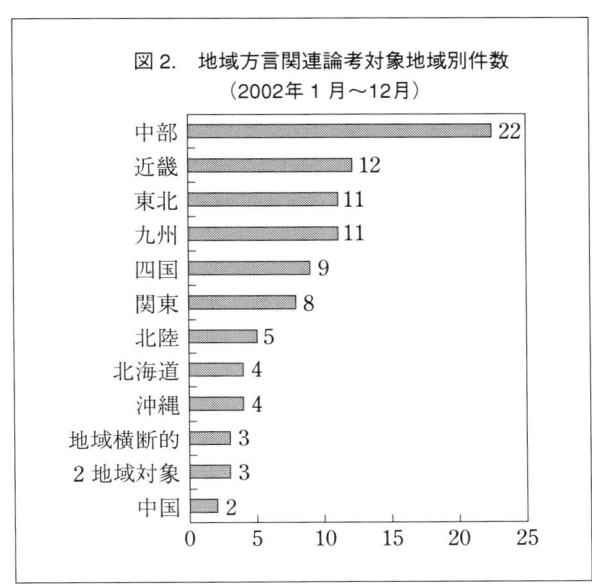

　また，2004年1月から2005年に学会誌[12]・商業誌[13]・『国語年鑑2005年度版』(大日本図書2005) 雑誌文献一覧[14]に掲載された全論考1420編のタイトルとキーワード分析（田中ゆかり，2006．07）からも，首都圏方言研究の不活発さが確認される．「地域方言研究」キーワードの上位に浮かび上がってくる地域は，「関西」や「大阪」ばかりで，「東京」や「首都圏」あるいは「関東」は上位キーワードとして出現してこない．

　この傾向は，より近年の傾向について分析している中井精一（2008）においても同様である．中井精一（2008）では，2006年1月から2007年12月までに刊行された学術論文の展望において，地域別に論文を取り上げて提示しているが，関東にかんする論考は2編と少ない上に首都圏にかんするものは，そのうちの1編にすぎない[15]．

5.3. 首都圏方言研究が少ない理由

　首都圏方言研究があまり活発とはいえないその背景には，以下で示すようないくつかの理由が存在するだろう．

序章　13

［1］共通語基盤方言である首都圏方言は，他地域方言がもつ形式としての"方言らしさ"や，"イメージ喚起力"が希薄[16]である．また，「方言」としてのメディア的価値も高いとはいえない[17]．

［2］共通語基盤方言である首都圏方言は，他地域方言とは異なり「標準語化」あるいは「共通語化」という観点からは鮮明な結果をもたらさない．

［3］流動性の高い「都市」の特性として，「生え抜き」がまれで「伝統方言」や「伝統方言話者」という概念が通用しにくい[18]．

［4］日常的な多方言接触や居住者の背景が多様であることなどから変化要因が複雑多岐に渡り，基本的な属性分析だけでは要因分析が困難なことが多い．

［5］「都市」という特質から言語調査に対する協力が得にくい[19]．

［6］"首都圏には方言はない"という話者の意識[20]に加え，当該方言を残したいという積極的意志も薄い[21]ため，一層言語調査，とりわけ方言にかんする調査に対する協力を得にくくしている．

6．本書の方法

　本書では，首都圏言語のさまざまな様相を検討していくに際して，主として自身が実施した各種の調査データを用いる．中には，自身が参加した共同調査によるものも含む．それらのデータは，主に質問紙を用いた面接調査と，さまざまなタイプのアンケート調査から得ている．「打ちことば」に関連する論考の一部は，テキスト調査によるデータも用いている．調査対象や調査方法は，各論考におけるデータ採取の目的にしたがって決定した．本書で取り扱う地域方言の変化動向や，新しいメディアの及ぼす影響などのトピックについて検討するためには，伝統方言話者や新しいメディアのハードユーザーなど各特定の回答者からのデータを用いることが適当と考え，調査サンプルの抽出は，無作為抽出ではなく，有意抽出とした．

　ただし，5．で述べたように大都市においては，調査の受け入れそのものが拒否されることがしばしば生ずる．本書で示す各種調査においても，同様であった．それぞれの時点における最大限の努力をしたつもりであるが，計

画段階においては調査対象としていた地域や調査項目，話者などに欠損が生じてしまったところも少なくはない．また，調査を受け入れていただく際の条件として，調査項目や質問文，調査形式の調整を行なったところもある．その結果，質問の仕方や質問文，項目数が調査によって多少そろわなかったところもある．

しかし，いずれの調査に際しても，関係の方々には最大限のご配慮とご協力をいただいた．その結果，本書で示したような調査を実施することができた．

7．本書の構成
7.1. 本書の構成

本書は，冒頭に本「序章」，末尾に「終章」を置き，次の5部（27章）からなる本論で構成されている．

第1部　「気づき」と言語変化
第2部　「とびはね音調」の成立とその背景
第3部　アクセント変容からみた首都圏方言
第4部　新しいメディアのインパクト
第5部　「方言受容」の新しい姿

章ごとの文献一覧と，初出一覧は，「終章」の後に付した．

7.2. 各部の目的

第1部から第3部は，地域方言変種としての首都圏方言の動態についての分析を，第4部・第5部においては，首都圏をフィールドとした「打ちことば」という社会方言変種の実態と，「方言」に対する認識の変化について検討することを目的とした．

第1部から第3部では，地域方言としての首都圏方言の動態を，アクセント，イントネーションの変容を中心にみていく．とりわけ「気づき」と「変わりやすさ」という観点から，検討していく．

第4部と第5部では，首都圏言語を都市言語としてとらえ，都市言語において，新しいメディアとともに登場した「打ちことば」という新しい社会方

言や,「方言」に対する新しい認識などがどのように成立し,拡張していくのか,についてみていく.

第4部・第5部で検討する「打ちことば」変種や,「方言」の新しい認識や用法などについては,通信機器やインターネットなどのメディアの革新に依存する部分も大きく,また,現在進行形で成立・拡張している分野であるため,未知の部分が多い.本書では,その未知の解明をめざした現在進行形の「現場」への立ち会いも目的のひとつとしている.

1 　国勢調査データに基づく.国勢調査や経済社会学などにおいて「生活圏」の認定数値として用いられる数値.次の計算式から求められる通勤通学率1.5%圏内のこと.通勤通学率＝中心都市への通勤・通学者数÷全通勤通学者数×100.首都圏の場合,中心都市は東京特別区(23区).
2 　Anne Querrien (1986) の都市類型化によれば,「東京」あるいは「東京圏」は,「都市」と「首都」機能を同時にもつ都市である.
3 　井上史雄 (1994, p. 140) では,「東京」の言語が,標準語の普及や共通語化といった変化に対して,顕在的威光を発揮するのに対して,「東京」の「若者」の「新方言」が,低い場面において全国に対する影響を与える潜在的威光をもつ言語変種であることを模式図として示している.
4 　たとえば,大石初太郎 (1969) において,すでに非東京生育者も含め「家」では65.6%,「外」では74.4%が「標準語」で話しているという意識をもっている.また,大島一郎・久野マリ子 (1991) における「ここのことばと,標準語とは,同じだと思いますか」では,若年層はもちろんのこと,都下高年層においてもほぼ全員が「まったく同じ」あるいは「ほとんど同じ」と回答している.このことは,2004年に世田谷区立中学校に通う中学生に対して実施した調査(田中ゆかり(編),2005;同,2006,04)でよりはっきりと確認できる.中学生に「自分の話していることばは,どの程度共通語または方言だと思いますか」と質問した結果,91.7%(n＝108)の生徒が「まったく＋ほとんど共通語」と回答した.ここからは,ほとんどの生徒が「方言」を使用しているという意識をもっていないことがわかる.
5 　たとえば,「住民基本台帳人口年報」で東京中心部に相当する東京23区の人口動態をみても,1995年までは転出超過,1998年に入超に転じ,「都心回帰」が進んでいる.この転出入はわずかなタイムラグはあるものの近隣3県の動向とほぼ連動している.NHK放送文化研究所(編)(1997)では,東京都は「生粋都民(他府県で1年以上生活した経験のない人)」が全国一低く(15.9%),一般に「三代続きの東京人は少ない」と言われることをデータの面から証明している.つまり,歴史的観点からみて,「東京」はきわめて流動性の高い土地で,安定した伝統的言語を保持する性質はもちえていないことを示している.また,東京都の昼夜間人口比率は122.0%(2000年度国勢調査:総務省統計局データサイトによる)と全国一高く,「東京」という土地が,共時的にも流動性の高い土地であることが分かる.東京中心部である23区内の昼夜間人口比率は137.5%と,とくに高くなっている.これは,

隣接県の人口と日常的に接触している結果で，埼玉県（昼夜間人口比率86.4%），千葉県（同87.6%），神奈川県（同90.1%）の人口を日中通勤・通学などで吸収し，夜間に吐き出していることによる．これら，隣接県から東京都へ通勤・通学する人々の間には，「○○都民」という意識が形成されており，こんにちにおける「東京」は，行政区分を超えて，主に鉄道網によって形成された新しい「東京圏」＝「首都圏」に拡張していることが分かる．

6 第二次世界大戦後における高度経済成長による都市化は，首都圏西南部方向（23区内西南部，都下西部，神奈川県，埼玉県西南部）にまず進行した．その後，バブル経済期を経た1990年代になって東北方向（23区東北部，千葉県，埼玉県東北部，茨城県南部）に進行しつつある（倉沢進，2004）．都市化の指標となる核家族・単身家族・女性就業率の高さも西南部方向にまず進行したことも確認されている（立山徳子，2004）．その他の各種都市化に関する指標からも，東京圏の西南部と東北部は1980年代末から1990年初頭のバブル経済期以前においては相当傾向が異なる（倉沢進・浅川達人（編），2004）．

7 「都市化」の西南方向への進行は，行政区画を超えて「第二山の手」，「第三山の手（吉祥寺，成城学園前，田園調布）」，「第四山の手（所沢，立川，八王子，府中，聖蹟桜ヶ丘，調布，溝の口，二子玉川園，川崎，横浜，新百合ヶ丘，町田，たまプラーザ，つくし野，厚木，藤沢）」と西南部郊外へ拡張していったファッションビルの店舗展開戦略と重なる（月刊アクロス編集部，1987）．

8 便宜的に項目掲載，ルール記載のあるものについては，NHK放送文化研究所（編）（1998）を基本とする．

9 金田一春彦（1942）では，「埼玉系アクセント」としている．金田一春彦（1948）のタイトルに含まれる「特殊アクセント」を用いた「埼玉特殊アクセント」が慣例となっているため，そのように呼ぶ．

10 大橋純一（1995），大橋純一（1996）などから，当該地域では共通語化の進んだ1990年代前半においても「埼玉特殊アクセント」が観察されている．真田信治・小沼民子（1978），都染直也（1982）などからは，東京都23区東北部における「埼玉特殊アクセント」的音調の出現が確認されている．

11 国外における「都市言語」／「都市方言」研究としては，アメリカ最大の都市であるニューヨーク市における言語を対象としたW. Labov（1966），同（2006）が著名である．この研究においては，社会階層が変異出現と変異拡張の有効な指標となっている．日本国内においては，国立国語研究所（1981）を除くと顕在的に社会階層を指標とした大規模調査はほとんどない．

12 次の7学会誌．『国語学／日本語の研究』（国語学会／日本語学会），『日本語文法』（日本語文法学会），『音声研究』（日本音声学会），『計量国語学』（計量国語学会），『社会言語科学』（社会言語科学会），『日本語教育』（日本語教育学会）．

13 『月刊 言語』（大修館書店），『日本語学』（明治書院）の期間中刊行された号すべて．『国文学 解釈と鑑賞の研究』（学燈社），『国文学 解釈と鑑賞』（至文堂）のうち，日本語／言語関連特集号．

14 「コミュニケーション」の項に掲出された論考．学会誌・商業誌との重複を避けた論考すべてを対象とした．研究機関の紀要類・同人誌類を主としてこの項から抽出したことになる．

15 中井精一（2008）で地域別論考として紹介されている他地域の論考数は次の通り．北海道1，東北8，東海・北陸6，近畿5，中国・四国6，九州5，琉球4．

16 友定賢治（1999）における「イメージ濃厚方言」の対極にあるといえる．井上史雄（1977.08），同（1977.09），同（1980），沖裕子（1986）などから，「東京のことば」は，ポジティブな情的イメージの喚起力が弱いことが分かる．
17 注16ならびに田中ゆかり（2002, 2006.04），第4部第2章参照．
18 NHK放送文化研究所（編）（1997）において首都圏は，「生粋都民／県民（他都府県で1年以上生活した経験のない人）」がきわめて少ない．東京都の「生粋都民」は15.9％と全国一低い．
19 氏家豊（2004）．全国規模の世論調査における調査拒否は，大都市がもっとも高い．東京都23区内で実施された小規模の言語調査においても，経年的にみて拒否傾向が強くなっていることが示されている．
20 田中ゆかり（2006.04）参照．若年層のほとんどは，自身を共通語話者と認識している．
21 NHK放送文化研究所（編）（1997）において，首都圏域回答者は「土地のことばが好き」，「土地のことばを残しておきたい」という意識がともに低い．

第1部
「気づき」と言語変化

第1章
「気づき」と「変わりやすさ」

1．はじめに

　言語変化には，「気づきやすいもの」と「気づきにくいもの」が存在している．また，変化しやすさという観点からは，「変わりやすいもの」と「変わりにくいもの」が存在しているという考え方も一般的である．

　事象の「変わりやすさ」についてカテゴリ別に言及したものとして，次の考え方が代表的で，広く受け入れられているものといっていいだろう．

> 　個人が一つの方言を習得する場合を考えると，最も早く習得できるのは語彙であり，語法・一般音韻の順に改まりがたく，最後まで改まらずに，根強く残るのはアクセントである（金田一春彦，1953, p. 351）．

　「気づき」にかんしては，「気づき」の弱いあるいはない言語事象は，変化が抑制されるという考え方も一般的に提示されることが多いようだ．

　たとえば，「気づかない方言[1]」という考え方である．「気づかない方言」は，地域方言であることに対する気づきのなさが共通語化を抑制し，方言形が保持されたもののことを指している．

　ここでは，「気づき」と「変わりやすさ」という観点から，言語変化を分類する試みを提案していく．その中で，従来「気づきにくく変わりにくい」言語事象として認識されてきたアクセント事象の位置づけの再検討も提案したいと考えている．

2．「気づき」と「変わりやすさ」からみた言語変化事象の分類

　「気づき」と「変わりやすさ」の程度を単純に組み合わせると，

　A：気づきやすく変わりやすい事象

B：気づきやすく変わりにくい事象
　　C：気づきにくく変わりやすい事象
　　D：気づきにくく変わりにくい事象

　という4タイプとなる．
　Aの「気づきやすく変わりやすい事象」は方言語彙や方言音声の共通語化，Bの「気づきやすく変わりにくい事象」は共通語では表現しにくいニュアンスをもつために気づきながらも使用される方言語彙や語法などが相当するだろう．Dの「気づきにくく変わりにくい事象」は，先に述べたように方言アクセントが典型例とされてきた（金田一春彦，1953[2]）．
　アクセントを変わりにくいものとする考え方は，アクセントの習得を言語形成期仮説の根拠データに用いる基盤ともなっている（北村甫，1952）．柴田武（1975）において「日本語でアクセントが本当に根幹的部分かどうかということに疑問（p. 255）」が呈されることもあった[3]が，主としてアクセントは「変わりにくいもの」とされてきたといえるだろう[4]．
　そこで，以下では，これまでとくに該当する事象の指摘がなされてこなかった，Cの「気づきにくく変わりやすい事象」について，少し考えてみたい．この分類に該当する事象は，存在しないのであろうか．

3．「気づき」と「変わりやすさ」の観点からみた「とびはね音調」

　1990年代初頭あたりから首都圏において勢力を拡大しつつある「とびはね音調」（田中ゆかり1993，2005，2006，2007，2009）は，アクセントとイントネーションの協同的関係によって実現する「問いかけ」の新しい音調である[5]．
　「とびはね音調」は，形容詞部分のアクセント核を消失した「形容詞＋ナイ」に，首都圏における比較的新しいタイプの上昇イントネーション「浮き上がり調」（川上蓁，1963）がかぶさって実現する音調である．この音調は，聞き手への「同意求め」として現れることが多い[6]．以下の例における「「　]」は，アクセント核の位置を示す．
　具体的音調は，次のようなものとなる．終止形が起伏型（−2型）のII類

形容詞「カワイ]イ」＋否定辞「ナ]イ」からなる「カワイ]クナ]イ↑」が「とびはね音調」として実現される場合，「○●●●●●↑」と「カワイ]ク」のアクセント核も「ナ]イ」のアクセント核も「破壊」された，尻上がりな音調として実現される[7]．「形容詞＋ナイ」は，この場合，「カワイクナ]イ」と実現される[8]．

　「とびはね音調」は，1990年代の後半以降は，テレビコマーシャルやドラマやコントなどで，「若者」，とりわけ「女子高校生」，「ギャル」の「記号」として用いられているので「気づき」がまったくないとは言えない．しかし，「ソレデ⌒」の「尻上がりイントネーション」のような話題の盛り上がりには及ばない（柴田武，1977；井上史雄，1997）．

　また，「とびはね音調」の構成要素といえる形容詞の複合アクセント化[9]は，2000年代初頭時においては，首都圏においては世代・性別にあまりかかわりなく，かなりの程度「用いる人は用いる」ようになってきているが（田中ゆかり，2003），一般には「話題」にすらなっていない．

　つまり，「とびはね音調」については「気づき」があるようにみえるが，その背景に存在しているアクセント変化に対しては，一般の話者における「気づき」は「きわめて弱い」，あるいは「ない」ことが指摘できる．

　このアクセント変化に対する「気づき」の「弱さ」あるいは「なさ」は，一般の人々が，アクセントやアクセント変化に関心をもっていないからではないことは，一時期の「アクセントの平板化現象」への話題沸騰ぶりと比較すれば明らかである（加治木美奈子，1998）．

　急速に勢力を拡張した「とびはね音調」にかかわるアクセント変化事例からみていくと，アクセント変化は「気づきにくく変わりにくい」のではなく，「気づきにくく変わりやすい」ものである可能性が浮かび上がる[10]．

4．おわりに

　アクセントを「気づきにくく変わりやすい事象」と考えると「埼玉特殊アクセント地域」のように狭い地域において短期間にくるくると変化するという事象も，アクセントがもつ「気づきにくく変わりやすい」という側面の現れとみれば，理解しやすい．

アクセントが「気づきにくく変わりやすい事象」であることを示す首都圏アクセントにおける具体例は少なくない．形容詞活用形アクセントの複雑さ（田中ゆかり，2003），Ⅰ類動詞連用形尾高型の消失過程（田中ゆかり，2008）などを，指摘することができる．
　「気づきにくく変わりやすい事象」は，ここで例示した事象以外にも，さまざまな地域・事象として意外なところに潜んでいる可能性が高い．
　また，「気づき」と「変わりやすさ」という観点から言語変化事象の分類を行なうことによって，取り扱う言語事象の「気づき」のレベルによって言語変化パターンがどのように異なるのか，という新しい関心も浮かび上がる．
　「気づきやすい」ものは意図的な着脱が自由そうだが，「気づきにくい」ものは意図的な着脱が不自由そうだ．意図的な着脱は，その着脱行動を行なう話者にとって何らかの顕在的あるいは潜在的威光の反映と推測される．これらの一部についてではあるが，具体的データに基づく検討を，以下の章において行ないたい．

1　井上史雄（1996）によれば，呼称は「方言と思っていない方言」，「気づかない方言」，「気づかれにくい方言」，「無自覚方言」，「（第）二次（方言）特徴」などがある．定義については，陣内正敬（1992），井上史雄（1996），篠崎晃一（1996）などがあり，表現の差異はあるがほぼ"当該方言話者による「気づき」がないことによって残存した非標準語あるいは非共通語形式"．

2　ただし，金田一春彦（1953）は，アクセント変化を《アクセント体系そのものの変化》と《個々の語のアクセント変化》に分け，前者を「変わりにくい部分」，後者を「変わりやすい部分」としている．しかし，ひとつひとつの具体例が，どちらに属するか先験的に判断することは困難であると考える．《体系そのものの変化》も，初期的には《個々の語のアクセント変化》として現れないとはいえないだろうし，どのような兆候が現れた場合が《体系そのものの変化》とみるべきか判別することも困難だろう．そのように考えると，アクセント変化におけるこの2つの変化の区別を先験的に，少なくとも現在進行形の変化に対して判定することは難しいといえるだろう．

3　柴田武（1975，pp. 258-259）では，3音節以上の単語アクセントが浮動的であること，同じ地域社会において2つ以上のアクセント型をもつ語が少なくないことなどを例にあげ，アクセントの根幹性に対する疑問としている．なお，個人の生涯においてアクセントが変化するということについては，事例として（川上蓁，2006など），一般的な現象として（上野善造，2009など），言及がある．

4 「一般にアクセントは言語構造として頑固な性質をもっていると言われる（柴田武，1983)」など．
5 田中ゆかり（1993）で述べたように，形容詞部分におけるⅠ・Ⅱ類間の「ゆれ」あるいは，複合アクセント化現象によるアクセント変化と，新しい問いかけイントネーションである「浮き上がり調」の協同的関係による実現と想定される．「Ⅱ類形容詞＋ナイ」のアクセント変化は，三井はるみ（1996)，佐藤亮一・三井はるみ（1997）においても，若年層における「白くない4型」の優勢化として確認される．「とびはね音調」の成立と拡張の背景の詳細については，第2部で述べる．
6 「とびはね音調」が「同意求め」に多く現れるからといって，その出現背景の主要部分が「相手に向う気持ちが強ければ，単語アクセントを無視して【上昇】で発音する（定延利之，2005，p. 85)」ことにあるとはいいにくい．「とびはね音調」は，複合アクセント型の出現と平行的に出現する音調であり，「同意求め」に限定されない用法もすでに出現しつつある．「とびはね音調」が「同意求め」に多く現れる背景には，複数の問いかけ音調の共存期における一時的な機能の住み分けである可能性がうかがえる．
7 Ⅰ類形容詞の場合，共通語アクセントは平板型であるため，形容詞部分におけるアクセント核の「破壊」は実現しない．共通語アクセントが起伏型（−2型）のⅡ類において形容詞部分のアクセント核の「破壊」が実現される．
8 注6と同様．終止形が起伏型となるⅡ類形容詞において複合アクセント型との区別が認識可能となる．
9 「複合語アクセントの接合型」が，結合型に移行していく過程ととらえることも可能（秋永一枝，1999）．
10 ディクソン（2001，p. 38）は，「声調」を「伝播しやすいものの典型」に分類している．

第2章
「聞き取りアンケート調査」の有効性と制約

1．はじめに

　ここでは，音声，音韻，アクセント，イントネーションといった音声言語にかんする言語事象についての意識調査の一つの手法となりうる「聞き取りアンケート調査」について，その調査方法と，「聞き取りアンケート調査」の効果と制約について検討していく．

　「聞き取りアンケート調査」は，統一的な手法によって音声言語事象にかんする同一地点あるいは同一地域における均質的な多人数調査データの採取を可能にするもので，個人差や属性差を示しながら現在進行中の言語事象の検討に有効と考える．

　とくに，同じ回答者集団に対して，意識調査の一種である「聞き取りアンケート調査」と実態調査を組み合わせた複合的な調査を実施することによって，当該言語事象の「意識」と「実態」の関連を検討するための有効なデータを得ることが可能となるだろう．

　「聞き取りアンケート調査」は，従来，個別の面接調査場面などを中心に個別・単発的に実施されてきた調査者の発音による回答者への反応確認を，多人数調査にフィットするように統一的・均質的に実施するという発想である．面接調査場面における個別確認においては，きめこまやかな対応が可能である一面，それぞれにおいての発音—刺激音声に相当するもの—がまちまちであったり，その質問と回答の求め方もそれぞれ異なるものであったりすることが少なからず生じており，多人数による均質的なデータ採取という観点にたったものではないためである．

　もちろん，多人数を対象としたアンケート形式調査によるデータが，面接場面における個別確認に比べるときめの粗いものとなることは否定できない．たとえば，提示する刺激音声の候補が限られてしまうということ，質問者の意図が必ずしも正確に回答者に伝わっているか確認できないこと，など

である．しかし，これらの問題は，これが語彙調査であっても，文法調査であっても，その他音声にかかわらない言語事象のどの事象であっても，個別の面接調査と，多人数を対象とした質問調査の違いとして存在する問題であって，「聞き取りアンケート調査」に限った制約ではない．

「聞き取りアンケート調査」もまた，一般の多人数を対象とした質問紙調査とりわけアンケート調査とほぼ同じ効果と制約をもつものである．そのように考えると，「聞き取りアンケート調査」にフィットする言語事象は，次のようなものとみることができるだろう．

　［1］その事象自体がどのように受け止められているのかがまだはっきり
　　　しない段階における探索的調査としての多人数調査
　［2］ある程度当該の言語事象の輪郭がはっきりしており，一定の仮説を
　　　立てることが可能な段階における，仮説検証的多人数調査

本章では，上記のようなケースに対応する「聞き取りアンケート調査」というものを想定し，以下において，その長所と制約について検討を行なう．

2．「聞き取りアンケート調査」とは

「聞き取りアンケート調査」とは，質問項目となる音声言語事象のバリエーションを刺激音声として回答者に聞かせ，当該の刺激音声に対する意識調査を質問紙調査形式で行なうものである．

意識調査にはさまざまなレベルを設定することが可能と考える．たとえば，一般的な言語項目に対する質問紙調査でしばしば用いられる当該言語事象に対する回答者自身の「使用の有無や程度」，「馴染み度」，近隣地域における「聴取経験の有無や程度」，刺激音声に対する印象などを質問することなどが可能だろう．

「聞き取りアンケート調査」は，提示する刺激音声の種類と数の選択，刺激音声の作成，刺激音声の提示方法，回答方法の指定など，具体的な調査デザインに際しては，検討すべきことがらも多い．

しかし，これまで音声言語事象については，同一地点あるいは同一地域データとしては，少人数を対象とした面接調査による実態調査や，少人数を対象とした実験室的聴取テストによる検討が主たるもので，均質性をもつ多人

数調査に基づくデータを用いた研究はあまり行なわれてこなかった．

　個人差や属性差が観察されるような現在進行中の言語変化事象の検討には，同一地点や同一地域から得た均質性をもつ多人数調査データがもたらす知見が重要と考える．そのため，音声言語にかんする統一的な多人数調査を可能とする「聞き取りアンケート調査」の効果とその制約について検討しておきたい．

　「聞き取りアンケート調査」は，実態調査と組み合わせることによって，単なる多人数を対象とした均質な意識調査データが示す以上の知見を得ることができるということを強調したい．

　「聞き取りアンケート調査」は，均質性の保証とは別に，多人数を前提とした質問形式調査の制約として，意識を聞いているにすぎず現実の言語行動である実態をかならずしも反映したものとは言えない，といったことが従来指摘されている．

　しかし，その制約を利用して，「意識」と「実態」のはざまにあるものについて考えることを可能とする調査方法として，ここで示す「聞き取りアンケート調査」の有効利用があると考える．

　もちろん，「聞き取りアンケート調査」単独によるデータの分析も，佐藤栄作（1995）で示されたように，有効な手法と考えるが，実態調査と組み合わせることによって，現在進行中の言語変化事象の方向性を検討するに際して，一層その有効性を発揮すると考えられる．

　実態調査と「聞き取りアンケート調査」を組み合わせた複合的な調査方法は，当該言語事象の「意識」と「実態」とのかかわりを検討するということを可能にする．

　「意識」と「実態」は，重なり合うこともあるだろうが，その一方で「意識」と「実態」には齟齬が生ずることも少なくないと想像される．齟齬が生じている場合は，「意識」が「実態」を先導しているかもしれないし，逆に，「意識」が「実態」を後追いをしているかも知れない．

　もし，「実態」と「意識」に何らかの齟齬が存在しているとしたら，その「意識」と「実態」の「齟齬」が，対象としている言語事象にとって何らかの情報をもつ可能性があるだろう．その齟齬にかんする情報を，当該言語事

表1.「聞き取りアンケート調査」的調査の概要一覧

	調査の名称	刺激音声	調査のポイント
井上史雄(1973)	—	井上自身の音声テープ	「標準語」「東北弁」「その他」の判定
杉藤美代子(1982)	知覚実験	合成音声テープ	アクセント型の判定
稲垣滋子(1984)	意識調査	稲垣がその場で発音	「使用」「不使用」の判定
井上史雄(1984)	聞かせる調査	合成音声テープ	「雨」/「飴」に聞こえるか否かの判定
郡史郎(1992)	聞き取り調査	郡自身の音声テープ	「使用」「不使用」の判定
井上史雄(1992.02a)	聞き取りによる実験	TV音声の録音テープ	問題のイントネーションか否かの判定
井上史雄(1992.03b)	専門家アンケート	元アナ・男声テープ	「使用／不使用」「聞く／聞かない」の判定
田中ゆかり(1993,94)	聞き取りイメージ調査	都下女子高生テープ	「使用」「聞くが不使用」「聞かない」の判定
佐藤栄作(1995,96,97)	音声アンケート方式	佐藤自身の音声テープ	「一致」「類似」の判定
井上史雄(1997)	(音声アンケート)	女性音声テープ	「使用／不使用」「聞く／聞かない」の判定

象の変化方向などを検討するに際して，有効利用していこうという考え方である．

3．先行研究からみた「聞き取りアンケート調査」の有効性

　まず，「聞き取りアンケート調査」を用いた研究とみることができる先行研究を概観する．該当する先行研究における「聞き取りアンケート調査」の概略をまとめたものが，表1．

　表1で示した調査において共通するところは，ターゲットとする項目のバリエーションを「刺激音声」として被調査者に提示し，被調査者が刺激音声に対して何らかの判断を下す，という点である．調査手法名称や，調査のポイントはその関心によってまちまちである．

　調査項目カテゴリにはアクセント調査が多い．その背景には，アクセント

調査項目カテゴリ	項目	調査地域	調査対象	サンプル数	併用調査
音声 アクセント イントネーション	東北方言的要素	東京都 宮城県	高校生	2クラス	—
アクセント	2拍名詞のア型	大阪府 東京都 岡山県 福井県 山形県 長崎県	高校生	約260	(ランダム再生) (複数回聴取)
アクセント	3・4拍形容詞のア型	東京都	中学生	24	読み上げ式調査
アクセント	2拍名詞のア型	東京都〜福島県	10代 30代 50代	120	読み上げ式調査
音調	「ごめんね」 「ありがとう」	東京都 大阪府	中学生 10-40代	中学生84+α	印象調査
イントネーション	尻上がりイントネーション	(不明)	大学生・院生	38	使用頻度 印象調査
アクセント	外来語ア平板化現象中心	首都圏	大学生	644	—
音声 アクセント イントネーション	新しい発音/g//si/ 外来語・漢語ア平板化現象 とびはね音調 尻上がりイントネーション	首都圏	高校生	約460	読み上げ式調査 印象調査
アクセント	2拍名詞Ⅳ類讃岐式ア	西讃岐 高松市 阪神 伊吹島	各地点生育者	1995:48 1996:27 1997:52	読み上げ式調査
音声 アクセント イントネーション	外来語音 アクセント 尻上がりイントネーション	全国	中学生	約3600	印象調査

の面接調査においては，被調査者のアクセント型の同定に際して調査者が複数のアクセント型を発音して，被調査者に確認を求める方法が伝統的にとられてきているからである．もっともその姿に近いものが稲垣滋子（1984）と言えるだろう．

表1に示した「聞き取りアンケート調査」で，目的とされてきたものは，おおまかに次の2種類である．

　［1］ある体系内の幅・変化についての研究
　［2］言語外的要因の関与するものについての研究

　［1］を中心とするものとして杉藤美代子（1982），佐藤栄作（1995，1996）が，［2］を中心とするものとして稲垣滋子（1984），郡史郎（1992），井上史雄（1992．02a，1992．02b），同（1997），田中ゆかり（1993，1994）などがある．

佐藤栄作（1997）では，「聞き取りアンケート調査」が「力を発揮する」のは［1］で，［2］的なものについて「聞き取りアンケート調査」を行なう場合には別途，「新旧や好悪に関する意識調査で補うことが必要」と指摘している．しかし，「新旧や好悪」というイメージ的な調査は，［2］の場合についても，常に有効とは限らない．イメージ的な項目が威力を発揮するのは，変化の特定段階と推測されるからである．

　［1］・［2］いずれのケースにより適しているかより，むしろ「聞き取りアンケート調査」の有効性が高まるのは，音声言語事象を対象とした言語実態調査と併用した場合だろう．「聞き取りアンケート調査」による意識と実態調査の結果をマッチングさせた上で，両者のギャップについて積極的に言及しているものに，稲垣滋子（1984），田中ゆかり（1993，1994）がある．いずれも変化の指向性を「実態」と「意識」の齟齬に求めており，「新形」において「意識」が「実態」に先行している場合，その「新形」は，さらに勢力を拡大する方向を指し示している，という解釈を示している．

　ある場合において，「意識」が「実態」を先導するらしいことは，既にトラッドギル（1975；pp. 107-114）などでも指摘されていることであるが，どのような場合に，あるいはどの程度「意識」に「実態」が反映されているのかについては，まだ明らかにされていない部分が多い．「聞き取りアンケート調査」と言語の実態調査を併用して，双方から得られたデータをマッチングさせていくことによって，「意識」と「実態」の関係を明らかにしていくことが可能と考えている．

4．「聞き取りアンケート調査」の制約

　以上，「聞き取りアンケート調査」の有効性について，先行研究からみてきた．以下では，「聞き取りアンケート調査」のもつ制約について考えていく．

4.1. 項目の性質に対する制約

　「聞き取りアンケート調査」では，その調査項目に，制約はあるのだろうか．表1で示した先行研究は，アクセント・イントネーションについての研

究だが，音声・音韻関係でも可能だろう．

　では，調査を構成する項目の持つ性質については，どうだろう．秋永一枝（1994）では，「聞き取りアンケート調査」について，「外来語の平板化の調査などは，多少音感がにぶくても聞き分けられるからこそ，多人数調査が可能である」と，項目の性質に制約があることを示唆している．

　しかし，刺激音声として提示される調査項目の差異が微細なものであっても，被調査者にとってその差異が意味のある違いとなっているならば，その違いは認識されている（佐藤栄作，1995，1996，1997）．つまり，その被調査者にとって「注意の集中点」（川上蓁，1984）が，存在する項目ならば，被調査者にとっての「正しい選択」が行なわれうる．また，逆に「正しい選択」が行なわれない場合，その項目がもつ特徴は，少なくともその被調査者の意識的な採否行動において意味をもたない差異であることを示す．その場合はその場合で，どのような被調査者にとって，その特徴が意味をもたないのかを観察することができる興味深いデータとなると言えよう．

　「注意の集中点」には，当然方言差が強く反映されることが予測され，地域によって「注意の集中点」をもつ項目は異なる．杉藤美代子（1982），井上史雄（1984）で具体的な例が示されている．つまり，「聞き取りアンケート調査」に際しては，調査対象（どこで・だれに，など）によって項目を選定する必要性がある，ということだが，「何を」調べるのかによって，すでに項目は選定されてきているのだから，そのことを「聞き取りアンケート調査」の重大な欠点とすることはできないだろう．

4.2. 刺激音声の制約

　次に，調査に用いる刺激音声についての制約を考える．佐藤栄作（1995）では，刺激音声の「障害」として，(1)イントネーション，(2)音の長短，(3)音色を指摘している．現実には，被調査者は「実現形からの抽象化」を経ることによって聞き取りを行なっているため，(1)〜(3)で指摘したことは大きな問題とならない，としているが，それは，「体系変化」項目を中心に考えた場合であろう．

　以下のようなケースは，刺激音声によって結果が大きく変動すると考えら

れる．たとえば郡史郎（1992）では，いくつかの刺激音声を提示して，それぞれが「女の友達に言われたらどんな感じがしますか」などのいくつかのイメージ語から選択させているが，同調査で実際に使用された刺激音声は，男声であるため設定がやや無理な感じがしないでもない．また，田中ゆかり（1993，1994）では，女子高校生の音声を刺激音声に使ったために，印象調査において，「かわいい」という評定語が多く回答された可能性も否定しにくい[1]．つまり，より社会言語学的な性質を帯びた調査項目についてイメージなど付加情報を尋ねる場合，刺激音声の声質などにかなりの注意が要求されるということである．

4.3. 被調査者の「許容度」

　被調査者が，「自分と同じ（あるいは類似）」と判定する基準，つまり刺激音声に対する認定の「許容度」には，個人差が大きいと考えられる．

　しかし，その「許容度」の大小は，「社会言語学的調査」という観点からは，むしろ大きな意味をもつと考えられる．たとえば，言語外的な要因が強くかかわるケースなどにおいては，「許容度」の大きな被調査者は，新しい言語形式の採用に対して貪欲な「変化の先導役」となる話者である可能性が高いと考えられるし，逆に「許容度」の小さな被調査者は，「自分のもっている言語」をより強く保持する傾向を示す話者となっているだろう，といったことなどが考えられる．

　そこから，どのような被調査者が「許容度」が大きい，あるいは小さいのかといった観点を導入できる．ただ，「許容度」の大きさと「いいかげんな回答」を峻別する手だてが必要となってくる．調査時間という別の制約にかかわってくるが，同じ刺激音声をランダムに複数回聞かせ，回答のばらつきを観察することによって，「自分のもっている言語」に対する認識の薄い被調査者を判定することなどは可能であろう（井上史雄，1984）．認識の薄さ・濃さがどのような意味をもつのかについては別途，興味深い検討課題となる．

5．おわりに

「多人数調査」を中心とした調査による知見の性格と制約について，杉戸清樹（1988）は，次のような点を指摘している．

［１］短い言語形式（単音・音節・形態素・語など）についての情報が中心である
［２］〈実態〉と呼ばれる情報が中心である
［３］実際に行なわれた言語生活・言語行動を〈あとづけ〉〈記述〉した情報が中心である
［４］確率論的な数値の姿での情報が中心である

「聞き取りアンケート調査」によって得られる知見もほぼ同様の性格と制約をもつといえる．

しかし，先に述べたように，「聞き取りアンケート調査」は，音声言語にかんする同一地点あるいは同一地域における均質的な多人数を対象としたデータを採取できる手法である．また工夫次第で所要時間も短くすることができるだろうし，調査負担の少なさによってさまざまな調査対象に実施することも可能である．さらに，「聞き取りアンケート調査」は，実態調査と組み合わせることによって，言語変化事象における「意識」と「実態」との関係性を明らかにする可能性ももつ手法である．

郡史郎（2008）で用いられた聴取実験では，回答者数は少数であるが，ウェブ調査手法を導入したもので，回答者が指定のウェブサイトにアクセスし，回答者が納得できるまで何回も刺激音声の聴取を繰り返すことができ，かつ聴取回数も記録に残すことが可能なデザインとなっている．ウェブ調査手法の発展とともに再生の順番・回数の自由度が高まってきていることが反映されたデザインだといえる．ただし，ウェブ調査という手法は，調査負担という観点からは，まだ制限も少なくない段階にあるといっていいだろう[2]．

今後，試行を繰り返しながら，「聞き取りアンケート調査」の効果と制約について検討をつづけ，音声言語事象にかんする多人数で均質的なデータ採取手法としての可能性を高めていきたいと考えている．

1 刺激音声に「低い声の20代女声」を用いて，東京都区内の私立大学に通う大学生を対象とした調査を行なった際（未発表），「女子高校生声」に比べ，「かわいい」の回答率が相対的に低かった．
2 調査対象の年齢，コンピュータスキルの程度などに大きく依存する．

第3章
「気づき」にかかわる言語事象の受容
―山梨県西部域若年層調査を中心に―

1．はじめに

　本章の目的は，「気づき」が言語事象の受容に与える影響について考察することである．ある言語共同体において，「気づき」のない（弱い）非共通語は，従来形の保持あるいは新形の拡大に関与する可能性が高く，「気づき」のある（強い）非共通語のあるものは，移住者が「歩み寄り」の方法として選択すると同時に，ネイティブにもその使用が保持される可能性が高いものであると考える．これら，「気づき」に関与する2つの事象から，どのような言語項目／話者が非共通語形を保持／拡大させるのかについて考察する．

　具体的な検討に際しては，山梨県西部域若年層調査と山村留学生制度を導入している山梨県芦安村小中学生調査による資料を用いる．「気づき」がない（弱い）言語事象受容の例として，「気づかない非共通語」現象をアクセント面から考察する．「気づき」のある（強い）言語事象受容の例としては，山村留学生達の非共通語形の受容について語彙・文法事象から考察する．これは移住者の当該地方方言への「歩み寄り」の一方法を考察するに等しいと考える．

2．「気づき」のない（弱い）言語事象としての非共通語

　「気づき」のない（弱い）言語事象として，アクセント面における「気づかない非共通語」を取り上げる．ここで用いる「気づかない非共通語」は，「気づかない方言」とほぼ同様の意味をもつ．しかし「気づかない方言」は，井上史雄（1996）が指摘するように呼称ならびに定義が確定的ではなく[1]，本章で考える概念とは定義に多少のずれがみられるため，「気づかない非共通語」を用いて論を進める．「気づかない非共通語」とは，「場面にかかわらず，当該言語事象が非共通語であることに気づかない（気づきにくい）言語

事象のこと」とする[2]．

「気づかない方言」についての先行研究には，語彙・語法に焦点を絞った佐藤亮一（1989），沖裕子（1991），篠崎晃一（1996），沖裕子（1996）がある．アクセント面については特定語彙の共通語化抑制の要因として「気づかれにくい方言」を指摘しているものに馬瀬良雄（1983），三井はるみ（1996）がある[3]．

3．「気づかない非共通語」検討に用いる山梨若年調査資料の性質

「気づかない非共通語」について考える具体的な資料としては，1995年3月3日〜3月22日に甲府市・韮崎市を中心とした山梨県西部域の7中学約500人を対象に実施した調査[4]のアクセント項目資料（以下，「山梨若年調査」とする）を用いる[5]．調査域は甲府市・韮崎市周辺地図略図を参照．以下では，調査域の自治体名や境界などについては調査当時のものを示す．

山梨若年調査資料の主な特徴は，多人数調査であることと，単語・短文リストの読み上げ式調査であることである．多人数調査であることは，個人差を排除しやすく，当該言語共同体およびそこに属する個人のもちうる変異の幅をみるのに適していると考える．また，読み上げ式調査は，「共通語読み」変種あるいは「共通語アクセント」が出現しやすい性質をもつという指摘がある（陣内正敬，1992b；佐藤亮一，1996）．しかし，本章の場合，目的が「気づかない非共通語」アクセントについての考察であるため，上記の性質をもつとされている読み上げ式調査は，都合がよいといえる．つまり，共通語アクセントが出現しやすい調査方法においても出現する非共通語アクセントは，他の調査法によって得られた資料よりも，一層「気づき」の弱い性質をもつものと考えられるからである．

山梨若年調査に際しては，金田一春彦（1942），都竹通年雄（1951），金田一春彦（1957），渡辺富美雄（1957），小林滋子（1961），秋永一枝（1967），稲垣正幸・清水茂夫（1983），中條修（1983），柴田武（1983），稲垣滋子（1986），大橋勝男（1989），清水茂夫（1994）等で指摘された，当該地または当該地周辺において非共通語形が確認されるものを中心に，調査項目を選定した．項目は図1参照．読み上げ式調査に際しては，「友達と話すように」

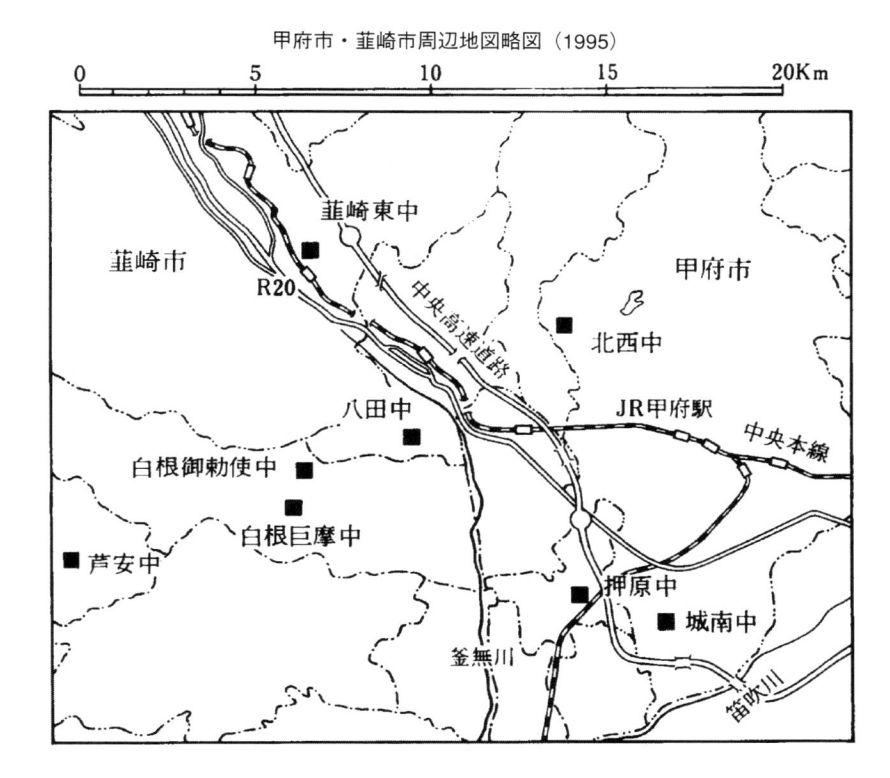

甲府市・韮崎市周辺地図略図（1995）

と指定した．

4．出現率からみた「気づかない非共通語」

　山梨若年調査で分析対象としたのは459人．内訳は以下の通り（（　）内は学校所在地市町村，数字は人数を表す）．調査項目は図1参照．

学校：巨摩中学（白根町）　56／御勅使中学（白根町）61／韮崎東中学（韮崎市）90／八田中学（八田村）61／押原中学（昭和町）68／北西中学（甲府市）62／城南中学（甲府市）61

外住歴：外住歴無（学校所在地生育者）290／山梨県内外住歴有88／山梨県外外住歴有77[6]／生育地不明者4

性：男228／女231

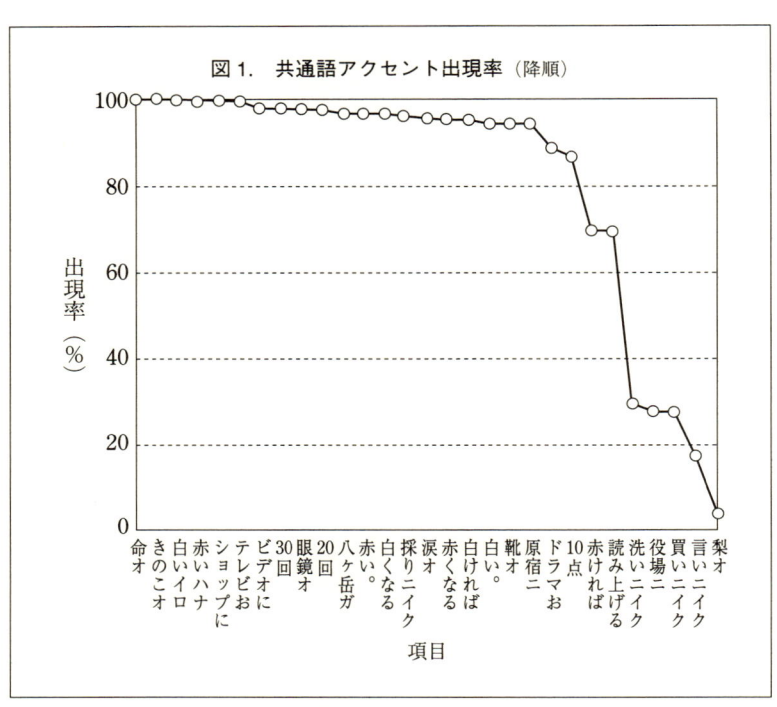

図1. 共通語アクセント出現率（降順）

横軸項目（左から右）: 命オ、きのこオ、白いイロ、赤いハナ、ショップに、テレビお、ビデオに、30回、眼鏡オ、20回、八ヶ岳ガ、赤い。、白くなる、採りニイク、涙オ、赤くなる、白ければ、白い。、靴オ、原宿ニ、ドラマお、10点、赤ければ、読上げる、洗いニイク、役場ニ、買いニイク、言いニイク、梨オ

縦軸: 出現率（％）

項目	出現率	共ア	n	項目	出現率	共ア	n
命オ	99.8	1	458	赤くなる	95.4	4	459
きのこオ	99.8	1	458	白ければ	95.1	1	450
白いイロ	99.6	2	458	白い。	94.1	2	458
赤いハナ	99.3	0	459	靴オ	93.9	2	459
ショップに	99.3	1	458	原宿ニ	93.5	0	428
テレビお	99.3	1	456	ドラマお	88.2	1	459
ビデオに	93.3	1	458	10点	86.6	3	456
30回	97.6	3	449	赤ければ	69.4	2	421
眼鏡オ	97.6	1	457	読上げる	68.9	4	457
20回	97.5	2	442	洗いニイク	29.4	0	453
八ヶ岳ガ	96.7	3	458	役場ニ	28.5	3	456
赤い。	96.5	0	458	買いニイク	27.6	0	458
白くなる	96.5	1	458	言いニイク	17.6	0	454
採りニイク	95.6	1	459	梨オ	4.2	2	456
涙オ	95.4	1	459				

［注］「共ア」に示されたアラビア数字は共通語アクセント型を表す。

「気づかない非共通語」を検討するために，まず各項目の共通語アクセントの出現率から検討する．各項目の共通語アクセントの出現率を表したものが図1である．読み誤り・読みとばし・音声の不良による聞き取り不能だったものを除いてあるため，各項目におけるサンプル数は必ずしも459ではない．「共ア」として示した共通語アクセント型は，『日本語発音アクセント辞典　改訂新版』(1985：NHK（編）日本放送協会）・『明解日本語アクセント辞典　第二版』(1981：秋永一枝（編）三省堂）および先行研究より判断した．

　全体的な傾向として，共通語アクセントが90％以上出現する項目が約7割と，かなりの程度「共通語」的である様子が図1からうかがえる．一方で，非共通語アクセントがある程度現れていることも分かる．

　ここで，10％以上（小数点第2位以下四捨五入．以下の％表示は同様）出現する非共通語アクセントを上げると，以下の12例である[7]．出現率の高い順に示す（項目の後の数字はアクセント型，項目の前の＊は首都圏若年層における優勢型[8]）．

　　＊梨 0 型94.1％／役場 1 型54.3％／洗い（に）2 型49.9％／買い（に）1 型43.7％／言い（に）1 型42.3％／言い（に）2 型40.1％／読み上げる 0 型30.4％／買い（に）2 型28.4％／赤ければ 3 型27.6％／洗い（に）3 型20.8％／役場 0 型17.1％／＊ドラマ 0 型11.8％

　共通語アクセント型等との比較から，(1)共通語形・非共通語形のいずれかに平板型か尾高型が関与している場合に「気づかない非共通語」が存在しやすい，(2) 1 型が関与している場合は，首都圏若年層で生じている変化に連動している場合である，という全体的な傾向がうかがえる．しかし，出現率のみでは，それぞれの「気づかない非共通語」アクセント型が，古／新のいずれの方向にかかわるか，またその方向性にどの程度の重みをもってかかわるのかが明確化してこないという問題が残る．

4.1. 「気づかない非共通語」の変化に対する方向性と重み

　変化に対する方向性と重みについて検討するために，数量化理論第3類を用いて分析を進める．数量化理論第3類は，多くの被調査者が回答する一般的な反応から少数派の反応を分離するとともに，関連の強い項目同士は近くに，関連の弱い項目同士は遠くに布置するという結果を導く質的データの解析法である（駒澤勉・林知己夫，1982；林知己夫，1993）．この手法を用いることによって，(1)変化に対する方向性（古／新），(2)変化の方向性への重み，(3)被調査者属性と変化の方向性・重みとの関連―の3つの点を明らかにすることができる．

　分析に用いた資料は，山梨若年調査のうち，非共通語アクセントの出現率が3％以上のものを含む15項目と，15項目全ての録音があった370人のものである[9]．分析に際しては，HALBAU Ver. 4を用いた．370人の内訳は以下の通り（数字は人数を表す）．

　　学校：巨摩中学49／御勅使中学55／韮崎東中学66／八田中学55／押原中学
　　　　　58／北西中学43／城南中学44
　　外住歴：外住歴無（学校所在地生育者）232／山梨県内外住歴有66／山梨
　　　　　　県外外住歴有68／生育地不明者4
　　性：男181／女189

4.2. アクセント型からみた方向性と重み

　15項目44アクセント型による数量化理論第3類の分析結果を表1（成分1重み係数降順）に示す．

　表1から，成分1の＋方向に先行研究等で指摘されている方言形アクセント型，－方向に共通語ならびに首都圏若年層で優勢となっているアクセント型が分離された．このことより，成分1の軸は＋方向から－方向にむけて，新しい変化の進行方向を示していると解釈できる．分析結果を明確化するために表1から，共通語アクセント型と出現率3％未満のアクセント型を除外し，成分1の重み係数の大きな順に示したものが図2である．図2は＋方向に大きな値をとる「涙2型」から，－方向に大きな値をとる「靴0型」にか

表1. アクセント型重み係数成分1 (降順)【凡例 ＊：3％未満 ＋：共ア型】

項目ア型	成分1	項目ア型	成分1	項目ア型	成分1
役場ニ2＊	6.946	原宿ニ3	0.271	赤ければ4＊	−1.435
白ければ3＊	5.399	靴オ2＋	0.217	白ければ2	−2.206
涙オ2	3.711	ドラマオ1＋	0.198	梨ガ2＋	−2.812
原宿ニ2	2.818	梨ガ0	0.132	洗いニ0＋	−2.868
買いニ1	1.282	白ければ1＋	0.104	買いニ0＋	−2.905
洗いニ3	1.229	赤い。0＋	0.101	赤い。2	−3.000
洗いニ2	1.229	八ヶ岳ガ3＋	0.040	靴オ0	−3.025
買いニ2	1.111	白い。2＋	−0.025	靴オ1＊	−3.827
言いニ1	1.102	涙オ1＋	−0.114	言いニ0＋	−4.153
赤ければ1＊	1.003	原宿ニ0＋	−0.116		
赤ければ3＊	0.802	赤ければ2＋	−0.287	固有値	0.139
役場ニ1	0.765	役場ニ0	−0.601	寄与率	7.178
読み上げる3＊	0.694	読み上げる0	−0.778	χ^2値	798.122
言いニ2	0.617	八ヶ岳ガ1	−1.293	自由度	411
白い。1＊	0.417	役場ニ3＋	−1.294	有意確率	0.000
白い。0	0.390	ドラマオ0	−1.362		
読み上げる4＋	0.347	赤ければ0＊	−1.364		
		梨ガ1＊	−1.381		

けて,「古い」〜「現在勢力を持っている(以下「現在」)」〜「新しい」の順で「気づかない非共通語」アクセント型が布置されている図といえる．また,「現在」の中でも,とくに重み係数が0に近いほど極めて一般的な反応群,すなわち「気づかない」度の高いアクセント型であることを表している．

「古／現在／新」の区別に際して,今回は成分1の重み係数の平均値と標準偏差を指標として用いる[10]．観測されたデータが凸型の対称分布である場合,「平均値±標準偏差」の範囲内に全データの約68％が,「平均値±2×標準偏差」の範囲内に約96％が収まる[11]．出現率3％以上の非共通語アクセントの重み係数は,全て「平均値±2×標準偏差」の範囲内に収まるため,「平均値±標準偏差」の範囲を"現在勢力をもっている(＝一般的な)"「気づかない非共通語」とする．併せて,その範囲からはずれたものを軸の方向性に従い,「＋古⇔−新」とする．図2に,アクセント型・首都圏若年層とのかかわりという観点を加え,整理したものを表2として示す．

表2から,今後調査域において,勢力を拡大していく「気づかない非共通

図2. 非共通語アクセント型重み係数成分1 （降順）

涙オ2	3.711
原宿ニ2	2.818
買いニ1	1.282
洗いニ2	1.229
洗いニ3	1.229
買いニ2	1.111
言いニ1	1.102
赤ければ3	0.802
役場ニ1	0.765
言いニ2	0.617
白い。0	0.417
原宿ニ3	0.271
梨ガ0	0.132
役場ニ0	-0.601
読み上げる0	-0.778
八ヶ岳ガ1	-1.293
ドラマオ0	-1.362
白ければ2	-2.206
赤い。2	-3.000
靴オ0	-3.025

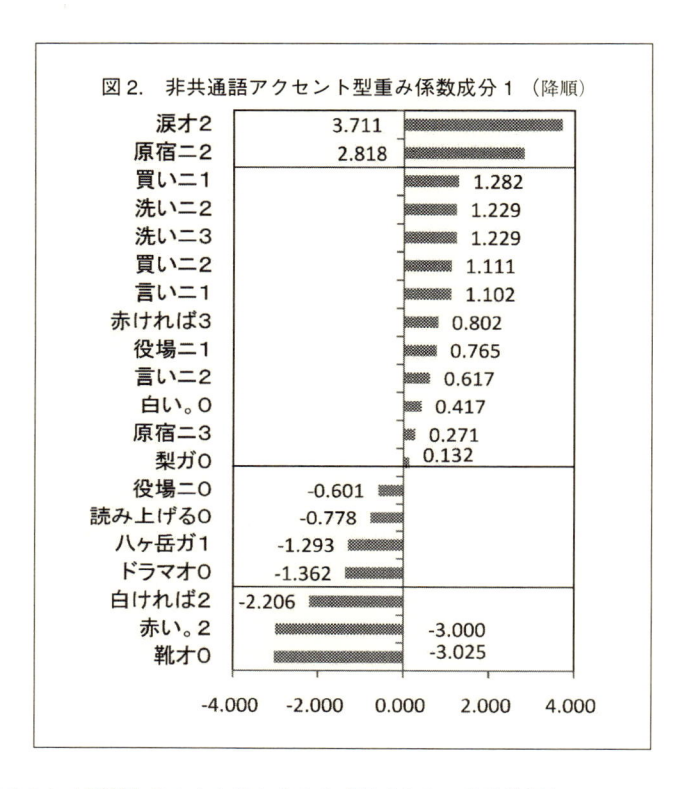

表2. アクセント型等とのかかわりからみた「気づかない非共通語」

A．古い「気づかない非共通語」
　[1] 共通語：1型，非共通語：中高型　　「涙2型」
　[2] 共通語：平板型，非共通語：中高型　「原宿2型」

B．現在「気づかない非共通語」
　[3] 共通語：尾高型，非共通語：中高型　　　　「＊梨0型[12]」，「役場0型」
　[4] 共通語：平板型，非共通語：尾高型　　　　「買い2型」，「言い2型」，「洗い3型[13]」
　[5] 共通語：中高型，非共通語：平板型　　　　「読み上げる0型」，「白い。0型」
　[6] 共通語：中高型，非共通語：中高型　　　　「原宿3型」，「赤ければ3型」
　[7] 共通語：中高型／尾高型，非共通語：頭高型　「八ヶ岳1型[14]」，「役場1型[15]」
　[8] 共通語：頭高型，非共通語：平板型　　　　「＊ドラマ0型」

C．新しい「気づかない非共通語」
　[9] 共通語：尾高型，非共通語：平板型　　「靴0型」
　[10] 共通語：平板型，非共通語：中高型　　「＊赤い。0型」
　[11] 共通語：頭高型，非共通語：中高型　　「＊白ければ2型[16]」

【表2凡例】アラビア数字はアクセント型，＊は首都圏若年層における優勢型を示す．

語」として，「平板型と非頭高型の関与するケース」を指摘できる．この傾向からはずれる頭高型が関与する非共通語は，首都圏若年層の優勢（になりつつある）型と合致する場合は勢力を拡大するといえる．これは，首都圏若年層にある種の「威光」が存在するためと考えられる．首都圏の内部でも同様の「威光」にまつわる「気づかない非共通語」の勢力拡大パターンが確認できる．「とびはね音調」[17]をその例として上げることができる．外来語の平板型も同様なパターンであるが，「若者／業界」等のメディアによる社会的なコメント（井上史雄，1992；他）がすでに行なわれており，とくに社会的なコメントが付与されていない「とびはね音調」とは別の要因[18]が関与している可能性がある．

4.3. 「気づかない非共通語」を担う被調査者の属性

ここでは，「気づかない非共通語」の方向性（＋古⇔現在⇔－新）を担う被調査者の属性について検討を加える．

被調査者の属性群ごとに，数量化理論第3類によって求められた成分1の重み係数の平均値を大きな順に示したものが図3である．比較を行なった属性群は，学校（巨摩中／御勅使中／韮崎東中／八田中／押原中／北西中／城南中）・外住歴（外住歴無／山梨県内外住歴有／山梨県外外住歴有）・性（男／女）・家族形態（核家族／祖父母同居）．属性群ごとに平均値の差の有無について検定を行なった結果，5％水準で有意差の得られたものは，学校と外住歴であった[19]．白勢彩子（1996a）より，学校による外住歴の差はみられないことが分かっているので[20]，学校差は地理的な差，あるいは行政形態による差の反映と考えられる．

それぞれの方向に働く属性群は，＋方向に，学校（巨摩中／押原中／八田中／御勅使中）・外住歴（山梨県内外住歴有／外住歴無），－方向には，学校（北西中／韮崎東中）・外住歴（山梨県外外住歴有）である．

以上により，
(1) 方言形アクセントの保持（変化の抑制）方向に働く属性は，「調査域南西部の町村域」に居住する「山梨県内の生育者」である
(2) 新たな「気づかない非共通語」の促進に働く属性は，「調査域北東部の

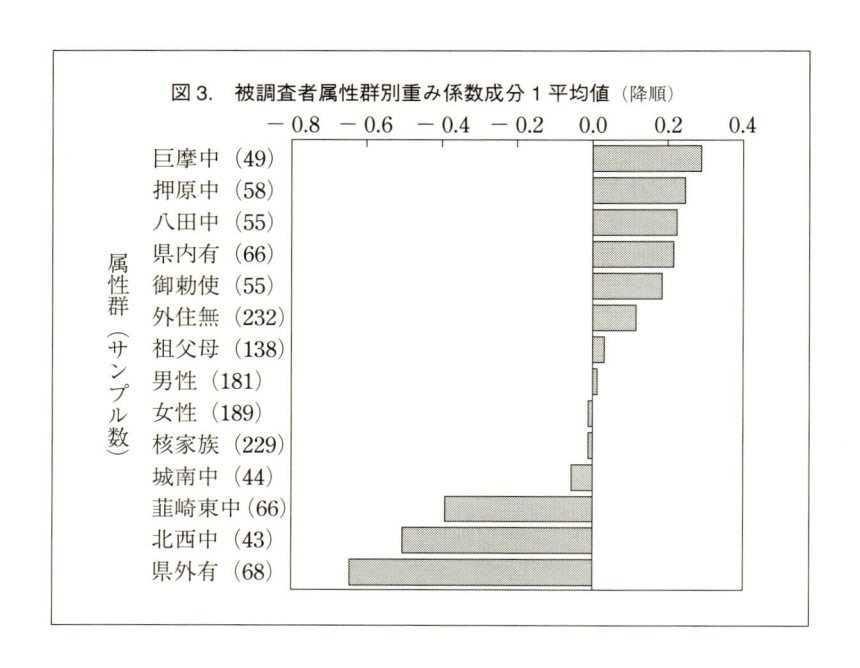

図3. 被調査者属性群別重み係数成分1平均値（降順）

```
属性群（サンプル数）
巨摩中 (49)
押原中 (58)
八田中 (55)
県内有 (66)
御勅使 (55)
外住無 (232)
祖父母 (138)
男性 (181)
女性 (189)
核家族 (229)
城南中 (44)
韮崎東中 (66)
北西中 (43)
県外有 (68)
```

市政域」に居住する山梨県外からの移住者[21]である
ことが指摘できる．

　(2)の結果は，「県外からの移住者」が移住の際にすでに当該言語共同体にとって新たな「気づかない非共通語」をもっていたことによるものとも解釈できるが，そのような移住者が牽引役を担っていることも否定できない．

　移住者が移住先における新しい変化の牽引役となっている可能性は，別途同様調査を実施した芦安小中学生調査（5.1.参照）の一部である芦安中学アクセント調査の結果からもうかがえる．芦安中は，山梨若年調査域最西部に位置する芦安村を所在地とする中学であるが，首都圏を中心とした地域から多くの山村留学生を受け入れており，在校生の半数以上が他地域からの移住者で構成されるという大きな特色をもつ．芦安中調査のアクセント項目データのうち，山梨県外の外住歴をもたない被調査者のデータを，先に検討した山梨若年調査による7中学のデータと比較すると，共通語型・首都圏若年層優勢型の出現率が目立って高くなっている[22]．これは，首都圏からの山村留

学生が，共通語型・首都圏優勢型を芦安中にもちこみ，芦安中の山梨県内生育者に影響を与えた結果であると推測される．

　田中ゆかり・吉田健二（1996, 1997）では，山梨若年調査と芦安小中学生調査データを用いて，母音の無声化，ガ行鼻音項目の分析を行なっている．本章アクセント項目の結果と，それら音声項目の結果を比較すると，音声項目よりもアクセント項目に一層多く共通語型・首都圏若年層優勢型が現れている．つまり，移住者である山村留学生の影響は，これら3項目すべてに観察されたものの，母音の無声化やガ行鼻音のような音声項目よりも，アクセント項目においてより強い影響が認められた，という結果を示している．

　このようなかたちで，「移住者」の明瞭な形態である山村留学生が地元の被調査者に影響を与えたとみられる例は，馬瀬良雄（1987）にも報告がある．馬瀬良雄（1987）は，ガ行鼻音項目とアクセント項目を調査しており，ガ行鼻音項目よりもアクセント項目に山村留学生の優勢形の影響が強く出ているという結果を示している．音声項目よりもアクセント項目に山村留学生の影響が強く現れている点，本章で述べた結果と共通している．

　アクセント項目と音声項目である母音の無声化・ガ行鼻音項目における移住者の影響の大きさの違いは，それぞれの被調査者にとっての「影響の受けやすさ」・「変わりやすさ」のレベルの違いに関連している可能性が高い．つまり，アクセント項目は，音声項目である母音の無声化・ガ行鼻音項目に比べると，影響を受けやすく変わりやすいレベルのものであることを示唆していると考えられる．ディクソン（2001；p.38）では「声調」を「伝播しやすいものの典型」としているが，日本語のアクセントもそこで示された「声調」と同じような「伝播しやすい」性質をもつものとみることができそうだ．

5．「歩み寄り」の方法としての非共通語受容
5.1. 山梨県芦安村小中学生調査の性質

　「気づき」のある（強い）言語事象受容についての検討は，山梨県芦安村小中学生調査[23]を用いて進める．1994年9月に芦安小中学生54人を対象に実施した，語彙・文法・言語意識等について質問したアンケート調査を主に用

いる[24]．
　芦安小中では，一年間同村の寮で生活しながら小中学校に通う山村留学生制度を実施しており，調査には10人の山村留学生（以下，留学生とする）も参加している．留学生は，4.3.で述べた通り「移住者」の明瞭な形態である．留学生が受容している言語事象は，「気づき」のある（強い）ものであると同時に，「移住者」の「歩み寄り」の方法の一端を示していると考える．

5.2. 山村留学生が受容している言語事象の検討に際して
　留学生10人が，語彙・文法事象の非共通語41語形のうち，1人でも「使用する」（「使う」＋「場合によって使う」）と回答があった語形を留学生の「受容」とみなし，留学生各人の受容状況と，留学生以外の44人の「地元使用率」（「使う」＋「場合によって使う」÷44×100）をまとめたものが表3である．表3「い〜ぬ」の留学生に付した（　）内の情報は，生育地・性別・学年を表している．
　表3は，語彙・文法事象のどのような側面から「歩み寄り」が行なわれているのか，どのような属性の留学生がより積極的に「歩み寄り」を行なうかといったことを表している．以下，言語事象項目・属性・言語意識項目とのかかわりの3つの観点から検討をしていく．

5.3.「歩み寄り」の行なわれやすい言語事象の条件
　留学生に受容のみられた語形について，留学生以外の使用率との関連をみるために両者の相関係数（ケンドールの順位相関係数）を求めたところ，0.45の相関があることが分かった（5％水準で有意）．
　このことは，移住した言語共同体で使用率の高いものが留学生に受容されやすいことを示している．50％以上の地元使用率がありながら，留学生に1例も受容がみられなかったのは，コー（来い）／オブチャール（捨てる）の2語形のみで，いずれも語形の類似したコーシ／ブチャールが受容されているものである．
　次に，留学生の受容数によって項目を上位群（3人以上「使用」）と下位群に分けて検討する（（　）内は共通語形）．

表3．山村留学生の方言形受容状況

項目（共通語）	地元使用率	留学生受容数	い(23区)M小6	ろ(23区)M中1	は(神奈川)M小6	に(千葉)M小5	ほ(千葉)M中1	へ(茨城)M小6	と(埼玉)F小5	ち(埼玉)M中1	り(都下)M中1	ぬ(岐阜)M中2
シロシ（しろ）	86.4	6	○	×	○	○	○	○	○	×	×	×
スルラ（するだろう）	86.4	6	×	○	○	○	○	○	○	×	×	○
クルラ（来るだろう）	84.1	6	○	○	○	○	○	○	×	×	×	○
スルズラ（するだろう）	61.3	5	○	○	○	○	○	×	×	×	×	○
タカイラ（高いだろう）	84.1	4	○	○	○	○	×	×	×	×	×	○
クルズラ（来るだろう）	63.6	4	○	○	○	×	○	×	×	×	×	○
コーシ（来い）	79.5	3	○	×	×	○	×	×	○	×	×	×
タカイズラ（高いだろう）	56.5	3	○	○	×	×	×	×	○	×	×	×
タク（野菜を煮る）	40.9	3	×	×	×	×	×	×	×	○	○	○
タカイジャー（高いなら）	75.0	2	○	×	×	×	×	×	○	×	×	×
シカラレタラ（叱られただろう）	81.8	1	○	×	×	×	×	×	×	×	×	×
スルジャー（するなら）	79.5	1	○	×	×	×	×	×	×	×	×	×
チゴー（違う）	72.8	1	×	×	×	×	○	×	×	×	×	×
マチョー（待て）	20.4	1	○	×	×	×	×	×	×	×	×	×
ブチャール（捨てる）	9.1	1	×	×	×	×	○	×	×	×	×	×
タカイダラ（高いなら）	6.8	1	×	○	×	×	×	×	×	×	×	×

　上位群には，シロシ（しろ）／スルラ（するだろう）／クルラ（来るだろう）／スルズラ（するだろう）／タカイラ（高いだろう）／クルズラ（来るだろう）／コーシ（来い）／タカイズラ（高いだろう）／タク（野菜等を煮る）の順で入っており，タクを除くと，文末詞あるいは終止形に接続する文末詞的な助動詞に集中していることが分かる．

　下位群は，タカイジャー（高いなら）／シカラレタラ（叱られただろう）／スルジャー（するなら）／チゴー（違う）／マチョー（待て）／ブチャール（捨てる）／タカイダラ（高いなら）と，従属節・時制を伴うラ形・語彙・連母音の融合等訛音的なものが入っている．

　上位群に文末詞的なものが集中している理由として，文末詞的なものは，共通語形に直接接続することが可能であるため，「習得」が容易であることを指摘できる．また，ズラ／ラが留学生に受容される理由として三原裕子（1996）は，非文末表現に比べ文末表現が「耳立」つことを指摘している．

しかし，文末にくる方言形式は，話者のモダリティーを示す役割を強く担うため保持されやすいという傾向も指摘されている（陣内正敬，1992b）．このことから，「耳立」つことも重要な要因と考えるが，シ／ズラ／ラがモダリティーを示す文末表現であることを，受容のより強い要因として指摘したい．シは文末表現命令形をやわらげる意味合いを持ち，ズラ／ラも共通語とは異なるニュアンスをもって受け取られていることが想像される．さらに，ズラ／ラは，共通語形「～だろう」よりも短い語形で推量を表すことのできることも関連すると考える．また，今回の調査は「～だろう」に対応する方言形式について質問した項目で，ズラ／ラの両形式が回答された．これは，吉田雅子（1996）が指摘する当該地方言における両形式の使い分け―「～だろう」に対応する方言形式はラ，「～のだろう」に対応する方言形式はズラ―と一致しない．アンケートという調査形式による結果とも考えられるが，「だろう／のだろう：ラ／ズラ」という使い分けは本来それほど強固なものではなかった，あるいは若年層に向かってより短い言語形式であるラ形に統合される形で使い分けが緩やかになってきていることの反映とも考えられる．本調査結果においては，ラ形式の回答がズラ形式よりも留学生以外・留学生ともに多く回答／受容されている．

　下位群に現れた方言形式は，非文末表現や複雑な形式および訛音的なものであった．留学生以外で50％以上の使用率であっても，これらは受容されにくいことを示している．下位群が上位群に比べ，「気づき」が極端に弱いとはいえない．両群を分けた要因として，習得の容易さ・共通語ではカバーできないモダリティーをもつか否かが関与していることがみいだせる．

5.4.「歩み寄り」をする話者像―属性と言語意識項目から―

　「歩み寄り」をより積極的に行なう話者像について，留学生の生育地・性・学年という属性から考える．方言形受容数の多い留学生を，積極的な受容群（い／ろ／は／に／ほ）としてみると（表3），積極的な受容群は，首都圏のより都心に近いところで生育した留学生によって構成されていることが分かる．

　また，女子は1人のみだが，積極的な群に入っておらず，最下位群（受容

数が 0 または 1 ）の 3 人は全員中学生である．これらにより本データにおける，積極的な「歩み寄り」を行なう話者として，「都心に近いところで生育した男子小学生」が浮かびあがってくる．

次に，以下の言語意識項目とのかかわりからみる．言語意識項目は，「普段の言葉は芦安方言か」・「普段の言葉は標準語か」・「芦安村が好きか」・「甲府市が好きか」・「東京が好きか」で，いずれも 5 段階尺度（1：全くそう／2：まあそう／3：どちらともいえない／4：どちらかといえば違う／5：全く違う）を用い評定してもらった．各留学生の方言形受容数と，各言語意識項目を（　）内の数字にしたがって得点化したものとの関連をみるために相関係数（ケンドールの順位相関係数）を求めたところ，以下のような結果となった．

「芦安方言か」	「標準語か」	「芦安村好悪」	「甲府市好悪」	「東京好悪」
0.4	0.06	0.13	−0.14	−0.35

いずれも，統計的に有意な値となってはいないが，
［1］「普段の言葉」を「芦安方言」寄りと意識している留学生に受容数が多い．
［2］「標準語」の程度とはほとんど関連がない．
［3］「芦安村」・「甲府市」に対する好悪とはほぼ関連がない．
［4］「東京」を好きとする留学生に受容数が多い傾向がうかがえる．

これらからは，受容数の多い留学生はそのことを認識している，つまり「気づき」を伴う受容となっているということ，移住した言語共同体への好悪は方言形受容の動機とはなっていないことを示している．「東京好き」に受容数が多いという傾向は，受容数が多い留学生の生育地が都心に近いことと関連しているのかも知れない．

6．まとめ

前節までにおいて述べてきたことを，以下にまとめる．

A．「気づき」のない（弱い）アクセント事象について

［1］今後勢力をもつ非共通語形は，平板型と非1型が関与する．
［2］首都圏で先行する変化あるいはプラスイメージの社会的なコメントがある場合，1型の関与する例がみられる．
［3］市部に居住する話者が変化の先導役を担う．
［4］移住者が変化の先導役を担う．

B．移住者の「歩み寄り」の方法について―「気づき」のある（強い）文法・語彙事象―

［5］移住した言語共同体の優勢形が受容される．
［6］習得が容易で，共通語ではカバーしきれないモダリティーを示す文末詞的事象が優先的に受容される．
［7］都心部生育者がより積極的な「歩み寄り」態度を示す．
［8］小学生と中学生では，小学生に「歩み寄り」がみられる．
［9］移住した言語共同体への好悪は，「歩み寄り」への積極的な動機とはなっていない．

7．おわりに

山梨若年層調査の資料を中心に，「気づき」にかんする言語事象の受容について考察をしてきた．「気づき」のない（弱い）／ある（強い）事象が関与する変化に与えるインパクトと，それを担う話者像について具体的に述べてきた．

今回の調査・分析に用いた項目は，「気づき」のない（弱い）／ある（強い）非共通語が出現する可能性があるものの一部であり，当然「変化」の全てのパターンを含むものではない．また，社会的なコメントの影響等について考察が及ばなかった．

しかし，これら「気づき」にかかわる事象は，「変化」のあるパターンに限定して現れるものではないはずである．調査方法・項目等の改善によって，変化にかかわる要因をより明確にすることができると考えている．これ

らは，今後の課題としたい．

1　井上史雄（1996）によれば，呼称は「方言と思っていない方言」・「気づかない方言」・「気づかれにくい方言」・「無自覚方言」・「（第）二次（方言）特徴」等がある．定義については，陣内正敬（1992a），井上史雄（1996），沖裕子（1996）等がある．
2　また，「気づかない」範疇には，話者の「公的場面においても使用する」という認識も含めておく．首都圏における外来語の平板型の採用に対して，話者が「気づかない」変化とはいいにくいものも念頭に置いている．「気づき」の程度については，個人差・社会的コメントの有無との関連が強いと考えるため．
3　馬瀬良雄（1983），三井はるみ（1996）ともに東京式アクセント域における3拍名詞の例．共通語形が非1型で方言形アクセント1型の場合，「気づかれにくい方言」として共通語化が遅れるとしている．
4　調査者は，調査当時早稲田大学大学院文学研究科秋永一枝研究室に在籍していた以下のメンバー．白勢彩子，勢登雅子，田中ゆかり，松永修一，三原裕子，吉田健二（50音順）．
5　調査・調査域の詳細については，秋永一枝（編）（1996）に記してある．芦安中でもほぼ同様のアクセント調査を実施しているが，同中では山村留学生の受け入れを行なっていることから，4.3の分析における参考資料として用いるに止める．
6　ほとんどが首都圏からの移住者である．
7　各項目における詳しいアクセント型出現率等については田中ゆかり（1996），第3部第6章参照．
8　本章2．の先行研究および田中ゆかり（1993.03），同（1994），秋永一枝（1996）より．
9　極端に出現率の低い反応は，分析結果をゆがめることが分かっているため，非共通語アクセントの出現率が全て3％未満の項目をはずした．
10　標準偏差は，データの広がりを表す指標の一つ．各データと平均値との差を平方したものの和をデータ数で割ったものの平方根のこと．
11　正確には，正規分布の場合「平均値±標準偏差」の範囲に全データの68.3％が，「平均値±2×標準偏差」の範囲に95.5％が収まる．平均値は，−0.009，標準偏差は，2.135．
12　山梨若年調査における非共通語形「梨0型」は，調査域の従来型（小林滋子，1961；渡辺喜代子，1983；等）であるが，首都圏西部で台頭してきた型とも同じである．このため，「抑制」兼「進行」と考えられる．また，調査域の近隣方言でも「梨」の属するⅡ類の語彙に平板型が優勢型で勢力を拡大しつつある（山口幸洋，1982）ことも関連していると考える．
13　「買い」・「言い」・「洗い」のⅠ類動詞連用形「〜に行く」形の尾高型アクセントが連母音／ai／・／ii／によりそれぞれ1拍前に移動した型は，尾高型と同程度出現しているがここでは尾高型に含めて考える．
14　「八ケ岳1型」が，図2において比較的新しい変化を示す方向に布置されているのは他の項目において共通語アクセントの採用が他の6中学に比べ多い韮崎東中に集中して1型が出現しているため．韮崎東中と八ケ岳との地理的な近さが要因か．

15 「役場1型」については,注3でふれた3拍名詞の非共通語非頭高型の例である.頭高型保持の要因として,市政域では日常用いる語彙とはいいにくく共通語形と直接接触する機会が少ないこと,複合形「〜役場」は「〜●○○型」で実現されること等が考えられる.
16 稲垣滋子 (1986) で,東京都内青年層に「白かった2型 (共通語アクセント型:1型)」が増加している.
17 「とびはね音調」は「〜ない?」という形式をとる問いかけイントネーションの一種.前部成素に起伏型のアクセントをもつものがくる場合でも,平板型のアクセントをもつものと同様の型で実現される.田中ゆかり (1993,05) 参照.詳細は第2部.
18 いわゆる「尻上がりイントネーション」が社会的に否定的なコメントを受け (山口幸洋,1993;川上蓁,1993;他),急速にその勢力を減退させたのに比べ,「とびはね音調」に対してはこれまでとくに社会的なコメントをみない.これは,「尻上がり」が文末の音調のみにかかわるものであったのに対し,「とびはね音調」は,文末の音調が従来指摘されていた「浮き上がり」(川上蓁,1992) に類似していることに加え,注意されにくい文末以外にアクセントの破壊という特徴をもつためと考える.
19 一元配置分散分析による.Bonferroni の基準で対比較も行なった.
20 χ^2 検定の結果でも,学校ごとに外住歴の差はみられなかった.
21 県外外住歴有群は,外住歴無群よりも核家族が有意に多いことも関連するか.
22 たとえば,共通語形「赤ければ2型」(7中学27.6%,芦安中55.5%),首都圏若年層優勢型「白ければ2型」(7中学4.7%,芦安中22.2%) 等.詳しくは田中ゆかり (1996).
23 調査者は,調査当時早稲田大学大学院文学研究科秋永一枝研究室在籍の以下のメンバー.白勢彩子,田中ゆかり,三原裕子,吉田健二 (50音順).
24 アンケートは,山梨若年調査でもほぼ同じものを実施している.語彙・文法・言語意識項目の全体的な傾向については,三原裕子 (1996),白勢彩子 (1996b,1996c) 参照.

第4章
アクセント型の獲得と消失における「実現型」と「意識型」
―外来語アクセント平板化現象から―

1．はじめに

　首都圏[1]の外来語アクセントにおいて，従来型の起伏型から新しい型として平板型が有力な型となってきていることは，最上勝也（1984），篠原朋子（1984），レオナルド・リングィスト（1985），井上史雄（1986），最上勝也（1987），石野博史（1989），坂梨隆三（1990），加治木美奈子（1998）など，多くの指摘がある．この「外来語アクセント平板化現象」（以下，平板化現象）の実態についての報告は，首都圏にかんするものだけでも，井上史雄（1992．02a，1992．02b），馬瀬良雄・安平美奈子（1992），田中ゆかり（1994），秋永一枝（編）（1998），加藤大鶴（1999）などがある．

　外来語アクセントは原則として，2・3拍語は頭高型・4拍語以上は最終拍から3拍目にアクセント核が付与されたものが基本アクセント型で，当該拍が特殊拍の場合1拍前にアクセント核が移動する[2]．この基本アクセント型の規則に則った外来語の非平板型アクセント型をここでは，「従来型」と呼ぶこととする．

　平板化現象は，マス・メディアにおける扱いからも「意識されやすい」事象といえる（加治木美奈子，1998）．注意を喚起しやすいのは，次のような性質をもつためと考えられる．

　　［1］平板型アクセントが「集団語」的性質をもつ
　　［2］平板型アクセントが「流行語」的性質をもつ
　　［3］平板化現象が意識的なアクセント型の置き換えにかかわる

　平板化現象が上記のような性質をもつことについては，秋永一枝（1958），最上勝也（1984），井上史雄（1986），最上勝也（1987），井上史雄（1992．02a，1992．02b），加治木美奈子（1998）などでも指摘されている．そこから考えると，平板化現象は，アクセント型の獲得／消失にかんする現象の中

でも，とくに「気づき」の強い，意識化しやすい現象といえよう[3]．

なお，平板化現象が生ずる要因について，先行研究では次のような指摘をしている．

［1］4拍語名詞の多数型である平板型への類推（秋永一枝，1958；最上勝也，1987；井上史雄，1992．02a）

［2］馴染み度の高い語が平板型となる（秋永一枝，1958；最上勝也，1987；井上史雄，1992．02a；窪薗晴夫，1999）

［3］「省エネ」発音の結果，平板型となる（最上勝也，1987；井上史雄，1992．02a）

また，語の音節構造・音環境を中心とした考察に秋永一枝（1965），佐藤大和（1989），窪薗晴夫（1999）がある[4]．

「威光」をもつ「新しい」言語事象の採用が，意識化されやすい場面から先行することは，W. Labov（1966；p. 240）などにおいて示されている．さらに，新しい言語事象の受容に際しては，意識が先行している可能性を示唆するデータが，稲垣滋子（1984），井上史雄（1984），馬瀬良雄・安平美奈子（1992），田中ゆかり（1993．05），田中ゆかり（1994）に示されている．

逆に，「古い」言語事象についても，意識が実態に先行して古い事象を「捨てていく」ことを示唆するデータとして，湊吉正（1963．06），湊吉正（1963．09），最上勝也・篠原朋子（1984）がある．

これらから，次のような「獲得」あるいは「消失」の過程が想定される．

A．「新しい」言語事象が受容されていく過程として，まず意識レベルで受容し（「意識形」として採用），次の段階として，実際の発話レベルで実現される（「実現形」として具現）

B．「古い」言語事象が消失していく過程として，まず意識レベルで消失し（「意識形」として消失），次の段階として，実際の発話レベルで消失する（「実現形の消失」）

本章では，上記A・Bの仮説について，先行研究から平板化現象が進んでいることが明らかとなっている首都圏若年層を対象とした，平板化現象にかんする「意識」と「実態」についての2種類の調査データを用いて，「意識形」と「実現形」の関係から検討していく．

2．「実現形」と「意識形」

2.1.「実現形」

　アクセント調査の場合，「なぞなぞ式」による「言わせる調査」か「リスト読み上げ式調査」，場合によっては「談話調査」によって発音された被調査者のアクセント型を「実現型」[5]として扱うことにする．

　しかし，この場合，「実現型」以外のアクセント型を被調査者がもっている可能性は否定しにくい．とくに，当該地域・当該コミュニティーにおいて「ゆれ」の観察される事象や，被調査者の調査時における発音回数が少ないほど，「発音されなかった被調査者がもっている型」が存在する可能性は高い．

　この問題の解消方法として，［１］被調査者の発音回数を増やす，［２］被調査者を増やすという二つの方法が考えられる．流動的な現象については，少人数による実態よりも多人数による実態について検討を加えるほうが有効ではないかと考え，本章では，後者の方法を選択した．

2.2.「意識形」

　「話者が使用している／使用していないと意識している言語事象」のことを指して「意識形」とする．アンケート式調査は一般に，被調査者が「使用にかんする判定を下した回答」を「意識形」として検討する「意識調査」であると認識されている．本章においては，アクセントを考察対象とするため，「聞き取りアンケート調査」[6]により音声によって提示されたアクセント型に対し，被調査者が「使用にかんする判定を下した回答」を，「意識型」とする．

　「意識型」には，大雑把に「使用している」という「使用意識」と「使用していない」という「不使用意識」があると考えられる．その両者の間は離散的ではなく，「聞くが使わない」という意識が存在することなど連続的であることが推測される．

　アクセントにかんする「聞き取りアンケート調査」を用いた先行研究において設定された「意識」の提示の仕方は，次の通りである[7]．

［１］湊吉正（1963.06）：「おかしい×／自分と同じ○／どちらともいえない無印」
［２］湊吉正（1963.09）：［１］に同じ
［３］稲垣滋子（1984）：「自分の使う型○」
［４］最上勝也・篠原朋子（1984）「おかしい・不自然・抵抗がある×」
［５］馬瀬良雄・安平美奈子（1992）「聞くか／使うか」に対して「はい○／いいえ×／どちらともいえない△」
［６］井上史雄（1992.02b）：「自分が使う○／使わないが自分の周辺で聞く△」
［７］田中ゆかり（1994）：「自分と同じ○／自分はしないが聞く△／使わないし聞いたこともない×」

「自分と同じ」・「使う○」・「自分が使う」は，「使用している」という「意識型」，「使う×」・「使わないし聞いたこともない」は「使用していない」という「意識型」といえる．湊吉正（1963.06），湊吉正（1963.09），最上勝也・篠原朋子（1984）では，「おかしい」を「抵抗感」と解釈しており，「使用していない」「意識型」に準ずるものとして考えられるだろう．

2.3. 先行研究における「実現型」と「意識型」の関係

　アクセントについての「実現型」と「意識型」の関係についての検討に際しては，同じ被調査者に対して，あるいは同じコミュニティーに属する被調査者による「実現型」と「意識型」の２種類の調査が行なわれている必要がある．この条件を満たしている先行研究は，稲垣滋子（1984）[8]，井上史雄（1984），馬瀬良雄・安平美奈子（1992），田中ゆかり（1994）で，いずれも，「読み上げ式調査」による「実現型」調査と，「聞き取りアンケート調査」による「意識型」調査の２種類を同じ被調査者に実施している．

　同じ被調査者ではないが，別途異なる被調査者に対して行なった「実現型」と「音声アンケート式調査」による「意識型」について検討しているものに，湊吉正（1963.06），湊吉正（1963.09），最上勝也・篠原朋子（1984）がある．

2.3.1. 先行研究における「実現型」と使用「意識型」の関係

　稲垣滋子（1984），井上史雄（1984），馬瀬良雄・安平美奈子（1992），田中ゆかり（1994）においては，「新しいアクセント型」に対する使用「意識型」と「実現型」についてデータが示されている．

　「新しいアクセント型」の指し示すものは，それぞれ「形容詞非共通語アクセント型（稲垣滋子，1984）」，「2・3拍和語名詞共通語アクセント（井上史雄，1984）」，「外来語アクセント平板型（馬瀬良雄・安平美奈子，1992；田中ゆかり，1994）」と，多様である．

　しかし，いずれの新しいアクセント型においても，概ね「意識型」は「実現型」を上回っているというデータになっている．このことから，稲垣滋子（1984）は「発音より意識の方が新しい．これによって変化の方向を示していると思われる．」とし，田中ゆかり（1994）では，「実際の発音より内省の方に平板型使用率が高い項目については今後さらに平板型の勢力が強くなることが予想できる．」と，「新しい型」においては，「意識型」が「実現型」を先導しているという考えを示している[9]．

　一方，井上史雄（1984）においては，生成と知覚の相関関係が必ずしもみられないことから「アクセントの生成と知覚の共通語化は，ほぼ同時に，同様に進行することが示されている．」という解釈を与えている[10]．

2.3.2. 先行研究における「実現型」と不使用「意識型」

　湊吉正（1963.06），湊吉正（1963.09），最上勝也・篠原朋子（1984）は，いずれも同一被調査者についての「実現型」について調査を行なっていないが，アナウンサーにおけるアクセント調査を基に，型の優勢／劣勢・変化の方向を「抵抗感」の比率と同時に提示している．首都圏在住の一般視聴者を対象としたデータにおいては，全体的に「抵抗感」が高い率で示される型は劣勢型で，アクセント辞書記載型か否かにかかわっていなかった．このことは，辞書記載型か否かというような規範性の有無にかかわらず，劣勢となった「古い型」に対して「抵抗感」は示されるということを意味している[11]．

3．首都圏西部域若年層における外来語アクセントの「実現型」
3.1. 調査1の調査概要

調査1は，1992年6月～同年10月に首都圏西部域在住の高校生を対象に実施した．後述する調査2と併せて，総計464人の高校生のデータを得たが，調査2による「意識型」との関連を検討するために，以下の条件を満たす220人のデータを分析に用いた．

条件は，［1］調査1・調査2ともに完全に参加していること，［2］首都圏生育者であること，［3］外来語関連項目に欠損値をもたないこと──である．

首都圏生育者に限定したのは，異なるアクセント体系をもつ回答者が混在した場合，知覚に際して体系の差異が上位の要因として働くことが井上史雄(1984)から推測されるためである[12]．欠損値をもたないことを条件としたのは，のちに「実現型」・「意識型」の各アクセント型と，被調査者のデータ内における個別のふるまいを観察するために，数量化理論第3類を用いるためである．

データの学校別内訳は，表1の通り（所在地などの行政区画，地方自治体名などは調査当時のものとする．以下，同様）．

男女の構成は，男子生徒73人(33.2%)・女子生徒147人(66.8%)と，女子生徒が多い．首都圏内生育者に限定した上での首都圏内での移動の有無[13]についての内訳は，学校所在地区市生育者（外住歴無）148人(67.3%)・学校所在都県内移動有50人(22.7%)・首都圏内移動有22人(10.0%)となった．

アクセント「実現型」の調査は，単語単独・短文形式による「リスト読み上げ式調査」によった．項目は「バイク・ドラマ・ギター・デッキ（ビデオデッキ，以下Vデッキ）・デッキ（船のデッキ，以下Sデッキ）・データ・ショップ・テレビ」の8項目．項目の選定に際しては，首都圏大学生を対象とした外来語アクセント調査である井上史雄(1992.02a, 1992.02b)における平板型出現率を目安として，出現率の高いもの（Vデッキ）・中程度のもの（ドラマ・ギター・バイク）・少ないもの（ショップ）・ほとんど出現

表1. 調査1・調査2 被調査者学校別内訳（標本数220）

地点番号	学校名（所在地）	人数（％）
5688.86	浦和市立浦和高校（埼玉県浦和市）	6（ 2.7）
5697.71	明大中野八王子高校（東京都八王子市）	10（ 4.5）
5698.45	東京都立田柄高校（東京都練馬区）	15（ 6.8）
5698.72	東京都立武蔵野北高校（東京都武蔵野市）	24（10.9）
6607.64	神奈川県立相模原高校（神奈川県相模原市）	17（ 7.7）
6608.31	神奈川県立生田高校（神奈川県川崎市）	44（20.0）
6617.45	神奈川県立海老名高校（神奈川県海老名市）	45（20.5）
6628.29	神奈川県立七里ガ浜高校（神奈川県鎌倉市）	21（ 9.5）
6628.46	神奈川県立横須賀高校（神奈川県横須賀市）	38（17.3）
		計220（100.0）

しないもの（テレビ）を選定した．Sデッキは，Vデッキと意味的な対立をもつペアとして加えた．坂梨隆三（1990）では，Sデッキは平板型出現率が低いとされていた．単語単独・短文形式による「実現型」における平板型出現率に統計的な有意差がみられなかったため，以下の分析では，短文形式のデータを用いる．

3.2. 外来語アクセントの「実現型」

首都圏西部域高校生調査1の結果は，表2の通り．テレビは全員が1型（数字はアクセント型．以下同じ）で，平板化現象にかかわらない項目であることがうかがえる．項目選定の際に参考とした井上史雄（1992.02a, 1992.02b）の結果とほぼ同レベルの平板化現象が確認された．ただし，坂梨隆三（1990）では，Sデッキの平板型出現率は低いとされていたが，61.4％が平板型で実現しており，Vデッキについで平板化していた．

Vデッキ・Sデッキは，平板型が従来型の起伏型と意味的な弁別性をもって進行するという考えを検証するために加えたものだが，馬瀬良雄・安平美奈子（1992），井上史雄（1998），加藤大鶴（1999）でも指摘の通り，ペアの一方のみの平板化推進につねに有効なのではないことが推測される．つまり，何らかの有標性を持つペアの一方が，その有標性を保っている期間において平板型アクセントが意味的弁別を担っている，ということである．

Vデッキ・Sデッキに関しては，平板化現象の初期においては，「新規」

表2. 首都圏西部域高校生における外来語アクセント型：
平板型出現率降順（標本数220）

項目	平板型：人数（％）	1型：人数（％）
Vデッキを	194（88.2）	26（11.8）
Sデッキに	135（61.4）	85（38.6）
ドラマの	104（47.3）	116（52.7）
バイクに	83（37.7）	137（62.3）
ギターを	60（27.3）	160（72.7）
データを	42（19.1）	178（80.9）
ショップに	18（8.2）	202（91.8）
テレビを	0（0.0）	220（100.0）

という有標性をもつVデッキが平板型によって，Sデッキから弁別されていたが，Vデッキの平板化率が高まるに従い，Sデッキにおける起伏型も「全体として変化がある方向に向かっている場合は，いずれ古い方は捨て去られてしま（井上史雄，1998）」いつつあることの反映として，ペアにおいてともに平板化が進んだといえる．

ただし，調査1・調査2（本章4．参照）ともに，Vデッキ・Sデッキという配列でリスト／刺激音声を提示したため，両者をアクセントで弁別する意識がうかがえた．しかし，この弁別意識もすでにコミュニティーとしての弁別ルールという段階ではなく，個人内の弁別ルールであることもうかがえる．この点については，後述する．

3.3. 平板型の出現に話者の属性による差がみられる項目

外来語アクセントの「実現型」出現頻度について，性差・学校差・首都圏内の移動の有無という観点から，χ^2検定を行なった結果，移動の有無による差はみられなかった．χ^2検定の結果，有意確率0.05未満のものについて差があるとした（小数点第4位以下切捨）．

平板型出現頻度において，性差のみられたものは，ギター（M＞F，p値＝0.022）／Vデッキ（F＞M，p値＝0.004）であった．学校差の認められたものは，ドラマ（p値＝0.009）／ギター（p値＝0.029）／Sデッキ（p値＝0.043）／ショップ（p値＝0.000）の4項目．

アクセント型の出現率に差異が想定される7項目のうち，4項目に学校差が認められた．その4項目は平板化率中位から下位の項目であることから，平板化現象の進行については首都圏内においても，地域差が存在することを示している．4項目において平板化率が全体の平板化率を複数回超えている高校は，七里ガ浜高校・田柄高校・武蔵野北高校・生田高校・相模原高校で，所在地は神奈川県鎌倉市・東京都練馬区・東京都武蔵野市・神奈川県川崎市・神奈川県相模原市である．

　大橋勝男（1992）で，関東地方域において，言語変化が早い段階で進行する地域としている京浜地域とほぼ重なる．4項目すべて全体の平板化率を超えた七里ガ浜高校については，湘南地域という地域性が関与している可能性が考えられる．

4．首都圏西部域若年層における外来語アクセントの「意識型」

4.1. 調査2の調査概要

　調査対象は，調査1に同じ．分析対象者の条件も同様で，内訳も表1に示した通り．

　調査方法は，首都圏生育の女子高校生による起伏型と平板型を刺激音声としてテープで流し，「自分と同じ○／自分はしないが聞く△／聞いたこともない×」を，被調査者自身が付す「聞き取りアンケート調査」を行なった．

　外来語に関する項目は，調査1の「実現型」調査と同じ8項目．選定理由も調査1に同じ．刺激音声に対する反応を，当該アクセント型に対する被調査者の「意識」・「意識型」と考える．

4.2. 外来語アクセントに対する反応─「実現型」との対応─

　調査2の各刺激音声に対する反応について表3に示す．

　平板型刺激音声に○を付している比率と，「実現型」平板型出現率との間にギャップがみられる（表3上段）．そのギャップについては，Vデッキ・Sデッキを除く6項目で，平板型刺激音声○の比率が「実現型」の平板型出現率を上回っている．

　1型についての結果（表3下段）からも，テレビ・ドラマ以外において，

1型刺激音声に○を付している比率と，「実現型」平板型出現率の間にギャップが観察される．バイク・ギター・データ・ショップにおいては，1型刺激音声○の比率が，「実現型」1型の出現率を下回っている．

　各刺激音声に対する○反応出現率の多さは，刺激音声で提示されたアクセント型を意識レベルで受容していること，つまり「意識型」としてもっていることを示し，×反応出現率の多さは，提示されたアクセント型を「意識型」としてもっていないことを示すと考えると，「実現型」と「意識型」の関係について，次のような解釈ができる．

［1］平板型にかんして，「実現型」よりも「意識型」として平板型を受容している項目は，平板型を指向する．

［2］1型にかんして，「実現型」よりも「意識型」として1型をもつ比率の低い項目については，より「実現型」としての1型を捨て，平板型を指向する．

［3］［1］・［2］ともにその傾向をもつ項目であるバイク・ギター・デー

表3．首都圏西部域高校生外来語アクセント刺激音声に対する反応（標本数220）
※刺激音声に対する○反応：○降順（刺激音声の数字はアクセント型）

刺激音声	○人数（％）	△人数（％）	×人数（％）	実現型：人数（％）
ショップ0	183（83.2）	27（12.3）	10（ 4.5）	18（ 8.2）
データ0	175（79.5）	39（17.7）	6（ 2.7）	42（19.1）
ドラマ0	171（77.7）	44（20.0）	5（ 2.3）	104（47.3）
ギター0	171（77.7）	45（20.5）	4（ 1.8）	60（27.3）
バイク0	170（77.3）	44（20.0）	6（ 2.7）	83（37.7）
Sデッキ0	112（50.9）	50（22.7）	58（26.4）	135（61.4）
Vデッキ0	66（30.0）	85（38.6）	69（31.4）	194（88.1）
テレビ0	4（ 1.8）	47（21.4）	169（76.8）	0（ 0.0）
テレビ1	218（99.1）	2（ 0.9）	0（ 0.0）	220（100.0）
Vデッキ1	179（81.4）	31（14.1）	10（ 4.5）	26（11.8）
ドラマ1	127（57.7）	80（36.4）	13（ 5.9）	116（52.7）
ギター1	114（51.8）	74（33.6）	32（14.5）	160（72.2）
バイク1	113（51.4）	94（42.7）	13（ 5.9）	137（62.3）
Sデッキ1	96（43.6）	75（34.1）	49（22.3）	85（38.6）
データ1	86（39.1）	83（37.7）	51（23.2）	178（84.4）
ショップ1	24（10.9）	48（21.8）	148（67.3）	202（91.8）

タ・ショップは，平板化指向の強い項目である．

回答パターン全体における，平板型・1型双方の刺激音声に○という回答パターンの出現率は，降順にドラマ（37.7％）・バイク（34.5％）・ギター（32.3％）・データ（24.5％）・Vデッキ（13.2％）・Sデッキ（7.3％）・ショップ（4.1％）・テレビ（1.4％）となった．

双方の刺激音声に対して，○という回答パターンは，被調査者自身に両型使用意識があることを意味し，出現率が高いほど「両型意識」が高く，出現率が低いほど平板型あるいは1型いずれかの型に対する「専用意識」が高いことを示すと考えられる．このことは，いずれの音声刺激に対しても×という回答パターンは，ほとんど出現しないことからも支持されよう[14]．

「専用意識」の高いSデッキ・Vデッキ・ショップ・テレビについて，各刺激音声に対する○／×反応を表3のデータを基に比較したものが以下の表4．

表4．○／×反応出現率（降順順位）

	Sデッキ	Vデッキ	ショップ	テレビ
平板型刺激音声○	50.9(6)	30.0(7)	83.2(1)	1.8(8)
平板型刺激音声×	26.4(3)	31.4(2)	4.5(4)	76.8(1)
1型刺激音声○	43.6(6)	81.4(2)	10.9(8)	99.1(1)
1型刺激音声×	22.3(3)	4.5(7)	67.3(1)	0.0(8)

表4においても，テレビは，1型／平板型という「ゆれ」を持つ他の項目とは異質で，1型で意識の上でも安定しており，平板化現象にかかわらないことが分かる．また，ショップは意識上では平板型を「専用型」とする傾向が観察される．

それに対し，Sデッキ・Vデッキは「専用意識」が高いにもかかわらず，どちらの型に対して「専用意識」をもつのかはっきりしない．調査項目においては，Sデッキ・Vデッキだけが意味的な対立をもつペアとなっており，意味による弁別を被調査者に意識させるものであったために，一方で平板型とした被調査者が他方では1型，というような意識的なアクセント型の「振り分け」を行なったためと解釈できる．

しかし，先行研究から推測されるような，Sデッキ1型・Vデッキ平板型

というような，コミュニティー全体の「振り分け」規則が働いたものではなく，個人個人の「振り分け」規則によるものであったために，いずれか一方の型に対する「専用意識」が鮮明に現れなかったと考える．つまり，コミュニティーとしての「振り分け」規則は明確とはいえない，ということを示したものと考える．

そこで，従来の起伏型で安定しており，平板化現象とは関連しないと考えられるテレビをはずした7種類の外来語アクセント項目について，「実現型」出現率と刺激音声への反応率についての相関をみた（ケンドールの順位相関係数）．

統計的に有意なものについて検討する（p値＜0.05）．「実現型」における「平板型」出現率は，平板型○反応とは強い負の相関（r＝－0.878，p値＝0.005）・平板型△反応と強い正の相関（r＝0.780，p値＝0.013）が認められる．「実現型」における1型出現率は，1型○反応と中程度の負の相関（r＝－0.619，p値＝0.050）・1型×反応と中程度の正の相関（r＝0.683，p値＝0.031）が認められる．

「実現型」における平板型出現率と正の相関を示す平板型△反応は，「実現型」と「意識型」が平行的な関係にあることを示すもので，表面的な矛盾はない．しかし，平板型○反応・1型○反応・1型×反応は，「実現型」と「意識型」に，表面的な矛盾が生じていることを示している．つまり，平板型に関しては，「実現型」として平板型出現率が低いものほど，「意識型」としての平板型受容率が高いことを示しており，1型にかんしては，「実現型」として1型出現率が高いものほど，「意識型」としての1型をもっていないということを示していることになる．これは，「実現型」と「意識型」の出現率におけるギャップとして観察したことと重なる結果で，平板型の出現率が中位から低位にある項目についても平板型が指向されていることを意味すると解釈できる．よって，テレビのような従来型の1型で安定している語を除くと，調査時点の首都圏高校生においては，平板化現象はさらに強く指向される現象といえる[15]．

ここで積み残した問題として，刺激音声に対する反応によって「実現型」との関連に差異がみられる，ということがある．△反応は「実現型」と平行

的な関係にあるが，○／×反応は，平行的な関係とは限らない，ということである．○／×は「自分」についての反応であるために，「指向」が反映されやすく，△反応は「周囲」についての反応であるために「現状認識」的側面が強く，「現状」に平行的である，という可能性もあると考えられようか．

5．全体パターンとしての観察―数量化理論第3類による分析―
5.1. 分析データ

　前節までは，「実現型」と「意識型」について，属性ごとにまとめた形で集計したデータを基に分析を行なってきた．その中で，意味的対立をもつペアであるSデッキ・Vデッキには，コミュニティーとしてのアクセント振り分け規則ではなく，被調査者個人としてのアクセント振り分け規則によっているらしいことなどがうかがわれた．

　そのため，本節では，項目・被調査者が，それぞれデータ全体の中で，どのような位置付けであるのかを観察するために，同じデータを用いて，質的なデータの全体的なパターンについて解析する手法である数量化理論第3類（以下，3類）による分析を行なう．

　データは，被調査者＊項目のアイテム・カテゴリデータで，項目データは次の通りに数値を与えた．

　　「実現型」平板型：1，1型：2
　　「意識型」　　○：1，△：2，×：3

　平板化現象についての「実現型」と「意識型」についての検討であるため，1型で安定しているテレビを除いた外来語7語についての回答を用いた．そのため，分析に用いた項目数は，「実現型」が14（7語＊2アクセント型）項目，「意識型」が42（7語＊2刺激音声＊3反応）項目で，被調査者は220人．

5.2.「実現型」と「意識型」―項目の観点から―

　「実現型」と「意識型」の分布パターンから，両者の関係性について検討する．3類の結果を成分1について降順に示したものが図1[16]．

　「実現型」については，成分1のマイナス方向に平板型，プラス方向に1

型と分かれている．「実現型」の出現率を参照すると，おおむねマイナス方向に絶対値が大きいほど平板型が少なく，絶対値が小さいほど平板型が多く出現していることが分かる．そこから，マイナス方向に絶対値が大きくなるほど，平板化現象が進行している場合であるという解釈ができる．逆に，プラス方向に大きな絶対値をとる項目は，平板化現象から遠い項目であることと解釈できる．

つまり，ギター・ショップ・データについて平板型を「実現型」としてもつ被調査者は，平板化現象がもっとも進行した段階にあり，Ｖデッキ１型を「実現型」としてもつ被調査者は，平板化現象をもっとも受容していない段階にあることを意味していると考える．ショップ平板型×項目が，マイナス方向にもっとも大きな絶対値をとることについては，ショップにおける平板型「実現型」出現率の低さ（8.2％）から，平板化現象をかなりの程度受容しているレベルにおいても平板型を「意識型」として受容していないケースがあることを示していると解釈できる．

刺激音声に対する反応項目から，「意識型」○反応について検討する．全体的には，「実現型」平板型の位置するマイナス方向に「意識型」１型○反応が，「実現型」１型の位置するプラス方向に「意識型」１型・平板型○反応が位置し，平板化現象が，両型をもつという「ゆれ」意識の中で進行していることが分かる．

ただし，Ｓデッキ「意識型」１型○反応のみ，「実現型」１型サイドのプラス方向に位置している．これは，他の語に比べＳデッキを「意識型」として１型に振り分けようとした結果と解釈できる．そうすると，4.2.で行なった属性分析によるデータの解釈においては，意味的な対立をもつペアをアクセントによって弁別するコミュニティーとしての規則が確認できなかったが，３類の結果からはＳデッキ１型／Ｖデッキ平板型というコミュニティー規則が存在しているらしいことがうかがえる[17]．

平板型に対する○反応は，「意識型」として平板型をもつことを意味すると解釈してきた．各語について「実現型」との関係を観察すると，すべての項目において，プラス方向に位置している．これは，「意識型」としての平板型○反応は，「実現型」において平板化現象が進行するよりも早い段階で

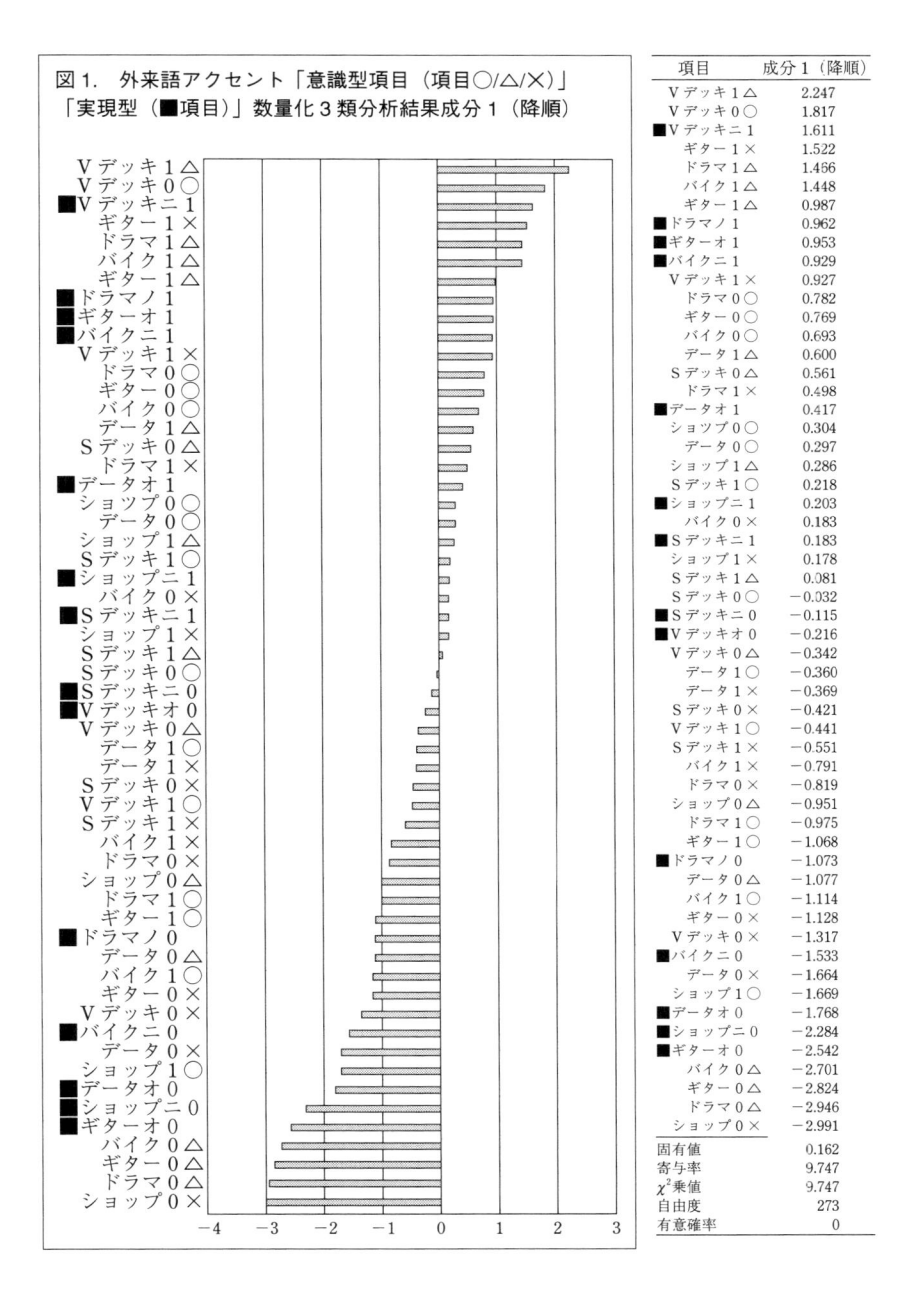

図1. 外来語アクセント「意識型項目（項目○/△/×）」「実現型（■項目）」数量化3類分析結果成分1（降順）

項目	成分1（降順）
Vデッキ1△	2.247
Vデッキ0○	1.817
■Vデッキニ1	1.611
ギター1×	1.522
ドラマ1△	1.456
バイク1△	1.448
ギター1△	0.987
■ドラマノ1	0.962
■ギターオ1	0.953
■バイクニ1	0.929
Vデッキ1×	0.927
ドラマ0○	0.782
ギター0○	0.769
バイク0○	0.693
データ1△	0.600
Sデッキ0△	0.561
ドラマ1×	0.498
■データオ1	0.417
ショップ0○	0.304
データ0○	0.297
ショップ1△	0.286
Sデッキ1○	0.218
■ショップニ1	0.203
バイク0×	0.183
■Sデッキニ1	0.183
ショップ1×	0.178
Sデッキ1△	0.081
Sデッキ0○	−0.032
■Sデッキニ0	−0.115
■Vデッキオ0	−0.216
Vデッキ0△	−0.342
データ1○	−0.360
データ1×	−0.369
Sデッキ0×	−0.421
Vデッキ1○	−0.441
Sデッキ1×	−0.551
バイク1×	−0.791
ドラマ0×	−0.819
ショップ0△	−0.951
ドラマ1○	−0.975
ギター1○	−1.068
■ドラマノ0	−1.073
データ0△	−1.077
バイク1○	−1.114
ギター0×	−1.128
Vデッキ0×	−1.317
■バイクニ0	−1.533
データ0×	−1.664
ショップ1○	−1.669
■データオ0	−1.768
■ショップニ0	−2.284
■ギターオ0	−2.542
バイク0△	−2.701
ギター0△	−2.824
ドラマ0△	−2.946
ショップ0×	−2.991
固有値	0.162
寄与率	9.747
χ^2乗値	9.747
自由度	273
有意確率	0

受容されていることを示すと解釈できる．3類の結果からも，首都圏西部域高校生にとって外来語平板化現象は，「実現型」よりも「意識型」において獲得が先行する現象であることが，支持された．

一方，1型×反応と1型「実現型」の項目についての位置関係は，ギターを除く全ての項目において，1型「実現型」よりもマイナス方向に1型×反応が位置している．このことは，「意識」の上での1型消失が「実現型」に比べ，平板化現象受容の方向に位置しているということを示している．このことから，従来型である1型の「意識型」は，「実現型」よりも早い段階で失われているという解釈ができる．

5.3. 被調査者について—平板化現象の受容レベルの属性による違い—

被調査者についての3類の結果を検討する．個人全体を布置すると煩雑になるため，性・移動歴・学校の属性群ごとに重み係数成分1の平均値を算出し，分散分析を行なった．その結果，統計的に有意な差（p値<0.05）が認められたのは，学校差のうちのマイナス方向にもっとも絶対値の大きな七里ガ浜高校（神奈川県鎌倉市）とプラス方向にもっとも大きな値をとる横須賀高校（神奈川県横須賀市）のみであった．図2に学校ごとの成分1平均値を降順に示す．

有意な差は認められないものの，平板化現象をより受容していると解釈できるマイナス方向には，絶対値の大きな順に七里ガ浜高校・田柄高校・生田高校・武蔵野北高校・市立浦和高校が位置しており，市立浦和高校以外は，神奈川県湘南地域・東京都23区内・神奈川県川崎市・東京都三多摩地区の高校である．これも，2.3の結果と概ね等しく，首都圏西部における平板化現象の受容についても，他の新しい変化の先導地域に重なることが確認された．平板化現象が湘南地域の高校において先行するという結果も2.3と重なる．

先行研究において湘南地域が変化を先導するという指摘はみられないが，ある種の新しい変化を先導している可能性を指摘できる．横須賀高校が，七里ガ浜高校と物理的に近いながらも，外来語平板化現象の遅れが観察されるのは，三浦半島という地理的な要因が考えられる．

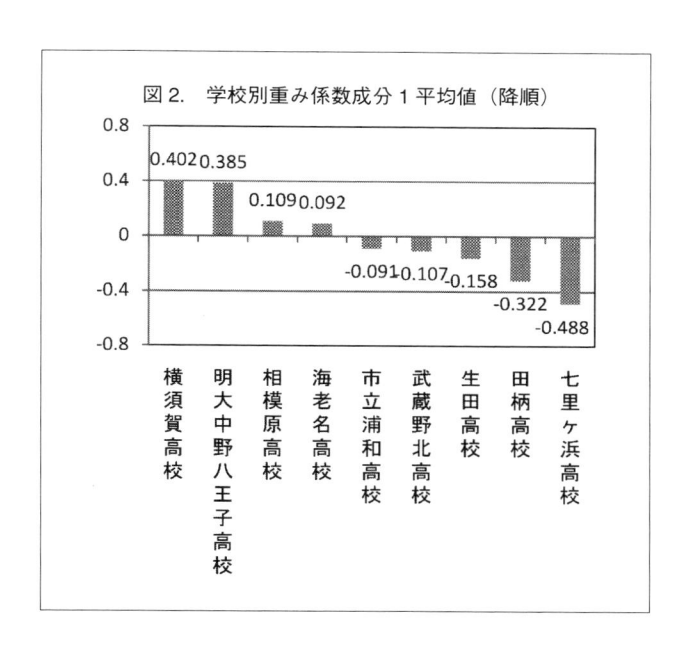

図2. 学校別重み係数成分1平均値（降順）

横須賀高校 0.402
明大中野八王子高校 0.385
相模原高校 0.109
海老名高校 0.092
市立浦和高校 -0.091
武蔵野北高校 -0.107
生田高校 -0.158
田柄高校 -0.322
七里ヶ浜高校 -0.488

　語彙の調査を中心としたものであるが，日野資純（1964）によれば，三浦半島は，「相模川東部方言」の下位区分「三浦半島方言」として，湘南地域の「相模湾沿岸方言」や，横浜・川崎地域「相模川東部方言・高座＝戸塚方言」とは，異なる方言区画に属している．また，田中ゆかり（1993．12）において，三浦半島の被調査者は，隣接する湘南地域や横浜・川崎地域とは異なり，金田一春彦（1942）において東京アクセントの一世代前の姿を示すとされる「関東方言アクセント」をより多く示すことなどが分かっており，伝統的方言色が相対的に強い地域であるためと推測される．

6．おわりに

　首都圏西部域高校生を対象とした外来語平板化現象にかんするデータを，「実現型」と「意識型」という観点から分析してきた．
　新しい型については，「意識型」の受容が「実現型」に先行することが確認され，「意識型」受容についても，先行研究において新しい言語変化を先行するとされている地域の高校生において主に先行していることが確認され

た．
　また，従来型についても「意識型」から消失するという過程をたどることが推測される結果となった．
　しかし，外来語平板化現象は，1．などで述べたように「流行語的」側面を強くもつもので，「意識型」が「実現型」に先行するという変化過程が，「流行語的」側面を持たない傾向にある新しい変化についても当てはまるかどうかは，今回のデータからは分からない．しかし，

［1］湊吉正（1963．06，1963．09），最上勝也・篠原朋子（1984）のデータにおいて，特別にアクセント型聞き取りの訓練をうけていないタイプの被調査者が，多様な項目において少数派となったアクセント型に対して「おかしい」という感覚を持っている
［2］稲垣滋子（1984）では，形容詞の新しいアクセント型の採用にかんしても意識が先行していることかがうかがえる
［3］佐藤栄作（1997）において，非常に微妙な音調であっても「自分と同じ」であるかどうかの判断はなされている

などを考えると，「流行語的」側面の強い「意識化されやすい」言語変化だけに「意識」先行が確認されるわけではなさそうである．
　この点について，調査手法や分析手法についての検討も含め，今後の課題としたい．

1　本章では，「京浜アクセント地域（金田一春彦，1942）」である首都圏における外来語平板化現象に限定して考える．首都圏外においても外来語平板化現象が生じていることは馬瀬良雄・安平美奈子（1992），井上史雄（1998）などで示されているが，他の要因などが考えられるため，首都圏の「京浜アクセント地域」に限定した外来語平板化現象について考える．
2　秋永一枝（1958；p. 14）による．窪薗晴夫（1999）では，「語末から3番目のモーラを含む音節にアクセント核を付与する（p. 203）」としている．
3　馬瀬良雄・安平美奈子（1992），田中ゆかり（1994）において，外来語平板型アクセントに対して，共通して高校生が「都会」・「若者」というイメージをもっていることも，平板化現象が「意識」されていることをうかがわせる．
4　秋永一枝（1965），佐藤大和（1989）では最終拍が広母音の場合が，窪薗晴夫（1999）では語末が軽音節で終わる4モーラ語に平板型が出現しやすい，としている．

5　アクセント型に関しては,「〜形」ではなく,「実現／意識型」と「〜型」で表現することとする.
6　「聞き取りアンケート調査」の有効性と制約などについては,田中ゆかり (1998) で触れている.第1部第2章参照.
7　アクセントにかんする「聞き取りアンケート調査」を用いたものに,井上史雄 (1984) もあるが,「共通語」かどうかという判定で,被調査者自身のアクセント型かどうか尋ねたものではないので,示さなかった.
8　ただし,稲垣滋子 (1984) では,調査者自身が特定のアクセント型を調査時に発音する方法による調査である.全く同じ刺激音声をテープなどを用いて「聞かせる調査」を行なった他の調査とはその点において異なる.
9　馬瀬良雄・安平美奈子 (1992) では,「実現型」と「意識型」の関係についてとくに言及していない.しかし,本文中に表7として提示されたデータから,平板型出現率90%以下の語については「意識型」の方が多く出現していることが分かる.
10　この場合,アクセント体系の異なる3つのコミュニティーを同時に分析したために,相関がかならずしもみられなかったのではないか,とも考えられる.
11　最上勝也・篠原朋子 (1984) では,アナウンサーを対象に同様の「聞き取りアンケート調査」を実施しているが,一般視聴者とは全く異なる結果を示している.劣勢であっても,アクセント辞典に掲載されている型に対しては「抵抗感」を示さず,優勢であってもアクセント辞典に掲載されていない型には「抵抗感」を示している.
12　実際には,首都圏生育者と首都圏外の生育歴をもつ被調査者の間には,外来語アクセント型の出現についての統計的な有意差はほとんどみられなかった.これは,外来語のアクセント,とくに平板化現象にかんしては,「流行語的」・「意識的」側面の強い事象であるためと考える.
13　1年以上の外住歴をもって移動歴ありとした.
14　双方の刺激音声ともに×という回答パターンの全回答パターンにおける出現率は次の通り (降順),Sデッキ (3.2%),ショップ (2.3%),データ (1.4%),ドラマ (0.5%),バイク・ギター・Vデッキは0%.テレビは1型×反応自体が0%.
15　テレビが1型で安定している理由は,今回のデータからは分からない.ラジオ・ケーキなども1型で安定しており,その理由として「1型優勢時に定着した語彙」・「有標性のある同音異義語をもたない語彙」においては,1型で安定的という考えもある.しかし,ピアノのようにどちらの条件にも当てはまる語彙においても,共通語・首都圏アクセントでは平板化がほぼ完了しているケースもある.
16　3類の分析には,成分1のみを用いた.成分1は,寄与率が9.747と高くないが,成分4まで,成分ごとにクロスして検討を行なった結果,成分1のみによる解釈と大きな差異のないものとなった.このことから,本章では,成分1までの提示とした.なお,3類の適用・分析・解釈に際して,駒澤勉 (1982),林知己夫 (1993),柳井晴夫 (1994),髙木廣文 (1994),駒澤勉・橋口捷二・石崎龍二 (1999),村上隆・柳井晴夫 (1999) を参照した.
17　平板型×反応の配置からは,Vデッキ平板型を×とする反応が一般的な反応ではないという解釈ができ,Sデッキ1型／Vデッキ平板型が意識的なアクセント型振り分けとしては,多数派であることがうかがえる.

第5章
形容詞活用形アクセントの複雑さが意味するもの
―「気づき」と「変わりやすさ」の観点から―

1．はじめに

　首都圏西部域は，明瞭な型区別のある「京浜系アクセント」が分布する地域である（金田一春彦，1942）．京浜系アクセントのうち，東京・横浜のアクセントに似ている「京浜アクセント」は，全国共通語アクセントの基盤となるアクセントでもある．首都圏西部域は，アクセントにおいて上記のように型区別がはっきりしている一方，さまざまなアクセント型の「ゆれ」が観察される地域でもある．

　本章では，複数の型のあいだでゆれつづけている形容詞活用形アクセントに焦点を絞り，先行研究と自身による調査データを用いて，その「ゆれ」の幅と要因について検討する．

　当該地域の形容詞活用形アクセントは，Ⅰ類（平板タイプ：「赤い」など）とⅡ類（起伏タイプ：「高い」など）でアクセント型が異なるが，無標の中高型（川上蓁，2003）に収束する方向で，その区別を失う過程にあると解釈されている．これは，「東京アが簡単になっていく（秋永一枝，1967）」という側面が現れたものである．一方，同時に首都圏では「無標の中高化」のような単純化とは異なる方向の変化も生じている．このため，「ゆれ」の幅が大きく，「東京アクセントは複雑だという印象（稲垣滋子，1986）」を与えるような現状となっている．

　しかし，この形容詞活用形アクセント型の「ゆれ」については，一般的にはあまり話題とならない．つまり，形容詞活用形アクセント型の複雑さは，複数の方向をもつアクセント変化が進行中であることによっているのだが，一般的には変化が進行中であるということに「気づきにくい」事象であると言える（田中ゆかり，2002）．

　本章は，「気づきにくく変わりやすい事象（方言）」の一例として，複数の

型の間でゆれる首都圏西部域における形容詞活用形アクセントを取り上げる．その複雑さの要因となっているさまざまな出現型に解釈を与えると同時に，「気づきにくく変わりやすい事象（方言）」とはどのようなものかについて検討することを，本章の目的とする．

　アクセントは，「最後まで改まらずに，根強く残るのはアクセントである（金田一春彦，1953）」，「一般にアクセントは言語構造として頑固な性質を持っていると言われる（柴田武，1983，p. 351）」と，従来その「変わりにくさ」が特質であるとされてきた．一方，「声調はもっとも伝播しやすい特徴の一つ（ディクソン，2001，p. 38）」という考え方も示されている．本章では，アクセントが従来指摘されてきたような「変わりにくい」性質をもつものであるのか，それとも「変わりやすい」性質をもつものであるのか，ということについても検討していきたいと考えている．

2．先行研究における形容詞活用形アクセント型の複雑さ

　首都圏における形容詞活用形アクセント型の複雑さの要因である「ゆれ」について言及した先行研究は多い．アクセント辞典類の注記も含めた先行研究に現れた，3・4拍形容詞活用形アクセント型のバラエティーについて整理したものが表1[1]．終止形・連体形・〜カッタ形・〜ケレバ形・〜ナル形について，アクセント辞典類による共通語アクセント型と，その共通語アクセント型とは異なる型を当該型についてその型を提示した先行研究とともに上げている．

　表1には，どの時点から当該型が観察されているのかについて検討するために，当該型の初出文献のみを示したが，巻末文献一覧の本章部分において＊を付した先行研究内に重複して当該型を示すものも多く存在している．また，「ゆれ」の中には，限られた地域方言的なアクセントと解釈されている型もみられるが（3拍Ⅱ類終止形1型など），今回対象地域としている首都圏内に観察されたことのある型として掲出した．

　表1からも分かるように，3・4拍形容詞活用形アクセントは，いずれの活用形においても共通語アクセント型以外の複数のアクセント型が観察されてきたことが分かる．概ね，拍数の少ない終止形・連体形より，拍数の多い

表 1. 先行研究に現れた東京首都圏方言形容詞アクセント型

拍数	類別	終止形	連体形	〜カッタ形	〜ケレバ形	〜ナル形	(当該型初出の文献)	文献における当該地域
3拍	I類	0型	0型	2型	2型	4型	(秋永1958)	共通語
		2型	2型				(金田一1942)	東京市・横浜市
				3型	3型		(金田一1941.08)	関東方言域
			3型	0型		1型, 2型, 3型	(稲垣・堀口1979)	江東区・調布市 ※参照(馬瀬1997)長野市
					1型		(稲垣1984)	江東区・葛飾区・三鷹市・調布市
						1型, 4型	(馬瀬1983)	文京区・新宿区・大宮市
	II類	2型	2型	1型	1型	1型	(秋永1958)	共通語
			2型		2型		(秋永1958)	共通語若年層
		0型	0型				(大橋1974)	関東地方域
		1型					(金田一1941.09)	佐原市・東京西部・神奈川・埼玉の一部
				1型	3型	2型, 4型	(稲垣・堀口1979)	江東区・調布市
					0型		(稲垣1986)	東京都内
					3型		(馬瀬1983)	文京区・新宿区・大宮市
					4型		(馬瀬1997)	文京区
4拍	I類	0型	0型	3型	3型	5型	(秋永1958)	共通語
		3型	3型				(秋永1958)	共通語若年層
				4型	4型		(金田一1941.08)	関東方言域
				2型		2型, 3型	(稲垣・堀口1979)	江東区・調布市
				0型			(田中1993.03)	首都圏西部域
	II類	3型	3型	2型	2型	3型	(秋永1958)	共通語
				3型	3型		(秋永1958)	共通語若年層
		0型	0型	2型, 4型	5型	2型, 5型	(稲垣・堀口1979)	江東区・調布市

[注]表中の数字はアクセント型

〜カッタ形・〜ケレバ形・〜ナル形に非共通語アクセント型のバラエティーが多く現れてきたことが分かる(4拍I・II類〜カッタ形を除く).拍数の長いものほど,アクセント型を多くもつことが分かる.

先行研究の記述から,首都圏形容詞活用形アクセントには,2つの体系がその基盤として存在することが分かる.それは,もともと首都圏の広い地域に分布していたと考えられる「関東方言アクセント体系」と,その後広まった「共通語アクセント体系」である.

さらに,その2つの体系に収まらないアクセント型も確認できる.その確認できないアクセント型は,1つには現在広まりつつある脱共通語アクセント型(「新首都圏方言アクセント体系」)の方向を示す型であるだろうし,またそのような変化方向を示すものではなく,複数の型が同時に存在する「混乱」によって出現した型や,もともと存在していた「関東方言アクセント」のより古い型の残存などが推測される.

以下に,3拍形容詞I類・II類について,先行研究において言及のある型について「関東方言アクセント」・「共通語アクセント」の2つの体系ごとに整理した(表2).

また，「無標の中高型」で統合された「新首都圏方言アクセント体系」も表2に示す．表2の○は低い拍を，●は高い拍を意味する．表1に掲出されていて，表2に現れない型は，その他のアクセント型ということになる．

表2．関東方言・共通語・新首都圏方言形容詞活用形アクセント型

Ⅰ類3拍	【関東方言】	【共通語】	【新首都圏方言】
終止形（文末）	○●●	○●●	○●○
連体形（＋名詞）	○●●	○●●	○●○
〜カッタ形	○●●○	○●●○	○●○○
〜ケレバ形	○●●○	○●●○	○●○○
〜ナル形	○●●●	○●●●	○●○○
〜ナイ形	○●●●○	○●●●○	○●○○○

Ⅱ類3拍	【関東方言】	【共通語】	【新首都圏方言】
終止形（文末）	○●○	○●○	○●○
連体形（＋名詞）	○●○	○●○	○●○
〜カッタ形	●○○○○	●○○○○	○●○○○
〜ケレバ形	●○○○○	●○○○○	○●○○○
〜ナイ形	●○○○○	●○○○○	○●○○○

　表1に出現する形容詞活用形アクセントには，表2で説明できる型以外も含んでおり，首都圏の形容詞活用形アクセントが複雑な状況にあることをよく示している．表1のうち，表2に現れないアクセント型を表3に示す．

　表3に現れるいずれの体系からもはずれたアクセント型は，関東方言アクセントから共通語アクセントへという方向の変化が収束する前に，共通語アクセントから新首都圏方言アクセントへ，という新たな方向をもつ変化が首都圏にかぶさっているために生じた複雑さによるものといえそうである．

　上記で確認したような複雑な状態は，常に変化の方向性も含めて更新を続ける都市方言としての特質によるとも考えられるし，活用形アクセントの特質によるとも考えられる．また，それらが複合したことによるとも考えられるが，特定できない．

　いずれにしても，複雑さを引き起こしている言語変化が首都圏内の他地域に先んじて生ずる地域があるのか，また進行中の変化が示す方向性はどのよ

表3. その他の形容詞活用形アクセント型

I類3拍		
連体形（＋名詞）	○●●　（3型）	
〜カッタ形	○●●●	●○○○○
〜ケレバ形	○●●●	●○○○
〜ナル形	○●●○	●○○○

II類3拍		
終止形（文末）	●○○	
連体形（＋名詞）	●○○	
〜カッタ形	○●●●●	○●●●
〜ケレバ形	○●●○	●●●●
〜ナイ形	○●●●●	

うなものか，などについて，2種類の調査方法によるデータを用いて，以下で検討していく．

3．首都圏高年層読み上げ式調査による検討

　首都圏西部域高年層を対象とした，形容詞活用形アクセントのリスト読み上げ式による調査は，1992年5月から11月にかけて実施した．対象は，首都圏西部域内生育（首都圏外外住歴4年以下）で調査当時60歳以上とした．この条件を満たした話者73人の調査結果を地図1〜8に示した[2]．行政区画・地方自治体名などは調査当時のものとする（以下，同様）．調査項目は次の通り．それぞれの形容詞について終止形・連体形・〜カッタ形を調査した．

　　3拍I類　赤い・重い・軽い・遅い・厚い
　　3拍II類　白い・高い・痛い・暑い・熱い
　　4拍I類　明るい・眠たい・冷たい・重たい・危ない

　なお，荒川以東の6地点（7人[3]）は，アクセント型の不明瞭な「埼玉特殊アクセント地域」（金田一春彦，1948）に属する．この6地点は，型区別の明瞭な首都圏西部域アクセントとは異なる体系に属しているものと考え，

本章における分析対象から除外する．地図1〜8上に聞き取りの結果は示してあるが，以下の検討における型出現度数などの集計には加えなかった．型出現度数（出現率）などについては，「埼玉特殊アクセント地域」と首都圏外生育話者（静岡県伊東市・山梨県都留市の2人[4]）を除いた64人を対象とした．地図による検討の際も「埼玉特殊アクセント地域」については考察の対象としない．

3.1. 高年層リスト読み上げ式調査データによる検討
3.1.1. 終止形・連体形のアクセント型

Ⅰ類終止形の中高型は，Ⅱ類の中高型に統合する型であると同時に，その出現率の高さが新首都圏方言化の指標ともなる．3拍Ⅰ類終止形中高型出現総合図を地図1，4拍Ⅰ類終止形中高型出現総合図を地図2として示す．それぞれ中高型の出現率は，次の通り（（ ）内のnはサンプル数．以下同じ）．

3拍2型（n＝64）赤い3.1％，重い3.1％，軽い3.1％，遅い6.3％，
　　　　　　　　厚い41.9％
4拍3型（n＝63）明るい1.6％，眠たい9.5％，冷たい7.8％
　　　　（n＝64）重たい14.3％，危ない3.1％

3拍Ⅰ類「厚い」は，Ⅱ類「暑い・熱い」と同音である．そのため，混乱しやすく中高型の出現率が他の項目に比べ高くなると，先行研究においても考えられてきている（馬瀬良雄，1983）．地図1と地図2を比較すると，Ⅰ・Ⅱ類同音項目を含まない地図2から新首都圏方言化の早い地域が確認できる．

中高型が多く出現するのは，地図1・2ともに調査域中東部の東海道線・中央線沿線である．これは，大橋勝男（1974）で，京浜地区に「赤い（終止形）」2型のみの地点がまとまって出現していることと重なる．これらから，新首都圏方言化は京浜地区など首都圏の中心部から開通時期の古い主要鉄道を通じて西部に広がったことが推測できる．これとは別に，地図1の6627.14（神奈川県平塚市千石海岸）や，地図2の6607.76（神奈川県相模原

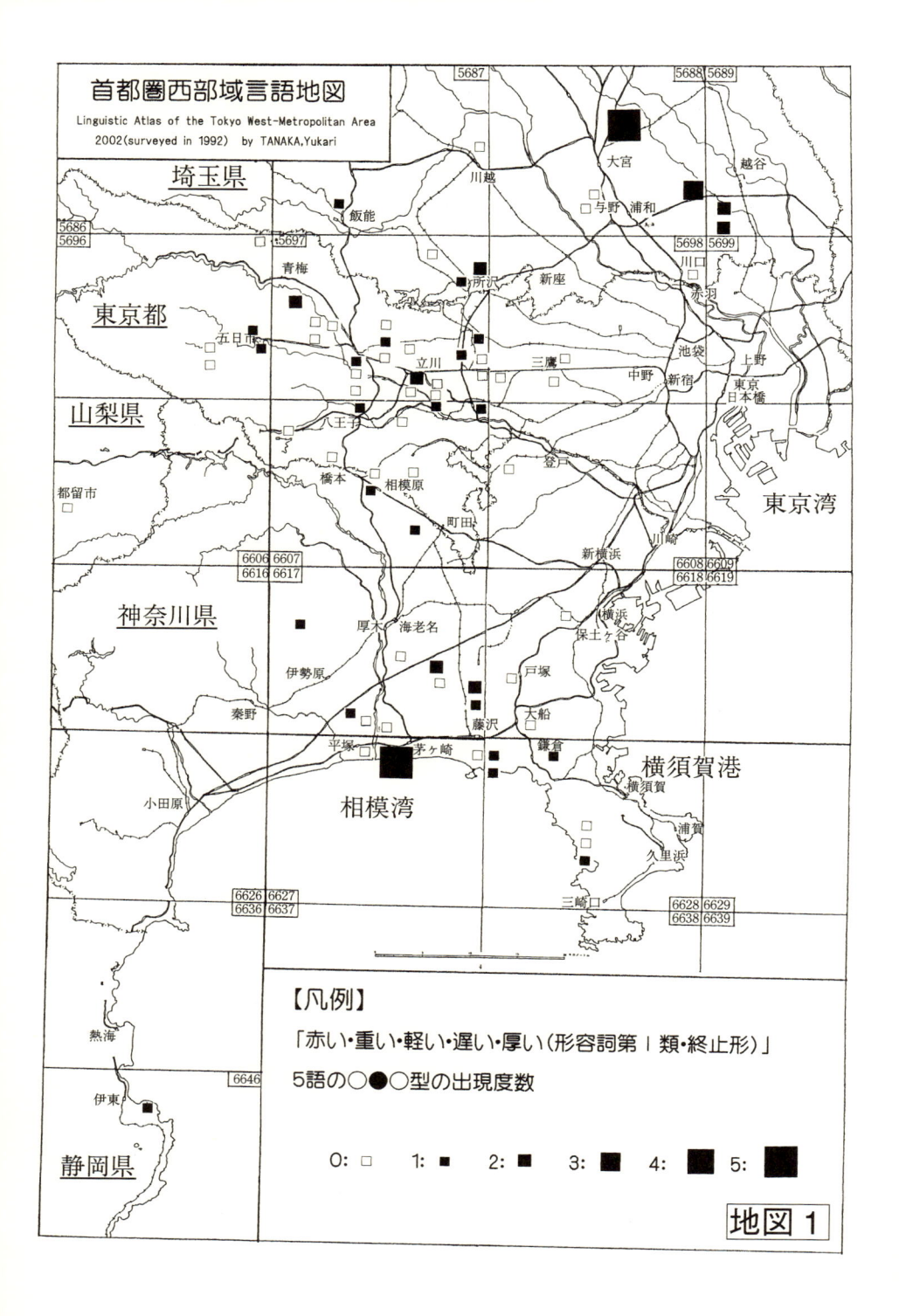

首都圏西部域言語地図
Linguistic Atlas of the Tokyo West-Metropolitan Area
2002(surveyed in 1992) by TANAKA,Yukari

【凡例】
「赤い・重い・軽い・遅い・厚い(形容詞第Ⅰ類・終止形)」
5語の○●○型の出現度数

0: □ 1: ■ 2: ■ 3: ■ 4: ■ 5: ■

地図1

首都圏西部域言語地図

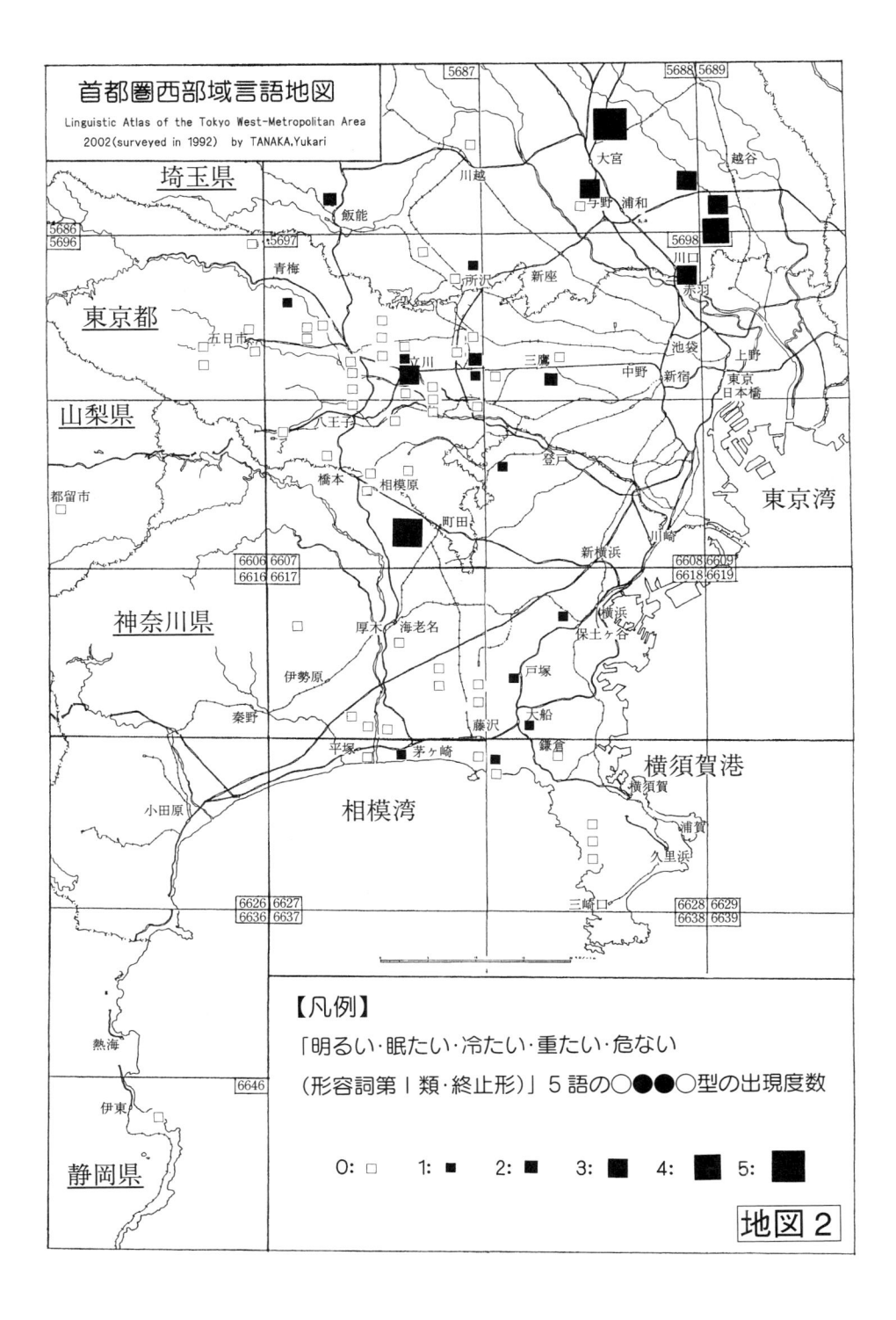

Linguistic Atlas of the Tokyo West-Metropolitan Area
2002 (surveyed in 1992) by TANAKA, Yukari

【凡例】

「明るい・眠たい・冷たい・重たい・危ない
（形容詞第Ⅰ類・終止形）」5語の○●●○型の出現度数

0: □　1: ■　2: ■　3: ■　4: ■　5: ■

地図2

市大沼）のように地域的な要因とは別に個人として中高型を多くもつ話者も確認できる．これは，このような統合現象が交通手段による地を這うような伝播だけではなく，散発的に発生・展開していくものでもあることを示していると考えられる．

　一方，連体形の中高型については，ほとんど現れていないことが，地図3から分かる．I類3拍における中高型1例出現例のほとんどはII類に同音項目をもつ「厚い」の2型である．それぞれ中高型の出現率は，次の通り．

　3拍2型（n＝64）赤い1.6％，重い3.1％，軽い1.6％，遅い1.6％，
　　　　　　　　　厚い35.9％
　4拍3型（n＝64）明るい0.0％，眠たい1.6％，
　　　　（n＝63）冷たい4.7％，重たい0.0％，危ない1.6％

　調査域北部（東京都の埼玉県側と埼玉県）と三浦半島に中高型がまったく現れない地域が確認できる他は，中高型は散発的に出現していることが分かる．秋永一枝（1981）では「連体形はアカイモノ（5型），シロイモノ（2型）と区別があって動かない」としているが，高年層調査においても中高型が現れており，連体形も終止形と同様の中高化現象が確認できる．
　また，II類が平板型となるタイプの「混乱」が調査域内に散発的に確認されることが地図4から分かる．地図4は，II類終止形・連体形の平板型出現についての総合図である．各項目の平板型出現率は次の通り．

　終止形0型（n＝64）白い1.6％，高い0.0％，痛い1.6％，暑い4.37％，
　　　　　　　　　　熱い3.1％
　連体形0型（n＝64）白い1.6％，高い0.0％，痛い0.0％，暑い18.8％
　　　　　（n＝63）熱い4.8％

　I類「厚い」・II類「暑い・熱い」の同音項目間で，型区別のない傾向がクロス集計ではよりはっきりとする（表4～表7）．同音項目がアクセントで区別されない部分を白黒反転で示した．

表4.「厚い（終止形）」と「暑い（終止形）」（数字は出現度数）

	暑い0型	暑い2型	合計
厚い0型	1	35	36
厚い2型	1	25	26
合計	2	60	62

表5.「厚い（終止形）」と「熱い（終止形）」（数字は出現度数）

	熱い0型	熱い2型	合計
厚い0型	2	34	36
厚い2型	0	26	26
合計	2	60	62

表6.「厚い（連体形）」と「暑い（連体形）」（数字は出現度数）

	暑い0型	暑い2型	合計
厚い0型	10	31	41
厚い2型	2	21	23
合計	12	52	64

表7.「厚い（終止形）」と「熱い（終止形）」（数字は出現度数）

	熱い0型	熱い2型	合計
厚い0型	3	38	41
厚い2型	0	22	22
合計	3	60	63

　いずれの項目においても，Ⅰ類0型・Ⅱ類2型という区別のあるパターンがもっとも優勢だが，Ⅰ・Ⅱ類ともに中高型で区別をもたないパターンもついで優勢である．また，連体形においては，Ⅰ・Ⅱ類とも平板型で区別をもたない話者も確認できる．

　とくに「厚い（本）」と「暑い（夏）」のペアにおいていずれも平板型で区別をもたない話者が全体の15.6%いる．平板型で区別をもたないパターンの出現要因としては，同音項目間の混同というだけではなく，後接する名詞までをアクセント単位とみなした，「長い単位」にアクセントがかかるという変化方向の萌芽がかかわるとも考えられる[5]．

第5章　形容詞活用形アクセントの複雑さが意味するもの　　81

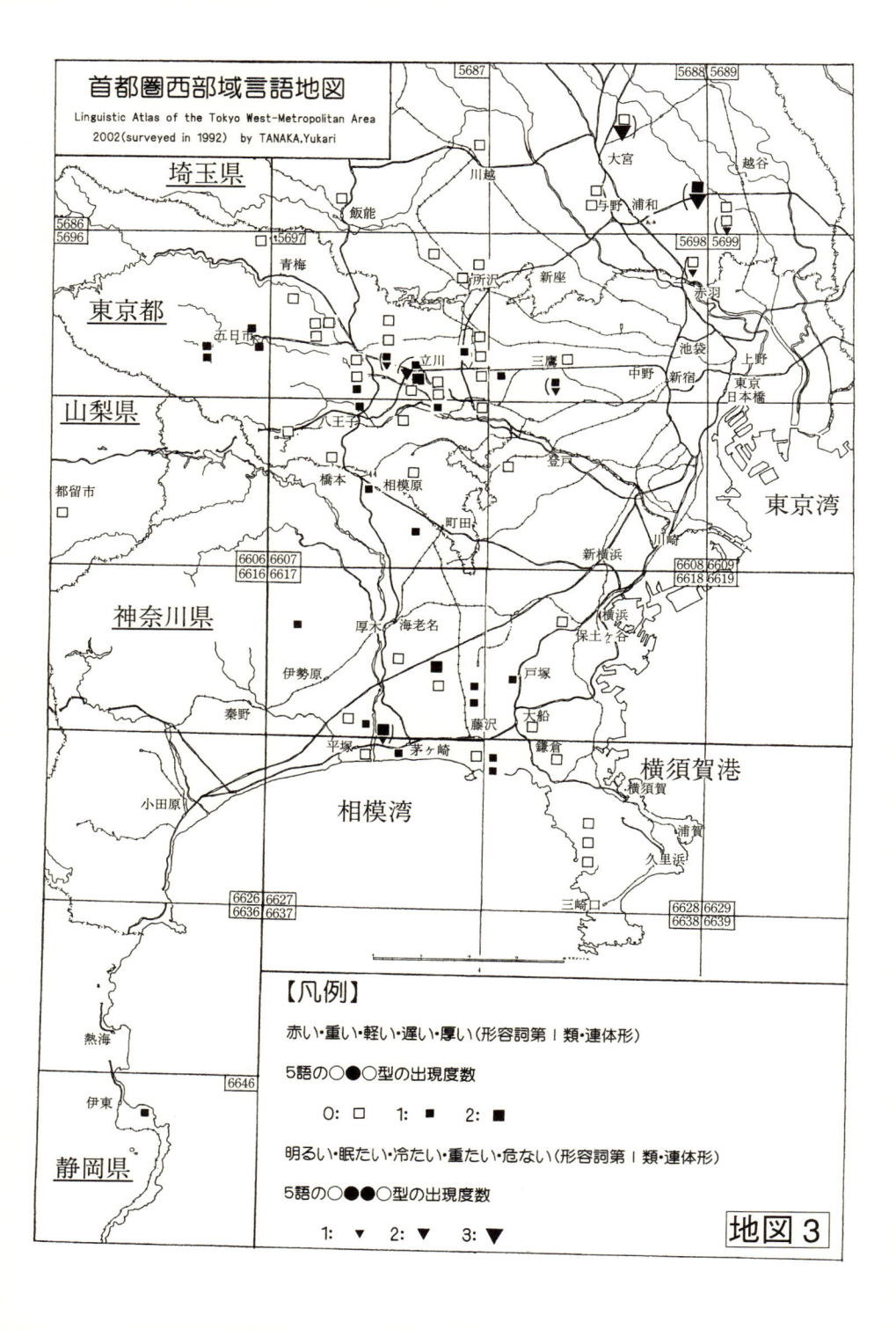

首都圏西部域言語地図
Linguistic Atlas of the Tokyo West-Metropolitan Area
2002(surveyed in 1992) by TANAKA,Yukari

【凡例】

赤い・重い・軽い・遅い・厚い(形容詞第Ⅰ類・連体形)

5語の○●○型の出現度数

0: □　1: ■　2: ■

明るい・眠たい・冷たい・重たい・危ない(形容詞第Ⅰ類・連体形)

5語の○●●○型の出現度数

1: ▽　2: ▼　3: ▼

地図3

首都圏西部域言語地図

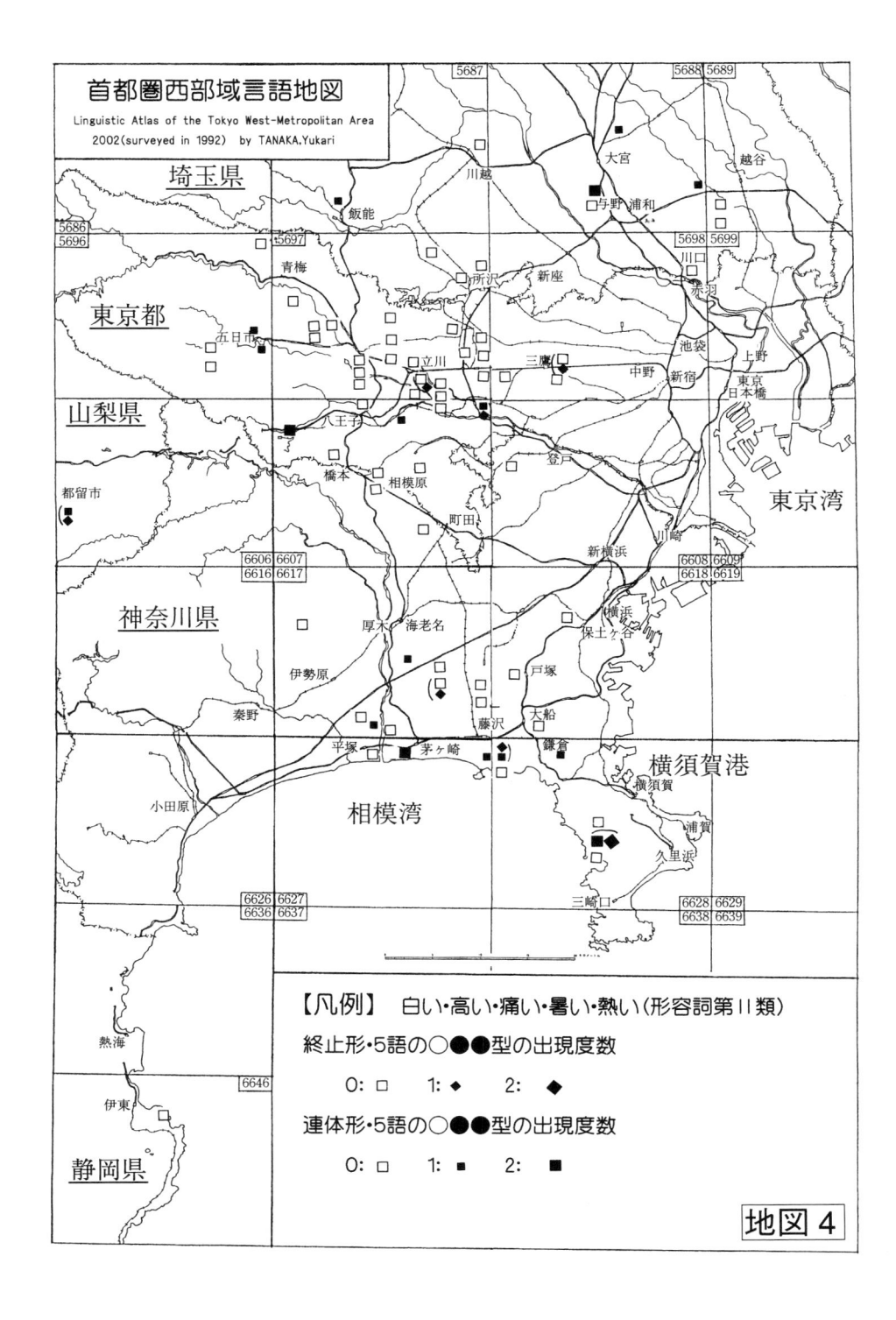

Linguistic Atlas of the Tokyo West-Metropolitan Area
2002(surveyed in 1992) by TANAKA,Yukari

埼玉県
東京都
山梨県
神奈川県
静岡県

東京湾
相模湾
横須賀港

【凡例】 白い・高い・痛い・暑い・熱い(形容詞第II類)

終止形・5語の○●●型の出現度数

0: □   1: ◆   2: ◆

連体形・5語の○●●型の出現度数

0: □   1: ■   2: ■

地図4

3.1.2.「～カッタ形」のアクセント型

「～カッタ形」は，Ⅰ類においては，「関東方言アクセント」から「共通語アクセント」へという変化方向が大きな変化方向として確認される．その変化は，Ⅰ類3拍では3型から2型，Ⅰ類4拍では4型から3型へという変化として確認される．しかし，その他の型として，Ⅰ類3拍には，先行研究も含めて0型と1型が出現する．Ⅰ類3拍3型・1型の出現度数総合図（地図5），Ⅰ類3拍0型・1型出現度数総合図（地図6），Ⅰ類4拍3型・0型出現度数総合図（地図7）を示す．それぞれの項目における出現率は表8の通り．

地図5・地図7からは，「関東方言アクセント型」がまったくあるいはほとんど現れない地域が重なっていることが分かる．三浦半島部を除く神奈川県の東部（東海道線以東），東京都の調査域内東部（中央線沿線の東部）と東京都調査域内東部地域に南接する神奈川県北部地域である．これらの地域はすべてあるいはほとんど共通語アクセント型が分布する地域でもある．地図6・地図7においてⅠ類3拍0型が出現している地域は，関東方言アクセント型優勢地に散発的に現れている（6618.91［神奈川県鎌倉市山崎］は除く）．Ⅰ類3拍1型は3人の話者がもち，そのうち2人はⅠ類3拍0型をもつ話者である（地図6の5696.58［東京都五日市町入野］の厚かった1型と5697.89［東京都国分寺市東元町］の赤かった1型）．残る6617.31（［神奈川県厚木市七沢］厚かった1型）は，その他の項目はすべて共通語アクセント

表8．Ⅰ類形容詞「～カッタ形」アクセント型出現率（％）

拍数	項目(n)	アクセント型				
		0型	1型	2型	3型	4型
3拍	赤かった(63)	4.8	1.6	49.2	44.4	0.0
	重かった(64)	0.0	0.0	39.1	60.9	0.0
	軽かった(64)	1.6	0.0	46.9	51.6	0.0
	遅かった(64)	3.1	0.0	40.6	56.3	0.0
	厚かった(62)	3.2	3.2	45.2	48.4	0.0
4拍	明るかった(64)	4.7	0.0	0.0	53.1	42.2
	眠たかった(53)	3.8	0.0	0.0	58.5	37.7
	冷たかった(64)	3.1	0.0	0.0	64.1	32.8
	重たかった(59)	3.4	0.0	0.0	64.4	32.2
	危なかった(64)	4.7	0.0	0.0	64.1	31.3

首都圏西部域言語地図

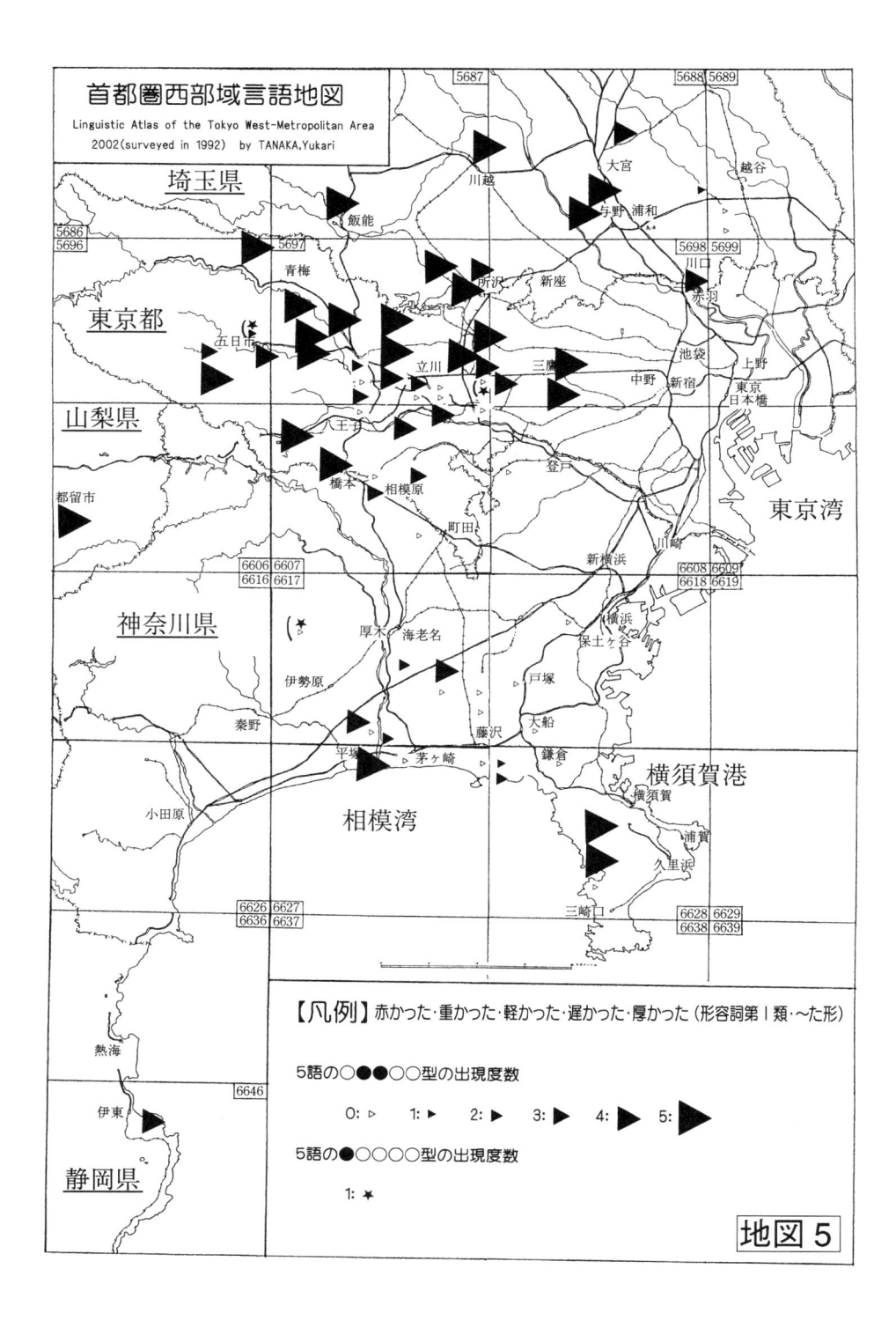

Linguistic Atlas of the Tokyo West-Metropolitan Area
2002(surveyed in 1992) by TANAKA,Yukari

【凡例】赤かった・重かった・軽かった・遅かった・厚かった（形容詞第1類・〜た形）

5語の○●●○○型の出現度数

0: ▷　1: ▶　2: ▶　3: ▶　4: ▶　5: ▶

5語の●○○○○型の出現度数

1: ★

地図5

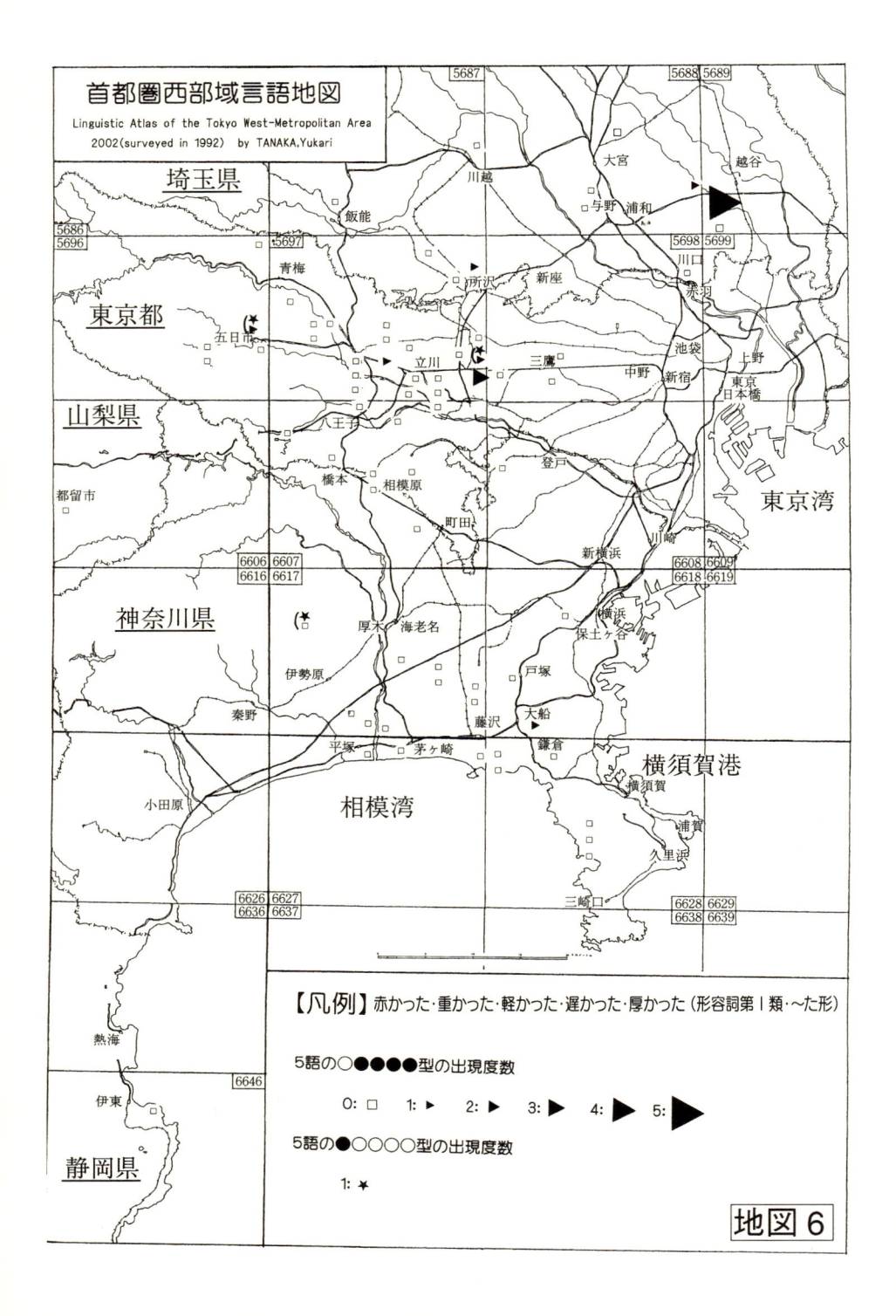

首都圏西部域言語地図
Linguistic Atlas of the Tokyo West-Metropolitan Area
2002(surveyed in 1992)   by TANAKA, Yukari

埼玉県
東京都
山梨県
神奈川県
東京湾
相模湾
横須賀港
静岡県

【凡例】赤かった・重かった・軽かった・遅かった・厚かった（形容詞第Ⅰ類・〜た形）

5語の○●●●●型の出現度数

0: □　1: ▸　2: ▶　3: ▶　4: ▶　5: ▶

5語の●○○○○型の出現度数

1: ★

地図6

首都圏西部域言語地図

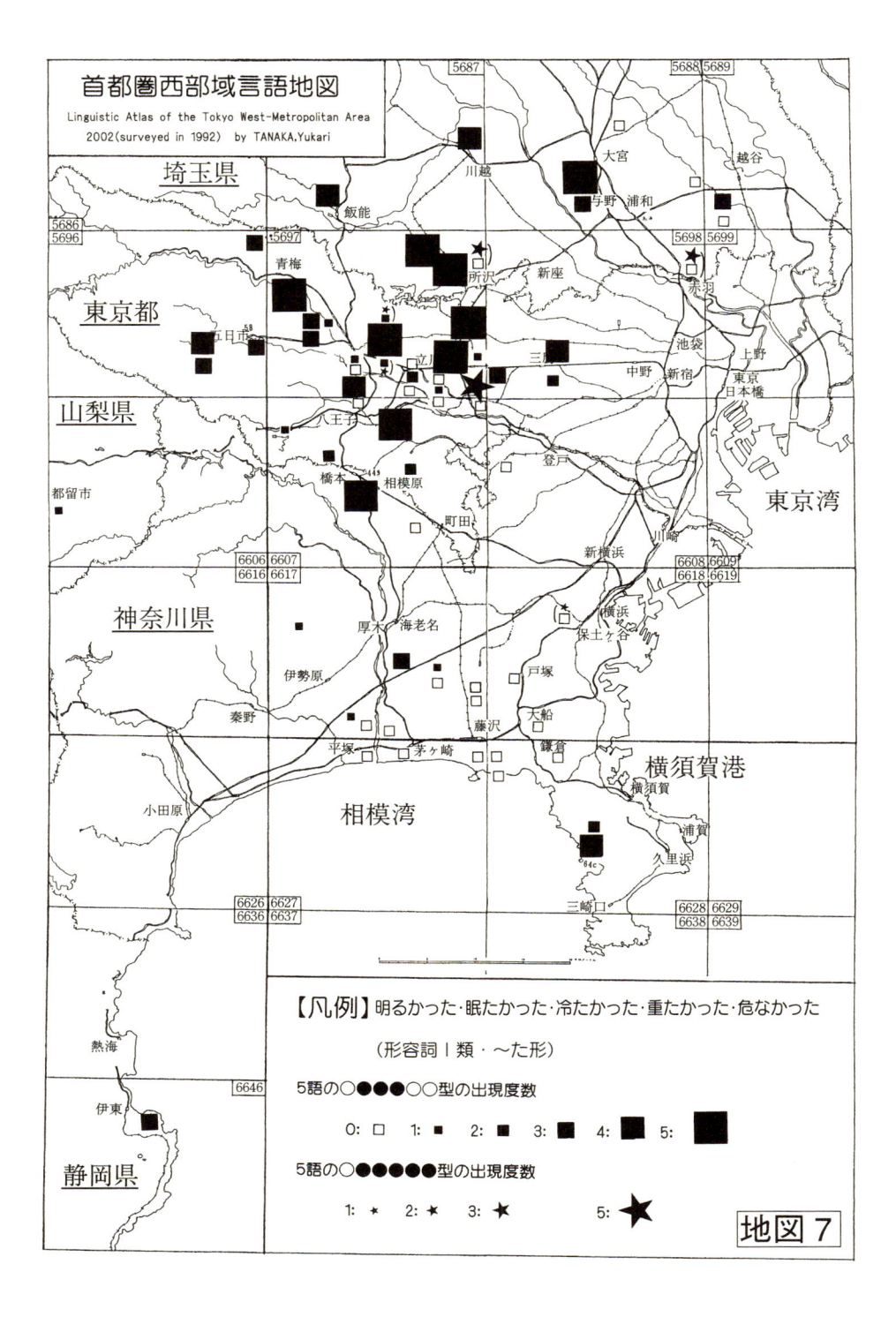

Linguistic Atlas of the Tokyo West-Metropolitan Area
2002(surveyed in 1992) by TANAKA,Yukari

【凡例】明るかった・眠たかった・冷たかった・重たかった・危なかった

（形容詞Ⅰ類・〜た形）

5語の○●●●○○型の出現度数

0: □ 1: ▪ 2: ◼ 3: ◼ 4: ◼ 5: ■

5語の○●●●●●型の出現度数

1: ★ 2: ★ 3: ★ 5: ★

地図7

型をもつ話者である．

　まず，「関東方言アクセント型」，「共通語アクセント型」以外で出現した「〜カッタ形」のアクセント型の解釈を行なう．Ⅰ類3拍0型の分布域は「関東方言アクセント型」優勢地域内の分布であるということと，Ⅰ類3拍0型は「東京都江東区・調布市中学生（稲垣滋子・堀口純子，1979）」，「東京都高年層（稲垣滋子，1986）」，「東京都五日市町高年層（佐藤亮一他，1990）」においてそれぞれわずかながらだが出現していることから，「関東方言アクセント」のより古い型と解釈できる．

　馬瀬良雄（1997）では「〜カッタ形」が，Ⅰ類3拍0型が長野市方言アクセントの高年層優勢型として出現，中年層では関東方言アクセント型と同じⅠ類3拍3型に移行していることからも，かつては広く古い関東方言アクセント型としてⅠ類3拍0型が分布していたところに関東方言アクセント型としてⅠ類3拍3型が広がっていったことがうかがえる．

　Ⅰ類3拍の1型は，Ⅱ類に同音項目をもつ「厚かった」に2地点，「赤かった」に1地点ずつ出現している．1型の出現する話者は，地点は関東方言アクセント型優勢的地域でありながら，個人として共通語アクセント型が優勢の6617.31（神奈川県厚木市七沢）と5696.58（東京都五日市町入野）である．かならずしも共通語アクセント型が優勢でない話者として5697.89（東京都国分寺市東元町）が確認できる．しかし，5697.89は関東方言アクセント型をもたず，他のアクセント型はすべてのバリエーションをもつ個人内の「ゆれ」の大きな話者である．これら3人の話者は，関東方言優勢域に居住しているものの，関東方言アクセント型をほとんどあるいはまったくもたないという共通点がある．脱関東方言，共通話アクセント型への指向が要因となって，Ⅱ類3拍〜カッタ形共通語アクセント型（1型）へ誤った類推による，Ⅰ類3拍「〜カッタ形」1型というイレギュラーなアクセント型をもっていると解釈できる．

　Ⅰ類3拍「〜カッタ形」1型については，「葛西・深川・三鷹・調布中学生（稲垣滋子，1984）」において，共通語アクセント型と関東方言アクセント型が混在するなか，9.9％出現している（分母は不明．中学生24人，4項目における出現率か）．これも，関東方言アクセント型から共通語アクセン

ト型に移行しつつある段階で出現した6617.31の話者と同様の状態であったと解釈できる．また，「根津・学習院女子中等科生徒・早稲田実業中学生徒・大宮市宮原中学生徒（馬瀬良雄，1983）」にも1型が出現している．

「〜カッタ形」は，Ⅱ類3拍においては，共通語アクセント型1型からⅠ類3拍の共通語アクセント型に合流する新首都圏方言アクセント型である2型へという大きな変化方向が確認できる．その他の型として，Ⅱ類3拍3型が出現している．Ⅱ類3拍2型・3型の出現度数総合図を地図8として示す．それぞれの項目におけるアクセント型出現率は表9の通り．

地図8からは，神奈川県東部域の東海道線以東（京浜地域）にⅡ類3拍2

表9. Ⅱ類形容詞「〜カッタ形」アクセント型出現率（％）

項目(n)	アクセント型		
	1型	2型	3型
白かった(63)	92.1	7.9	0.0
高かった(64)	85.9	10.9	3.1
痛かった(64)	81.3	18.8	0.0
暑かった(64)	87.5	9.4	3.1
熱かった(63)	87.5	9.4	3.1

型を3項目以上でもつ話者が集中しており，Ⅱ類3拍3型は，5697.69（[東京都小平市学園西町] 暑かった3型・熱かった3型）・5697.73b（[東京都昭島市拝島] 高かった3型）・6627.14（[神奈川県平塚市千石海岸] 高かった3型・暑かった3型・熱かった3型）の3地点に出現していることが分かる．

Ⅱ類3拍3型をもつ3人の話者はいずれもⅡ類共通語アクセント型優勢地域の話者だが，Ⅰ類「〜カッタ形」においては関東方言アクセント型である3型が優勢地域の話者である．また，5697.69と6627.14は，Ⅰ・Ⅱ類同音項目の「暑かった」と「熱かった」に3型が現れている．これらより，3型はⅠ類3拍の関東方言アクセント型に誤った類推を行なった型と解釈できる．3型は「深川中学生徒・調布中学生徒（稲垣滋子・堀口純子，1979）」にわずかに確認できる[6]．

Ⅱ類「〜カッタ形」がⅠ類「〜カッタ形」と同じ型となる2型が，「暑かった」・「熱かった」の同音項目以外にも現れるのは京浜地域で，そこから他

首都圏西部域言語地図

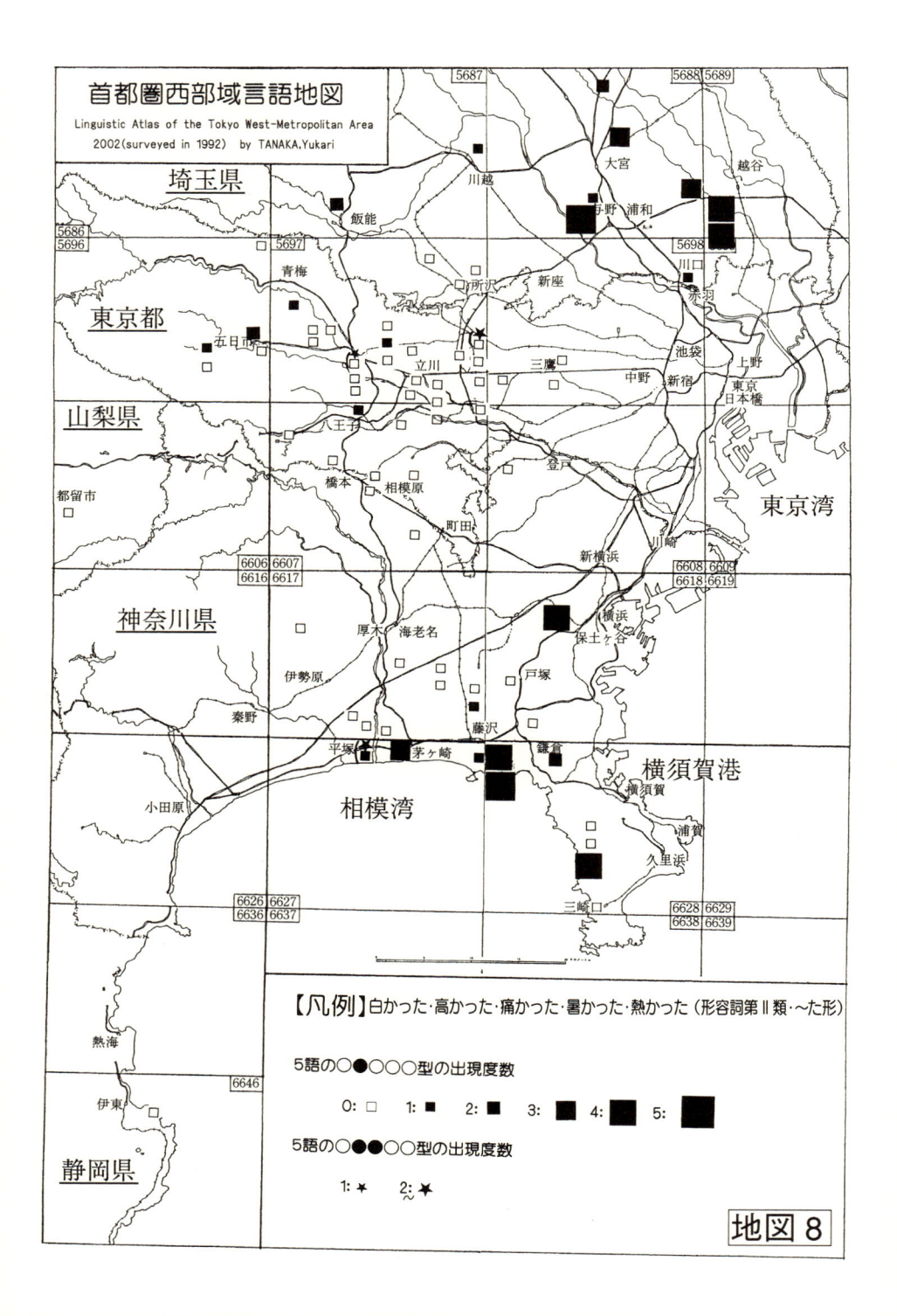

Linguistic Atlas of the Tokyo West-Metropolitan Area
2002(surveyed in 1992)　by TANAKA,Yukari

【凡例】白かった・高かった・痛かった・暑かった・熱かった (形容詞第Ⅱ類・〜た形)

5語の○●○○○型の出現度数

0: □　1: ■　2: ■　3: ■　4: ■　5: ■

5語の○●●○○型の出現度数

1: ★　2: ~★

地図8

の地域に拡大していることが分かる．Ⅰ類3拍「～カッタ形」2型は京浜地区に隣接する東京旧15区山の手青少年層・中年層が下町に比べ先行していたことが分かっている（清水郁子，1958）．

4．聞き取りアンケート調査データによる検討

　高年層と若年層を中心とした形容詞活用形にかんする聞き取りアンケート調査を2002年7月から10月に3件実施した．聞き取りアンケート調査とは，先行研究で確認されているアクセント型を複数回聞かせ，回答者に「自分がそのアクセント型を用いる（○）」・「自分がそのアクセント型を用いない（×）」・「分からない（？／△）」という判定を回答用紙に記入してもらう形式である．聞き取りアンケート調査における，回答者の○回答は，「意識上，そのアクセント型をもっている」という回答と解釈できる．つまり，許容アクセント型を示すと考えられる（田中ゆかり，1998；田中ゆかり，2000）．

　調査項目は次の通り（（ ）内のアラビア数字はアクセント型）．下線を付したアクセント型は，3回の調査のうち，実施していない調査もあることを示す．刺激音声は，3回ずつ提示した．

　　Ⅰ類3拍　赤い［終止形］（0型，2型，<u>1型</u>)・赤い［連体形］（0型，
　　　　　　2型，<u>1型</u>)・赤かった（<u>2型</u>，3型，0型，1型）．
　　　　　　赤くなる（<u>4型</u>，1型，2型）・赤くない（<u>4型</u>，1型，2型）
　　Ⅱ類3拍　高い［終止形］（0型，2型，<u>1型</u>)・高い［連体形］（0型，
　　　　　　2型，1型)・高かった（<u>2型</u>，3型，0型，1型）．
　　　　　　高くなる（<u>4型</u>，1型，2型）・高くない（<u>4型</u>，1型，2型）

　実施した調査は次の3件．【高年層聞取02】・【短大生聞取02】は田中の発音，【首都圏聞取02】は30代の女性アナウンサーによるテープを用いた調査．

　【高年層聞取02】　東京都中央区の私立大学公開講座に通う首都圏生育中高
　　　　　　　　　年層21人
　【短大生聞取02】　東京都渋谷区の私立女子短期大学に通う首都圏生育の1

年生44人

【首都圏聞取02】 東京都豊島区・世田谷区・神奈川県藤沢市の私立高校生，東京都中央区私立大学公開講座に通う中高年層，東京都港区の企業に勤める中年層，東京都八王子市のサークルメンバーの中年層，など首都圏生育者233人．年代内訳は次の通りで，若年層が中心のデータ．10代40.3％・20代24.5％・30代17.6％・40代3.9％・50代6.9％・60代3.4％・70代3.4％[7]

4.1. 高年層リスト読み上げ式調査との比較

　3．で検討した高年層を対象としたリスト読み上げ式調査と，聞き取りアンケート調査3件の結果を一覧したものが表10．
表10から，意識型としての受容について，次のようなことが確認できる．
(1) I 類3拍終止形は，共通語アクセント型0型から，新首都圏方言アクセント型である2型に収束しつつあるが，0型も一定の勢力をもっている．
(2) I 類3拍連体形は，共通語アクセント型0型は安定しているようにみえるが，新首都圏方言アクセント型の2型の受容率がかなり増加している．
(3) I 類3拍「～カッタ形」は，関東方言アクセント型の3型は減少し，共通語アクセント型の2型に収束しつつあるようだが，II 類「～カッタ形」への誤った類推と推測される1型が微増している．
(4) I 類3拍「～ナル／～ナイ」形は，共通語アクセント型4型で安定しているようにみえるが，II 類共通語アクセント型と同じ1型・II 類新首都圏方言アクセント型2型が増加している．
(5) II 類3拍終止形は，共通語アクセント型2型でほぼ安定している．
(6) II 類3拍連体形は，共通語アクセント型2型でほぼ安定している．
(7) II 類3拍「～カッタ形」は，共通語アクセント型1型から新首都圏方言アクセント型2型に収束しつつある．
(8) II 類3拍「～ナル形／～ナイ形」は，共通語アクセント型1型と新首都

表10. 形容詞活用形アクセント型出現率（％）／選択率（％）調査間比較

類別	項目・アクセント型	高年層発音92 n=64	高年層聞取02○ n=21	短大生聞取02○ n=44	首都圏聞取02○ n=233
Ⅰ類	赤い（終止形）0型	96.9	61.9	63.6	39.9
	赤い（終止形）2型	3.1	42.9	86.4	91.4
	赤い（終止形）1型	0.0	未調査	0.0	0.9
	赤い（連体形）0型	98.4	61.9	95.5	91.5
	赤い（連体形）2型	1.6	42.9	31.8	61.8
	赤い（連体形）1型	0.0	未調査	0.0	0.0
	赤かった2型	49.2	95.2	97.7	未調査
	赤かった3型	44.4	9.5	4.5	未調査
	赤かった0型	4.8	未調査	未調査	未調査
	赤かった1型	1.6	未調査	11.4	未調査
	赤くなる4型	未調査	95.2	未調査	94.4
	赤くなる1型	未調査	4.2	未調査	22.7
	赤くなる2型	未調査	4.8	未調査	39.1
	赤くない4型	未調査	未調査	81.8	未調査
	赤くない1型	未調査	未調査	34.1	未調査
	赤くない2型	未調査	未調査	79.5	未調査
Ⅱ類	高い（終止形）0型	0.0	0.0	0.0	0.9
	高い（終止形）2型	100.0	100.0	100.0	98.3
	高い（終止形）1型	0.0	未調査	0.0	3.4
	高い（連体形）0型	0.0	0.0	0.0	5.6
	高い（連体形）2型	100.0	100.0	97.7	96.1
	高い（連体形）1型	0.0	未調査	4.5	1.7
	高かった1型	85.9	61.9	59.1	未調査
	高かった3型	3.1	未調査	0.0	未調査
	高かった0型	0.0	未調査	未調査	未調査
	高かった2型	10.9	42.9	97.7	未調査
	高くなる1型	未調査	50.0	未調査	81.5
	高くなる2型	未調査	71.4	未調査	73.2
	高くなる4型	未調査	9.5	未調査	48.5
	高くない1型	未調査	未調査	75.0	未調査
	高くない2型	未調査	未調査	83.4	未調査
	高くない4型	未調査	未調査	20.5	未調査
備考		―	高くなる1型(n=20)	―	高い0型(n=231)

圏方言アクセント型2型が拮抗している．一方，Ⅰ類「～ナル形／～ナイ形」共通語アクセント型と同じ4型が【短大生聞取02】・【首都圏聞取02】で増加している．4型は，後部成素の「ナル／ナイ」と複合したアクセント型とも考えられる[8]．

以上のことから，聞き取りアンケート調査における意識型において，形容詞活用形アクセント型は，Ⅰ・Ⅱ類が「無標の中高型」に統合する変化方向で収束しつつあるとは言えない状況にあることが分かる．また，このような

「気づきにくい」事象においても，意識型が実現型に先行するのであれば[9]，首都圏における形容詞活用形アクセントはさらに複雑な状態となることが推測される．つまり，当分の間は，体系的に「安定した状態」は訪れないということになる．

5．形容詞活用形アクセントの複雑さが意味するもの

ここまで，首都圏における形容詞活用形アクセントの複雑さについて，その推移と要因について検討してきた．先行研究と今回のデータから考えると，この首都圏における形容詞活用形アクセントに複数の型が共在するという複雑な状態は，少なくともこの100年程度の期間，特殊なことではなかったようだと推測される．また，今後しばらくもこの複雑な状況が続くと考えられる．つまり，少なくとも近過去から近未来にかけては，形容詞活用形アクセントにおいては，アクセント型が非常に変わりやすい状態にあったし，あることを意味している．

そうなると，この複数の型が存在し，また「非常に変わりやすい」状態と，「最後まで改まらずに，根強く残るのはアクセントである（金田一春彦，1953）」，「一般にアクセントは言語構造として頑固な性質を持っていると言われる（柴田武，1983，p. 351）」とされてきたこととの関係をどのように考えたらよいだろうか．

首都圏における形容詞活用形アクセント型が複雑だといっても，それは東京式アクセント地域として「ありうるアクセント型」の範囲内での「ゆれ」であるということ[10]から考えると，「言語構造として頑固」という側面を表しているとも考えられる[11]．しかし，これまでアクセントが「言語構造として頑固」とみられてきた主な背景は，アクセントが言語形成期の根拠データとして多く示されてきた[12]ように，言語形成期内に獲得したアクセントは「頑固」に変わらない，という大枠での受容であったのではないだろうか．

ここまでみてきたように，首都圏形容詞活用形アクセントの複雑さは，アクセントの変わりやすさの一面を示すととらえられるので，アクセントは，むしろ「もっとも伝播しやすい特徴の一つ（ディクソン，2001，p. 38)」として扱うことが適当であると考える[13]．

今回確認した首都圏形容詞活用形アクセントの複雑さも，地域としての複雑さや変わりやすさなのであって，個人としての複雑さや変わりやすさを示すものではない，という指摘も考えられる．しかし，関東方言アクセント型以外の型をすべてもつ5697.89（東京都国分寺市東元町，明治38（1905）年生，男性，農業）のような話者は，恒常的に調査時点でのアクセント型をもちつづけるだろうか．おそらく，そうではなく，地域の複雑さは個人内の複雑さと平行的で，逆に個人内の複雑さは地域の複雑さの反映と考える方が妥当と考える（田中ゆかり，1999）．また，この5697.89のような話者は，それほど「特別」な経歴や志向性をもつ話者とも考えにくい．

　今回示した複数調査によるそれぞれのデータは同一回答者に対する調査でなく，別々の回答者に対する調査であるため，積極的に個人が変わりやすいとは言えないが，表10における高年層発音92調査と高年層聞取02調査のデータを比較することから，個人の変わりやすさの可能性を示すことができる．

　この2つのデータは，前者はリスト読み上げ式調査，後者は聞き取りアンケート調査という調査方法の違いと，前者が調査当時60歳以上，後者が50〜70代という回答者層の違いを含んでいる．そのため直接的な比較はできないが，たとえばⅠ類3拍終止形「赤い0型」を取り上げて検討しても，両者の出現率と選択率は，前者96.9％から後者61.9％とかなりはっきりとした減少がみられる．この現象はこの2つの調査実施年の10年という時間差と回答者の年齢差だけが要因ではなく，個人における「赤い0型」の受容率の変化が加わったものと考えられないだろうか．他の項目においても同様に出現率・選択率のはっきりとした減少・増加が確認できる．川上蓁（2006）では，高年層同一話者におけるアクセント変化の可能性が指摘されており，同一個人が言語形成期以降のその生涯において異なるアクセント型を無意識的に獲得していくことは，不自然なことではなさそうだ．

　また，もうひとつの特徴として，これだけ多くの型が地域・個人内に存在しながら，一般的にはほとんどその「ゆれ」の存在が意識されていないことを指摘できる．外来語の平板化現象などについては，個人・メディアのレベルを問わず「気づきやすい」事象であることと比較すると分かりやすい[14]．外来語平板化現象も首都圏において近年急速に進行した変化で，こちらは意

識されやすいことから「気づきやすく変化しやすい事象（方言）」といえるだろう．一方，今回取り上げた形容詞活用形アクセントはこの観点から言えば「気づきにくく変わりやすい事象（方言）」と言えるだろう．外来語平板化現象については，その気づきやすさの観点から，アクセント型が特定のイメージと結びつきやすいという側面をもつ（田中ゆかり，1994；馬瀬良雄，1997）が，「気づきにくく変わりやすい事象」である形容詞形用形アクセントの変化についても，話者の「意識」と「実態」との関係，変化の進行パターンについては，両者に大きな差がない可能性も感じさせる．

6．おわりに

首都圏における形容詞活用形アクセントの複雑さのもつ意味について，先行研究と自身のデータから検討してきた．以上の結果から，首都圏における形容詞活用形アクセント変化事象は「気づきにくく変わりやすい事象（方言）」と言えそうだ．

同様の事象は他にも多く存在しそうである．たとえば，首都圏における尾高型の消失傾向（川上蓁，2003），複合動詞アクセントあるいは助数詞・数詞アクセントルールの単純化（川上蓁，2006）なども同様な事象だろう．「気づき」と「変わりやすさ」という観点から進行中の言語変化にかかわる事象を分類して検討していくことが今後の課題となる．

また，首都圏は型区別の明瞭な地域である．そのような地域における変化への「気づきにくさ」と「変わりやすさ」，埼玉特殊アクセント地域や無アクセント地域の型区別があいまいあるいは型区別をもたない地域の「気づきにくさ」と「変わりやすさ」の間には質的な差があるのか否か，などについても今後の課題としたい．

1　先行研究によって具体的な形容詞は異なる．
2　5689.90b（地図上では5689.90付近の下の記号）は，当時40代．
3　5688.45（埼玉県大宮市堀崎町），5688.74（埼玉県与野市与野本町），5688.84（埼玉県浦和市大久保領家），5688.97（埼玉県浦和市大門），5689.90a（埼玉県川口市安行），5689.90b（埼玉県川口市安行），5698.29（埼玉県川口市金町）の6地点7人．

4 6646.14（静岡県伊東市新井）と6606（山梨県都留市生育小数点以下の地点番号特定できず・調査時居住地は神奈川県川崎市）．
5 現時点では，語彙的な範疇に留まっているようであるが，アナウンサーの発話などにおいても「長い単位」にアクセントがかかっていると思われる複合アクセント的発話が観察される．たとえば，「アツイナツ（暑い夏）」，「アツイタタカイ（熱い戦い）」などが平板型で発音される例がスポーツ中継やスポーツ関連の話題で聞かれることが多い．
6 0.2%．分母は生徒35人における13項目か．
7 陣内正敬氏代表の科学研究費・基盤研究 B (1)（課題番号12410111）「コミュニケーションの地域性と関西方言の影響力についての広域的研究」による調査の一部．回答者属性などについては，田中ゆかり（2003）参照．第5部第1章参照．
8 田中ゆかり（1993）の「とびはね音調」の背景として推測したことに同じ．第2部第1章参照．
9 田中ゆかり（2000）において，首都圏における外来語アクセント平板化現象を例として，「気づきやすい」事象の獲得においては，意識型が実現型に先行することを確認した．第1部第4章参照．
10 アクセント単位内において「1拍目と2拍目はかならず高低が入れ替わる」・「高い拍の連続は一箇所」という規則の範囲内で，という意味で．しかし，II類3拍「〜ナル形／〜ナイ形」においての4型は，I類への誤った類推というだけではなく，付属語まで含めた「長い単位」にアクセント単位が移行した結果，とするとアクセント単位が変化しつつあることになるので，その意味では「ありうる範囲」から逸脱しているとも言える．「長い単位」への移行については，田中ゆかり（1993），井上史雄（1997），井上史雄・鑓水兼高（2002）でも「とびはね音調」の背景として示唆している．「白くない4型」の東京都台東区若年層における優勢化は三井はるみ（1996），佐藤亮一・三井はるみ（1997）でも指摘されているが，東京都五日市町若年層においては「白くない4型」化は確認されない．
11 金田一春彦（1953）では，《アクセント体系そのものの変化》は「変わりにくい部分」，《個々の語のアクセント変化》は「変わりやすい」と「区別」しているが，《アクセント体系そのものの変化》と《個々の語のアクセント変化》を先験的に区別することは困難な部分が多いと考える．《アクセント体系そのものの変化》も，初期的には《個々の語のアクセント変化》として現れると考えられるからである．《体系》あるいは《体系そのものの変化》とはどのようなものを想定しているのか，ということともかかわりそうだ．
12 たとえば，北村甫（1952）．
13 柴田武（1975）では，3音節以上の単語アクセントが浮動的であること，同じ地域社会において2つ以上のアクセント型をもつ語が少なくないことなどを例にあげ，「日本語でアクセントが本当に根幹的部分かどうかということに疑問（pp. 258-259）」を呈している．
14 たとえば，1998年に『NHK発音アクセント辞典』や2001年に『新明解アクセント辞典』の改訂版が刊行された際，外来語平板化現象にかかわる改訂部分については多くのメディアがとりあげたが，その他の改訂部分についてはほとんど取り上げられなかったことなどは，外来語平板化現象の「気づきやすさ」とかかわると考えられる．

第6章
Ⅰ類動詞連用形尾高型の消失

1．はじめに
　ある個人が，言語形成期中に獲得したアクセントは，変わりにくいとされてきた[1]．
　しかし，アクセント変化のある部分は，言語形成期を過ぎてもむしろ変わりやすいと考えた方が理解しやすい事例も，一方で存在している[2]．自身の所属するコミュニティーにおいてアクセントの「ゆれ」が観察される場合，同時に複数のアクセント型を「もっている」個人は少なくないが，そのことは意識されていないことが多い[3]．自身が複数のアクセント型を保持しているということに意識が向かないばかりではなく，自身の所属するコミュニティーに複数のアクセント型が存在していることにも意識が向かない場合が多い．このことを踏まえると，発話時にどのアクセント型を用いているのかについて，一般にはほとんど意識が向けられないし，話者自身のもっともよく用いるアクセント型が変わったとしてもほとんど意識されないことになる．このように「気づき」がほとんどなく，短い期間に個人にもコミュニティーにも変化が現れるような事象を「気づきにくく変わりやすい方言」と呼ぶ（田中ゆかり2002）．
　「気づきにくく変わりやすい方言」の事例として，田中ゆかり（2003）では，首都圏における形容詞活用形アクセントの変化を取り上げた（第1部第5章参照）．本章では，首都圏における金田一語類Ⅰ類動詞（終止形平板型タイプ：以下，Ⅰ類動詞）連用形アクセントが尾高型から平板型に移行していく過程を「気づきにくく変わりやすい方言」変化事例とみて，複数の調査データに基づき報告を行なう．

2．Ⅰ類動詞連用形尾高型について
　Ⅰ類動詞連用形が「Vニ（イク）」という形式で現れるとき，共通語アク

セントならびに現在の東京中心部アクセントにおいては，終止形と同様に平板型で実現される．しかし，首都圏西部域においては，都竹通年雄（1951[4]）・小林滋子（1961[5]）から，かつては尾高型が広く分布していたと推測される．東京都西部に位置する五日市町（調査当時．以下同様）を調査した佐藤亮一他（1991）においても，尾高型の出現が中高年層に確認されている．また，首都圏の外周に位置する山梨県西部域においても，高年層においてはほぼ安定的にⅠ類動詞連用形尾高型が現れ（秋永一枝，1996），若年層においても尾高型傾向が強いこと（田中ゆかり，1996）が確認されている（第3部第6章参照）．

都竹通年雄（1951）では，「東京系の平板式動詞の連用形は，すべての場合に，もとは一種の尻高型であったらしい」ことの証拠の1つとして，このⅠ類動詞連用形尾高型の存在を位置づけている[6]．この立場からⅠ類動詞連用形尾高型が平板型に移行していく事例をみると，一方では一世代前の東京アクセント（関東方言アクセント）から現在の東京アクセントが成立する過程（アクセントの体系変化）とみることができ，もう一方では関東方言アクセントから共通語アクセントへの置き換え（共通語化）とみることもできる．

「気づき」という観点から，この尾高型から平板型への移行をみると，先行研究の少なさから，研究者レベルにおいてもあまり関心を呼ぶような「気づき」を強くもつ事象ではなかったことが分かる[7]．

「変わりやすさ」という観点からは，のちに示すように祖父母世代以上（調査当時60代以上：1932年以前生）ではほとんど保持しているものの孫世代（調査当時高校生：1974年～1976年生）ではほぼ消失しており，この2世代の間にⅠ類動詞連用形尾高型は消失したことになる．これは，東京における語中ガ行音が鼻音から破裂音に約80年で交替した事例（Hibiya, Junko, 1996）と，同程度のスピードである．ほぼ完全保持者からほぼ完全消失者までが同時代・同じ地域コミュニティー内に共存していることを考えると，この変化は早いといえそうである．

3．分析に用いるデータの概要

　首都圏西部域における I 類動詞連用形アクセントの変化を検討するのに用いるデータは，以下の 3 種類．それぞれの回答者数は当該調査への参加者数で，項目ごとに読み誤り・読み飛ばし・録音不備などによるデータの欠損がわずかずつある．

[1992年首都圏西部域高年層データ（以下，92高年層データ）]
　調査地域：東京都下・神奈川県・埼玉県・静岡県の 1 都 3 県33市 1 町（調査地の行政区画，地方自治体名などは調査当時のものとする．以下同様）
　回答者：調査当時60歳以上（1932年以前生）で当該地域以外の外住歴が 4 年以下の男女72人（1 人1951年生女性含む）
　調査時期：1992年 5 月〜11月
　調査方法：面接調査による短文リスト読み上げ式調査（「（○○を）Ｖニイク」）
　調査項目（22項目）：着る，する，寝る，言う，売る，置く，買う，聞く，消す，敷く，拭く，塗る，結う，開ける，埋める，着せる，詫びる，借りる，洗う，脅す，磨く，遊ぶ

[1992年首都圏西部域高校生データ（以下，92高校生データ）]
　調査高校（調査時所在地）と回答者数（調査地の行政区画，地方自治体名などは調査当時のものとする．以下，同様）．

地点番号	高校名（所在地）	
5688.86	浦和市立浦和高校（埼玉県浦和市）	6人
5697.71	明大中野八王子高校（東京都八王子市）	10人
5698.45	東京都立田柄高校（練馬区光が丘）	15人
5698.72	東京都立武蔵野北高校（武蔵野市八幡町）	24人
6607.64	神奈川県立相模原高校（相模原市横山）	17人
6608.31	神奈川県立生田高校（川崎市多摩区）	44人
6617.45	神奈川県立海老名高校（海老名市中新田）	45人

6628.20　神奈川県立七里ガ浜高校（鎌倉市七里ガ浜東）　　21人
　　6628.46　神奈川県立横須賀高校（横須賀市公郷町）　　　38人
　　　計　　　　　　　　　　　　　　　　　　　　　　　　220人

回答者：調査高校に通う高校生男女（1974年～1976年生）で，首都圏外の外住歴のない生徒220人[8]
調査時期：1992年5月～11月
調査方法：集団面接調査による短文リスト読み上げ式調査（「（○○を）Ｖニイク」）
調査項目（2項目）：言う，洗う[9]

[1995年山梨県西部域中学生データ（以下，95山梨中学生データ）[10]]
調査中学（調査時所在地）と回答者数：芦安中学（芦安村安通）23人，巨摩中学（白根町飯野）57人，御勅使中学（白根町百々）62人，韮崎東中学（韮崎市藤井町）90人，八田中学（八田村榎原）61人，押原中学（昭和町押越）68人，北西中学（甲府市山宮町）69人，城南中学（甲府市大里町）63人
回答者：調査中学に通う中学生男女（1978年～1980年生）で，所在地外の外住歴のない493人
調査時期：1994年8月～1995年3月
調査方法：集団面接調査による短文リスト読み上げ式調査（「（○○を）Ｖニイク」）
調査項目（3項目）：買う，言う，洗う（芦安中のみ「洗う」未調査）

4．高年層データからみるⅠ類動詞連用形のアクセント

　Ⅰ類動詞連用形「Ｖニ（イク）」の項目別アクセント型の出現状況は，表1の通り．
　出現した主なアクセント型は，尾高型，尾高－1型，平板型の3種類．
　尾高－1型は，アクセント核が付与される連用形最終拍が特殊拍（連母音の後部成素の/i/, /R/）の場合，1拍前にアクセント核が移動した結果現れ

表1．Ⅰ類動詞連用形（Vニイク）アクセント型出現率（n＝72）：0型出現率昇順

	尾高型%	尾高-1型%	平板型%	その他%	欠損値	連用形拍数	備考	性差
拭く	73.6	1.4	25.0	0.0	0	2		
着る	74.6	0.0	25.4	0.0	1	1		
塗る	72.2	0.0	26.4	1.4	0	2	その他1型	
聞く	72.2	0.0	27.8	0.0	0	2		
敷く	72.2	0.0	27.8	0.0	0	2		O型：F＞M＊
磨く	69.4	0.0	27.8	2.8	0	3	その他2型	O型：F＞M＊
買う	40.3	30.6	29.2	0.0	0	2	/ai/	
結う	47.2	23.6	29.2	0.0	0	2	/ui/,/ii/,/iR/	O型：F＞M＊＊
する	69.4	0.0	30.6	0.0	0	1		
言う	48.6	20.0	31.4	0.0	2	2	/ii/,/iR/,/jui/	O型：F＞M＊ -1型：M＞F＊
売る	68.1	0.0	31.9	0.0	0	2		
置く	66.7	0.0	31.9	1.4	0	2	その他1型	O型：F＞M＊
脅す	63.9	0.0	31.9	4.2	0	3	その他2型	
開ける	66.7	0.0	33.3	0.0	0	2		
着せる	66.2	0.0	33.3	0.0	0	2		
消す	66.2	0.0	33.8	0.0	1	2		O型：F＞M＊＊
洗う	19.4	44.4	36.1	0.0	0	3	/ai/	
埋める	62.5	0.0	37.5	0.0	0	2		
詫びる	59.7	0.0	37.5	2.8	0	2	その他1型	O型：F＞M＊
借りる	59.7	0.0	38.9	1.4	0	2	その他1型	O型：F＞M＊
寝る	52.9	0.0	47.1	0.0	2	1		
遊ぶ	31.9	0.0	68.1	0.0	0	3		

［注1］「尾高-1型」：連用形最終拍が特殊拍（/(V)i/,/R/）の場合の尾高-1型。
［注2］「性差」は、各型における男女差のあったもの（χ^2検定＋残差分析・＊:5%水準、＊＊:1%水準で有意差有）

た型と解釈できる．「買い/kai/に」・「結い/jui/・/ii/・/iR/に」・「言い/ii/・/iR/・/jui/に」・「洗い/arai/に」に尾高-1型が出現する．

　連用形最終拍に特殊拍がこない項目においても尾高-1型が数例現れる．これは，Ⅱ類動詞連用形の共通語アクセント型への類推[11]，またはⅠ類動詞連用形尾高-1型をもつ項目への類推の結果現れた型（表1「その他」）と解釈できる．「脅しに2型」4例，「詫びに1型」2例，以下「磨きに2型」・「拭きに1型」・「塗りに1型」・「置きに1型」に各1例ずつ現れた．以下の分析では，連用形最終拍に特殊拍が位置している尾高-1型のみを尾高-1型と呼ぶ（表1同様）．

　表1は，共通語アクセントの平板型出現率の低い順（関東方言アクセント型出現率の高い順）に項目を配列している．尾高型（＋尾高-1型）は，「遊びに（31.9%）」1項目を除けば，すべて50%以上出現している．項目間の尾高型（＋尾高-1型）出現率のばらつきの要因については，よく分からない．語幹の長さ，転成名詞[12]としての定着度，動詞活用の種類の観点からは

首都圏西部域言語地図

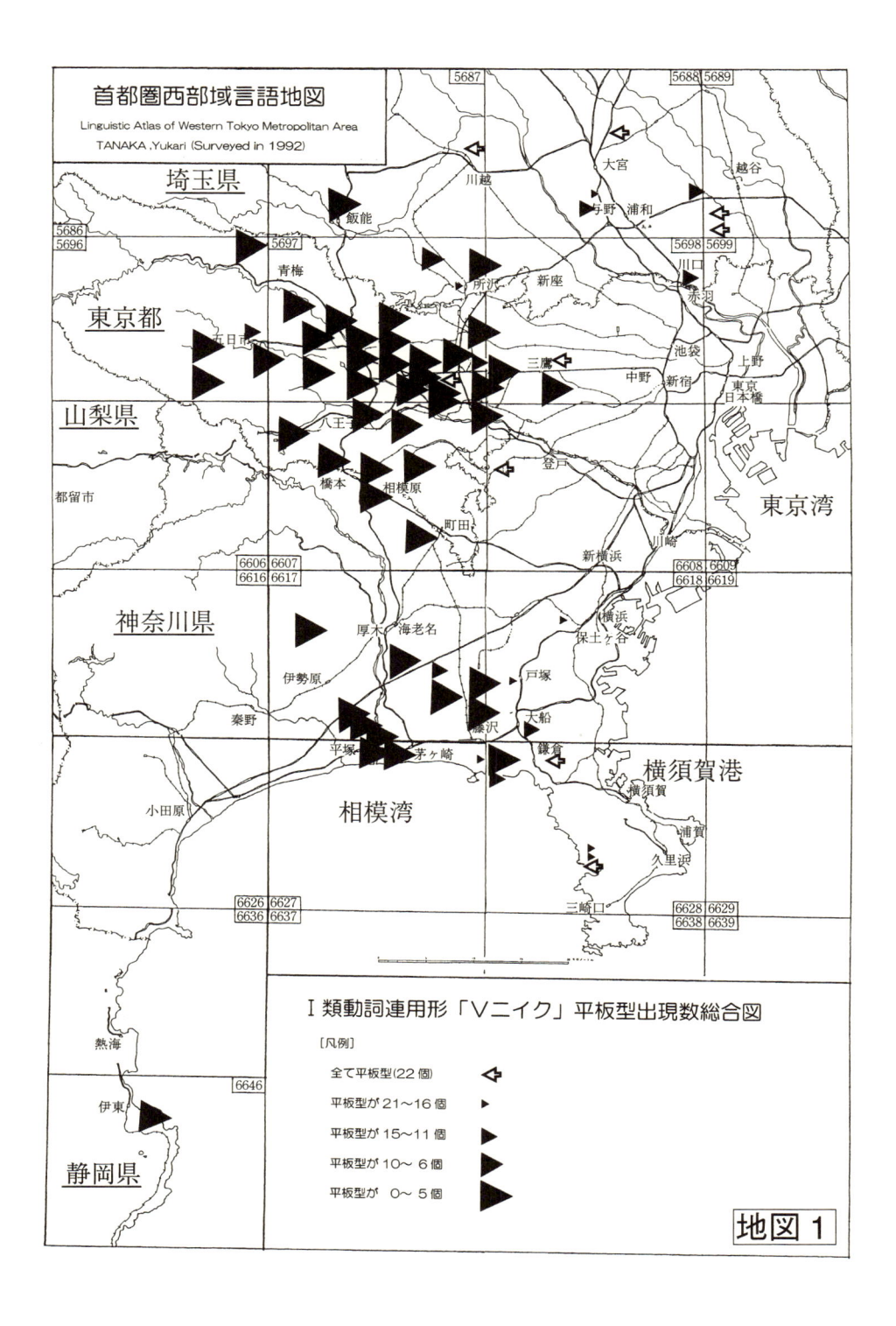

Linguistic Atlas of Western Tokyo Metropolitan Area
TANAKA, Yukari (Surveyed in 1992)

埼玉県　東京都　山梨県　神奈川県　静岡県　東京湾　相模湾　横須賀港

川越　大宮　越谷　飯能　青梅　与野　浦和　川口　赤羽　五日市　所沢　新座　池袋　上野　三鷹　中野　新宿　東京日本橋　八王子　都留市　橋本　相模原　登戸　町田　新横浜　川崎　横浜　保土ヶ谷　厚木　海老名　伊勢原　戸塚　大船　鎌倉　秦野　平塚　茅ヶ崎　藤沢　横須賀　浦賀　小田原　久里浜　三崎口　熱海　伊東

Ⅰ類動詞連用形「Ｖニイク」平板型出現数総合図

[凡例]

- 全て平板型(22個) ⇦
- 平板型が21〜16個 ▸
- 平板型が15〜11個 ▶
- 平板型が10〜 6個 ▶
- 平板型が 0〜 5個 ▶

地図1

はっきりとした偏りが見出せない．

　類推による尾高－1型が現れるのは，Ⅰ類動詞連用形アクセントが，地域コミュニティーにおいても個人内においても複数の型が存在する不安定な状態にあるためであると考えられる．また，尾高－1型への類推形が出現するということは，当該地域においては尾高－1型が一定の勢力をもつ型であることも意味しそうだ[13]．

　72人における22項目の結果を概観すると，共通語アクセント型である平板型の平均出現度数は7.4[14]であった．一方で，この平板型の出現度数は，最小値0（12人），最大値は22（9人），標準偏差は8.4と個人差が大きい．共通語アクセントである平板型が0の回答者12人を属性とともに以下に示す．

```
地図1地点番号（住所）                    生年              性
5697.30（東京都青梅市長淵）              昭和4 （1929年）生  男性
5697.62（東京都秋川市二宮）              明治43（1910年）生  男性
5697.69（東京都小平市学園西町）          大正6 （1917年）生  男性
5697.73（東京都昭島市拝島）              昭和2 （1927年）生  男性
5697.73（東京都昭島市拝島）              大正15（1926年）生  男性
5697.73（東京都昭島市拝島）              昭和6 （1931年）生  男性
6607.32（東京都町田市相原）              大正13（1924年）生  男性
6607.10（東京都八王子市高尾）            明治45（1912年）生  男性
6617.31（神奈川県厚木市七沢）            明治35（1902年）生  女性
6617.79（神奈川県藤沢市亀井野）          昭和6 （1931年）生  男性
6627.15（神奈川県茅ヶ崎市南湖）          明治44（1911年）生  男性
6646.14（静岡県伊東市新井）              大正2 （1913年）生  男性
```

　地図1の分布とあわせて，調査域西部（地図1地点番号の1の位が6・7の地域が西部域）に尾高型または尾高－1型が多く現れ，東京中心部よりの調査域東部（地図1地点番号の1の位が8・9の地域が東部域）に共通語アクセントの平板型が多く現れることが分かる．

　調査域西部は，この項目に限らず関東方言アクセントを保持しており，調

査域東部は共通語アクセントをもつことが分かっている（田中ゆかり，2003など．第1部第5章参照）．このことから，Ⅰ類動詞連用形尾高型は，現在の東京アクセントの古態を示す関東方言アクセントであるといえるだろう．そう考えると，当該域では，かつてはより広い地域においてⅠ類動詞連用形尾高型が分布していたことが推測できる．

　また，性によってアクセント型の出現に偏りが見られる項目も多い．χ^2 検定の結果5％水準で性差のみられた項目[15]は，「敷きに」・「磨きに」・「結いに」・「言いに」・「売りに」・「置きに」・「消しに」・「埋めに」・「詫びに」・「借りに」の10項目．10項目すべてにおいて女性に共通語アクセント型の平板型が多いということが確認された．

　一般に女性の方が男性に比べ標準的な威光形の獲得（この場合は東京中心部アクセント化あるいは共通語化）が早いとされることの表れといえそうだ．このような「気づき」の少ない項目においても，女性に標準的な威光形獲得が早いことを示す例となる．

　以上から，首都圏西部域高年層において，Ⅰ類動詞連用形尾高型はかなりの程度出現しており，都竹通年雄（1951）で推測されていた，東京式アクセント地域においてⅠ類動詞連用形尾高型が広く安定的に分布していた，という考え方を支持する．

　一方，この事象における東京中心部アクセント化あるいは共通語化は地域差や性差をもって進んでいる，ということも分かった．東京中心部アクセント化あるいは共通語化は，東京中心部に近い調査域東部と女性ほど進んでいる．

5．高校生データからみるⅠ類動詞連用形のアクセント

　92高校生データからは，Ⅰ類動詞連用形尾高型は，ほぼ消失した状態にあることが分かる．尾高型は1例も出現せず，尾高－1型がわずかに出現するにすぎない．「言いに1型」1人（0.5％），「洗いに2型」2人（0.9％）である．尾高－1型で発音した回答者2人の属性は次の通り．

「言いに1型」 ｝ 海老名高校　女子（1974年生）　市外の外住歴無
「洗いに2型」
「洗いに2型」：　相模原高校　女子（1975年生）　市外の外住歴無

　尾高－1型の現れた2人には，神奈川県中央部・北部の県立高校に通う外住歴のない女子という共通点はある．しかし，同時に調査を行なった関東方言アクセントに関連する他の項目（3拍名詞，複合動詞，複合名詞）では，この2人は，すべて共通語アクセント型で発音しており，全体として関東方言アクセントを保持している回答者というわけではない．
　以上から，1990年代前半の若年層においては，Ⅰ類動詞連用形尾高型ならびに尾高－1型は，ほぼ消失しており，神奈川県県央・県北部生育者にごくわずか散発的に残存が確認される程度となっていることが分かる．4．の92高年層データにおいては，尾高型ならびに尾高－1型が比較的よく保持されていたことと比較をすると，2世代という短い期間に，このⅠ類動詞連用形尾高型が消失したことが分かる．佐藤亮一他（1991）における「遊びに3型」の出現率も，高年層44％，中年層27％，若年層0％となっており，同時期の2世代間に尾高型が消失したことが確認できる．

6．山梨中学生データからみるⅠ類動詞連用形のアクセント

　95山梨中学生データにおけるⅠ類動詞連用形のアクセント型の出現状況を中学校別に示したものが図1～図3．尾高型と尾高－1型をあわせると，全体では「買いに（70.9％）」，「言いに（80.5％）」，「洗いに（70.4％）」と7割以上に出現しており，4．で確認した首都圏西部域の92高年層データと同程度現れている．尾高－1型の出現率が尾高型よりも高い中学校が多く，92高年層データにおける尾高－1型よりも多く出現している．
　中学校によって，尾高型ならびに尾高－1型の出現率は異なる．3項目すべてにおいて全体における出現率よりも尾高型ならびに尾高－1型の出現率が高い中学校は，押原中学（昭和町押越），巨摩中学（白根町飯野），八田中学（八田村榎原）の3校[16]．逆に3項目すべてにおいて平板型出現率が全体における出現率よりも高い中学校は，北西中学（甲府市山宮町），韮崎東中

図1. 山梨県西部域中学生「買いに」アクセント型
O型出現率昇順（グラフ中の数値は出現度数）

学校	買いに2型	買いに1型	買いにO型
押原中(n=68)	24	33	11
八田中(n=61)	14	33	14
御勅使中(n=62)	18	29	15
巨摩中(n=56)	22	18	16
全体(n=491)	144	204	143
城南中(n=62)	17	26	19
韮崎東中(n=90)	28	30	32
北西中(n=69)	11	32	26
芦安中(n=23)	10	3	10

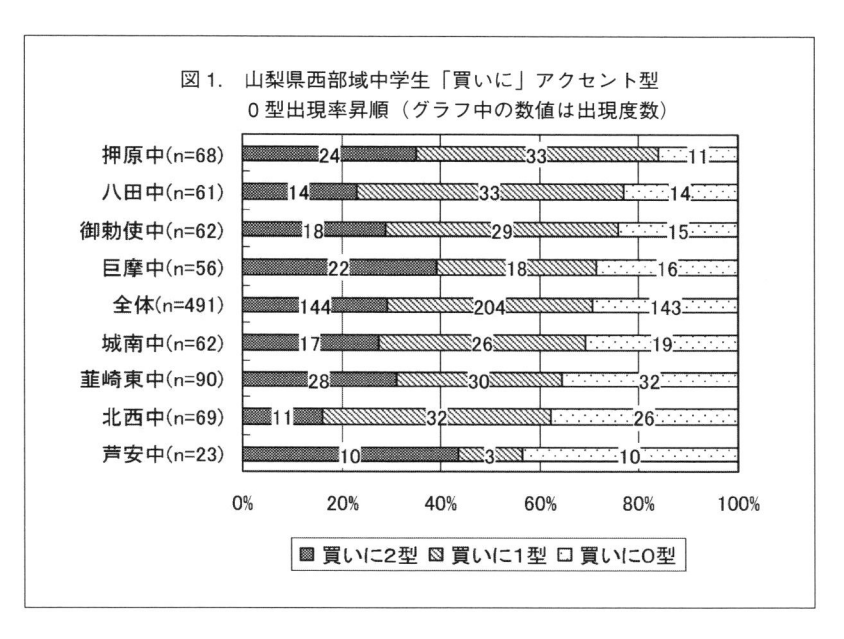

図2. 山梨県西部域中学生「言いに」アクセント型
O型出現率昇順（グラフ中の数値は出現度数）

学校	言いに2型	言いに1型	言いにO型
押原中(n=68)	48	15	5
御勅使中(n=59)	22	30	7
巨摩中(n=56)	18	30	8
八田中(n=61)	26	26	9
城南中(n=62)	23	29	10
全体(n=487)	199	193	95
韮崎東中(n=90)	30	40	20
北西中(n=69)	21	23	25
芦安中(n=22)	11	0	11

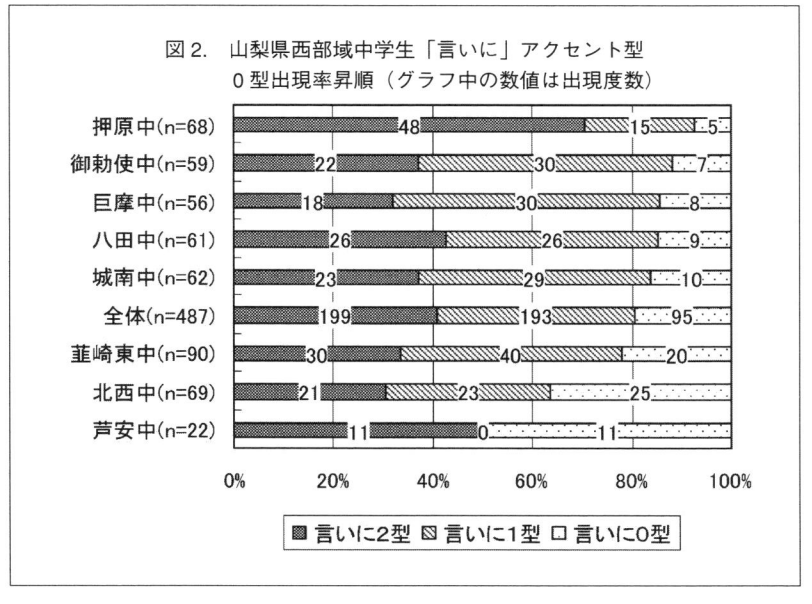

図3. 山梨県西部域中学生「洗いに」アクセント型
０型出現率昇順（グラフ中の数値は出現度数）

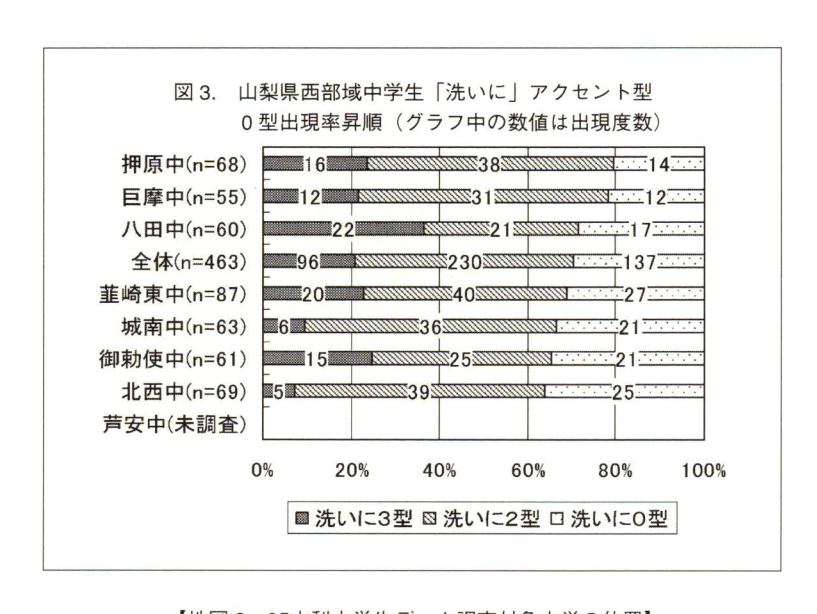

中学	洗いに3型	洗いに2型	洗いに0型
押原中(n=68)	16	38	14
巨摩中(n=55)	12	31	12
八田中(n=60)	22	21	17
全体(n=463)	96	230	137
韮崎東中(n=87)	20	40	27
城南中(n=63)	6	36	21
御勅使中(n=61)	15	25	21
北西中(n=69)	5	39	25
芦安中(未調査)			

【地図２　95山梨中学生データ調査対象中学の位置】

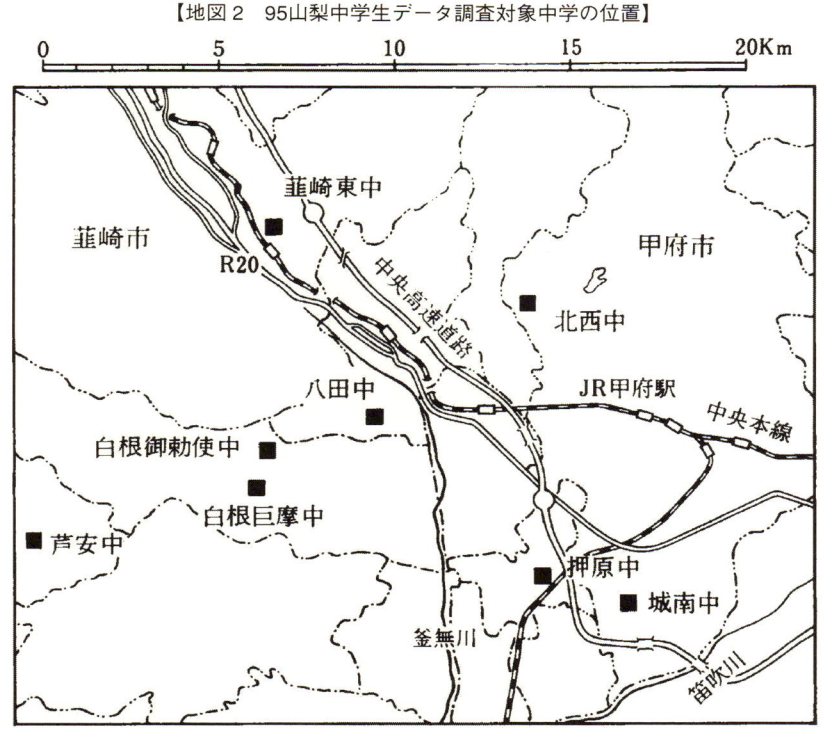

学（韮崎市藤井町）[17]の2中学．芦安中学（芦安村安通）は調査した2項目とも平板型出現率が，どの中学校よりも高い．城南中学（甲府市大里町）は2項目（「買いに」・「洗いに」），御勅使中学は1項目（「洗いに」）が全体における出現率よりも平板型の出現が多い．

このようにみていくと，学校ごとに尾高型傾向の強い学校と，平板型傾向の強い学校に分かれる．もっとも西部に位置する芦安中学を除くと，概ね調査域西部の中学校は尾高型傾向，調査域東部またはJR中央本線駅から徒歩圏の中学校（韮崎東中学）は平板型傾向にあることが分かる（地図2）．

この全体的な傾向から外れる芦安中学は，首都圏生育者を中心とした山村留学生を在校生の半数以上受け入れているという他中学とは異なる事情をもつ．山村留学生を除いた芦安中学の回答者は全員，芦安村以外の外住歴のない生徒だが，首都圏からの山村留学生と日常的に接触するという環境にある点が他の中学校の生徒と異なっている[18]．

以上から，首都圏のさらに西部に位置する山梨県西部域では，若年層においても尾高型・尾高−1型が優勢で，尾高型分布域が首都圏より西の地域にも広がっていたことを示している．また，ここにおいても調査域東部ほど平板型傾向にあり，東京中心部に近いほど東京中心部アクセント化あるいは共通語化が進んでいることが分かった．

ただし，調査域の中でもっとも西部に位置しており，中央本線からも距離のある芦安中学がもっとも平板型傾向の強い中学校であることについては，すでに尾高型消失が完了した地域・世代の首都圏生育の山村留学生との日常的な接触が要因として推測される．

芦安中学の平板型傾向の要因が，平板型をもつ山村留学生との日常的な接触ということになれば，外住歴がなくとも他のアクセントに接触する環境におかれると，非常に短い期間でも，アクセントが変化することを示唆することになる．

7．3種類のデータからみたⅠ類動詞連用形のアクセント

4．〜6．において，3種類のデータから，Ⅰ類動詞連用形のアクセントについてみてきた．以上を総合すると，次のようなことが指摘できる．

［1］都竹通年雄（1951）で推測しているように，東京式アクセント域西部では，かつてはかなり広い地域において安定的にⅠ類動詞連用形尾高型が分布していた．

［2］尾高型以外に連用形最終拍に特殊拍をもつ項目については，尾高−1型が出現した．最終拍が特殊拍でない項目においても尾高−1型が出現したが，これはⅡ類動詞連用形共通語アクセント型あるいは，Ⅰ類動詞尾高−1型への類推によるアクセント型であろう．若年層において共通語アクセント化が完了するまでの間の双方向への「ゆれ」と解釈できる[19]．

また，尾高型消失過程においては，次のような地域差・年齢差・性差が確認された．

［3］調査域の西部ほど尾高型をよく保持している．東京中心部に近い東部域ほど現在の東京中心部アクセントあるいは共通語アクセント型の平板型となっている．

［4］首都圏西部域では，尾高型・尾高−1型は高年層に多く，若年層ではほぼ消失している．2世代のうちに消失が完了したことになる．

［5］山梨県西部域においても，尾高型・尾高−1型は高年層よりも若年層に少ない．しかし，首都圏西部域の高年層と同程度現れている．首都圏の1〜2世代前の状態を示していると考えられる．秋永一枝（1999）などでも同地域のアクセント型が現在の東京アクセントの1〜2世代前の状態を保持していることが示されており，これと同様の結果を示した．

［6］首都圏高年層においては，尾高型・尾高−1型を男性が保持し，女性に消失する傾向がみられた．男性より女性に標準的威光形の採用が早いことは，多くの先行研究で指摘されている．本章からは，「気づき」のほとんどない事象においても同様であったことが確認された．

［7］首都圏を含む調査域最西部に位置する芦安中学が山梨県西部域の中ではもっとも平板化傾向（東京中心部アクセント化あるいは共通語化）を示すことが確認された．芦安中学は首都圏生育の平板型をもつ山村留学生を数多く受け入れており，外住歴のない生徒たちも日常的

に首都圏生育者のアクセントに接触する環境にある．このことが芦安中学を地理的な観点からの例外的な存在にさせている要因だとしたら，移住によって地域にもちこまれたアクセントが短い期間に生徒たちに影響を与えたことになる．アクセントの「変わりやすさ」を示す事例とみることができるかも知れない．

総合的にみると，このⅠ類動詞連用形のアクセントの出現状況からは，次の①〜③の条件のいずれかを満たす場合に，東京中心部アクセント化あるいは共通語化が進んでいることが分かる．

①地理的に東京中心部に近い（調査域東部）
②時間的に東京中心部に近い（中央本線の駅に近い）
③人的交流として首都圏的（首都圏からの山村留学生の受け入れ）

このことは，少なくともこのⅠ類動詞連用形の平板化現象については，東京中心部の言語形式になんらかの形での日常的な接触が多いほど，その形式の採用が進んでいることを示している．

同時に，このⅠ類動詞連用形平板型採用過程は，短い期間において，かつ話者自身の「気づき」がほとんどない中，進行していることも示している．

このⅠ類動詞連用形尾高型の平板型化の理由として，東京中心部アクセント化あるいは共通語化という観点の他に，次のような可能性も考えられる．

［8］アクセント単位が，「V」，「ニイク」の2単位から「V ニイク」という句レベルの1単位に変化しつつあることによって，尾高型から平板型への移行を促進した．

田中ゆかり（1993, 2003）で指摘したように，首都圏におけるⅡ類形容詞「〜クナル／ナイ」や，Ⅱ類動詞「〜タクナル／ナイ」が，それぞれⅠ類タイプのアクセント型として現れることがある[20]．これらの類の混乱とみえる現象の要因の1つには，アクセント単位の句レベル化もかかわっていそうである．本章で扱っているⅠ類動詞連用形「V ニ（イク）」の平板化の背景の1つとして，それらと同様なアクセント単位の句レベル化を指摘することもできそうである．

8．おわりに

　Ⅰ類動詞連用形尾高型の消失過程を，「気づきにくく変わりやすい方言」事例とみて，3種類のデータから検討を行なった．

　この「気づきにくく変わりやすい」変化は，首都圏のアクセント変化において，少なからず現れるパターンのようにみえる．

　活用形という「部分」の問題[21]と，首都圏という地域の問題[22]の2つが重なり合った場合に，このようなパターンは現れやすいのだろうか．活用形という「部分」については，どの地域でも似たようなパターンをみせるものなのだろうか．また，首都圏においても，活用形という「部分」以外にも見出せるパターンなのだろうか．

　川上蓁（2006）では，複合動詞アクセントを取りあげ，首都圏の高年層のアクセントが，「気づき」を伴わずに1世代あるいは同一人物の生涯のうちにおいて変化していることを示唆している[23]．本章で取り扱った現象と類似パターンをとる別の事例とみることができそうである．

　「気づき」の程度や「変わりやすさ」の程度をどのように測るのか，ということについては，はっきりとした方法や単位はおそらくない．しかし，同時代・同地域・同一個人の中に複数のアクセント型が共存する状態においては，「気づき」がない，あるいはほとんどない場合がありそうだ．

　ある地域コミュニティーにおける変種の無意識レベルにおける共存という状態においては，地域コミュニティーにおける優先順位と個人内部の優先順位は双方向的な影響を与えあい続けており，かつその変種の優先順位そのものも常に変動し続けているのではないだろうか．とくに首都圏のような情報流通量が多い上に，人的・物的流動性が高い地域においては，このような傾向は顕著であると推測される．

　ただし，複数の変種が同じ地域・同じ時代・同一個人の内部に共存しているといっても，当該地域のアクセント体系を逸脱するような型は存在しにくいという原則もみえる[24]．ここからは，アクセントが体系の内部においては流動性が高く「変わりやすい」面をみせ，体系の外への流動性は低い「変わりにくい」という両面を併せもっている可能性がうかがえる[25]．これらが何を意味するのか，については，今後の課題としたい．

1　金田一春彦（1953）は「個人が一つの方言を習得する場合を考えると、最も早く習得できるのは語彙であり、語法・一般音韻の順に改まりがたく、最後まで改まらずに、根強く残るのはアクセントである（p. 351）」としており、《アクセント体系そのものの変化》を簡単には起こらないものとしている。この考え方は、アクセントの習得を言語形成期仮説の根拠データに用いる根拠ともなっている（北村甫 1952）。それに対し、柴田武（1975）は、3音節以上の単語アクセントが浮動的であること、同じ地域社会において2つ以上のアクセント型をもつ語が少なくないことなどを例にあげ、「日本語でアクセントが本当に根幹的部分かどうかということに疑問（p. 255, pp. 258-259）」を呈している。しかし、一方では「一般にアクセントは言語構造として頑固な性質をもっていると言われる（柴田武1983）」とも述べている。金田一春彦（1953）は、「変わりやすい部分」は《個々の語のアクセント変化》、「変わりにくい部分」が《アクセント体系そのものの変化》と区別しているが、ひとつひとつの具体例について、どちらに属するかは先験的には判断しにくいと考える。なお、個人の生涯においてアクセントが変化するということについては一般的な現象として、広く言及されている（上野善道、2009など）。
2　「声調はもっとも伝播しやすい特徴の一つ（ディクソン、2001, p. 38）」という考え方もある。この考えに立てば、「アクセントは変化しやすいものの一つ」といえそうである。柴田武（1975）では、自身の地名アクセントの東京アクセント化（ナゴヤ0型から1型）を例にあげ、言語形成期以降にも個人内においてアクセント変化が生ずる可能性を指摘している。
3　意識されやすいアクセント変化に該当する例も存在している。外来語（名詞）の平板化現象や固有名詞のアクセントの変化などが例にあげられる。これら「気づきやすい」変化は、しばしばマスメディアなどでも取り上げられ、個人も意識している場合が多い。しかし、アクセントの変化全体からみると、このような「気づきやすく変わりやすい」アクセント変化が例外なのかもしれない。
4　「東京の杉並区あたりから三河や東美濃にかけて、ヨビニ（2型）・ソメニ（2型）があり」としている。同時に「千葉県の各地に、個人差はあるが、カリニ（刈りに2型）・アテニ（当てに2型）・ムスビニ（結びに3型）などが広くある」ともしているので、Ⅰ類動詞連用形尾高型分布域は、首都圏東部域にも広がっていた可能性は高い。なお、（　）内のアラビア数字は、都竹通年雄（1951）では実線で示されていたアクセントの下がり目の位置を田中が示したもの。
5　東京都西部に位置する三多摩地域において尾高型が出現することを示している。
6　小林滋子（1961）では、Ⅰ類動詞尾高型出現の理由を「長い言葉を平坦に言うのを嫌って、途中で高さの変化をもたせようとしたためであろうか」として解釈している。しかし、のちに示すデータからは、「高さの変化をもたせようとした」というようなプロミネンスをおくかおかないかというような語用論的出現の様相とは異なり、地域的にも語彙的にも広く尾高型が出現していることが分かる。このことから、本章は、都竹通年雄（1951）の示した平板型動詞がかつて尾高型であったことの残存という立場をとる。
7　田中は、1964年生まれ神奈川県厚木市生育の首都圏西部方言話者である。かなりの程度、本章で問題としているⅠ類動詞連用形尾高型を保持しているが、都竹通年

雄（1951）の記述に出会うまで，尾高型に対して非共通語アクセントという「気づき」をもっていなかった．実際には，語彙によって尾高型（尾高−1型）専用，尾高型（尾高−1型）・平板型併用，平板型専用と少なくとも3つのレベルに分けられるが，このことに対してもかつては「気づき」をもっていなかった．

8 高校生調査においては，ほぼすべての項目において高校差は観察されたが高校内における移動歴による差は観察されなかった．当該のⅠ類動詞連用形に関連する項目においては移動歴の有無によるアクセント型出現率の差異は観察されていない．

9 高校生・中学生を対象とした若年層調査は，多人数調査であるため，項目数が少ない．高年層は1地点1人のケースもあるため，項目が多い．若年層は，主として個人間の「ゆれ」を多人数調査によってみていく目的で実施しており，同一内容の項目についての項目数は少なくしている．また，高年層調査と異なりそれぞれ学校における調査であるため，厳しい時間制限のある中で調査を実施するという調査背景と，調査手法の差異からも項目数が異なっている．

10 早稲田大学大学院文学研究科日本文学専攻・秋永研究室共同調査によるデータ．調査参加者は，秋永一枝・加藤大鶴・白勢彩子・勢登雅子・田中ゆかり・松永修一・三原裕子・吉田健二（50音順）．調査の詳細は，秋永一枝（編）（1996）参照．

11 五日市町を調査した佐藤亮一他（1991）においてⅡ類動詞「泳ぎに3型」が高年層に12％，中年層に4％現れている．この場合は，Ⅰ類動詞尾高型への類推による型と推測されるが，双方向への類推による「ゆれ」が観察されていることを示すデータといえる．

12 ここでは，「イク」に前接する要素を動詞連用形としてみている．ただし，「釣り」・「遊び」などのような転成名詞として安定的な項目においては，転成名詞が平板型として実現されることから尾高型の出現率とかかわることもあるか，と考え検討したところ，とくに転成名詞として安定的であるか否かは尾高型出現率とはかかわらないことを確認した．

13 関東方言アクセントと東京中心部アクセントが拮抗している段階において，類別を超えてその新旧アクセント型への類推はかなり一般的に観察されると考える．たとえば，首都圏高年層において，Ⅱ類形容詞「〜カッタ形」に，Ⅰ類「〜カッタ形」の関東方言アクセント型が現れるなどが観察されている．たとえば，3拍Ⅱ類形容詞「白かった」の共通語アクセント型は1型だが，3拍Ⅰ類形容詞「赤かった」の関東方言アクセントと同じ3型が首都圏高年層に現れている（田中ゆかり2003）．第1部第5章参照．

14 小数点第2位四捨五入．以下同様．

15 尾高−1型やその他の型をもつ項目は，χ^2検定で5％水準の有意差が得られた場合，残差分析を行なっている．調整済み残差が絶対値2以上のセルを実測値が期待値よりも大きいという特徴をもつセルとして言及している．

16 押原中学・八田中学は，田中ゆかり（1996）においてももっとも「山梨方言的特徴」を示す中学であった．第3部第6章参照．

17 韮崎東中学は，田中ゆかり（1996）においても，もっとも首都圏若年層的傾向を示す「新共通語的要素」の多い中学であることを示している．城南中学も同レベル．次いで北西中学．第3部第6章参照．

18 また，芦安村は南アルプス登山の入り口として全国各地から登山客が訪れる．外来者との接触が他の中学より多い傾向があるかも知れない．ただし，田中ゆかり（1996）では，巨摩中学・御勅使中学と同程度「山梨方言的特徴」を中ぐらいのレ

ベルでもつ中学となっている．第3部第6章参照．
19　注13に同じ．
20　たとえば，3拍II類形容詞「白くなる／ない」の共通語アクセント型は「白く1型＋なる／ない1型」だが，3拍I類形容詞「赤くなる／ない」の共通語アクセント型と同じ4型で現れることが増えてきている．また，3拍II類動詞「食べたくなる／ない」の共通語アクセント型は「食べたく3型＋ない／なる1型」だが，「食べたくなる／ない5型」が出現してきている．その背景の1つとして，アクセント単位の句レベル化が指摘できそうだ．第1部第5章参照．
21　アクセントでも名詞，とくに固有名詞のアクセントは「気づき」がかなりあるように感じる．また，外来語名詞の平板化現象なども「気づき」がある事象だろう．それらに比べると活用形は文中における位置や，その位置によるアクセントの弱化などが生じやすく，「気づき」が弱くなっているのではないだろうか．
22　東京中心部という標準的威光形を発信する地域に隣接しているということ．また，人的移動が多くさまざまな言語変種の接触が多い地域であるということ．
23　川上蓁（2006）では，「年齢の点ではこの古則に従うはずの老人であっても，易きについて，次の「新則」についてしまうものが少なくない」と指摘している．
24　たとえば，首都圏において特殊拍にアクセント核が付与されるような型は採用されていない（田中ゆかり2005）など．京阪式にみられる同じ高さの拍が1拍目と2拍目に連続して現れるという型も出現しない．第5部第1章参照．
25　注1でも述べたように，金田一春彦（1953）においても，《個々の語のアクセント変化》は変わりやすく，《アクセント体系そのものの変化》は変わりにくいとしている．しかし，事後的にどちらの変化であったのかについて言及することは可能と考えるが，眼前で生じているひとつひとつの具体例について，どちらに属するかは先験的には判断しにくいと考える．体系に存在しない型がどのように現れてきたのか，現れていくのかについては，具体的なレベルにおいてはよく分かっていないし，《アクセント体系そのものの変化》も，初期的には《個々のアクセント変化》として出現してこなかったとはいえないし，出現しないともいえない，と考える．

第 2 部
「とびはね音調」の成立とその背景

第1章
「とびはね音調」とは何か

1．はじめに

　「とびはね音調」とは，「〜ナイ（ネ（ー））？」という形式をとる，新しい問いかけ音調の一種である．1990年代に首都圏若年層を中心にその勢力を急速に拡張した音調で，聞き手に対する同意求めとして多く現れる．「とびはねイントネーション（田中ゆかり，1993.05）」と名付けて行なった報告が最初期のものであるが，以下では「とびはね音調」と呼ぶ．

　この音調に対する最初の「気づき」は，1990年度から3年間非常勤講師として勤務していた東京都武蔵野市にある私立高校に通う生徒たちから与えられた．そこでは，男女問わず流行を先取りするタイプの生徒がまずは使いはじめ，比較的短期間にほとんどの生徒にこの音調が広がっていく様子が観察された．

　田中ゆかり（1993.05）で典型例として提示した「形容詞II類（終止形起伏型）＋ナイ？（かわいくない？）」が，とびはね音調として実現される場合，形容詞II類のアクセント核は破壊されて実現され，次のように，発話の最後まで上昇を続ける．

　(1)とびはね音調：カワイクナイ？

　イントネーションがかかることによってアクセント核の消失を伴う「とびはね音調」は，イントネーションがアクセントの下降を無化する事象（森山卓郎，1989）や，イントネーションとアクセントの競合的（conflictive）な関係によって現れた事象（定延利之，2005.04）とみることができる．郡史郎（2003）では，「とびはね音調」を「語幹部のアクセントを消去しつつ連続的に上昇させ」た「疑問型上昇調」としている．

　1992年の調査当時の女子高校生（1975年生まれ・杉並区生育・両親とも首

都圏生育）の発話による「かわいくない？（とびはね音調）」の「音声録聞見（フリー版）[1]」によるF0ピッチ曲線（Hz: Log Scale）を図1として示す．

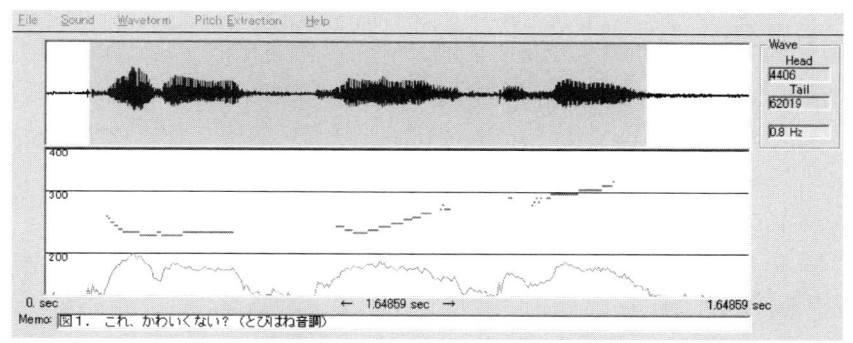

図1.「これ，かわいくない？（とびはね音調）」

いったん上昇を始めると発話の最後まで上昇を続けるという特徴に加え，文末「～ナイ？」の上昇をぽんっと"とびはねる"ような音調ととらえ，報告時に「とびはねイントネーション」と名付けた（田中ゆかり，1993.05）．

ひとたび上昇すると発話末まで上昇を続けるという実現音調からすると，「尻上がり」という名付けが適当とも考えたが，1993年の報告時点において，「尻上がりイントネーション」という名称は，すでに北関東域を中心とする一型アクセント地域の音調をあらわす「尻上がりイントネーション」に加え，柴田武（1977）などによって1970年代より首都圏において拡張中の音調として指摘されつつあった句末の昇降調のことを指して「尻上がりイントネーション」と呼ぶことが定着していた．このため，さらにこの新しい問いかけ音調を「尻上がりイントネーション」と呼ぶことは，混乱を招くと考え，「とびはね」という別の名称を与えることにした．

「とびはね」という名称からは，ぴょんぴょんと上昇と下降を繰り返すイメージを喚起するのでミスリーディングだ，という指摘を受けたことがある．この観点からは，「はねあがり」や「はねあげ」と名付けた方が，指摘されるような誤解は与えなかったかも知れない．また，「とびはね」の実現音調の中には，「～ナイ？」でぽんっと上昇するというよりも徐々に上昇し

ていく聴覚印象を与える場合も多く，この観点からは「だらだら上がり」的な名称がふさわしかったのかも知れない[2]．

　この新しい問いかけ音調は，蔡雅芸（1996），湧田美穂（2003）などでも研究対象として取り上げられているが，名称については，「同意要求疑問文のアクセント破壊型音調（蔡雅芸，1996）」，「「い形容詞＋ナイ」の韻律的特徴（湧田美穂，2003）」と，とくに定まる傾向もみえない．また，以下で確認していくように，この音調は，常にアクセント破壊を伴うわけではなく，「い形容詞」に限定して現れる音調でもない．『辞典〈新しい日本語〉』では，この音調を取りあげ「とびはねイントネーション」として立項している（井上史雄・鑓水兼貴，2002；p. 160）．

　なお，「とびはね音調」は，「同意求め」として出現することが多い，ということを冒頭で述べた．田中ゆかり（1993．05，2006．12）で用いたリスト読み上げ式調査データは，「友達に同意を求めるように」と指示した上で得たデータであり，同じ報告で用いた聞き取りアンケート調査や，2001年に別途首都圏生育の短大生に実施した調査結果からも，「とびはね音調」を「同意求め」の音調と解釈をしている若年層が多かった．音調による機能の振り分けとしては，多くの場合，従来型音調や，浮き上がり調型音調を「疑問」，「とびはね音調」は「同意求め」としていることが認められた．この音調による機能振り分けについては，蔡雅芸（1995，1996）や湧田美穂（2003）でも指摘されている．

2．「〜ナイ？」の問いかけ音調のバリエーション

　首都圏に存在する「〜ナイ？」形式をとる問いかけ音調のバリエーションを，出現順に確認する．先行研究の指摘から，従来型，浮き上がり調型，「とびはね音調」の順に出現してきたと考えられる．

2.1.従来型

　首都圏における「〜ナイ？」形式をとる従来型の問いかけ音調は，「形容詞Ⅱ類＋ナイ？（かわいくない？）」を例にとると次のような音調となる（[]：アクセント核の位置，↑：句末の上昇イントネーションを示す）．

(2) 従来型：カワイ］クナ］イ↑

　従来型の問いかけ音調は，「カワイ］ク」と「ナ］イ」，それぞれのアクセント核を保持した上に，最終拍「イ」に上昇イントネーション（昇調 1（吉沢典男，1960；宮地裕，1963），昇り調（秋永一枝，1966））がかかる音調として現れる．

2.2. 浮き上がり調型
　従来型問いかけ音調である(2)の「ナイ？」部分についてのみアクセント核を消失した音調は，「とびはね音調」出現以前に首都圏に存在していた．「浮き上がり調（川上蓁，1963）」として報告されている音調である．
　「浮き上がり調」は，「～ナイ？」，「～タイ？」のような/ai/連母音や，「～マス（母音の無声化）/-masu̥/」のような「弱」を含む単位に置かれたアクセント核が消失し，1音節化した単位で浮き上がる音調のことを指す．
　「浮き上がり調」を「↑↑」として示すと，(3)のような音調となる．

(3) かわいい（II類形容詞・終止形 3 型）＋ナイ？
　　浮き上がり調型：カワイ］クナイ↑↑

　「～タイ？」として「浮き上がり調」が実現されると(4)のような音調となる．

(4) 食べる（II類動詞・終止形 2 型）＋タイ？
　　浮き上がり調型：タベタイ↑↑

2.3.「とびはね音調」
　「とびはね音調」では，「～ナイ？」の「～」の部分に置かれるアクセント核が破壊される．この点が「浮き上がり調」から区別されるところとなる．

(5) かわいい（Ⅱ類形容詞・終止形 3 型）＋ナイ？
　　とびはね音調：カワイクナイ↑↑

　しかし，「〜ナイ？」の「〜」の部分にアクセント核が置かれない場合，アクセント核の破壊が顕在化しない．「〜」部分が平板型となるⅠ類形容詞の場合は，(7)のように実現され，浮き上がり調型と「とびはね音調」が区別されない．

(6) 赤い（Ⅰ類形容詞・終止形 0 型）＋ナイ？
　　従来型：アカクナ］イ↑
(7) 赤い（Ⅰ類形容詞・終止形 0 型）＋ナイ？
　　浮き上がり調型／「とびはね音調」：アカクナイ↑↑

　また，「とびはね音調」は，「形容詞＋ナイ？」において出現するばかりでなく，「〜」部分が「動詞＋タクナイ？」，「形容動詞＋ジャナイ？」，「名詞＋ジャナイ？」，「動詞＋ンジャナイ？」においても現れる．
　いずれの場合も，形容詞と同様に平板型をとる語彙においてはアクセント核の破壊は顕在化せず，浮き上がり調型と同じ音調として実現される．たとえば，次のようなものが「とびはね音調」として実現されているのを耳にすることがある．

(8) 見る（Ⅱ類動詞・終止形 1 型）＋タ］クナ］イ（＜タイ＋ナイ）？：
　　(8)-1　従来型：ミタ］クナ］イ↑
　　(8)-2　浮き上がり調型：ミタ］クナイ↑↑
　　(8)-3　「とびはね音調」：ミタクナイ↑↑

(9) 食べる（Ⅱ類動詞・終止形 2 型）＋タ］クナ］イ（＜タイ＋ナイ）？：
　　(9)-1　従来型：タベタ］クナ］イ↑
　　(9)-2　浮き上がり調型：タベタ］クナイ↑↑
　　(9)-3　「とびはね音調」：タベタクナイ↑↑

(10)やだ（形容動詞・終止形１型）（＜嫌だ・終止形２型）＋ジャナ］イ（＜デ］ワナ］イ)？：
    (10)-1　従来型：ヤ］ジャナ］イ↑
    (10)-2　浮き上がり調型：ヤ］ジャナイ↑↑
    (10)-3　「とびはね音調」：ヤジャナイ↑↑

(11)綺麗だ（形容動詞・終止形１型）＋ジャナ］イ（＜デ］ワナ］イ)？：
    (11)-1　従来型：キ］レイジャナ］イ↑
    (11)-2　浮き上がり調型：キ］レイジャナイ↑↑
    (11)-3　「とびはね音調」：キレイジャナイ↑↑

(12)雨（名詞１型）＋ジャナ］イ（＜デ］ワナ］イ)？：
    (12)-1　従来型：ア］メジャナ］イ↑
    (12)-2　浮き上がり調型：ア］メジャナイ↑↑
    (12)-3　「とびはね音調」：アメジャナイ↑↑

(13)晴れる（動詞Ⅱ類・終止形２型）＋ン（＜ノ）＋ジャナ］イ？：
    (13)-1　従来型：ハレ］ルンジャネナ］イ↑
    (13)-2　浮き上がり調型：ハレ］ルンジャナイ↑↑
    (13)-3　「とびはね音調」：ハレルンジャナイ↑↑

　井上史雄（2008）で「栃木か茨城の「尻上がり」と言われていたイントネーションが首都圏に入り込んだと受け取れる」「新方言」イントネーションとして報告されている「〜じゃね？」は，「とびはね音調」の「〜ナイ？」における/ai/連母音が「〜ネ？（/ai/＞/eː/＞/e/）」となった形式ととらえることができる．(14)〜(16)は，いずれも「ナイ」が「ネ（ー）」に音訛することによって現れるものである．

　(14)綺麗だ（形容動詞・終止形１型）＋ジャネ］（ー）（＜ナ］イ）？：

(14)-1　従来型：キ］レイジャネ］（ー）↑
(14)-2　浮き上がり調型：キ］レイジャネ（ー）↑↑
(14)-3　「とびはね音調」：キレイジャネ（ー）↑↑

(15)雨（名詞1型）＋ジャナ］イ（＜デ］ワナ］イ）？：
(15)-1　従来型：ア］メジャネ］（ー）↑
(15)-2　浮き上がり調型：ア］メジャネ（ー）↑↑
(15)-3　「とびはね音調」：アメジャネ（ー）↑↑

(16)晴れる（動詞Ⅱ類・終止形2型）＋ン（＜ノ）＋ジャネ（ー）（＜ナ］イ）？：
(16)-1　従来型：ハレ］ルンジャネ］（ー）↑
(16)-2　浮き上がり調型：ハレ］ルンジャネ（ー）↑↑
(16)-3　「とびはね音調」：ハレルンジャネ（ー）↑↑

3．「とびはね音調」成立の背景

　「とびはね音調」が首都圏の新しい問いかけ音調として現れてくる背景には，田中ゆかり（1993．05）以来指摘してきたように，大きく2つの要因が推定される．
　1つは，「ナイ？」部分に現れる「浮き上がり調」の出現と定着というイントネーションの変化，もう1つは，「〜」部分に現れるアクセントの変化である．
　「〜」部分のアクセントの変化については，語彙的なアクセント型の「ゆれ」の反映，語類間のアクセント型の「ゆれ」の反映，アクセント単位の「ゆれ」の反映などが考えられる．
　また，イントネーションの変化とアクセントの変化の関係という観点からは，次の3つのパターンが考えられる．
　［1］イントネーションの変化が先に生じて，次にアクセントの変化を引き起こした
　［2］アクセントの変化が先に生じて，次にイントネーションの変化を引

き起こした

［3］イントネーションの変化とアクセントの変化はほぼ同時に生じ，相互に影響を与えあい，相乗効果的に双方の変化を促進した

以下では，首都圏における「とびはね音調」出現に関わると考えられるイントネーションの変化とアクセントの変化についての先行研究を示す．

3.1. 浮き上がり調の存在と拡張

川上蓁（1963）で，昇調の一種として名付けられた「浮き上がり調」は，「文の最後から二番目において既にほとんど上昇が完了し，あとはほぼ平らのまま文が終わる」．この音調は，「アクセント核が上昇調のために消える」という特徴ももつ．「とびはね音調」における「ナ］イ」のアクセント核消失は，「浮き上がり調」の拡張による可能性が高い．

「浮き上がり調」は，服部四郎（1951）[3]，金田一春彦（1951），小林滋子（1962）に報告があり，いずれも西多摩地域の方言的イントネーションとして捉えている．川上蓁（1963）では，「浮き上がり調」は東京中心部においては，「昭和二十五六年ごろには，ほとんどなかった」とし，東京都下方言由来の比較的新しい音調として紹介している．

3.2.「形容詞＋ナイ／ナル」のアクセントの変化

「形容詞＋ナイ？」形式における形容詞部分のアクセント変化が首都圏に生じていたことも関連すると考えられる．首都圏において形容詞Ⅰ・Ⅱ類の活用形におけるアクセント型に「ゆれ」が認められることは，金田一春彦（1942）以降，さまざまな報告が存在している[4]．このうち，「とびはね音調」と直接かかわるアクセントの変化として次の事象を指摘できる．

終止形起伏型のⅡ類形容詞が「形容詞活用形＋ナイ」／「形容詞活用形＋ナル」となった場合，共通語アクセント型とは異なるアクセント型が報告されている（三井はるみ，1996；佐藤亮一・三井はるみ，1997；田中ゆかり，2003．06）．観察された非共通語アクセント型としては，同じ拍数のⅠ類形容詞と同じアクセント型が多い．そのアクセント型は，Ⅰ・Ⅱ類間の差異がⅠ類に回収されつつある結果を反映した型ともみえるし，前部要素である形

容詞活用形部分のアクセント核が消失し，後部成素「ナイ／ナル」と複合化した結果成立した複合型アクセントとも解釈できる[5]．

（ⅰ）【Ⅱ類形容詞＋ナイ／ナル】
　　例：白い＋ナ］イ／ナ］ル
　　　共通語：シ］ロク＋ナ］イ／シ］ロク＋ナ］ル
　　　Ⅰ類型／複合型：シロクナ］イ／シロクナ］ル

3.3. 形容詞以外のアクセントの変化

3.2. でみた形容詞活用形部分に観察されるアクセント変化と同様の事象は，終止形起伏型形容動詞や終止形起伏型動詞においても観察される．次の通り，形容詞のケースと同様に，終止形起伏型の語彙が，終止形平板型と同じアクセント型として現れる．

（ⅱ）【終止形起伏型形容動詞＋ナ］イ／ナ］ル】
　　例：やだ［＜いやだ］＋（ジャ）ナイ／（ニ）ナル
　　　共通語：ヤ］ジャ＋ナ］イ，ヤ］ニ＋ナ］ル
　　　終止形平板型／複合型：ヤジャナ］イ，ヤニナ］ル

（ⅲ）【Ⅱ類動詞＋タ］イ＋ナ］イ／ナ］ル】
　　例：みる（見る）＋タ］イ＋ナ］イ／ナ］ル
　　　共通語：ミタ］ク＋ナ］イ，ミタ］ク＋ナ］ル
　　　Ⅰ類型／複合型：ミタクナ］イ，ミタクナ］ル

ただし，「名詞＋ジャナイ」，「動詞＋ンジャナイ」については，次のような例は，現在の首都圏アクセントとしては不自然な段階にある．

（ⅳ）【起伏型名詞＋ジャナ］イ】
　　例：雨（名詞1型）＋ジャナ］イ

共通語：ア］メジャナ］イ
　　＊アメジャナ］イ

（ⅴ）【終止形起伏型動詞＋ンジャナ］イ】
　　例：晴れる（動詞Ⅱ類・終止形２型）＋ンジャナ］イ
　　共通語：ハレ］ルンジャナ］イ
　　＊ハレルンジャナ］イ

このことより，

(12)-3　アメジャナイ↑↑
(13)-3　ハレルンジャナイ↑↑

の音調が成立する契機として，「浮き上がり調」が強く推測される．「浮き上がり調」イントネーションが，名詞部分や動詞部分のアクセント核も「浮き上が」らせ，(12)-3・(13)-3の音調を実現させたと考える．

3.4.「とびはね音調」成立の背景をどのように考えるか

　田中ゆかり（2003.06，2005.09，2007）で示したデータからは，「とびはね音調」に現れる「アクセント核が破壊された」と聞こえる新しいアクセント型は，必ずしも「浮き上がり調」や「とびはね音調」の獲得に先行しているとはいえない．個人としての対応関係は捨象して首都圏調査で得られたデータを全体としてみていくと，「浮き上がり調」や「とびはね音調」の獲得が，この新しいアクセント型の獲得に先行している．
　以上をふまえ，イントネーションの変化とアクセントの変化の関係から，「とびはね音調」成立の背景を考えると，3．の冒頭で示した3つのパターンのうちでは，［3］あるいは，［1］の力が強く働いた結果，「とびはね音調」が拡張してきたと考える．すなわち，「浮き上がり調」の拡張と，ほぼ同時に進行していた新しいアクセント変化の拡張とが相乗効果となって「とびはね音調」が成立してきた（［3］），あるいは，「浮き上がり調」がアクセ

ント核の下がり目を抑制し,「とびはね音調」を誘発,その結果,新しいアクセント型の拡張を促進した（[1]）という考え方である．

4．「とびはね音調」に付与される社会的コメント

「とびはね音調」に現れるアクセントの破壊は,イントネーションはアクセントを破壊することなく実現される,という従来のアクセントとイントネーションの関係観からは逸脱した現象で,かなり耳だつ.

最初期の報告を行なった際には,「とびはね音調」は,北関東などの一型アクセント話者による「尻上がりイントネーション」によるもので回答者に北関東生育者がまぎれているのではないか,というような質問も受けた.しかし,最初期の報告で用いたデータは,すべて首都圏生育の若年層によるもので,同時に実施した他のアクセント項目においては典型的な首都圏方言アクセントの型区別を示し,一型アクセント地域の「尻上がりイントネーション」的特徴もまったく示さないという回答からなるデータであった．

この「耳だつ」特徴によってある程度この音調が拡張してくると,一般においても新奇な音調として認識されるようになり,ある種のステレオタイプを伴うようにもなった．句末の昇降調をあらわす「尻上がりイントネーション」のようなネガティブな社会的コメント[6]は強く前景化してこなかったが[7],初期的に若年女性に「とびはね音調」採用が先行したことよって,1990年代後半からドラマやコント,CMなどにおいて,「東京の若者」・「女子高生」・「ギャル」といった表象に用いられることがしばしばあった．

「とびはね音調」が,首都圏を中心に一定以上勢力をもつようになった2000年代以降は,男性の使用層も増加したため[8],「とびはね音調」に付与されるステレオタイプから女性性が脱落してきている[9]．

5．おわりに

「とびはね音調」は,流行語的側面ももつが[10],成立背景などを考えると一時的な流行現象に完全に回収される事象とはいいにくい．同時に「とびはね音調」が「同意求め」としての機能をもつことについても,両形並存期において一時的に従来音調と機能を分担している可能性も否定しにくいと考え

ている[11].

　また，その拡張過程において，ステレオタイプが付与されてきたことからは，この音調の拡張過程は，「気づき」を伴う言語変化の一種だといえる（田中ゆかり，2002．06）．

　「とびはね音調」の動向や，首都圏言語における意義について，今後も注意を払っていきたい．

1　今石元久（編）（2005）による．
2　この場合，発話時間も長い場合が多く，だらだらと上がっていく，という聴覚的印象がより強く感じられるようだ．
3　服部四郎（1951, p. 196）．
4　日比谷潤子（1990），轟木靖子（1993），Hibiya, Junko（1996），三井はるみ（1996），佐藤亮一・三井はるみ（1997），小林めぐみ（2003），田中ゆかり（2003．06）など．
5　首都圏における複合アクセント化は，「複合語アクセントの接合型」が，結合型へと移行していくこと（秋永一枝，1999）」の流れに位置づけて考えることもできる．さらに広く声調拡張のような現象（古屋昭弘，2000；早田輝洋，1999）がアクセント付与単位の拡張として現れた事象と考えることもできそうである．
6　柴田武（1977），井上史雄（1994, 1997），原香織（1994）などに詳しい．「軽薄」・「ふてぶてしい」・「甘えた」・「幼稚な」などが典型的．この場合においても，「若い女性」というイメージは付与されていた．
7　ただし，次のような「ギャル」ステレオタイプと結びついたネガティブコメントもウェブ上の掲示板「２ちゃんねる」上には掲出されている（「「ギャル語」を見聞きすると腹が立つ奴」スレッドからの引用（http://academy6.2ch.net/test/read.cgi/gengo/1077698654/13　2008年７月22日確認））．
　「ギャル語」を見聞きすると腹が立つ奴
　13 ：名無し象は鼻がウナギだ！：04/02/29 14：41
　形容詞のアクセントを無視したとびはねイントネーション大嫌い．
　虫唾が走る．
　「これ良くない？」（全部上昇調で）
8　たとえば，「今回の調査協力者が属する20代の層において，男女の差無く使用されている（湧田美穂，2003）」．
9　井上史雄（2008）で，連母音の融合と「アクセント核の破壊」を伴う「～じゃね？」を「女子学生も使う」としており，若年男子に使用が多いことを執筆者が想定していることを含んだ表現となっている．その背景には，「～じゃね？」に「男子」イメージが付与されていることが想定されていると思われる．
10　初期的には，1993年１月10日民放（テレビ朝日）に出演していた10代と思われる兵庫県在住のタレント志望の男性が使用していた．その時点では，マスメディアにおいては，散発的に現れる程度で，まだ社会的コメントは付与されていない段階で

あった．しかし，首都圏在住ではないタレント志望の若者がすでに使用していたことを考えると，その時点においてある程度ギョーカイ・イントネーション的なステレオタイプが形成されつつあったのかも知れない．

11　外来語において，従来型と平板型で同音異義語を弁別することがあるが，これも固定的とはいいにくい．従来型と平板型の振り分けが個人内ルールの場合もあるし，ある程度の社会的ルールとなっている場合もあるが，年代差をみると若い世代ほど，同音異義語のペアをもつものにおいても，どちらの語においても平板化が進んでおり，アクセントによる弁別機能は消失しつつあることが分かる（田中ゆかり，2000．12）．第1部第4章参照．このことからは，新旧両形が拮抗状態にある一定期間において弁別という機能が前景化しやすいと考えられる．また，「疑問」か「同意求め」かにおいて音調の住み分けをしている状態が継続的であるならば，コンテクストを与えない意識調査における「とびはね音調」・「非とびはね音調」両音調の選択率は同等で変化しないはずである．しかし，実際には外来語が若年層に向って平板型のみ選択されるようになっていったのと同様に「とびはね音調」のみが選択される傾向を示している（田中ゆかり，2005．09；田中ゆかり，2007）．第2部第4章・5章参照．「問いかけ」イントネーションにおいて，「非とびはね」から「とびはね音調」への変化が完了段階を迎えるとすれば，「疑問」・「同意求め」2つの機能を「とびはね音調」が担うようになっていくと推測される．現実において「同意求め」を伴わない状況における「とびはね音調」も耳にするようになってきている．

第2章
新しい音調の受容と回避
──「とびはね音調」と「尻上がりイントネーション」──

1．はじめに

　首都圏若年層において新しい音調がどのように受容されつつあるのかについて，「とびはね音調（以下，「とびはね」）」と句末の昇降調を現す「尻上がりイントネーション（以下，「尻上がり」）」を例として，調査データに基づき検討していく．

　両者は，首都圏若年層に拡張しつつある新しい音調という共通点をもつ．しかし，「尻上がり」は，1992年調査時点においてすでにその音調の存在が社会的に認識されており，かつ特定の社会的コメントが形成されていた．それに対し，「とびはね」は，本調査結果に基づき田中ゆかり（1993，05[1]）において報告されるまで，その存在が社会的にほとんど意識されたことのないより新しい音調[2]で，そのため，社会的コメント自体が形成される以前の段階であったという差異をもつ．

　「尻上がり」は，文節末あるいは句末の最終拍に昇降調が「ソレデ⌒」のように現れる音調[3]で，柴田武（1977）においてすでに首都圏若年層に拡張しつつある新しいイントネーションとしての報告がある．また，川上蓁（1992），原香織（1994），井上史雄（1994），井上史雄（1997），郡史郎（1997）などにおいてその音調実態や機能，イメージなどが報告されている．「尻上がり」に対する社会的コメントとしては，柴田武（1977），原香織（1994），井上史雄（1994），井上史雄（1997）において示された「軽薄」・「ふてぶてしい」・「甘えた」・「幼稚な」・「若い女性」などが典型的なものである．

　以下において，2種類の新しい音調が首都圏若年層にどのように受けとめられているのかについて，実際の発音と意識調査の結果を用いて，すでにネガティブな社会的コメントが形成されている新しい音調「尻上がり」と，社

会的コメントのなされていないより新しい音調である「とびはね」を対比しながら検討していく.

2. 首都圏高校生調査概要

　高校生調査は,1992年5月〜10月に実施した.「とびはね」と「尻上がり」に関連する項目を含むアクセント・イントネーションに関連したリスト読み上げ式調査と,聞き取りアンケート調査の2種類を実施した.2種類の調査は,最低でも1週間の間隔をあけて実施した.ここで分析対象とする高校生は,2種類の調査に参加した首都圏生育者220人.高校ごとの内訳は次の通り.調査地の行政区画ならびに自治体名などは調査当時のものとする(以下,同様).高校所在地を地図1に示す.

```
地点番号　　高校名（所在地）
5688.86　　浦和市立浦和高校（埼玉県浦和市）　　　　　　　6人
5697.71　　明大中野八王子高校（東京都八王子市）　　　　10人
5698.45　　東京都立田柄高校（練馬区光が丘）　　　　　　15人
5698.72　　東京都立武蔵野北高校（武蔵野市八幡町）　　　24人
6607.64　　神奈川県立相模原高校（相模原市横山）　　　　17人
6608.31　　神奈川県立生田高校（川崎市多摩区）　　　　　44人
6617.45　　神奈川県立海老名高校（海老名市中新田）　　　45人
6628.20　　神奈川県立七里ガ浜高校（鎌倉市七里ガ浜東）　21人
6628.46　　神奈川県立横須賀高校（横須賀市公郷町）　　　38人
　　　計　　　　　　　　　　　　　　　　　　　　　　　220人
```

　「とびはね」と「尻上がり」の実現音調調査項目は,「ふだん友だちに話すように」という指示のもと,以下の短文リストを読み上げる形式をとった.「とびはね」については,より出現が多くなるよう「友だちに同意を求めるように」という指定も加えた.

　「とびはね」項目短文:「これ,かわいくない？」

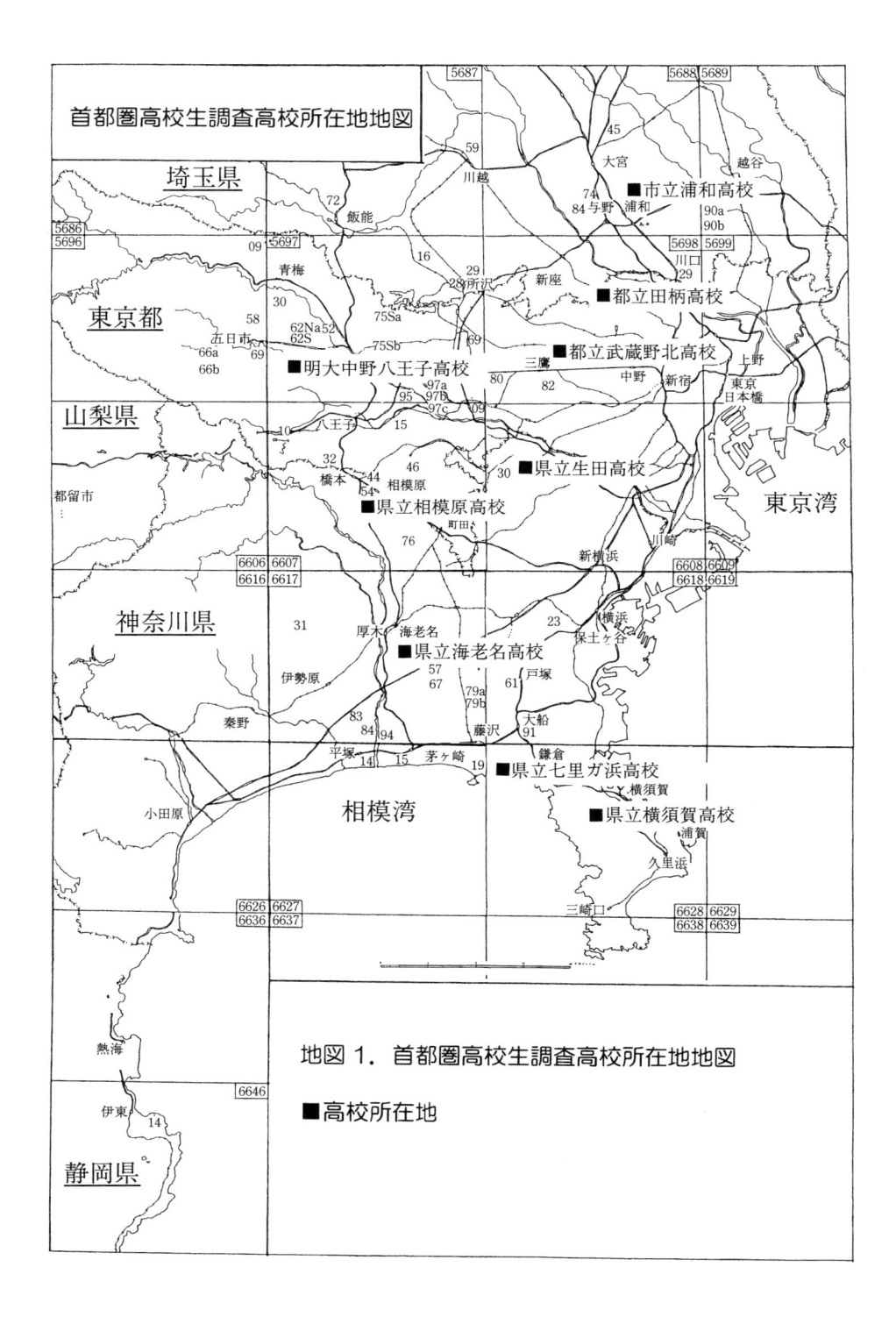

首都圏高校生調査高校所在地地図

埼玉県
東京都
山梨県
神奈川県
静岡県

■市立浦和高校
■都立田柄高校
■都立武蔵野北高校
■明大中野八王子高校
■県立生田高校
■県立相模原高校
■県立海老名高校
■県立七里ガ浜高校
■県立横須賀高校

東京湾
相模湾

地図 1. 首都圏高校生調査高校所在地地図

■高校所在地

「尻上がり」項目短文:「それで，わたしは，あきらめました．」

聞き取りアンケート調査は，リスト読み上げ式調査に用いた短文ペアと同じものを含む20項目について，「新しい発音」と「従来の発音」のペアからなる刺激音声をコンテクストなしに聞かせ，当該の発音に対する判定（○自分と同じ，△自分は使わないが聞く，×使わないし聞いたこともない）と，その発音に対してもつイメージ語（新しい，古い，正しい，誤り，年寄り，若者，子供，都会，田舎，方言，くだけた，丁寧，かっこいい，かっこ悪い，かわいい，憎らしい，軽薄，重厚の18項目から該当するイメージをチェック）を回答させた．

それぞれの「新しい発音」と「従来の発音」は次の通り．

「とびはね」:
　新しい発音:コレ，カワイクナイ↑（とびはね[4]［図１］）
　従来の発音:コレ，カワイ]クナ]イ↑（非とびはね）
「尻上がり」:
　新しい発音:ソレデ⌢，ワタシワ⌢，アキラメマ]シタ（尻上がり［図２］）
　従来の発音:ソレデ，ワタシワ，アキラメマ]シタ（非尻上がり）

それぞれ新しい発音として用いた刺激音声の「音声録聞見（フリー版）[5]」によるF0ピッチ曲線（Hz: Log Scale）を図１，図２として示す．刺激音声は，1975年生まれ高校２年生の女子（杉並区生育・両親とも首都圏生育，武蔵野市にある私立高校生・演劇部・「とびはね」「尻上がり」ともに自身も使用）によるもの．放課後の教室における刺激音声採取であったため，雑音・反響音が多いが，それぞれの刺激音声の特徴ははっきりと認識できるレベルである．

3．実現音調からみる「とびはね」と「尻上がり」

ここでは，短文リスト読み上げ式調査に基づく，首都圏高校生における実

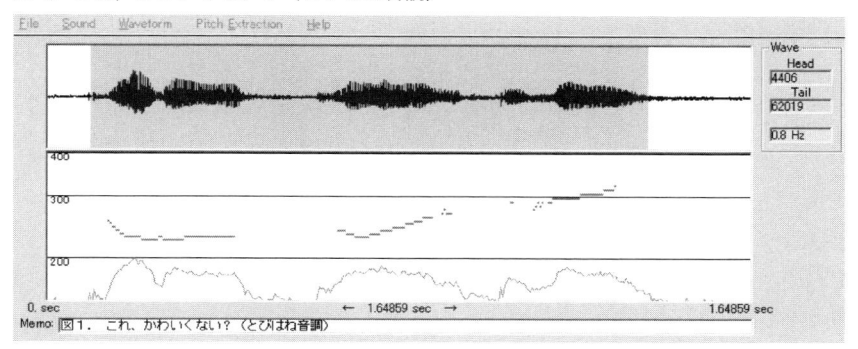

図1．これ，かわいくない？（とびはね音調）

図2．それで⌒，わたしは⌒，あきらめました（尻上がりイントネーション）

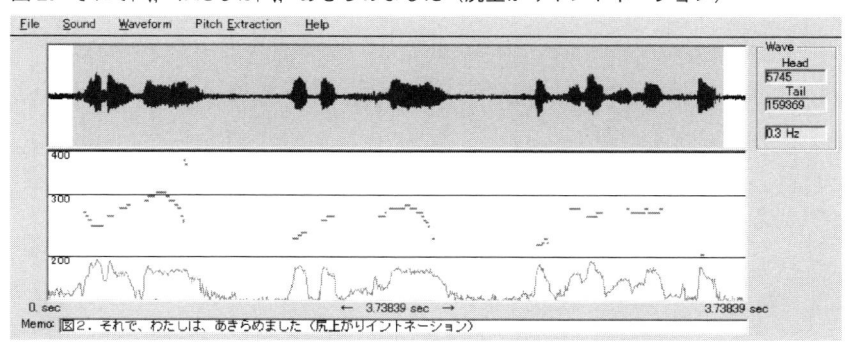

現音調の観点から，「とびはね」と「尻上がり」の実態についてみていく．

3.1.「とびはね」の実現音調出現状況

　「とびはね」の実現音調の出現状況を示したものが図3．

　聞き取りに際して，「カワイク」と「ナイ」それぞれにおいてアクセント核がなく浮き上がり調で実現した音調を「とびはね」，「カワイク」と「ナイ」のアクセント核がないものの浮き上がり調による上昇が聞き取りにくかったものを「とびはね？[6]」，「カワイ］クナ］イ↑」を「昇調」と分類している．

　3区分においては，「昇調」が40.3％（87）ともっとも優勢で，ついで「とびはね」が35.2％（76）となっている．「とびはね」に「とびはね？」を

加えると全体の59.7％が当該音調をもっていることになり，「同意求め」という指示の上での回答ではあるが，優勢化しつつあることが分かる．社会的気づき以前において6割近い高校生がすでに「とびはね」をもっているということになる．

　「とびはね」の実現音調においては，χ^2 検定の結果，5％水準で性差が認められた．性による「とびはね」の出現率を示したものが図4．従来型の昇調が男子に多く，「とびはね？」が女子に多い[7]．「とびはね」の採用は，女子が先行していることが分かる．

　また，「とびはね」の実現音調においては，学校差も χ^2 検定の結果5％水準で認められた．学校別の出現率を示したものが図5．生田高校（神奈川県川崎市）に「とびはね」，横須賀高校（神奈川県横須賀市）に「とびはね？」，海老名高校（神奈川県海老名市）に「昇調」が多い[8]．神奈川県県央部に位置する海老名高校において「とびはね」の採用が著しく遅れていることが分かる．

　「非とびはね」においては，性差・学校差ともに統計的有意差は認められなかった．

3.2.「尻上がり」実現音調出現状況

　「尻上がり」実現音調の出現状況を示したものが図6．実際の発音として「尻上がり」が現れたのは2例のみで，いずれも女子（七里ガ浜高校と武蔵野北高校の生徒各1）．実現音調の出現においては，性差・学校差ともに認められなかった．

　1992年調査当時の一般的な状況下における「尻上がり」を耳にする頻度と，本調査における出現率を比較すると，その出現率は非常に低いという印象をもつ．この結果からは，一般的状況では「尻上がり」をもっている回答者における「尻上がり」回避行動の存在がうかがえる．

　この「尻上がり」回避現象の背景には，調査時点においてすでに存在していた「尻上がり」に対するネガティブな社会的コメントの存在がかかわると推測され，ネガティブな社会的コメントが当該事象の抑制に働いている可能性を指摘できる．

図3.「これ、かわいくない？」実現音調
（グラフ中の数値は出現度数）

とびはね	とびはね？	昇調
76	53	87

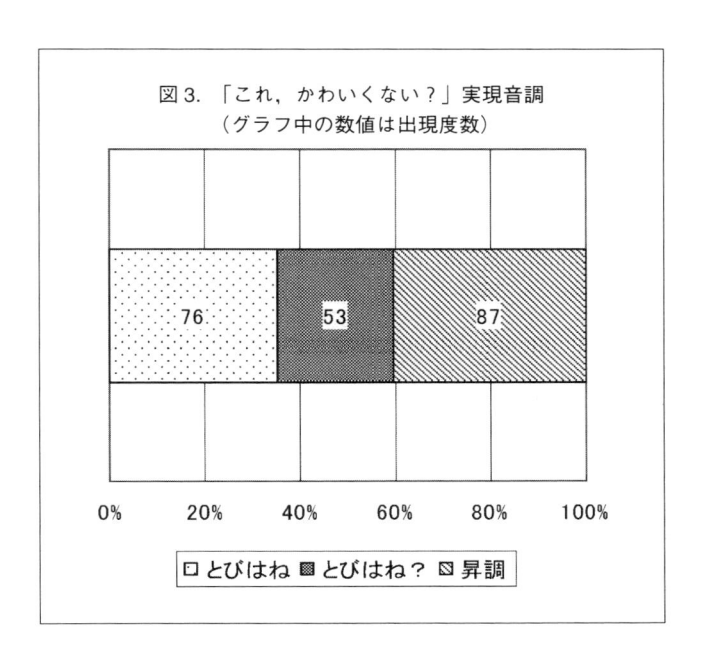

図4.「とびはね」実現音調・男女差
（グラフ中の数値は出現度数）

女子: とびはね 53 / とびはね？ 43 / 昇調 48
男子: とびはね 23 / とびはね？ 10 / 昇調 39

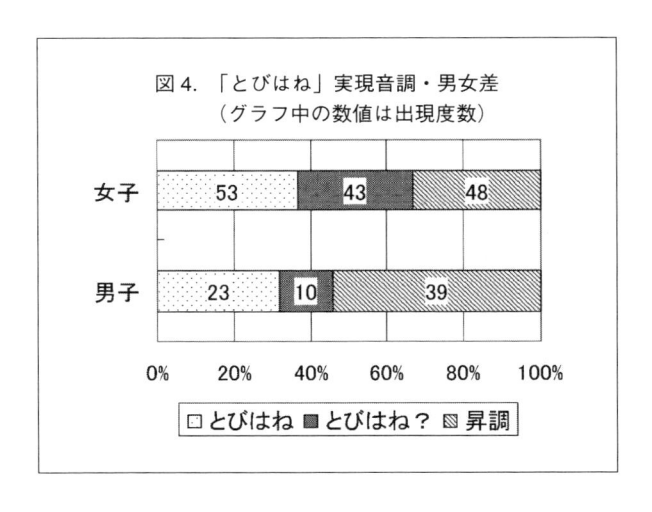

図5.「とびはね」実現音調・学校差
（グラフ中の数値は出現度数）

学校	とびはね	とびはね？	昇調
市立浦和	3	1	2
明中八王子	4	4	2
田柄	4	4	6
武蔵野北	9	2	12
相模原	6	4	5
生田	23	8	13
海老名	9	2	34
七里ガ浜	8	9	4
横須賀	10	19	9

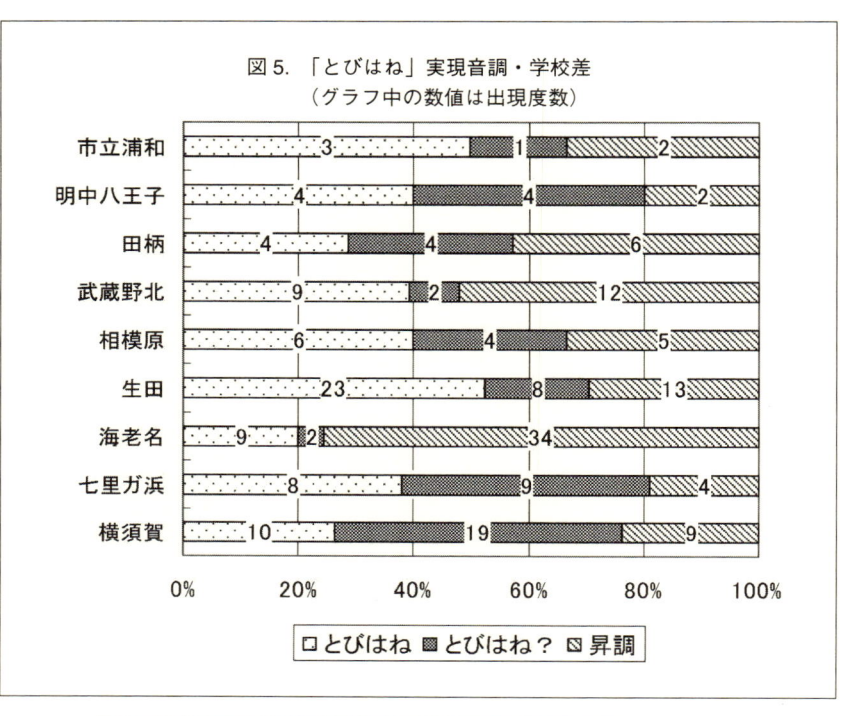

図6.「尻上がり」実現音調
（グラフ中の数値は出現度数）

尻上がり	非尻上がり
2	216

138　第2部 「とびはね音調」の成立とその背景

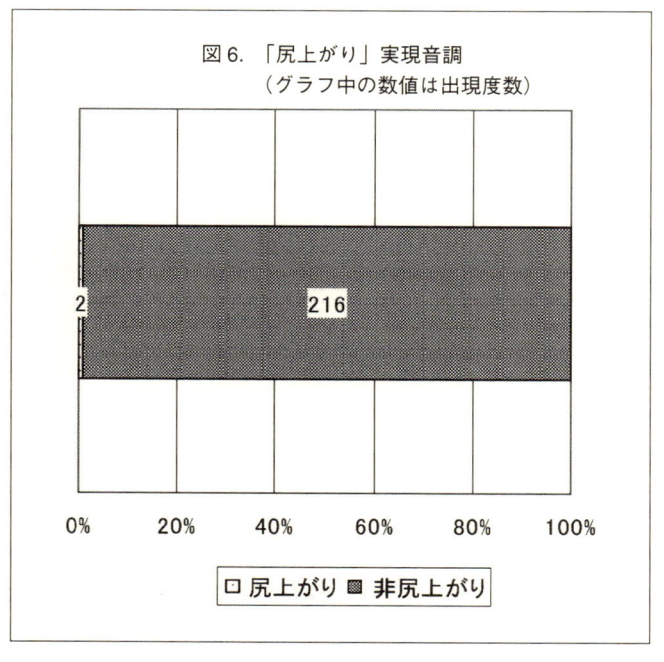

「非尻上がり」については，性差・学校差ともに統計的有意差は認められなかった．

4．意識調査からみる「とびはね」と「尻上がり」

聞き取りアンケート調査による「とびはね」と「尻上がり」に対する意識をみていく．聞き取りアンケート調査による各刺激音声に対する反応を「○反応」の多い順に示したものが図7．「○反応」は，意識として当該の音調を自身がもつ回答と解釈できる．「△反応」は自身としてはもたないものの周囲における使用があることを示す回答，「×反応」は自身としてもたない上に周囲における使用も否定することを示す回答といえる．

「○反応」についてみると，「とびはね」は65.5％（144）と，「非とびはね」の42.7％（94）よりも多く現れており，意識の上では「とびはね」が最優勢形であることを示している．一方，「尻上がり」の「○反応」は10.5％（23）と，「非尻上がり」の「○反応」85.4％（187）よりはるかに少ない出現率となっている．

「とびはね」は，意識型としての最優勢形となっているばかりではなく，周囲での使用があるとする「△反応」が多く，否定的な「×反応」が少ない．また，「非とびはね」の「×反応」は，「とびはね」の「×反応」よりも多い．これらの結果は，今後も「とびはね」が勢力を拡張していくことを予想させる．

「とびはね」は意識調査においても，性差と学校差が認められる[9]．「非とびはね」においては，性差・学校差ともに統計的有意差が認められなかった．

「とびはね」の性による出現率の違いを示したものが図8，学校による出現率の違いを示したものが図9．「とびはね」は図4で示した通り，実現音調においても女子が優位であったが，意識においては一層女子生徒に「○反応」が優勢であることが分かる．「○反応」において，女子79.6％（117）に対し，男子は37.0％（27）と大きな差が認められる．男子は「とびはね」に対し「△反応」が57.5％（42）と女子の17.7％（26）に比べ多い．「×反応」においては，統計的有意差が認められないため，男子は女子に比べ積極的採

図7. 聞き取りアンケート結果一覧「○反応」降順
（グラフ中の数値は出現度数）

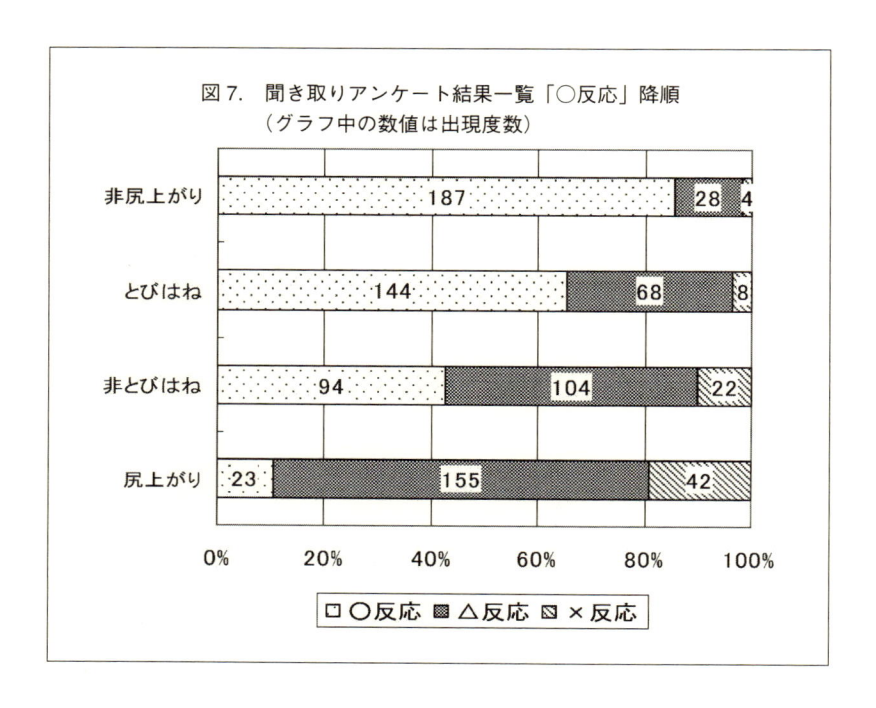

	○反応	△反応	×反応
非尻上がり	187	28	4
とびはね	144	68	8
非とびはね	94	104	22
尻上がり	23	155	42

図8.「とびはね」意識・男女差
（グラフの中の数値は出現度数）

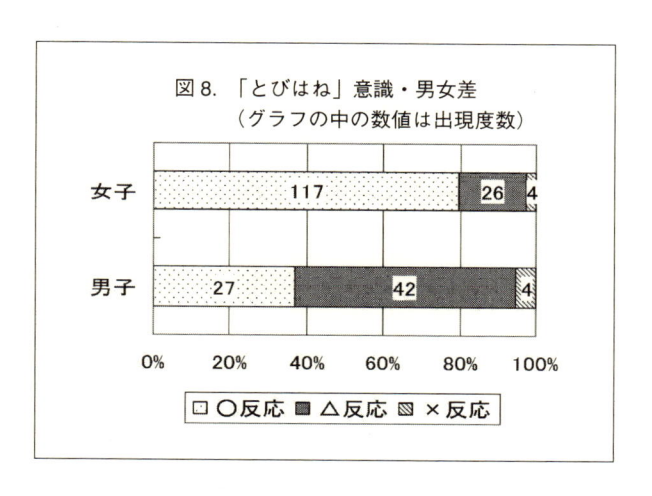

	○反応	△反応	×反応
女子	117	26	4
男子	27	42	4

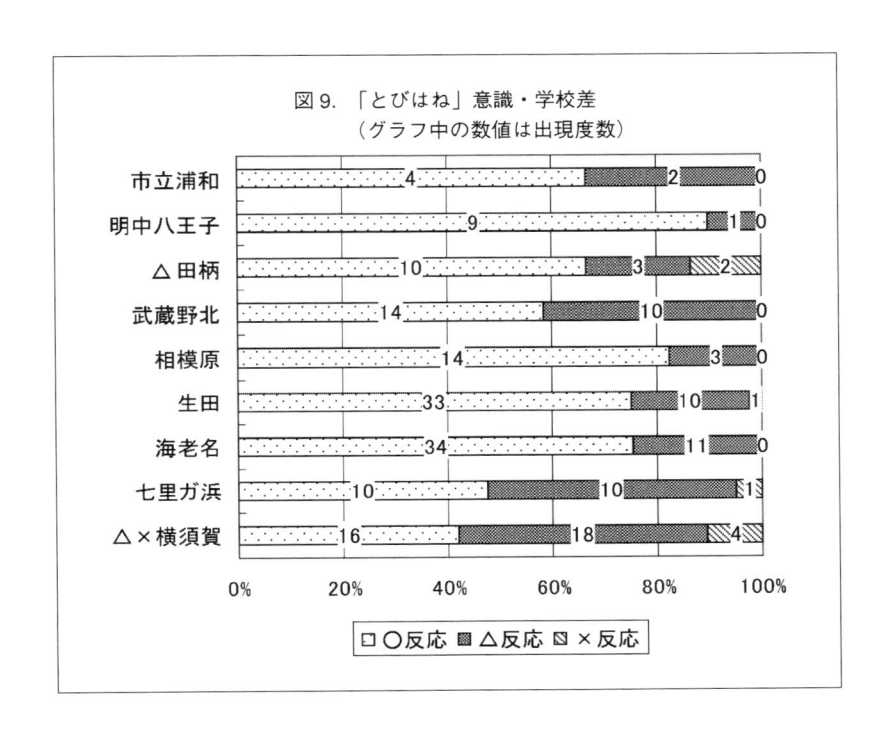

図9. 「とびはね」意識・学校差
（グラフ中の数値は出現度数）

学校	○反応	△反応	×反応
市立浦和	4	2	0
明中八王子	9	1	0
△田柄	10	3	2
武蔵野北	14	10	0
相模原	14	3	0
生田	33	10	1
海老名	34	11	0
七里ガ浜	10	10	1
△×横須賀	16	18	4

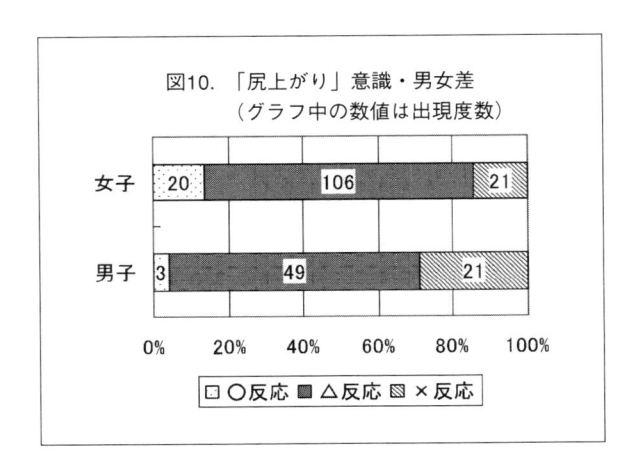

図10. 「尻上がり」意識・男女差
（グラフ中の数値は出現度数）

	○反応	△反応	×反応
女子	20	106	21
男子	3	49	21

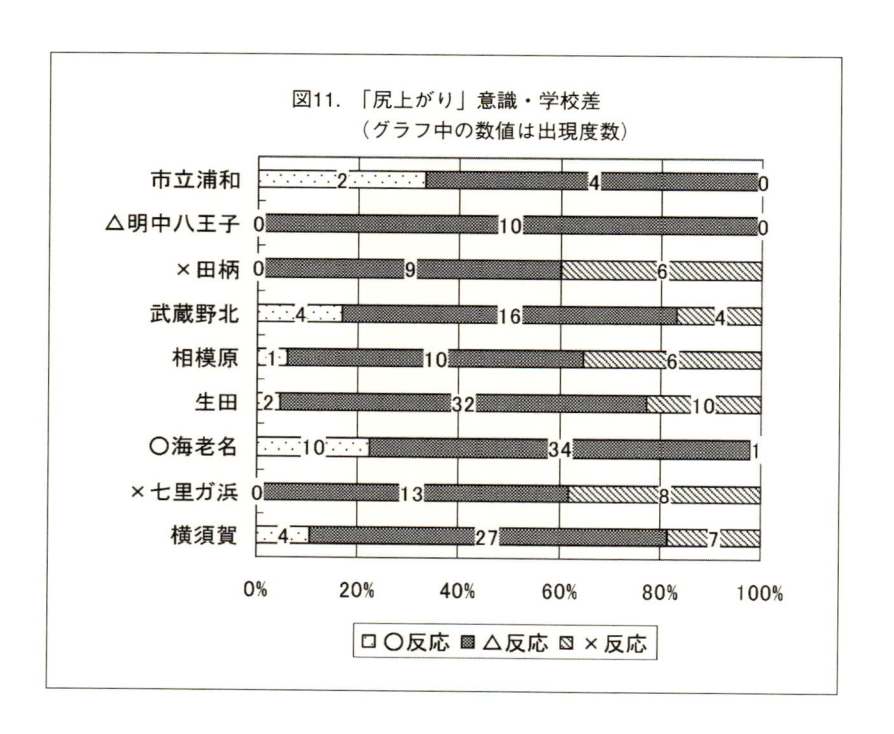

図11.「尻上がり」意識・学校差
（グラフ中の数値は出現度数）

学校	○反応	△反応	×反応
市立浦和	2	4	0
△明中八王子	0	10	0
×田柄	0	9	6
武蔵野北	4	16	4
相模原	1	10	6
生田	2	32	10
○海老名	10	34	1
×七里ガ浜	0	13	8
横須賀	4	27	7

用の段階にはまだ到っておらず，女子に先行する新しい音調の動向を様子見しているような立場にあることを示す．

　学校差は，抑制に働く「△反応」と「×反応」において認められた．「△反応」は，田柄高校（東京都練馬区）と横須賀高校（神奈川県横須賀市）に多く，「×反応」は横須賀高校に多い．その理由はよく分からない．

　一方，「尻上がり」は，全体において「○反応」が10.5％（23）なのに対し，「△反応」が70.5％（155）と多い．「×反応」も19.1％（42）と4つの音調に関する項目の中でもっとも多く現れている．「尻上がり」に対しては，「自分は使用しないが周囲での使用は耳にする」という反応がもっとも多く，ついで「自分も使用しないが周囲でも聞かない」という否定的な態度が多い．ここからは，少なくとも意識の上では，「尻上がり」は消失傾向をみせていることになる．

　「尻上がり」における，実現音調出現率より意識調査における「○反応」

の多さは，実際にはこの音調をもつ回答者における実現音調上の「尻上がり」回避行動の存在をうかがわせる．

5．実現音調と意識調査からみる「とびはね」と「尻上がり」

　首都圏若年層における新しい音調である「とびはね」と「尻上がり」について，実現音調の現れ方を3．で，意識調査における受けとめ方について4．でみてきた．ここでは，実現音調の現れ方と意識調査における受けとめ方のギャップについてみていく．新しい音調のペアと従来音調のペアで実現音調の出現率と意識調査による「○反応」と「×反応」を示したものが，それぞれ図12と図13．

　新しい音調ペアの結果を示した図12からは，「とびはね」が「尻上がり」に比べ，実現音調においても，意識調査「○反応」においても優勢であることが分かる．また，「とびはね」も「尻上がり」も，実現音調の出現率よりも意識調査における「○反応」が多いことが共通している．しかし，「×反応」の現れ方が異なる．「とびはね」における「×反応」は3.6％（8）なのに対し，「尻上がり」は19.1％（42）と多い．「とびはね」における「×反応」が，実現音調出現率・「○反応」出現率よりもはるかに少ないのに対して，「尻上がり」においては，そのいずれよりも多く出現している．

　このような今後の勢力拡大を抑制する「×反応」の現れ方から両者の今後を予測すると，「とびはね」はより勢力を拡大し，「尻上がり」は消失にむかうといえそうだ．

　このことは，従来音調ペアの結果からも確認できる．「非とびはね」は実現音調出現率と意識調査における「○反応」にほぼ差がなく，抑制傾向を示す「×反応」が10.0％（22）現れている．つまり，「非とびはね」は，今後の意識形として伸びていく余地がなく，「×反応」が示す抑制傾向が，3.6％の「とびはね」に比して強い．「非尻上がり」は，実現音調として安定しているため意識調査として伸びていく余地がないものの，「×反応」という抑制要因もないので，安定的な状態にある，という解釈が成りたち，新しい音調ペアと表裏一体の結果と今後の動向を指し示している．

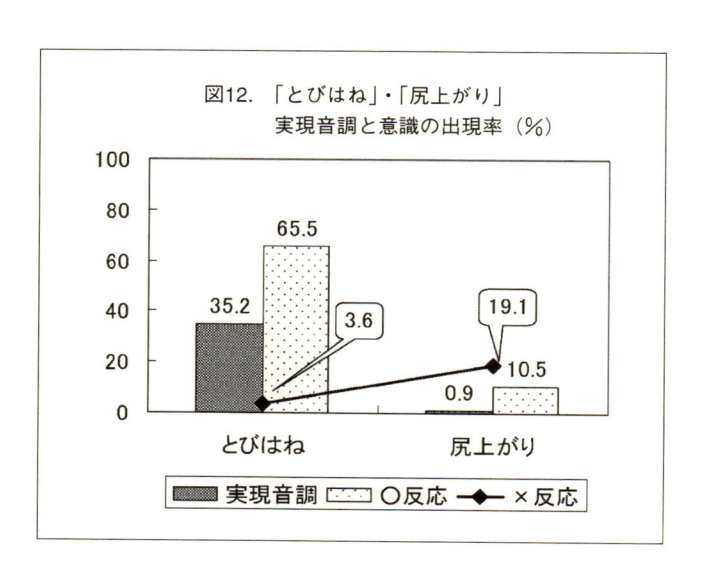

図12.「とびはね」・「尻上がり」
実現音調と意識の出現率（%）

とびはね: 実現音調 35.2, ○反応 65.5, ×反応 3.6
尻上がり: 実現音調 0.9, ○反応 10.5, ×反応 19.1

凡例: ■実現音調　▦○反応　◆×反応

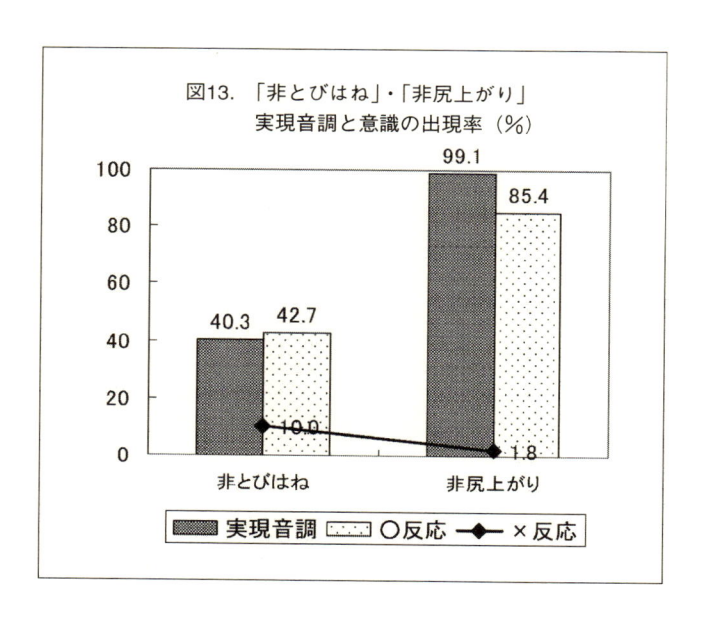

図13.「非とびはね」・「非尻上がり」
実現音調と意識の出現率（%）

非とびはね: 実現音調 40.3, ○反応 42.7, ×反応 10.0
非尻上がり: 実現音調 99.1, ○反応 85.4, ×反応 1.8

凡例: ■実現音調　▦○反応　◆×反応

6．「とびはね」と「尻上がり」に対するイメージと採否行動

聞き取りアンケート調査のうち，各刺激音声に対して選択されたイメージ語についてみていく．全回答者数220を分母としたイメージ語の選択率を示したものが表1．

新しい音調と従来音調のペアにおいて，10％以上の差が認められたイメージ語において選択率の高いセルを白黒反転させている．また，それぞれのイメージ語に対応したセル内には，次の情報を示した．

1行目：当該イメージ語の選択率
2行目：当該イメージ語を5％水準で有意に多く選択した実現音調[10]
3行目：当該イメージ語を5％水準で有意に多く選択した反応[11]
　※（　）内の－記号付表示は，5％水準で有意に少なく選択した反応[12]

それぞれの刺激音声に対して，ペアの他方と比較して10％以上多く出現した特徴的なイメージ語を，出現率の高い順に示すと以下の通り．

「とびはね」：「若者（39.5％）」，「くだけた（23.6％）」，「都会（14.5％）」，「かわいい（14.5％）」

「非とびはね」：「正しい（19.1％）」，「丁寧（13.6％）」

「尻上がり」：「軽薄（44.5％）」，「若者（39.5％）」，「憎らしい（33.2％）」，「かっこ悪い（31.8％）」，「くだけた（24.1％）」，「誤り（18.2％）」，「子供（14.5％）」

「非尻上がり」：「正しい（45.7％）」，「丁寧（33.3％）」

新しい音調である「とびはね」と「尻上がり」は，「若者」・「くだけた」が重なるが，「尻上がり」にはネガティブな「軽薄」・「憎らしい」・「かっこ悪い」・「誤り」・「子供」[13]が現れている．新しい言語事象には，共通する「若者」・「くだけた」が出現するものの，ネガティブなイメージが付与された場合，その拡張が抑制されることがうかがえる．

一方，「とびはね」は「都会」・「かわいい」というイメージ語が特徴的にあらわれている．とりわけ，「かわいい」は，自身が「とびはね」を実現音調としてもつ回答者に有意に多く選択されているイメージである．3．と4．でみたように「とびはね」が，女子において実現音調としても意識調査としても優勢であることからも，1992年の調査時点における「とびはね」は，女

表1. 聞き取りアンケート調査の結果

項目 (n:意識形回答者数)	実現音調%	意識%		イメージ%					
		○反応	×反応	新しい	古い	正しい	誤り	年寄り	若者
とびはね(n=220)	35.2	65.5	3.6	8.6	0.9	2.7	9.1 ×	0.0	39.5 ○
非とびはね(n=220)	40.3	42.7	10.0	0.9	4.1 ×	19.1 ○	3.2 (−○)	1.4	10.9 ○
尻上がり(n=220)	0.9	10.5	19.1	6.8	1.8	0.9	18.2 ○	0.5	39.5 (−×)
非尻上がり(n=219)	99.1	85.4	1.8	0.5	1.8 ×	45.7	0.0	7.3	4.6

【表1:セル中数値・記号】
1行目:イメージ語選択率
2行目:選択率の高い実現型
3行目:選択率の高い○△×反応
※(−○/△/×)は選択率の低い反応

子的なかわいさというイメージが勢力拡張の背景にあったことをうかがわせる[14].

「とびはね」の刺激音声に対して,抑制反応である「×反応」に「誤り」・「田舎」・「方言」・「憎らしい」が有意に多く出現しているが,全体傾向として促進反応である「○反応」が優勢であるため,「とびはね」の顕在的なイメージ語となっていない.

新しい言語事象で拡張傾向にあるものは,「若者」・「くだけた」というイメージに「都会」・「かわいい」などのポジティブイメージがオプションとして付与されると同時に,ネガティブイメージが付与されない,という条件をもつようだ.

一方,従来音調に対しては,「非とびはね」・「非尻上がり」ともに「正しい」・「丁寧」が特徴的なイメージ語としてあらわれている.しかし,3.と4.でみてきたように,近未来の予測として「非とびはね」は抑制傾向,「非尻上がり」は安定傾向にあり,この「正しい」・「丁寧」はかならずしも,今後の優勢化を意味しない.それらは,新しい形と従来形が並存期にある場合の従来形に付与されるイメージ語とみることができるだろう.

（反転部分は新形・非新形間で10％以上選択率の違うイメージ）

子供	都会	田舎	方言	くだけた	丁寧	かっこいい	かっこ悪い	かわいい	憎らしい	軽薄	重厚
6.8	14.5	5.5 △·×	5.9 ×	23.6	0.5	1.4	4.1	14.5 とびはね	2.3 ×	10.9	0.0
3.2	4.1	1.8	0.5	4.1	13.6	0.9	2.7	3.6	4.5	3.6	5.0
14.5	14.5	3.2	0.5 ○	24.1	0.5	0.0	31.8	0.9	33.2 (−○)	44.5	0.5
0.0	5.0	1.4	0.5	0.9	33.3	2.7	0.9 △	0.5	0.9	0.9	19.6

7．「とびはね」と「尻上がり」の差をどのように考えるか

　以上，首都圏高校生調査に基づき，新しい音調である「とびはね」と「尻上がり」がどのように受容されているのか，その実現音調出現率と聞き取りアンケート調査による意識調査からみてきた．

　その結果，より新しい音調である「とびはね」が，「若者」・「くだけた」・「都会」・「かわいい」というイメージを喚起しつつ，女子の先導により拡張傾向にあるのに対し，「尻上がり」は実現音調の観点からも意識調査の観点からもその採用は現在・近未来ともにきわめて抑制的でほとんどその使用が認められない状況にあることが確認された．イメージの観点からも，「尻上がり」は，「若者」・「くだけた」という拡張傾向にある「とびはね」と共通イメージを喚起しつつも，「軽薄」・「憎らしい」・「かっこ悪い」・「誤り」・「子供」というイメージが付与されており，このネガティブイメージが「尻上がり」の抑制傾向に寄与していると考えられる．

　実際には，「尻上がり」は1992年の調査時点においては，相当程度使用されていたものの，このような否定的・抑制的傾向を示す結果となった背景に

は,「尻上がり」が文節末あるいは,句末に現れる音調で,「気づきやすい」事象であったこと,そのため否定的な社会的コメントにさらされやすく,また意識的な場面においてはコントロールしやすい事象であったこと,などが指摘できる.

　このことは,「とびはね」に限らず,「気づきやすい」事象に対して社会的にネガティブな評価が付与されるようになると,「尻上がり」と同様に否定的・抑制的傾向が現れてくる可能性を示唆する.「とびはね」は,1992年の調査時点においては特段のバイアスもかかっていない状態であったため,「尻上がり」において観察された否定的・抑制的回答行動がみられなかったものと考えられる.

8．まとめ

　首都圏高校生における新しい音調の受容と回避について,新しい音調「とびはね」と,すでに報告のある音調「尻上がり」をとりあげ,対比的に検討してきた.

　1992年調査当時において社会的コメントが付与されていない「とびはね」においては,実現音調よりも意識型においてその採用が先行しており,また女子が男子に比べその採用において先行していることを確認した.「とびはね」に対するイメージとして,新しい言語変化事象に対して付与される「若者」・「くだけた」に加え,「都会」・「かわいい」というイメージが付与されている.この「都会」・「かわいい」イメージが,「とびはね」の拡張を支えるイメージとみることができる.

　一方,社会的にネガティブなコメントが付与されている「尻上がり」については,一般の状況下で耳にされるよりもはるかに低い比率で実現音調が出現し,意識調査における出現率も低いものであった.ネガティブコメントを取り入れた意識的な回避行動が,調査結果として現れたものと解釈できる.「尻上がり」に付与されたイメージとしては,新しい言語変化事象に対して付与される「若者」・「くだけた」に加え,「尻上がり」には「憎らしい」・「かっこ悪い」・「誤り」・「子供」といったネガティブイメージが付与されており,このネガティブイメージが,回避行動に関与すると考えられる.

以上から，新形には，「若者」・「くだけた」という共通イメージが付与されるものの，そのイメージそのものが促進/抑制を担うわけではないことも確認された．促進にはさらにポジティブイメージが付与される必要があるし，抑制にもネガティブイメージが累加される必要があるということになる．

　また，従来形が新形と並存している期間においては，従来形には「正しい」・「丁寧」というイメージが共通して付与されることが確認できた．しかし，「正しい」・「丁寧」だけでは，近未来の拡張を支持するわけではないことも確認できた．

　ここまでみてきたような「気づきやすい」事象においては，社会的コメントの有無がその採否行動に影響を与えることがあるということが確認できる．社会的コメントがネガティブなものである場合，非調査場面において使用しているものであっても，調査場面においては回避行動によってその使用が顕在化しないことを示す．調査場面は「意識されやすい場面」であり，たとえば「ら抜きことば」などにおいて，意識調査においては「使用しない」という回答をしながら，実際には使用が多く認められるというようなことと重なる現象である．今回の結果は，音調レベルにおいても，同様の行動パターンが確認されたことになる．

9．おわりに

　1992年調査当時には，特段の社会的コメントが付与されていなかった「とびはね」についても，1990年代後半より「ギャル」というような社会的コメントが付与されるようになってきた．典型的なネガティブコメントをウェブ上の掲示板「２ちゃんねる」の「「ギャル語」を見聞きすると腹が立つ奴」スレッドから引用する（2008年7月22日確認）．

「ギャル語」を見聞きすると腹が立つ奴
　13 ：名無し象は鼻がウナギだ！：04/02/29 14：41
　形容詞のアクセントを無視したとびはねイントネーション大嫌い．
　虫唾が走る．

「これ良くない？」（全部上昇調で）
http://academy6.2ch.net/test/read.cgi/gengo/1077698654/13

　では，2008年現在，「とびはね」は「尻上がり」のように回避行動がとられるようになったか，といえば，実際には田中ゆかり（2003．06，2005．09，2006．12，2007）で示すように，そのようにはならなかった．
　その理由として，「とびはね」がやはり単に「はやりのイントネーション」という単純な背景をもつものではなかったことが指摘できる．また，上述の「とびはね」成立背景とかかわることであるが，形容詞などの活用形アクセントが複雑な状況にあるため，文節末あるいは句末の昇降調のみにポイントをおくことができる「尻上がり」に比べると，「気づきにくい」ものとなっていることともかかわるだろう．
　ここでは，首都圏若年層における新しい音調をとりあげ，社会的コメントの有無による受容パターンの違いをみてきた．このパターンの差異が若年層以外においても観察されるかどうかについては，今後の課題としたい．

1　「とびはねイントネーション」と名づけ，日本方言研究会第56回研究発表会において口頭発表を行なった．ここでは，「とびはね音調」呼ぶことにする．
2　1992年調査当時において首都圏生育の20代前半以下の層でかなり一般的に使用されているようであった．田中自身が「とびはね」にはじめて気づいたのは1990年．当時非常勤講師をしていた私立高校の高校生たちが多用していたことによる．1992年当時放送されていたNHK朝の連続テレビ小説「ひらり」において石田ひかり（東京都出身1972年生）もセリフ中においておそらく無意識に用いていた．この時点では，「とびはね」に対する社会的コメントは形成されていなかった．「とびはね」のもっとも早い使用例・使用時期・伝播ルートなどは不明．
3　「尻上がり」の研究史と名称については，井上史雄（1994）に詳しい．そこでは，「フレーズの終わりで自然下降が期待されるところで上昇があることが耳立つので「尻上がり」「撥ねあがり」などと名を付けたくなるのだろう」，「「昇降調」という名称を併用すれば，わかりやすくなると思われる」としている．　定延利之（2005．07，pp. 105-108）では，「巻き戻し付の末尾上げ」と呼び，下降を「次の文節の発音に備えて音を低く戻す」としている．
4　刺激音声提示時には「同意求め」として，というようなコンテクストを与えていない．
5　今石元久（編）（2005）による．
6　教室での録音であるため，周囲の雑音が多いことや発話者本人が小さな声であっ

たなどの理由によって，短文末が聞き取りにくかったことによる．「とびはね」に分類してもよさそうだと考えたが，はっきりと聞き取れないため「とびはね？」というカテゴリを設けた．
7 　χ^2検定5％水準で有意差が認められた場合，残差分析を行ない，調整済み残差が＋2以上となったセルを期待値よりも多く実測値が出現した特徴的なセルとして抽出し，言及している．
8 　注7に同じ．
9 　注7に同じ．
10 　注7に同じ．
11 　注7に同じ．
12 　有意に多い反応のセルに該当するものがなかった場合に限り，少ない反応について言及している．
13 　少なくとも，若年層において「子供」は「子供っぽい」に連続したネガティブなイメージ語と考えられる．
14 　1992年12月に早稲田大学で実施した簡単なアンケートにおいて，「とびはね」について「誰からこのイントネーションを聞きましたか」という質問をしたところ，「女子高生」「女の友達」「女子大学生」など「女」をかぶせた回答が目立った（未発表）．1990年代後半以降，テレビドラマやコント，CMなどで「女子高校生」・「若者」・「ギャル」の表象として「とびはね」が用いられることが増えてきている．

第3章
「とびはね音調」の採否とイメージ

1. はじめに

　「とびはね音調」は，田中ゆかり（1993.05）で「とびはねイントネーション」と仮に名付けて口頭報告した，首都圏若年層に広がりつつあった新しい音調のことである．

　本章では，「とびはね音調」が出現した最初期段階の調査データを検討することによって，首都圏西部域在住高校生が当該音調に対して，どのような採否行動をとっていたのか，についてみていく．採否行動の検討については，高校生の属性（性，学校，移住歴の有無）や，高校生が音調に抱くイメージの観点から行なう．

　当該音調について最初の調査を行なった1992年時点においては，「とびはね音調」の存在自体が社会的認識に到っておらず[1]，1990年代後半あたりから付与されるようになった「東京の若者」・「女子高生」・「ギャル」というようなステレオタイプもまだ形成されていなかった．

2. 首都圏西部域高校生調査データの概要

　本章で用いるデータは，1992年に実施した首都圏西部域在住の高校生に対する2種類の調査によるデータの一部である．2種類の調査とは，次の【リスト読み上げ式調査】と【聞き取りアンケート調査】を指す．それぞれにおいて，属性などを尋ねる項目を含む調査を実施している．

【リスト読み上げ式調査】

　「ふだん学校の友達と話すようにつもりで，読んでください．あまり早口にならないようにお願いします」と指示をした上で，読み上げ式リストに記載されている項目を，それぞれの高校の教室で1人ずつ読み上げてもらった．（　）内は，読み上げリストに指示した内容．今回の分析に用い

る項目のみを示す．

　　［使用項目］「これ，かわいくない？（友達に同意を求めるように）」

【聞き取りアンケート調査】

　次のような指示をした上で，刺激音声テープを流し，回答を得た．「「ことば」の発音や調子についてうかがいます．それぞれ2種類の異なる発音や調子で，単語や文を読み上げます．自分の発音と同じなら○，自分ではしないけれども聞くものには△，聞いたこともなければ×をつけて下さい．また，それぞれの発音に対して自分が抱くイメージを「新しい」⇔「古い」，「正しい」⇔「誤り」，「年寄り」⇔「若者」⇔「子供」，「都会」⇔「田舎」・「方言」，「くだけた」⇔「丁寧」，「かっこいい」⇔「かっこ悪い」，「かわいい」⇔「憎らしい」，「軽薄」⇔「重厚」から選んで，○をつけてください．」

　刺激音声は，杉並区生育の当時高校2年生の女子による．用いた刺激音声の「音声録聞見（フリー版）[2]」による基本周波数F0のピッチ曲線を図1・図2として示す．刺激音声は，高校の教室で放課後録音したもので，周囲の雑音が大きく，本来無音の部分にもパワーが出現しており，音質状態はよくない．ただし，当該音声そのものの特徴であるアクセント核の有無ははっきりと聞き分けられる状態である．

　　［使用項目］「これ，かわいくない？」の2刺激音声
　　　　　　とびはね音調：かわいくない？　0-0↑［図1］
　　　　　　従来型音調：かわいくない？　3-1↑［図2］

　今回の分析対象者数は，調査回答者のうち，2種類の調査に参加した首都圏外の移住歴を持たない220人．調査対象高校と今回分析対象とする回答者数の内訳は次の通り（［　］内に男女別の人数を示す．Mは男子，Fは女子生徒）．高校所在地は（　）内に示す（行政区画，地方自治体名などは調査当時のものとする．以下，同様）．

［東京都］都立田柄高校15人［M：3人/F：12人］（練馬区光が丘），都立
　　　　武蔵野北高校24人［M：13人/F：11人］（武蔵野市八幡町），私

図1. これ，かわいくない？（とびはね音調）

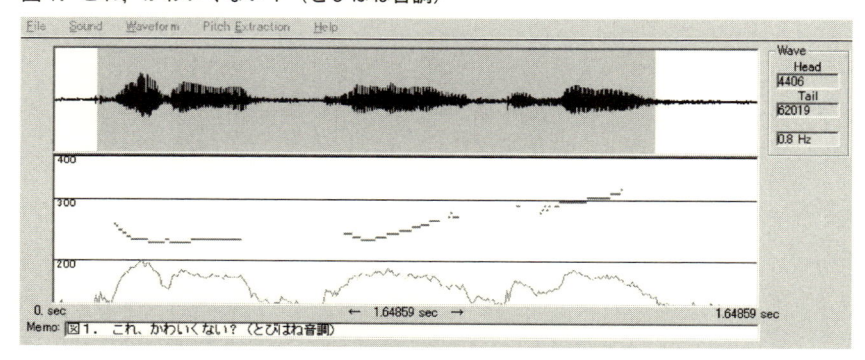

図2. これ，かわいくない？（従来型音調）

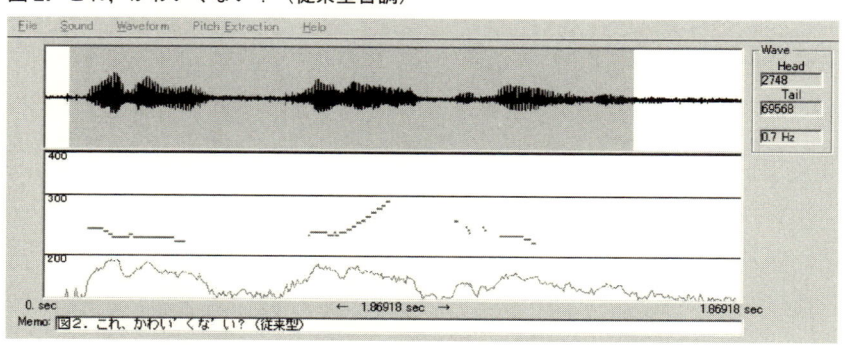

　　　立明大中野八王子高校10人［M：0人・F：10人］（八王子市戸吹町）
［神奈川県］県立生田高校44人［M：12人/F：32人］（川崎市多摩区長沢），県立海老名高校45人［M：14人/F：31人］（海老名市中新田），県立相模原高校17人［M：6人/F：11人］（相模原市横山），県立七里ガ浜高校21人［M：7人/F：14人］（鎌倉市七里ガ浜東），県立横須賀高校38人［M：18人/F：20人］（横須賀市公郷町）
［埼玉県］市立浦和高校6人［M：0人・F：6人］（浦和市元町）

　　男女の内訳は，男子33.2％，女子66.8％と女子が多い．首都圏内移動歴に

ついては，高校所在地の市または区から移動のない生徒が67.3%，高校所在地の都県内の移動経験のある生徒が22.7%，首都圏内の移動経験のある生徒は10%であった．

　高校による移動歴の程度は差があり[3]，移動歴において特徴のある高校は，次の3高校．県立生田高校は県内移動歴のある生徒が少なく（4.5%），県立海老名高校は海老名市内から移動のない生徒が少なく（44.4%），県内移動歴のある生徒が多い（42.2%）．県立横須賀高校は横須賀市から移動歴のない生徒が多い（81.6%）．

3．リスト読み上げ式調査による「実現型」

　リスト読み上げ式調査（n=216）の結果を報告する．実際に発音された型であるため，このリスト読み上げ式調査によって得られた型を「実現型」とする．聞き取りは調査者である田中が行なった．聞き取りは，録音状態があまりよくないものも多かったため，次の三段階で評価した．「とびはね音調」・「とびはね音調か？」・「従来型」．「とびはね音調か？」としたものは，「かわいく」の下がり目は持たず，「ない」の下がり目も持たないが，最後の上昇部分が聞き取りにくかったものである．

　全体の結果は図3の通り．35.2%が「とびはね音調」，24.5%が「とびはね音調か？」，40.3%が「従来型」であった．「とびはね音調か？」を区分する

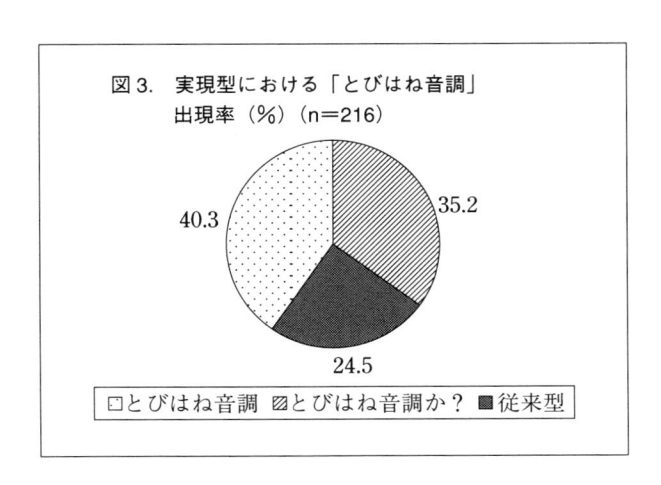

図3．実現型における「とびはね音調」出現率（%）（n=216）

40.3　35.2　24.5

□とびはね音調　▨とびはね音調か？　■従来型

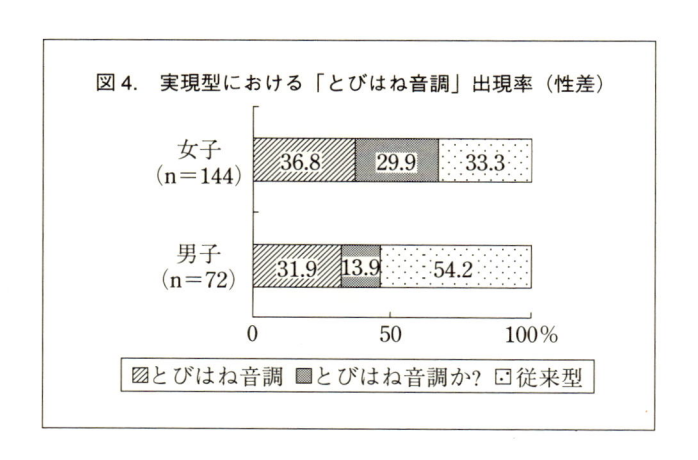

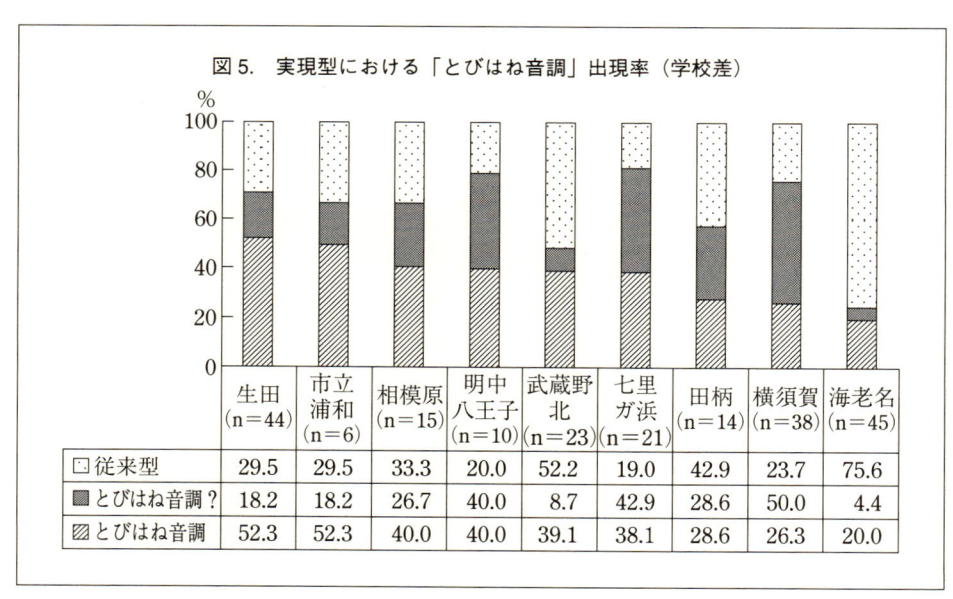

図4. 実現型における「とびはね音調」出現率（性差）

女子 (n=144): とびはね音調 36.8 / とびはね音調？ 29.9 / 従来型 33.3
男子 (n=72): とびはね音調 31.9 / とびはね音調？ 13.9 / 従来型 54.2

図5. 実現型における「とびはね音調」出現率（学校差）

	生田(n=44)	市立浦和(n=6)	相模原(n=15)	明中八王子(n=10)	武蔵野北(n=23)	七里ガ浜(n=21)	田柄(n=14)	横須賀(n=38)	海老名(n=45)
従来型	29.5	29.5	33.3	20.0	52.2	19.0	42.9	23.7	75.6
とびはね音調？	18.2	18.2	26.7	40.0	8.7	42.9	28.6	50.0	4.4
とびはね音調	52.3	52.3	40.0	40.0	39.1	38.1	28.6	26.3	20.0

と全体では，従来型がもっとも多いが，「とびはね音調か？」を加えると59.7％が「とびはね音調」をもつことが分かる．実現型において，「とびはね音調」と従来型は，並存している状態にあること，「とびはね音調か？」を加えると「とびはね音調」が優勢化しつつあることが分かる．

性，学校，移動歴の属性による偏りがみられるかどうか，χ^2検定によって検討した．その結果，性（p値＝0.005）と学校（p値＝0.0004）による偏りがあり，移動歴の有無（p値＝0.745）による偏りはみられなかった．

性による実現型出現率の違いは，図4の通り．「従来型」が男子に多い[5]．男子は従来型温存であることをあらわす．学校による実現型出現率の違いは，図5の通り．県立生田高校に「とびはね音調」が多く，県立七里ガ浜高校と県立横須賀高校に「とびはね音調か？」が多い．県立海老名高校は「従来型」が多い．「とびはね音調」出現率について，神奈川県内の高校における地理的な関係からは，京浜地区⇒湘南地区⇒県央地区という拡張のルートが推測できる．

4．聞き取りアンケート調査による「意識型」

聞き取りアンケート調査（n＝220）の結果を報告する．聞き取りアンケート調査は，刺激音声に対する「○反応：自分はその型をもっている」・「△反応：自分はもっていないが周りで使用されている」・「×反応：自分はその型をもっていない」という意識調査である．○反応は回答者が意識型としてその型をもっていることを示し，×反応は回答者が意識型としてもっていない，ということを意味する．この意識型は実現型としてもっている／もっていないとは別で，回答者の志向性を示すと考えられる（田中ゆかり，1998；同，2000．12；第1部第2章・第4章参照）．

「とびはね音調」刺激音声に対する結果を図6，「従来型」刺激音声に対する結果を図7に示す．「とびはね音調」は○反応がもっとも優勢で65.5％だが，「従来型」は△反応が優勢で47.3％，×反応も10.0％現れている．「とびはね音調」が優勢ではあるが，刺激音声が示した2つの型は並存／併用されている状態にある．

属性による回答傾向偏りの有無についてχ^2検定を行なった．その結果，「とびはね音調」は性（p値＝0.000）と学校（p値＝0.014）に，「従来型」は学校（p値＝0.020）による差がみられた．「とびはね音調」の性と学校による各反応出現率の違いは，図8・図9に示す．「従来型」の学校による各反応出現率の違いは，図10に示す．

図6.「とびはね音調」刺激音声に対する反応（%）(n=220)

○反応 65.5
△反応 30.9
×反応 3.6

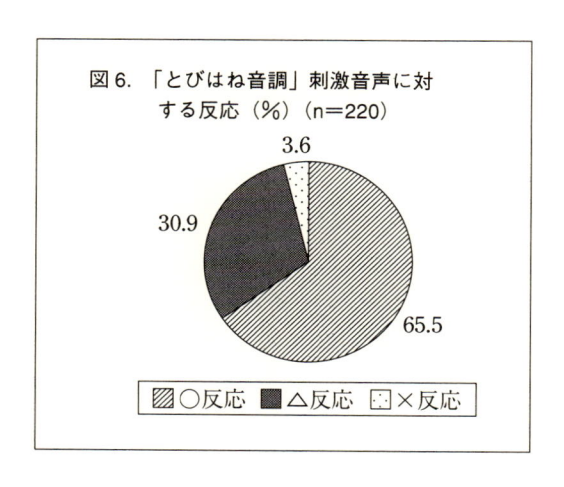

図7.「従来型音調」刺激音声に対する反応（%）(n=220)

○反応 42.7
△反応 47.3
×反応 10.0

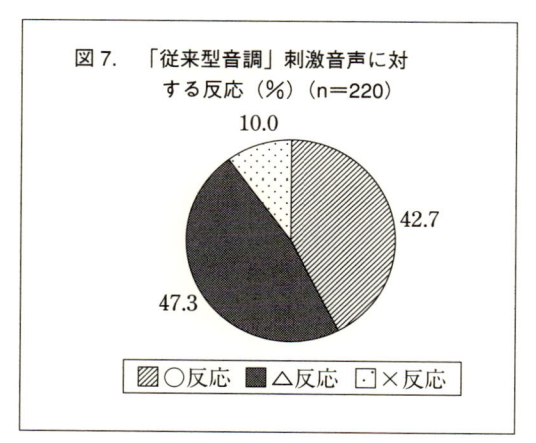

　残差分析の結果，特徴のあるセル[6]として抽出された属性についてみる。「とびはね音調」は，女子に○反応，男子に△反応が多く，都立田柄高校と県立横須賀高校に×反応が多い。県立横須賀高校は△反応も多い。「従来型」は県立海老名高校に○反応が多く，県立七里ガ浜高校に△反応，都立田柄高校に×反応が多い。

　「とびはね音調」は女子が志向していることが分かる。また，学校の観点においては，意識型に△・×反応が多い都立田柄高校・県立横須賀高校は実現型においても下位群に属する。

図8.「とびはね音調」聞き取り結果出現率（性差）

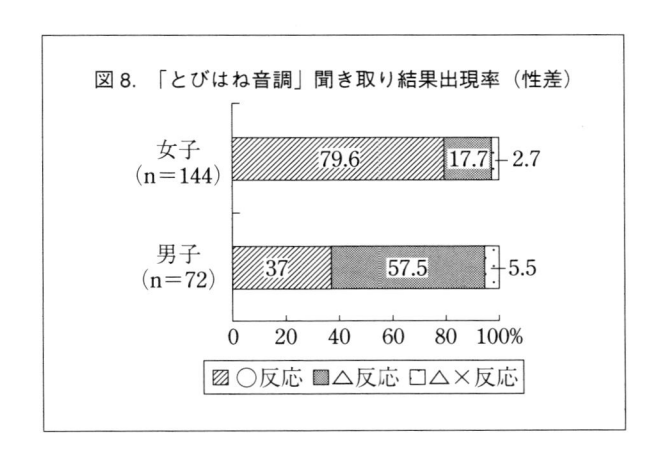

女子 (n=144): ○反応 79.6, △反応 17.7, □△×反応 2.7
男子 (n=72): ○反応 37, △反応 57.5, □△×反応 5.5

図9. 意識型「とびはね音調」聞き取り結果出現率（学校差：○反応降順）

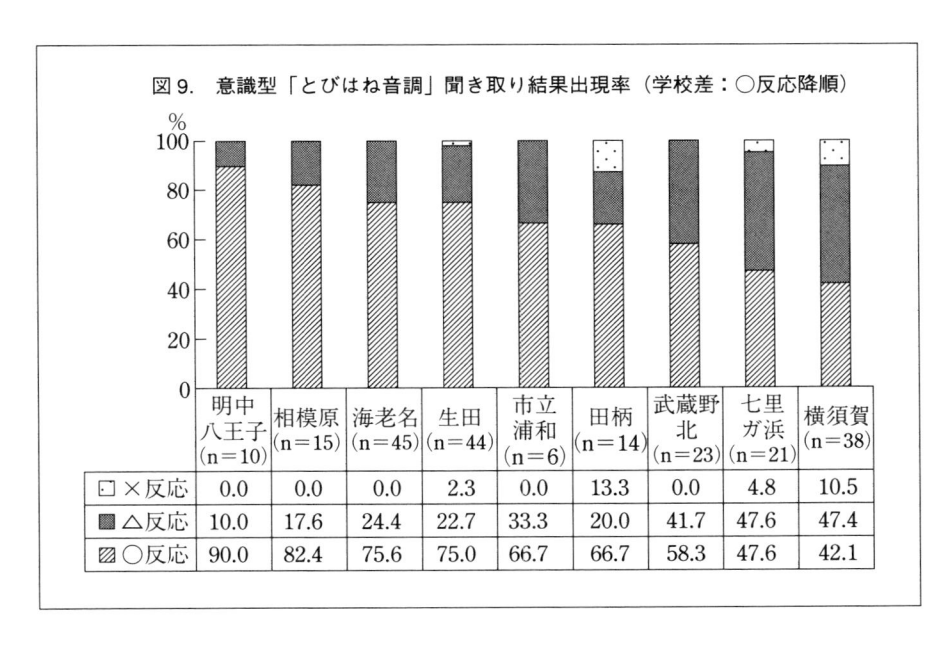

	明中八王子(n=10)	相模原(n=15)	海老名(n=45)	生田(n=44)	市立浦和(n=6)	田柄(n=14)	武蔵野北(n=23)	七里ガ浜(n=21)	横須賀(n=38)
□×反応	0.0	0.0	0.0	2.3	0.0	13.3	0.0	4.8	10.5
△反応	10.0	17.6	24.4	22.7	33.3	20.0	41.7	47.6	47.4
○反応	90.0	82.4	75.6	75.0	66.7	66.7	58.3	47.6	42.1

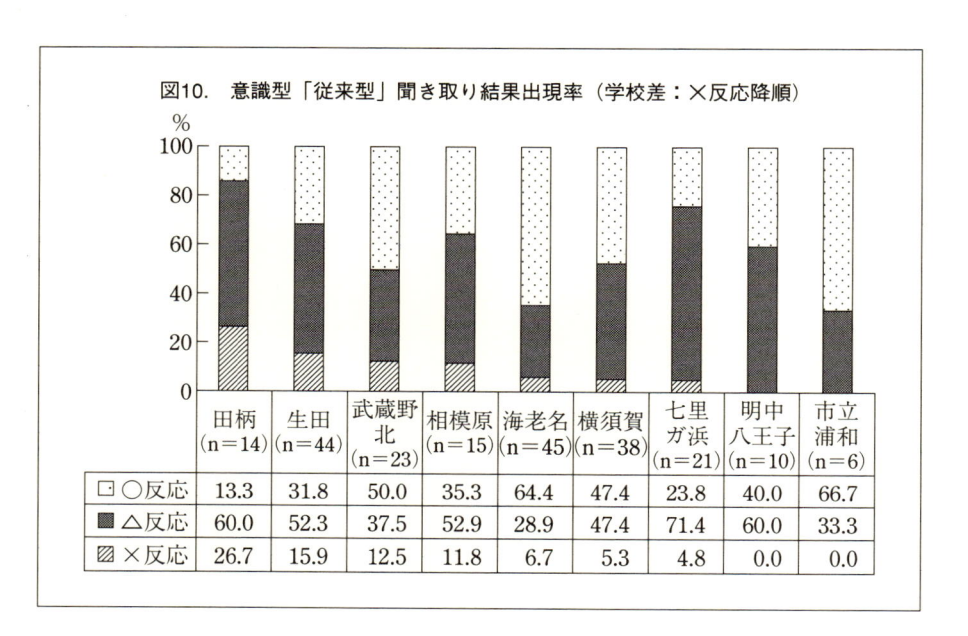

図10. 意識型「従来型」聞き取り結果出現率（学校差：×反応降順）

	田柄 (n=14)	生田 (n=44)	武蔵野北 (n=23)	相模原 (n=15)	海老名 (n=45)	横須賀 (n=38)	七里ガ浜 (n=21)	明中八王子 (n=10)	市立浦和 (n=6)
○反応	13.3	31.8	50.0	35.3	64.4	47.4	23.8	40.0	66.7
△反応	60.0	52.3	37.5	52.9	28.9	47.4	71.4	60.0	33.3
×反応	26.7	15.9	12.5	11.8	6.7	5.3	4.8	0.0	0.0

「とびはね音調○反応比率－とびはね音調実現型比率」を，今後「とびはね音調」を志向していくポテンシャルの指標とみるならば，学校ごとの志向性順位は，次の通りの順となる（（ ）内志向性指標）．

県立海老名高校（55.6）⇒明大中野八王子高校（50.0）⇒県立相模原高校（42.4）⇒都立田柄高校（38.1）⇒県立生田高校（22.7）⇒都立武蔵野北高校（19.2）⇒市立浦和高校（16.7）⇒県立横須賀高校（15.8）⇒県立七里ガ浜高校（9.5）

神奈川県県央の高校が上位に，神奈川県海岸部の高校が下位に，神奈川県北部・東京都立高校が中位に現れている．

5．聞き取りアンケート調査における「意識型」とイメージ

5.1. 全体の傾向と属性などによる検討

「とびはね音調」と「従来型」の刺激音声に対して，選択されたイメージ

図11. とびはね音調と従来型イメージの違い（%：n=220）
★とびはね音調実現型と関連のある語
☆とびはね音調意識型○反応と関連のある語

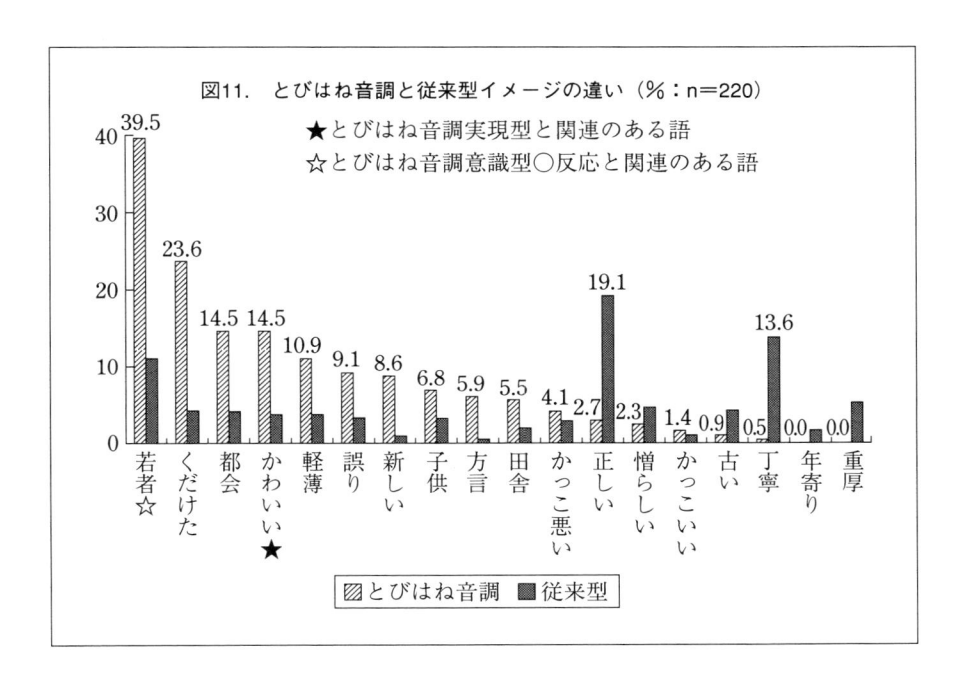

イメージ語	とびはね音調	従来型
若者☆	39.5	11
くだけた	23.6	4
都会	14.5	4
かわいい★	14.5	4
軽薄	10.9	4
誤り	9.1	3
新しい	8.6	1
子供	6.8	3
方言	5.9	0
田舎	5.5	2
かっこ悪い	4.1	3
正しい	2.7	19.1
憎らしい	2.3	0
かっこいい	1.4	0
古い	0.9	0
丁寧	0.5	13.6
年寄り	0.0	2
重厚	0.0	5

語の選択率は，図11の通り（n＝220）．「とびはね音調」に対して10%以上選択されたイメージ語は「若者（39.5%）」・「くだけた（23.6%）」・「都会（14.5%）」・「かわいい（14.5%）」・「軽薄（10.9%）」の5つ，「従来型」に対して10%以上選択されたイメージ語は「正しい（19.1%）」・「丁寧（13.6%）」の2つである．

「とびはね音調」の方が「従来型」に比べ，選択されたイメージ語数が多く，イメージの喚起力が強いことがうかがえる．また，「実現型」として「とびはね音調」をもつ回答者がその他の実現型をもつ回答者よりも多く選択したイメージ語は「かわいい」，「とびはね音調」の「意識型：○反応」をした回答者がその他の反応をした回答者よりも多く選択したイメージ語は「若者」であった[7]．

また，新しい形式である「とびはね音調」に「くだけた」・「軽薄」が，従来（古い）形式の「従来型音調」に「正しい」・「丁寧」が特徴的に現れたことは，一般的に指摘されてきた「古い形式（正しい・丁寧）」，「新しい形式

表1. 意識型と回答者属性によるイメージ語選択

	「とびはね音調」	「従来型」
新しい		性［男子］
古い	性［男子］	
正しい		
誤り	×反応	
年寄り		性［男子］
若者	○反応 性［女子］	
子供		性［男子］
都会		△反応
田舎	△・×反応	
方言	×反応 学校［浦和、横須賀］	
くだけた		
丁寧	外住歴［首都圏内移動有］	
かっこいい		性［男子］
かっこ悪い		
かわいい		
憎らしい	×反応 性［男子］	
軽薄		
重厚		

［注1］ χ^2検定の結果5%水準で差のあるものについて、残差分析を行なった。
［注2］ その結果、調整済み残差が+2より大のセルを「選択」の多い属性として［表1］に示した。

（誤り・ぞんざい）」という類型的な割り振りに当てはまる．

　意識型と回答者属性から，イメージ語の選択率をみる（表1）．この観点からもイメージ語選択率になんらかの偏りを多くもつのは「とびはね音調」である．○反応や女子が多く選択しているイメージ語「若者」は「とびはね音調」推進のイメージ，×・△反応や男子が多く選択しているイメージ語「古い」・「誤り」・「田舎」・「方言」・「憎らしい」は「とびはね音調」抑制のイメージ，といえる．それぞれの属性による選択率を性差については図12，意識型反応による異なりについては図13に示す．

　「とびはね音調」成立の背景のひとつである「浮き上がり調」は，本来西

図12. 性によって選択率の差がみられたイメージ語（％）

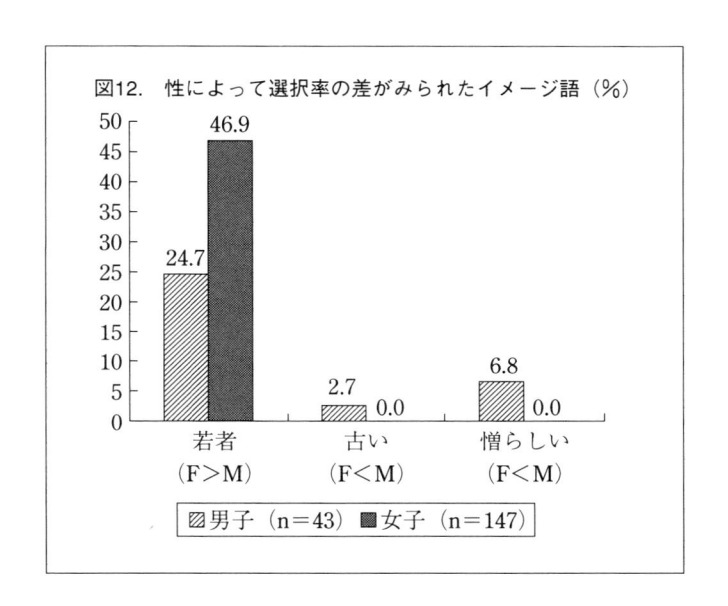

- 若者（F＞M）: 男子 24.7、女子 46.9
- 古い（F＜M）: 男子 2.7、女子 0.0
- 憎らしい（F＜M）: 男子 6.8、女子 0.0

男子（n＝43）　女子（n＝147）

図13. 意識型反応による選択率の差のみられたイメージ語（％）

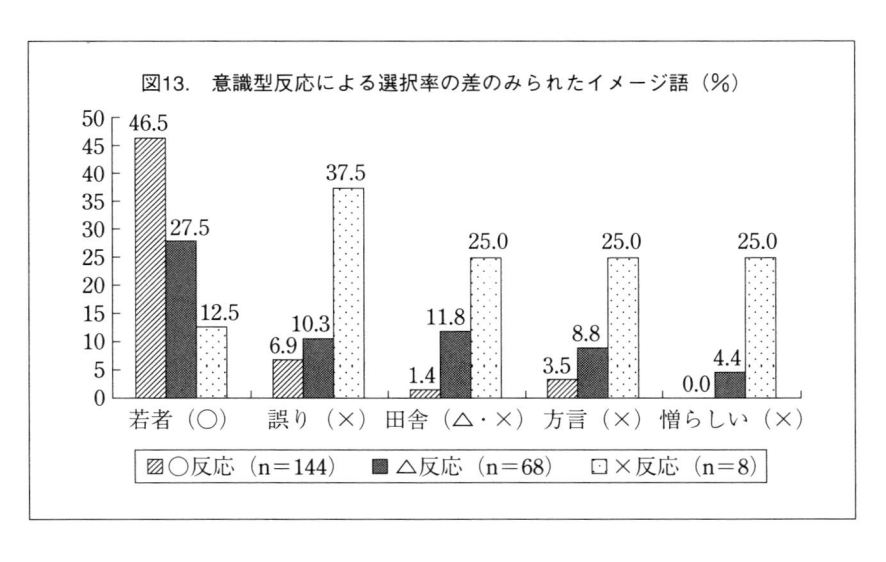

- 若者（○）: ○反応 46.5、△反応 27.5、×反応 12.5
- 誤り（×）: ○反応 6.9、△反応 10.3、×反応 37.5
- 田舎（△・×）: ○反応 1.4、△反応 11.8、×反応 25.0
- 方言（×）: ○反応 3.5、△反応 8.8、×反応 25.0
- 憎らしい（×）: ○反応 0.0、△反応 4.4、×反応 25.0

○反応（n＝144）　△反応（n＝68）　×反応（n＝8）

第3章 「とびはね音調」の採否とイメージ

多摩地域の方言的音調であったと推測されていること[8]を考えると，抑制イメージ語として現れる「方言」・「田舎」は，ある意味「正し」かったのだが，拡張イメージである「若者」に上書きされて，その地域方言由来のイメージが失われたものと推測される．

6．おわりに

　首都圏に「とびはね音調」が確認されたごく初期段階の首都圏西部域在住（首都圏外移動歴無）の高校生を対象に行なったリスト読み上げ式調査と聞き取りアンケート式調査の2種類の調査データから，「とびはね音調」の採否について，回答者属性と付与されるイメージから検討してきた．その結果，次のような結論を得た．

　［1］「とびはね音調」は，実現型よりも意識型に多い．「とびはね音調」の首都圏における一層の拡張が予想される．
　［2］「とびはね音調」実現型出現率には，性・首都圏内移動歴有無による差はみられなかった．
　［3］「とびはね音調」実現型は，県立生田高校に多い．神奈川県内の高校に限れば，「京浜地域⇒湘南地域⇒県央地域」の順に少なくなっている．県央地区の高校（県立海老名高校）に「とびはね音調」を志向するポテンシャルが高い．
　［4］「従来型」実現型は，男子と海老名高校に多い．首都圏内移動歴有無とはかかわらなかった．
　［5］「とびはね音調」を意識型としてもつのは，女子に多い．女子が「とびはね音調」の牽引役といえる．
　［6］「とびはね音調」を意識型としてもたない傾向が，都立田柄高校と県立横須賀高校にみられた．
　［7］「とびはね音調」を意識型としてもつかどうかは，首都圏内移動歴有無とはかかわりがなかった．
　［8］「とびはね音調」には，「若者」・「くだけた」・「都会」・「かわいい」というイメージが付与されている．
　［9］「とびはね音調」実現型をもつ回答者は，「とびはね音調」に「かわ

いい」というイメージを多くもち,「とびはね音調」を意識型としてもつ回答者は,「とびはね音調」に「若者」というイメージを多くもっている.「かわいい」・「若者」が「とびはね音調」が拡張していく際に前景化してくる社会的イメージといえる.
[10] 古い変異の従来型音調に対しては「正しい」・「丁寧」,新しい変異の「とびはね音調」に対しては「くだけた」というイメージが付与されている.一般的に新旧変異に付与されるとされてきた新「誤・ぞんざい」,旧「正・丁寧」のパターンに当てはまる.

　調査時点より10年を経た2002年に行なった聞き取りアンケート調査の結果,「とびはね音調」は20代以下の年代においては,94.7％が意識型としてもち（田中ゆかり,2007；第2部第5章参照）,世田谷区立中学に通う中学生においても87.4％の生徒が意識型としてもつ（田中ゆかり,2005.09；第2部第4章参照）.このデータからは,1992年調査時点において,意識型が実現型を上回っていたことを,その後の「とびはね音調」拡張の含意とした解釈が,裏づけられたことになる.
　田中ゆかり（2000.12）において,外来語の平板化現象をとりあげ,意識型が実現型を上回る場合,近未来における当該変異の拡張を含意すると述べた（第1部第4章参照）.「とびはね音調」にかんするデータにおいても,同様のことが確認されたといえる.
　また,初期段階において,新しい変異を拡張する志向性をもつ群（本章の場合では女子群が相当）が抱くイメージが当該変異の拡張に際して社会的に付与されるものであることもうかがえた.
　また,「気づき」という点からみれば,「とびはね音調」は,「気づきやすく変わりやすい」事象で,本章の分析は,この「気づきやすく変わりやすい」事象の言語変化過程を検討したものといえる.「気づき」のレベルや「変わりやすさ」の程度によって,言語変化の過程においてどのような違いが得られるかについては不明である.今後の課題としたい.

1　1993年5月に行なった日本方言研究会における研究発表の質疑応答において，「とびはね音調」は一型アクセント話者が調査対象者にまぎれこんだため，たまたま現れたものではないか，という質問がなされた．このことからは，当時は研究者レベルにおける認識も薄かったことが推測される．第2部第1章，第2章参照．
2　今石元久（編）(2005)付録の「音声録聞見（フリー版)」を用いた．
3　χ^2検定の結果．χ^2値＝34.076，p値＝0.005．残差分析の結果，調整済み残差の値が絶対値が2より大のセルについてプラスの場合「多い」，マイナスの場合「少ない」と言及する．
4　SPSS13.0Jによる結果．小数点第三位までにおける値．以下同様．
5　残差分析の結果，調整済み残差の値が絶対値が＋2より大のセルについて，期待値より実測値が「多い」特徴をもつセルとして扱う．マイナスの場合「少ない」特徴をあらわすがここでは省略する．
6　注5に同じ．
7　注5に同じ．
8　金田一春彦(1951)，服部四郎(1961, p.196)，小林滋子(1962)，川上蓁(1963)など．

第4章
中学生のアクセントとイントネーション
―世田谷区立中学校における聞き取りアンケート調査から―

1．はじめに

　首都圏におけるアクセントとイントネーションの変化を考えるに際して，東京23区内や東京23区内西南部域に居住する若年層の動向は，その方向性を検討するために重要と考える．

　本章では，東京23区内（以下，23区内）の西南部域に位置する世田谷区内にある近接する2つの区立中学に通う中学生を対象とした聞き取りアンケート調査に基づくデータを主に用いて，首都圏におけるアクセントとイントネーションの変化の方向性を検討する．

　複数の先行研究[1]によって，すでに23区内居住若年層が変化を先導している傾向を示す項目を選択し，調査項目として用いた．とくに形容詞活用形アクセントと形容詞活用形アクセントにかかわるイントネーションについて重点的に検討する．それらは，「気づきにくく変わりやすい方言」あるいは「気づきやすく変わりやすい方言」事象であり，「気づき」と言語変化についての検討材料となるものである．また，本章では，「とびはね音調」がある種の「気づき」とともに首都圏において勢力を拡張してきた背景と要因についても検討を加える．

2．調査概要
2.1. 2つの調査

　分析に用いるデータは，次の2つの調査に基づくデータである．いずれも，田中が担当した2003年度・2004年度後期開講の日本大学文理学部国文学科専門科目（2〜4年生配当・2単位・選択科目）である「フィールドワーク入門[2]」の一環として行なった，同じ項目からなる聞き取りアンケート調査によるデータである[3]．この他，回答者の属性による傾向などを検討する

ためにフェイス項目として調査した属性項目[4]も分析に用いる（現住所，居住歴，所属している学校，性別など）．主な分析においては，この2つの調査に基づくデータを1つのデータとみなして分析を進める．

【調査1[5]】
    実施日   2003年12月24日（水）
    調査協力校   世田谷区立緑丘中学校
                    （世田谷区桜上水3—19—12：鈴木茂生校長）
    被調査者   同中学校1年生当日出席者全員（155人）
    調査方法   アンケート調査
                    （集団記入式・一部聞き取りアンケート調査）

【調査2[6]】
    実施日   2004年12月22日（水）
    調査協力校   世田谷区立松沢中学校
                    （世田谷区桜上水4—5—2：三橋研三校長）
    被調査者   同中学校2年生当日出席者全員（109人）
    調査方法   アンケート調査
                    （集団記入式・一部聞き取りアンケート調査）

回答者の主な属性ごとの内訳は，次の通り．有効百分比（不明・無回答を含まない％）は小数点第2位で四捨五入しているため，合計がかならずしも100％とはならない．以下，小数点で示す数値は同様．

［1］性別：男子147人（55.7％），女子117人（44.3％）
［2］世田谷ネイティブか[7]：世田谷ネイティブ143人（56.1％），非世田谷ネイティブ112人（43.9％），不明9人
［3］外住歴：23区内のみの移動（世田谷ネイティブ含む）177人（70.0％），都下外住歴有19人（7.5％），首都圏内（埼玉・神奈川・千葉県）外住歴有21人（8.3％），首都圏外外住歴有36人（14.2％），不明11人
［4］兄弟姉妹の有無：兄弟姉妹有234人（89.0％），兄弟姉妹無29人（11.0

%），不明1人
[5] 部活動に入っているか：入っている189人（71.9％），入っていない74人（11.0％），不明1人

　【調査1：緑丘中学校】と【調査2：松沢中学校】において，属性の偏りが観察された項目[8]は，[3] 外住歴と [5] 部活動に入っているかのみであった．[3] の外住歴は，松沢中学校の生徒は86.1％（87人）が「23区内のみの移動」であるのに対して，緑丘中学校の生徒は59.2％（90人）と少ない．つまり松沢中学校に23区生育者が多く，緑丘中学校は都下生育者（12.5％）・首都圏外生育者（19.1％）が多い．松沢中学校は相対的に流動性の低いコミュニティーで，緑丘中学校は相対的に流動性の高いコミュニティーであるといえる．[5] の部活動に入っているかどうかは，緑丘中学に多く（77.4％），松沢中学校に少ない（63.9％）．

2.2. 聞き取りアンケート調査項目

　聞き取りアンケート調査項目は，次の14項目53刺激．いずれも先行研究[9]によって，23区内（とくに西南部域）居住の若年層から，「新型」が発生・拡張してきたことがうかがわれる型を刺激音声に含む項目である．
　[ ] 内に示すそれぞれのアクセント型に対する解釈は，NHK放送文化研究所（編）（1998）と先述の先行研究に基づき田中が考察の補助として仮に与えたものである．共通語アクセント順位はNHK放送文化研究所（編）（1998）の記載順を表す．
　解釈を示さない型は，東京式アクセントとしてありうる型で先行研究において確認されている型もあるがそうでない型もあり，明確な解釈のしにくい型であるが，項目内または項目間比較の観点から設けた刺激．

[1] 中高型に向かいつつある3拍名詞
　　①頭（2型 [第2共通語ア・新]，3型 [第1共通語ア]，0型）
　　②鏡（2型 [新]，3型 [共通語ア]，0型）
[2] 共通語アがゆれている3拍名詞

①柱（1型［混交ア[10]］，2型［関東方言ア］，3型［第1共通語ア］，0型［第2共通語ア］）
　［3］いわゆるA型B型[11]のゆれが観察される4拍名詞
　　①雷（3型［第1共通語ア・B型］，4型［第2共通語ア・古・A型］，0型［新］）
　　②食べ物（2型［第2共通語ア・新］，3型［第1共通語ア・新・B型］，4型［古・A型］，0型［新］）
　［4］Ⅱ類形容詞「高い」活用形アクセントとイントネーション
　　①高い（終止形）（1型，2型［共通語ア］，0型）
　　②高い（連体形）（1型，2型［共通語ア］，0型）
　　③高ければ（1型［共通語ア］，2型［新首都圏ア[12]］，3型）
　　④高くなる（1型［共通語ア］，2型［新首都圏ア］，4型［複合化ア・新］）
　　⑤高くない？（1－1［共通語ア＋問いかけイント］，1－0［共通語ア＋新問いかけイント］，2－1［新首都圏ア＋問いかけイント］，2－0［新首都圏ア＋問いかけイント］，0－1［複合化ア＋問いかけイント］，0－0［複合化ア＋新問いかけイント：とびはね音調］）
　［5］Ⅰ類形容詞「赤い」活用形アクセントとイントネーション
　　①赤い（終止形）（1型，2型［新首都圏ア］，0型［共通語ア］）
　　②赤い（連体形）（1型，2型［新首都圏ア］，0型［共通語ア］）
　　③赤ければ（1型，2型［共通語ア］，3型［関東方言ア］）
　　④赤くなる（1型，2型［新首都圏ア］，4型［共通語ア］）
　　⑤赤くない？（1－1［X＋問いかけイント］，1－0［X＋新問いかけイント］，2－1［新首都圏ア＋問いかけイント］，2－0［新首都圏ア＋問いかけイント］，0－1［共通語ア＋問いかけイント］，0－0［共通語ア＋新問いかけイント］）

　なお，問いかけイントネーションについては，次の2種類を以下の［　］内表記として設定した．
　　問いかけイント：「な｣い」のアクセントの下がり目をそのまま保持し，

最終拍の「い」でふたたび上昇する音調．いわゆる「上昇」による問いかけイントネーション．

新問いかけイント：「な］い」のアクセントの下がり目を失い，「ない」全体が浮き上がるような音調．「浮き上がり調（川上蓁，1963）」による問いかけイントネーション．

2.3. 聞き取りアンケート調査

聞き取りアンケート調査は，1.2. で示した14項目53刺激[13]を録音しておいたテープを用いて流し，それぞれについて「○（自分と同じ発音）」・「？（迷う）」・「×（自分の発音と違う）」という反応を，回答者自身が解答欄に記入する方式で行なった．

刺激音声は30代女性アナウンサーによるもの[14]で，それぞれの刺激音声は2回ずつ発音された．所要時間は5分程度．

聞き取りアンケート調査における○反応（「自分の発音と同じ」）は，回答者自身が当該の型を「意識型」としてもっていることを意味すると推測される（田中ゆかり，1998；同，1999；同，2000．12；同，2003．06；第1部第2章参照）．この「意識型としてもっている」には，「実際にその型を発音し（「実現型」としてもっている），意識の上でも「もっている」という意識もある」レベルから「実際にその型は発音しないが，意識の上では「もっている」という意識がある」レベルまでが含まれる．

その際，当該の型が新形として勢力を拡張しつつある型の場合は，「意識型」が「実現型」に先行するらしいことが分かっている．消失過程においても，「意識型」が「実現型」を先行する（勢力の弱まりつつある型については，実際にはその型を発音していても「もっていない」と意識する）ようだが，獲得過程ほど明確なデータは得られていない（田中ゆかり，2000．12；第1部第4章参照）．

聞き取りアンケート調査実施に際しては，とくに問題なく回答は行なわれており，無回答の出現頻度も低く（12刺激・最小1人〜最大4人），ある程度信頼できる調査方法といえそうである．ただし，無回答の出現した12刺激中10刺激が，「形容詞ク形」＋「ない」＋「問いかけイントネーション」の刺

激音声であることは，1項目に対する刺激音声数の上限や，要因が複合的な項目（この場合，「前部成素のアクセント型＋後部成素イントネーション」の組み合わせ）の取り扱い，など検討すべき課題があることをうかがわせるが，それらは今後の課題としたい．

3．聞き取りアンケート調査結果概観
3.1.調査結果の提示と解釈の方法

　14項目53刺激からなる聞き取りアンケート調査の結果を，先行研究に基づく型に対する解釈とともに，一覧した表が，「表1．聞き取りアンケート調査結果一覧」である．あわせて，各項目の回答傾向が回答者属性によって偏りがあるかどうか検討した結果を「表2．聞き取りアンケート調査結果（属性による偏り）」に示す．

　回答者属性として検討した観点は「世田谷ネイティブかどうか（「世田谷」・「非世田谷」の2群の比較：世田谷区以外の居住歴をもたない生徒を世田谷ネイティブとみなす）」，「外住歴（「23区内のみ」・「都下外住歴有」・「首都圏内（千葉・埼玉・神奈川県）外住歴有」・「首都圏外外住歴有」）の4群の比較」，「学校（「緑丘中学」・「松沢中学」の2群の比較）」，「性（「男子」・「女子」の2群の比較）」，「部活に入っているかどうか（「部活」・「非部活」の2群の比較）」，「兄弟姉妹の有無（「有」・「無」の2群の比較）」，「学校以外の友人の有無（「有」・「無」の2群の比較）」の7観点．このうち，「世田谷ネイティブ」・「外住歴」・「学校」・「性」についてのみ表2に示す[15]．

　属性の偏りの有無については，聞き取りアンケート調査への回答と属性によるクロス集計を行ない，χ^2検定[16]において5％水準で有意差が得られたものを，「なんらかの偏りをもつ」と判定した．その上で，残差分析[17]を行ない，調整済み残差が2より大のセルを「期待値より実測値が大きいという特徴をもつセル」と判定し，「ある回答が多い」ものとして扱う．その「ある回答が多い」という部分についてのみ示したものが表2である．

　その結果，属性による偏りとして，もっとも多くの項目に現れたのは「世田谷ネイティブ」の6刺激，ついで「外住歴」・「性」5刺激，「部活に入っているかどうか」4刺激[18]，「学校」3刺激，「兄弟姉妹の有無」1刺激[19]で

あった．これらのうち「世田谷ネイティブ」・「外住歴」・「学校」はいずれも「居住歴」にかかわる観点である．このことにより，この調査の回答者である世田谷区立中学に通う中学生においては，居住歴がもっとも重要な観点であることが分かる．

「世田谷」はその群を含む「居住歴（23区内のみ）」と共起している刺激が多い．その項目は先行研究などによる型に対する解釈などからみて，「首都圏においてもっとも先進的な変化が進んでいる地域の反応」として，解釈できそうである．「23区内」よりも「世田谷」に偏りがより多く観察されるということは，「世田谷」のような地域が，「23区内」の変化を先導している可能性も示しているのかもしれない．つまり「世田谷」は首都圏の言語変化を先進している「23区内西南部域」という特徴をよく示しているという推測である．

3.2. 聞き取りアンケート調査結果概観

以下では，表1・表2を用いて，それぞれの項目ごとに先行研究とのかかわりから結果全体を概観する．

3.2.1. 中高型に向かいつつある3拍名詞

①頭（2型［第2共通語ア・新］，3型［第1共通語ア］，0型）：第1共通語アである3型がもっとも優勢であるが，「新形」である2型も約6割が「〇反応（自分の発音と同じ）」としている．2型の増加に従い，属性による偏りなしに，両型が並存している様子がうかがえる．

②鏡（2型［新］，3型［共通語ア］，0型）：NHK放送文化研究所（編）（1998）に記載のない「新形」である2型がもっとも優勢な型となっている．ただし，共通語アである3型もほぼ同程度「〇反応」であることから，「頭」に比べ両型併用者が多いと推測される．ただし，女子は2型，男子は3型に多く「〇反応」しており，性による偏りが観察される．また，「都下外住歴有」は2型に「？反応（迷う）」が多く，2型は「23区内生育女子」が先導してきたことがうかがわれる．

表1．世田谷中学生調査における聞き取りアンケート調査結果

項目	全体聞き取り結果（％）			備考	
	同じ（○）	迷う（？）	違う（×）	有効回答者数	型解釈
頭2	58.7	5.7	35.6		共通語ア（2・新）
頭3	83.7	2.3	14.0		共通語ア（1）
頭0	10.2	2.3	14.0		
鏡2	72.2	4.6	23.2	(n=263)	新
鏡3	70.1	4.9	25.0		共通語ア
鏡0	16.7	3.4	79.8		
柱1	5.7	0.4	93.9		混交ア
柱2	7.6	3.4	89.0		関東方言ア
柱3	89.0	0.4	10.6		共通語（1）
柱0	42.6	4.6	52.8	緑丘未調査(n=108)	共通語ア（2）
雷3	96.2	0.4	3.4		共通語ア（1・B型）
雷4	17.8	5.3	76.9		共通語ア（2・古・A型）
雷0	25.4	4.9	69.7		新
食べ物2	47.3	6.8	54.2		共通語ア（2・新）
食べ物3	90.5	1.9	7.6	(n=263)	共通語ア（1・新・B型）
食べ物4	10.3	1.1	88.6		古・A型
食べ物0	12.0	6.5	81.5	緑丘未調査(n=108)	新
高い（終）1	3.4	1.5	95.1		
高い（終）2	94.3	0.0	5.7		共通語ア
高い（終）0	10.2	1.1	88.6		
高い（体）1	3.8	1.1	95.1		
高い（体）2	93.2	1.1	5.7		共通語ア
高い（体）0	15.5	4.9	79.5		
高ければ1	65.5	6.4	28.0		共通語ア
高ければ2	89.0	2.3	8.7		新
高ければ3	11.4	2.7	86.0		
高くなる1	67.8	8.0	24.2		共通語ア
高くなる2	80.3	4.2	15.5		新
高くなる4	61.0	9.5	29.5		新
高くない？1-1	21.3	8.4	70.3	(n=263)	共・共
高くない？1-0	80.6	3.4	16.0	(n=263)	共・新
高くない？2-1	30.4	9.1	60.5	(n=263)	新・共
高くない？2-0	66.3	5.0	28.7	(n=261)	新・新
高くない？0-1	28.4	12.6	59.0	(n=261)	共・共
高くない？0-0	84.7	4.2	11.1	(n=261)	とびはね
赤い（終）1	3.0	0.8	96.2		
赤い（終）2	92.8	1.1	6.1		新
赤い（終）0	33.7	3.8	62.5		共通語ア
赤い（体）1	2.7	1.1	96.2		
赤い（体）2	72.0	7.2	20.8		新
赤い（体）0	82.2	3.0	14.8		共通語ア
赤ければ1	47.5	6.1	46.4		
赤ければ2	89.8	3.4	6.8		共通語ア
赤ければ3	9.1	4.2	86.7		関東方言ア
赤くなる1	38.8	5.3	55.9		
赤くなる2	47.7	8.3	43.9		新
赤くなる4	88.6	3.4	8.0		共通語ア
赤くない？1-1	11.0	6.4	82.6		×・共
赤くない？1-0	66.7	7.2	26.1		×・新
赤くない？2-1	24.3	5.7	70.0	(n=263)	新・共
赤くない？2-0	61.3	7.3	31.4	(n=261)	新・新
赤くない？0-1	27.7	8.8	63.5	(n=260)	共・共
赤くない？0-0	87.0	3.8	9.2	(n=261)	共・新

[注] 聞き取り結果の有効回答者数は備考でとくに触れていない場合は、すべて264人
[注] 聞き取り結果の％は、小数点第二位で四捨五入しているため合計が100％にならないこともある

表2．世田谷中学生調査における聞き取りアンケート調査結果（属性による偏り）

項目	属性による聞き取り回答の偏り				型解釈
	世田谷ネイティブ	外住歴	学校	性	
頭2					共通語ア（2・新）
頭3					共通語ア（1）
頭0					
鏡2		都下？		女子○男子×	新
鏡3				男子○	共通語ア
鏡0					
柱1					混交ア
柱2					関東方言ア
柱3					共通語（1）
柱0					共通語（2）
雷3					共通語ア（1・B型）
雷4			緑丘×松沢○		共通語ア（2・古・A型）
雷0					新
食べ物2		23区内×			共通語ア（2・新）
食べ物3					共通語ア（1・新・B型）
食べ物4			緑丘×松沢○		古・A型
食べ物0					新
高い（終）1					
高い（終）2					共通語ア
高い（終）0					
高い（体）1					
高い（体）2					共通語ア
高い（体）0					
高ければ1	世田谷×非世田谷？	23区内×			共通語ア
高ければ2					新
高ければ3			緑丘×松沢○		
高くなる1					共通語ア
高くなる2					新
高くなる4					新
高くない？1-1	世田谷×非世田谷？				共・共
高くない？1-0	非世田谷？	23区内○首都圏外×			共・新
高くない？2-1					新・共
高くない？2-0					新・新
高くない？0-1					
高くない？0-0					とびはね
赤い（終）1					
赤い（終）2				男子○女子×	新
赤い（終）0	世田谷？×非世田谷○				共通語ア
赤い（体）1					
赤い（体）2					新
赤い（体）0					共通語ア
赤ければ1					
赤ければ2				男子×	共通語ア
赤ければ3					関東方言ア
赤くなる1					
赤くなる2					新
赤くなる4					共通語ア
赤くない？1-1	世田谷×非世田谷？				×・共
赤くない？1-0	世田谷○非世田谷？	23区○都下？首都圏外×			×・新
赤くない？2-1					新・共
赤くない？2-0				男子○女子×	新・新
赤くない？0-1					共・共
赤くない？0-0					共・新

［注］χ^2検定の結果5％水準で有意差が認められたものについて残差分析を行った
［注］残差分析の結果、調整済み残差が2より大のセルについて表に示した

3.2.2. 共通語アがゆれている3拍名詞

①柱（1型［混交ア[20]］，2型［関東方言ア］，3型［第1共通語ア］，0型［第2共通語ア］）：第1共通語アの3型が約9割と最優勢．第2共通語アは4割と少ないが，両型併用者が少なくないと推測される．属性による偏りはとくに観察されない．関東方言ア，混交アはほとんど支持されず属性による偏りも見られない．

3.2.3. いわゆるA型B型のゆれが観察される4拍名詞

①雷（3型［第1共通語ア・B型］，4型［第2共通語ア・古・A型］，0型［新］）：第1共通語アである3型が最優勢．かつて観察された「古形」である4型，新形の0型は少ない．古形である尾高型（4型）が少ないが，「世田谷」生育者の多い「松沢中学」に4型「○反応」が多い（しかし「世田谷／非世田谷」による偏りは観察されない）．

②食べ物（2型［第2共通語ア・新］，3型［第1共通語ア・新・B型］，4型［古・A型］，0型［新］）：これも第1共通語アである3型が最優勢．ついで2型が優勢だが，「23区内」に「×反応」が多い．2型から3型への移行が比較的最近進んだことが推測される．「古形」4型，「新形」0型は少ない．「食べ物」においても「松沢中学」に「古形」の4型に「○反応」が多い（「世田谷／非世田谷」による偏りは観察されない）．

3.2.4. II類形容詞「高く」+「ない」+問いかけイントネーション

①高い（終止形）（1型，2型［共通語ア］，0型）

②高い（連体形）（1型，2型［共通語ア］，0型）：終止形・連体形いずれも共通語アである2型に「○反応」が9割を超え，安定的な最優勢形であることが分かる．属性による偏りも観察されない．ただし，I類終止形・連体形と同じ型である0型が属性による偏りをみせずそれぞれ1割以上「○反応」がある．

③高ければ（1型［共通語ア］，2型［新首都圏ア］，3型）：新首都圏アである2型が約9割と最優勢形だが，共通語アの1型も65.5%と両型併

用パターンが多いと推測される．共通語アの1型は「世田谷」・「23区内」が「×反応」が多く，1型を先行して消失していることがうかがえる．このことにより，新首都圏アがさらに優勢化・安定化していくことが予想できる．3型はⅠ類関東方言アに類推した型と解釈できるが，1割程度が「○反応」しているにすぎず，「松沢中学」に「○反応」が多い．「雷」・「食べ物」の4型も「松沢中学」は「○反応」が多いこととあわせて考えると，「古形」に対して「○反応」が多いことがうかがえる．「緑丘中学」は「高ければ」3型，「雷」・「食べ物」4型については「×反応」が多い．相対的に23区外の居住歴をもつ生徒が少ない「松沢中学」において「古形」が多くみられることは，同じ「23区内西南部域」であっても，外来者言語との接触頻度が低いと比較的「古形」が残存しやすく，外来者言語との接触頻度が高いと「新形」を生みやすく展開しやすいのであろうか．

④高くなる（1型［共通語ア］，2型［新首都圏ア］，4型［複合化ア・新］）：新首都圏型である2型が約8割と最優勢形となっている．しかし，共通語ア1型，複合化ア（Ⅰ類共通語アと同型）4型もそれぞれ6割が「○反応」で，3型併用状況がうかがえる．属性による偏りも観察されない．とりわけ，1980年代までの首都圏・関東圏のアクセント調査ではほとんど観察されてこなかった4型が，すでにある程度勢力を示していた2型とほぼ同程度の勢力となっていることが目に付く．4型の勢力拡大の背景として，1つにはⅠ・Ⅱ類合流アクセント体系モデルである新首都圏アクセント体系パターンからは逸脱するが，Ⅰ類と同型であるという別の合流パターンであることが指摘されてきた．それに加え，形容詞活用形アクセントの「単位」が，後部成素の「ない／なる」を含めた「長い単位」に推移してきていることも考えられる．いわば2つ以上の要因がかかわっているために短期間に4型が勢力を拡張してきたと考えられる．

⑤高くない？（1−1［共通語ア＋問いかけイント］，1−0［共通語ア＋新問いかけイント］，2−1［新首都圏ア＋問いかけイント］，2−0［新首都圏ア＋問いかけイント］，0−1［複合化ア＋問いかけイント］，0−0［複

合化ア＋新問いかけイント：とびはね音調］）：もっとも新しい形式（とびはね音調）「0－0」が8割超で最優勢形となっている．田中ゆかり（1993．05；第2部第2章参照）の首都圏高校生のとびはね音調を発音した生徒が38.8％，意識型としてもつ生徒が65.9％であったことから考えると急速にその勢力を拡張してきたことが分かる．また，項目全体を「○反応」の多い順に示すと「0－0（84.7％）」，「1－0（80.6％）」，「2－0（66.3％）」，「2－1（30.4％）」，「0－1（28.4％）」，「1－1（21.3％）」となる．前部のアクセント型よりも文末イントネーションに依存している回答パターンが浮かび上がる．新問いかけイントネーション（「X－0」のパターン）に「○反応」が多く，「な」い」のアクセント核を保存した文末のみの上昇を伴う問いかけイントネーション（「X－1」のパターン）に「○反応」が少ない．これは，「アクセント核」と「イントネーション型」を組み合わせた刺激音声に対して「イントネーション型」を主な手かがりとして反応している可能性を示していると考えられる．属性による偏りは，「1－1」に対して「世田谷」に「×反応」が，「非世田谷」に「？反応」が多く，「非世田谷」に「×反応」・「23区内」に「○反応」・「首都圏外」に「×反応」が多い．「1－1」はアクセント型もイントネーションも従来型の組み合わせで，「世田谷」がすでに意識型として積極的にもたないことを示している結果となった．

3.2.5. I類形容詞「赤く」＋「ない」＋問いかけイントネーション

①赤い（終止形）（1型，2型［新首都圏ア］，0型［共通語ア］）・②赤い（連体形）（1型，2型［新首都圏ア］，0型［共通語ア］）：終止形においては，すでに新首都圏アである2型の「○反応」が9割を超え，共通語アの「○反応」は約3割であることから，2型で安定化したように見える．「世田谷」に「×・？反応」，「女子」に「×反応」が多く，「世田谷」「女子」において意識型として1型を消失する傾向がみえる．しかし，連体形においては共通語アの0型が8割超となっている[21]．

③赤ければ（1型，2型［共通語ア］，3型［関東方言ア］）：共通語アである2型が約9割と最優勢形．安定的にもみえるが，II類の共通語アで

ある1型に5割弱「〇反応」がみられ，併用する回答者が少なくない．男子が2型に対して「×反応」が多い．

④赤くなる（1型，2型［新首都圏ア］，4型［共通語ア］）：共通語ア4型が約9割と最優勢形．安定的な状態にあるようにみえるが，「〇反応」が2型（II類新首都圏ア）に5割弱，1型（II類共通語ア）に4割弱みられ，併用タイプの回答者が少なくない．「高ければ」・「高くなる」・「赤ければ」とあわせて考えると，形容詞活用形アクセントは，相当程度にI・II類間において流動的な状態にあるといえる．

⑤赤くない？（1-1［X＋問いかけイント］，1-0［X＋新問いかけイント］，2-1［新首都圏ア＋問いかけイント］，2-0［新首都圏ア＋問いかけイント］，0-1［共通語ア＋問いかけイント］，0-0［共通語ア＋新問いかけイント］）：共通語アに新問いかけイントネーションの組み合わせである「0-0」が9割弱で最優勢形となっている．II類「高くない？0-0」の「とびはね音調」と同パターンの音調がもっとも「〇反応」が多い．また，項目全体を「〇反応」の多い順に示すと「0-0（87.0％）」，「1-0（66.7％）」，「2-0（61.3％）」，「0-1（27.7％）」，「2-1（24.3％）」，「1-1（11.0％）」となる．「0-1」と「2-1」の順位が入れかわったのみで，「高くない？」に対する反応とほぼ同様の反応となっている．つまり，前部のアクセント型よりも文末イントネーションに依存している回答パターンである．とりわけ「赤く」が1型となる組み合わせは首都圏の形容詞アクセントとしてはありうるが，なじみのない型であるにもかかわらず，「-0」と組み合わせた「1-0」に6割超が「〇反応」しているところが，より「文末イントネーション」に主として反応しているという推測を強化する．

3.3. 回答者属性の観点から

表2は，属性による偏りが観察された項目をまとめたものである．それぞれの項目の回答傾向について，3.2.で検討してきた．その上で，回答者属性の偏りがどのような意味をもつのか，ここでは述べたい．

「世田谷／非世田谷」がかかわる項目はすべて形容詞活用形アクセントに

かかわる項目である．

「高ければ1型［共通語ア］」・「高くない？　1-1［共通語ア＋従来型問いかけイント］」・「赤い（終止形）0型［共通語ア］」・「赤くない？　1-1［X＋従来型問いかけイント］」に対して「×反応」,「赤くない？　1-1［X＋新問いかけイント］」に対して「○反応」であった．

「×反応」に注目すると，勢力を減じてきている［共通語ア］・［従来型問いかけイント］に集中して「×反応」が観察される．これらより，「世田谷」は，「共通語ア」・「従来型」から先んじて抜け出しつつある属性であることがうかがえる．

一方，「非世田谷」は「赤い（終止形）0型」に対して「○反応」であったほかは，すべて「？反応」で，従来型と新形に対してあいまいな態度でいることが分かる．

「外住歴」については，「23区内」がほぼ「世田谷」と同様の反応であること，「首都圏外外住歴有」が「23区内」先行タイプの項目に対して主に「×反応」していることが目立つ．

「学校」については，「松沢中学」に「雷4型［古形］」・「食べ物4型［古形］」・「高ければ3型［Ⅰ類ケレバ形関東方言アと同型］」に「○反応」が多く観察され，「古形」に対する「○反応」が多いことが分かる．

松沢中学は，緑丘中学と比較して「23区内」生育者が多く，「都下」・「首都圏」・「首都圏外」における居住歴をもつ生徒が少ない．これらから，相対的に流動性の低いコミュニティーといえそうで，その結果「古形」を維持している可能性が推測できる．

「性」については，「鏡2型［新形］」のみ女子に「○反応」が多く（男子は「×反応」が多い），「鏡3型［共通語ア］」・「赤い2型［新首都圏ア］」・「赤くない？　2-0」は男子に「○反応」が多い（女子は「赤い2型［新首都圏ア］」・「赤くない？　2-0」に「×反応」）．また男子は「赤ければ2型［共通語ア］」に「×反応」が多い．

4.「とびはね音調」項目と他項目とのかかわり

4.1. 他項目とのかかわり─拍数ごとのパターンに反応している？─

　ここでは，首都圏においてこの10数年間に急速に勢力を拡張してきた「とびはね音調」と他のアクセント項目との関連をついて検討する．「とびはね音調」を表す「高くない？　0-0」に対する回答者の反応をとりあげ，他項目における回答者の反応とのかかわりから，その性質を検討する．

　「高くない？　0-0」と他項目の反応について連関がみとめられるかどうか（「χ^2検定５％水準で有意差有」を連関有とした），認められた場合はどのような偏りが観察されるか（残差分析で調整済み残差が2より大のセルを「偏り」有とした），について検討したものが「表３．「高くない？　0-0」と他項目との関係」である．

　表３から，項目（刺激音声）「高くない？　0-0」に対する「○・？・×反応」と，それぞれの項目（刺激音声）に対する反応が「○・？・×反応」とパラレルに連関するかどうかみてみる．その観点から，「○・？・×反応」が「高くない？　0-0」と連動する項目を抽出すると，「高い２型［共通語ア］」・「高くなる４型［複合化ア・新形］」・「赤くなる４型［共通語ア］」・「赤くない？　0-0」の４刺激である．

　ここで気づくのは，パラレルな反応をする項目の関係は，類別ごとの共通語アであるか，新形であるか，といったことではなく，拍数の同じケースについて，同じアクセント型とイントネーションの組み合わせ（音調）をもっている項目（刺激音声）が連動している，ということである．

4.2. クラスター分析による検討
4.2.1. 形容詞活用形項目全体の分類

　そこで，形容詞活用形にかんする９項目36刺激に対する回答者の反応について，別の観点から検討を加えるために，それぞれ便宜的に量的な尺度に置き換え，項目の反応による分類を行なう多変量解析の手法・クラスター分析を行なった．反応の量的尺度への置き換えは，「○：１」・「？：２」・「×：３」とした．平方ユークリッド距離を用いた Ward 法のクラスター分析結果を示す（図１）．

表3．世田谷中学生調査における「高くない？ 0-0」と他項目との関係

項目	高くない？0-0 同じ(○)	迷う(？)	違う(×)	型解釈
頭2	○	？		共通語ア(2・新)
頭3			×	共通語ア(1)
頭0				
鏡2				新
鏡3				共通語ア
鏡0				
柱1				混交ア
柱2				関東方言ア
柱3				共通語(1)
柱0	○	？		共通語ア(2)
雷3				共通語ア(1・B型)
雷4				共通語ア(2・古・A型)
雷0				新
食べ物2				共通語ア(2・新)
食べ物3				共通語ア(1・新・B型)
食べ物4				古・A型
食べ物0				新
高い(終)1				
高い(終)2	○		×	共通語ア
高い(終)0				
高い(体)1				
高い(体)2	○	？	×	共通語ア
高い(体)0			○	
高ければ1		×		共通語ア
高ければ2	○		×	新
高ければ3				
高くなる1				共通語ア
高くなる2	○	×	×	新
高くなる4	○	？	×	新
高くない？1-1				共・共
高くない？1-0				共・新
高くない？2-1				新・共
高くない？2-0		？		新・新
高くない？0-1		？		
赤い(終)1		？		
赤い(終)2				新
赤い(終)0				共通語ア
赤い(体)1				
赤い(体)2				新
赤い(体)0		？		共通語ア
赤ければ1		？		
赤ければ2				共通語ア
赤ければ3				関東方言ア
赤くなる1				
赤くなる2				新
赤くなる4	○	？	×	共通語ア
赤くない？1-1				×・共
赤くない？1-0				×・新
赤くない？2-1		？		新・共
赤くない？2-0		？		新・新
赤くない？0-1				×・共
赤くない？0-0	○	？	×	共・新

［注］χ^2検定の結果5%水準で有意差が認められたものについて残差分析を行なった
［注］残差分析の結果、調整済み残差が2より大のセルについて表に示した

その結果，各刺激は大きく2群，小さく4群に分かれた．そのうち大きな2群は，次のような項目が布置された．

第1群：「高い1（高い（終止形）1型）」～「赤い0（赤い（終止形）0型）」の17刺激
第2群：「タカクナイ00（高くない？　0-0）」～「アカクナル2（赤くなる2型）」の19刺激

表1の結果と総合して検討すると，第1群は「○反応」が少ない群つまり低頻度使用群，第2群は「○反応」が多い群つまり高頻度使用群，と解釈できる．先に検討したパラレルな4刺激「高い2型［共通語ア］」・「高くなる4型［複合化ア・新形］」・「赤くなる4型［共通語ア］」・「赤くない？　0-0」は「とびはね音調」項目の「高くない？　0-0」とともに第2群に布置されている．

また第2群をさらに2群化している下位区分を検討すると，次のようなことが分かる．第2群Aは，80％以上が「○反応」のより高い高頻度使用群，Bは高頻度群の中では，相対的に低い頻度の群ということが分かる．それぞれ，拍数によって同じ音調（アクセント型，アクセント型＋イントネーション型）が基本的に同じ群に布置されていることが分かる．

第2群A：「アカクナイ00（赤くない？　0-0）」～「赤い体0（赤い（連体形）0型）」：10刺激
第2群B：「タカクナイ20（高くない？　2-0）」～「アカクナル2（赤くなる2型）」：9刺激

一方で，いくつかのペアとなることが予想される刺激がA群・B群に分かれて布置されている．とりわけ，「複合タイプアクセント型」である「高くなる4型」と，強い関連をもつと指摘されてきた「とびはね音調」の「高くない？　0-0」が別々の群に布置されていることは，今回の調査対象である中学生にとって，前部成素のアクセント型と，イントネーション部分に対

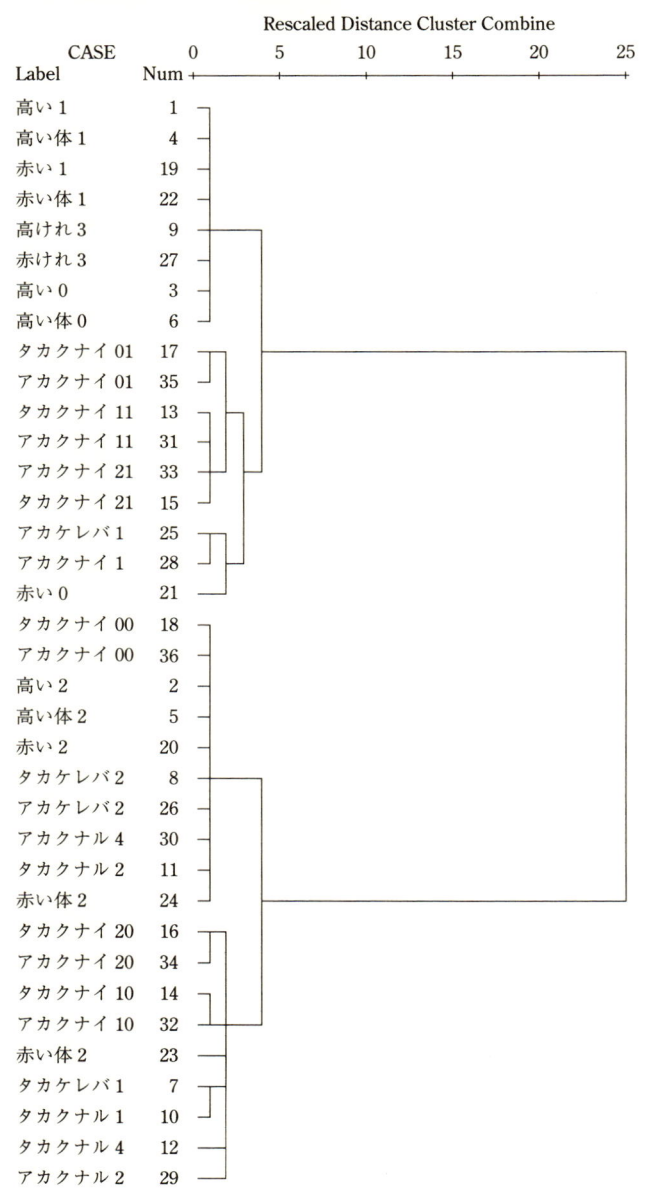

図1. 形容詞活用形項目の回答者反応によるクラスター分析（Ward法）結果

```
                    Rescaled Distance Cluster Combine
    CASE         0     5    10    15    20    25
  Label     Num  +-----+-----+-----+-----+-----+

  高い1        1   ─┐
  高い体1      4   ─┤
  赤い1       19   ─┤
  赤い体1     22   ─┼─┐
  高けれ3      9   ─┤ │
  赤けれ3     27   ─┤ │
  高い0        3   ─┤ │
  高い体0      6   ─┘ ├─────────────────────────┐
  タカクナイ01  17   ─┐ │                         │
  アカクナイ01  35   ─┼─┤                         │
  タカクナイ11  13   ─┤ │                         │
  アカクナイ11  31   ─┤ │                         │
  アカクナイ21  33   ─┤ │                         │
  タカクナイ21  15   ─┤ │                         │
  アカケレバ1   25   ─┼─┘                         │
  アカクナイ1   28   ─┤                           │
  赤い0        21   ─┘                           │
  タカクナイ00  18   ─┐                           │
  アカクナイ00  36   ─┤                           │
  高い2         2   ─┤                           │
  高い体2       5   ─┤                           │
  赤い2        20   ─┤                           │
  タカケレバ2    8   ─┼───────┐                   │
  アカケレバ2   26   ─┤       │                   │
  アカクナル4   30   ─┤       │                   │
  タカクナル2   11   ─┤       │                   │
  赤い体2      24   ─┘       ├───────────────────┘
  タカクナイ20  16   ─┐       │
  アカクナイ20  34   ─┼─┐     │
  タカクナイ10  14   ─┤ │     │
  アカクナイ10  32   ─┘ ├─────┘
  赤い体2      23   ───┤
  タカケレバ1    7   ─┐ │
  タカクナル1   10   ─┼─┘
  タカクナル4   12   ─┤
  アカクナル2   29   ─┘
```

する反応とがかならずしも同期したものでなくともよい，ということを示しているようである．

このことについては，4.2.2.でさらに検討を加える．

4.2.2. アクセントか，イントネーションか

そこで，「前部成素アクセント型＋問いかけイントネーションの型」の組み合わせからなる12刺激を取り出し，同様に回答者の反応による多変量解析による分類（クラスター分析（Ward法））を行なった．結果を図2として示す．

図2の結果からは，刺激が「X−0」か「X−1」か，という後部成素のイントネーションパターンによってまず2群に分類され，さらにその下位区分内にアクセント型が同じ刺激が隣接して布置されるという構造が明確となった．

図2．「高くない？」「赤くない？」の回答者反応によるクラスター分析（Ward法）結果

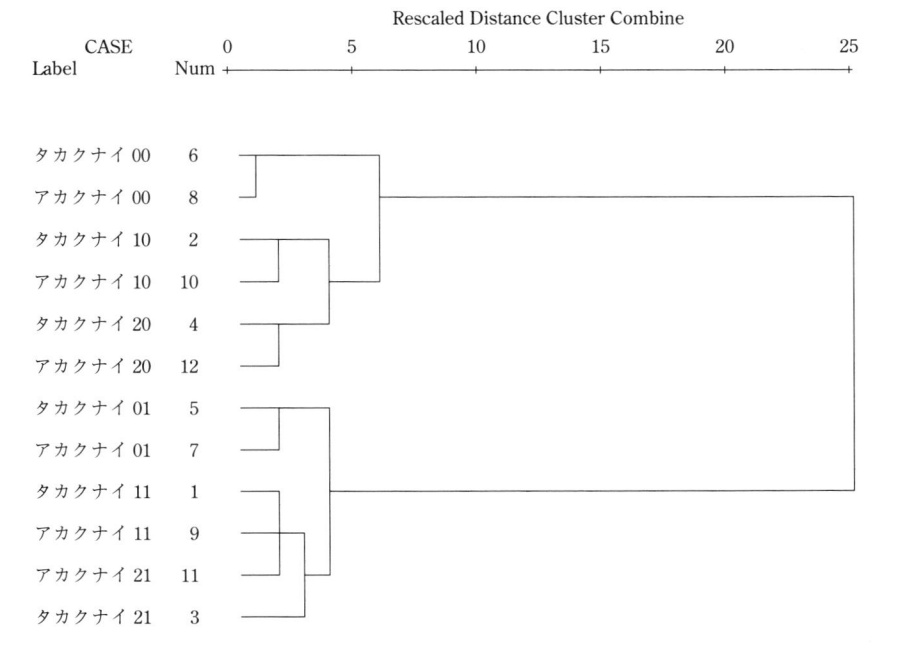

```
             Rescaled Distance Cluster Combine
   CASE      0      5      10     15     20     25
Label   Num  +------+------+------+------+------+

タカクナイ00   6
アカクナイ00   8
タカクナイ10   2
アカクナイ10  10
タカクナイ20   4
アカクナイ20  12
タカクナイ01   5
アカクナイ01   7
タカクナイ11   1
アカクナイ11   9
アカクナイ21  11
タカクナイ21   3
```

つまり，今回の調査対象である世田谷区立中学校に通う中学生においては，構造の同じ事象（形容詞であるとか，形態素の構成が同じであるとか，拍数が同じであるとか…）については，まず文末イントネーション型に反応し，ついでアクセント型に反応していることが推測される．
　この結果からは，「とびはね音調」が複合タイプアクセントを必要条件とするとはいえず，音調セットとして「高くない？　0-0」を採用してきたと解釈できる．
　「とびはね音調」事象は，受容者の観点からみれば，まずは文末の「イントネーション」事象と把握され，採用されてきたといえる．「高くなる4型」は，それとは別か，イントネーションが波及した結果としてかは分からないが，少なくとも「とびはね音調」の必要条件ではないということが確認できた．
　これまで，「複合アクセントとみられるものの方が「とびはね音調」より早いかも知れない．が，現段階ではイントネーションかアクセントかどちらが先か不明」（田中ゆかり，1993.05）と，成立の背景について保留にしてきた．
　しかし，今回の刺激音声に対する回答パターンをみると，刺激音声に対する採否の最上位の判断基準は，アクセント型ではなく，イントネーションであることが分かった．
　そこからは，「とびはね音調」成立の背景には，新しいイントネーションの「浮き上がり調」の採用が先行した，または「浮き上がり調」の採用が，新しいアクセント型（複合アクセント）の採用を促進したことが推測される．
　また，これらは，「とびはね音調」をアクセント変化の問題として回収する解釈[22]よりも，「語幹部のアクセントを消去しつつ連続的に上昇させ」た「疑問型上昇調」として新しいイントネーションとする解釈（郡史郎，2003）の方が受容者の反応に近いことを示している．
　また，受容者にとって，文末イントネーション型が上位判断基準で，アクセント型はその下位区分であることは，新しい音調を耳にしたときに，「どこから採用するのか」，「どこが耳だって聞こえるのか」という音調にかかわ

る変化の「きっかけ」を示していると考えられる．

5．まとめ

　以上，2つの世田谷区立中学校に通う中学生を対象としたアクセント・イントネーションにかかわる聞き取りアンケート調査結果について述べてきた．先行研究などによってある程度，それぞれの型の解釈が成立している項目に対して，回答者がどのような反応を示すか，という観点から分析を進めてきた．本章は，世田谷区立中学校に通う中学生，という地域・年層など属性の限られた小さなデータによる検討であったが，いくつかの結果と視点を得たと考える．以下に本章で得た結果と視点を示す．

［1］「世田谷ネイティブ」は，非ネイティブに比べ，「新形」採用への先進性と「古形」への消失意識をより明確に示すことが確認された．

［2］生徒の流動性の低いコミュニティーは「古形」保持の傾向がみられた．流動性が高いコミュニティーの方が流動性の低いコミュニティーに比べ，言語変化の先進性を明確化する可能性が高そうだ．流動性の高さは，多方言への接触頻度の高さなどに代表される他の言語変種や変異という刺激への露出の高さとみることができそうだ．

［3］回答者たちは，「とびはね音調」に関連する刺激音声の採否判定に際して，概ね文末のイントネーション型を手がかりして，自分の発音と同じかどうか，という判定をしていることが分かった．アクセント型はその下位判断を行なう判定材料であるようだ．これは，新しい音調を耳にしたときに受容者が「どこを聞いているか」，「何を手がかりとしているか」ということを示唆しているように思う．

［4］回答者における「とびはね音調」の受容は，「イントネーション・セット（音調）」としての受容で，従来，「とびはね音調」受容の前提条件とみてきた「複合タイプアクセントの獲得」は，かならずしも「とびはね音調」受容に際しての必要条件となっていないことが分かった．

6．おわりに

本章は，世田谷区立中学校に通う中学生，という地域・年齢などが限られたデータの検討であった．地域・年齢などを広げたデータにおいて，同様な結論が得られるかどうか，検討したい．今後の課題とする．

1　巻末の［参考文献一覧］において＊を付した文献による．
2　授業テーマは「方言調査を実施し，得られたデータを分析する」．調査地域は「世田谷区」とし，履修学生の希望テーマに基づく調査票を作成し，その調査票による実地調査を行なった．その調査項目のうちの一部（田中項目）が本章で用いるデータ．調査は，中学生を対象としたアンケート調査と，世田谷区・杉並区生育の高年層（60歳以上の男女）を対象とした面接調査の2種類を企画・実施した．なお，当該科目は，2003年度・2004年度日本大学文理学部FD活動・授業改善活動に関する補助金を受けている．それぞれ年度末に報告書（私家版）とサイト版報告書（日本大学文理学部国文学科HPに掲出）を刊行している．
3　調査票解答欄の不備により，【調査1】において，「柱0型」，「食べ物0型」が未調査となっていることを除けば，すべて同じ調査方法・項目である．
4　回答者属性項目については，若干質問文や解答欄の形式が異なるが，分析に際して田中が同じ基準で回答者を再分類したものを本章の回答者属性項目として用いている．
5　調査協力校・協力者をご紹介いただくに際しては，世田谷区教育委員会事務局（社会教育係長・高木照臣氏，同係・志賀勇介氏，文化財係・松本氏）に大変お世話になった．中学校調査は，世田谷区立緑丘中学・德永啓介教頭先生に大変お世話になった．高年層調査は，文化財指導員の方を中心にご協力いただいた．
6　調査協力校・協力者をご紹介いただくに際しては，小笠原喜康教授（日本大学文理学部教育学科）に大変お世話になった．中学校調査においては，世田谷区立松沢中学・三橋研三校長先生，主任の田辺先生をはじめ，2年生担当の各先生方に大変お世話になった．
7　世田谷区外の外住歴をもたない生徒．
8　χ^2検定の結果5％水準で有意差の得られたものを「偏りがある」としている．残差分析の結果，調整済み残差が｜2｜より大のセルを特徴的なものとして捉え，本文等で言及している．「線形回帰モデルでの最小2乗直線（一般には平面）による予測値と従属変数の観測値との"ずれ"を「残差」という．この残差の標準化した値を縦軸に，対応する予測値を横軸にプロットしてみて，誤差項の分散が一定であるか否か，また独立性の仮定を満たしているなどを検討するのが，「残差分析」である．（鈴木義一郎，1998）」．残差が｜2｜より大のセルは，それぞれのセルにおける期待値より実測値が著しく大，または小であることを示す．正の値をとる場合は大，負の値をとる場合は小．
9　注1に同じ．
10　田中ゆかり（1993．12）参照．関東方言アクセントの2型が，命類3拍名詞共通語アクセント（1型）の多数型に過剰修正した結果，関東方言アクセント域と共通

語アクセント域の緩衝地帯に一時的に出現した型．東京都教育委員会（1986）においても柱1型は同様の地帯に観察される．第3部第1章参照．

11　A型が尾高型，B型が－2型．川上蓁（2003）では，「A型⇒B型⇒0型」の順に推移したとしている．

12　3拍形容詞を例にすると「類別にかかわりなく，形容詞活用形アクセントが前から2拍目に下がり目を持つ体系を目指している」変化の最終形モデルを「新首都圏アクセント」とする．しかし，そのモデル性から「Ⅰ・Ⅱ類合流アクセント体系モデル」の1つといった方がいいかもしれない．実際にはすべての活用形で「合流アクセント体系モデル」に向かっているわけではないようだ（田中ゆかり，2003，06）．第1部第5章参照．

13　調査票解答欄の不備により，【調査1】において，「柱0型」・「食べ物0型」が未調査．

14　言語形成期は札幌市．

15　「部活」・「兄弟姉妹」・「学校外の友人の有無」については，回答者のコミュニケーションの範囲やパターンによる違いを視野に入れた観点であったが，得られた偏りについて，よく説明ができないため，省略する．なお「学校外の友人の有無」については「無」が6人と非常に少なく，ほとんど分類として意味をもたなかったことも，表2に提示しなかった理由のひとつである．

16　独立性の検定．

17　注8参照．

18　「頭3型」・「柱1型」・「柱2型」・「食べ物3型」に「部活」・「非部活」による偏りがみられた．

19　「雷4型」に兄弟姉妹の有無による偏りが見られた．

20　注10に同じ．

21　合流のもっとも進んでいる年層においても連体形における類による区別がはっきりしている現時点において，大学生24人によるデータから，日本語学習者に対して，「形容詞は，すべて辞書形における後ろから2拍目と同じ拍で下がる」と指導するには疑問が残る（松崎寛・河野俊之，2005）．連体形は新首都圏アの2型「○反応」が7割超で，両型併用状態であることはあきらかであるが，中学生においても0型が消失したわけではない．また他の活用形との関連からみても，新首都圏アクセント体系パターンに完全に収斂する方向とはいえず，その観点からも学習者への発音指導に際して，2つの類を「同じもの」として扱うことには消極的にならざるをえない．

22　「アクセント（付与単位）の変化で，形容詞とナイが一つの単位として発音される現象である（井上史雄，1997）」，「「～ナイ」がアクセント単位として直前の形容詞と一つになったのが一因．（中略）形容詞アクセントの一型化が進んで「厚く」「熱く」などの区別がなくなったためである．理論的にはイントネーションの問題ではない（井上史雄・鑓水兼貴，2002）」など．第2部第1章参照．

第5章
「とびはね音調」の成立と拡張
―アクセントとイントネーションの協同的関係―

1．はじめに
　本章では，最初の調査から10年後の2002年に実施した首都圏における10代から70代を対象とした聞き取りアンケート調査の結果を主に用いて，田中ゆかり（1993.05）で推測した「とびはね音調」の成立の背景と，予測したその後の使用層の変化について検討する．1992年調査時点における高校生は，2002年調査時点においては20代後半に相当することになる．

2．聞き取りアンケート調査概要
　首都圏（東京都・神奈川県・埼玉県・千葉県）在住で，首都圏外の生育歴のない233人を対象に行なった聞き取りアンケート調査[1]の概要を示す．

【回答者属性】
　東京都豊島区・世田谷区・神奈川県藤沢市の私立高校生，東京都中央区私立大学公開講座に通う中高年層，東京都港区の企業に勤める中年層，東京都八王子市のサークルメンバーの中年層，など首都圏生育者233人．年代内訳は次の通り．10代94人（40.3％）・20代57人（24.5％）・30代41人（17.6％）・40代9人（3.9％）・50代16人（6.9％）・60代8人（3.4％）・70代8人（3.4％）[2]

　今回実施した聞き取りアンケート調査は，先行研究で確認されているアクセント型やイントネーション型を録音したテープを刺激音声として3回ずつ流し，回答者が「自分が用いる（○）」，「自分が用いない（×）」，「分からない（？）」という判定を回答用紙に記入させたもの．文脈は示さず，「普段の自分の発音と同じかどうか」という判断をさせた．つまり，「単なる疑問」

か「同意求め」かというような文脈とはかかわりなく，提示された刺激音声を「自分が使うかどうか」ということを聞いた．

調査項目や指示の方法は次の通り．

今回の分析に用いる項目のみ以下に示す．「～くなる」は複合アクセント化にかんする項目，「～くない？」は，「従来型音調」・「浮き上がり調音調」・「とびはね音調」にかんする項目．刺激音声の項目や型の選択理由とその他の項目の分析については，田中ゆかり（2003．06；同，2005．09；同，2005．12）参照（第1部第5章，第2部第4章，第5部第1章参照）．刺激音声のうち，「とびはね音調」にかんする「高くない？」6刺激音声の「音声録聞見（フリー版）」によるF0のピッチ曲線を示す（図1～図6[3]）．

【刺激音声】
30代女性アナウンサーの発音による刺激音声．アラビア数字はアクセント核の位置．「（花が）」などは質問紙には示したが，刺激音声としては提示していない．↑は上昇調を表す．調査時は，Ⅱ類3拍項目，Ⅰ類3拍項目の順で刺激音声を流した．［　］内に型解釈を示す．

Ⅰ類3拍　赤くなる（1［Ⅱ類型］，2［新首都圏][4]，4［共通語］）
　　　　　赤くない？（1-1↑［Ⅱ類型＋従来型］，1-0↑［Ⅱ類型＋浮き上がり調型］，2-1↑［新首都圏＋従来型］，2-0↑［新首都圏＋浮き上がり調型］，0-1↑［共通語＋従来型］，0-0↑［共通語＋浮き上がり調型］）
Ⅱ類3拍　高くなる（1［共通語］，2［新首都圏］，4［複合ア（Ⅰ類型）］）
　　　　　高くない？（1-1↑［共通語＋従来型］，1-0↑［共通語＋浮き上がり調型］，2-1↑［新首都圏＋従来型］，2-0↑［新首都圏＋浮き上がり調型］，0-1↑［複合ア（Ⅰ類型）＋従来型］，0-0↑［「とびはね音調」複合ア（Ⅰ類型）＋浮き上がり調型］）

図1.「高くない？ 1-1↑（※従来型：共通語ア＋昇調1（昇り調））」

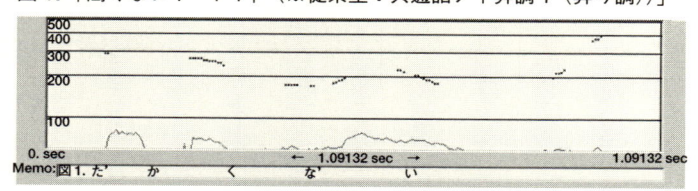

図2.「高くない？ 1-0↑（共通語ア＋浮き上がり調）」

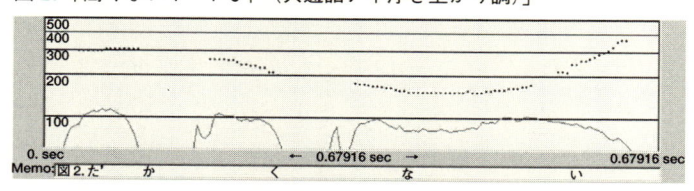

図3.「高くない？ 2-1↑（新首都圏ア＋昇調1（昇り調））」

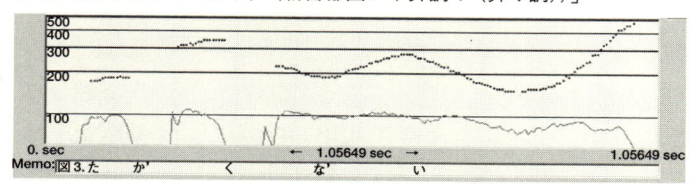

図4.「高くない？ 2-0↑（新首都圏ア＋浮き上がり調）」

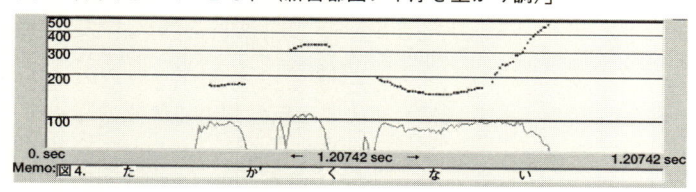

図5.「高くない？ 0-1↑（複合（1類型）ア＋昇調1（昇り調））」

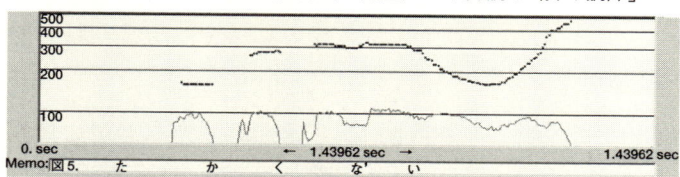

図6.「高くない？ 0-0↑（※とびはね音調：複合（1類型）ア＋浮き上がり調）」

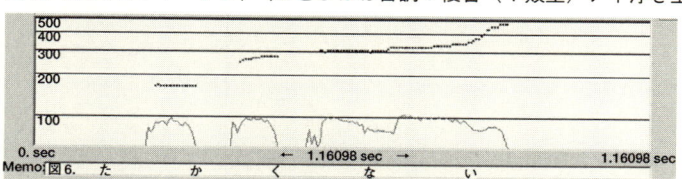

【聞き取りアンケート調査に際しての指示（音声と文字による）】
　次の下線部について，何通りかの発音がテープから流れます．同じ発音を3回くり返します．普段の自分の発音と同じものには○を，自分の発音と異なるものには×を付けてください．迷う場合は，?を付けてください．○，×，?はいくつ付けても構いません．
　（例）ドラマ（1，2，0）．
　それでは，ここから調査がはじまります．

3．聞き取りアンケート調査結果

「とびはね音調」と直接かかわる項目について，聞き取りアンケート調査結果を検討する．まず，全体的な回答傾向と，回答と回答者属性との連関について検討する．その後，項目間の連関について検討する．

3.1. 全体的な回答傾向と回答者属性との連関の検討

「とびはね音調」と直接かかわる4項目18刺激音声（「高くなる（3刺激音声）」，「高くない？（6刺激音声）」，「赤くなる（3刺激音声）」，「赤くない？（6刺激音声）」）の回答者全体の回答と，回答者属性との連関について検討する．表1は，全回答者の聞き取りアンケート調査の回答比率と，年代・性・移動歴有無の3つの回答者属性と回答との連関について検討したもの．

聞き取りアンケート調査の全体聞き取り結果について，各刺激音声ごとに○反応と×反応における最優勢回答を白抜き文字で示した．表1に示した「○回答が多い属性」とは，次のような分析を行なった結果である．［1］回答者属性（年代・性・移動歴有無）と，各刺激音声回答をクロス集計しχ^2検定を行なう，［2］χ^2検定の結果，5％水準で有意差のみられたものについて残差分析を行なう，［3］残差分析の結果○反応について，調整済み残差が＋2より大のセルを「○回答が多い属性」として示した．以下，項目ごとに傾向を示す．

「高くなる」の○反応がもっとも多いのは共通語ア（1：81.5％），ついで新首都圏ア（2：73.0％）となっている．いずれも?反応や×反応が少な

表1. 聞き取りアンケート調査結果（2002年調査）

刺激音声	全体聞き取り結果(%)			有効回答者数	備考 型解釈	○回答が多い属性		
	同じ(○)	迷う(?)	違う(×)			年代	性	移動
高くなる1	81.5	4.7	13.7		共			
高くなる2	73.0	7.7	19.3		新首都圏	20代		
高くなる4	48.5	8.6	42.9		複合（Ⅰ類型）	10代	女性	
高くない？1-1	35.2	11.6	53.2		共+従			
高くない？1-0	75.5	6.4	18.0		共+浮			
高くない？2-1	18.9	13.3	67.8		新首都圏+従			
高くない？2-0	59.2	10.3	30.5		新首都圏+浮	20・30代	男性	
高くない？0-1	20.6	12.4	67.0		複合（Ⅰ類型）+従	20代		
高くない？0-0	73.0	3.9	23.2		とびはね音調	10・20代	女性	無
赤くなる1	22.7	4.3	73.0		Ⅱ類型			
赤くなる2	39.1	8.2	52.8		新首都圏			
赤くなる4	94.4	3.0	2.6		共			
赤くない？1-1	6.4	4.7	88.8		Ⅱ類型+従			
赤くない？1-0	47.2	9.9	42.9		Ⅱ類型+浮		男性	
赤くない？2-1	17.3	7.4	75.3	(n=231)	新首都圏+従			
赤くない？2-0	50.4	12.7	36.8	(n=228)	新首都圏+浮	20・40代		
赤くない？0-1	28.4	10.0	61.6	(n=229)	共+従	20・50代		
赤くない？0-0	82.1	4.8	13.1	(n=229)	共+浮	10・20代		

【備考型解釈凡例1】共：共通語ア、新首都圏：新首都圏方言ア、複合：複合ア、Ⅰ／Ⅱ類：Ⅰ／Ⅱ類型ア
【備考型解釈凡例2】従：従来型イント、浮：浮き上がり調
［注］聞き取り結果の有効回答者数は備考でとくに触れていない場合は、すべて233人
［注］聞き取り結果の％は、小数点第二位で四捨五入しているため合計が100％にならないこともある
［注］○回答が多い属性については、χ^2検定の結果5％水準で有意差が認められたものについて残差分析を行なった
［注］残差分析の結果、○について調整済み残差が+2より大のセルについて表に示した

い．新首都圏アは20代に○反応が多い．複合（Ⅰ類型）ア（4）は，48.5％と少なくないが，×反応も42.9％と同程度出現している．10代，女性に○反応が多い．

「高くない？」は，1-0↑（75.5％），0-0↑（73.0％），2-0↑（59.2％），1-1↑（35.2％），0-1↑（20.6％），2-1↑（18.9％）の順に○反応が出現している．イントネーションの観点からみると，問いかけ音調としては，浮き上がり調が従来型の昇調1（昇り調）より優勢となっている．「とびはね音調」である0-0↑は，「10・20代，女性，移動無」という属性に○反応が多く，最優勢型の1-0↑とほとんど差がない程度に拡張していることが分かる．2-0↑が「20・30代，男性」に○反応が多い．浮き上がり調をもつ型にのみ着目すると「1-0↑⇒2-0↑⇒0-0↑」という変化があったことが推測できる．

「赤くなる」は，新首都圏ア（2）が39.1％と，ある程度出現しているが，共通語ア（4）が94.4％と安定的である．属性による傾向はとくにみられな

い．

　「赤くない？」は，0-0↑（82.1％），2-0↑（50.4％），1-0↑（47.2％），0-1↑（28.4％），2-1↑（17.3％），1-1↑（6.4％）と，「高くない？」同様，浮き上がり調が優勢である．「共通語ア＋浮き上がり調　0-0↑」が最優勢型だが，「10代」，「20代」に多く，「新首都圏ア＋浮き上がり調　2-0↑」が「20代」，「40代」に○反応が多い．

　聞き取り結果全体から，○反応の多い回答者属性について総合的に検討すると，年代差のみられるものがもっとも多い．これは，首都圏における新しい変化にかんする項目を検討しているため当然の結果で，次の節においてさらに検討を加える．

　年代差について性差がみられるものも多い．女性に○反応が多い刺激音声は「高くなる4」・「高くない？　0-0↑」，男性に○反応が多い刺激音声は「高くない　2-0↑」・「赤くない？　1-0↑」となった．しかし，これは年代における男女差がみかけ上表れたケースで，同一年代内において性差がみられた刺激音声はなかった．移動歴有無については「とびはね音調」以外のどの刺激音声とも連関がみられず，これについても年代と移動歴有無について検討したところ，これも移動歴の少ない10代に「とびはね音調」○反応が多く現れた影響であることを確認した．このことから，少なくとも，2002年調査においては首都圏内の移動の有無はあまり関与していない．

3.2. 年代差

　「高くなる」・「高くない？」・「赤くなる」・「赤くない？」の○回答について年代による出現率の推移を検討する．

　まず，「高くなる（図7）」をみると，共通語ア（1型）が若年層ではやや減少し，新首都圏ア（2型），複合（Ⅰ類型）ア（4型）が10代に向かって増加していることが分かる．30代より若い年代では共通語アと新首都圏アがほぼ拮抗している．複合（Ⅰ類型）ア（4型）は20代以降に急増し，10代では共通語ア（1型），新首都圏ア（2型），複合（Ⅰ類型）ア（4型）すべての型を個人内でもつ複数型保持の状態がうかがえる．高年層ほど，個人内においては特定の型に収斂していることがうかがえる．ここから，首都圏にお

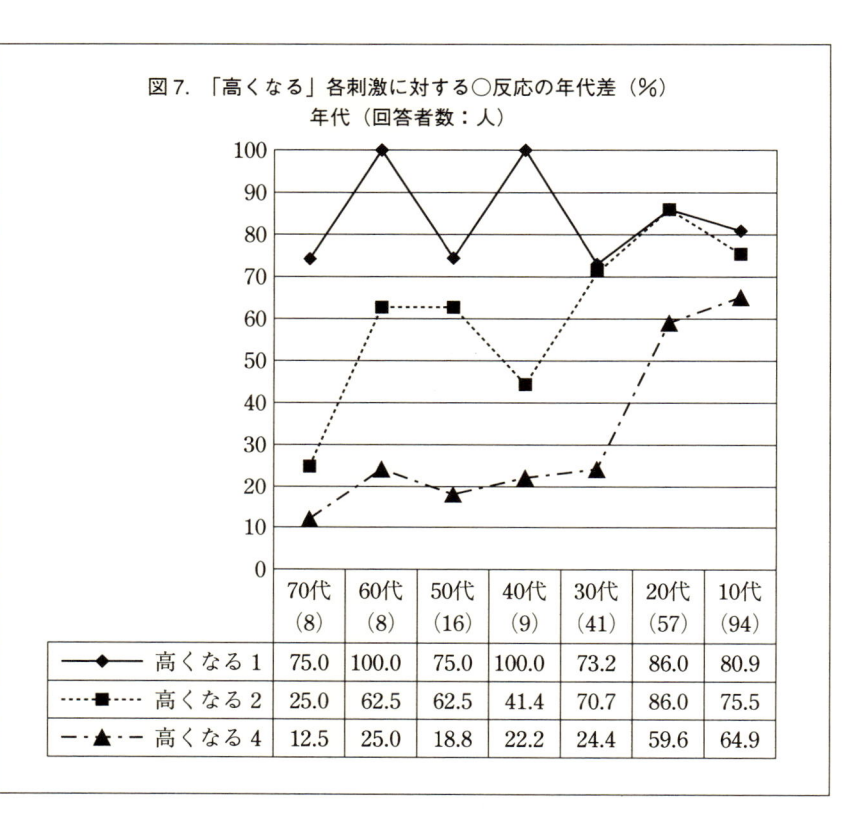

図7.「高くなる」各刺激に対する○反応の年代差（％）
年代（回答者数：人）

	70代(8)	60代(8)	50代(16)	40代(9)	30代(41)	20代(57)	10代(94)
―◆― 高くなる1	75.0	100.0	75.0	100.0	73.2	86.0	80.9
┄■┄ 高くなる2	25.0	62.5	62.5	41.4	70.7	86.0	75.5
―▲―・ 高くなる4	12.5	25.0	18.8	22.2	24.4	59.6	64.9

いて，「共通語ア（1型）⇒新首都圏ア（2型）⇒複合（I類型）ア（4型）」という変化が進行中であること，その変化はある型からある型へ1対1で置き換わるのではないことがうかがえる．所属するコミュニティーにおける複数型並存の様相が，個人内の複数型保持として現れたものと解釈できる[5]．

「赤くなる（図8）」では，共通語ア（4型）があまり年代差なく安定して出現していることが分かる．一方で，新首都圏ア（2型）とII類型（1型）が50代より若い年代では一定程度出現してくる．これは，形容詞活用形全体が複雑な状況にあることの影響を受けて，個人内における複数型保持の傾向が強まった結果と推測される．

「高くない？（図9）」から，イントネーション部分について全年代を通し

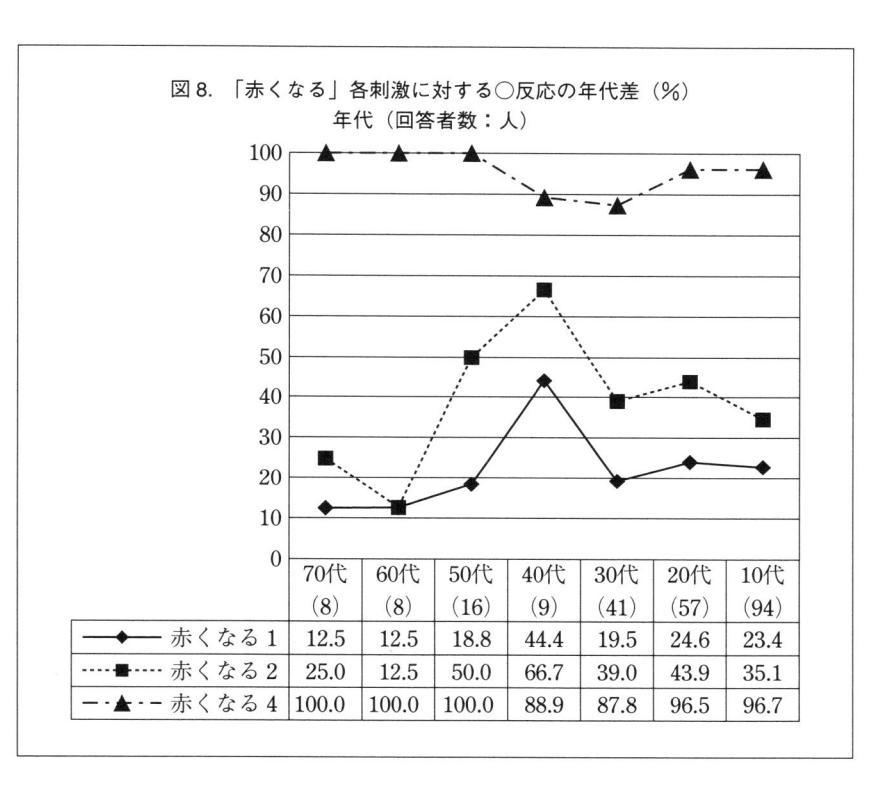

図8.「赤くなる」各刺激に対する○反応の年代差（％）
年代（回答者数：人）

	70代(8)	60代(8)	50代(16)	40代(9)	30代(41)	20代(57)	10代(94)
赤くなる1	12.5	12.5	18.8	44.4	19.5	24.6	23.4
赤くなる2	25.0	12.5	50.0	66.7	39.0	43.9	35.1
赤くなる4	100.0	100.0	100.0	88.9	87.8	96.5	96.7

て，次のようなことが確認できる．昇調1（昇り調）は高年層においても優勢とはいえず，20代・10代は浮き上がり調が優勢型となっている．アクセントとイントネーションの組み合わせについては，高年層，中年層，若年層で傾向が異なることが分かる．高年層（60・70代）では「共通語ア＋浮き上がり調　1-0↑」が87.5％と最優勢型，「新首都圏ア＋浮き上がり調　2-0↑」が62.5％と一定程度出現しているが，「とびはね音調　0-0↑」は12.5％と少ない．中年層（30・40・50代）は，「共通語ア＋浮き上がり調　1-0↑」が減少傾向を示す一方，「新首都圏ア＋浮き上がり調　2-0↑」・「とびはね音調　0-0↑」が増加傾向を示している．若年層（10代・20代）では，「とびはね音調　0-0↑」が最優勢型となり，「共通語ア＋浮き上がり調　1-0↑」・「新首都圏ア＋浮き上がり調　2-0↑」が減少傾向を示す．

とくに「新首都圏ア＋浮き上がり調　2-0↑」は20代では82.5％であった

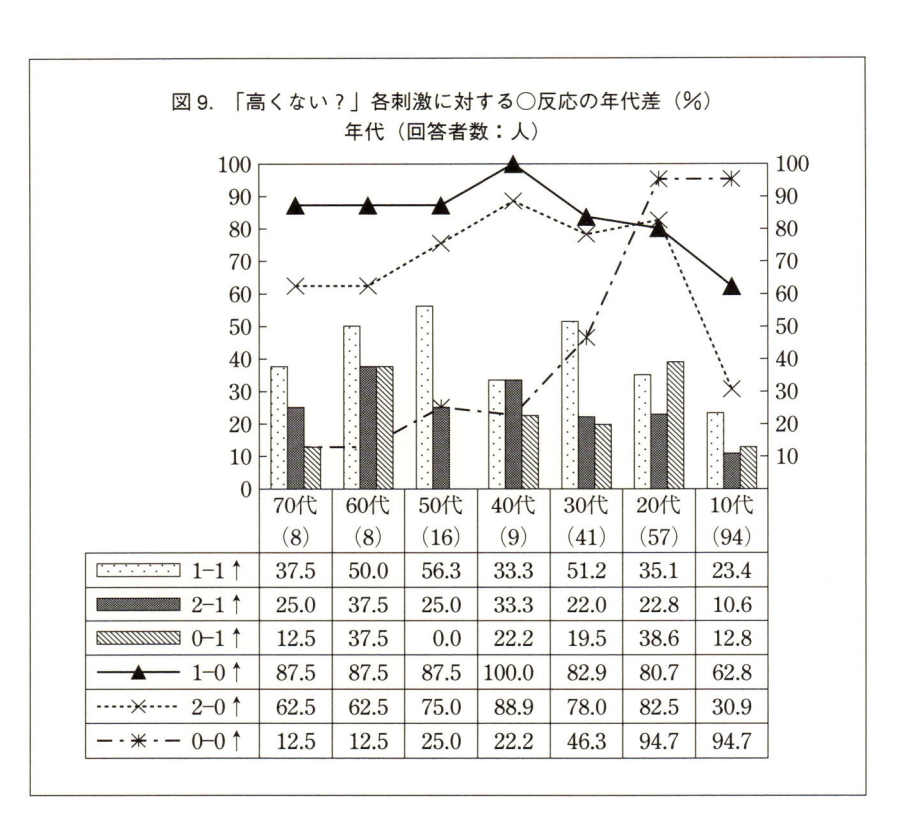

図9.「高くない？」各刺激に対する○反応の年代差（％）
年代（回答者数：人）

	70代(8)	60代(8)	50代(16)	40代(9)	30代(41)	20代(57)	10代(94)
1-1↑	37.5	50.0	56.3	33.3	51.2	35.1	23.4
2-1↑	25.0	37.5	25.0	33.3	22.0	22.8	10.6
0-1↑	12.5	37.5	0.0	22.2	19.5	38.6	12.8
1-0↑	87.5	87.5	87.5	100.0	82.9	80.7	62.8
2-0↑	62.5	62.5	75.0	88.9	78.0	82.5	30.9
0-0↑	12.5	12.5	25.0	22.2	46.3	94.7	94.7

ものが，10代では30.9％と極端に減少し，「とびはね音調 0-0↑」に収斂していく過程にみえる．20代は浮きあがり調の刺激音声にも同程度○反応している複数型同等保持の年代で，分水嶺的年代とみることができる．

「赤くない？（図10）」からも，全年代において，イントネーション型は浮き上がり調が優勢であることは確認できるが，40代以上の年代においては，各型の現れ方が一定していない．30代より若い世代では，「共通語＋浮き上がり調 0-0↑」が最優勢型として勢力を拡張し，「Ⅱ類型＋浮き上がり調 1-0↑」・「新首都圏ア＋浮き上がり調 2-0↑」が減少しており，「共通語＋浮き上がり調 0-0↑」に収斂していく過程にみえる．30代は，浮き上がり調の刺激音声に同程度○反応している複数型保持の年代で，分水嶺的年代といえる．ここから，「赤くない？」において0-0が安定的になったことが，

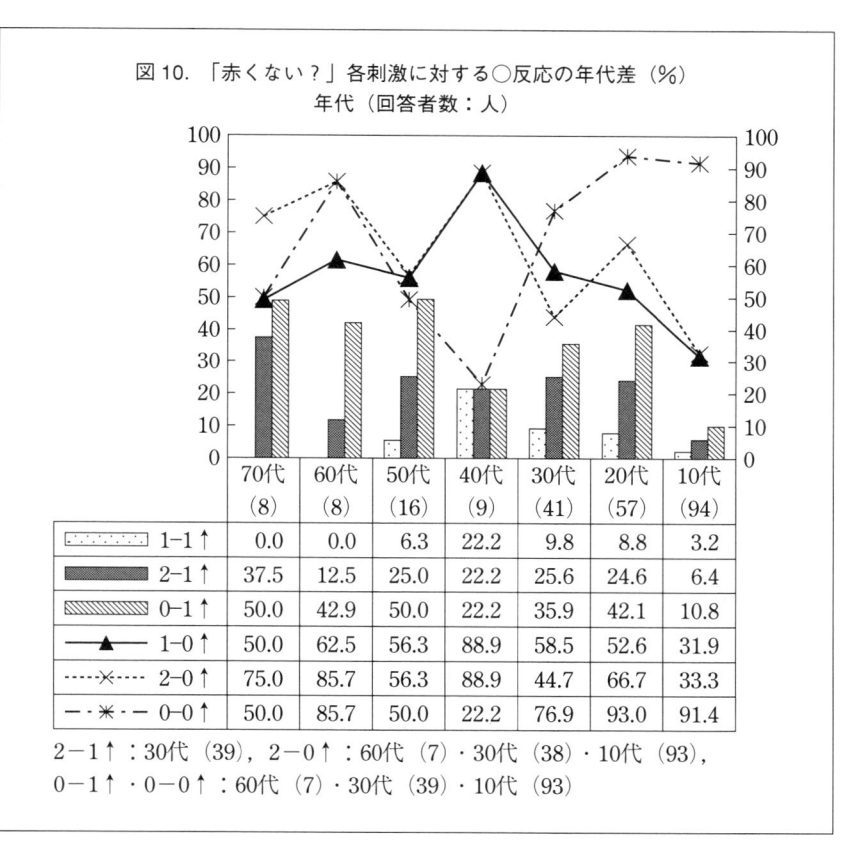

図10.「赤くない？」各刺激に対する○反応の年代差（％）
年代（回答者数：人）

	70代(8)	60代(8)	50代(16)	40代(9)	30代(41)	20代(57)	10代(94)
1-1↑	0.0	0.0	6.3	22.2	9.8	8.8	3.2
2-1↑	37.5	12.5	25.0	22.2	25.6	24.6	6.4
0-1↑	50.0	42.9	50.0	22.2	35.9	42.1	10.8
1-0↑	50.0	62.5	56.3	88.9	58.5	52.6	31.9
2-0↑	75.0	85.7	56.3	88.9	44.7	66.7	33.3
0-0↑	50.0	85.7	50.0	22.2	76.9	93.0	91.4

2-1↑：30代（39），2-0↑：60代（7）・30代（38）・10代（93），
0-1↑・0-0↑：60代（7）・30代（39）・10代（93）

「高くない？」の「とびはね音調　0-0↑」の安定化に関与している可能性がうかがえる．

　また，「高くない？（図9）」・「赤くない？（図10）」を通じて，首都圏における問いかけイントネーションは全年代を通して浮き上がり調が優勢型で，従来型である「昇調1（昇り調）」が10代ではほとんど現れなくなることが確認された．川上蓁（1963）における，「浮き上がり調」は1950年代初頭まで東京語として一般的ではなかった，という指摘から考えると，50年の間に問いかけイントネーションはほとんど新しい音調に置き換わったことになる．山形県における共通語化の完了（井上史雄，1995）や，東京方言におけるガ行鼻音の消失に約100年かかったという報告（Hibiya, Junko, 1996）

第5章　「とびはね音調」の成立と拡張　199

と比較すると「昇調1（昇り調）」から「浮き上がり調」への変化速度は同程度またはやや速いといえそうである．

3.3. 項目間の関係の検討

「とびはね音調」の成立背景を知るために，「とびはね音調」である「高くない？　0-0↑」に対する回答者の反応と，他の刺激音声に対する回答者の反応の連関について検討する．相互に連関する刺激音声が互いの成立背景となるという考えに基づく．表2は，「高くない　0-0↑」と他の刺激音声の回答をクロス集計し，χ^2検定の結果得られたp値と，それぞれの刺激音声に対する反応が一致している各セルを抽出し，調整済み残差を示したものである．χ^2検定の結果，5％水準で有意差がみられた刺激音声の○○反応（「とびはね音調」と当該刺激音声ともに○反応）について検討する．調整済み残差の絶対値が大きいほど，期待値からかけ離れた特徴的なセルであることを示している．

調整済み残差の大きな順に示すと次の通り（（　）内調整済み残差）．

「赤くない？　0-0↑（9.0）」⇒「高くなる4（5.8）」⇒「高くなる2（4.6）」⇒「高くない？　0-1↑（3.3）」

両者の連関の程度の強さを「とびはね音調」成立に対する影響力の大きさと考えると「赤くない？　0-0↑　（共通語ア＋浮き上がり調）」がもっとも大きな要因で，ついで「高くなる4（複合（I類型）ア）」となる．このことは，「複合（I類型）ア（「高くなる」）」の拡張よりも，「I類共通語ア＋浮き上がり調（「赤くない？　0-0↑」）」の拡張が，「とびはね音調」の成立・拡張に大きな影響を与えたものである可能性を示唆する．

複合アクセント型が「とびはね音調」を先導するのであれば，複合アクセント型を意識型としてもつ回答者（「高くなる4」○反応）が，「とびはね音調」意識型としてもつ回答者（「高くない？　0-0↑」）に先行して増加していそうである．そのことを検討するため，「高くない？　0-0↑」，「高くなる4」，「赤くない？　0-0↑」の○反応の比率を年代別のグラフとして示す

図11.「高くなる4」、「赤くない？0-0↑」、「高くない？0-0↑」
年代ごとの○反応率（％）年代（回答者数：人）

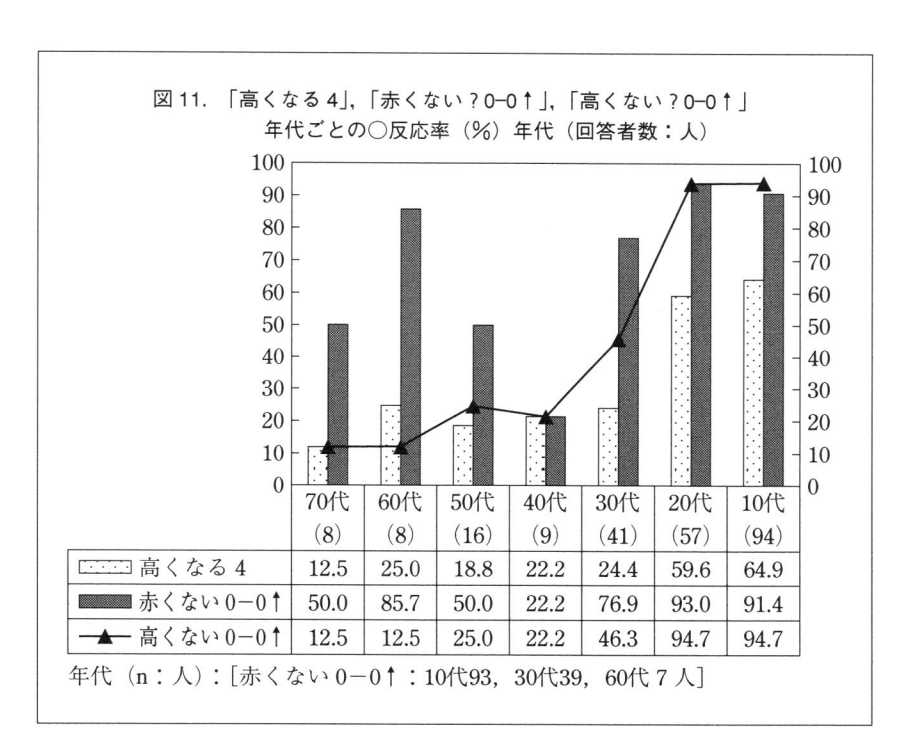

	70代(8)	60代(8)	50代(16)	40代(9)	30代(41)	20代(57)	10代(94)
高くなる4	12.5	25.0	18.8	22.2	24.4	59.6	64.9
赤くない0-0↑	50.0	85.7	50.0	22.2	76.9	93.0	91.4
高くない0-0↑	12.5	12.5	25.0	22.2	46.3	94.7	94.7

年代（n：人）：[赤くない0-0↑：10代93, 30代39, 60代7人]

（図11）．

　図11からは、「とびはね音調（「高くない？　0-0↑」）」が急増していく30代以下の年代において、「複合（Ⅰ類型）ア（「高くなる4」）」もパラレルに増加するが、一貫して「とびはね音調」○反応を大幅に下回ることが確認できる．むしろ、30代以下に注目すると、「Ⅰ類共通語ア＋浮き上がり調（「赤くない？　0-0↑」）」の増加が先行し、それを迫うように「とびはね音調」が増加していることが分かる．

　以上から、「とびはね音調」成立には、「Ⅰ類共通語ア＋浮き上がり調（「赤くない？　0-0↑」）」の拡張がもっとも関与していることが推測される．ここからは、「Ⅰ類共通語ア＋浮き上がり調（「赤くない？　0-0↑」）」⇒「とびはね音調（「高くない？　0-0↑」）」⇒「複合（Ⅰ類型）ア（「高くなる4」）」という影響関係が推定される．

表2.「高くない？0-0」と他項目との関係（調整済み残差）

刺激音声	高くない？0-0 ○○	??	××	p値	とびはね 型解釈
高くなる1	-0.2	-0.7	0.3	0.936	共
高くなる2	4.6	2.9	4.2	0.000	新首都圏
高くなる4	5.8	2.7	5.9	0.000	複合（Ⅰ類型）
高くない？1-1	-0.3	2.1	0.4	0.064	共+従
高くない？1-0	-1.5	0.6	-0.3	0.294	共+浮
高くない？2-1	-0.4	0.8	0.8	0.364	新首都圏+従
高くない？2-0	-0.2	3.4	0.2	0.011	新首都圏+浮
高くない？0-1	3.3	1.9	4.2	0.000	複合（Ⅰ類型）+従
赤くなる1	0.8	-0.6	1.3	0.252	Ⅱ類型
赤くなる2	1.1	0.3	1.4	0.100	新首都圏
赤くなる4	1.0	1.5	1.6	0.308	共
赤くない？1-1	0.6	-0.7	0.0	0.847	Ⅱ類型+従
赤くない？1-0	0.2	1.3	-0.1	0.499	Ⅱ類型+浮
赤くない？2-1	-0.6	1.7	-1.9	0.077	新首都圏+従
赤くない？2-0	-0.2	1.9	-0.6	0.388	新首都圏+浮
赤くない？0-1	-0.6	1.2	0.0	0.679	共+従
赤くない？0-0	9.0	7.3	9.4	0.000	共+浮

【備考型解釈凡例1】
　共：共通語ア、新首都圏：新首都圏方言ア、複合：複合ア、Ⅰ／Ⅱ類：Ⅰ／Ⅱ類型ア
【備考型解釈凡例2】従：従来型イント、浮：浮き上がり調
［注］p値：χ^2検定の結果、0.05より小のセルを白黒反転で示した
［注］残差は調整済み残差。絶対値が2より大のセルを白黒反転で示した

4．回答者の回答傾向からみた検討

3．において属性分析的に推定してきた各刺激音声間の関係をここでは回答者の回答傾向から検討する．項目は「高くない？（6刺激音声）」，「赤くない？（6刺激音声）」，「高くなる4」の13刺激音声を用いた[6]．聞き取りアンケート調査の回答をそれぞれ「○：1，？：2，×：3」とコードを与え，クラスター分析を行なった．以下では，結果がもっとも安定的であるとされるWard法（平方ユークリッド距離）による結果を用いる[7]．年代差が多くの項目で観察されたことから，年代別にクラスター分析を行ない，その結果を検討する．

4.1.年代別のクラスター分析結果

70代から10代のクラスター分析の結果を年代の高い順に図12〜図18として示す．大まかにどの年代も各刺激音声が3つのクラスターに分類された．刺

激音声の○反応の比率から検討した結果，3つのクラスターをそれぞれ，【主流群】・【中間群】・【少数群】と命名することにする．図12から図18においては，「とびはね音調」と直接かかわると推測している刺激音声を次のようにハイライトをかけた．「高くない？ 0-0↑（とびはね音調）」・「高くなる 4（複合（Ⅰ類型）ア）」・「赤くない？ 0-0↑（共通語ア＋浮き上がり調）」は四角で囲み，「高くない？ 1-0↑（共通語ア＋浮き上がり調）」は二重下線，「高くない？↑（共通語ア＋昇調1（昇調））」・「赤くない？ 0-1↑（共通語ア＋昇調1（昇調））」は波線を付した．

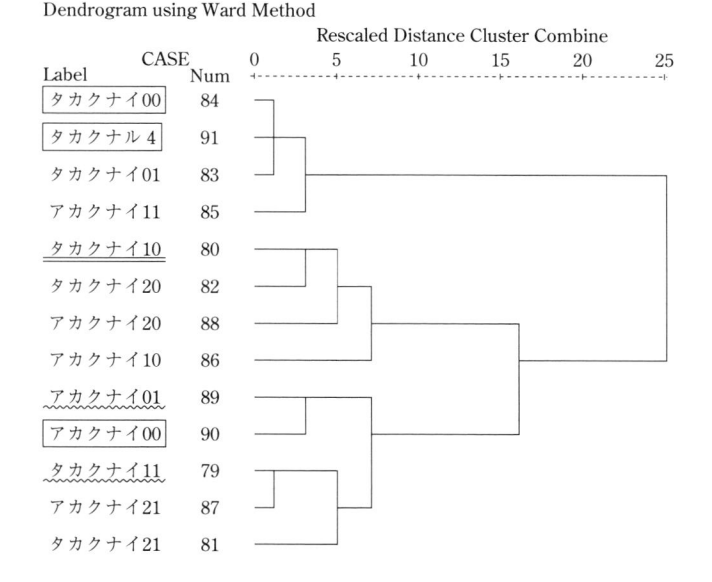

図12：「高くない？」「赤くない？」「高くなる 4」クラスター分析結果（70代）

```
＊＊＊＊＊＊HIERACHICAL CLUSTER ANALYSIS＊＊＊＊＊＊
 Dendrogram using Ward Method

                             Rescaled Distance Cluster Combine
              CASE      0      5     10     15     20     25
   Label      Num      +------+------+------+------+------+

  タカクナイ00    84
  タカクナル 4    91
  タカクナイ01    83
  アカクナイ11    85
  タカクナイ10    80
  タカクナイ20    82
  アカクナイ20    88
  アカクナイ10    86
  アカクナイ01    89
  アカクナイ00    90
  タカクナイ11    79
  アカクナイ21    87
  タカクナイ21    81
```

図13：「高くない？」「赤くない？」「高くなる 4」クラスター分析結果（60代）

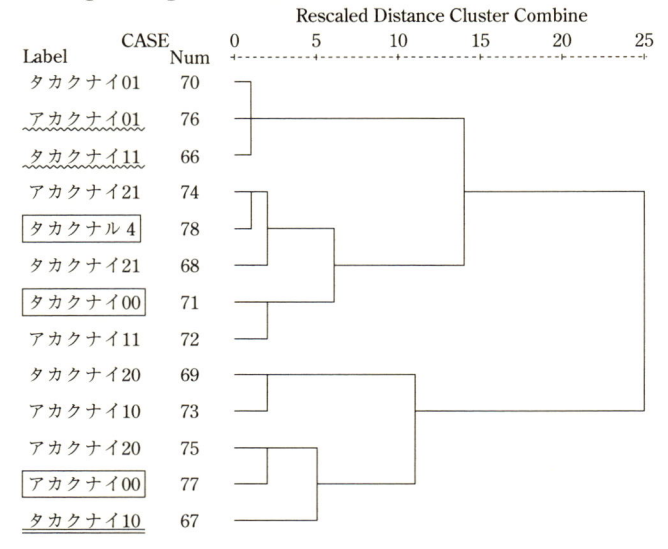

＊＊＊＊＊＊HIERACHICAL CLUSTER ANALYSIS＊＊＊＊＊＊
Dendrogram using Ward Method

```
                         Rescaled Distance Cluster Combine
         CASE      0     5     10    15    20    25
Label    Num      +-----+-----+-----+-----+-----+
タカクナイ01   70
アカクナイ01   76
タカクナイ11   66
アカクナイ21   74
タカクナル 4   78
タカクナイ21   68
タカクナイ00   71
アカクナイ11   72
タカクナイ20   69
アカクナイ10   73
アカクナイ20   75
アカクナイ00   77
タカクナイ10   67
```

図14：「高くない？」「赤くない？」「高くなる 4」クラスター分析結果（50代）

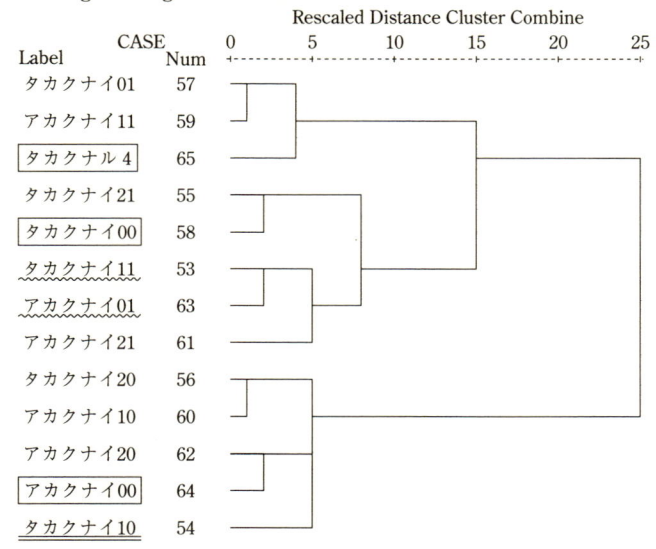

＊＊＊＊＊＊HIERACHICAL CLUSTER ANALYSIS＊＊＊＊＊＊
Dendrogram using Ward Method

```
                         Rescaled Distance Cluster Combine
         CASE      0     5     10    15    20    25
Label    Num      +-----+-----+-----+-----+-----+
タカクナイ01   57
アカクナイ11   59
タカクナル 4   65
タカクナイ21   55
タカクナイ00   58
タカクナイ11   53
アカクナイ01   63
アカクナイ21   61
タカクナイ20   56
アカクナイ10   60
アカクナイ20   62
アカクナイ00   64
タカクナイ10   54
```

図15：「高くない？」「赤くない？」「高くなる 4」クラスター分析結果（40代）

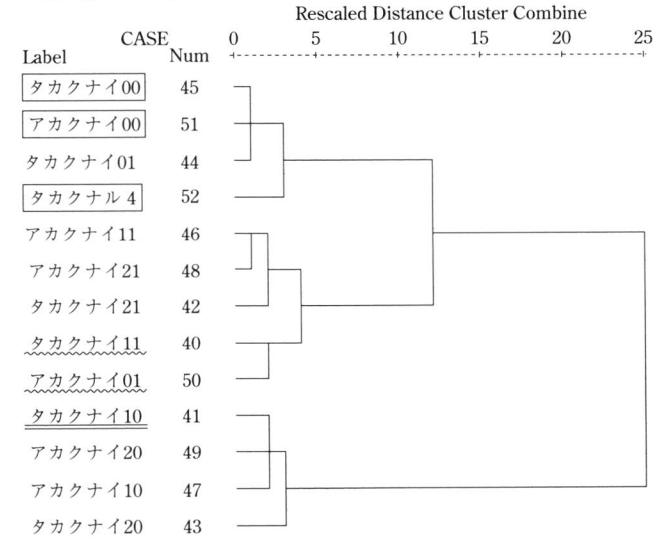

****** HIERACHICAL CLUSTER ANALYSIS ******
Dendrogram using Ward Method

```
                    Rescaled Distance Cluster Combine
           CASE    0     5     10    15    20    25
   Label   Num     +-----+-----+-----+-----+-----+
  タカクナイ00   45
  アカクナイ00   51
  タカクナイ01   44
  タカクナル 4   52
  アカクナイ11   46
  アカクナイ21   48
  タカクナイ21   42
  タカクナイ11   40
  アカクナイ01   50
  タカクナイ10   41
  アカクナイ20   49
  アカクナイ10   47
  タカクナイ20   43
```

図16：「高くない？」「赤くない？」「高くなる 4」クラスター分析結果（30代）

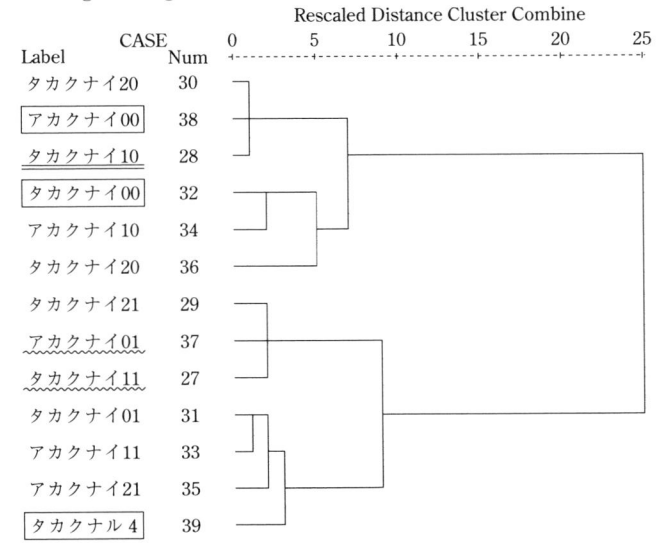

****** HIERACHICAL CLUSTER ANALYSIS ******
Dendrogram using Ward Method

```
                    Rescaled Distance Cluster Combine
           CASE    0     5     10    15    20    25
   Label   Num     +-----+-----+-----+-----+-----+
  タカクナイ20   30
  アカクナイ00   38
  タカクナイ10   28
  タカクナイ00   32
  アカクナイ10   34
  タカクナイ20   36
  タカクナイ21   29
  アカクナイ01   37
  タカクナイ11   27
  タカクナイ01   31
  アカクナイ11   33
  アカクナイ21   35
  タカクナル 4   39
```

図17:「高くない？」「赤くない？」「高くなる 4」クラスター分析結果（20代）

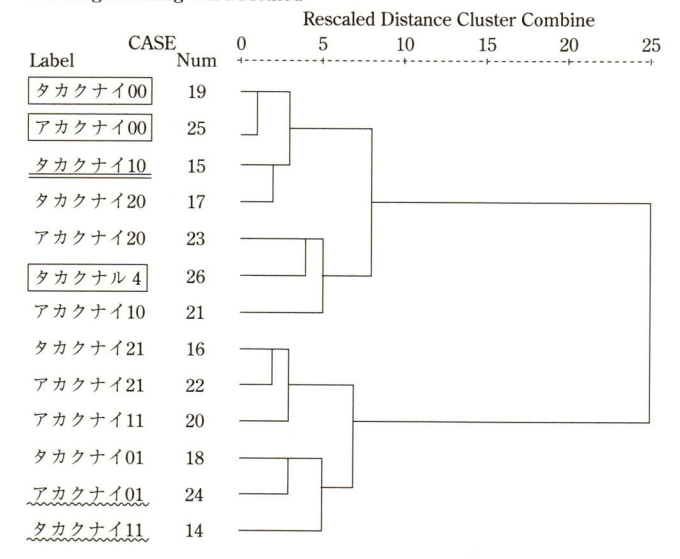

＊＊＊＊＊HIERACHICAL CLUSTER ANALYSIS＊＊＊＊＊
Dendrogram using Ward Method

```
                    Rescaled Distance Cluster Combine
           CASE    0      5     10     15     20     25
 Label      Num   +------+------+------+------+------+
 タカクナイ00   19
 アカクナイ00   25
 タカクナイ10   15
 タカクナイ20   17
 アカクナイ20   23
 タカクナル 4   26
 アカクナイ10   21
 タカクナイ21   16
 アカクナイ21   22
 アカクナイ11   20
 タカクナイ01   18
 アカクナイ01   24
 タカクナイ11   14
```

図18:「高くない？」「赤くない？」「高くなる 4」クラスター分析結果（10代）

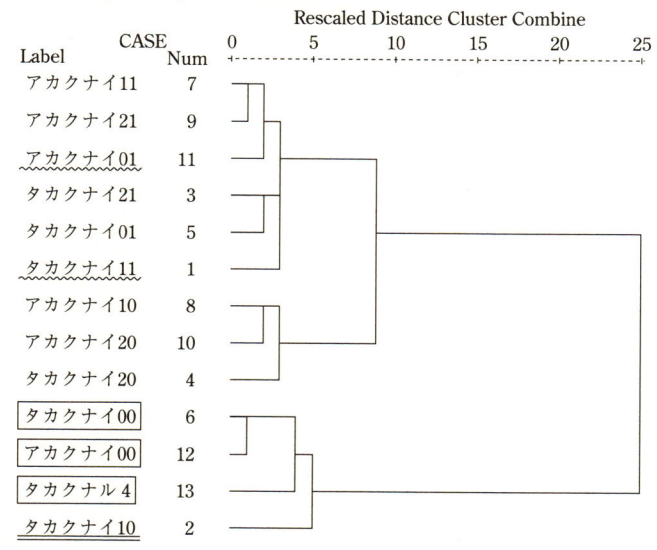

＊＊＊＊＊HIERACHICAL CLUSTER ANALYSIS＊＊＊＊＊
Dendrogram using Ward Method

```
                    Rescaled Distance Cluster Combine
           CASE    0      5     10     15     20     25
 Label      Num   +------+------+------+------+------+
 アカクナイ11    7
 アカクナイ21    9
 アカクナイ01   11
 タカクナイ21    3
 タカクナイ01    5
 タカクナイ11    1
 アカクナイ10    8
 アカクナイ20   10
 タカクナイ20    4
 タカクナイ00    6
 アカクナイ00   12
 タカクナル 4   13
 タカクナイ10    2
```

以下では，クラスター分析の結果，各年代において各群にどの刺激音声が分類されたかについて示す．3群のクラスター間における，より深い切れ目を//で示す．

《70代》
　【主流群】高くない？　1-0↑・高くない？　2-0↑・赤くない？　2-0↑・赤くない？　1-0↑/【中間群】赤くない？　0-1↑・赤くない？　0-0↑・高くない？　1-1・赤くない？　2-1↑・高くない？　2-1↑//【少数群】高くない？　0-0↑・高くなる4・高くない？　0-1↑・赤くない？　1-1↑

《60代》
　【主流群】高くない？　2-0↑・赤くない？　1-0↑・赤くない？　2-0↑・赤くない？　0-0↑・高くない？　1-0↑//【中間群】高くない？　0-1↑・赤くない？　0-1↑・高くない？　1-1↑/【少数群】赤くない？　2-1↑・高くなる4・高くない？　2-1・高くない？　0-0↑・赤くない？　1-1↑

《50代》
　【主流群】高くない？　2-0↑・赤くない？　1-0↑・赤くない？　2-0↑・赤くない？　0-0↑・高くない？　1-0↑//【中間群】高くない？　2-1↑・高くない？　0-0↑・高くない？　1-1↑・赤くない？　0-1↑・赤くない？　2-1↑/【少数群】高くない？　0-1↑・赤くない？　1-1↑・高くなる4

《40代》
　【主流群】高くない？　1-0↑・赤くない？　2-0↑・赤くない？　1-0↑・高くない？　2-0↑//【中間群】赤くない？　1-1↑・赤くない？　2-1↑・高くない？　2-1・高くない？　1-1↑・赤くない？　0-1↑/【少数群】高くない？　0-0↑・赤くない？　0-0↑・高くない？　0-1↑・高くなる4

《30代》
　【主流群】高くない？　2-0↑・赤くない？　0-0↑・高くない？　1-0

第5章　「とびはね音調」の成立と拡張　　207

表3．刺激音声の年代別群間異動

	70代	60代	50代
主流群	高くない？1-0↑	赤くない？0-0↑ 高くない？1-0↑	赤くない？0-0↑ 高くない？1-0↑
中間群	赤くない？0-1↑ 高くない？1-1↑ 赤くない？0-0↑	赤くない？0-1↑ 高くない？1-1↑	赤くない？0-1↑ 高くない？1-1↑ 赤くない？0-0↑
少数群	高くない？0-0↑ 高くなる4	高くない？0-0↑ 高くなる4	高くなる4

↑/【中間群】高くない？　0-0↑・赤くない？　1-0↑・赤くない？　2-0↑//【少数群】高くない？　2-1↑・赤くない？　0-1・高くない？　1-1↑・高くない？　0-1↑・赤くない？　1-1↑・赤くない？　2-1↑・高くなる4

《20代》

【主流群】高くない？　0-0↑・赤くない？　0-0↑・高くない？　1-0↑・高くない？　2-0↑/【中間群】赤くない？　2-0↑・高くなる4・赤くない？　1-0↑・//【少数群】高くない？　2-1↑・赤くない？　2-1↑・赤くない？　1-1↑・高くない？　0-1↑・赤くない？　0-1↑・高くない？　1-1↑

《10代》

【主流群】高くない？　0-0↑・赤くない？　0-0↑・高くなる4・高くない？　1-0↑//【中間群】赤くない？　1-0↑・赤くない？　2-0↑・高くない？　2-0↑/【少数群】赤くない？　1-1↑・赤くない？　2-1↑・赤くない？　0-1↑・高くない？　2-1↑・高くない？　0-1↑・高くない？　1-1↑

40代	30代	20代	10代
高くない？1-0↑	赤くない？0-0↑ 高くない？1-0↑	高くない？0-0↑ 赤くない？0-0↑ 高くない？1-0↑	高くない？0-0↑ 赤くない？0-0↑ 高くなる4 高くない？1-0↑
赤くない？0-1↑ 高くない？1-1↑	高くない？0-0↑	高くなる4	
赤くない？0-0↑ 高くない？0-0↑ 高くなる4	赤くない？0-1↑ 高くない？1-1↑ 高くなる4	赤くない？0-1↑ 高くない？1-1↑	赤くない？0-1↑ 高くない？1-1↑

4.2. 年代別クラスター分析結果の検討

4.1.の結果を，6刺激音声の年代別群間異動に注目し，まとめたものが表3．表3において，40代が前後の年代の動きとは異なる状態を示しているため，40代の動向を捨象して考察すると，次のような動向が観察できる[8]．

「高くない？ 1-0↑（共通語ア＋浮き上がり調）」は70代より若い世代で，「赤くない？ 0-0↑（共通語ア＋浮き上がり調）」は60代より若い年代で，【主流群】となっていることが分かる．「高くない？ 0-0↑（とびはね音調）」は70・60代においては【少数群】だが，50・30代で【中間群】，20・10代では【主流群】と，年代をおって一般化していく様子が観察できる．「高くなる4（複合（Ⅰ類型）ア）」は，70代から30代までは【少数群】，20代で【中間群】，10代で【主流群】と，位置づけが変化していることが分かる．

以上のことから，次のように新しい形式が優勢化していく過程を指摘できる．

「共通語ア＋浮き上がり調」

「高くない？　1-0↑」・「赤くない？　0-0↑」

↓

「とびはね音調」

「高くない？　0-0↑」

↓

「複合（Ⅰ類型）ア」

「高くなる4型」

　また，首都圏における「とびはね音調」の成立と拡張の背景についても次のような過程を提示することができる．

　　問いかけイントネーションの新型「浮き上がり調」の一般化に伴い，「Ⅰ類共通語ア＋浮き上がり調」が拡張，同時にⅠ・Ⅱ類形容詞活用形アクセント型の混同傾向が強まる中，「Ⅱ類のⅠ類型アクセント＋浮き上がり音調」として「とびはね音調」が発生した．「とびはね音調」が先行することにより，おそらくすでに存在していたⅠ・Ⅱ類形容詞活用形アクセント型の混同傾向の結果発生していた「Ⅱ類複合（Ⅰ類型）アクセント」が「とびはね音調」に引き上げられるように拡張した．「とびはね音調」成立の背景は，首都圏において同時に進行している問いかけイントネーションの変化（「昇調（昇り調）」から「浮き上がり調」へ）とⅠ・Ⅱ類形容詞活用形アクセント型の混同傾向の協同的（collaborative）関係によるものである．

5．おわりに

　「とびはね音調」の成立の拡張過程について，2002年に実施した聞き取りアンケート調査結果を用いて，検討してきた．その結果，「首都圏に同時に進行している問いかけイントネーションの変化と，Ⅰ・Ⅱ類形容詞活用形アクセント型の混同傾向の協同的（collaborative）な関係」が，「とびはね音調」成立の背景であると導いた．

以下では，今回のデータが示す他の課題について触れたい．

　1950年代初頭段階では西多摩方言由来の新しい音調であった「浮き上がり調」が，2002年調査時点の40代より若い年代では，主流化が完了している．このことは，「イントネーションも，言語の他の部分と同じく，時とともにうつり変わる（川上蓁，1963）」ことを示している．さらに，本章からも，イントネーションもアクセントも新しい型が比較的短期間において拡張することを確認した．このことは，移住歴の有無にかかわらず，アクセントやイントネーションは言語形成期までに獲得した型が個人内で固定的に保持されつづけるのではなく，話者自身が気づかないうちに，変化が進行しやすいものであることを含意している（R.M.W.ディクソン[9]，2001；田中ゆかり，2002．06；川上蓁，2006[10]）．

　また，本章で「とびはね音調」成立と拡張の要因を導いた「アクセントとイントネーションの協同的（collaborative）な関係」は，このケースに限られるものとも考えにくい[11]．

　これらについては，今後の課題としたい．

1　ほとんどが東京都・神奈川県・埼玉県在住者である．
2　陣内正敬氏代表の科学研究費・基盤研究B（1）（課題番号12410111）「コミュニケーションの地域性と関西方言の影響力についての広域的研究」による調査の一部．田中は研究協力者の1人で首都圏担当であった．
3　「高くない？」各刺激音声のF0ピッチ曲線［Hz: Log Scale］．今石元久（編）（2005）付録「音声録聞見（フリー版）」による．刺激音声のデジタル化や「音声録聞見」の分析に際しては，白勢彩子氏，今川博氏にご教示いただいた．
4　前から2拍目にアクセント核をもつ型へ形容詞Ⅰ・Ⅱ類が合流する方向がいきついた場合の活用形のアクセント型．仮に「新首都圏方言アクセント」と呼んでいる．その背景については田中ゆかり（2003．06；第1部第5章）参照．
5　田中ゆかり（1999）において，コミュニティーにおける「ゆれ」が観察される事象は個人内においても「ゆれ」が観察できる可能性について述べた．
6　形容詞活用形項目＋イントネーション項目の36刺激音声による分析，「～くなる」関連6刺激音声＋イントネーション項目18刺激音声による分析も行なっており，概ね同じ結果が得られている．「とびはね音調」との直接的な関係について検討する上では，今回提示する13刺激音声による結果が分かりやすい結果を示したため，本章ではこの分析結果を示すこととした．
7　他の方法による結果も大きな違いがみられなかった．
8　40代が前後の年代と様相が異なる理由については，よく分からない．旧規則から

新規則への橋渡し的世代であるため，混乱状態にあるようにも思えるし，他世代には含まれない千葉県生育の回答者を含むためかもしれない．しかし，細かい現住所による検討ができないデータであるため，推測の域を出ない．
9 ディクソン（2001；p. 38）．
10 首都圏における複合動詞アクセント規則の変化を示し，次のように述べている．「年齢の点ではこの古則に従うはずの老人であっても，易きについて，次の「新則」についてしまうものが少なくない．」
11 定延利之（2005）が示す，事象としての現れである「並列的（copulative）・足し算的（cumulative）・競合的（conflictive）・寄生的（parasitic）」の枠組みに，事象成立の背景として動作している「協同的（collaborative）」が付け足されるものかどうか，まだよく検討できていない．しかし，変化の過程として「協同的（collaborative）」という観点の導入は意義がありそうだと考える．

第3部
アクセント変容からみた首都圏方言

第1章
方言接触からみた首都圏西部域のアクセント
――2・3拍名詞の場合――

1．はじめに

　首都圏西部域における高年層・若年層調査を基に，同地域のアクセントについて，共通語あるいは地理的に隣接する方言との接触という観点から考察を行なう．首都圏方言と共通語あるいは東京中心部方言，首都圏方言と首都圏外周方言[1]との接触という観点からの考察が主となる．
　首都圏方言は，現代若年層においてほぼ共通語化は完了しており，すでに現代の共通語基盤方言の地位にあるといってよい．しかし，高年層と若年層を比較することによって，首都圏方言に現れる関東方言的要素が共通語化あるいは東京中心部化していく過程において観察されるさまざまな変化パターンの違い，また，首都圏方言と首都圏外周方言との接触の結果生じてくる脱共通語あるいは脱東京中心部化などの動向について考察することが可能と考え，以下にその一部を報告する．
　2・3拍名詞アクセントの調査結果から得られた大まかな結果を以下に記す．

［1］2拍名詞II類は，従来型であり共通語アクセント型でもある2型を徐々に失い新しい東京中心部アクセント型や外周方言に現れる0型の影響を受け，0型が多くなりつつある．

［2］3拍名詞はIV・V類を中心に，共通語あるいは東京中心部アクセント型との接触によって関東方言的な2型から共通語あるいは東京中心部アクセント型に移行した．

［3］3拍名詞のIV・V類の一部において，共通語化あるいは東京中心部化の過程で，混交形アクセントが出現していることが確認できた．しかし，その混交形アクセント型も一時的なもので，若年層においては，消滅する方向にある．

［4］3拍名詞「油」に現れる関東方言アクセント型の2型は，高年層女性に多く保持されている．その語に対する馴染み度の高さが関東方言アクセント型の保持に働いたと推察できる．
［5］「かぼちゃ」において神奈川方言アクセント型の2型が，高年層によく保持されている．共通語と語形が同じであるため，「方言」として意識されにくく方言アクセント型が保持されたと考えられる．高年層に現れる1型は，2型が共通語化あるいは東京中心部化の過程で発生した混交形アクセント型と解釈できる．しかし，2型，1型ともに若年層においてはほぼ消失した．

2．調査地域のアクセントと先行研究

首都圏のアクセントは，金田一春彦（1942）によれば「京浜系アクセント」の分布域である．「京浜系アクセント」は，「明瞭な型の区別があり，個々の語のアクセントが標準語とよく似ているもの（金田一春彦，1942）」と定義されている．

首都圏を網羅したアクセントについての研究は，金田一春彦（1942），大橋勝男（1974，1989）のほかにはほとんど行なわれていないが，首都圏西部の特定地域のアクセントをとりあげたものに，小林滋子（1961．09，1961．12），稲垣滋子（1970），真田信治・小沼民子（1978），都染直也（1982），柴田武（1983），渡辺喜代子（1983），東京都教育委員会（1986），佐藤亮一他（1991，1993）などがある．

共通語あるいは東京中心部アクセント型については，金田一春彦（1941．08，1941．09，1942，1958），秋永一枝（1967，1989）などの先行研究の記述とあわせ，それぞれ次のアクセント辞典記載アクセント型を，共通語あるいは東京中心部アクセント型としてみていく．共通語アクセント型については，日本放送協会（編）（1985），NHK放送文化研究所（編）（1998）記載のアクセント型を共通語アクセント型とみなす．東京中心部アクセント型については，秋永一枝（編）（1958）・秋永一枝（編）（2001）記載アクセント型[2]を東京中心部アクセント型とみなす．

3．調査概要

以下の考察では，次の高年層調査と高校生調査の2種類の調査によるデータを用いる．調査地の行政区画，地方自治体名などは調査当時のものとする（以下，同様）．

［高年層調査］
 調査時期：1992年5月〜11月
 調査対象：首都圏西部域1都4県34市1町生育[3]の調査当時原則60歳以上の男女75人
 分析対象：埼玉特殊アクセント地域と考えられる6地点7人[4]を除いた68人を考察の対象とする．
 分析項目：アクセント項目143項目のうち2・3拍名詞にかんする項目
 調査方法：面接調査におけるリスト読み上げ式調査

［高校生調査］
 調査時期：1992年5月〜10月
  調査対象高校と分析対象者：下記の9高校において調査を行なった．分析対象とするのは，地元生育者356人．地元生育者とは，高校所在地の自治体（区あるいは市）において言語形成期を過ごした生徒とする．高校別の内訳は下記の通り．項目ごとに読み誤り，読み飛ばし，録音の不備などによるデータ欠損を含むため，有効回答数は項目により異なる．

地点番号	高校名（所在地）	回答者	地元生育者
5688.86	浦和市立浦和高校（埼玉県浦和市）	20人	15人
5697.71	明大中野八王子高校（東京都八王子市）	15人	9人
5698.45	東京都立田柄高校（練馬区光が丘）	40人	28人
5698.72	東京都立武蔵野北高校（武蔵野市八幡町）	42人	29人
6607.64	神奈川県立相模原高校（相模原市横山）	41人	32人
6608.31	神奈川県立生田高校（川崎市多摩区）	83人	62人
6617.45	神奈川県立海老名高校（海老名市中新田）	93人	75人

6628.20	神奈川県立七里が浜高校（鎌倉市七里が浜東）44人	36人
6628.46	神奈川県立横須賀高校（横須賀市公郷町）86人	73人
	計	464人　359人

分析項目：アクセント・イントネーション項目34項目のうち2・3拍名詞にかんする項目

調査方法：集団面接方式によるリスト読み上げ式調査

首都圏方言アクセント調査項目の決定に際しては，国立国語研究所(1966〜1974)，金田一春彦（1941.08，1941.09，1942，1958），秋永一枝(1967)，国立国語研究所（1981），飯豊毅一・日野資純・佐藤亮一（編）(1984)，井上史雄・荻野綱男（1983），東京都教育委員会（1986），日野資純(1986) などを参考とした．

4．2拍名詞のアクセント

2拍名詞の調査結果を報告する．ここでは，「雲」のアクセントの共通語化と，II類の外周方言との接触により促進されている平板化現象について考察する．

4.1.「雲」のアクセントの共通語化

「雲」は2拍名詞III類に属しているが，共通語アクセント型では，1型となっている．しかし，東京周辺部では2型で，「蜘蛛（1型）」とはアクセント上の区別をもつことが先行研究から明らかにされている．しかし，共通語アクセントと型を同じくする東京中心部のアクセント型である1型が首都圏に拡張し，若年層においては，都下においてもほぼ1型化が完了したと言ってもよい状況にあることも，小林滋子（1961.12），東京都教育委員会(1986) などから明らかとなっている．

高年層調査の結果を地図1として示す．埼玉特殊アクセント地域と考えられる埼玉県東部の6地点を除いた68地点の内，首都圏方言アクセント型の2型が50.0%[5] 出現している（2型のみ30地点，2型・1型併用4地点）．

「雲」の2型は，都下西部に主として分布している．しかし，都下西部域

に位置しながら，立川・八王子駅周辺の地点においては共通語あるいは東京中心部アクセント型と同じ1型が集中して現れている．これらの地点は，古くよりJRや私鉄が乗り入れている交通アクセスのいいところで，東京中心部からは地理的距離に比して時間的距離が近い地点である．これらの地点においては，共通語あるいは東京中心部のアクセント型の受容が，周辺地域に比べ，先行していることが分かる．

　一方，神奈川県内における分布は都下と異なる様相を示す．神奈川県内では，2型は都下西部に隣接する2地点と三浦半島部の2地点，最高齢の回答者である茅ヶ崎市1地点の5地点にのみ出現している．本調査の約20年前に実施された調査に基く大橋勝男（1974，1989）でも神奈川県の大部分はすでに1型化している．大橋勝男（1992）でも指摘されているように「雲」の1型化が，東京都内より神奈川県にかなり早い段階で生じた結果といえるだろう．

　大橋勝男（1974，1989，1992）ならびに本調査結果における「雲」のアクセント型の分布から，神奈川県内における「雲」の1型化は，神奈川県の社会的・文化的中心部である横浜や川崎から生じ，県内全域に広まったと推測できる．最高齢者の1地点を除いた神奈川県内における2型の出現する4地点は，三浦半島ならびに都下西部に隣接する県北部に位置している．三浦半島ならびに都下西部に隣接する県北部の地点は，横浜・川崎からの鉄道によるアクセスが長く不便な地点であった．この結果，1型の伝播が遅れ，関東方言アクセント型である2型が残存したと考えられる．

4.2.2　拍名詞Ⅱ類の平板化

　2拍名詞Ⅱ類は，高年層調査では，「痣」・「歌」・「音」・「川」・「北」・「寺」・「梨」・「橋」・「人」・「雪」の10項目についてリスト読み上げ式調査を行ない，高校生調査では「北」・「梨」のリスト読み上げ式調査を実施した．

　「人」，新しくは「北」などが東京中心部のアクセント型では0型となっているが，Ⅱ類は古くは原則として2型であったと考えられている．東京都23区内でも秋永一枝（1967）などにおいて古くは2型であったと推定されている．

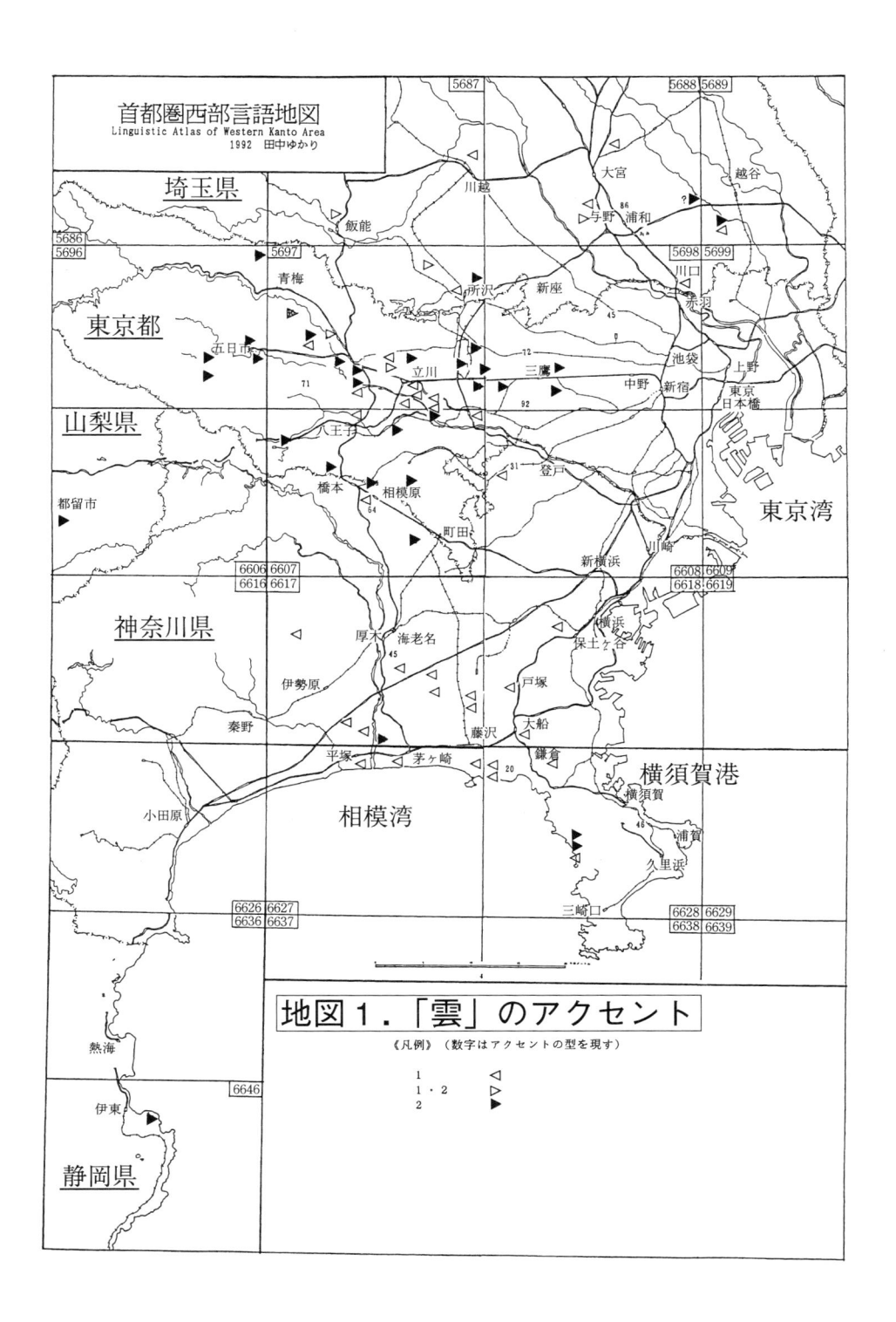

首都圏西部言語地図
Linguistic Atlas of Western Kanto Area
1992 田中ゆかり

地図1.「雲」のアクセント

《凡例》（数字はアクセントの型を現す）

1　△
1・2　◁
2　▶

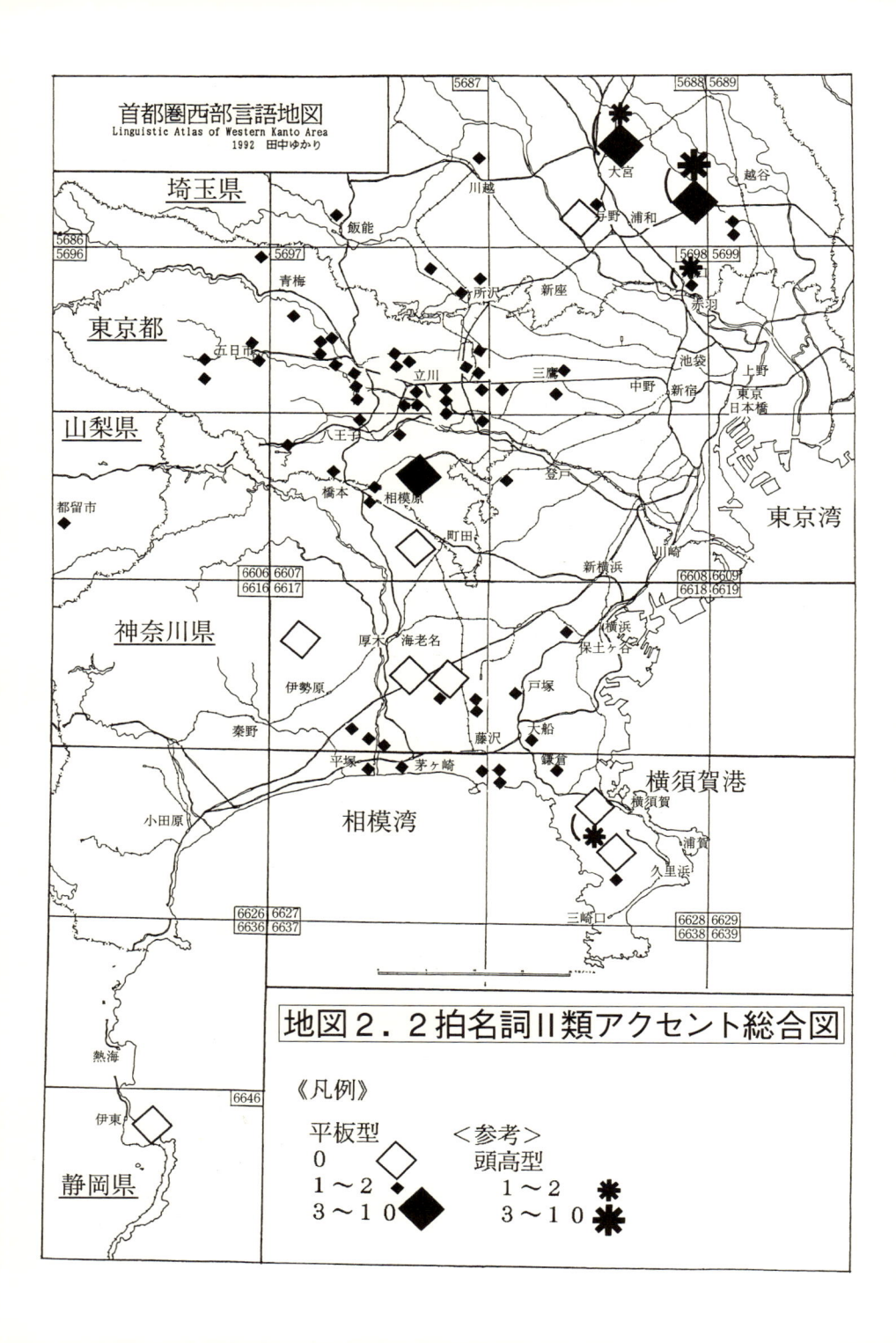

首都圏西部言語地図
Linguistic Atlas of Western Kanto Area
1992 田中ゆかり

地図2. 2拍名詞 II 類アクセント総合図

《凡例》

平板型
- 0 ◇
- 1〜2 ◆
- 3〜10 ◆（大）

〈参考〉
頭高型
- 1〜2 ✶
- 3〜10 ✶（大）

まず，高年層調査の結果をⅡ類10項目の総合図（地図２）からみる．埼玉特殊アクセント地域を除き，全項目において２型が出現しているのは，神奈川県内の6607.76（神奈川県相模原市東大沼），6617.31（神奈川県厚木市七沢），6617.55（神奈川県海老名市北郷），6617.57（神奈川県藤沢市葛原），6628.64a（神奈川県横須賀市佐島）の５地点と，静岡県伊東市新井の6646.14のみである．２型完全保持群は，神奈川県北部と県中央部，三浦半島と静岡県伊東市に出現していることになる．このうち，6607.76と6628.64aは神奈川県内における数少ない古いアクセント型である「雲」２型保持者でもある．
　68地点における短文形式における０型出現度数を語ごとにみると，次の通りとなる．

「北」50，「人」46，「寺」8，「川」2，「梨」2，「歌」・「音」・「橋」・「雪」各１

　０型が優勢型として現れるのは，東京中心部のアクセントでも０型となっている「北」・「人」だが，「寺」・「川」・「梨」・「歌」・「音」・「橋」・「雪」にも０型が現れている．「寺」・「梨」・「橋」・「雪」の０型の出現は，小林滋子（1961．09），大橋勝男（1974），柴田武（1983），渡辺喜代子（1983），東京都教育委員会（1986）などにおいても確認できる．
　「梨」０型は，小林滋子（1961．09），渡辺喜代子（1983），東京都教育委員会（1986）において確認できる．「梨」の０型は，「若い世代から尾高型に統合されている（小林滋子，1961．09）」，「今後急激に勢力を拡大することはないだろう（渡辺喜代子，1983）」とみられていたが，東京都教育委員会（1986）の若年層では都下東部や23区内でもかなりの勢力をもつようになっており，高校生調査においては，学校差はみられるものの，「梨」０型は55.1％と半数以上に出現している（図１）．
　「梨」０型化が進んだ背景として，東京都教育委員会（1986）が示すように「アクセント内部の変化として，下がり目をなくして平板型に」なったとも考えられるが，「この１語[6]だけが例外」とする考えには賛成できない．

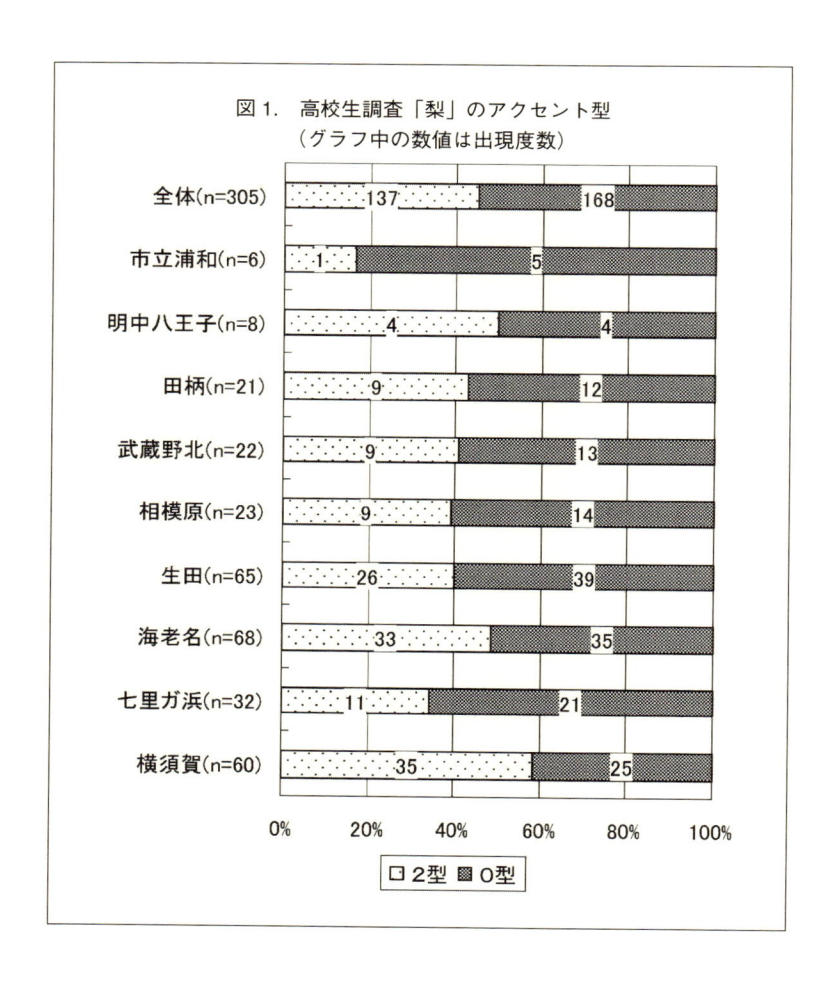

図1. 高校生調査「梨」のアクセント型
（グラフ中の数値は出現度数）

調査地	2型	0型
全体(n=305)	137	168
市立浦和(n=6)	1	5
明中八王子(n=8)	4	4
田柄(n=21)	9	12
武蔵野北(n=22)	9	13
相模原(n=23)	9	14
生田(n=65)	26	39
海老名(n=68)	33	35
七里ガ浜(n=32)	11	21
横須賀(n=60)	35	25

　なぜならば，「梨」の0型化と平行して，Ⅱ類に所属する「寺」・「川」・「音」・「橋」・「雪」など他項目の平板化も進行しているためである．これらをあわせて考えると，Ⅱ類の平板化は，音韻変化の一端として進行しつつある[7]ところに，外的な要因が加わったものと考えられる．ここでいう外的要因とは，首都圏に隣接する2拍名詞Ⅱ類が0型である首都圏外周方言[8]の地理的影響のことを指す．2つの要因によって首都圏における2拍名詞Ⅱ類は，今後も平板化が進行していくことが予想される[9]．

5．3拍名詞のアクセント

　Ⅴ類「柱」・「枕」の関東方言と共通語あるいは東京中心部方言との接触による混交形アクセント型の出現，Ⅴ類「油」の話者属性の違いによる共通語化のレベルの差，類別外項目[10]「かぼちゃ」の方言語彙的な問題とかかわる方言アクセント型の残存と消失，の3点について述べる．

5.1.「柱」のアクセント

　「柱」はⅤ類で，共通語あるいは東京中心部のアクセント型は0型，新しくは3型となっている．首都圏西部のアクセント型は，金田一春彦（1942）などにおいて関東方言アクセント型の2型であったとされている．

　高年層調査の結果を地図3からみると，首都圏西部の「柱」2型の地域に東から共通語あるいは東京中心部のアクセント型の3型がくいこむように分布している．また，地図3の中央に南北帯状に関東方言アクセント型の2型とも共通語あるいは東京中心部のアクセント型である0型または3型とも異なる1型が出現している．また，1型分布域が境界となって，ほぼその西側に2型，東側に3型が分布していることが分かる．つまり，1型は，関東方言と共通語あるいは東京中心部方言との接触地帯に帯状に現れていることになる．

　先行研究における「柱」の1型アクセント分布をみてみる．稲垣滋子（1970）では，高年層・若年層ともに都下西部の中でも最東部に位置する府中街道周辺と五日市など地方中心都市に現れる．柴田武（1983）では，川越・所沢・浦和の各市街地，東京都北部に1型がグループを作って出現し，渡辺喜代子（1983）でも川越・所沢市街地に1型が集中している．東京都教育委員会（1986）では，1型は多摩東部に3地点出現している．

　3拍名詞Ⅴ類のほとんどが共通語あるいは東京中心部アクセント型においては1型のため，「柱」1型は，共通語化あるいは東京中心部化の過程における「3拍名詞2型の共通語アクセント＝1型」という多数型に過剰修正した結果出現した混交形アクセント型と解釈できる[11]．

　稲垣滋子（1970）では，この1型の出現について「東の方で東京アクセン

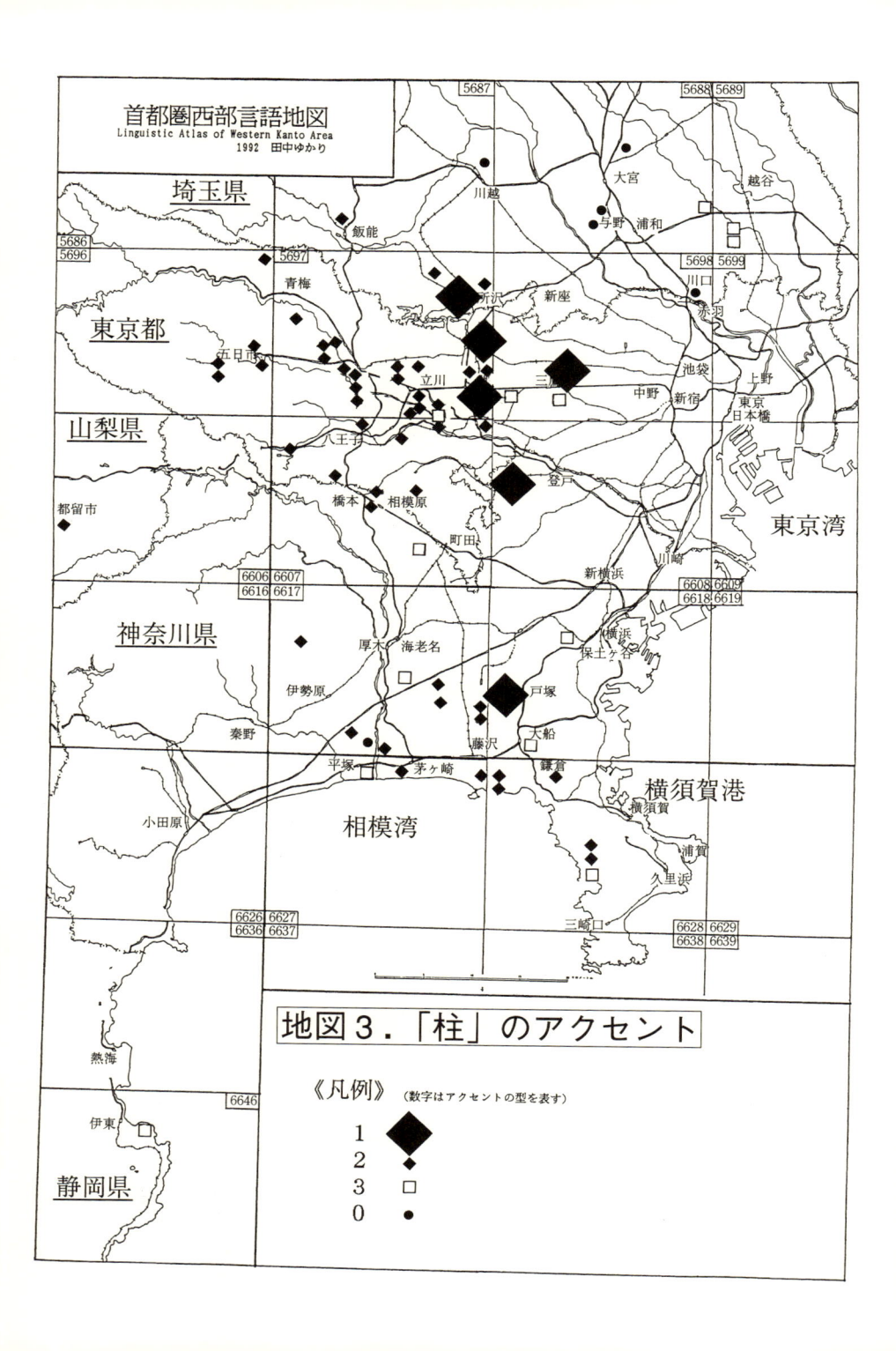

首都圏西部言語地図
Linguistic Atlas of Western Kanto Area
1992　田中ゆかり

地図3．「柱」のアクセント

《凡例》　(数字はアクセントの型を表す)

◆ 1
♦ 2
□ 3
● 0

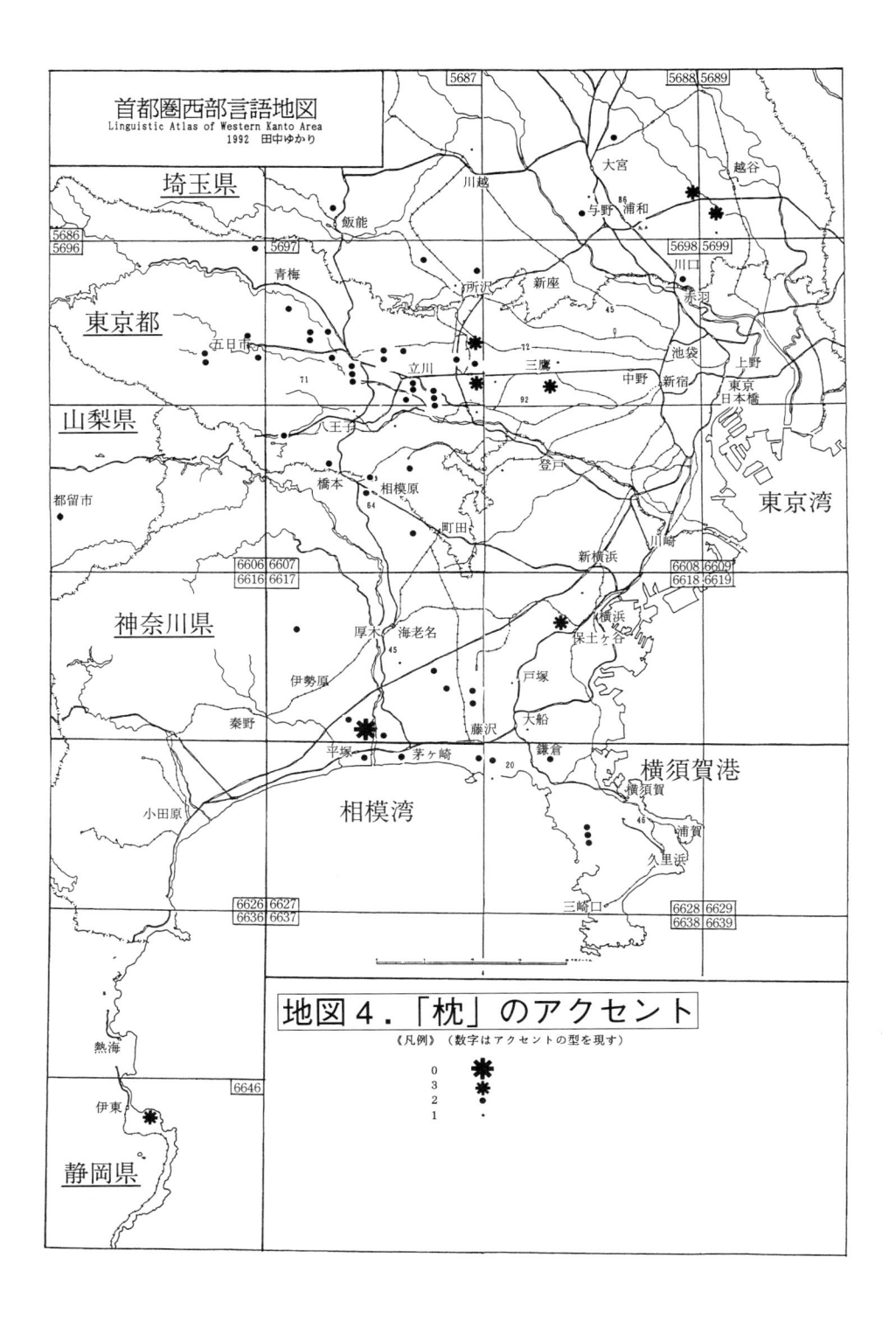

首都圏西部言語地図
Linguistic Atlas of Western Kanto Area
1992 田中ゆかり

地図4.「枕」のアクセント

《凡例》（数字はアクセントの型を現す）

トと異なる方向に向かうものは特に珍しい」とし，府中街道周辺にこの1型が多く出現することをとらえて，古い街道が「むしろ新しいアクセントの伝播経路となっている場合がある」としている．しかし，府中街道が「伝播経路」とみえるのはみかけ上のことで，府中街道は，たまたま共通語アクセントと首都圏西部に現れた関東方言アクセントの接触地域である都下西部の最東部に位置していたからと解釈するほうが，今回の調査結果および先行研究における1型の出現の状況をよりよく説明すると考える．2型と3型の接触地域や，交通アクセスのいい市街地に1型というイレギュラーなアクセントが多く現れているのは以上のようなことが原因と考える．

また，このことの裏づけとして，1型をもつ話者は，3拍名詞において関東方言アクセント型である2型をもたない傾向にある，共通語あるいは東京中心部化の進んだ回答者であることが指摘できる．「柱」1型の話者における3拍名詞の2型の出現度数を表1に示す．表1からは，「柱」1型をもつ話者は，3拍名詞における関東方言アクセント型である2型出現率が低いことが分かる．

表1.「柱」1型話者の3拍名詞2型出現度数

地点番号	性	生年元号(西暦)	生育地	職業	V類2型	類別外2型	「枕」3型
5697.28	男	S5(1930)	所沢市寿町	教員	0	0	―
5697.69	男	T6(1931)	小平市学園西町	農業	4	3	○
5697.86	男	M38(1905)	国分寺市東元町	農業	2	0	○
5698.82	男	T5(1916)	三鷹市下連雀	楽器店	3	2	○
6608.30	女	T3(1914)	川崎市百合ヶ丘	主婦	0	0	○
6618.23	男	S6(1931)	横浜市保土ヶ谷区	教員	0	0	―
6618.61	男	S3(1928)	横浜市戸塚区	呉服店	0	0	―

[注1] V類9項目(「朝日」・「油」・「命」・「涙」・「柱」・「火箸」・「枕」・「紅葉」・「蕨」)における2型出現度数
[注2] 類別外3項目(「きのこ」・「花火」・「眼鏡」)における2型出現度数
[注3] 「枕」3型における○は，3型をもつことを意味する．

5.2.「枕」のアクセント

高年層調査の結果を地図4に示す．調査域西部においては関東方言アクセント型である2型が優勢で，調査域東部ほど1型が多く現れる．また，「柱」

1型の現れ方ほど顕著ではないものの，2型と1型の接触地域において3型が南北の帯状に現れている．3型をもつ回答者は「柱」1型回答者と重なる部分が大きい（表1）．「枕」3型も，首都圏方言アクセント型と共通語あるいは東京中心部のアクセント型との混交形アクセント型として出現したものと解釈できそうだ．

先行研究からも，「枕」3型の出現は確認できる．柴田武（1983），渡辺喜代子（1983）では，3型の分布は，所沢市内では市街地からやや離れた柳瀬地区，所沢市周辺では川越街道沿いに出現しており，いずれも1型と2型が接触する地域に現れている．一方，東京都教育委員会（1986）の高年層については3型は，五日市町と23区内に1地点ずつ現れているものの，五日市町では2型との併用，23区内では1型との併用という出現の仕方で，この結果だけでは接触地域に現れた型かどうかは判断しにくい．

高校生調査の結果（表2）からは，ほぼ1型化が完了しており，その他の型は，2型3例（1.1%），3型3例（1.1%），0型2例（0.7%）と，ごくわずかに出現しているにすぎない．

表2．高校生調査「枕」のアクセント型出現度数

高校(n)	2型	3型	0型	1型
市立浦和(n=6)	0	0	0	6
明中八王子(n=8)	0	0	0	8
田柄(n=20)	0	0	0	20
武蔵野北(n=22)	0	0	0	22
相模原(n=23)	0	0	0	23
生田(n=56)	1	0	0	55
海老名(n=66)	2	1	1	62
七里ガ浜(n=31)	0	0	0	31
横須賀(n=60)	0	2	1	57
全体(n=292)	3	3	2	284

5.3. 「柱」・「枕」のアクセント型

「柱」と「枕」のアクセント型について，先行研究と5.1.と5.2.で述べた調査結果を併せて考えると，次のようなことが指摘できる．

　［1］関東方言アクセント型である2型は，共通語あるいは東京中心部アクセント型との接触によって，「柱」は主として3型に，「枕」は1型

に移行しつつある.

［2］高年層においては，関東方言アクセント型の2型分布地域と共通語あるいは東京中心部アクセント型分布地域との接触地域に，3拍名詞の多数型共通語アクセント型に過剰修正した結果，混交形アクセント型が出現している．混交形アクセント型は「柱」は1型，「枕」は3型または0型．

「柱」・「枕」に現れた混交形アクセント型は，「過渡的な音調」として出現しているのではなく，「非共通語アクセント」と意識されやすい2型を避け，3拍名詞共通語アクセント型に多く現れる2型以外の型を，意識的にせよ無意識的にせよ接触地域の話者が選択した結果，生じたものと考えられる．「柱」の1型は，他の多くのⅤ類が1型へ移行したため生じた過剰修正と考えられる．「枕」において3型や0型が出現するのは，「非2型」・「非1型」アクセント型として選択されたものとみる．

［3］混交形アクセント型は，首都圏方言が関東方言的なものから共通語化あるいは東京中心部化していく過程に出現したものである．よって，首都圏方言の共通語あるいは東京中心部アクセント型への移行が完了段階に入れば，混交形アクセント型は消失する．

5.4.「油」のアクセント

高年層調査による「油」アクセント型の分布を地図5として示す．全体として共通語あるいは東京中心部アクセント型と同じ0型が多く出現しているが，2型が埼玉特殊アクセント地域の6地点を除くと，神奈川県を中心に12地点現われている．この12地点のうち，8地点が神奈川県内である．

また，2型をもつ話者は，属性の観点からも特徴をもつ．12地点のうち5地点が女性の話者の回答であるということである．女性は本高年層調査の分析対象者68人のうち15人であることから，「油」2型は，男性に比べ女性に多く保持されている傾向を示す．

調査に用いた短文が「油がはねる」というもので，料理油を想起させるものであったことも関係しているかも知れない．このため，「料理油」に馴染みのある女性において2型が出現しやすかった可能性が指摘できる．東京都

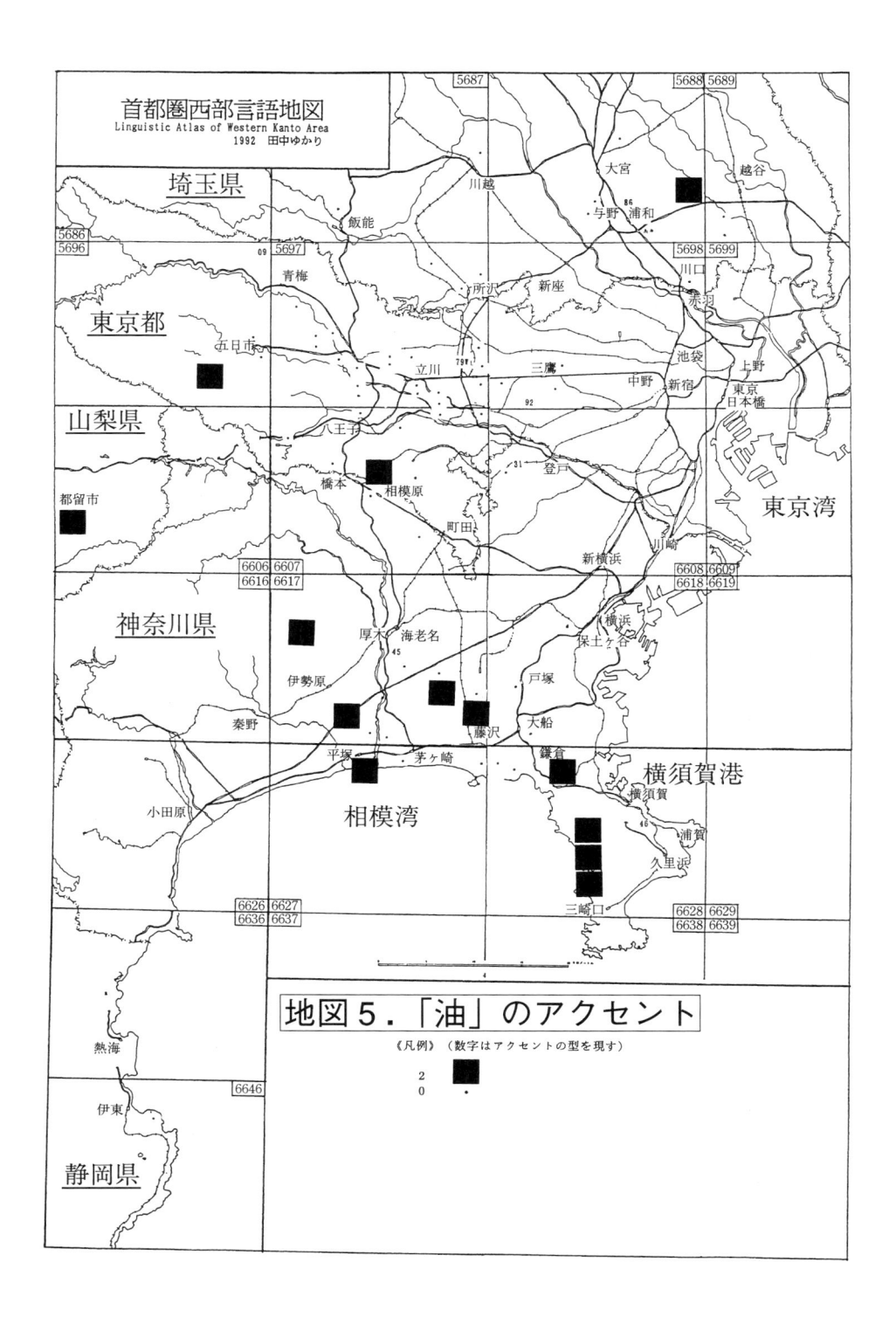

首都圏西部言語地図
Linguistic Atlas of Western Kanto Area
1992　田中ゆかり

地図5.「油」のアクセント

《凡例》（数字はアクセントの型を現す）

内でただ1地点2型を回答している5696.66b（東京都五日市町乙津）も都下最西部という条件の上に女性である．同地点の5696.66aは66bの夫で，生育歴などはほぼ66bと同様だが，0型で回答している．馴染み度の高い語彙における古いアクセント型の残存例とみることもできそうだ．

5.5.「かぼちゃ」のアクセント

高年層調査の結果を地図6として示す．「かぼちゃ」のアクセントは，埼玉県・東京都と神奈川県では大きく傾向が異なる．

埼玉県・東京都においては，共通語あるいは東京中心部アクセント型である0型が主流となっており，関東方言アクセント型の2型は都下西部域の一部と神奈川県に隣接する地点に現れている程度である．埼玉特殊アクセント域に4地点2型が現れるが，これは同域における3拍名詞の基本アクセント型として現れたものと考える．

これに対して，神奈川県においては，三浦半島を除くほぼ全域に2型が分布しており，1型が東部を中心に分布している．「かぼちゃ」の2型は，日野資純（1984.06）で「いかにも神奈川的なアクセント」として取り上げられているが，1型については田中ゆかり（1991）において若年層における出現が報告されている他とくに報告をみない．

「かぼちゃ」2型が「いかにも神奈川的」なアクセントであることは地図の分布からも確認できる．東部を中心に出現する1型は，日野資純（1984.04），田中ゆかり（1991）などから，2型に比べ，新しい神奈川県アクセント型と解釈できる．高年層調査における神奈川県内の分布からも神奈川県の社会的・文化的中心部である横浜・川崎地区ならびに隣接地域の東部域に1型が分布していることからも1型は2型より新しい型とみることができる．

では，なぜ4.1.で述べたように「雲」のアクセントなどでは都下西部に先駆け，共通語化あるいは東京中心部化の生じていた神奈川県内に2型や1型という非共通語あるいは非東京中心部的なアクセント型が保持されているのだろうか．

まず，方言語彙の問題を指摘できる．国立国語研究所（1970）掲出のNo.180「かぼちゃ（南瓜）」や，今回別途同じ回答者に実施した方言語彙調査か

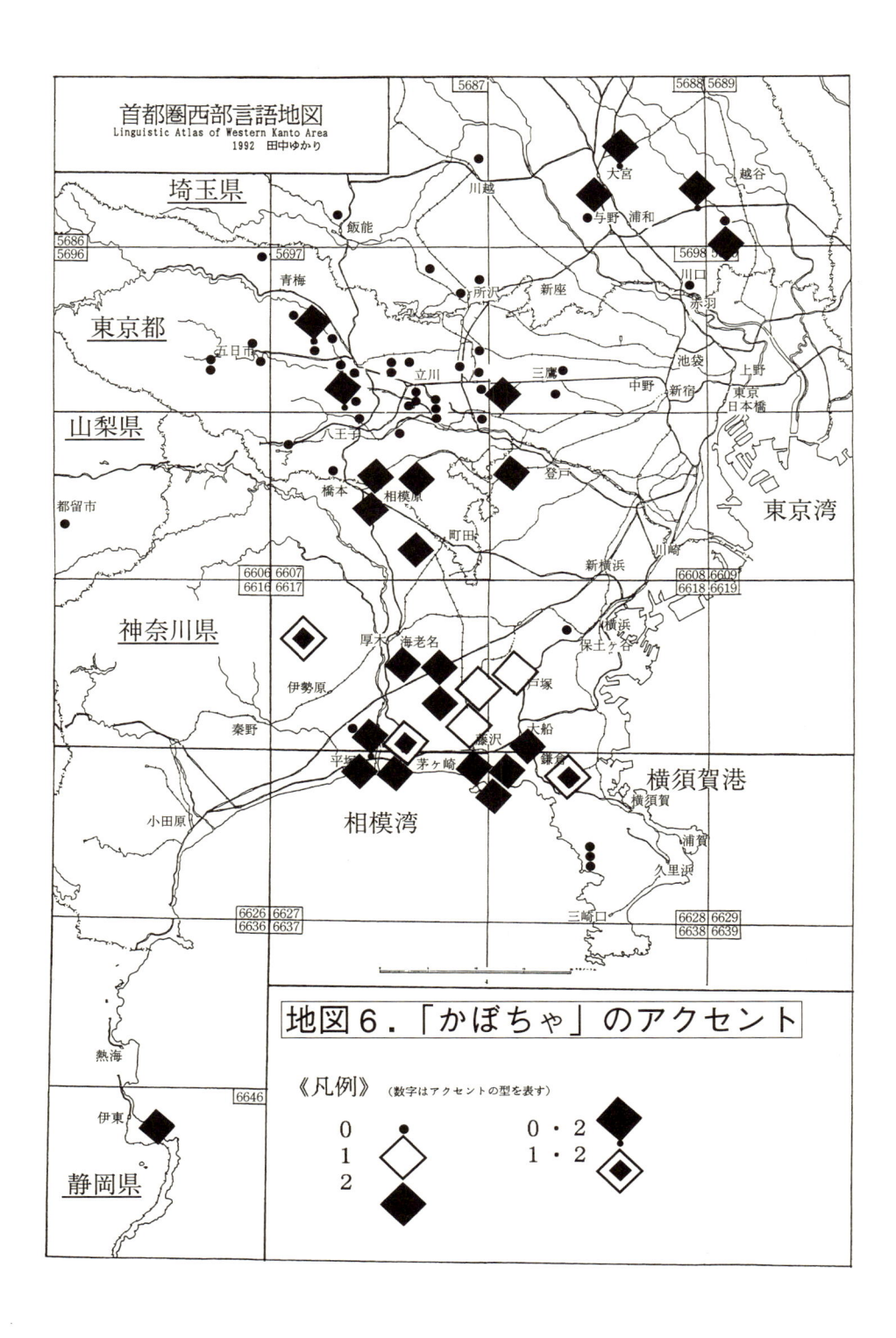

首都圏西部言語地図
Linguistic Atlas of Western Kanto Area
1992 田中ゆかり

地図6.「かぼちゃ」のアクセント

《凡例》 (数字はアクセントの型を表す)

- 0 ●
- 1 ◇
- 2 ◆
- 0・2 ◆●
- 1・2 ◈

ら，東京都ならびに埼玉県は「トーナス」，神奈川県はほぼ全域が「カボチャ」の分布域であることが分かる．

つまり，方言語形が「トーナス」の東京都・埼玉県においては，語形とアクセント型がセットとなった「カボチャ０型」が「共通語」として，「トーナス」から一斉に置き換えられたため，非共通話アクセント型による「カボチャ」の分布が観察されない．一方，「トーナス」から「カボチャ」という語形の置き換えが不要であった神奈川県内においては，「カボチャ」２型が「気づかない方言」として，保持されたものと推測できる．

神奈川方言アクセント型として，「かぼちゃ」１型が出現した背景は，「柱」１型と同様，３拍名詞２型が共通語あるいは東京中心部アクセント化する過程における過剰修正の結果，現れたものと考えられる．

高校生調査の結果を表３として示す．高年層において神奈川方言アクセント型として一定の勢力を示していた２型・１型も，ほぼ消失した状態にあることが分かる．今回の若年層調査におけるこれらの型の高校生全体における出現率は，２型は0.6％（２例），１型は1.0％（３例）ときわめて少ない．また，２型・１型をもつ生徒は全員，神奈川県県央地区に位置する海老名高校の生徒で，本人・両親ともに神奈川県県央地区以西地域の生育者である．

表３．高校生調査「かぼちゃ」のアクセント型出現度数

高校(n)	２型	１型	０型
市立浦和(n=6)	0	0	6
明中八王子(n=14)	0	0	14
田柄(n=21)	0	0	21
武蔵野北(n=22)	0	0	22
相模原(n=23)	0	0	23
生田(n=66)	0	0	66
海老名(n=62)	2	3	62
七里ガ浜(n=32)	0	0	32
横須賀(n=60)	0	0	60
全体(n=311)	2	3	306

6．おわりに

以上，首都圏西部域における２・３拍名詞のアクセント変化について，主

として方言接触の観点から述べてきた．高年層と高校生の調査を比較すると，関東方言アクセント型が，共通語あるいは東京中心部アクセント型へ置き換えられていくスピードはかなり早いことが確認された．項目を問わず，ほぼ2世代のうちに共通語化あるいは東京中心部化が完了したことになる．

首都圏西部域のアクセント動向としては，Ⅰ類動詞連用形尾高型の消失傾向（田中ゆかり，2008；第1部第6章参照）や，形容詞の活用形アクセント型の新しい動向（田中ゆかり，2003；第1部第5章参照），「頭」・「鏡」など3拍名詞Ⅳ類の2型化（田中ゆかり，2005；第2部第4章参照）などが観察される．今回報告した動向も含め，新しい動向が反映されやすい地域は，ある程度共通性を示すようである．

現代の共通語基盤方言でもある首都圏方言において，新しい動向がどの地域において発生し，どのような伝播・拡散ルートをたどるのか，伝播・拡散の遅速はいったい何に依拠しているのかなどについては，今後の課題としたい．

1 　静岡・山梨・長野・新潟方言など．首都圏のさらに外周に位置する方言．
2 　適宜，注記を参照した．
3 　東京都・神奈川県・埼玉県のほか，静岡県・山梨県各1地点を含む．
4 　当該の6地点においては，音調も不安定でアクセントの型が一定しない，2拍名詞における1型出現率が高い3拍名詞に2型出現率が高いなど，埼玉特殊アクセント地域と考えられる特徴（金田一春彦，1948；大橋純一，1995；大橋純一，1996）が多く観察された．このため，共通語基盤方言としての首都圏における方言アクセントのアクセント動向について検討するデータとしては不適当と判断した．本章における考察対象からはずす6地点7人は，次の通り．5688.45（埼玉県大宮市堀崎町），5688.74（埼玉県与野市与野本町），5688.84（埼玉県浦和市大久保領家），5688.97（埼玉県浦和市大門），5689.90a（埼玉県川口市安行），5689.90b（埼玉県川口市安行），5698.92（埼玉県川口市金町）．
5 　有効回答数による百分比．小数点第2位以下四捨五入．以下，同様．
6 　「梨」のこと．
7 　川上蓁（2003）において尾高型全般の消失傾向が指摘されている．
8 　小林滋子（1961.09），寺田泰政（1970），山口幸洋（1972）などに周辺方言における2拍名詞Ⅱ類の平板型が報告されている．
9 　山口幸洋（1982）では，静岡県西部・愛知県東部方言において2拍名詞Ⅱ類の平板型が共通語との接触によって尾高型へ移行していく様子が報告されている．
10 　首都圏西部，とくに神奈川県のアクセント調査において，「かぼちゃ」・「きのこ」

などの類別外項目の調査の必要性は，日野資純（1984．04）で述べられている．
11　稲垣滋子（1970）・渡辺喜代子（1983）でも「柱」の1型の出現を多数形への類推か，としている．但し，いずれもなぜ特定の地域に出現する理由については触れていない．

第2章
指向性解釈の可能性
― 首都圏西部域高年層アクセントデータによる検討 ―

1．はじめに

　言語変化が進行中である場合，当該言語共同体においては，複数の変異が個人間／個人内において観察される「ゆれ」が生じている．その際に，どのような特性をもつ言語項目，言語環境や話者において新たな変異がより多く観察されるかという観点から，言語変化や「ゆれ」の要因は推定されてきている．

　言語変化要因の推定は，観察対象のデータの内部（調査で収集された分析対象データ）だけで行なわれることもあるが，データ外部の情報を利用することも多い．ここでいうデータ外部の情報とは，先行研究等の先験的知識や話者のコメント等を意味している．先験的知識や，話者のコメント等を要因推測の際に考慮することは重要だが，それらの採否が恣意的になることも否定しにくい．

　そこで，観察対象データの内部構造を知ることによって，ある言語変化や「ゆれ」をひきおこしている原因を帰納的に知ることはできないだろうか，と考えた．そのことを換言すると，ある変化や「ゆれ」のもつ「指向性」を，採取したなんらかの言語データの構造を知ることによって帰納的に知ることはできないだろうか，ということになる．

　ここでいう「指向性」とは，「ある変異／話者が目指しているもの」と考え，内的変化であるか外的変化であるか，または，何らかの「価値」を目指す「志向」や「ゆれ」であるかといったことは規定して考えていない．

　また，観察対象データ分析の際に，個人（話者）あるいは言語項目（変異）を，社会的属性情報や言語環境情報など先験的な属性によってまとめてしまうことにより，それら先験的情報として現われにくい指向性を見失う危険性も存在していると考えられる．

以上のことなどから，観察対象データ内部の構造を知ることが可能ならば，個人（話者）／言語項目（変異）のデータ内の位置づけから，それぞれの個人（話者）／言語項目（変異）がもつ意味（＝指向性）を帰納的に浮かびあがらせることが可能なのではないか，と考えた．

　同時に，現在フィールド調査によって収集される言語データは，さまざまな社会的属性などを統制したとしても，それらだけでは統制しきれない多様な話者を含む上に，話者／変異の指向性も多方向であることがこれまでの研究から強く示唆されてきている．そのような状況下にある複雑な言語データを分析する場合，社会的属性／言語環境等の先験的知識による従来の分析方法のみでは，観察の網目から「情報」が漏れることも推測される．つまり，クロス集計に代表されるようなある変異の言語環境／社会的属性別話者による出現状況の観察や，言語地図による観察以外の手法の検討が要求されてきていると考える．

　そのひとつの可能性として本章は，多変量解析の手法を用いることによって，全体（社会／言語共同体）のなかにおける個人／変異の位置づけを知り，変化や「ゆれ」のもつ指向性の帰納的な解釈を試みたものである．これはある意味で，野元菊雄（1978）のいう「個人差というものを手がかりとした，パロール面の研究」のひとつともいえるであろう．

　本章で行なう試行に用いるデータには首都圏西部域高年層のアクセントデータを用いるが，アクセント変化の抽象的なモデル構築を目指したものではない[1]．この試行は，「フィールド調査データ収集方法とデータ分析方法」と，従来研究者ごとに明示的であったとはいいにくい「「解釈」過程の明示性の確保の可能性」についても検討を加えることも目的としている．

2．データ構造の検討に用いる多変量解析の手法

　ここでは，本章で用いる多変量解析の手法と，なぜその手法を用いるのか，その手法から得られる解析結果をどのように用いていくのか，について述べる．なお，今回の統計的分析は，すべて HALBAU Ver. 4 を用いた．

2.1. データの構造の検討に数量化理論第3類を用いる根拠

観察対象データの全体的な構造の検討には，数量化理論第3類（以下，3類）を用いる[2]．3類は，質的なデータの解析法として開発されたもので（林知己夫，1993），「各個人のいくつかのカテゴリに対する反応パターンから，各個人と各カテゴリのおのおのを量的に位置づける方法（武藤真介，1995．06）」である．

3類による解析結果は，各個人／カテゴリに1つ以上の「成分」ごとに算出される「重み係数」として表現される[3]．その重み係数によって，反応パターンの似ている個人／カテゴリはより近くに，似ていない場合は遠くに位置づけられる．

本章に即した説明としては，分析に用いたデータ全体において同じアクセント型を多くもつ話者どうしの重み係数は似たものとなり，同時に同じような話者によって用いられるアクセント型の重み係数の数値は似たものとなることとなる．

話者×言語項目（アクセント項目）の1つのデータセットから，それぞれ話者とアクセント型の重み係数が別々に算出される．それら各重み係数の数値を，話者／アクセント型ごとに散布図として表現すると，数値の近いものどうしが近くに位置づけられることになる．つまり，同じ指向性をもつ話者／アクセント型がデータ内部の構造として視覚的に浮かびあがってくることになる．

2.2.「重み係数」で話者／アクセント型を群化する解析方法：クラスター分析

3類による重み係数を散布図に布置することによって，各話者／アクセント型の「近さ／遠さ」は視覚的に表現される．しかし，それぞれがどの程度の類似性をもつのかについては明示的ではない．そこで「相互の類似性に関する指標が与えられている一群の対象について，類似性の高いもの同士をまとめるための方法（武藤真介，1995）」であるクラスター分析も観察対象データの解釈過程に使用する[4]．

クラスター分析の結果，同一の群に存在する話者／アクセント型は，他の群に属するものどうしよりも同じ指向性を強くもっていることを意味する．

2.3. 3類を用いたデータ解釈の問題

　観察対象データ構造の検討に用いる手法として，3類が適当であることは先に述べた通りだが，一方，3類を用いた解釈には問題点も存在している．

　まず，データ構造は恣意的なものを排除したかたちで情報量の損失も少なく観察することが可能であるが，構造のもつ意味の解釈に際しては，先行研究等の先験的な知識によることになる．

　つまり解釈に際してはトートロジー的な側面が否定できないということである．次に，解析法のもつ制約からは逃れられないという点である．分析項目を選定する際に，以下の制限が存在する．複数の変異をもたない項目／出現頻度の低い（3％未満）変異をもつ項目／欠損値がある項目は，分析に用いられない，あるいは用いにくい，という点である．このため，調査時に項目として選定しておいても，分析対象項目に何らかの不均衡が生じる場合がある．これらの点を踏まえた上で，以下において，言語データの帰納的解釈を試みる．

3. データ構造の把握による帰納的解釈の試み

3.1. 帰納的解釈を試みる意義

　3類を用いて，「話者×言語項目」という言語データの帰納的解釈が可能ならば，次のような問題の解決にもつながってくるはずである．それは，雑多なものを含むデータの解釈の可能性，属性分析における優先インデックスの決定根拠，「特殊」な話者／変異抽出の積極的な根拠などである．現実のフィールドデータは，たいてい「雑多」で，「特殊」な話者／変異を含むものであることを考えると，フィールドデータの分析方法のひとつとして検討する意義が見出せる．

3.2. 試行に用いるデータ概要

　試行に用いる具体的なデータとして，首都圏西部域高年層における2・3拍名詞のアクセントデータを用いることとする．

　このデータは，1992年5月〜同年11月に，首都圏西部域（調査時1都4県

34市1町）の高年層を中心に実施した面接調査の一部である．話者は，15歳以前は生育地からの移動がないことを原則とし，それ以降も首都圏内の移動を原則とした[5]．山梨県都留市男性・静岡県伊東市男性と，中年層の埼玉県川口市女性を含む，73人（調査時平均年齢73.5歳／標準偏差9.0）のデータを用いる（行政区画，地方自治体名などは調査当時のものとする．以下，同様）．首都圏外・中年層をデータに含めたのは，「首都圏西部域高年層」の話者との関係性を観察するためである．

アクセント調査項目は，先行研究[6]において当該地域で何らかの「ゆれ」が観察されていることを条件に選択した．調査は当該単語単独／当該単語埋め込み短文のリスト読み上げ式調査によるものであるが，平板型か否かが問題となる項目が存在するため，短文のリスト読み上げ式調査によるデータを試行では用いる[7]．

併せて解釈時には，話者の先験的情報として，話者の生育地・年齢・性・移動歴等，話者の属性データを用いる．分析対象項目は，2・3拍名詞項目のうち，2.3.で述べた3類を適用する条件を満たした11項目（25変異）である．項目と観察された変異の内訳は，以下の表1の通り．凡例の語類は金田一春彦（1974）の類別語彙表による．「先験的知識」は先行研究から筆者

表1．試行に用いるアクセント調査項目の変異と「解釈」

2拍名詞：II類：北エ・人ガ	2型（関東）／0型（共通）
II類：寺エ[8]	2型（共通）／0型
III類：雲ガ	2型（関東）／1型（共通）
3拍名詞：V類：油ガ	2型（関東）／0型（共通）
V類：命オ・火箸オ・紅葉ガ	2型（関東）／1型（共通）
V順：柱オ	2型（関東）／3型（共通）／0型（共通）／1型
類別外：花火オ	2型（関東）／1型（共通）
かぼちゃガ	2型（神奈川）／0型（共通）／1型

※アラビア数字：アクセント型を現す
※ローマ数字：金田一語類の類別
※（　）内は「先験的知識」
［凡例］関東：関東方言アクセント型（金田一春彦，1942）
　　　　共通：共通語アクセント型（NHK放送文化研究所（編），1998）
　　　　神奈川：神奈川方言アクセント型（日野資純，1984．06；同，1986）

が当該変異に付与したものである．

　表1において，先行研究に基づく「先験的知識」を言及できない変異（アクセント型）として，寺0型・柱1型・かぼちゃ1型が確認できる．寺0型の指向性は，2拍名詞II類の平板型化が体系変化か否かにかかわるものであるのと当時に，柱1型と同様，先行研究においてその指向性については，複数の見解が提出されているものである．先行研究における当該変異のもつ複数の指向性を集約すると，おおむね次の3つのものになる．

［1］首都圏アクセント体系内部の変化
［2］周辺方言との接触による変化
［3］共通語との接触による変化

3.3. 試行に用いたデータセット

　試行に用いたデータセットは，「話者×アクセント項目」のアイテム・カテゴリデータである．表2で示したように，縦列に話者を横列にアクセント項目を配列したもので，アクセント項目には，話者の発音したアクセント型を凡例に従い名義尺度である数値に置き換えて表現したものである．

表2．試行に用いたデータセットの構造

話者	項目あ	項目い	項目う	
A	1	1	2	………
B	2	2	3	………

〈凡例〉
1：0型
2：1型
3：2型

　このようなデータセットを作成した上で，3類による分析を行ない，データ構造に基く解釈を以下において試みる．

4．アクセント型の観点からの解釈

　3類の分析結果のうち，変異（アクセント型）についてまず検討していく．図1は，11項目25変異について算出された成分の重み係数を布置したものである（横列成分1×縦列成分2）．また，重み係数（成分1・成分2）を指標としたクラスター分析（Ward法）によって，各変異は大きく3群（第1象限から時計周りにA群・B群・C群），細かく5群（A群・b1群・

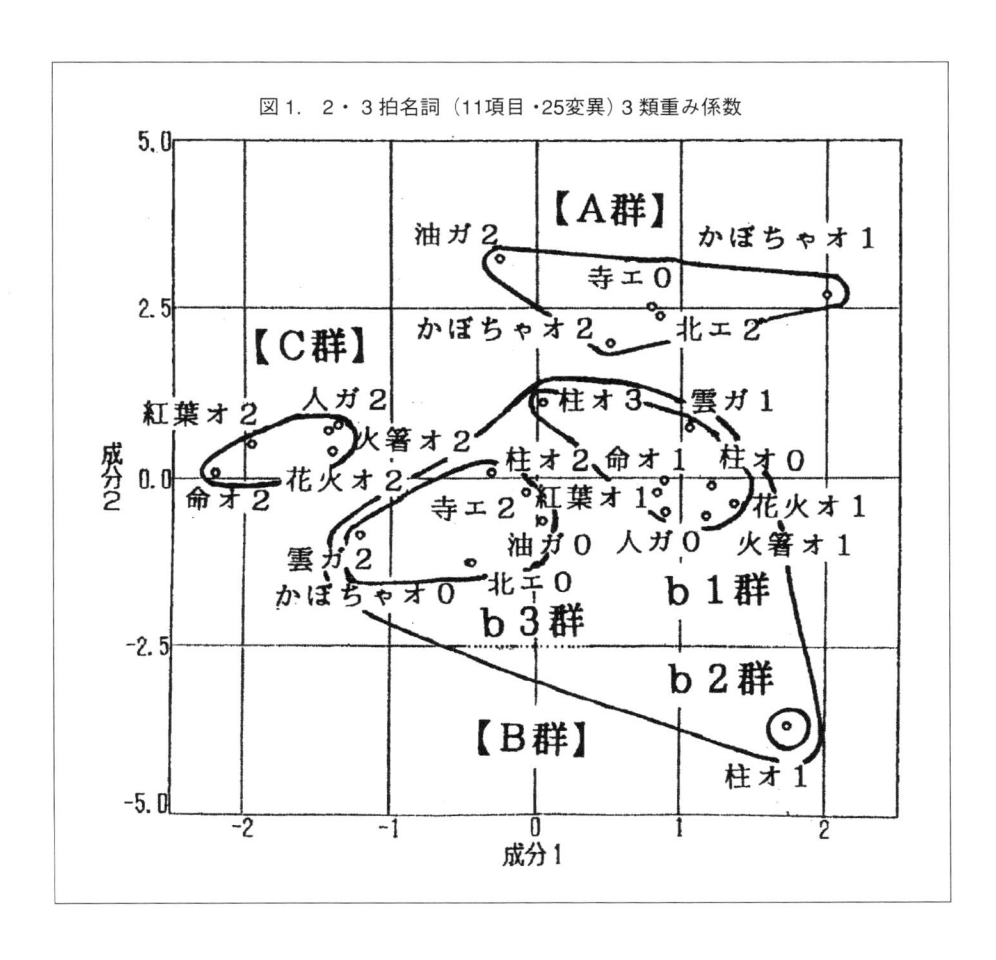

図1. 2・3拍名詞（11項目・25変異）3類重み係数

b2群・b3群・C群）にまとまった様子も図1に反映させた．

4.1. 各変異（アクセント型）の指向性解釈

　図1によって，各変異どうしの類似性がデータ内部の構造として明らかとなった．成分1・成分2の解釈は，それぞれの重み成分において絶対値の大きな変異に付与された先験的知識から行なう．各変異に付与された先験的知識については，3.2.表1で触れた通りである．

　成分1は，3.2.表1で示した各変異の先験的知識をもって観察すると，＋

第2章　指向性解釈の可能性　　241

方向に「共通語アクセント型」が，−方向に「関東方言アクセント型」が多く布置されている．このことから，成分1は，＋方向に布置されている変異が「共通語アクセント」を，−方向に布置されている変異は「関東方言アクセント」を指向しているものと解釈できる．

一方，成分2は同様な手続きから，絶対値の大きさが何らかの特殊要因の強さを表しているものと考えられる．＋方向は，「神奈川方言アクセント型」が，−方向には，「柱1型」のみが大きな値をとって布置されている．「柱1型」は，先験的知識の付与されていないアクセント型であるが，共通語アクセント型を多く含むB群に含まれることから，「共通語アクセント型」指向をもつ特殊なアクセント型と解釈できる．

「柱1型」は，田中ゆかり（1993；第3部第1章参照）において生育地・性別・年齢といった話者の社会的属性に偏りがみられず，属性分析からは，その指向性の解釈がつけられなかったものである[9]．言語地図上において首都圏西部域の東寄りの地域で南北の帯状に分布がみられたことと，「柱1型」の話者が他の3拍名詞項目において「共通語アクセント型」が他の話者よりも相対的に多かったことを傍証として，「共通語アクセント型」を目指した結果，3拍名詞の多数形である「1型」に過剰修正した型と解釈した．

今回3類を用いたデータ構造を基にした解釈からは，他の「共通語アクセント型」の多くが所属する群に布置されたことによって，「柱1型」が「共通語アクセント指向」を含意するアクセント型であることがデータ内部の構造から帰納的に確認できた．

以下では図1を用いて，「柱1型」以外の先験的知識が付与されていない変異について検討を加える．「寺0型」は，成分1・成分2ともに＋方向でA群に属している．他の2拍名詞II類0型はそれぞれ「共通語アクセント指向」のB群（「人0型」b1群／「北0型」b3群）に布置されており，「寺0型」とは異なる指向性を持つものであることが読み．

A群は，「かぼちゃ2型」を含むことから「神奈川方言的アクセント指向」の要素が強い群と解釈できる．このことから，2拍名詞II類0型は，必ずしも首都方言に生じつつある体系変化のみを反映させたものではなく，特定地域方言の影響という個別的な要因によっても生じていることが推測され

る．また，田中ゆかり（1993，第3部第1章参照）では，2拍名詞II類0型方言である山梨方言・新潟方言など首都圏外周方言との接触を，2拍名詞II類0型の首都圏における勢力拡大の要因と推測したが，データ構造からはそのような推測は困難であることも分かった．

「かぼちゃ1型」はA群に属していることから，「神奈川方言アクセント指向」のものであることが分かる．同時に，「かぼちゃ1型」は，同じA群に属する「かぼちゃ2型」よりも成分1が＋方向に大きいことから，「神奈川方言アクセント」が「共通語アクセント型」を指向した結果，出現したものと解釈できる．

「かぼちゃ1型」は，話者の社会的属性においても神奈川県生育者が多いという偏りが観察されるが，「寺0型」・「柱1型」の示す指向性は，社会的属性といった先験的知識からは解釈を与えにくい．3類を使用してデータ内部の構造を把握することによって，解釈過程を明示化できたと考える．

4.2. 変異の所属する群と「属性」とのかかわり

また，図1で明らかなように，各アクセント型は，先験的知識として与えられている「類別」，「アクセント型」という「属性」が同じでも，属する群が異なっている場合がある．

たとえば，3拍名詞V類2型という「属性」に限っても，油（A群）・命（C群）・火箸（C群）・紅葉（C群）・柱（b3群）という結果となっている．これは，属性分析のもつ，異なる指向性をもつ変異を同じ次元で扱うことに対する問題点を示唆していると考える．とくに，ある属性のもつ指向性について複数の解釈が想定されるような場合には，変異個別のふるまいを重視すべきと考える．

このことは，同時にアクセント出現率のパターンの類似／非類似は，各アクセント型の指向性の類似／非類似と平行するとは限らないことも意味している．たとえば，今回の試行においては，出現率が似たものとして「人0型」（60.3％）b1群と「北0型」（65.8％）b3群，出現率に差異がみられるものとして，「花火2型」（49.3％）C群と「命2型」（28.8％）C群—などを具体例として指摘できる．それらは，出現率の類似／非類似が指向性の類似／

非類似とは必ずしも平行しないことを示す事例とみることが可能である．

5．話者の観点からの解釈

　話者ごとに 3 類によって算出された成分 1 ・成分 2 の重み係数を布置したものが図 2 である．重み係数を指標として行なったクラスター分析（Ward法）による群化の結果と，一部の話者の簡単な属性（調査時年齢性別・話者ID・生育地地点番号）も図 2 に盛り込んだ．話者は，大きく 3 群（第 1 象限から時計周りに A 群・B 群・C 群），細かく 7 群（a1群・a2群・b1群・b2群・b3群・c1群・c2群）に分かれた．各話者の所属する群ごとに記号を与

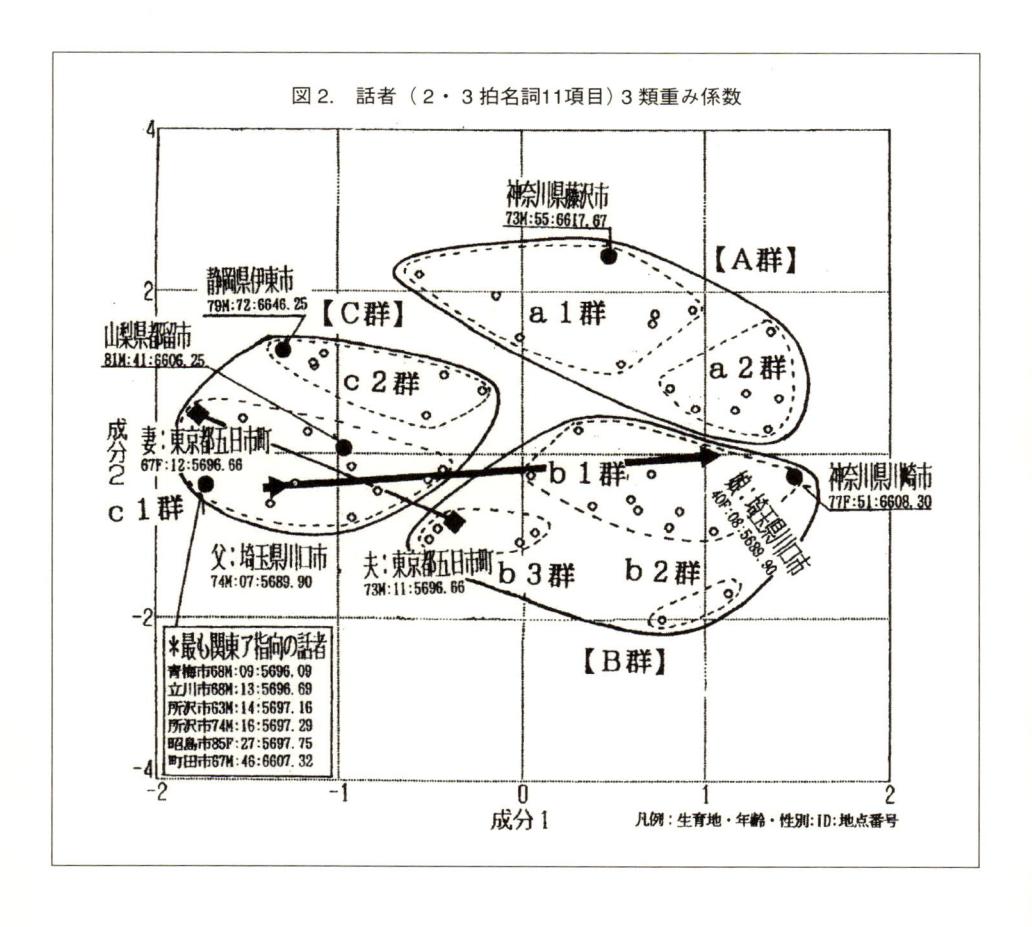

図2．話者（2・3拍名詞11項目）3類重み係数

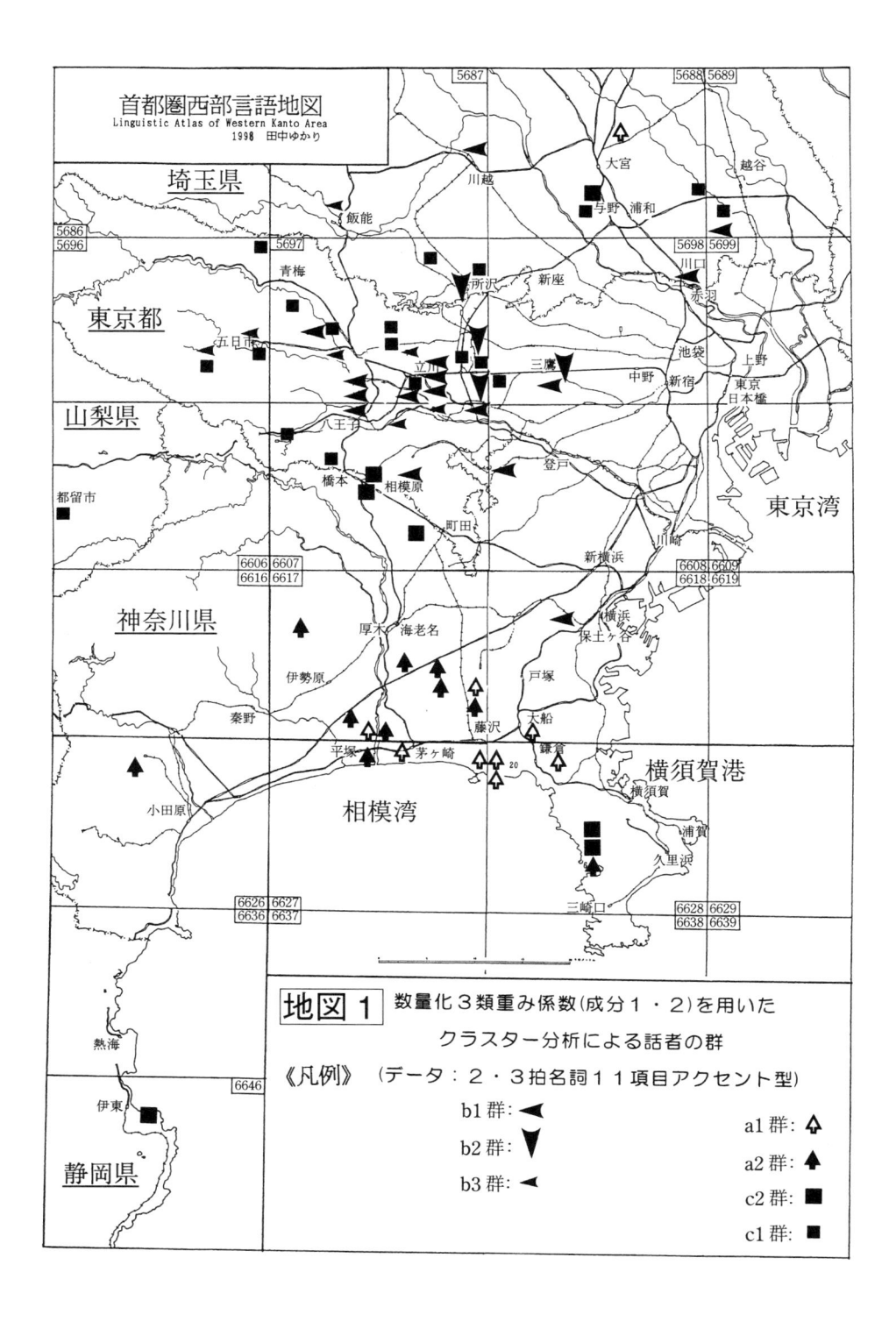

首都圏西部言語地図
Linguistic Atlas of Western Kanto Area
1998 田中ゆかり

地図1 数量化3類重み係数(成分1・2)を用いた
クラスター分析による話者の群

《凡例》（データ：2・3拍名詞11項目アクセント型）

- b1群：◄
- b2群：▼
- b3群：◂
- a1群：△
- a2群：▲
- c2群：■
- c1群：■

え，地図化したものが地図1である．

3類は，話者・変異ごとに各成分の重み係数が算出されるが，両者の成分の解釈はパラレルとなる手法である．このことにより，図2の成分1＋方向は「共通語アクセント指向」を，－方向は「関東方言アクセント指向」と解釈できる．同時に，成分2＋方向は「神奈川方言アクセント指向」を，－方向は「共通語アクセント指向」の「特殊」ケースを示すものといえる．

5.1. 同一地点の話者

図2・地図1から，同一地点に話者が存在する場合においても，同一地点の話者どうしが必ずしも同じ群に属しているわけではないことが分かる．同一地点の話者は11組存在する．そのうち，属する群が異なる話者を含む組が9組である（表3）．同一地点どうしの組において単なる同一地点生育・在住というほかに何らかの関係がある場合，その関係についても示した．

表3．同一地点話者の所属する群と話者の属性

地点番号（住所）：ID番号（所属する群・年齢性別・同一地点話者どうしの関係）
［1］5689.90（埼玉県川口市安行）： 7（c1・74M・父）/ 8（b1・40F・娘）
［2］5696.66（東京都五日市町乙津）：11（b3・73M・夫＆幼なじみ）/ 12（c1・67F・妻＆幼なじみ）
［3］5697.62（東京都秋川市二宮）：19（b3・74M）/ 20（b1・82M）
［4］5697.73（東京都昭島市拝島）：22（b3・66M）/ 23（b1・58M）/ 24（b1・65M）
［5］5697.75（東京都立川市上砂）：25（b3・80M）/ 26（c1・70M）/ 27（c1・85F）
［6］5697.86（東京都立川市富士見町）：30（b1・62M）/ 31（c1・82F）
［7］5697.97（東京都国立市谷保）：34（b1・66F）/ 35（b1・64F）/ 36（b3・68M）
［8］6617.79（神奈川県藤沢市亀井野）：56（a1・80M）/ 57（a2・62M）
［9］6628.64（神奈川県横須賀市佐島）：69（c1・85F）/ 70（c1・81F）/ 71（a2・65F）

表3からは，言語地理学的方法における1地点1人の地域代表性に対しては，こんにちの首都圏における言語状況においては，やはり，慎重であるべきであることが再確認できる[10]．また，社会的属性である性・年齢などの観点を導入しても，属性による観点からだけでは，話者の属する群を判別できないことも分かる．

話者の属する群を，その話者の指向性としてみなすことができるというこ

とはすでに述べた通りである．そのことから，属性分析のみによる分析方法では，個人個人の示す指向性による変化や，「ゆれ」を見逃す可能性が存在することを指摘できる．

たとえば，年齢については，共通語化と体系変化という複合的な要因が想定される地域において，年齢が高い層が共通語指向——今回のデータにおいては，「新しい変化」指向——を若い層に比べてもたないとはいえないことから，高年層においても観察される「新しい変化」指向の存在にも注意を払うといったことが要求されていると考える．

5.2. 指向性を担う話者

地図1・図2から，各群の特性を強くもつ話者（当該成分重み係数の絶対値が大）は，必ずしもその群における「多数派」ではないことが分かる．このことは，ある指向性を強く担う話者が，社会的属性による分析を行なった際，抽出されてこない可能性をもつことを意味している．

たとえば，B群に属する話者は，「共通語アクセント指向」の話者であり，地図2から，B群を構成する中心的な話者は東京都多摩地域の話者であることが分かる．しかし，B群のなかでももっとも「共通語アクセント指向」の強い話者——成分1＋方向の重み係数がもっとも大きな値を示す話者——は，神奈川県川崎市麻生区百合丘の話者（ID：51，地点番号：6608.30，年齢性別：77F）であることが分かる．

同様に，各群を構成する話者には，多数派として地域的偏りが観察される．一方で，「飛び地」も存在していることも分かる．たとえばA群は，神奈川西部地域の話者が多数派であるが，埼玉県大宮市堀崎町の話者（ID：3／地点番号：5688.45／年齢性別：65M[11]）も属していることが分かる．

また，同一地点の話者どうしが異なる群に所属するという結果は，年齢・性別・職場所在地等他の社会的属性を加味することによって，当該地域における指向性の変動が他の地域とのかかわりから解釈できるという可能性を示していると考えられる．たとえば，図2に示した埼玉県川口市安行の父娘ペアの指向性の変動（地点番号：5689.90／父：C群「関東方言アクセント指向」→娘：B群「共通語アクセント指向」），東京都五日市町乙津の夫婦ペア

(地点番号：5696.66／妻：C群「関東方言アクセント指向」→東京都区内勤務・夫：B群「共通語アクセント指向」）などが具体的な事例として観察対象となるだろう．

6．試行により提示したこと

　以上，3類を用いてデータ構造を把握することによって，アクセントの変化や，「ゆれ」の指向性と話者の指向性について帰納的に解釈を与えてきた．また，その解釈を与える過程の明示化についても試みてきた．

　以上の試行は，複雑な要因のからむフィールドデータ分析のてがかりとして提示してきたつもりである．また，この手法は，異なる方法によって収集された先行研究どうしの結果の比較・検討にも適用できる可能性ももつと考えている．この点については，今後の検討課題とする．

7．おわりに

　一方，今回の試行から以下のような問題点も確認できた．まず，3類を用いることによる制約である．次に，分析に用いる項目の選定とその選定基準についての検討が不足しているということである．項目による結果の安定性がどの程度保証されているのかということであるが，これらは今後の課題とする．

1　抽象的なレベルにおける「アクセント変化の要因」について検討したものには，秋永一枝（1957），相澤正夫（1984）などが存在しているが，本章は変化要因のモデルについては触れない．また，「アクセントの個人差」に着目した研究について展望したものに上野善道（1978）があるが，そこで取り上げられている「個人差」はむしろ，社会的属性差に近いものと考える．

2　仮説検証的な要因分析ならば数量化理論第1類が有効と考えるが，数量化理論第1類は，先験的情報に基づくもので，仮説の範囲内のことは明らかにするが，仮説の範囲を超えるものについては，分析できないと考える．また，数量化理論第1類では，データ内の構造―各変異／話者間の関係性―がみえにくい．

3　成分の個数の決定は，分析者がいくつかの指標によって行なう．たとえば，解析結果として算出される各成分の固有値の大きさや，ある個数までの成分によってもとのデータ全体の何割が説明可能かを表す累積説明率などを指標として用いることが多い．

4 　クラスター分析における閾値の打ち切りは分析者によるが，クラスター内部の項目／個数は恣意的なものではない．
5 　「移動」は1年以上をもって，「有」と認定した．15歳を境としたのは，言語形成期を意識した．15歳以前ではほとんどが，「移動無」だが，県内移動有が7人，関東地方内移動有が3人であった．15歳以上では，関東地方外移動有が20人いるが，日中戦争，第2次世界大戦時の出征や疎開，または大学等の高等教育機関在学期間中のものである．
6 　秋永一枝 (1967)；同 (1996)，飯豊毅一・日野資純・佐藤亮一 (編) (1984)，稲垣滋子 (1970，1986)，大橋勝男 (1989)，金田一春彦 (1942)，同 (1958)，小林滋子 (1961．09，1961．12)，佐藤亮一他 (1991)，真田信治・小沼民子 (1978)，柴田武 (1983)，日野資純 (1984．04，1984．06，1986)，山口幸洋 (1982)，渡辺喜代子 (1983) を参照した．指向性解釈に際しての「先験的知識」において，大橋勝男 (1992)，佐藤亮一他 (1993)，三井はるみ (1996) も参照した．
7 　短文リスト読み上げ式調査において，個人内の「ゆれ」もまれに観察されたが，本試行では原則として第1回答をデータとして用いた．話者コメント等については，別途調査時に記録は行なったが，3類のための分析データや本章における解釈には反映させていない．
8 　2拍名詞「寺」は，金田一春彦 (1964) 以降，II類から除外されている．秋永一枝他 (1997) では「II類か」とする．中井幸比古 (1987) ではII類としていない．
9 　稲垣滋子 (1986) において，三多摩地域の話者に「柱1型」が集中して出現しているが，田中ゆかり (1993) より，三多摩地域の話者にのみ観察されるアクセント型ではない．第3部第1章参照．
10 　音声・アクセントの場合に顕著であろうと予測される．
11 　この話者の「飛び地」的性質が，神奈川県域との人的ネットワークの結果という考えも場合によっては成立するが，この話者は，地元県警勤務という職場・職種ともに埼玉県に密着したものであるため，そのような理由によるとは考えにくい．

第3章
外来語アクセント平板化現象の実態と意識

1．はじめに

　外来語のアクセント型は，秋永一枝（1958）によれば，おおよそ次のようなアクセント型をとることが基本とされている．
　［1］2拍語：原則頭高型（1型）
　［2］3拍語：原則頭高型（1型）
　［3］4拍以上語：原則―3拍目にアクセント核が付与される[1]
　［4］古く入った語や，日常頻繁に使用される3・4・5拍語は平板（0型）化する傾向
　ここでは，首都圏において進行しつつある外来語平板化現象を取り上げる．外来語平板化現象とは，外来語アクセントが上記［1］～［3］までの原則に従った有核型アクセントから下がり目をもたない平板アクセント型（0型）に移行しつつある現象のことを指す．
　外来語アクセント平板化現象（以下，平板化現象）は，アクセント変化事象としては，社会的話題としても取り上げられることが多い，流行語的勢力拡張傾向を示す言語変化事象である[2]．アクセント変化事象の多くが，「気づきにくい」事象であることに比べると，きわめて「気づきやすい」事象であるといえる．
　平板化現象を「気づきやすい」新しい言語変化事象としてとらえ，首都圏生育の高年層と高校生を対象とした調査に基づき，いくつかの観点から検討していく．つまり，首都圏における「気づきやすい」新しいアクセント変化現象がどのように拡張していくのか，逆にそのようなケースにおいて，従来のアクセント型がどのように消失していくのか，という変化過程の観察とその考察ということになる．
　まず，高年層と若年層における実態調査の結果から，首都圏においても平板化現象が短期間に拡張したことを確認し，高校生に対して実施した意識調

査の結果から，平板化現象は，実態と意識がかならずしも一致していないことをみていく．次に，平板化現象に関連した項目において，拡張傾向にある平板型や，退縮傾向にある従来型の1型に対して，それぞれ一定のイメージが付与されていることなどを示していく．

2．平板化現象にかんする先行研究

　平板化現象については，どのような言語内的条件を備える項目において平板型が生起しやすいのかという観点からの指摘と，社会言語学的観点から平板化現象の実態について検討した先行研究が存在する．

　平板型が生起しやすい言語内的条件としては，次のようなことが指摘されている．

　[1] 4拍語（秋永一枝，1958；秋永一枝，1965）
　[2] 最終拍が広母音のもの（秋永一枝，1965；佐藤大和，1989）
　[3] 語末が軽音節の連続で終わる4拍語（窪薗晴夫・太田聡，1998）

　社会言語学的観点からの指摘としては，次のような傾向が指摘されている．

　[4] 集団語に0型が多い（秋永一枝，1958；秋永一枝，1965；井上史雄，1992．02a；井上史雄，1992．02b）
　[5] 流行志向の若年層ほど0型が多い（井上史雄，1992．02a；井上史雄，1992．02b）
　[6] 馴染み度の高い項目ほど0型が多い（秋永一枝，1958；加藤大鶴，1999）

　また，先行研究の結果から，次のようなことが指摘できる．

　[7] 同音異義語のペアが存在する場合，一方が一時的に0型となる場合が多い
　[8] [7]の場合，より新しい語や意味が0型になる場合が多い

　平板化現象が首都圏若年層に拡張していることについては，坂梨隆三（1990），馬瀬良雄・安平美奈子（1992）などでも指摘されている．また，平板化現象がアナウンサーレベルにおいても拡張していることが，篠原朋子（1984），最上勝也（1987），加治木美奈子（1998）などから分かる．

また，外来語の0型アクセントは，地方都市においてラジオ・テレビなどの放送を媒介として「若者」・「都会」といったイメージで受容されている（馬瀬良雄・安平美奈子，1992；馬瀬良雄，1997）という指摘もある．

3．調査概要

首都圏生育の高年層を対象とした調査と，首都圏生育の高校生を対象とした調査を行なった．調査地の行政区画，地方自治体名などは調査当時のものとする（以下，同様）．また，項目ごとに読み誤り，読み飛ばし，録音の不備，無回答などによるデータ欠損を含むため，有効回答数は項目により異なる．

調査項目は，2．で示した先行研究における調査語の3拍名詞の中から，平板化率の高い項目，中程度の項目，ほとんど平板化していない項目からそれぞれ選び，同音異義語のペアを作るために独自項目を追加した．

3.1.高年層調査概要

高年層調査は，1992年5月〜11月に実施した．調査対象は，東京都・埼玉県・神奈川県・静岡県生育の調査当時原則60歳以上の男女72人．分析項目は，アクセント項目143項目のうち3拍名詞外来語16項目（「バイク」・「ドラマ」・「ギター」・「ドラム」・「ビデオ（テープ）」・「ビデオ（デッキ）」・「(ビデオ）デッキ」・「(船などの乗り物の）デッキ」・「データ」・「(音楽の）パート」・「パート（タイム）」・「ショップ」・「テレビ」・「ケーキ」・「(野球の）チーム」・「(若者の）チーム」）で，面接調査におけるリスト読み上げ式調査を行なった．

3.2.高校生調査概要

高校生調査は，1992年5月〜10月に実施した．外来語アクセントを含むアクセント・イントネーションに関連した短文リスト読み上げ式調査と，外来語アクセントを含む聞き取りアンケート調査の2種類を実施した．ここで分析対象とする高校生は，2種類の調査に参加した首都圏生育者220人．高校ごとの内訳は次の通り．

地点番号	高校名（所在地）	
5688.86	浦和市立浦和高校（埼玉県浦和市）	6人
5697.71	明大中野八王子高校（東京都八王子市）	10人
5698.45	東京都立田柄高校（練馬区光が丘）	15人
5698.72	東京都立武蔵野北高校（武蔵野市八幡町）	24人
6607.64	神奈川県立相模原高校（相模原市横山）	17人
6608.31	神奈川県立生田高校（川崎市多摩区）	44人
6617.45	神奈川県立海老名高校（海老名市中新田）	45人
6628.20	神奈川県立七里ガ浜高校（鎌倉市七里ガ浜東）	21人
6628.46	神奈川県立横須賀高校（横須賀市公郷町）	38人
	計	220人

外来語の実態調査項目は，「バイク」・「ドラマ」・「ギター」・「（ビデオ）デッキ（以下，Ｖデッキ）」・「（船など乗り物の）デッキ（以下，Ｓデッキ）」・「データ」・「ショップ」・「テレビ」の3拍名詞8項目.

聞き取りアンケート調査は，実態調査に用いた8項目の外来語アクセント項目を含む20項目について「新しい発音」と「従来の発音」を聞かせ，当該の発音に対する判定（○自分と同じ，△自分は使わないが聞く，×使わないし聞いたこともない）」と，その発音に対してもつイメージ（新しい，古い，正しい，誤り，年寄り，若者，子供，都会，田舎，方言，くだけた，丁寧，かっこいい，かっこ悪い，かわいい，憎らしい，軽薄，重厚の18項目から該当するイメージをチェック）を回答させた．

4．平板化現象実態調査の結果

高年層と高校生における短文リスト読み上げ式調査の結果を示す．実態調査において現れたアクセント型を「実現型」と呼ぶ．

4.1. 高年層調査における平板化現象の実態

高年層における短文リスト読み上げ式調査の結果は，表1の通り．全体と

して，3拍外来語の従来型である1型が実現型の優勢型として現れている．一部には，3拍名詞における関東方言アクセント型（金田一春彦，1942）である2型が実現型として現れている．0型が実現型として現れることは多くないことが分かる．

表1．高年層外来語アクセント実現型（n=72）：0型出現率降順

項目	0型%	1型%	2型%	欠損値
ドラムを	19.7	74.6	5.6	1
（音楽の）パートを	14.3	84.3	1.4	0
ビデオ（デッキ）で	5.6	91.5	2.8	1
（ビデオ）デッキを	5.6	94.4	0.0	0
ビデオ（テープ）を	4.2	88.9	6.9	0
（乗り物の）デッキに	4.2	95.8	0.0	0
データを	4.2	95.8	0.0	0
パート（タイム）に	4.2	95.8	0.0	0
ドラマの	2.8	94.4	2.8	1
ギターを	0.0	94.4	5.6	1
バイクに	0.0	100.0	0.0	1
ショップに	0.0	100.0	0.0	0
テレビを	0.0	100.0	0.0	0
ケーキを	0.0	100.0	0.0	1
（野球の）チームに	0.0	100.0	0.0	0
（若者の）チームに	0.0	100.0	0.0	2

　外来語16項目のうち，10％以上0型が現れたのは「ドラム」・「（音楽の）パート」のみで，「バイク」，「ギター」，「ショップ」，「テレビ」，「ケーキ」，「（野球の）チーム」，「（若者の）チーム」の7項目において0型は1例も出現しなかった．以上から，調査時点の首都圏高年層においては平板化現象はほとんど浸透していない段階にあることが分かる．
　若干平板化が進行している項目についても，上位2項目が音楽にかんする項目であるほか，同音異義語におけるアクセント型の使い分けをしている様子もうかがえない．音楽にかんする項目が先行して平板化している理由は分からない．
　2型は，「ビデオ（テープ）」5例，「ドラム」・「ギター」各4例，「ドラマ」・「ビデオ（デッキ）」各2例，「（音楽の）パート」1例出現した．「パー

ト」は2拍目が/R/,「バイク」は2拍目が連母音の後部成素の/i/と,それぞれ特殊拍にもかかわらず2型が1例ずつ出現している．ここからうかがえることは，高年層にとっては，3拍名詞における関東アクセント型である2型は，外来語アクセント型として採用される程，馴染みの深いアクセント型であるということが推測される．

4.2. 高校生調査における平板化現象の実態

　高校生調査における短文リスト読み上げ式調査による結果は，図1の通り．高校生においては，項目によるばらつきがみられるものの，全体としては平板化現象がかなり拡張している様子がうかがえる．外来語の0型は実現型として相当程度受容されている一方,「テレビ」のようにまったく平板化現象にかかわらない項目も存在している．

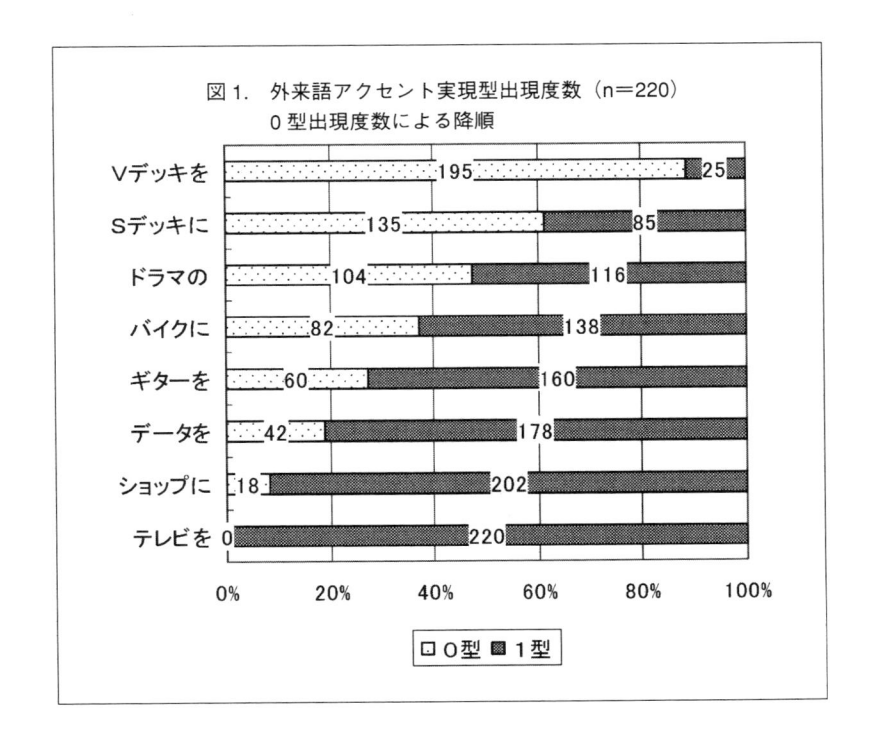

図1. 外来語アクセント実現型出現度数（n=220）
0型出現度数による降順

項目	0型	1型
Vデッキを	195	25
Sデッキに	135	85
ドラマの	104	116
バイクに	82	138
ギターを	60	160
データを	42	178
ショップに	18	202
テレビを	0	220

0型が実現型とした現れた7項目のうち，「Vデッキ」の0型出現率が88.6％ともっとも高い．ついで同音異義語である「Sデッキ」が61.4％と0型が出現している．「Vデッキ」と「Sデッキ」との実現型の組み合わせをみると，表2の通りとなっており，どちらも0型の実現型をもつ回答者がもっとも多く，どちらも1型の実現型をもつ回答者を加えると6割以上が，この同音異義語のペアにおけるアクセントによる弁別を行なっていないことが分かる．

表2.「Vデッキ」・「Sデッキ」実現型組み合わせ

「Vデッキ実現型・Sデッキ実現型」	回答者数（％）
「Vデッキ0型・Sデッキ0型」	123人（55.9％）
「Vデッキ0型・Sデッキ1型」	72人（32.7％）
「Vデッキ1型・Sデッキ1型」	13人（ 5.9％）
「Vデッキ1型・Sデッキ0型」	12人（ 5.5％）

　項目によっては，実現型の現れ方において性差あるいは学校差が認められたものもある[3]．

　性差の認められた項目は，「Vデッキ（図2）」，「ギター（図3）」であった．「Vデッキ」は女子に，「ギター」は男子に0型が多い．

　学校差の認められた項目は，「Sデッキ（図4）」，「ドラマ（図5）」，「ショップ（図6）」の3項目．それぞれの図中に0型が多い高校には☆を，1型が多い高校には★を付した．

　それぞれにおいて0型出現率の高い高校は，「Sデッキ」田柄高校（東京都練馬区），「ドラマ」生田高校（神奈川県川崎市），「ショップ」武蔵野北高校（東京都武蔵野市）となり，調査域内において東京中心部に地理的に近い3高校となっている．1型出現の高い高校は，「Sデッキ」明大中野八王子高校，「ショップ」明大中野八王子高校・横須賀高校と，それぞれ東京中心部からの地理的・時間的距離がもっとも遠い2高校となった．このことからは，平板化現象についても東京中心部ほど早く進み，東京中心部から距離がある高校ほどその進行が遅れていることがうかがえる．

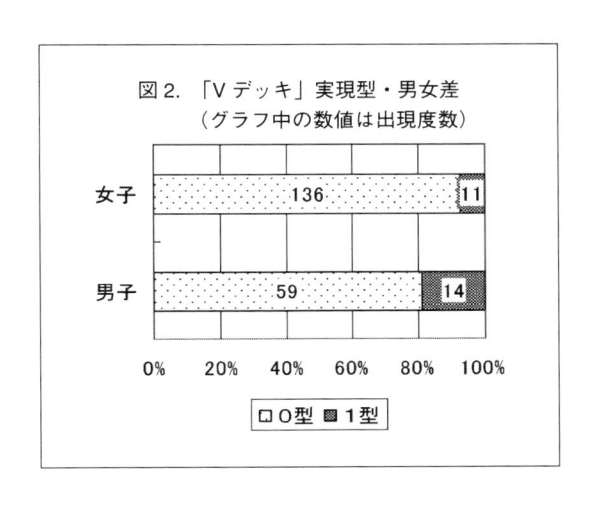

図2.「Vデッキ」実現型・男女差
（グラフ中の数値は出現度数）

女子　136　　11
男子　59　　14

0%　20%　40%　60%　80%　100%

□ 0型　■ 1型

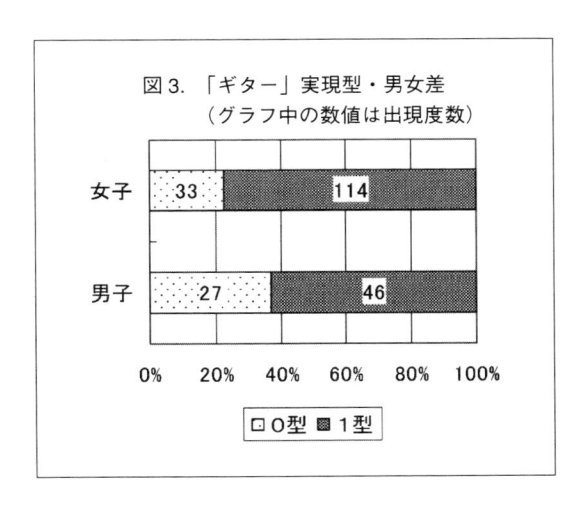

図3.「ギター」実現型・男女差
（グラフ中の数値は出現度数）

女子　33　　114
男子　27　　46

0%　20%　40%　60%　80%　100%

□ 0型　■ 1型

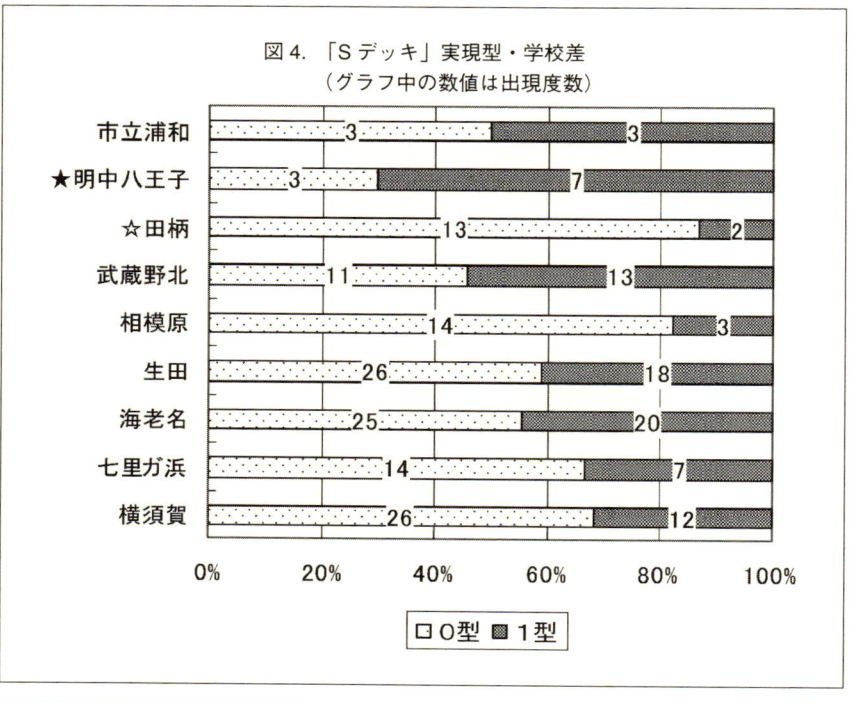

図4.「Sデッキ」実現型・学校差
（グラフ中の数値は出現度数）

学校	O型	1型
市立浦和	3	3
★明中八王子	3	7
☆田柄	13	2
武蔵野北	11	13
相模原	14	3
生田	26	18
海老名	25	20
七里ガ浜	14	7
横須賀	26	12

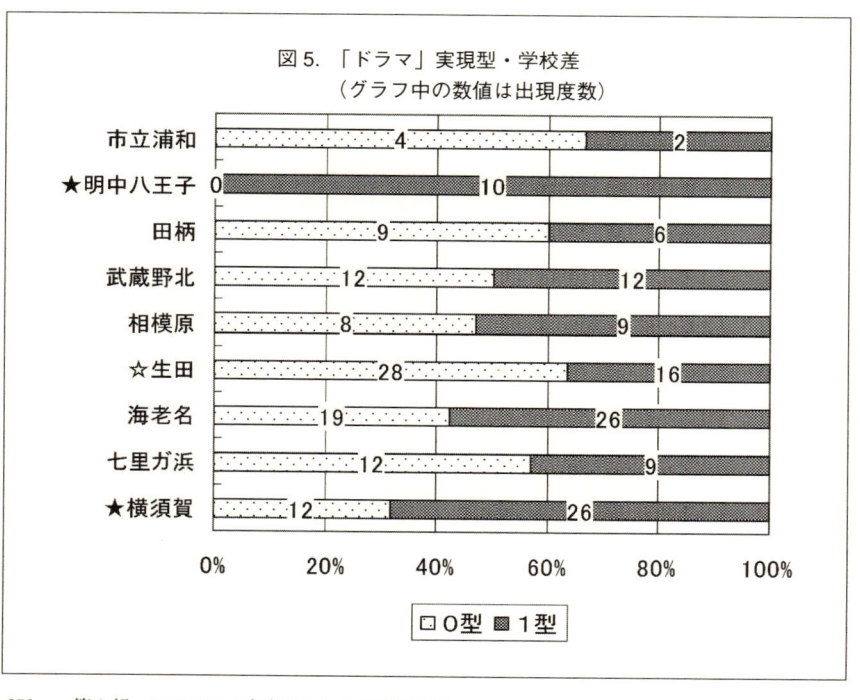

図5.「ドラマ」実現型・学校差
（グラフ中の数値は出現度数）

学校	O型	1型
市立浦和	4	2
★明中八王子	0	10
田柄	9	6
武蔵野北	12	12
相模原	8	9
☆生田	28	16
海老名	19	26
七里ガ浜	12	9
★横須賀	12	26

258　第3部　アクセント変容からみた首都圏方言

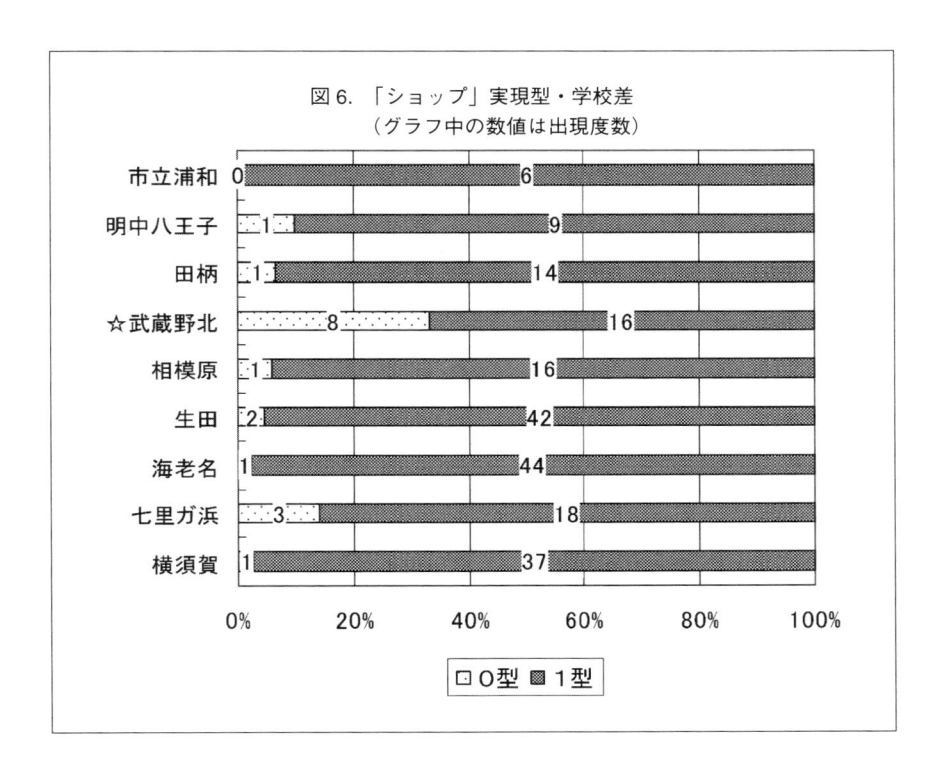

図6．「ショップ」実現型・学校差
（グラフ中の数値は出現度数）

学校	0型	1型
市立浦和	0	6
明中八王子	1	9
田柄	1	14
☆武蔵野北	8	16
相模原	1	16
生田	2	42
海老名	1	44
七里ガ浜	3	18
横須賀	1	37

4.3. 平板化現象の実態調査における高年層と高校生の比較

　高年層と高校生を対象とした平板化現象実態調査の結果を比較する（図7）．

　実現型0型の出現率をみると，高年層から高校生の2世代の間に平板化現象が急速に拡張したことが分かる．「バイク」を除くと，高年層の0型出現率は，高校生0型出現率と平行的で，この観点からみると高年層においても平板化現象がはじまりつつあることがうかがえる．

4.4. 実現型からみた平板化現象

　実現型における0型出現率データから，平板化現象を総合的にみると，高年層から高校生までの2世代の間に，東京中心部から周辺部に，急速に拡張してきた現象であることが分かる．

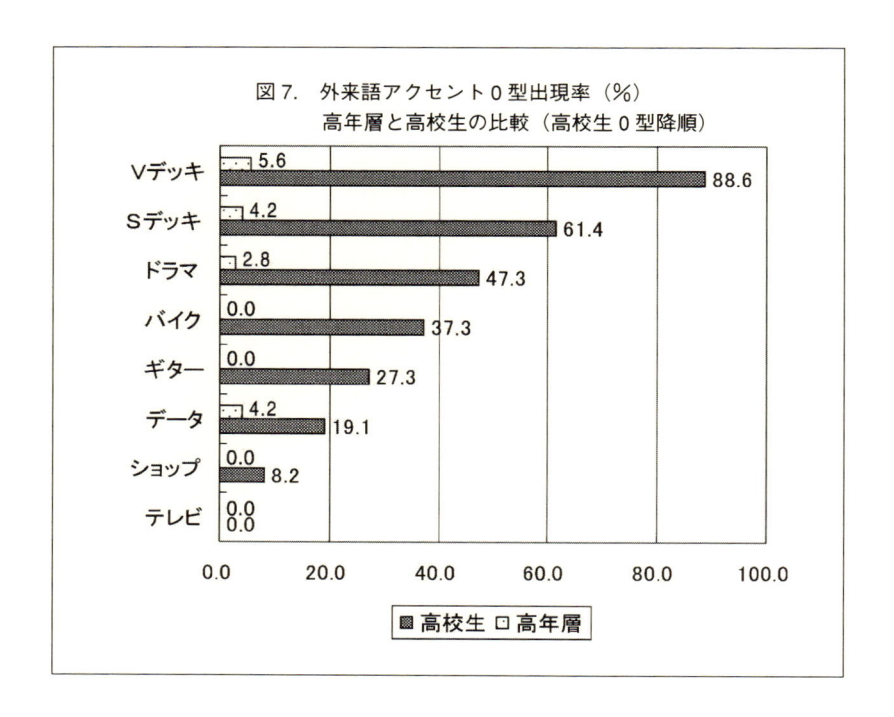

図7. 外来語アクセント0型出現率（%）
高年層と高校生の比較（高校生0型降順）

語	高年層	高校生
Vデッキ	5.6	88.6
Sデッキ	4.2	61.4
ドラマ	2.8	47.3
バイク	0.0	37.3
ギター	0.0	27.3
データ	4.2	19.1
ショップ	0.0	8.2
テレビ	0.0	0.0

　一方，「テレビ」のように平板化現象にかかわらない項目が存在していることも明らかであるが，言語内的・外的に示された先行研究における平板化する条件に照らしてみても，とくに「テレビ」平板化の抑制条件が見当たらず，その理由はよく分からない[4]．

5．高校生聞き取りアンケート調査の結果

　聞き取りアンケート調査の結果は，4．で検討した実現型とは異なり，意識として当該の型をもつか否かということになる．「○反応」は意識としてその型をもち，「△・×反応」は意識としてその型をもたない，ということを意味する．「△反応」は自分の意識上ではもたないものの周囲では聞く型であることを示し，「×反応」は自分の意識上でもその型をもたず周囲でも聞かない型であることを示す．実現型に対し，意識としてもつ型という観点から，聞き取りアンケート調査による結果を「意識型」と以下では呼ぶこと

にする．

　意識型は，実現型の未来予測の指標とみることが可能と考える．W. Labov (1966, p. 240) において，「上流階級の発音」という威光をもつ発音が Minimal pairs, Words lists, Reading style, Careful speech, Casual speech の順に多く出現しているという結果からも，実現型に比べ意識型において使用率が高い発音は，話者によって「志向」されている発音であると考えられる．意識型出現率の高さはその方向への変化のポテンシャルの高さの指標になると考える．

5.1. 聞き取りアンケート調査結果概要

　高校生を対象とした聞き取りアンケート調査の結果を図8に示す．図8は，当該の型を意識型としてもつ「〇反応」の多い順に示した．従来型である1型がほぼ上位に，新しい型である0型が下位に配置されている．全体としては，意識型レベルにおいては，従来型である1型が主流で，新しい0型の多くはまだ1型の勢力には及んでいないことが分かる．しかし，「テレビ1型」をのぞけば，すべての1型項目において，「△反応」や「×反応」が現れており，1型が安定的であるとはいえない．同様に0型にも「△反応」や「×反応」が現れているため，安定的であるとはこちらもいえない状況にある．0型項目において，「△反応」が「×反応」よりも相対的に多い項目は，より平板化していくポテンシャルの高い項目と推測できる．

5.2. 高校生調査における実現型と意識型

　4．で述べた実現型と，5.1.で概観した意識型との関係をみる．0型についての実現型と意識型の関係を示したものが図9．1型についての実現型と意識型の関係を示したものが図10．

　すべての項目において，実現型と意識型には差異が認められる．両者の差異は，個人内・個人間において，少なくとも意識上においては従来型の1型と新しい型の0型が並存していることを含意していると解釈できる．併せて，意識型が実現型よりも多く出現しているものについては，意識型方向への変化のポテンシャルの大きさを示すと解釈できる．このように考えると，

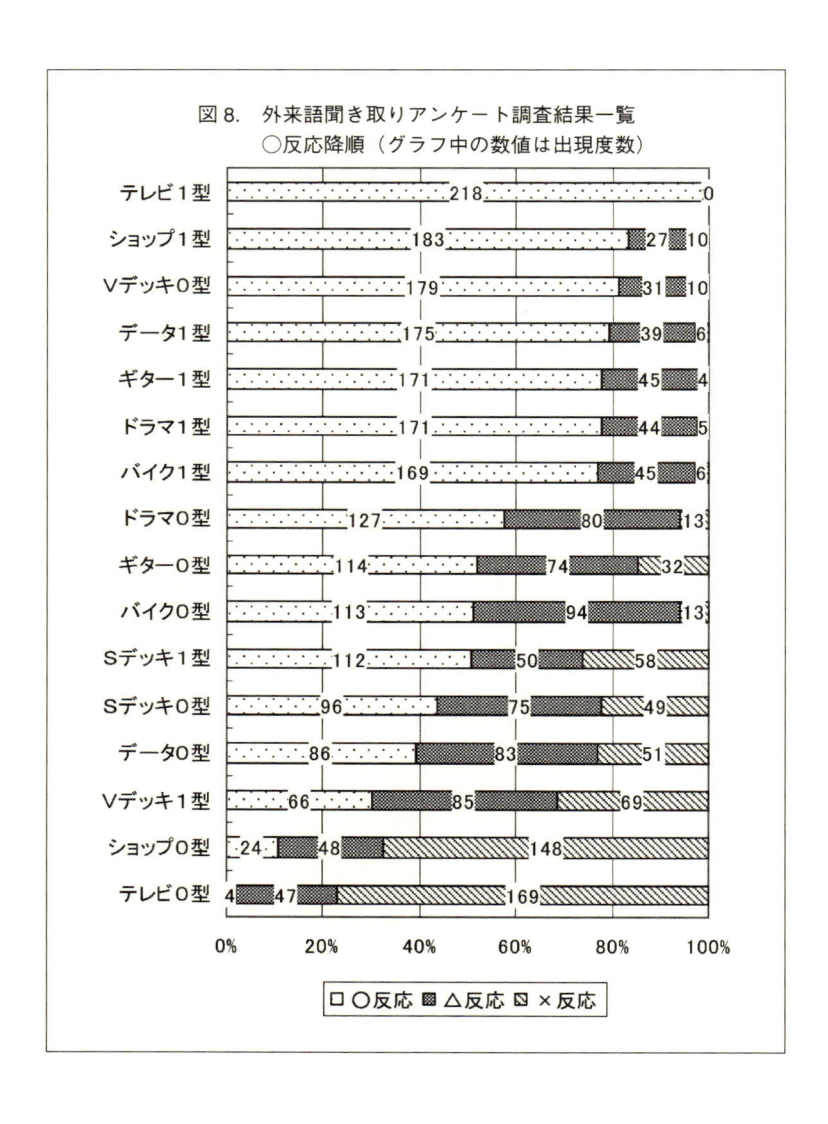

図8. 外来語聞き取りアンケート調査結果一覧
　　　　○反応降順（グラフ中の数値は出現度数）

項目	○反応	△反応	×反応
テレビ1型	218		0
ショップ1型	183	27	10
Vデッキ0型	179	31	10
データ1型	175	39	6
ギター1型	171	45	4
ドラマ1型	171	44	5
バイク1型	169	45	6
ドラマ0型	127	80	13
ギター0型	114	74	32
バイク0型	113	94	13
Sデッキ1型	112	50	58
Sデッキ0型	96	75	49
データ0型	86	83	51
Vデッキ1型	66	85	69
ショップ0型	24	48	148
テレビ0型	4	47	169

図9. 外来語実現型と意識型0型出現率（％）0型実現型降順

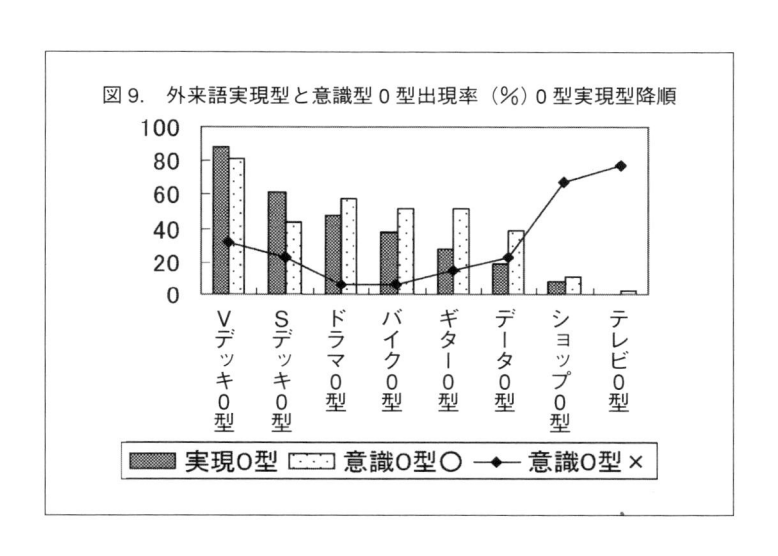

　　　実現0型　　意識0型○　　意識0型×

図10. 外来語実現型と意識型1型出現率（％）1型実現型昇順

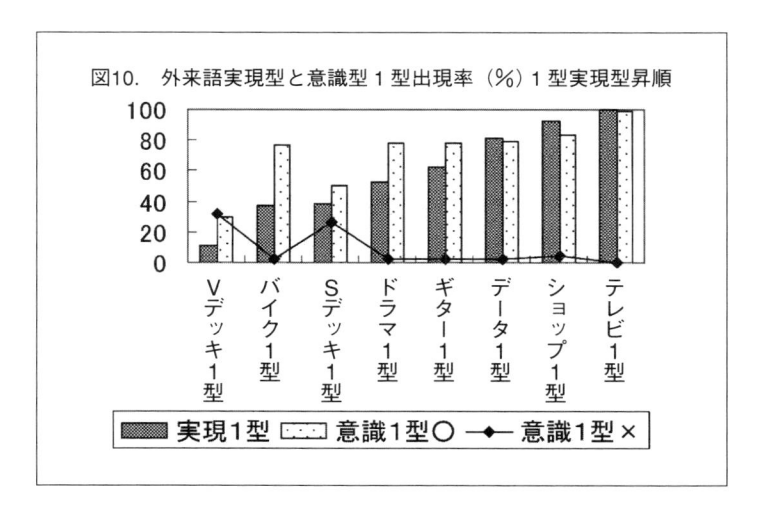

　　　実現1型　　意識1型○　　意識1型×

第3章　外来語アクセント平板化現象の実態と意識　　263

0型方向へはすでに9割近く0型で実現されている「Vデッキ」をのぞく7項目すべてに意識型における0型が多く現れているのに対し，1型方向に意識型が多く出現している項目は5項目となっている．意識型の現れ方からは，0型方向を目指す項目が多いことが示されている．

「×反応」は，それぞれの方向に向う変化の抑制効果となることが推測される反応である．半数以上が0型に対して「×反応」をしている「ショップ」，「テレビ」は他項目に比べて平板化が遅れることが予想される．

5.3. 聞き取りアンケート調査結果：性差のある項目

聞き取りアンケート調査結果において，性差の確認された項目についてみていく[5]．「Vデッキ（図11）」，「ドラマ（図12）」，「Sデッキ（図13）」の3項目に性差が認められた．いずれの項目においても，0型を意識型としてもつ「○反応」は女子に多く，意識型としてもたない「△反応」または「×反応」は男子に多いことが分かる．少なくともこの3項目において，女子は，男子に比べ意識型として0型をもつことが多いということになる．ここから，意識上の平板化推進役としては，女子の担うところが大きいといえる．

5.4. 聞き取りアンケート調査結果：学校差のある項目

聞き取りアンケート調査結果において，学校差が確認された項目についてみていく[6]．

学校差の認められた項目は，「Vデッキ（図14）」，「ギター（図15）」，「バイク（図16）」，「データ（図17）」，「ショップ（図18）」の5項目．

意識型として0型をもつ0型「○反応」が多いと認められた高校は，海老名高校（「ギター」，「バイク」，「データ」），相模原高校（「Vデッキ」），市立浦和高校（「データ」），武蔵野北高校（「ショップ」）．図中に，0型「○反応」が多い高校には○を付した．

一方，意識型として0型をもたない「△反応」または「×反応」が多いと認められた高校は，田柄高校（「Vデッキ」，「バイク」，「データ」），武蔵野北高校（「Vデッキ」），生田高校（「バイク」），明大中野八王子高校（「データ」），海老名高校（「ショップ」）となった．図中に0型「△反応」・「×反

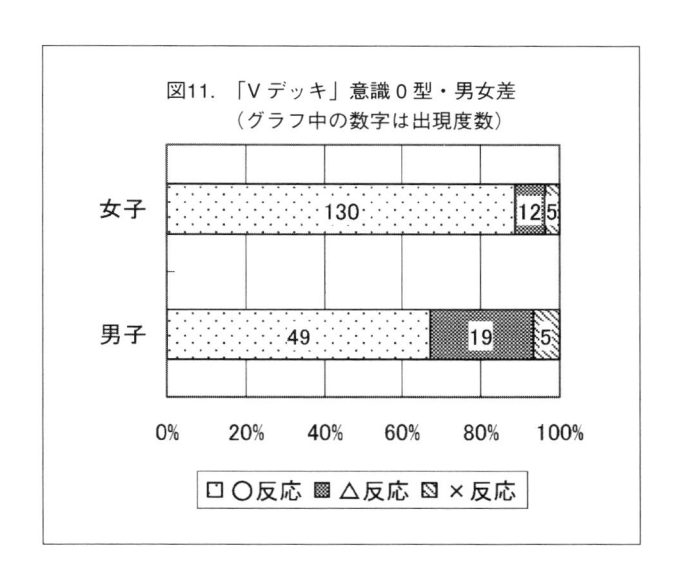

図11.「Ｖデッキ」意識 0 型・男女差
（グラフ中の数字は出現度数）

女子: ○反応 130 / △反応 12 / ×反応 5
男子: ○反応 49 / △反応 19 / ×反応 5

□○反応 ▨△反応 ▧×反応

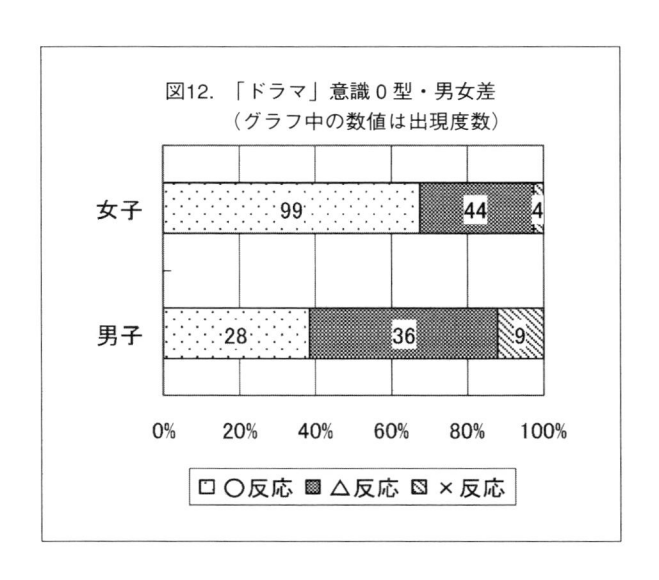

図12.「ドラマ」意識 0 型・男女差
（グラフ中の数値は出現度数）

女子: ○反応 99 / △反応 44 / ×反応 4
男子: ○反応 28 / △反応 36 / ×反応 9

□○反応 ▨△反応 ▧×反応

図13.「Sデッキ」意識0型・男女差
（グラフ中の数値は出現度数）

	○反応	△反応	×反応
女子	76	43	28
男子	20	32	21

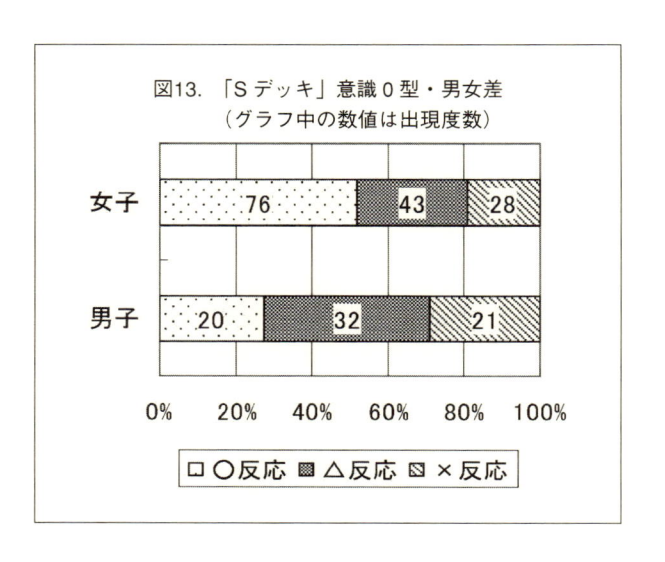

図14.「Vデッキ」意識0型・学校差
（グラフ中の数値は出現度数）

	○反応	△反応	×反応
市立浦和	6		0
明中八王子	9	1	0
×田柄	8	3	4
×武蔵野北	16	4	4
○相模原	17		0
生田	36	8	0
海老名	40	4	1
七里ガ浜	19	2	0
横須賀	28	9	1

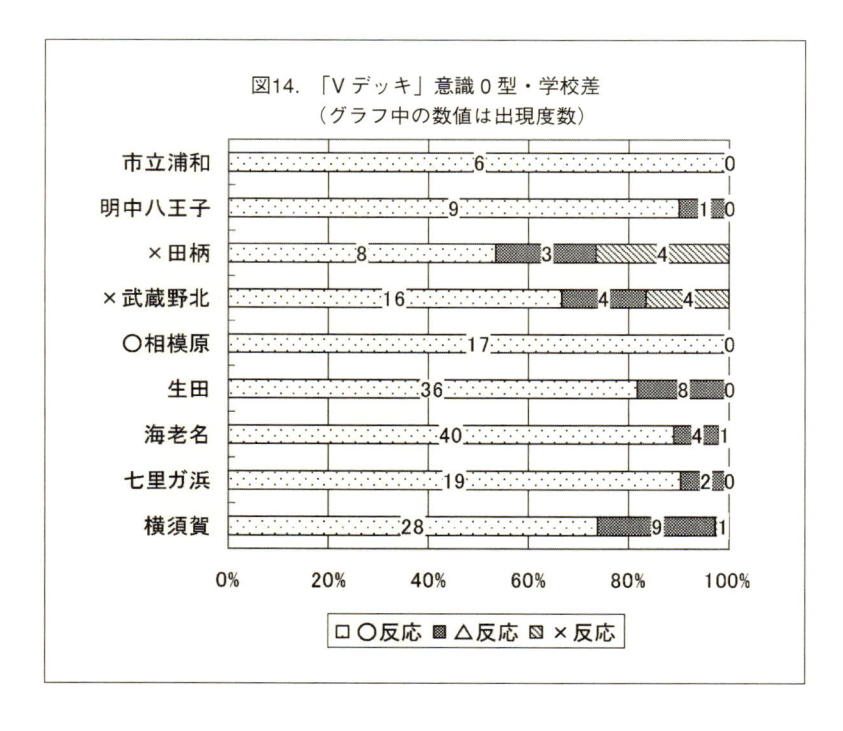

図15. 「ギター」意識0型・学校差
（グラフ中の数は出現度数）

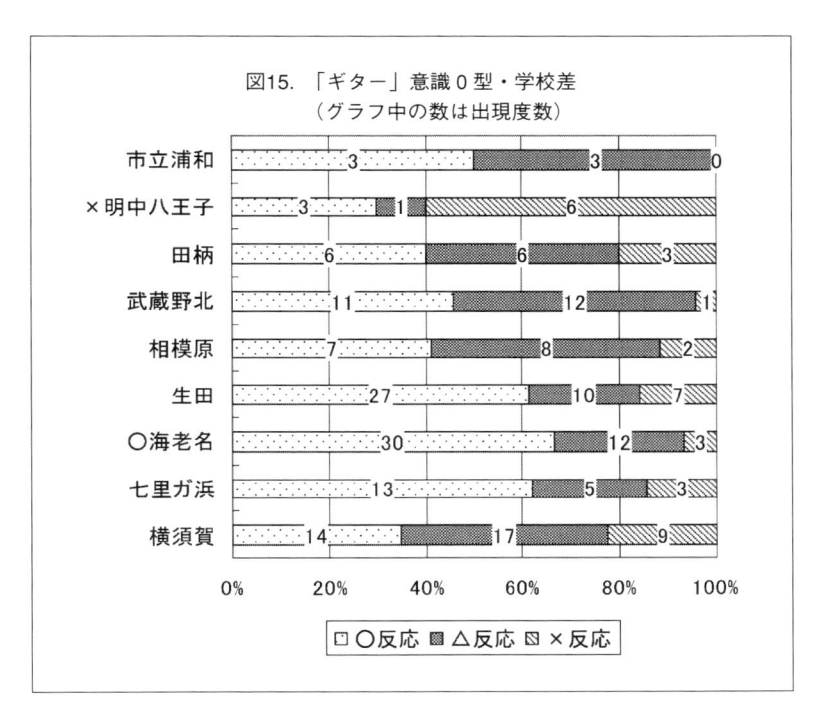

学校	○反応	△反応	×反応
市立浦和	3	3	0
×明中八王子	3	1	6
田柄	6	6	3
武蔵野北	11	12	1
相模原	7	8	2
生田	27	10	7
○海老名	30	12	3
七里ガ浜	13	5	3
横須賀	14	17	9

図16. 「バイク」意識0型・学校差
（グラフ中の数値は出現度数）

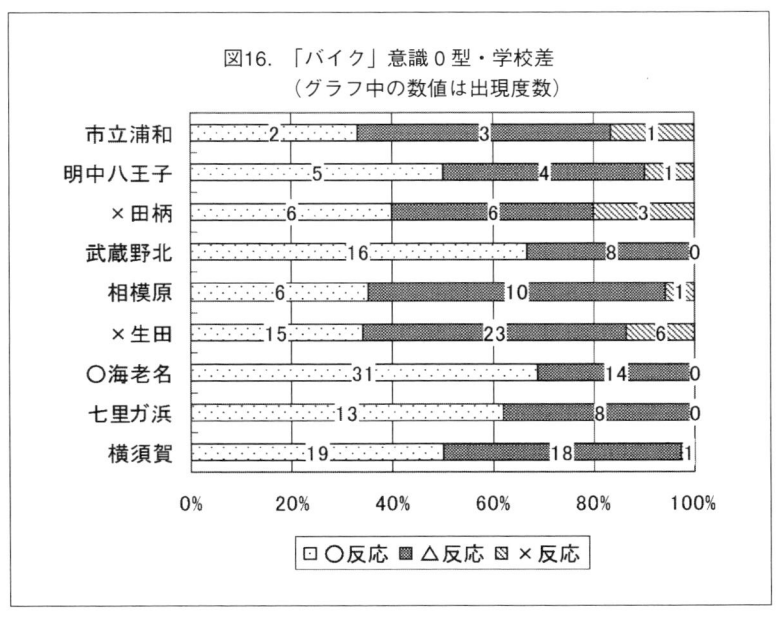

学校	○反応	△反応	×反応
市立浦和	2	3	1
明中八王子	5	4	1
×田柄	6	6	3
武蔵野北	16	8	0
相模原	6	10	1
×生田	15	23	6
○海老名	31	14	0
七里ガ浜	13	8	0
横須賀	19	18	1

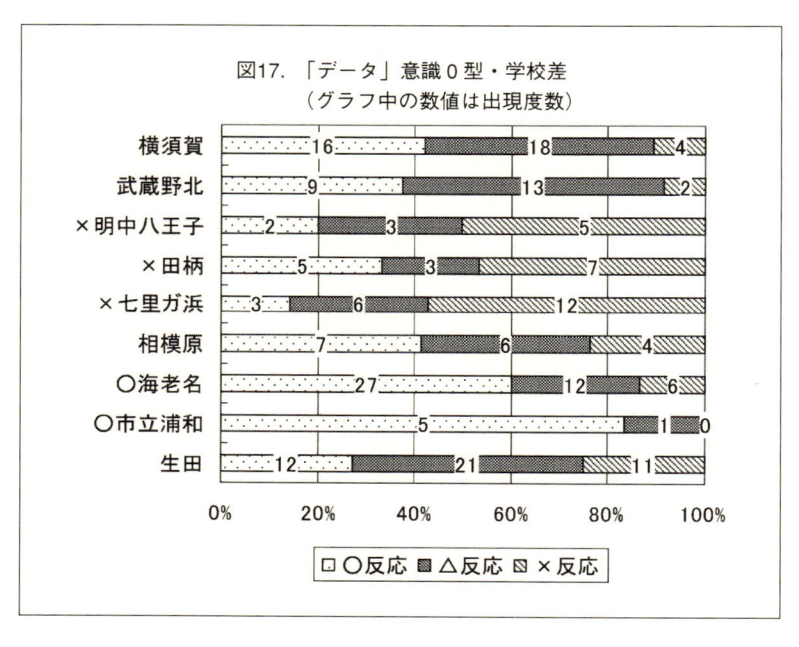

図17.「データ」意識0型・学校差
（グラフ中の数値は出現度数）

学校	○反応	△反応	×反応
横須賀	16	18	4
武蔵野北	9	13	2
×明中八王子	2	3	5
×田柄	5	3	7
×七里ガ浜	3	6	12
相模原	7	6	4
○海老名	27	12	6
○市立浦和	5	1	0
生田	12	21	11

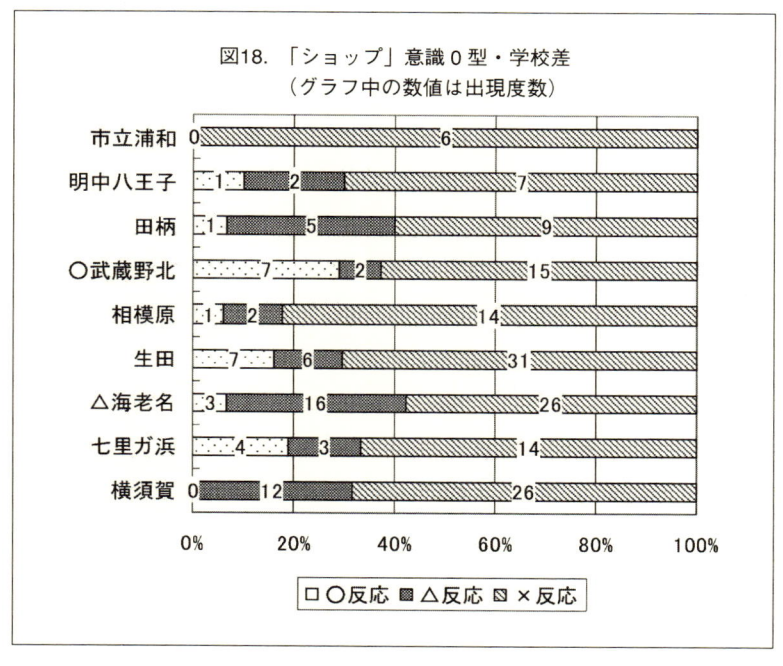

図18.「ショップ」意識0型・学校差
（グラフ中の数値は出現度数）

学校	○反応	△反応	×反応
市立浦和	0	0	6
明中八王子	1	2	7
田柄	1	5	9
○武蔵野北	7	2	15
相模原	1	2	14
生田	7	6	31
△海老名	3	16	26
七里ガ浜	4	3	14
横須賀	0	12	26

応」が多い高校には，それぞれ△・×を付した．

　実現型の結果から確認されたような東京中心部とのかかわりはみいだせない．個別的に平板化現象に対するポテンシャルの高い高校として海老名高校を，ポテンシャルの低い高校として田柄高校を指摘することができるにとどまる．海老名高校は神奈川県県央地区の海老名市に位置し，田柄高校は東京都練馬区に位置する．

6．高校生調査におけるアクセント型イメージ

　高校生聞き取りアンケート調査における各アクセント項目に対するイメージについてみていく．各項目に対して全回答者数220を分母とした各イメージ語選択率を示したものが表3．

　表3は，実現型において0型出現率の高い順に配置している．同じ語彙に対して0型項目か1型項目かでイメージの選択率に10%以上の差が認められたイメージ語において選択率の高いセルを白黒反転させている．また，それぞれのイメージ語に対応したセル内には，次の情報を示した．

　　1行目：当該イメージ語の選択率
　　2行目：実現型で当該イメージ語を5％水準で有意に多く選択した型[7]
　　3行目：当該イメージ語を5％水準で有意に多く選択した反応[8]
　　　※（　）内の−記号付表示は，5％水準で有意に少なく選択した反応[9]

　たとえば，「ギター0型」の「新しい」のセルを例にあげると，次のような意味となる．「ギター0型」に対して「新しい」というイメージ語は回答者全体の16.4%によって選択され，10%以上「ギター1型」に対する回答よりもより多く「新しい」が選択されたことを表している．また，実現型で0型をもつ回答者はもたない回答者より多く「新しい」というイメージを選択しており，聞き取りイメージ調査において「ギター0型」に対して「○反応」をした回答者が「△／×反応」をした回答者より多く「新しい」というイメージ語を選択しているということを示している．

　聞き取り項目において，0型に10%以上多く選択されたイメージ語は，該

表3. 外来語項目聞き取りアンケート調査結果 (n=220)

項目(n:意識形○回答者数)	実現形%	意識形% ○反応	意識形% ×反応	新しい	古い	正しい	誤り	年寄り	若者	子供	都会
Vデッキ0型	88.6	81.4	31.4	10.9	2.3 1型 (-○)	16.5	5.9 1型 ×	0.9	18.2 ○	0.0	8.2
Vデッキ1型	11.4	30.0	31.4	3.2	12.3 ×	15.9 ○	6.8 ×	7.7	3.2 ○	1.4	3.2 ○
Sデッキ0型	61.4	43.6	22.3	2.7 ○型	0.9 ×	15.5 ○	5.7 1型 ×	1.8	4.1	0.0	3.2
Sデッキ1型	38.6	50.9	26.4	0.9	3.6 ○	20.5 ×	10.9	1.8	2.7	0.5	3.2
ドラマ0型	47.3	57.7	5.9	12.7	2.3	5.9 ○型 ×	8.6 ×	2.7	20.9	1.8 ×	10.5
ドラマ1型	52.7	77.7	2.3	4.5 △	8.2	31.8 ○	1.4 1型 ×	4.1	8.6	0.9	6.4
バイク0型	37.3	51.4	5.9	12.3	1.8	3.6	8.6 1型	1.4	39.5	1.8	13.6
バイク1型	37.3	76.8	2.7	2.7	9.1	32.3	0.5 ○型	4.5	12.3	5.9	6.8
ギター0型	27.3	51.8	14.5	16.4 ○型 ○	4.1 △	5.5 ○型 ×	9.5	2.3	30.5 ○型 ○	0.9	9.1 ○型
ギター1型	62.7	77.7	1.8	2.7	11.4 ○型 △	32.7	3.6	5.5 ○型 △	7.3	1.4	2.3
データ0型	19.1	39.1	23.2	6.8	4.1 ×	12.3 ×	4.7 ×	3.2	10.5 (-×)	0.5	8.2
データ1型	80.9	79.5	2.7	7.3 △	3.6	34.1 ○	3.2	0.9	5.0	1.4 ○型	7.3 ×
ショップ0型	8.2	10.9	67.3	5.9 ○型 ○	4.1	2.7 ○	26.4	3.2	8.2 ○	0.9	3.6 ○
ショップ1型	91.8	83.2	4.5	5.9 ○型 △	3.6 ○型	30.5 ○型	0.9 ○型 ×	3.2 ○型 △	13.2 ○型	2.7	9.5
テレビ0型	0.0	1.8	76.8	0.9 ○	5.9	0.9	32.7 ×	8.2	2.3 ○	1.8	0.9 ○
テレビ1型	100.0	99.1	0.0	5.9	1.4	45.9	0.5	1.8	7.7	7.7	6.4

【表3：セル中数値・記号】
1行目：イメージ語選択率
2行目：選択率の高い実現型
3行目：選択率の高い○△×反応

(1型間で10%以上選択率の違うイメージ)

田舎	方言	くだけた	丁寧	かっこいい	かっこ悪い	かわいい	憎らしい	軽薄	重厚
2.7 1型 △・×	1.4 △	8.2	1.8	4.1	2.7 1型	0.5	0.0	1.8	0.9
5.5	5.5	1.8	4.5	1.4	5.0 ○	0.9	0.0	0.5	2.3
5.5	1.8	1.8	1.8	0.9	1.8	0.0	0.5	1.4	0.9
3.2 ○型	1.4	0.5	2.7	1.8	2.7	0.0	0.5	1.4	1.4
5.0	4.1 ×	10.5	1.4	3.6	6.4	1.4	0.9 ×	4.1	0.0
0.9	0.0	0.5	7.7	3.2	2.7 △・×	0.0	0.5	1.8	0.9 △
9.5 ×	8.2 △・×	17.7	0.0	10.0	7.7	0.5	3.2	12.3	1.4
3.6 ○	0.9	4.7 ×	7.7	3.2	5.9 ○型 ×	1.4	0.9	2.7 △	2.7
5.5 1型 ×	4.5 ×	10.9	0.5	8.2 ○	8.2	0.5	1.8 ○型	7.3	0.9
2.3 ×	0.5	0.9	3.2	3.6	3.2 ○型 ×	0.5	0.5	0.5	0.9 △
5.0	5.5	5.0	0.0	3.6	5.9 ○型	0.5	1.8	0.9	2.7
1.8 ×	1.4 ×	0.5	4.5	1.4	1.4	0.0	0.9	1.8	2.7
2.6 ×	11.8	7.7 ○	0.5	2.7 ○	19.5 ×	0.5	2.7	6.4 ○	0.5
2.3 (−○)	0.5 ×	3.6	3.6	2.7	1.4 ×	1.8	0.5	2.3	0.0
21.4	22.7	3.2	0.0	0.5	17.3	0.0	1.8	2.3	0.9
0.5	0.9	1.4	3.6	0.9	0.0	0.0	0.0	0.9	0.0

第3章　外来語アクセント平板化現象の実態と意識

当する項目における選択率の高い順に示すと，次の通り．

　若者：「Ｖデッキ０型」，「ドラマ０型」，「バイク０型」，「ギター０型」
　くだけた：「ドラマ０型」，「バイク０型」，「ギター０型」
　誤り：「ショップ０型」，「テレビ０型」
　方言：「ショップ０型」，「テレビ０型」
　新しい：「ギター０型」
　田舎：「テレビ０型」

一方，１型に10％以上多く選択されたイメージ語は，該当する項目における選択率の高い順に示すと，次の通り．

　正しい：「ドラマ１型」，「バイク１型」，「ギター１型」，「データ１型」，
　　　　　「ショップ１型」，「テレビ１型」
　古い：「Ｖデッキ１型」

ここからは，次のようなことが確認できる．

［１］０型項目に対して選択されるイメージ語数は，１型に対して選択されるよりも多い
［２］平板化が拡張傾向にある０型項目においては「若者」・「くだけた」・「新しい」というイメージが付与されている
［３］平板化が抑制傾向にある０型項目においては「誤り」・「方言」・「田舎」というイメージが付与されている
［４］１型が実現型において優勢である１型項目においては「正しい」というイメージが付与されている
［５］０型が実現型において優勢化している０型項目において１型は「古い」というイメージが付与されている

また，聞き取りアンケート調査における反応の観点から，「○反応」に偏

って出現するイメージ語を意識型促進イメージ語，「△／×反応」に偏って出現するイメージ語を意識型抑制イメージとすると，次のようなことが分かる．

　意識型促進イメージ語：「正しい（「○反応」9，「×反応」1）」
　　　　　　　　　　　「若者（「○反応」5＋1（「－×反応」））」
　　　　　　　　　　　「都会（「○反応」5）」
　　　　　　　　　　　「かっこいい（「○反応」3）」
　　　　　　　　　　　「新しい（「○反応」3）」
　意識型抑制イメージ語：「誤り（「×反応」12)」
　　　　　　　　　　　「田舎（「×反応」6＋1（「－○反応」），「△反応」1，「○反応」1）」
　　　　　　　　　　　「方言（「×反応」5，「△反応」4）」
　　　　　　　　　　　「かっこ悪い（「×反応」5，「△反応」1）」
　　　　　　　　　　　「古い（「×反応」4＋1（「－○反応」），「△反応5」）」
　　　　　　　　　　　「年寄り（「×反応1」，「△反応3」）」
　　　　　　　　　　　「子供（×「反応1」，「△反応1」）」
　　　　　　　　　　　「重厚（「△反応」2，「○反応」1）」

　ここで抽出された推進・抑制方向のイメージ語は，首都圏若年層における外来語平板化現象に対するものであるが，首都圏若年層において受容されていく「気づきやすい」新しい言語変化一般に付与されるイメージと重なる可能性がある．

7．まとめ

　平板化現象を，首都圏における「気づきやすい」新しい言語変化事象として取り上げ，その実態と意識の両面から変化動向について検討してきた．
　その結果，首都圏においては，平板化現象は高年層から高校生の2世代間という短い期間に，東京中心部から周辺部に向けて拡張した事象であること

が確認された．また，平板化現象の進んだ高校生においても，従来型の１型と新しい型０型は個人内・個人間において「ゆれ」ている状態にあること，その中においても，「テレビ」のように平板化現象にかかわらない項目も存在していることが確認された．

実現型よりも意識型において０型出現率の高い項目については，今後いっそう平板化が進行することが予想され，男子に比べ，意識型において０型の出現率が高い女子が平板化の推進役となることが予想される．

今後拡張していく方向の外来語０型に対しては，「若者」・「くだけた」・「新しい」というイメージが付与され，平板化が抑制される外来語０型においては，「誤り」・「方言」・「田舎」というイメージが付与されている．

意識型促進イメージ語としては，「正しい」・「若者」・「都会」・「かっこいい」・「新しい」が，意識型抑制イメージ語としては，「誤り」・「田舎」・「方言」・「かっこ悪い」・「古い」・「年寄り」・「子供」・「重厚」が抽出された．

以上から、首都圏若年層にとって「気づきやすい」新しい言語変化を受容するに際しては，新鮮で都会的なかっこよさが重要視されていることが分かる．

意識型抑制に働くイメージ語は，消失に向う言語変化を推進するイメージといえる．消失方向にあるものを意識した場合，「古い」・「田舎」・「かっこ悪い」が喚起されていることが分かる．

8．おわりに

首都圏における平板化現象から，「気づきやすい」新しい言語変化がどのように受容されているのか，実現型と意識型の関係からみてきた．また，拡張／退縮傾向にある言語項目やその言語項目の獲得／消失を促進するイメージについても検討してきた．

平板化現象以外の「気づきやすい」言語変化事象についても同様の傾向がうかがえるのか，「気づきにくい」言語変化事象においてはどのようなパターンがみいだせるのか，などについては，今後の課題としたい．

1 秋永一枝（1958）では，［4］において−3拍目が特殊拍の場合，1拍前の自立拍にアクセント核が移動するとしている．窪薗晴夫（1999，p. 203, pp. 205-207）では，「「語末から3番目のモーラを含む音節にアクセント核」を付与する」としている．
2 加治木美奈子（1998）参照．
3 それぞれの実現型を属性ごとにクロス集計を行ない，χ^2検定の結果，5％水準で有意差のみられた項目に対して残差分析を行なった．残差分析の結果，調整済み残差が＋2より大のセルを，期待値よりも実測値が大きな特徴をもつセルとみなす．
4 すでにテレビは頭高型で安定しており，差異化すべき対象も存在していないことが考えられるかも知れない．井上史雄（1992.02b）で，登山関係のものには平板型の採用が「専門家」内でも進んでいないという結果が示されており，若年層の生活において，「何らかの差異化する意味のある」項目でない場合，平板化現象にかかわってこないという可能性も考えられる．
5 注3に同じ．
6 注3に同じ．
7 注3に同じ．
8 注3に同じ．
9 有意に多い反応のセルに該当するものがなかった場合に限り，少ない反応について言及している．

第4章
首都圏の地名アクセント
――地元アクセントとメディアアクセント――

1. はじめに

　地名アクセントについては，アクセント辞典などにおいても，個別の地元アクセントが記載されていることは少なく[1]，実態がどのようなものか，そして，どのような変化が生じてきているのか，その変化の背景にはどのような理由が存在しているのか，などについては，あまり明らかにされてきていない[2]．

　首都圏地名アクセントにおける問題としては，次のようなものが考えられる．

　［1］基本的な地名アクセント法則に則らない地元アクセント型の存在とその変化

　［2］メディア露出度の高い地名アクセントにおける平板化現象の現れ方

　ここでは，首都圏における地名の地元アクセント型と平板化現象について，高年層ならびに高校生調査データに基づき検討していく．高年層調査において地元アクセント型の存在を確認し，高校生調査と比較することによって，地元アクセント型の変化動向をみていく．

　また，メディア露出度の高い地名アクセントが，先行研究で指摘されているように実際に平板化現象を起しつつあるのかどうか，どのような地名においてこの平板化現象が観察されるのか，についても，高年層調査と高校生調査を比較しながら検討する．

　高校生においては，地名アクセントの実現型調査の他に，メディア露出度の高い地名のアクセント聞き取りアンケート調査を行ない，従来型と平板型に対する意識ならびにそれぞれの型に付与されるイメージについてもみていく．新しい言語変化事例として，外来語平板化現象における平板型や新しい音調に対する意識やイメージと比較する．

2．地名アクセントにかんする先行研究

地名の基本的なアクセント法則には，秋永一枝（1958）によれば次のようなものがある．

［1］　1・2拍語はほとんど頭高型（1型）
［2］　3拍語では平板型（0型）か頭高型（1型）のいずれか
［3］　4拍語には2型が多いが，平板型（0型）もみられる
［4］　東京人が多く使う東京および近接の地名には平板型（0型）が多い．

［4］については，上記のほかにも，佐久間鼎（1930, pp. 459-618）ならびに鏡味明克（1965）において，東京に限らず、地理的距離の近いものもしくは地域的に馴染みの高い地名は平板型が多いことなどが指摘されている．鏡味明克（1965）では，「さほどマスコミにのらない地名がその現地音を中心としてむしろ広域に平板型で流通しているとも考えられる」としている．

また，秋永一枝（1958）では，東京アクセントにおける地名アクセント型として，尾高型が存在することも指摘しており，調査域である首都圏にも尾高型が地元アクセント型として存在している可能性がある．

秋永一枝（1999, p. 44, pp. 142-143）では，複合語の「寺社名・山名など固有名詞」のうち馴染み度の高いものについては，前部成素の固有名詞類のアクセントを保つ型が，その固有名詞が存在する近隣地域の地元アクセント型として出現することが示されている[3]．

地名アクセントにおいては，上記［2］・［3］・［4］に則った0型に加え，近年メディア露出度の高い地名において平板化現象が拡張してきていることが指摘されている（井上史雄, 1992）．井上史雄（1992）は，「現在の外来語の「専門家アクセント[4]」は，実は地名をはじめとした固有名詞の平板化ともからむ」と，地名アクセントの平板化現象は外来語アクセント平板化現象と関連すると指摘している．

この外来語アクセント平板化現象と関連するような地名アクセントの平板化現象は，メディア露出度[5]の高い地名において先行すると考えられる．メディアアクセントとしての0型の拡張が地名平板化の一側面と考える．このことから，地名のメディア露出度の高さに関連した新しい地名平板型アクセ

ントのことを，ここでは，メディアアクセントの一種として検討していく．本章におけるメディアアクセントとは，特定のグループにとって「意味のある」情報が，アクセント型とセットとなってマスメディアによって流布されている，そのアクセント型のこととする．

3．調査概要

首都圏生育の高年層を対象とした調査と，首都圏生育の高校生を対象とした調査を行なった．調査地の行政区画，地方自治体名などは調査当時のものとする（以下，同様）．また，項目ごとに読み誤り，読み飛ばし，録音の不備，無回答などによるデータ欠損を含むため，有効回答数は項目により異なる．

3.1.高年層調査概要

高年層調査は，1992年5月～11月に実施した．調査対象は，東京都・埼玉県・神奈川県・静岡県生育の調査当時原則60歳以上の男女72人．面接調査による短文リスト読み上げ式調査によるデータを分析に用いる．

分析項目は，表1の12項目．それぞれ先行研究において言及のあるアクセント型とその解釈を示す．NHK放送文化研究所（編）（1998）の記載は，項目としての記載か付録における記載か区別して示す．項目として記載のあるものは，「NHK98項目」，巻末付録「日本の地名」に記載のあるものは「NHK98付録」と注記する．「NHK98付録注」は「付録」の「注記」として記載のあるアクセント型．NHK放送文化研究所（編）（1998）においては，それぞれの型を「共通語アクセント」として記載している．

「福生」・「厚木」・「伊勢原」についてはいずれにもアクセント型の記載が確認されなかった．

市区名より細かな地名で，露出時期の異なる項目として「原宿」・「吉祥寺」2項目を設定した．「原宿」は現在，地名としては存在していない．1965年の住所表記変更前までの東京都渋谷区「原宿」・「竹下」・「隠田（おんでん）」の総称で，現在では「神宮前」に相当する．

表1. 高年層読み上げ式調査地名項目

拍数：「地名（所在地）」	アクセント型（文献：解釈）
2拍語：「千葉（千葉県千葉市）」	2型（秋永一枝，1999：伝統的ア）
	1型（NHK98項目・付録）
3拍語：「渋谷（東京都渋谷区）」	0型（NHK98付録）
「目白（東京都豊島区）」	1型（NHK98付録）
	0型（NHK98付録注）
「福生（東京都福生市）」	（記載なし）
「浦和（埼玉県浦和市）」	0型（NHK98項目・付録）
	3型（NHK98付録注）
「厚木（神奈川県厚木市）」	（記載なし）
4拍語：「新宿（東京都新宿区）」	0型（NHK98付録：共通語ア）
「原宿（東京都渋谷区）」	0型（井上史雄，1992；秋永一枝，1999：多数型）
	2型（秋永一枝，1999）
「伊勢原（神奈川県伊勢原市）」	（記載なし）
5拍語：「吉祥寺（東京都武蔵野市）」	0型（NHK98付録）
	3型・5型（NHK98付録注）
「由比ガ浜（神奈川県鎌倉市）」	1型（NHK98付録：共通語ア）
	3型（NHK98付録注：共通語ア）
6拍語：「七里ガ浜（神奈川県鎌倉市）」	2型（秋永一枝，1999：伝統ア）
	4型（秋永一枝，1999：若年層ア）

　首都圏において，より早い時期におけるメディア露出があった項目として「原宿」を，調査時点により近い時期におけるメディア露出があったものとして「吉祥寺」を項目化した．「原宿」は調査地域の中にも横浜市などにおいてローカル地名として存在するために「竹下通りのある「原宿」」と指定した．

　「原宿」は，1970年代末ごろよりファッションビル「ラフォーレ原宿」のオープン，1980年代の「竹の子族」，1990年代後半からの「裏原宿系」など「流行発信地」・「若者の街」として広く認知されている．「吉祥寺」は東京都武蔵野市の吉祥寺で，若年層情報誌などでしばしば特集が組まれる街．1992年の調査時点において，新興「若者の街」・「おしゃれな街」として若者の支持を集めつつあった[6]．

　なお，メディア露出度に関連して，ウェブ上のフリー百科事典Wikipedia において当該地名項目の有無等を調査した結果を示す（調査日：2008年7月11日．地名のあとの（ ）内には，Wikipedia 記事における街のキャッチコピー，舞台となった作品リストの有無[7]，付帯情報を示す）．

［1］地名単独項目があり記事量が多い地名：「渋谷（「若者の街」，リスト有）」，「新宿（「日本を代表する繁華街・オフィス街の一つ」，リスト有）」，「原宿（「若者でにぎわっている」，リスト無，「通称として原宿と呼ばれる地域」として『おばあちゃんの原宿（東京都豊島区巣鴨）』が示されている）」，「吉祥寺（「サブカルチャーの発信地」，リスト有）」

［2］地名単独項目があり［1］に比べ記事量は少ない地名：「目白（高級住宅街の一つ，リスト無）」，「由比ガ浜（「海水浴場として有名」，リスト有，「地元の人は「ゆいがはま」と「ゆ」にアクセントを付けて読む」記載有）」，「七里ガ浜（「日本渚百選の一つ」，リスト有，「海岸名や駅名，ゴルフ場などは「七里ヶ浜」の表記だが，町名や学校名，郵便局名などは「七里ガ浜」と表記される」記載有）」

［3］地名単独項目がなく「〜区／市」の項目としてのみ項目化されている地名：「千葉」，「福生（「在日米軍横田基地が市域の約3分の1を占める」，リスト有）」，「浦和，リスト有」，「厚木，リスト無」，「伊勢原（「市の西北部に位置する大山が有名」，リスト無）」

「地名」単独で項目化されており，キャッチコピーが付与され，当該地名を舞台とした作品などが提示されている地名は，メディア露出度の高いあるいはメディア的価値の高い地名といえそうである．一方，行政区画名としてのみ出現する地名あるいは，記載の内容・分量とも少ない地名は，メディア露出度やメディア的価値が高いとはいえない地名と判断できそうだ．

3.2. 高校生調査概要

高校生調査は，1992年5月〜10月に実施した．地名アクセントを含むアクセント・イントネーションに関連したリスト読み上げ式調査と，地名アクセントを含む聞き取りアンケート調査の2種類を実施した．ここで分析対象とする高校生は，2種類の調査に参加した首都圏生育者220人．高校ごとの内

訳は次の通り．

地点番号　高校名（所在地）
5688.86　浦和市立浦和高校（埼玉県浦和市）　　　　　　6人
5697.71　明大中野八王子高校（東京都八王子市）　　　10人
5698.45　東京都立田柄高校（練馬区光が丘）　　　　　15人
5698.72　東京都立武蔵野北高校（武蔵野市八幡町）　　24人
6607.64　神奈川県立相模原高校（相模原市横山）　　　17人
6608.31　神奈川県立生田高校（川崎市多摩区）　　　　44人
6617.45　神奈川県立海老名高校（海老名市中新田）　　45人
6628.20　神奈川県立七里ガ浜高校（鎌倉市七里ガ浜東）21人
6628.46　神奈川県立横須賀高校（横須賀市公郷町）　　38人
　　計　　　　　　　　　　　　　　　　　　　　　　220人

　短文リスト読み上げ式調査による実態調査における調査項目は，「原宿」，「吉祥寺」，「伊勢原」の3項目．聞き取りアンケート調査項目は，「原宿」1項目．

　1992年当時の首都圏生育の高校生にとってのメディア露出度あるいはメディア的価値の観点からは，「原宿」，「吉祥寺」，「伊勢原」の順で少なくなっていると想定した．

　聞き取りアンケート調査は，実態調査に用いた「原宿」を含む20項目について「新しい発音」と「従来の発音」を聞かせ，当該の発音に対する判定（○自分と同じ，△自分は使わないが聞く，×使わないし聞いたこともない）」と，その発音に対してもつイメージ（新しい，古い，正しい，誤り，年寄り，若者，子供，都会，田舎，方言，くだけた，丁寧，かっこいい，かっこ悪い，かわいい，憎らしい，軽薄，重厚の18項目から該当するイメージをチェック）を回答させた．

4．高年層調査における地名アクセント

　高年層短文リスト読み上げ式調査の結果を用いて，地名アクセントの実態

の確認を行なう．同時に，地名平板化現象が高年層において観察されるのかどうかについてもみていく．

4.1. 高年層調査からみた地元アクセント型

高年層短文リスト読み上げ式調査によるアクセント実現型の出現状況を示したものが表2．

表2．高年層地名アクセント実現型出現率（％）

拍数	都県	区市	地名(n)	平板型	尾高型	1型	2型	3型	4型	地域差有
2	千葉県	千葉市	千葉に(n=72)	0.0	2.8	97.2				
3	東京都	渋谷区	渋谷に(n=72)	86.1	5.6	2.8	5.6			1・2型：埼玉 尾高型：東京
3	東京都	豊島区	目白へ(n=72)	2.8	1.4	91.7	4.2			—
3	東京都	福生市	福生に(n=67)	16.7	11.9	68.7	1.4			—
3	埼玉県	浦和市	浦和に(n=71)	23.9	67.6	5.6	2.8			—
3	神奈川県	厚木市	厚木に(n=72)	54.2	43.1	0.0	2.8			尾高型：神奈川 平板型：東京
4	東京都	新宿区	新宿へ(n=72)	90.3	0.0	0.0	1.4	8.3		—
4	東京都	渋谷区	原宿へ(n=72)	80.6	0.0	0.0	18.1	1.4		—
4	神奈川県	伊勢原市	伊勢原に(n=69)	31.9	31.9	0.0	31.9	4.3		尾高型：神奈川 2型：東京 3型：埼玉
5	東京都	武蔵野市	吉祥寺に(n=55)	12.7	0.0	0.0	3.6	83.6	0.0	3型：東京 平板型：神奈川
5	神奈川県	鎌倉市	由比ガ浜に(n=72)	0.0	0.0	55.6	5.6	38.9	0.0	1型：神奈川 3型：埼玉・東京
6	神奈川県	鎌倉市	七里ガ浜に(n=69)	1.4	0.0	0.0	14.5	31.9	52.2	

[注1]「福生2型」はHHL，「新宿2型」はHHLLと特殊拍が1つ前の自立拍と同じ高さで実現されたもの
[注2]地域差は回答者生育地都県とアクセント型との連関をみたもの．

表2から，それぞれ次のアクセント型が最優勢アクセント型であることが分かる．

　　2拍地名：「千葉1型」
　　3拍地名：「渋谷0型」,「目白1型」,「福生1型」,「浦和3型」,「厚木0型」
　　4拍地名：「新宿0型」,「原宿0型」,「伊勢原0，4，2型」
　　5拍地名：「吉祥寺3型」,「由比ガ浜1型」
　　6拍名詞：「七里ガ浜4型」

東京都内の地名はすべて秋永一枝（1958）で示された基本的なアクセント型が最優勢型[8]として現れており，非東京都に位置し，メディア露出度の相対的に低いローカル地名には，非基本アクセント型が最優勢型として現れている．すなわち，「浦和3型」，「伊勢原4型」，「由比ガ浜1型」である．「浦和」と「伊勢原」は尾高型が，複合語地名である「由比ガ浜」においては結合がゆるやかな前部成素のアクセント型が生かされたアクセント型が，最優勢型として現れていることが分かる．

　出現したアクセント型を回答者の県別生育地で比較したところ，5％水準で有意差の認められた型と当該都県[9]について，表2の「地域差有」の欄に示した．その結果，尾高型が現れている7地名のうち，「渋谷」，「厚木」，「伊勢原」の3地名において，地名の所在都県回答者に尾高型が多く現れていることが分かった．

　これらの基本アクセント型ではないアクセント型は，地名の地元アクセント型とみていいだろう．このことから，尾高型は首都圏において地元アクセント型としてかつてはより広く分布していたことが推察される．平板型が地元アクセントとして広く分布していたという言及は，基本アクセントとしての平板型の存在に加え，助詞をつけない発音による尾高型であった可能性もあり，首都圏における伝統的な地名の地元アクセント型として尾高型の存在を指摘できる．また，首都圏アクセント全体に進行中の尾高型の平板化傾向（秋永一枝，1999など）による平板型が確認されたものとも考えられる．

　またこれらとは別に地域差のあるものとしては，「由比ガ浜1型」においても地名の位置する神奈川県の回答者に1型が多く現れている．「七里ガ浜2型」は，有意差はみとめられないものの神奈川生育の回答者に多い傾向がみられる[10]．

　「由比ガ浜」と「七里ガ浜」のアクセント型の現れ方を検討したところ，それぞれのアクセント型の現れ方には，χ^2検定の結果，5％水準で連関が認められた（χ^2値＝20.998，p値＝0.002，自由度＝9）．さらに残差分析を行なったところ，「由比ガ浜1型」・「七里ガ浜2型」の組み合わせ（10人），「由比ガ浜2型」・「七里ガ浜3型」の組み合わせ（4人），「由比ガ浜3型」・「七里ガ浜4型」の組み合わせ（20人）が，期待値より多く出現した．「由比

ガ浜1型」・「七里ガ浜2型」を併せもつ回答者は表3の10人で，神奈川県生育者が7人，うち6人が当該地名の近隣である（地点番号順：調査域北から南，西から東の配列）．6617.31と6617.94は調査回答者のうちの最高齢の2人でもある．「由比ガ浜1型」，「七里ガ浜2型」は，きわめて地元性の強い伝統的な地元アクセント型とみることができる．

表3.「由比ガ浜1型」・「七里ガ浜2型」をもつ回答者10人の属性

地点番号（生育地）	生年元号（西暦）	性
5697.62（東京都秋川市雨間）	T07（1918）	男
5697.75（東京都立川市上砂）	M45（1912）	男
5697.79（東京都国分寺市高木町）	M38（1905）	女
6617.31（神奈川県厚木市七沢）	M35（1902）	女
6617.67（神奈川県藤沢市菖蒲沢）	T08（1919）	男
6617.84（神奈川県平塚市四ノ宮）	T09（1920）	男
6617.94（神奈川県茅ヶ崎市荻園）	M35（1902）	男
6627.19（神奈川県藤沢市片瀬）	T09（1920）	男
6628.10（神奈川県鎌倉市腰越）	T02（1913）	女
6628.10（神奈川県鎌倉市腰越）	T05（1916）	女

ただし，非地元である東京都下の3人においても「由比ガ浜1型」・「七里ガ浜2型」をあわせもつことが確認されている．このことから，もともとは首都圏における伝統アクセント型として割合広く分布していたものが，馴染み度の高さによって地元中心に保存された結果，地元アクセント型として確認される傾向が顕著になったと解釈できる．

4.2. 高年層調査からみた地名アクセントの平板化現象

メディア露出度による平板化の遅速を検討する項目として設定した「原宿」，「吉祥寺」，「伊勢原」の3項目においては，「原宿0型」80.6%，「吉祥寺」12.7%，「伊勢原」31.9%となっており，高年層においては，メディア露出度との関連はうかがえない．

「吉祥寺」においては，基本アクセント型の3型が東京都生育者に多く，0型が神奈川県生育者に多いという偏りが認められた．「伊勢原」においては，地元アクセント型の4型が神奈川県生育者，基本アクセント型の2型が

東京都生育者，3型が埼玉県生育者に多いという偏りが認められた．

4.3. 高年層調査からみた地名アクセントの状況

以上から，首都圏高年層においては，地名の基本アクセントに合致しない地元アクセント型として，3・4拍語の尾高型，複合語における前部成素を生かした型が保存されていることが確認できた．一方，東京都内の地名はすでに基本アクセント化が完了していること，メディア露出度にかかわる平板化現象は認められないことも確認された．

5．高校生調査からみた地名アクセント

高校生調査による実現型について高年層と比較し，首都圏における地名アクセントの変化を検討する．また，地名平板化現象に関連した項目として「原宿」の聞き取りアンケート調査の結果を外来語平板化現象や「とびはね音調（田中ゆかり，1993）」などと比較し，新しい言語変化事象に対して付与されるイメージに共通性が認められるのかどうか検討する（第2部第2章，第3部第3章参照）．

5.1. リスト読み上げ式調査による高校生調査結果の高年層調査との比較

高校生短文リスト読み上げ式調査による「原宿」・「吉祥寺」・「伊勢原」の3項目の結果を，高年層調査の結果とそれぞれ比較したものが，図1～図3．

「原宿」は99.5%（217）が0型，2型は0.5%（1）と，ほぼ0型化が完了している．「吉祥寺」は0型が87.0%（188）と最優勢型となっており，基本アクセント型の3型が9.7%（21），尾高型である5型は0.9%（2）と少ない．「伊勢原」は4拍地名基本アクセント型の2型が60%（132）と最優勢型となっているが，0型も37.3%（82）とかなり出現している．尾高型の4型は2.7%（6）と少ない．

高年層と比較すると，3項目すべてにおいて0型が増加しているものの，「原宿」・「吉祥寺」においては，0型以外の型が少数型として現れているのに対し，「伊勢原」は4拍地名基本アクセント型の2型が最優勢型として現

図1.「原宿」実現型・高年層と高校生の比較
（グラフ中の数値は出現度数）

高年層(n=72) : 58 / 13 / 1
高校生(n=218) : 217 / 1

凡例：□0型 ■2型 ◪3型

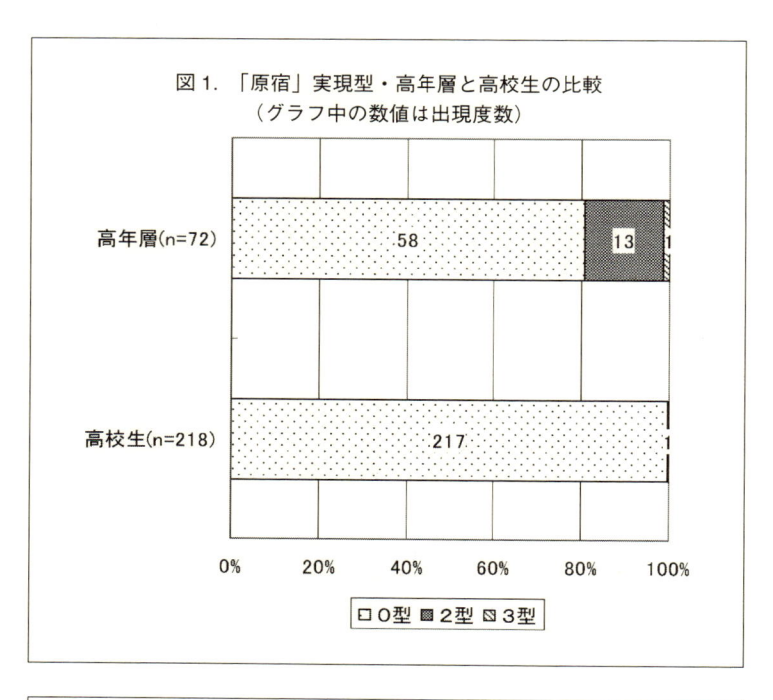

図2.「吉祥寺」実現型・高年層と高校生の比較
（グラフ中の数値は出現度数）

高年層(n=55) : 7 / 0 / 46 / 2
高校生(n=216) : 188 / 2 / 21 / 5

凡例：□0型 ■5型 ◪3型 ▥その他

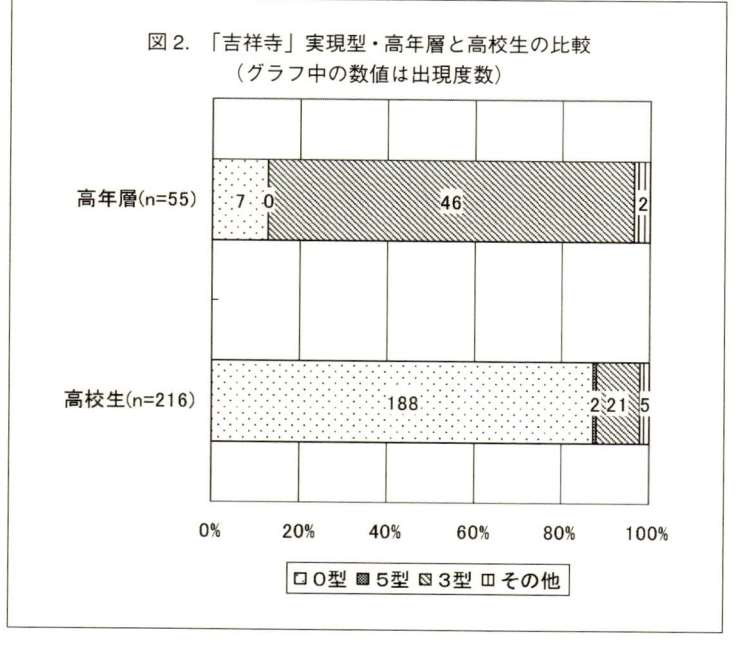

図3.「伊勢原」実現型・高年層と若年層の比較
（グラフ中の数値は出現度数）

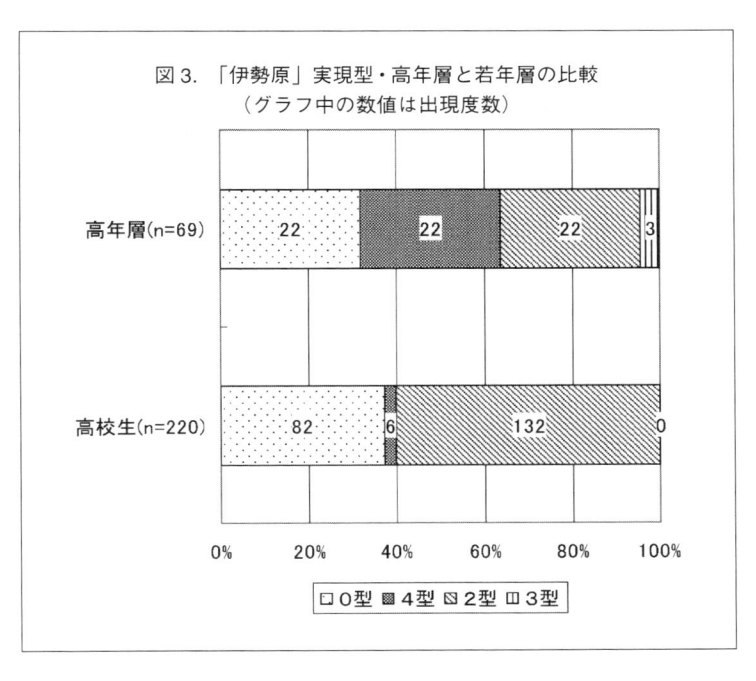

	0型	4型	2型	3型
高年層(n=69)	22	22	22	3
高校生(n=220)	82	6	132	0

図4. 高校生「伊勢原」実現型・学校差
（グラフの中の数値は出現度数）

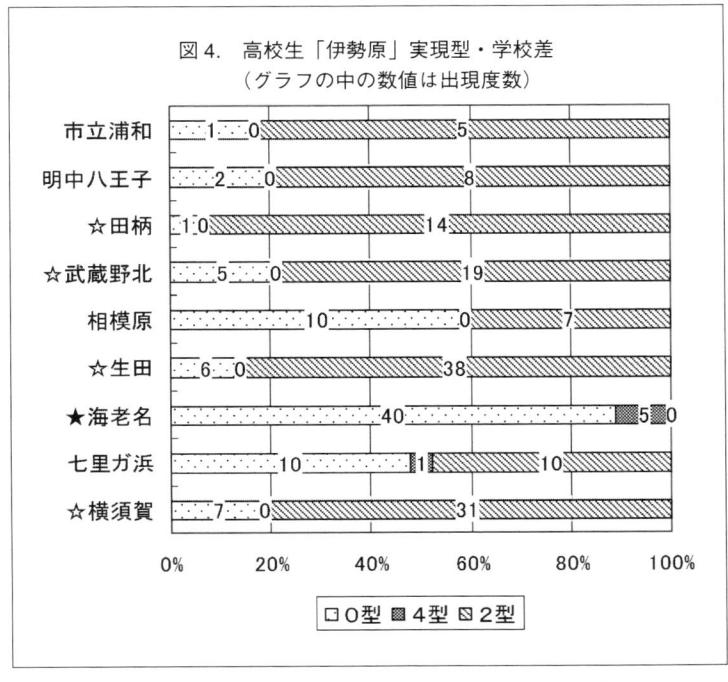

	0型	4型	2型
市立浦和	1	0	5
明中八王子	2	0	8
☆田柄	1	0	14
☆武蔵野北	5	0	19
相模原	10	0	7
☆生田	6	0	38
★海老名	40	5	0
七里ガ浜	10	1	10
☆横須賀	7	0	31

われており，様相が異なる．

「原宿」・「吉祥寺」は，井上史雄（1992）などで指摘されている地名平板化現象の結果，0型が拡張したものと推測できるが，ローカル地名である「伊勢原」における0型の増加には，それらとは別の背景が推測される．

「伊勢原」における0型増加の背景としては，高年層において地元アクセント型として出現していた尾高型である4型が平板型に移行した型とみることができそうだ．高年層においては，0型と4型がそれぞれ31.9%（22）と同程度の優勢型であったところ，高校生においては4型が退縮し，その分0型が増加したと解釈できる．4型の0型化は，秋永一枝（1999）などで指摘される首都圏における尾高型の平板化傾向を反映したものといえそうだ．首都圏における尾高型の平板化傾向は，地名に限らず広範に観察される現象となっている．

また，「伊勢原」の0型・4型を地元アクセント型と解釈する根拠として，「伊勢原」の0型・4型の出現には，学校差が認められる[11]ことを指摘することができる．

「伊勢原」のアクセントについて学校ごとのアクセント型出現状況を示したものが図4．0型・4型ともに多く現れているのは「伊勢原」にもっとも近いところに位置する海老名高校（神奈川県海老市：図4中★マーク付）で，4拍地名基本アクセント型である2型が多く現れているのは，「伊勢原」からの距離がある田柄高校（東京都練馬区），武蔵野北高校（東京都武蔵野市），横須賀高校（神奈川県横須賀市），生田高校（神奈川県川崎市）となった（図4中☆マーク付）．

海老名高校は小田急小田原線の伊勢原駅から各駅停車で4駅と近く，調査当時の学区としても隣接学区の高校である．このことから，「伊勢原」0型・4型は，「伊勢原」近隣若年層における地元アクセント型とみることができる．

高校生調査からは，首都圏若年層地名アクセントについては次のようなことが指摘できる．

　［1］メディア露出度の高いあるいはメディア的価値の高い地名においては，地名平板化現象が確認された．

［２］ローカル地名においては近隣生育者に平板型・尾高型が地元アクセント型としてある程度出現するものの，全体的な傾向としては，地名の基本アクセント化が進んでいる．

5.2. 聞き取りアンケート調査の結果からみた地名アクセント

聞き取りアンケート調査の結果を表4に示す．

「原宿0型」を意識型としてもつという「○反応」は98.2％（216），「原宿2型」を意識型としてもつとする「○反応」は0.9％（2）と，ほぼ実現型と差のない結果となった．実現型で平板化がほぼ完了しており，「原宿」のケースにおいては実現型と意識型の乖離は認められない[12]．

「原宿0型」と「原宿2型」に対して当てはまるイメージとして，10％以上他方に比べ多く選択されているイメージ語を，選択率の高い順に示すと次の通り．

「原宿0型」：「正しい（30.5％）」，「若者（28.2％）」，「都会（25.0％）」
「原宿2型」：「田舎（41.4％）」，「方言（28.2％）」，「かっこ悪い（23.2％）」，「年寄り（14.1％）」，「古い（10.9％）」

外来語平板化現象項目の聞き取りアンケート調査の結果（第3部第2章参照）と比較すると，「原宿0型」と外来語平板型に共通するイメージとしては「若者」が，「原宿2型」と外来語頭高型に共通するイメージとしては「古い」が抽出される．新形である「原宿0型」に「正しい」が多出する点が異なるが，「原宿」における平板化が外来語に比べ早く進行し，すでに平板化の完了段階にあるためだろう．

いずれにしても，優勢形イメージは「都会的な若々しさ」，消失形イメージは「田舎的な古さ」である点，外来語平板化現象や，「とびはね音調」についての調査結果とも重なる（第2部第2章，第3部第3章参照）．

6．まとめ

首都圏地名アクセントについての結果をまとめると次の通り．
［１］高年層においては，東京都以外のローカル地名の非基本アクセント型は，地元アクセント型として出現し，ある程度保存されている．

表4. 聞き取りアンケート調査の結果（n＝220）

項目	実現形	意識形%		新しい	古い	正しい	誤り	年寄り	若者	子供
		○	×							
原宿0型	99.5	98.2	0.9	4.1	0.5	30.5	0	1.8	28.2	2.3
原宿2型	0.5	0.9	83.2	1.4	10.9	1.4	20.5	14.1	3.2	0.9

イメージ%（反転部分は）

　　例：「浦和3型」，「厚木3型」，「伊勢原0型・4型」，「由比ガ浜1型」，「七里ガ浜2型」

[2] 高年層においてはメディアアクセントとしての平板化現象はほとんど確認されない．

[3] 若年層においても，ローカル地名の地元アクセント型が保存されているものもある．

　　例：「伊勢原0型・4型」

[4] 若年層においては，メディアアクセントとしての平板化現象は，「原宿」・「吉祥寺」の順に観察された．メディア露出度あるいはメディア的価値の高い順と考えられる．

[5] 若年層においてメディアアクセントとしての平板化現象がほぼ完了している「原宿0型」のイメージは，「正しい」・「若者」・「都会」．外来語平板型や「とびはね音調」など首都圏で拡張傾向にある言語事象と「若者」イメージが重なる．

[6] 若年層における消失形である「原宿2型」のイメージは，「田舎」・「方言」・「かっこ悪い」・「年寄り」・「古い」．外来語基本アクセント型など首都圏で消失傾向にある言語事象と「古い」イメージが重なる．

7．おわりに

　首都圏における地名アクセントについて，地元アクセントの実態と変化動向ならびにメディアアクセントとしての平板化現象受容傾向をみてきた．

　一方，ローカル地名の地元アクセント型が，集団語的価値をもつこともありそうだ．たとえば，「由比ガ浜1型」などが「湘南ロコ」あるいは「サーファー」志向の集団にとっての潜在的威光をもつアクセント型として採用さ

新形・非新形間で10%以上選択率の違うイメージ)

都会	田舎	方言	くだけた	丁寧	かっこいい	かっこ悪い	かわいい	憎らしい	軽薄	重厚
25.0	1.4	0.0	0.9	3.2	5.0	1.4	0.5	0.0	1.8	1.4
2.3	41.4	28.2	3.2	0.5	0.5	23.2	0.0	0.5	3.2	0.5

れるということなどが想定される[13]．定型化したローカル語彙やフレーズが非ローカルにアピールする価値をもつようになる例は，「方言おもちゃ化（田中ゆかり，2007；第5部第4章参照）」などに観察されるが，アクセントにも同様の価値をもつものがありそうである．この点については，今後の課題としたい．

1 NHK放送文化研究所（編）（1998；付録 p. 11, pp. 28-29）においては，項目化された地名は多くないものの，「付録」の「日本の地名」に「旧地名・地方名・街道名」などを含んだ「山名・川名・都道府県名などのうち，「山」・「川」・「県」などを付けずに使うことの多い地名など」の「共通語アクセント」を拍数ごとに列挙している．また，「資料」として「地域放送」で用いてもよい地名の「地元の慣用に従ったアクセント」を「地元アクセント」として8例提示している．NHK放送文化研究所（編）（2005；p. 130）では，「地元アクセント」を14例提示している．1974年の807回放送用語委員会［甲信越4局］の記録においても，「ローカル放送ではその地方の地名のアクセントのように発音するのがよいと思うが，全国放送では東京式アクセントで発音することが望ましい．「日本語発音アクセント辞典」の解説 p. 56を参照されたい（NHK放送文化研究所，1974）」としている．なお，現実の運用としては，地域放送においてかならず地元アクセントが用いられるというわけではなく，弾力的な運用がなされているということである（柴田実氏ご教示）．
2 地名の地元アクセント型が，共通語アクセントあるいは東京アクセント化する傾向を示したものに大橋勝男（1997），真田信治（1997）がある．これらは，それぞれテレビ放送による影響を受けた結果，共通語あるいは東京アクセント化したと推測している．地元におけるより馴染み度の高い一部の地名については，地元アクセント型がある程度保持される傾向にあることも示している．
3 たとえば，「回向院1型」，「伝法院1型」，「八ヶ岳1型」，「駒ケ岳1型」，「身延山2型」，「七里ガ浜2型」など（秋永一枝，1999，p. 44, pp. 142-143）．
4 集団語として顕著にあらわれる外来語0型のこと．
5 メディア露出度あるいはメディア的価値といっても，流行に関連した露出あるいは価値に限定されるだろう．メディア露出度の観点からは，「永田町」などの地名も露出度・価値は高いと思われるが，政治的な観点が主流となるだろう．このような露出や価値は，ここで扱う地名平板化現象とはあまり関連がみいだせなさそうだ．たとえば，「永田町」においてメディアによる従来とは異なるアクセントが流

6 　調査時点における「新興若者の街」化している様子は，朝日新聞1993年3月15日夕刊（2版13面）など参照．その後も，女性向け情報誌『hanako』（マガジンハウス）においては，1年に1度は吉祥寺特集が組まれるなど，人気とメディア露出度は高い．

7 　小説，映画，ドラマ，漫画，アニメなどの舞台となっていることが多い土地はメディア露出度が高く，メディア的価値の高い土地とみなすことができる．

8 　「吉祥寺3型」は，5拍以上の名詞の基本アクセント型である－3型に該当するため，以下の基本アクセント型に該当しない例からはずした．

9 　χ^2検定の結果5％水準で有意差の認められた項目について，残差分析を行ない，調整済残差が＋2より大のセルを，実測地が期待値よりも大きいという特徴をもつセルとして「地域差有」欄に示した．

10 　χ^2検定の結果では，p値＝0.152（自由度＝9）だが，神奈川県生育者セルにおける調整済残差は2.4と期待値より大きな値を示すことが分かる．

11 　χ^2検定の結果5％水準で有意差の認められた項目について，残差分析を行ない，調整済残差が＋2より大のセルを，実測地が期待値よりも大きいという特徴のあるセルとして「学校差有」としている．

12 　W. Labov（1966, p. 24）の，「上流階級の発音」というプレステージを持つ発音がMinimal pairs, Words lists, Reading style, Careful speech, Casual speechの順に多く出現しているという結果からも，実際よりも内省において使用率が高い発音は，インフォーマントによって「志向」されている発音であると考えられる．「原宿0型」はすでに「達成された志向型」であるため，意識型と実現型の乖離が認められなかったと考える．

13 　NHK放送文化研究所（編）（1998）では，「由比ガ浜1型」を「付録」として「共通語アクセント型」として記載しているが実際には3型での実現されることが多い．Wikipediaでわざわざ「地元の人は「ゆいがはま」と「ゆ」にアクセントを付けて読む」とアクセント型に言及していることなどから推測される．

第5章
古いアクセント型が保持される要因
――「東山道」・「東海道」・「中山道」を例として――

1．はじめに

　馴染み度の高い語彙は，生活の中において耳からアクセント型を獲得することが多く，古いアクセント型が保持される要因となることがある（秋永一枝，1999）．

　ここでは，首都圏における「東山道」・「東海道」・「中山道」の3つの街道名をとりあげ，古いアクセント型が保持される要因について，語彙の馴染み度などいくつかの観点から検討していく．

2．「東山道」・「東海道」・「中山道」のアクセント型新旧

　まず，東京方言ならびに共通語アクセントについての記載がある10の辞典に記載されている三街道のアクセントを表1に示す．刊行順に左から右へ示しており，概ね右の辞典ほど新しいアクセント型を反映していると推測される．

　表1から，三街道のアクセント型は，古くは頭高型（1型），しだいに現在の共通語アクセント型である中高型（3型）に移行してきていることが分かる．複合の弱い頭高型（1型）から，6拍語の安定型でもある複合の強い中高型（3型）へ，というパターンを示している[1]．辞書記載アクセント型から，「東山道」がもっとも早い段階で中高化し，ついで「中山道」・「東海道」が中高型に移行したことが分かる．

　街道名の中高化傾向は，佐藤亮一（1990）においても確認できる．佐藤亮一（1990）では，「東海道」のアクセント型は東京都内で生育した高年層から若年層の回答者19人全員が中高型（3型）となっており，頭高型（1型）を「多くの辞書に記載されている型が「19人」に全く認められない事例」としている．

表1.「東山道」・「東海道」・「中山道」辞書記載アクセント

辞書名 刊行年	日本大辞書 1893	国語発音ア 1932	新辞海 1938	明解国語 1943	NHK1 1943	明解日本語 1958	全国ア辞典 1960	NHK2 1966	NHK3 1985	NHK4 1998
東山道	N	3	N	3,1	3	3,古1	N	3	N	N
東海道	N	1,3	N	1,3	3	3,古1	3	3,1	N	3
中山道	N	1,3	N	3,1	3	3,古1	N	3,1	N	3

[注1]アラビア数字はアクセント型を表す．Nは記載無しを表す．
[注2]複数のア型記載のある場合は，左側が第1ア．古は「古いア」としての注記があることを示す．

【辞書一覧】
日本大辞書：山田美妙編『日本大辞書1-11』
国語発音ア：神保格・常深千里編『国語発音アクセント辞典』(厚生閣)
新辞海：吉沢義則編『新字海』(河野成光館)
明解国語：金田一京助編『明解国語辞典』(三省堂)
NHK1：日本放送協会編『日本語アクセント辞典』
明解日本語：秋永一枝編『明解日本語アクセント辞典』(三省堂)
全国ア辞典：平山輝男編『全国アクセント辞典』(東京堂出版)
NHK2：日本放送協会編『日本語発音アクセント辞典』
NHK3：日本放送協会編『日本語発音アクセント辞典』
NHK4：NHK放送文化研究所編『日本語発音アクセント辞典』

3．街道名の馴染み度調査の結果

　文部省科学研究費重点領域研究『日本語音声における韻律的特徴の実態とその教育に関する総合的研究（略称『日本語音声』）』東京班[2] アクセント調査の一環として実施された語彙の馴染み度調査の結果から，三街道名の馴染み度をみる．

3.1．馴染み度調査の概要

　馴染み度調査の概要は，次の通り[3]．

　　実施時期：1989年11月〜1990年6月
　　調査対象者：首都圏在住の大学生・短大生以上506人[4]
　　分析対象者：調査対象者のうち，生育地・年齢など基本的なデータが不備なものを削除した500人
　　調査項目：回答者属性項目（性，生年，生育歴，職業[5]）ならびに伝統的東京方言語彙250項目[6]
　　調査方法：各語彙についての馴染み度を4尺度（「ふだんよく使う」・「まれに使う」・「分かるが使わない」・「知らない」）により評定するアンケート調査

3.2. 馴染み度調査全体の結果

馴染み度調査の結果は，図1の通り．「畿内の東方の山野を中心とする地．（中略）また，これらの諸国を通ずる街道（広辞苑第5版）」と，特定の街道に付された名称でもなく，また現在の街道名としても使用されていない「東山道」の馴染み度は非常に低く，「分かるが使わない」が53.0%[7]，「知らない」32.1%となっている．これに対して，五街道の一つであり，現在も旧街道名や交通機関名称として残っている「東海道」・「中山道」は，いずれも馴染み度が高い．「非常によく使う」＋「まれに使う」をみると，「東海道」は76.9%，中山道は64.4%となっている．

「東海道」の馴染み度がもっとも高い理由として，五街道の筆頭としてよく知られているほか，JR東海道線・東海道新幹線など旧街道にほぼ平行して走る鉄道路線があることなどもかかわっていると考えられる．また，「東海道五十三次」，「東海道中膝栗毛」，「東海道四谷怪談」など「東海道」をタイトルに含むよく知られた作品などが存在することもかかわるだろう．「中

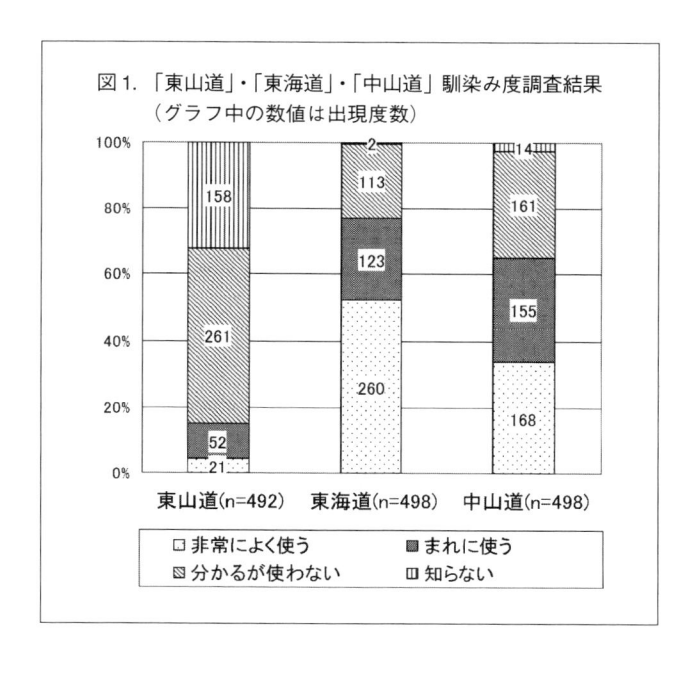

図1.「東山道」・「東海道」・「中山道」馴染み度調査結果
（グラフ中の数値は出現度数）

山道」は,「東海道」のような鉄道路線とのかかわりはないが,馴染み度はかなり高い.これは,現在も国道17号線とほぼ平行して地図上にも現れる旧中山道として実体をもっているためと考えられる.「東海道」・「中山道」については,旧街道としても観光資源となっている側面もあり,各種施設やイベントにこれらの街道名が冠される[8]ことなども馴染み度の高さにかかわるといえそうだ.

3.3. 街道沿い生育者の馴染み度

旧東海道ならびに旧中山道沿い生育者の若年層における三街道の馴染み度の違いをみたものが表2-1（旧東海道沿い市区町村生育者11人の三街道馴染み度）と表2-2（旧中山道沿い市区町村生育者7人の三街道馴染み度）.いずれもサンプル数が少ないものの,沿線街道の馴染み度は,街道沿い生育者に高い傾向が確認される.

表2-1.「東海道」沿い若年層における街道名馴染み度（単位：人）

	非常によく使う	まれに使う	分かるが使わない	知らない
東山道	0	0	7	4
東海道	4	4	3	0
中山道	1	1	7	2

表2-2.「中山道」沿い若年層における街道名馴染み度（単位：人）

	非常によく使う	まれに使う	分かるが使わない	知らない
東山道	1	0	5	1
東海道	3	0	4	0
中山道	4	2	1	0

4. 旧街道沿い生育者に保持される古いアクセント型

街道沿い生育者は,実際,古いアクセント型を保持しているのだろうか.ここでは,「中山道」を例としたいくつかの小調査の結果から,中山道沿い生育者には,古いアクセント型である「中山道」1型が保持される傾向にあることを確認していく.

4.1. 浦和市旧中山道沿い商店街飛び込み調査の結果

浦和市（行政区画は調査時による．以下，同様）の旧中山道沿い商店街において現住所生育者の三街道アクセント型を，飛び込み調査によるリスト読み上げ式調査（単語単独，短文形式）から得た（1991年1月実施）．結果は表3の通り．

表3．浦和市旧中山道沿い商店街における街道名アクセント型

回答者	住所	商店	東山道	東海道	中山道
SA(女T11・1922)	常盤町	酒屋	3	3	1
MS(男S7・1932)	常盤町	布団屋	3	3	3
YA(女S8・1933)	仲町	酒屋	3	3	1
YK(男S16・1941)	常盤町	金物屋	3	3	3
KA(女S25・1950)	常盤町	酒屋	3	3	3

［注］回答者：イニシャル(性　生年〈元号・西暦〉)

得られたサンプル数は少ないが，街道沿い生育者において，三街道のうち「中山道」にのみ古いアクセント型である1型が出現した．1型の回答者はいずれも昭和一桁以前生まれの女性2人によるものである．旧街道沿線生育表において，地域の生活に密着した語彙である「中山道」についてのみ，古いアクセント型である1型が出現することが確認された．

4.2. 旧中山道沿い中学校通信調査の結果

中山道の旧宿場町である板橋区，蕨市，浦和市，大宮市，上尾市，桶川市，鴻巣市，熊谷市，深谷市（行政区分は調査当時）の旧中山道に近い中学校の教員を対象に，「中山道」のアクセント型についての簡単なアンケート調査を通信調査によって行なった（1991年1月実施，調査内容は末尾［参考資料］参照）．15中学校から回答が得られた．結果は，表4の通り．

60歳以上の高年層のアクセント型としては，板橋から浦和市，鴻巣市で「1型がある」，深谷市と熊谷市では「1型が多い」という回答が得られた．中学生のアクセント型としては，浦和市，鴻巣市，熊谷市から「1型がある」，鴻巣市からは「1型が多い」という回答が得られた．

古いアクセント型である1型が，高年層においても中学生においても街道沿いの中学校区において一定量「ある」と意識されていること，中学生に向

表4．旧「中山道」宿場町における「中山道」アクセント型アンケート調査結果

旧宿場	高年層	若年層	中学校名
板橋1	−	＊	区立第五
板橋2	☆	＊	志村第二
蕨	☆	＊	市立第二
浦和1	☆	＊	市立本太
浦和2	☆	☆	市立岸
大宮	N	N	N
上尾1	＊	＊	市立西
上尾2	＊	＊	市立南
桶川	＊	＊	市立東
鴻巣1	☆	☆	市立北
鴻巣2	☆	★	市立赤見台
熊谷1	＊	△	市立大原
熊谷2	★	☆	市立玉井
深谷1			市立播羅
深谷2	＊	＊	市立深谷
深谷3	★	△	市立南

[凡例]
★：1型が多い
☆：1型が多くはないがいる
＊：3型のみ
△：その他の型
N：データ無

けて3型のみと意識される傾向が強くなっていること，1型の優勢意識は埼玉県北部ほど強まることが確認できる．若年層より高年層に，東京中心部から距離のある旧宿場地域ほど古いアクセントを保持していると意識されていることが分かる．

5．特殊な場面における古いアクセント型の保持

　特殊な場面において古いアクセント型が使用される環境が身近にあることによって，古いアクセント型が保持されている例があることをみていく．
　群馬県の公立小中学校では，「上毛かるた」による教育が盛んである．群馬県教育委員会青少年課によると[10]，1947年11月に戦後の荒廃した児童の心を救おうと，群馬県同胞援護会（現群馬文化協会）が地元紙の「上毛新聞」を通じて募集・編纂したものが「上毛かるた」であるという．いろは47枚の札には，地元の名所旧跡が読み込まれており，小学校の社会科の時間に教材として使用されるため，地元では，非常に馴染みの深いものとなっているという．「中山道」は，「中山道しのぶ安中杉並木」の札に読みこまれている．
　篠木れい子氏が1991年1月から3月に群馬県立女子大学の学生19人（1970（S45）-1974（S49）生）と，前橋市・高崎市・館林市・新町の中高年層9人（1933（S8）-1950（S25）生）を対象に実施した「中山道」のアクセ

ント調査の結果を示したものが表5[11].

表5．群馬県内「中山道」アクセント型（篠木れい子氏調査による　単位：人）

	普1,か1	普1,かN	普3,か1	普3,かN	普3,か3	合計人数
若年層	2	0	16	0	1	19
中高年層	3	3	1	2	0	9

［注］普：普段のアクセント型，か：上毛かるた札読み上げ時のアクセント型

　中高年層は，普段のアクセントとしても1型を用いるとする回答者の方が多い．中高年層において普段・「かるた札読み上げ時」のいずれも新しいアクセント型の3型と回答した1人は中山道沿いではない館林市の生育者である．若年層は，普段のアクセントとして1型をもつ回答者は少ないが，「かるた札読み上げ時」のアクセント型として1型をもたない回答者は1人のみである．この「かるた札読み上げ時」を3型と回答した1人は，両親ともに鹿児島県生育である．このことから，若年層も「かるた札読み上げ時」という特殊な場面においては，古いアクセント型である1型を用いることが分かる．若年層の多くはこの2つの場面によるアクセントの使い分けをしていることになるが，普段のアクセント型としても1型をもつ若年層が存在している背景には，「かるた札読み上げ時」における1型が耳に馴染んでいることにかかわるだろう．

6．メディア露出度と古いアクセント型とのかかわり

　表6は，旧中山道沿い生育に限らない東京都23区内で生育した若年層から高年層の面接調査における三街道の馴染み度とアクセント型である[12]．

　「東山道」は3型のみが出現しているのに対し，「東海道」は1型が3例[13]，「中山道」は1型が併用も含め7例出現している．三街道の中では，「中山道」にもっとも古いアクセント型が出現していることが分かる．

　しかし，表6からは，「中山道」が「東海道」より馴染み度が高いとはいえない．「東海道」1型回答者の3人は，全員高年層で，いずれも「東海道」の馴染み度は「非常によく使う」としている．「中山道」1型回答者の7人は「非常によく使う」3人（高年層3人），「まれに使う」2人（高年層1

表6．東京都23区生育者の街道名馴染み度とアクセント型

回答者	生育地	東山道 馴染み度	東山道 アクセント	東海道 馴染み度	東海道 アクセント	中山道 馴染み度	中山道 アクセント	備考	調査者
YS（女M36・1903）	文京区	1	N	3	3	2	3	岡倉由三郎氏娘	秋
TK（男M40・1907）	中央区	N	3	N	3	N	1	佃島（佃煮屋）	秋・田
HN（女M41・1908）	台東区	4	3	1	1	1	3	ー	秋
FS（女M43・1910）	中央区	4	N	2	3	2	1	人形町（和菓子屋）	秋・田
SN（女M44・1911）	板橋区	4	N	2	3	1	1	志村・中山道街道沿い	秋
KK（女T21・913）	中央区	3	N	2	N	2	N		秋・田
GA（男T8・1919）	墨田区	2	3	1	1	1	1	両国	秋
SK（女T8・1919）	中央区	3	3	1	3	1	1	佃島	秋・田
AK（男T12・1923）	港区	1	3	1	1	1	3	演劇関係者	秋・田
MT（男S5・1930）	江東区	2	3	1	3	1	3	高橋	田
TN（男S7・1932）	江東区	N	3	N	3	1	3,1	門前仲町（日舞）	秋・田
SH（男S36・1961）	板橋区	1	3	1	3	1	3		秋・田
OW（男S38・1963）	杉並区	3	3	1	3	2	3,1	荻窪（演劇関係者）	秋・田
HT（男S39・1964）	江東区	3	3	1	3	1	3	森下町	秋・田

[注1] 回答者：イニシャル〈性 生年〈元号・西暦〉〉
[注2] 調査者　秋：秋永一枝氏調査，秋・田：秋永一枝氏と田中の調査，田：田中調査
[注3] Nは未調査または無回答

人，若年層1人)，未調査2人（高年層2人）と，「東海道」に比べ馴染み度は高いとはいえない[14]．また，2．でみた馴染み度調査の結果においては，「中山道」よりも「東海道」の方に馴染み度が高く現れている．

秋永一枝（1999）では，馴染み度が高い語彙は古いアクセント型を保持する傾向にあり，馴染み度の低い語彙は類推によるアクセント型または多数派アクセント型へ移行する傾向にあることを指摘している．

街道としての実体がなく馴染み度も非常に低い「東山道」がいち早く新しいアクセント型である3型に移行したことは，秋永一枝（1999）が指摘する傾向に従う．しかし，「東海道」に比べて馴染み度の低い「中山道」において，より古いアクセント型が多く出現することに対しては語彙の馴染み度という観点からだけでは，説明がしにくい．

なぜ，「東海道」に比べ馴染み度が相対的に低い「中山道」に古いアクセント型が多く現れるのだろうか．2．で述べたように，「東海道」は，五街道の筆頭としてよく知られているばかりではなく，JR東海道線・東海道新幹線などの複合語の一部として現れることも多い．また，著名な作品や，催事などに冠される機会も多い．これらによって，「東海道」の非1型アクセント型のメディア露出度が「中山道」に比べ高いことが要因に1つとなっていることが推測できる[15]．

マスメディアにおける露出度の検証はなかなか困難であるが，新聞記事上にどの程度出現するのかということから両者を比較してみる．「毎日.jp（毎

日新聞社 http://mainichi.jp/）」による過去1ヵ月間（2008年6月28日検索）と過去6ヵ月間（2008年6月28日検索）における，「東海道」と「中山道」をキーワードとした一致検索による検索を毎日.jp掲出の全記事を対象に行なった．

表7．毎日.jp記事検索における「東海道」・「中山道」出現度数

「東海道」	過去1ヵ月63件	過去6ヵ月127件
「中山道」	過去1ヵ月10件	過去6ヵ月 23件

　期間を問わず出現度数は，おおむね「東海道」6に対して「中山道」1の比率となっており，大きな差が存在することが確認された．また，キーワードを含む語の内訳をみても両者には大きな違いが存在する．「東海道」を含む過去1ヵ月の記事のうち，もっとも出現度数の高いものは「東海道線」の29件，ついで「東海道五十三次」9件，「東海道新幹線」8件，「東海道[16]」8件となっていたのに対し[17]，「中山道」を含む過去1ヵ月の記事10件のうち，9件が「中山道[18]」，1件が「中山道広重美術館」であった[19]．「中山道」のほぼすべての出現例が街道名単独の形式で出現しているのに対し，「東海道」においては，鉄道路線名または作品名としての出現が多く，街道名単独の形式での出現はそれほど多くはないことが分かる．

　出現度数においては，インターネット上における出現度数の観点からも，「東海道」は「中山道」に比べより多く出現している．検索エンジンGoogleによるキーワード検索の結果（検索日2008年6月25日）を示すと，「東海道」13,200,000件と「中山道」464,000件より多い．「中仙道」213,000を加えても「東海道」のヒット件数には遠く及ばない．

　つまり，「中山道」は「東海道」に比べ，さまざまな観点から露出度が低く，非1型のアクセント型をマスメディアから受容する機会が少ないといえそうだ．その結果，「東海道」に比べ，地域に密着した古いアクセント型である1型を地元において耳にする機会と，その地元における古いアクセント型受容の効果が高く，「中山道」においては古いアクセント型である1型がより多く保持されたと推測される．

7．まとめ

　古いアクセント型の保持にかかわる要因について，三街道名を例としていくつかの小調査の結果を用いた検討を行なった．

　「中山道」は，旧街道沿い生育者に語彙としての馴染み度が高く，また，旧街道沿い生育者に古いアクセント型が現れることが確認された．地域かるた札の読み上げのような特殊な場面において，古いアクセント型が比較的安定的に用いられ，そのことの効果として普段のアクセント型においても，古いアクセント型が保持される要因となることもうかがえた．

　「東山道」のように語彙の馴染み度が非常に低い語彙の場合，多数型である新しいアクセント型への早い移行が確認されたが，「東海道」・「中山道」のように一定程度の馴染み度がある場合，かならずしも馴染み度が高いほど古いアクセント型を保持するわけではないことも確認された．マスメディアなどにおける露出度の高さは馴染み度の高さと平行的である場合が多く，そのような場合はむしろマスメディアで発信される新しいアクセント型への移行が早いといえそうだ．メディア高露出タイプの語彙として「東海道」を，メディア低露出タイプの語彙として「中山道」を指摘することができそうだ．

　以上からは，語彙としての馴染み度と，生活への密着度と結びつく馴染み度，マスメディアなどにおける露出度なども，古いアクセント型の保持の程度にかかわることがうかがえる．

8．おわりに

　「馴染み度」の高い語彙は古いアクセント型が保持され，低い語彙は基本アクセント型や多数型に置き換えられやすい，という事例は確かに存在する．一方，本章でみてきたように「馴染み度」の高さが，必ずしも古いアクセント型を保持する傾向のみを示すわけでもないようだ．

　結局，「馴染み度」とは何か，また，どのように計測すべきか，妥当に計測できるとして，いくつか想定される「馴染み度」のうちアクセント型とのかかわりの深いものは何か，という問題は残ることになる．マスメディアにおける露出度についても同様に，「露出度」とは何か，「露出度」をどのよう

に計測するのか，などの問題が残る．これらについては，今後の課題としたい．

[**参考資料**]
◆言葉のアンケート◆　　　　　1991 田中ゆかり
①「中山道」のアクセント（音の高低）についてうかがいます．
「中山道」は，「ナカセンドー」の「セ」まで高く言うのが標準アクセントとなっていますが，「中山道」沿いの地域では，「ナ」を高く言う伝統的なアクセントが残っています．以下の設問について該当する所に○印を附けて下さい．
（ご自身のアクセントではありません）
(1)学区内に住む高年層（60歳以上の方）の場合．
　　1．「ナカセンドー」の「ナ」を高く発音する人が多い．
　　2．「ナカセンドー」の「ナ」を高く発音する人が多くはないがいる．
　　3．「セ」まで高くする発音しか聞いた事がない．
　　4．その他（　　　　　　　　　　　　　　　　　　　　　）
(2)中学生の場合
　　1．「ナカセンドー」の「ナ」を高く発音する人が多い．
　　2．「ナカセンドー」の「ナ」を高く発音する人が多くはないがいる．
　　3．「セ」まで高くする発音しか聞いた事がない．
　　4．その他（　　　　　　　　　　　　　　　　　　　　　）

1　『明解アクセント辞典』(1958)「東京アクセントの修得方法」6拍語，『NHK日本語発音アクセント辞典』(1985)「新旧アクセント対照表」6拍語で，"東海道"などを例に"頭高型は中高型（3）に転向中"としている．また，秋永一枝(1967)でも複合語において前部の意味が薄れて複合の度合が強くなると，一語のように中高型に移ってゆく例として「東山道」・「東海道」・「中山道」をあげている．
2　文部省重点領域研究「日本語音声における韻律的特徴の実態とその教育に関する総合的研究」（略称『日本語音声』代表者杉藤美代子1989年度～1992年度）における東京方言班における調査．田中は，東京方言班の研究協力者として参加した．
3　詳細は，秋永一枝(1999)参照．大学・短期大学における集団記入調査は，秋永一枝氏・坂本清恵氏・鈴木豊氏が実施した．調査データの集計は，沢木幹栄氏のご協力のもと松永修一氏と田中ゆかりが行なった．
4　調査対象者からは，国語学・日本語学・日本語教育の研究者及び辞書類担当者を原則として除いた．
5　年代を10-20代，30-40代，50-60代，70代以上の4区分とし，生育地は言語形成期をもっとも長く過ごした地域として，東京23区内，首都圏（島嶼部除く都下，埼玉県，千葉県，神奈川県），その他，不明の4区分とした．詳細は，秋永一枝

(1999) 参照.
6 佐藤亮一（編）(1991)，秋永一枝（1999) 参照. 項目の内訳は，秋永アクセント調査表から133項目，馬瀬良雄・佐藤亮一編 (1985) から113項目，追加4項目.
7 小数点第2位以下四捨五入. 以下，同様.
8 国土交通省横浜国道事務所などが推進している「東海道ルネッサンス」など.「中山道」についても街道沿い自治体などによる「中山道」を冠した催事などが行なわれている.
9 市区町村単位でのデータ収集を考えた調査ではなかったため，サンプル数が少ない. 高年層は市区町村単位でみるにはサンプル数がそろわないため，若年層のみの比較となっている.
10 1991年1月に電話によるインタビューを行なった.
11 篠木れい子氏より調査データについてご教示いただき，データ使用の許可を頂戴した.
12 秋永一枝氏単独調査の詳細は，秋永一枝 (1999) 参照. その他の調査は，『日本語音声』における東京伝統方言調査の一環として1990年から1991年に実施されたもの.
13 AK は，調査後のインタビューに対して「歌舞伎の外題の一部として」と話しており，普段のアクセント型は3型と推測される.
14 高年層の結果において，「東海道」の馴染み度を「非常によく使う」と回答した5人のうち3人は新しいアクセント型の3型を回答しており，「中山道」においても馴染み度を「非常によく使う」と回答した6人のうち3人が3型.
15 テレビ・ラジオにおける道路交通情報をとっても「東海道線」・「東海道新幹線」の出現頻度は高い.
16 「旧東海道」1件を含む.
17 この他「東海道」を含む語として現れたのは次の語彙.（　）は出現度数.「東海道広重美術館 (2)」,「東海道物流新幹線 (2)」,「東海道山陽本線」・「東海道山陽線」・「東海道名所図会」・「東海道中膝栗毛」・「東海道ウォーク」各1.
18 「旧中山道」4件含む.
19 10件のうち2件は，「東海道」と同一記事内に共起していた. なお，新聞記事であるため「中山道」に表記は統一されており，「中仙道」は0件.

第6章
山梨県西部域若年層調査におけるアクセント

1．はじめに

　ここでは，山梨県西部域若年層調査に基づく，当該地におけるアクセントの実態について報告を行なう．

　本章の報告は，当該地または当該地周辺等を対象とする先行研究から想定した「山梨県方言的要素」と「新共通語的要素」の現れ方について観察・考察することを主な目的としている．

2．調査概要

　山梨県西部域若年層調査（以下，若年層調査）は，調査当時の早稲田大学大学院文学研究科日本文学専攻・秋永研究室共同調査による．調査時期，調査方法は，次の通り．若年層調査の詳細は，秋永一枝（編）(1996)参照．

　　調査時期：1994年8月〜1995年3月
　　調査方法：集団面接調査によるリスト読み上げ式調査

　調査対象は，調査中学に通う中学生男女（1978年〜1980年生）．リスト読み上げ式調査は，512人を対象に実施したが，実際にテープに吹き込んだ声とアンケート調査による属性等との照合が可能であった回答者は493人．

　493人の中学校ごとの内訳は，以下の通り（地理的に西から東―「東京」から遠い中学校から近い中学校―の順に示す）．

　　調査中学（調査時所在地）と回答者数：芦安中学（芦安村）23人，巨摩中
　　　　　学（白根町飯野）57人，御勅使中学（白根町百々）62人，韮崎
　　　　　東中学（韮崎市）90人，八田中学（八田村）61人，押原中学
　　　　　（昭和町）68人，北西中学（甲府市山宮町）69人，城南中学

　　　　（甲府市大里町）63人
　　　　　※芦安中学においては，「靴（を）」，「洗いに行く」の2項目未調査．
　なお，項目ごとの有効回答数は，読みとばしや，読み誤り，録音の不備などが存在するため，まちまちである．項目ごとの有効回答数は，表1を参照．

3．先行研究から想定した「山梨県方言的要素」

　当該地は，金田一春彦（1943）によれば，「典型的な乙種アクセントに属する」地域で，関東地方西部・愛知県三河西北部・中国地方西部に分布しているアクセントと同種の東京式アクセントが使用されている地域とされている．この他に金田一春彦（1942），金田一春彦（1957），渡辺富美雄（1957），稲垣正幸・清水茂夫（1983），清水茂夫（1994）等の当該地または当該地周辺を対象とした先行研究から，以下のようなアクセントを分析上，「山梨県方言的要素」として想定した．項目ごとの具体的アクセント型については，3.1.～3.6.にそれぞれ示す．

　当該地域の中学生には，非共通語形である東京式アクセントの古形を多く保存していることが推定される．よって，東京式アクセント地域に共通するアクセント型の多くを「山梨県方言的要素」として想定した．「中部地方方言的アクセント」とも言うべきものとも考えられるが，本調査データ内部においては他の中部地方方言との比較ができないため，便宜的な呼称として「山梨県方言的要素」を使用する．「山梨県方言として独特な要素」という意味をかならずしももつものではない．

　また，共通語アクセントとは，以下『日本語発音アクセント辞典　改訂新版』（1985）の採用しているアクセント型のこととする．

3.1. 2拍名詞Ⅱ類の平板型

　共通語アクセントや首都圏西部方言アクセントに比較し，平板型で実現される割合が高い．これは，山口幸洋（1982）等で指摘されているようにⅡ類が本来平板型の方言アクセントと接触した結果，平板型が移行的に分布してきたものと考えられる．

首都圏においても小林滋子（1961），大橋勝男（1974），柴田武（1983），渡辺喜代子（1983），稲垣滋子（1986），田中ゆかり（1993．03）等で平板型が確認できるため，一部の2拍名詞Ⅱ類の平板型は「新共通語要素」とも想定できるが，近年の傾向というよりもむしろ旧来からの傾向と判断，「山梨県方言的要素」と想定した．

3.2. 3拍名詞の中高型

共通語アクセントでは頭高型で実現される3拍Ⅴ類，類別外名詞を方言アクセントとして中高型で実現しているという先行研究に基づき，中高型を「山梨県方言的アクセント」として想定した．金田一春彦（1942）は，中高型を東京式アクセントの本来的な型としている．

3.3. 複合名詞・複合動詞の前部成素を生かした型

秋永一枝（1967，1996．03，1996．04）等において，複合名詞・複合動詞ともに，前部成素のアクセント型が生かされた型が東京式アクセントの古形として指摘されている．複合動詞について，秋永一枝（1996．03）では，変化の方向として，前部成素が生かされた型→平板型→結合アクセント型を提示している．

佐藤亮一他（1991），佐藤亮一他（1992），佐藤亮一他（1993）等より首都圏若年層においては，既に結合アクセント型が主流となっているが，『日本語発音アクセント辞典　改訂新版』（1985）では，平板型を第1アクセントとして採用，共通語アクセントとしており，結合アクセントは二義的なアクセントとして採用している．

これらに基づき，前部成素が生かされた型を「山梨県方言的要素」と想定した．また，首都圏若年層においては，結合型アクセントが主流となっていることから，平板型も「山梨県方言的要素」に含めることとする．

3.4. 3拍形容詞Ⅰ類「〜ければ形」の「関東方言アクセント」型

金田一春彦（1942）で「関東方言アクセント」とされているⅠ類形容詞「赤い」の「〜ければ形」の3型は，渡辺富美雄（1957），清水茂夫（1994）

においても確認できる．また，東京式アクセントにおいて3拍II類形容詞「〜ければ形」は，1型で実現されるべきところ，3型が出現しているのは，I類形容詞において「関東アクセント」がかなりの勢力をもっており，II類において誤った類推が行なわれた結果，出現した型と考えられる．

これらから3拍I類形容詞の「〜ければ形」の3型を「山梨県方言的要素」と想定した．

3.5. I類動詞連用形の尾高型

都竹通年雄（1951）は，東京式アクセントの地域においてI類動詞連用形のアクセント型について，「古くは一種の尻高型であったらしい」と指摘，「東京の杉並区あたりから三河や東美濃にかけて」の地域や千葉県各地に「〜に行く形」において尾高型が出現していることを指摘している．

小林滋子（1961），佐藤亮一他（1991），佐藤亮一他（1992）でも尾高型の出現が確認できる．また，田中ゆかり（1993．03），同（2008）で，1992調査時において，首都圏西部域高年層においてはほとんどが尾高型で実現されていることも分かる（第1部第6章参照）．

当該地における尾高型の報告はみられないが，他の東京式アクセントの古形は先行研究によって確認できることから，これらより尾高型を「山梨県方言的要素」と想定する．また，語末が特殊拍の場合，アクセント核が1拍前にずれた尾高−1型も同様とする．

3.6.「役場」の1型

調査依頼等で当該地を何回か訪問するうちに気づいた，方言形アクセントと思われる「役場」の1型．清水茂夫（1994）に，3音節以上の漢語アクセントは，和語に比較して頭高型が多いという指摘がある．「役場」を漢語に近いものとしてみなし，「役場」1型を「山梨県方言的要素」として想定した．

4．先行研究から想定した「新共通語的要素」

「新共通語的要素」とは，先行研究等より，非共通語ではあるが，首都圏

若年層において優勢あるいは勢力を拡大しつつあると想定できる要素のこととする。「新共通語的要素」には，かならずしも将来「共通語」として採用されるであろうという意味は与えていない．4.1.から4.3.にそれぞれ示す．

4.1. 形容詞Ⅰ・Ⅱ類の統合

　稲垣滋子（1986），大橋勝男（1989），佐藤亮一他（1991），佐藤亮一他（1992），佐藤亮一他（1993），田中ゆかり（1993.03）等から首都圏若年層において形容詞Ⅰ・Ⅱ類の統合傾向が指摘されている（第1部第5章参照）．いずれも，Ⅰ類終止形平板型がⅡ類終止形の中高型に実現される傾向が強く，Ⅰ類連体形平板型にも同様の傾向が指摘されている．

　また，Ⅱ類「～ければ形」のアクセント型はⅠ類のアクセント型に類推した型が出現する傾向も指摘されており，Ⅰ・Ⅱ類の統合傾向は一様ではない．

　大橋勝男（1989）では，関東地方域におけるⅠ類終止形中高型の出現は「地域的偏りは感じられない」としているが，稲垣滋子（1986）・田中ゆかり（1993.03）におけるⅠ類終止形中高型の出現傾向を総合するとⅠ・Ⅱ類形容詞「～ければ形」で確認できる「関東アクセント」から早い段階で共通語アクセントに移行したと考えられる地域—稲垣滋子（1986）では23区内と東多摩地区，田中ゆかり（1993.03）では神奈川県東部域—にⅠ類終止形中高型が確認できる．

　これより，Ⅰ類終止形中高型など，一方の類のアクセント型が他方の類のアクセント型に統合しているような傾向をもって非共通語アクセントが出現しているケースを「新共通語的要素」と想定した．

4.2.「とびはね音調」

　首都圏における問いかけ音調の新しいバリエーションとして勢力を拡大しつつある「とびはね音調」[1]を「新共通語的要素」として想定した（第2部参照）．また，「浮き上がり調」[2]も同様とする．併せて，Ⅱ類形容詞「～なる形」の複合アクセント型（○●●…●○型）も「新共通語的要素」とした．また，Ⅰ類形容詞「～なる形」への類推と解釈も成り立つが，いずれにしても同様の扱いとする．

4.3. 外来語・地名の平板型

　菅野謙・臼田弘（1981），最上勝也（1984），佐藤亮一（1990），井上史雄（1992），田中ゆかり（1994）などで，首都圏若年層における外来語の平板化現象が指摘されている（第3部第3章・第4章参照）．

　また，馬瀬良雄・安平美奈子（1992），馬瀬良雄他（1995），馬瀬良雄（1997）では，首都圏に限らず，地方都市においても同様の平板化現象が指摘されている．これらより，外来語・地名の平板型を「新共通語的要素」と想定した．

5．共通語アクセントの出現率からみた全体的な傾向

　各項目の共通語アクセント出現率からみた全体的な傾向について述べる．共通語アクセントは，『発音アクセント辞典　改訂新版』(1985) を中心に，先行研究から判断した．問いかけイントネーションについては，「ない？●○↑」を共通語イントネーションとし，aと表示した．表1に各項目の共通語アクセントを示す．

　共通語アクセントの出現率の多い順に示したものが表1と図1．図1からは，共通語アクセントの出現率からみると，①〜④群に項目が分かれていることが概観できる．

5.1. 共通語アクセントで安定している項目群

　図1における①の群は，ほぼ共通語アクセントで安定している項目群とみることができる．つまり，山梨県西部域若年層にとって，「山梨県方言的要素」として想定した「命」・「きのこ」・「眼鏡」・「涙」の3拍名詞中高型，「八ヶ岳」の複合名詞前部成素が生かされた1型はほぼ失われ，これらの項目については，共通語化が完了した段階にあると解釈できる．

　個別的には，以下のような傾向も指摘できる．「命」・「きのこ」・「眼鏡」・「涙」のうち，「涙」の中高型出現率は4.5％と，もっとも多く「山梨県方言的要素」を残している．「涙」に中高型が出現しやすいという傾向は，稲垣滋子（1986），佐藤亮一他（1991），佐藤亮一他（1992）などでも確認でき

表1. 共通語アクセント出現率（降順）

	項目 （共通語アクセント型）	共通語ア 出現率 （%）	有効 回答数
①	命が（1型）	99.7	491
	きのこを（1型）	99.7	491
	白い・連体形（2型）	99.5	492
	赤い・連体形（0型）	99.3	493
	テレビを（1型）	99.3	490
	赤く［ない？］（0型）	99.1	492
	ショップに（1型）	99.1	492
	ビデオで（1型）	98.3	492
	めがねを（1型）	97.5	489
	20回（2型）	97.4	475
	30回（3型）	97.3	482
	八ヶ岳（3型）	96.9	491
	赤い・終止形（0型）	96.4	492
	白くなる（1型）	96.3	492
	採りに行く（1型）	96.1	491
	涙を（1型）	95.5	492
	赤くなる（4型）	95.5	493
	白く［ない？］（1型）	94.5	493
	白い・終止形（2型）	94.3	492
	白ければ（1型）	94.2	484
	靴を（2型）	94.0	469
	咲き出した（3型）	92.7	451
	かわいく［ない？］（3型）	89.2	482
	ドラマを（1型）	87.8	493
	10点（3型）	87.6	489
②	赤ければ（2型）	69.6	454
	［赤く］ない？（a）	67.6	312
	［白く］ない？（a）	66.4	325
	［かわいく］ない？（a）	58.7	349
③	読み上げる（0型）	30.4	490
	洗いに行く（0型）	29.5	463
	買いに行く（0型）	29.1	491
	役場に（3型）	28.2	489
④	言いに行く（0型）	19.5	487
	梨が（2型）	4.7	488
	原宿に（2型）	3.0	461

る．

　複合動詞「咲き出した」は，共通語アクセントの3型が圧倒的な優勢アクセント型ではあるが，結合型アクセントへ到る途上の，「山梨県方言的要素」として想定した平板型アクセントが7.3％出現している．

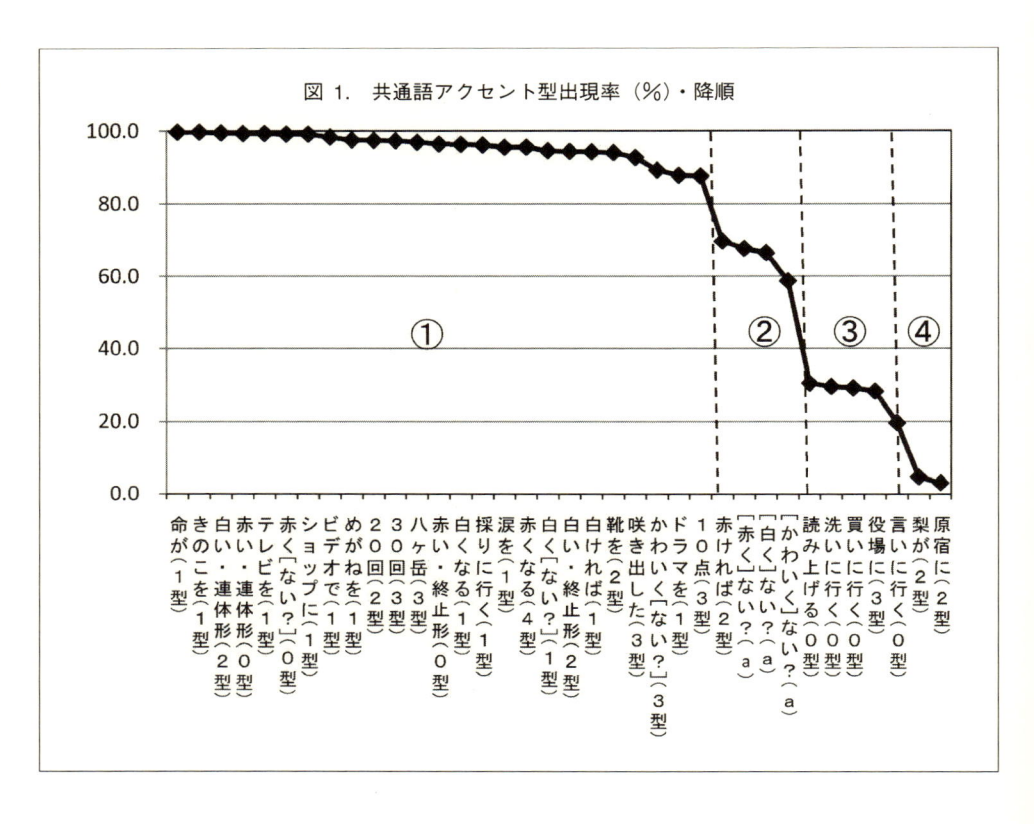

図1. 共通語アクセント型出現率（％）・降順

縦軸ラベル（左から右、降順）:
命が（1型）
白いシャツを（連体形）（2型）
赤いリボン（連体形）（1型）
赤くない？（2型）
テレビ（0型）
シビヤ（1型）
めがねを（1型）
ビデオで（1型）
200回（3型）
300回（3型）
八ヶ岳（0型）
赤いセーター（連体形）（1型）
採りに行く（1型）
涙ぐむ（4型）
赤くなる（終止形）（1型）
白くなる（終止形）（1型）
白い（終止形）（2型）
白ければ（2型）
靴を買いた（3型）
咲きました（3型）
ドラマを（1型）
10点（3型）
赤ければ（2型）
「赤くない？」（a）
「白くない？」（a）
「かわいくない？」（a）
読み上げる（0型）
洗いに行く（0型）
買いに行く（0型）
役場（3型）
言いに行く（0型）
梨が（2型）
原宿に（2型）

グラフ上の領域区分: ①, ②, ③, ④

　一方,「新共通語的要素」として想定した「赤い（花）」・「白い（花）」・「赤い（終止形）」・「白い（終止形）」・「赤くなる」・「白くなる」の形容詞Ⅰ・Ⅱ類統合傾向,「ビデオ」・「ショップ」・「ドラマ」の外来語平板型は, ほとんど出現せず, まだこれらの「新共通語的要素」は, 当該地に及んでいないことを示している.

　また, 個別に観察すれば, 以下のようなこともうかがえる.

　形容詞Ⅰ・Ⅱ類統合傾向については, 終止形より連体形に,「赤い（終止形）」よりも「白い（終止形）」に, 共通語アクセントが安定して出現していることが分かる. いずれも稲垣滋子（1986）, 大橋勝男（1989）, 佐藤亮一他（1991）, 佐藤亮一他（1992）, 佐藤亮一他（1993）, 田中ゆかり（1993.03）等の指摘と同様の結果を示している.

また，Ⅰ類と同じ型となる「白い（終止形）」０型は4.5％，「白い（連体形）」０型は0.2％出現しており，中條修（1983）で静岡県浜松地方型として確認される「白い（終止形）」１型は1.2％，「白い（連体形）」１型は0.2％出現している．

　外来語平板型「テレビ」・「ショップ」・「ビデオ」・「ドラマ」において，「ドラマ」のみ平板型出現率が12.2％と10％以上の平板型が現れている．これは，馬瀬良雄・安平美奈子（1992），田中ゆかり（1994）においても，「ドラマ」は平板型の進行が他の項目に比べ早い項目であることと同様の結果となっている（第３部第３章参照）．

5.2. 共通語アクセントと非共通語アクセントでゆれている項目群

　図１における②の群は，共通語アクセントと非共通語アクセントがゆれている項目と言える．

　「山梨県方言的要素」と想定したⅠ類形容詞「赤い」の「〜ければ形」３型は，27.3％出現しており，一定の勢力を維持している．Ⅰ類形容詞「〜ければ形」の「関東方言アクセント」は，佐藤亮一他（1991），佐藤亮一他（1992）において若年層ではみられないものの，中高年層には23区内においても少数ではあるが確認されており，共通語化の遅い項目と言える．

　問いかけイントネーションの共通語イントネーションとした「a（●○↑）」は６割弱から強出現している．一方，「新共通話的要素」として設定した「とびはね音調」・「浮き上がり音調」である．●●↑の出現率は，「（白く）ない？」2.5％，「（かわいく）ない？」0.9％と，非常に低い．同時に，「とびはね音調」と強いかかわりをもつⅡ類形容詞「〜なる形」の複合タイプアクセント型である「白くなる」４型出現率も，2.2％と低い．首都圏若年層に拡張中の「とびはね音調」は，当該地ではほとんど受容されていない段階にあることが分かる．

5.3. 非共通語アクセントが優勢の項目群

　図１における③・④の群は，非共通語アクセントが優勢の群といえる．

　「山梨県方言的要素」として想定した複合動詞平板型，Ⅰ類動詞「〜に行

く形」尾高型,「役場」の頭高型,「梨」の平板型が,依然根強い勢力を持っていることが分かる.また,「新共通語的要素」として想定した「原宿」は,共通語形の2型はほとんど出現しないという結果となった.

複合動詞の平板型は,佐藤亮一他(1991),佐藤亮一他(1992),秋永一枝(1996.03)では,首都圏若年層においては全くあるいはほとんど出現しないという指摘と比較すると,「読み上げる」30.4%・「咲き出した」7.3%という出現率はかなり高いということができる.

また,Ⅰ類動詞「〜に行く形」も,首都圏若年層においては,全くあるいはほとんど出現しないが(佐藤亮一他,1991;佐藤亮一他,1992;田中ゆかり,1993.03;同,2008第1部第6章参照),70〜80%が尾高型(尾高−1型を含む)を保持している.

「新共通語的要素」として想定した「原宿」の平板型は,田中ゆかり(1994)における首都圏西部域高校生の平板型出現率98.2%とほぼ同程度の93.9%出現しており,最優勢なアクセント型となっている(第3部第3章参照).しかし,メディアアクセントとして外来語の平板型と同様の性質をもつ「新共通語的要素」によるものかは,(テレビを除く)外来語平板型が「ショップ」0.8%・「ビデオ」1.0%・「ドラマ」12.2%と,首都圏西部高校生「ショップ」8.7%・「ビデオ」(未調査)・「ドラマ」49.8%に比べ,かなりの低率にとどまっていることから疑わしい.

当該地においては,むしろ『日本語発音アクセント辞典 改訂新版』(1985)〈付録〉「固有名詞のアクセント付3.1.2.日本の地名」に掲載されている4拍地名において平板型がもっとも優勢な型であることが反映された結果であろう.

5.4. アクセントの共通語化の程度とアクセント型置き換えのパターン

5.1.〜5.3.で,共通語アクセントの出現率から,「山梨県方言的要素」と「新共通語的要素」の残存・進出の傾向について考察してきた.共通語,あるいは「新共通語的要素」への置き換えが比較的早く進むケースと置き換えが進みにくいケースについて,それぞれ以下のようなことが指摘できる.

置き換えが比較的早く進んだケースとして,①群の項目群が具体例とな

る．①群の「山梨県方言的要素」をほぼ失い共通語化を完了させた項目群は，「非頭高型から頭高型」あるいは「頭高型から非頭高型」という「頭高型」[3] が関係するケースであった．

　逆に，置き換えが進みにくいケースには，②〜④群の項目群が上げられる．②群における，Ⅰ類形容詞「赤い」の「〜ければ形」，②・④群における複合動詞・Ⅰ類動詞「〜に行く形」のアクセントはいずれも，「非頭高型から非頭高型」へというケースであることが共通している．

　一方，山梨県西部域若年層調査において置き換えが抑制される項目群は，首都圏においては既に共通語アクセントまたは「新共通語アクセント」が主流化しており，かなり急速なアクセントの置き換えが起こったことが先行研究で分かっている項目から構成されている．同様なパターンでありながら首都圏におけるアクセントの置き換えと，当該地における置き換えの速度に差がみられる理由については，今のところとくに見解をもたない．

　首都圏若年層において，ガ行鼻音の急速な消失の要因として，「習得しそこない」が想定される（田中ゆかり・吉田健二，1997）のと同様，いったん消失が始まると「習得しそこない」が加速していくのだろうか．

　上記とは別のパターンとして「馴染み度」とのかかわりが指摘できそうな項目もある．「役場」の頭高型は，非共通語形にもかかわらず勢力が強い．「役場」という単語が，当該地の生活に密着した「馴染み度」の高い単語ということが要因だろうか．

　芦安中学インフォーマントの村外生育者のほとんどは，首都圏等からの山村留学生であるが，その村外生育者14人のうち11人が頭高型を採用している．村外生育者にとっては，同村への留学・転居を契機として「役場（1型）」を当該地らしいアクセント型として習得したものと考えられる．アクセント面における移住者の当該地への「歩み寄り」とみられる．共通語化の顕著なパターンとして「非頭高型から頭高型」が指摘されるが，その背景に頭高型に対する「気づきやすさ」が存在することを考えると，移住者の「歩み寄り」においても，「非頭高型から頭高型」がもっとも採用しやすいパターンとみることもできそうだ．また，「役場」1型の採用に際しては，共通語アクセントとしてもっとも接触する機会が多いと考えられるテレビニュー

ス等のメディアにおいては,「役場」単独の場合よりも,地名と複合した「〜役場（〜●○○型）」が多いであろうことも関連しているかもしれない．

「山梨県方言的要素」が「新共通語的要素」と関連することによって，共通語アクセントへの置き換えが抑制されたケースも確認できる．

2拍名詞Ⅱ類の平板型項目「梨」の平板型は93.4％出現しており，ほとんど共通語形の尾高型の出現はみられない．これは，本来の「山梨県方言的要素」として平板型が主流であった上に，当該他の外周域にⅡ類平板型の地域が迫っていること，首都圏においても「新共通語的要素」として平板型が優勢化しつつあるという，新旧2つの平板型を促進する要因が当該域の東西南北に存在するためである．

6．学校差のみられる項目

5．では，回答者全体からみた傾向を指摘した．ここでは，回答者のうち，外住歴を持たない者をnative群として，native群における学校差のある項目について考察する．「山梨県方言的要素」・「新共通語的要素」などの観点から各項目をいくつかのカテゴリに分類し，図を提示する．

項目ごとの各アクセント型・イントネーションパターンの出現率を，学校別に表したものを図2〜図34として示す．図中凡例における項目のあとに記したアラビア数字は，アクセント型を示す．各項目に対する回答者数はそれぞれ異なる．native群における項目ごとの有効回答者数については，それぞれの図参照．

6.1. カテゴリー別にみた学校差
6.1.1. 単純数詞＋助数詞

単純数詞＋助数詞について，「10点」・「20回」・「30回」の結果をみていく（図2〜図4）．

首都圏西部で勢力を拡大しつつあると考えられる平板型が，3項目通じて全く現れていないのは，押原中．芦安中も，「30回」以外は平板型が出現していない．「10点」にもっとも平板型の出現が目立つが，15％以上出現がみられるのは，八田中・北西中．頭高型が調査域内において西部寄りの芦安

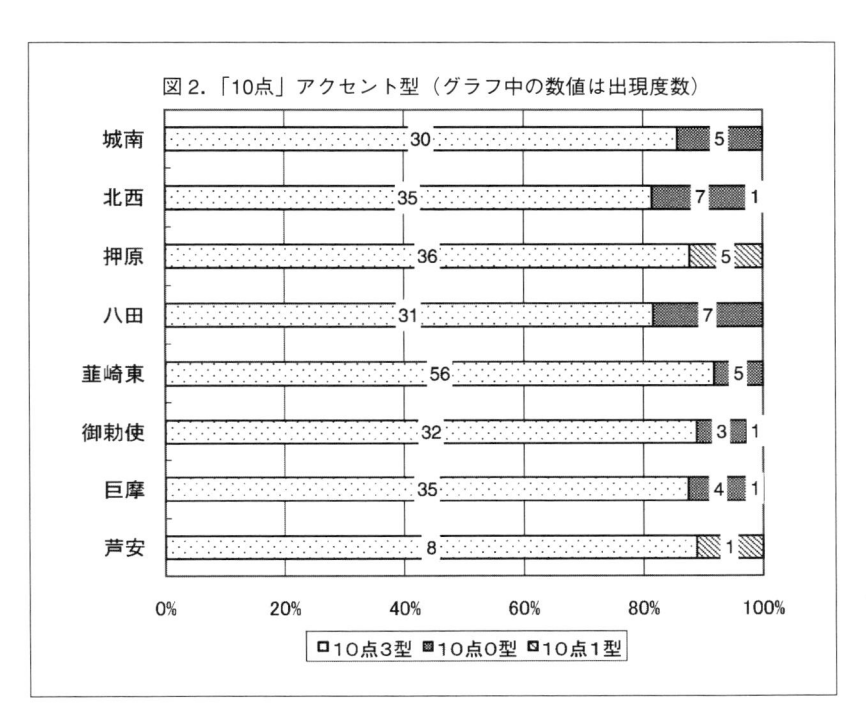

図2.「10点」アクセント型（グラフ中の数値は出現度数）

城南　30　5
北西　35　7　1
押原　36　5
八田　31　7
韮崎東　56　5
御勅使　32　3　1
巨摩　35　4　1
芦安　8　1

□10点3型　■10点0型　□10点1型

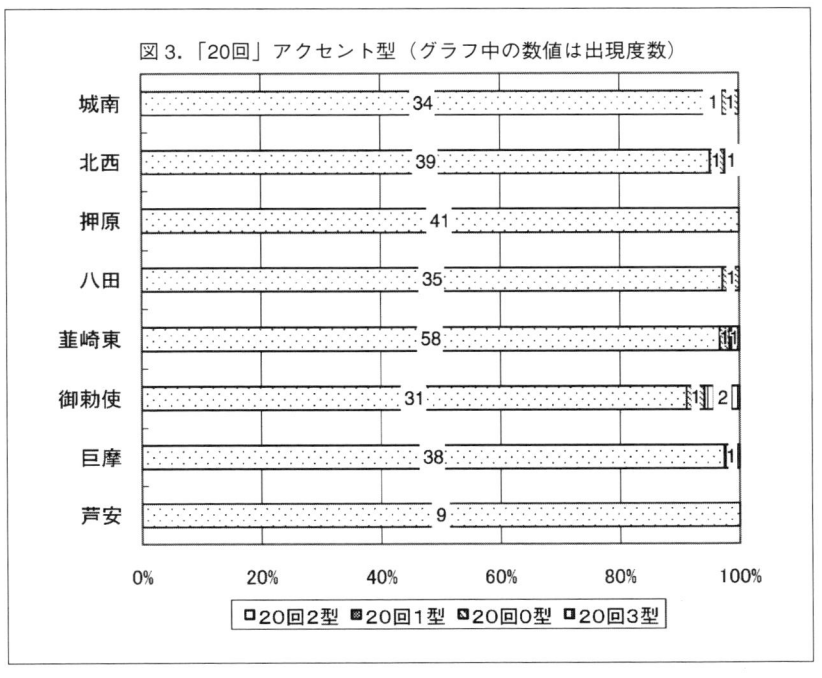

図3.「20回」アクセント型（グラフ中の数値は出現度数）

城南　34　1
北西　39　1　1
押原　41
八田　35　1
韮崎東　58
御勅使　31　1　2
巨摩　38　1
芦安　9

□20回2型　■20回1型　■20回0型　□20回3型

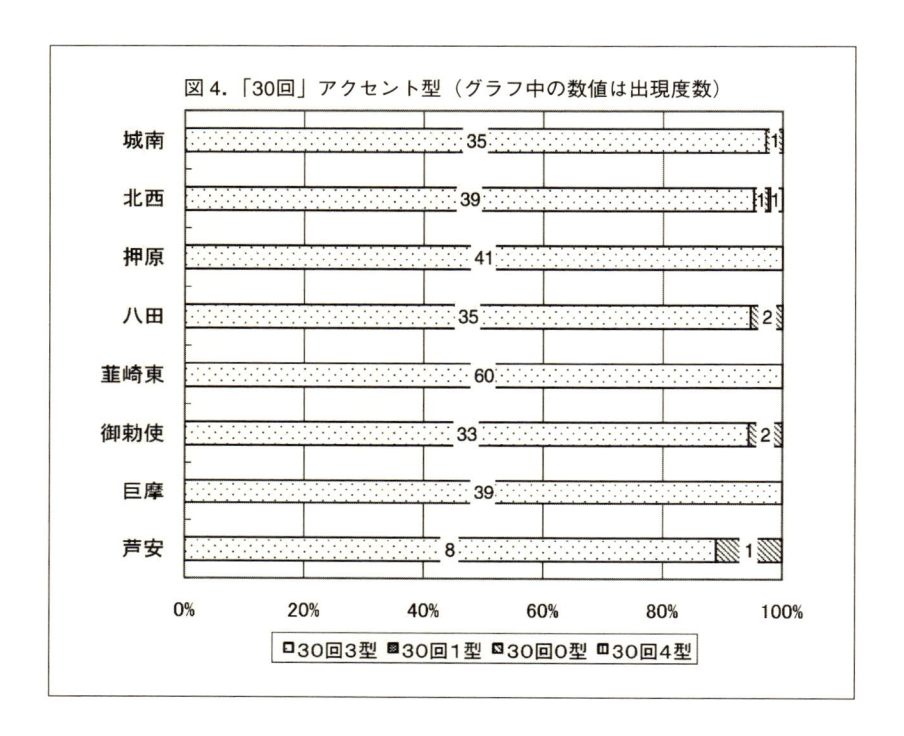

図4.「30回」アクセント型（グラフ中の数値は出現度数）

中学	30回3型	30回1型	30回0型	30回4型
城南	35			1
北西	39			1 1
押原	41			
八田	35			2
韮崎東	60			
御勅使	33			2
巨摩	39			
芦安	8		1	

中・巨摩中・御勅使中と，押原中にみられる．

6.1.2. 2拍名詞Ⅱ類「梨」

「梨」の結果を図5に示す．共通語アクセントの尾高型が全く出現しないのは，巨摩中と，甲府市内の北西中・城南中．

6.1.3. 2拍名詞Ⅲ類「靴」

「靴」の結果を図6に示す．1型が出現する中学は，韮崎東中・北西中．0型は，城南中以外の全中学にわずかずつ出現している．芦安中は未調査．

6.1.4. 3拍名詞Ⅴ類「命」・「涙」と類別外「きのこ」・「眼鏡」

「山梨方言的要素」として3拍名詞中高型にかかわる項目を図7～図10に示す．全中学「命」は共通語アクセントのみが出現している．

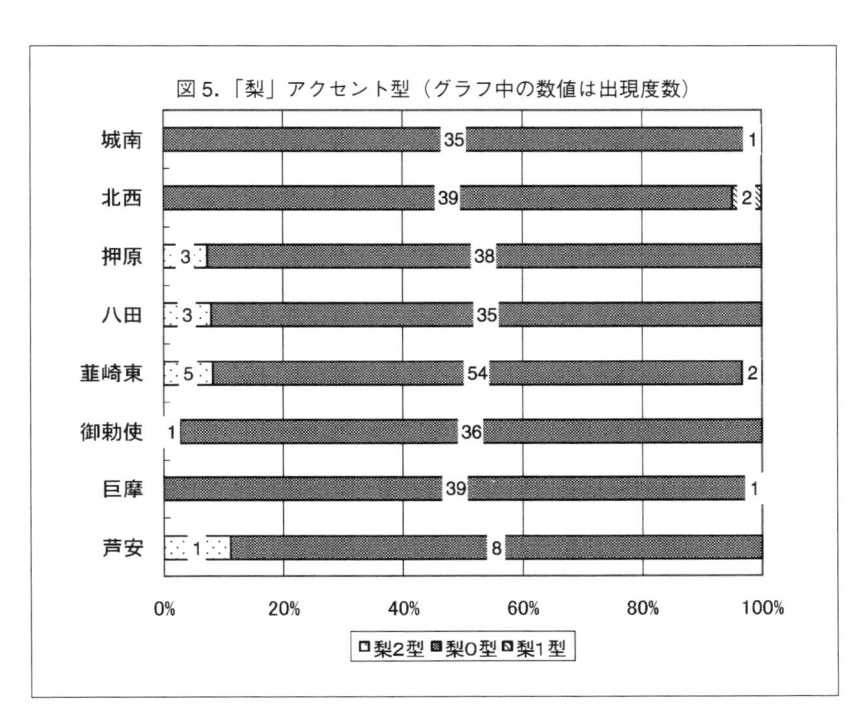

図5.「梨」アクセント型（グラフ中の数値は出現度数）

地点	梨2型	梨0型	梨1型
城南		35	1
北西		39	2
押原	3	38	
八田	3	35	
韮崎東	5	54	2
御勅使	1	36	
巨摩		39	1
芦安	1	8	

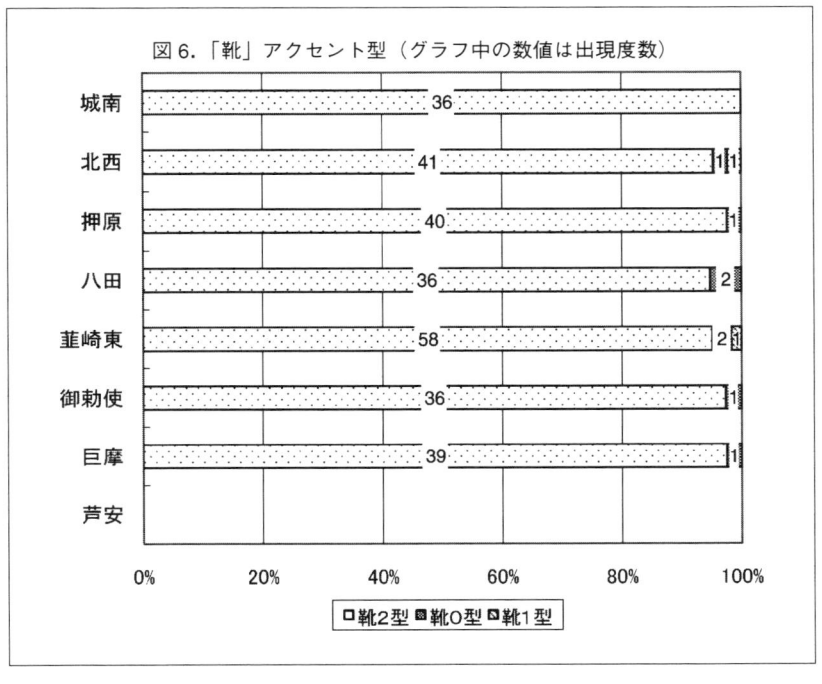

図6.「靴」アクセント型（グラフ中の数値は出現度数）

地点	靴2型	靴0型	靴1型
城南	36		
北西	41	1	1
押原	40		1
八田	36		2
韮崎東	58		2
御勅使	36		1
巨摩	39		1
芦安			

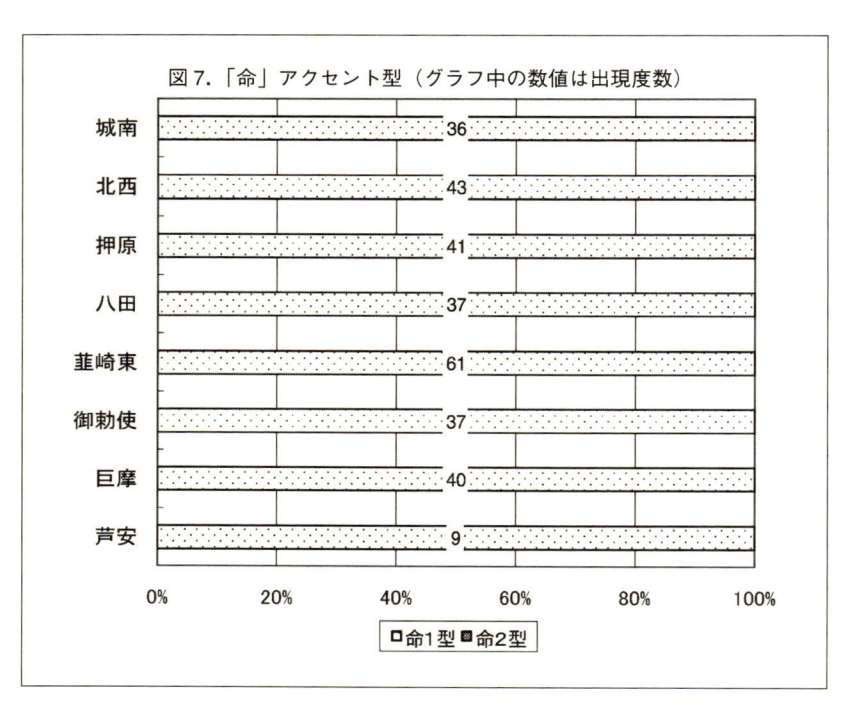

図7.「命」アクセント型（グラフ中の数値は出現度数）

地点	命1型	命2型
城南	36	
北西	43	
押原	41	
八田	37	
韮崎東	61	
御勅使	37	
巨摩	40	
芦安	9	

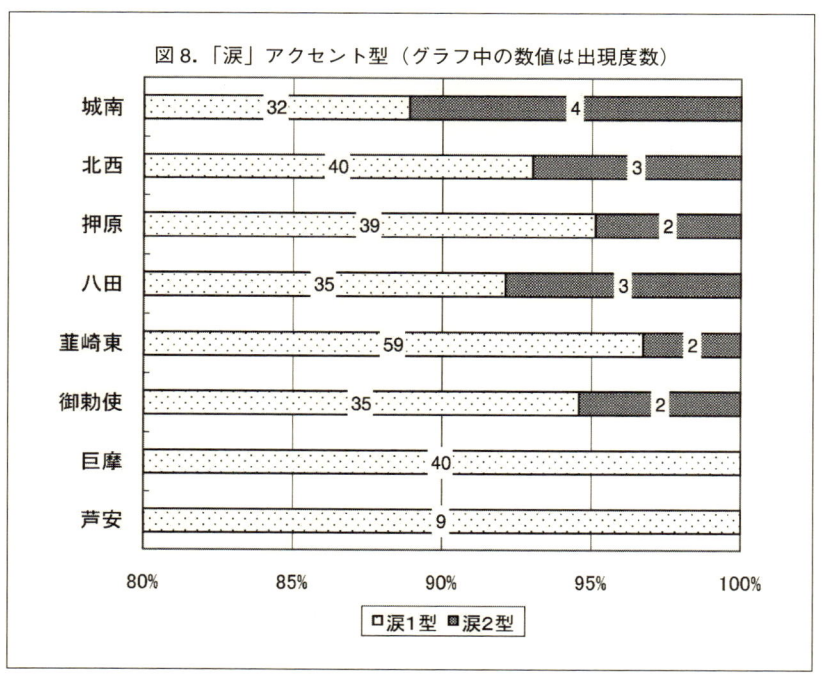

図8.「涙」アクセント型（グラフ中の数値は出現度数）

地点	涙1型	涙2型
城南	32	4
北西	40	3
押原	39	2
八田	35	3
韮崎東	59	2
御勅使	35	2
巨摩	40	
芦安	9	

図9.「きのこ」アクセント型（グラフ中の数値は出現度数）

地点	きのこ1型	きのこ2型
城南	36	
北西	43	
押原	41	
八田	38	
韮崎東	61	
御勅使	35	1
巨摩	40	
芦安	9	

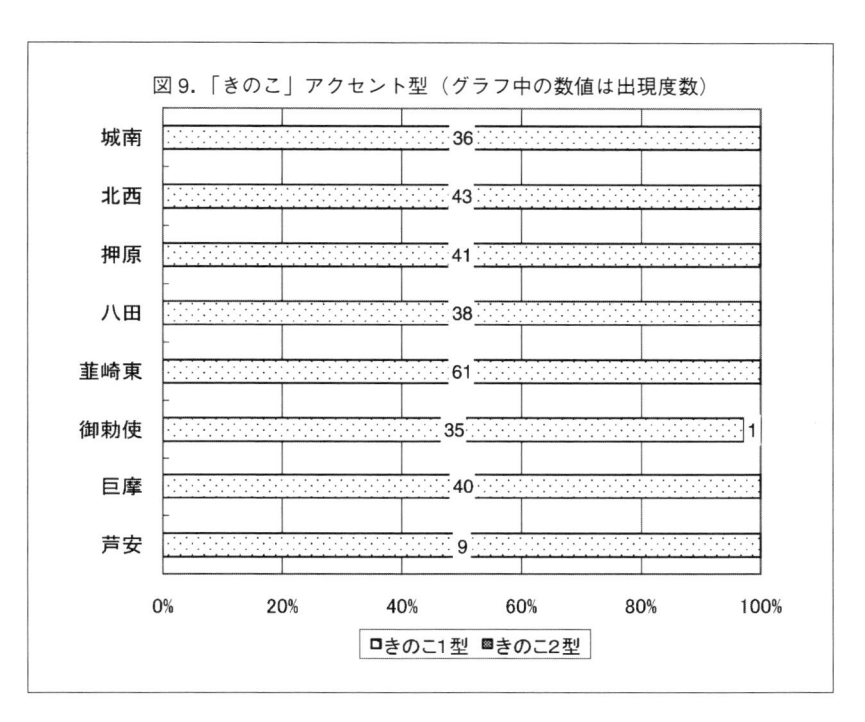

図10.「眼鏡」アクセント型（グラフ中の数値は出現度数）

地点	眼鏡1型	眼鏡2型	眼鏡0型
城南	34		
北西	39	4	1
押原	41		
八田	37		1
韮崎東	60		1
御勅使	37		
巨摩	40		
芦安	9		

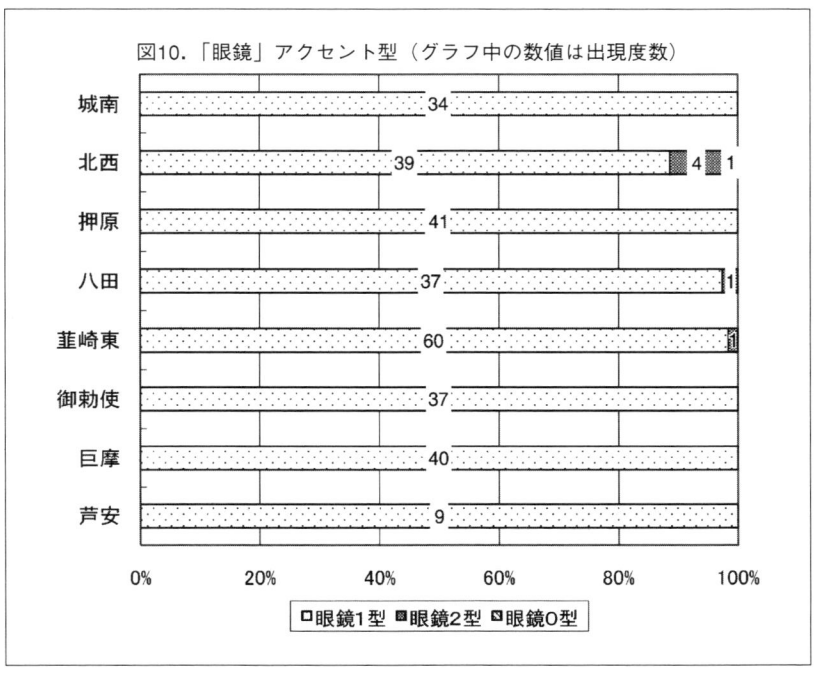

「涙」・「眼鏡」いずれの項目においても「山梨県方言的要素」の中高型が5％以上出現しているのは，北西中・御勅使中・八田中．城南中は，「涙」に中高型が5％以上出現している．「きのこ」の中高型は，御勅使中2.7％のみ．

6.1.5.3 拍名詞「役場」

「役場」の結果を図11に示す．全体的に共通語アクセント出現率が低い．「山梨方言的要素」の頭高型が，30％以下の出現率となっているのは，韮崎東中・北西中・城南中．いずれも，「市立」中学で，「役場」のない地域の中学である．4.4.で述べたように，頭高型の「山梨方言的要素」が非頭高型の共通語アクセントへの置き換えが抑制されている要因として，「馴染み度」

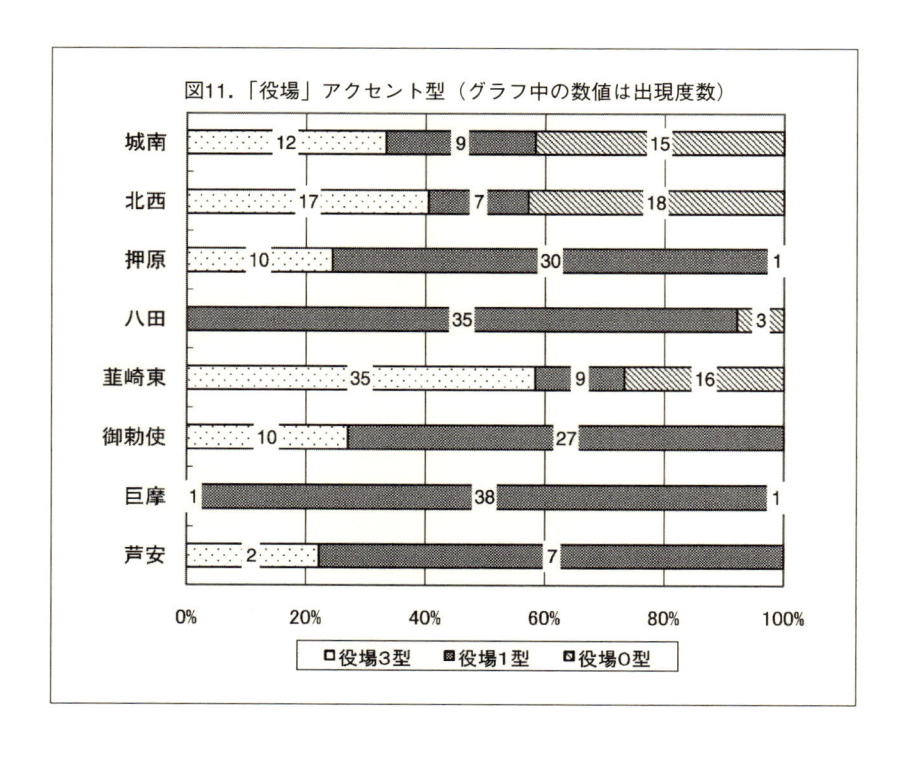

図11.「役場」アクセント型（グラフ中の数値は出現度数）

地域	役場3型	役場1型	役場0型
城南	12	9	15
北西	17	7	18
押原	10	30	1
八田		35	3
韮崎東	35	9	16
御勅使	10	27	
巨摩	1	38	1
芦安	2	7	

とのかかわりがありそうだ．他の「町・村立」中学における頭高型出現率は，全て70％を越えており，「市立」対「町・村立」の対立は明瞭である．

6.1.6. 複合名詞「八ヶ岳」

「八ヶ岳」の結果を図12に示す．「山梨県方言的要素」の頭高型の出現率は全体的に低い．5％以上出現する中学は，巨摩中・韮崎東中・押原中．

6.1.7. 複合動詞「読み上げる」・「咲き出す」

「読み上げる」の結果を図13，「咲き出した」の結果を図14に示す．「読み上げる」の平板型は19.5～40.9％の出現率．「咲き出した」平板型が10％以上出現する中学は，芦安中・押原中．韮崎東中は全く出現しない．

6.1.8. Ⅰ類動詞連用形「～に行く」

Ⅰ類動詞連用形「買い（に行く）」・「言い（に行く）」・「洗い（に行く）」の結果をそれぞれ図15～図17に示す．

3項目全てにおいて共通語アクセントの平板型が30％以上出現している中学は，北西中．いずれか2項目において30％以上平板型の出現する中学は，芦安中・韮崎東中・城南中．芦安中以外は，市部の全中学．芦安中は，「洗い（に行く）」が未調査．芦安中は，主に首都圏で生育した山村留学生を迎えているという特色をもつ中学である．

「山梨県方言的要素」のうち，3項目とも，尾高型より，尾高-1型の方が多い中学は，御勅使中・韮崎東中・北西中・城南中．御勅使中以外は，市部の中学．

6.1.9. Ⅱ類動詞「採り（に行く）」

Ⅱ類動詞連用形「採り（に行く）」の結果を図18に示す．Ⅰ類動詞「～に行く形」への類推から出現したと考えられる尾高型○●▽のアクセント型が韮崎東中・押原中・北西中にみられる．

図12.「八ヶ岳」アクセント型（グラフ中の数値は出現度数）

地点	八ケ岳3型	八ケ岳1型
城南	36	
北西	42	1
押原	37	4
八田	38	
韮崎東	56	5
御勅使	35	1
巨摩	38	2
芦安	9	

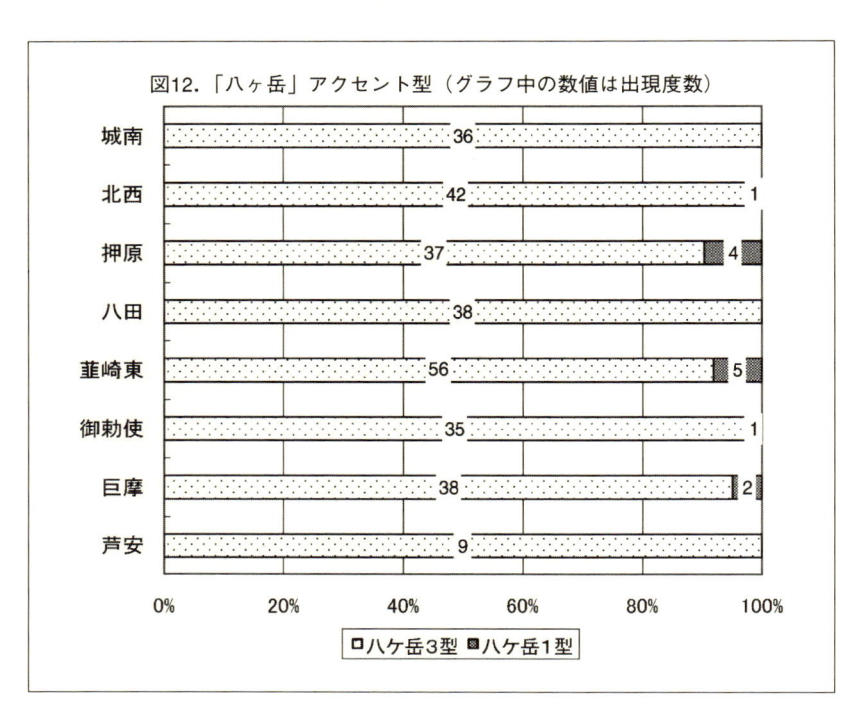

図13.「読み上げる」アクセント型（グラフ中の数値は出現度数）

地点	読み上げる0型	読み上げる4型	読み上げる3型
城南	12	23	
北西	17	25	1
押原	8	33	
八田	10	28	
韮崎東	25	36	
御勅使	8	29	
巨摩	13	26	1
芦安	2	7	

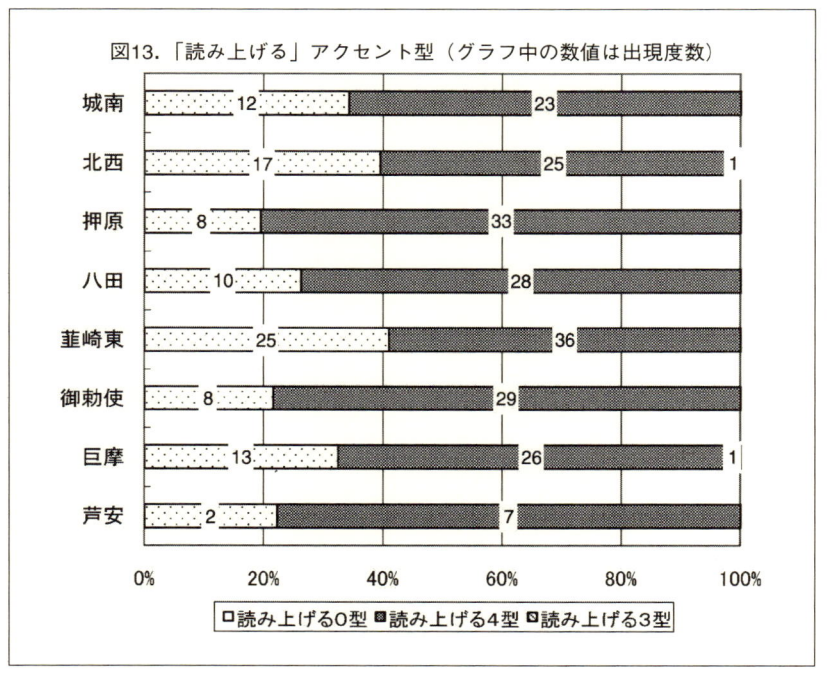

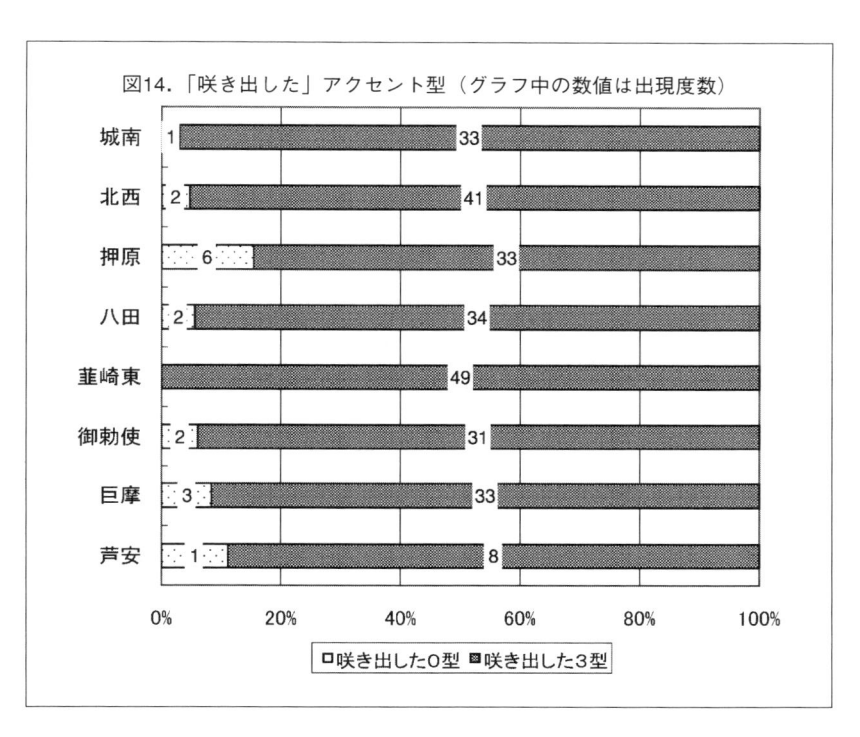

図14.「咲き出した」アクセント型（グラフ中の数値は出現度数）

地点	咲き出した0型	咲き出した3型
城南	1	33
北西	2	41
押原	6	33
八田	2	34
韮崎東	0	49
御勅使	2	31
巨摩	3	33
芦安	1	8

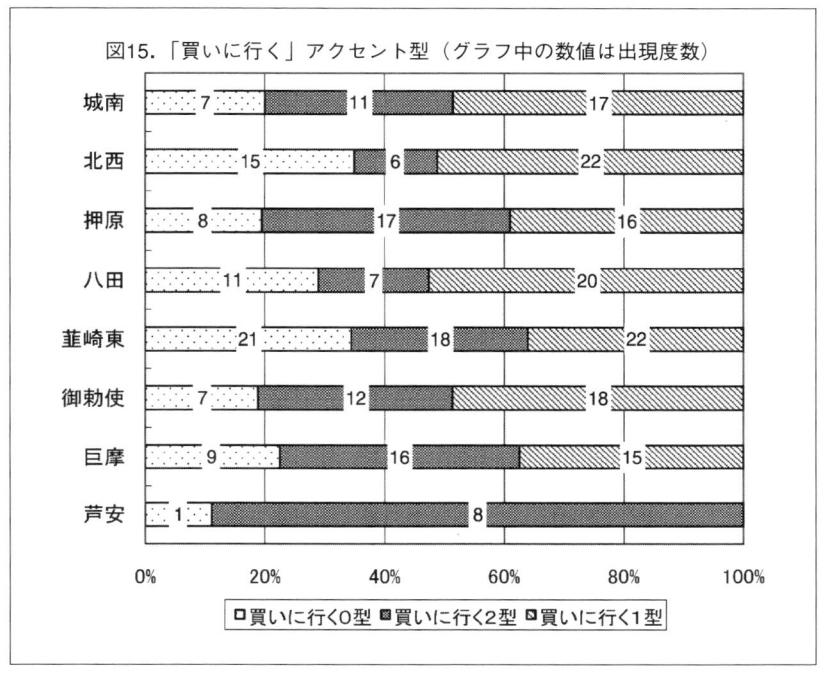

図15.「買いに行く」アクセント型（グラフ中の数値は出現度数）

地点	買いに行く0型	買いに行く2型	買いに行く1型
城南	7	11	17
北西	15	6	22
押原	8	17	16
八田	11	7	20
韮崎東	21	18	22
御勅使	7	12	18
巨摩	9	16	15
芦安	1	8	0

図16.「言いに行く」アクセント型（グラフ中の数値は出現度数）

地点	言いに行く0型	言いに行く2型	言いに行く1型
城南	3	10	22
北西	13	13	17
押原	2	29	10
八田	5	16	17
韮崎東	14	23	24
御勅使	2	15	18
巨摩	4	11	25
芦安	2	6	

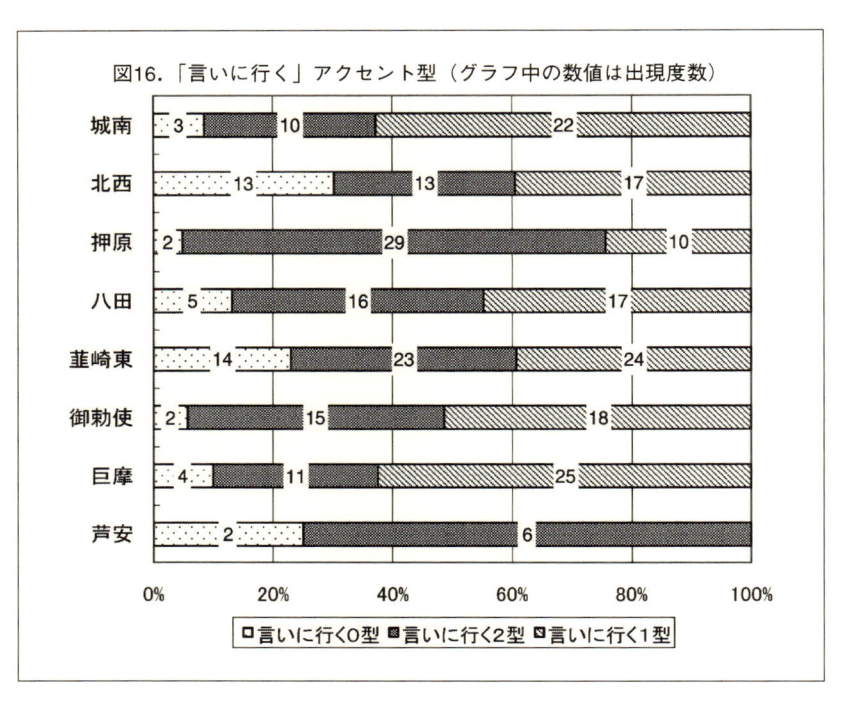

図17.「洗いに行く」アクセント型（グラフ中の数値は出現度数）

地点	洗いに行く0型	洗いに行く3型	洗いに行く2型
城南	9	4	23
北西	12	4	27
押原		8	25
八田	13	13	11
韮崎東	16	17	26
御勅使	12	12	13
巨摩	9	6	24
芦安			

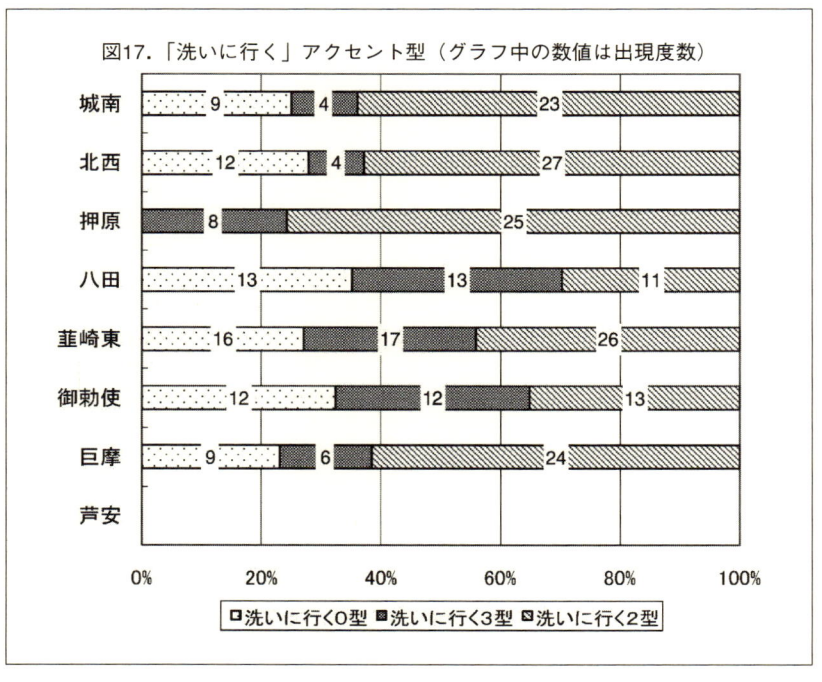

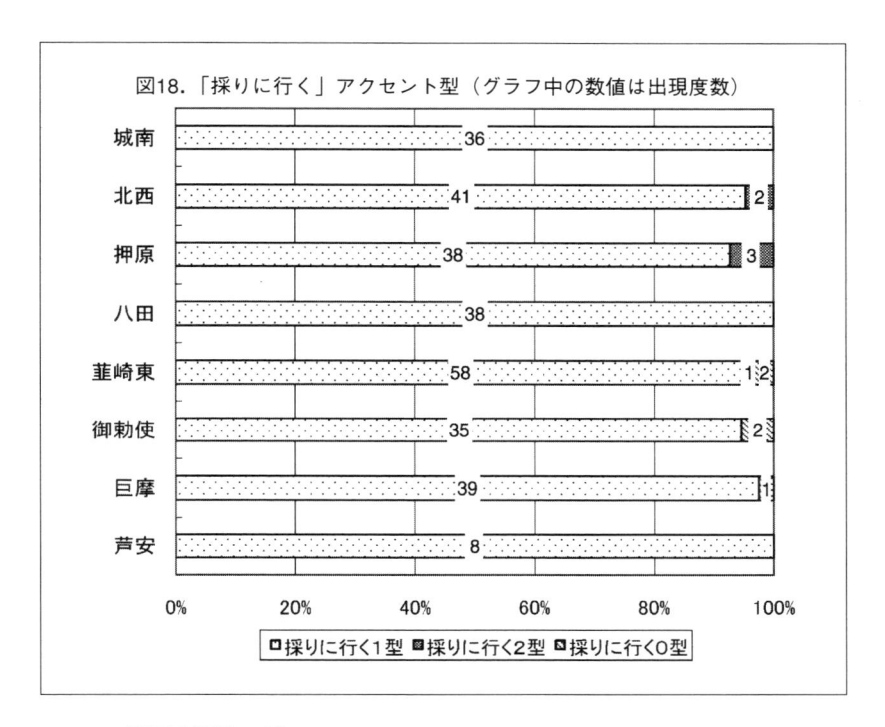

図18.「採りに行く」アクセント型（グラフ中の数値は出現度数）

城南　36
北西　41　2
押原　38　3
八田　38
韮崎東　58　1　2
御勅使　35　2
巨摩　39　1
芦安　8

□採りに行く1型　■採りに行く2型　▨採りに行く0型

6.1.10. 3拍形容詞終止形

Ⅰ類「赤い（終止形）」とⅡ類「白い（終止形）」の結果をそれぞれ図19，図20に示す．「赤い」の「新共通語的要素」中高型が全く出現しない中学は，巨摩中・御勅使中・城南中．「白い」の「新共通語的要素」平板型が全く出現しない中学は，芦安中・押原中．

6.1.11. 3拍形容詞連体形

Ⅰ類「赤い（連体形）」とⅡ類「白い（連体形）」の結果を，それぞれ図21，図22に示す．「赤い」の「新共通語的要素」中高型が出現する中学は，押原中．「白い」の「新共通語的要素」平板型が出現する中学は，巨摩中・北西中．

6.1.12. 3拍形容詞「～なる形」

Ⅰ類「赤くなる」とⅡ類「白くなる」の結果をそれぞれ図23，図24に示す．「白くなる」の「新共通語的要素」の4型の出現がみられない中学は，

図19.「赤い（終止形）」アクセント型（グラフ中の数値は出現度数）

地点	赤い(終)0型	赤い(終)2型
城南	36	
北西	42	1
押原	39	2
八田	37	1
韮崎東	60	1
御勅使	37	
巨摩	41	
芦安	8	1

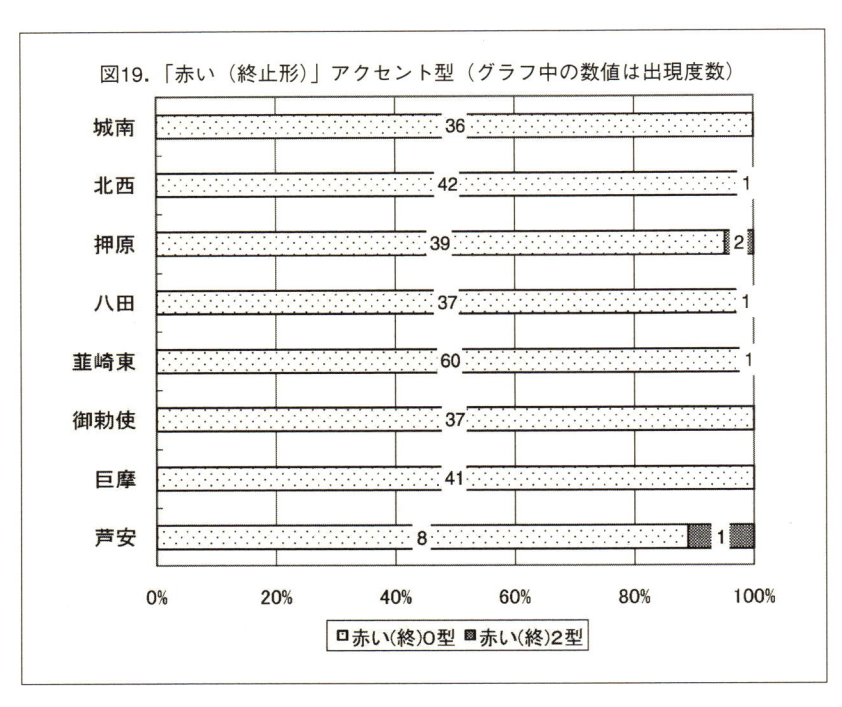

図20.「白い（終止形）」アクセント型（グラフ中の数値は出現度数）

地点	白い(終)2型	白い(終)0型	白い(終)1型
城南	34	2	
北西	41	1	1
押原	41		
八田	36	2	
韮崎東	55	5	1
御勅使	34	2	1
巨摩	38	3	
芦安	9		

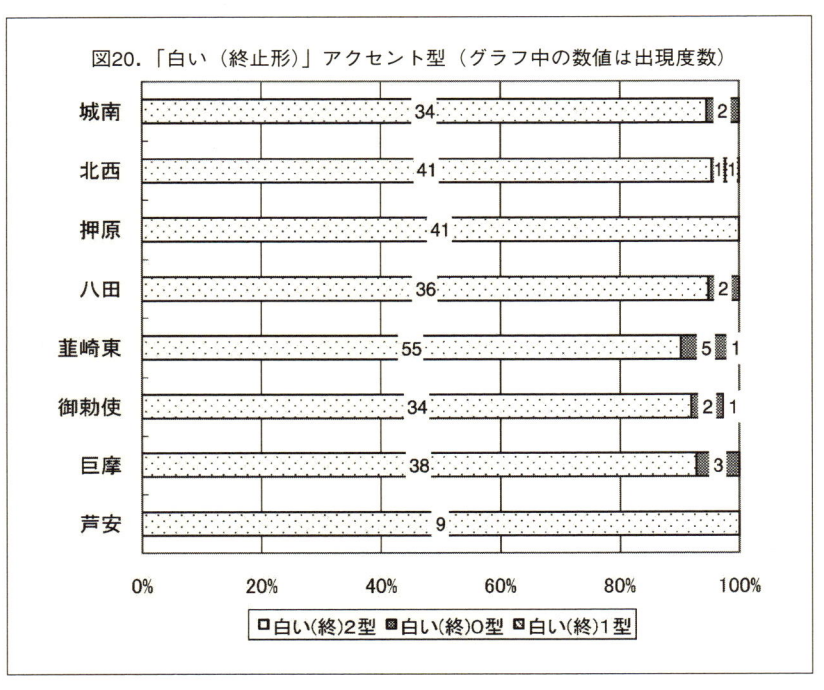

図21.「赤い（連体形）」アクセント型（グラフ中の数値は出現度数）

地点	赤い(連体)0型	赤い(連体)2型
城南		36
北西		43
押原		40 / 1
八田		38
韮崎東		61
御勅使		37
巨摩		41
芦安		9

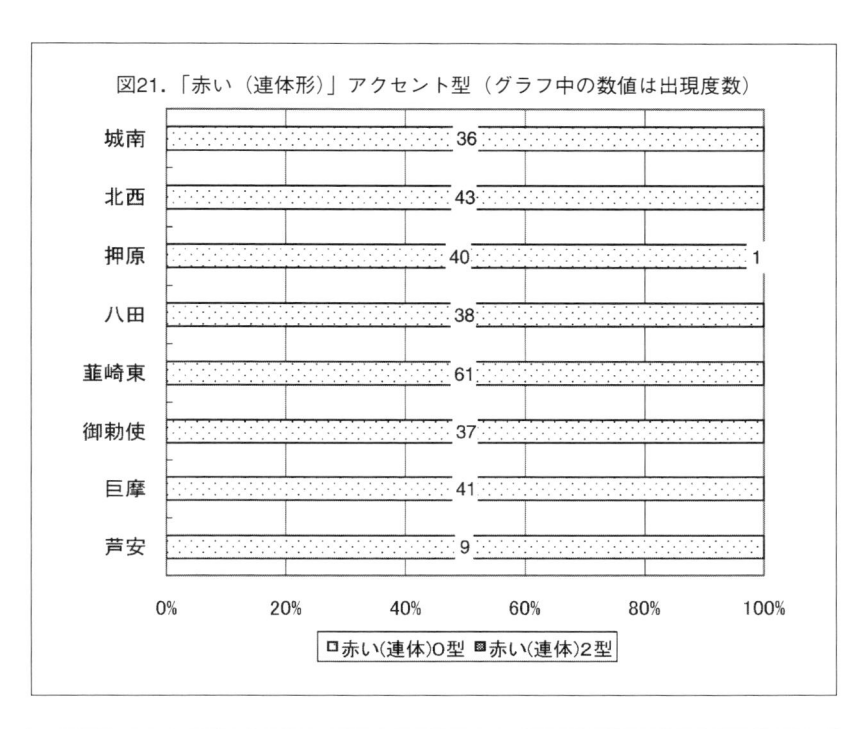

図22.「白い（連体形）」アクセント型（グラフ中の数値は出現度数）

地点	白い(連体)2型	白い(連体)0型	白い(連体)1型
城南	36		
北西	42		1
押原	41		
八田	38		
韮崎東	61		
御勅使	37		
巨摩	39		1
芦安	9		

第6章　山梨県西部域若年層調査におけるアクセント

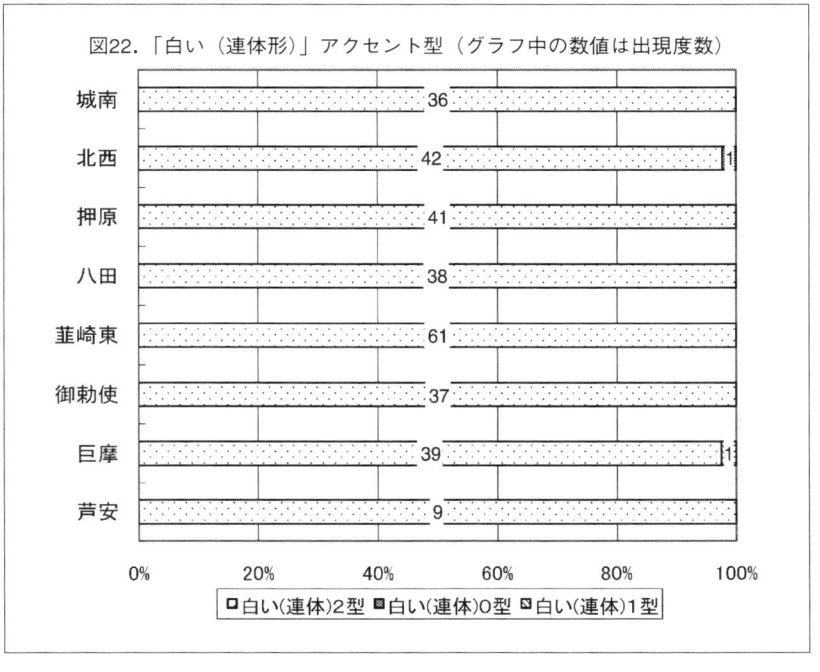

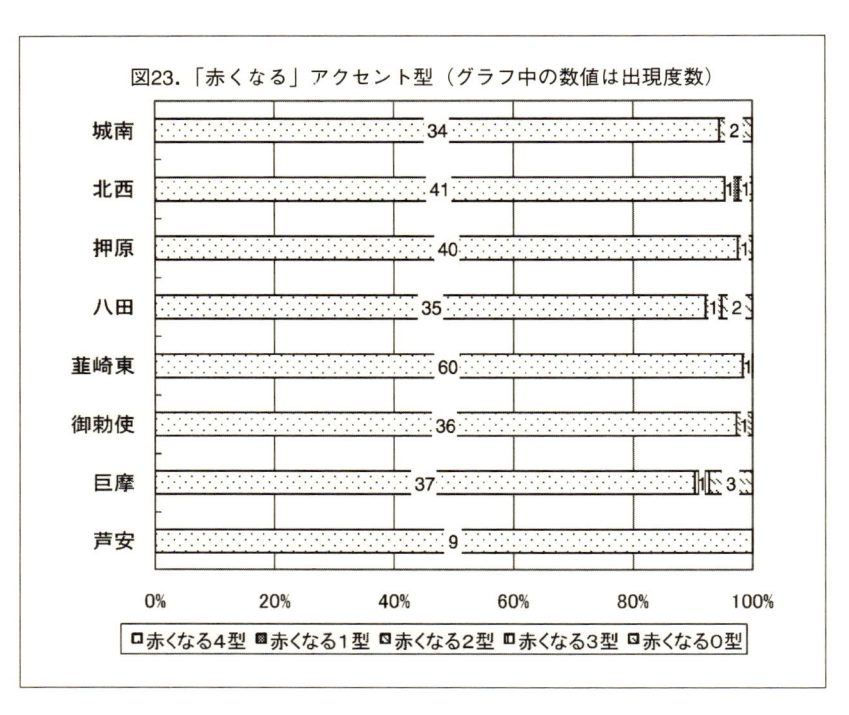

図23.「赤くなる」アクセント型（グラフ中の数値は出現度数）

□赤くなる4型 ■赤くなる1型 ▨赤くなる2型 ▨赤くなる3型 ▨赤くなる0型

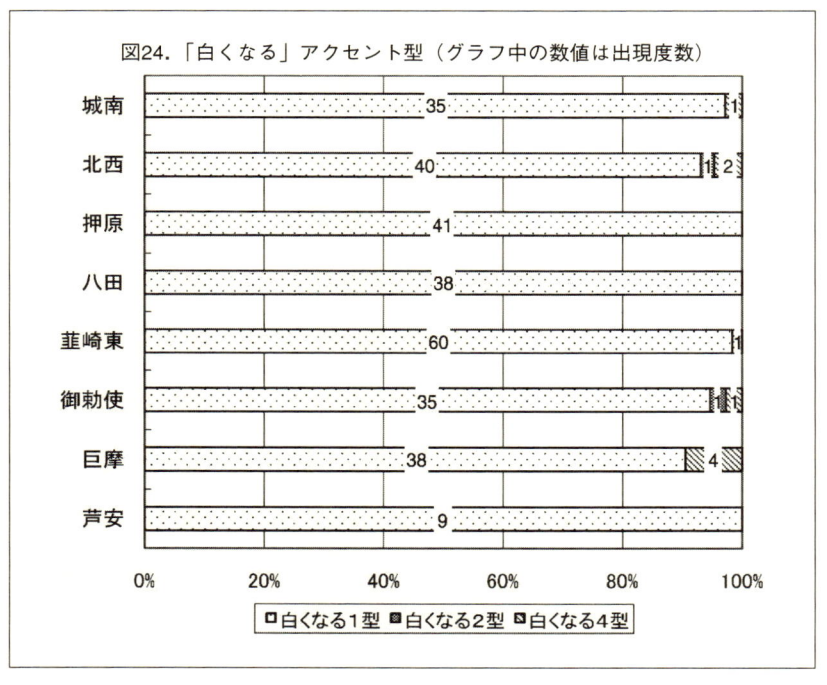

図24.「白くなる」アクセント型（グラフ中の数値は出現度数）

□白くなる1型 ■白くなる2型 ▨白くなる4型

芦安中・八田中・押原中．

6.1.13. 3拍形容詞「〜ければ形」

　Ⅰ類「赤ければ」とⅡ類「白ければ」の結果をそれぞれ図25，図26に示す．

　「赤ければ」の「山梨県方言的要素」3型が30％以上出現する中学は，芦安中・八田中・押原中．城南中には，2型・3型・4型・0型・1型ともっとも多いバリエーションが出現している．「白ければ」の「新共通語的要素」の2型は芦安中に22.2％出現し，他中に比べ多い．

6.1.14. 問いかけイントネーション

　「(赤く) ない？」・「(白く) ない？」・「(かわいく) ない？」の結果を，それぞれ図27〜図29に示す．図の凡例のaは「ない？」●○↑（共通語的音調），bは「ない？」●●↑（「浮き上がり音調」），共通語アクセントとして，形容詞部分にアクセント核をもつ図28「(白く) ない？」，図29「(かわいく) ない？」の凡例における「飛」は，「とびはね音調」を現している．

　「新共通語的要素」の「浮き上がり音調」が3項目全てにおいて40％以上の中学は，韮崎東中・北西中．城南中を除く市部の中学に「浮き上がり音調」が目立つ．「とびはね音調」が出現しているのは，「(白く) ない？」における北西中と韮崎東中のみ．北西中は，「浮き上がり音調」の出現が3項目ともももっとも多く，「白くなる（図24）」の「新共通語的要素」の複合タイプアクセント型の4型が，巨摩中につぐ高率で出現している．このことからも，当該地における「とびはね音調」の受容に際しても，「浮き上がり音調」とⅡ類形容詞「〜なる形」複合タイプアクセント型が協同的にふるまった結果実現した音調であることがうかがえる[4]．

6.1.15. 外来語

　3拍外来語の「ビデオ」・「ドラマ」・「ショップ」・「テレビ」の結果を，それぞれ図30〜図33に示す．

　「新共通語的要素」平板型がもっとも多く出現した「ドラマ」において，

図25.「赤ければ」アクセント型（グラフ中の数値は出現度数）

地点	赤ければ2型	赤ければ3型	赤ければ4型	赤ければ0型	赤ければ1型
城南	16	5	1	1	1
北西	26	9	3		
押原	25	15	1		
八田	23	15			
韮崎東	38	13	1	1	
御勅使	28	9			
巨摩	29	11	1		
芦安	4	5			

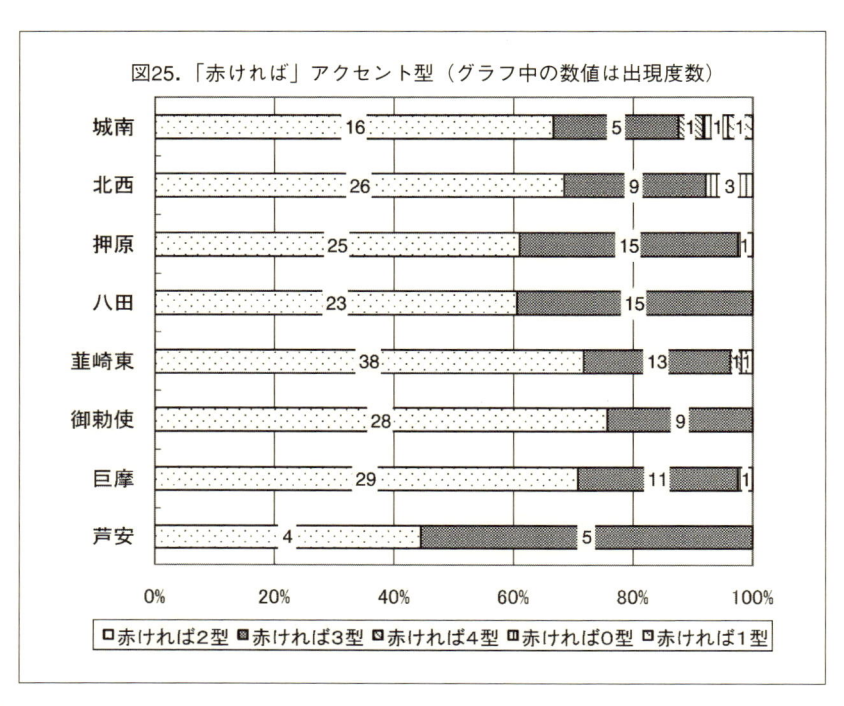

図26.「白ければ」アクセント型（グラフ中の数値は出現度数）

地点	白ければ1型	白ければ2型	白ければ3型	白ければ0型
城南	32	3	1	
北西	39	2		
押原	38			
八田	37			
韮崎東	60		1	
御勅使	37			
巨摩	39			
芦安	7	2		

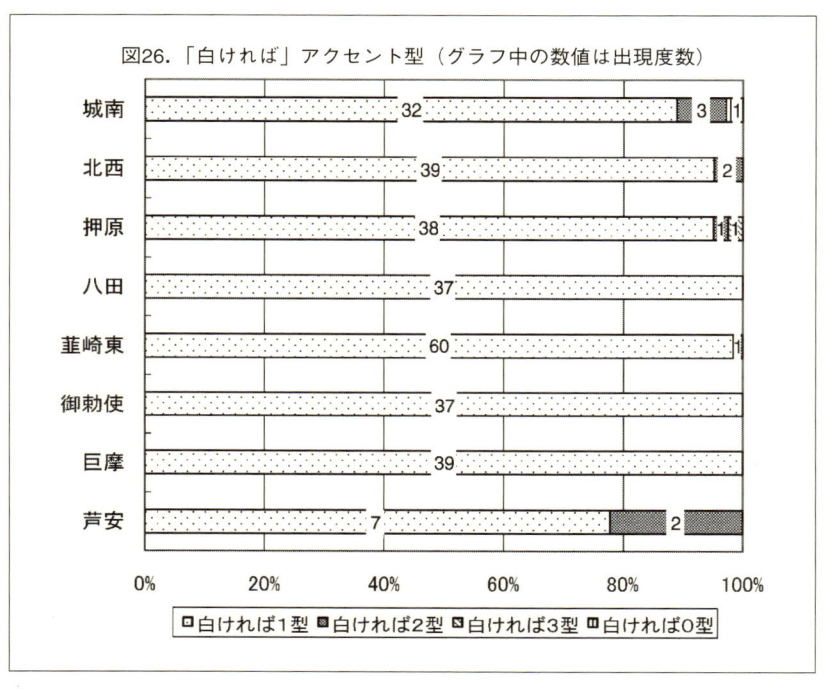

図27.「(赤く) ない？」音調（グラフ中の数値は出現度数）

地点	(赤く)ない？a型	(赤く)ない？b型
城南	16	3
北西	17	13
押原	13	3
八田	19	5
韮崎東	23	20
御勅使	19	3
巨摩	18	12
芦安	5	1

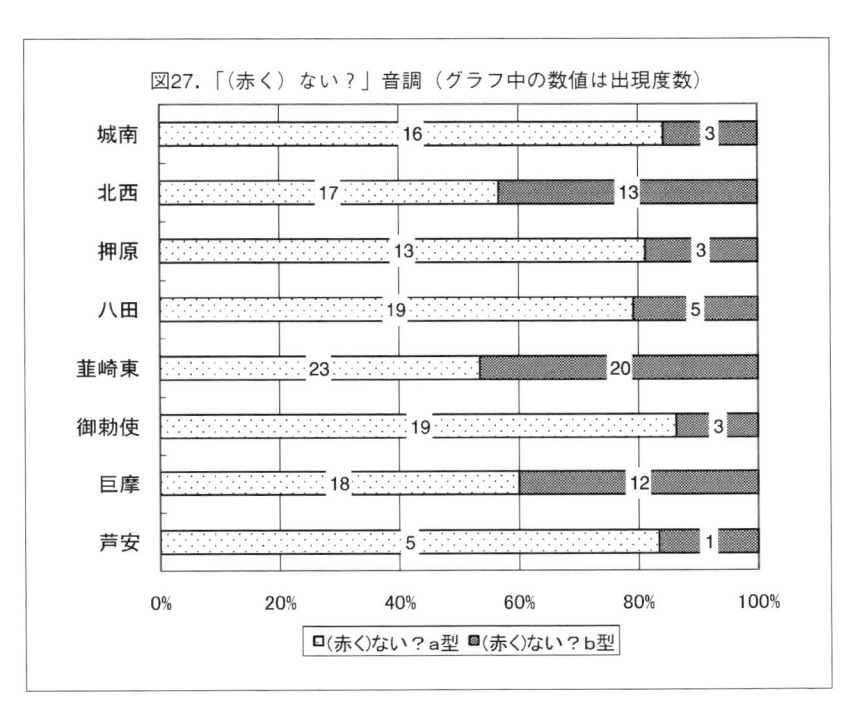

図28.「(白く) ない？」音調（グラフ中の数値は出現度数）

地点	(白く)ない？a型	(白く)ない？b型	(白く)ない？飛型
城南	19	6	
北西	11	16	2
押原	12	2	
八田	16	4	
韮崎東	24	20	1
御勅使	18	4	
巨摩	19	11	
芦安	4	2	

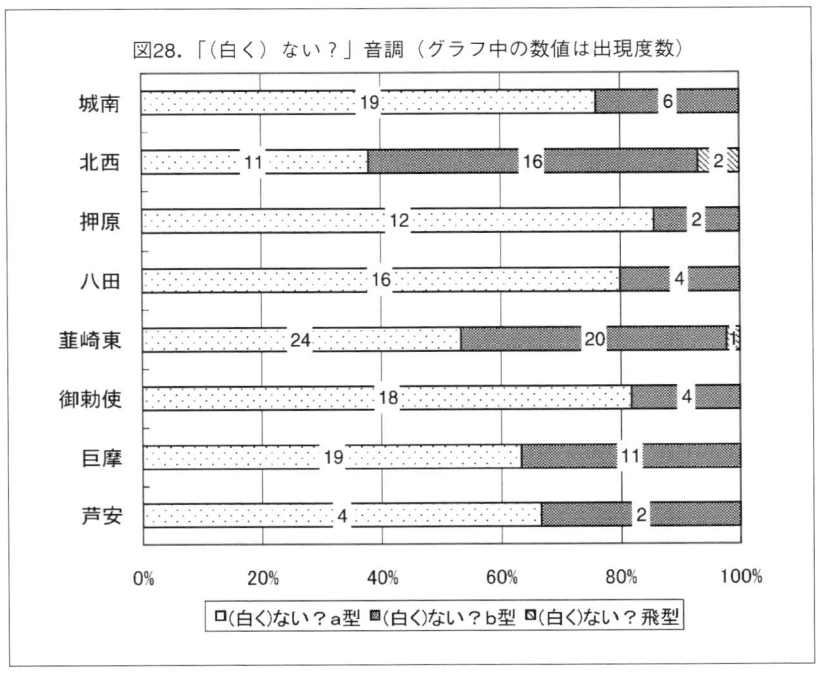

図29.「（かわいく）ない？」音調（グラフ中の数値は出現度数）

地点	(かわいく)ない？a型	(かわいく)ない？b型	(かわいく)ない？飛型
城南	20	8	
北西	11	21	
押原	13	7	
八田	14	5	
韮崎東	26	24	
御勅使	20	5	
巨摩	18	16	
芦安	5	2	

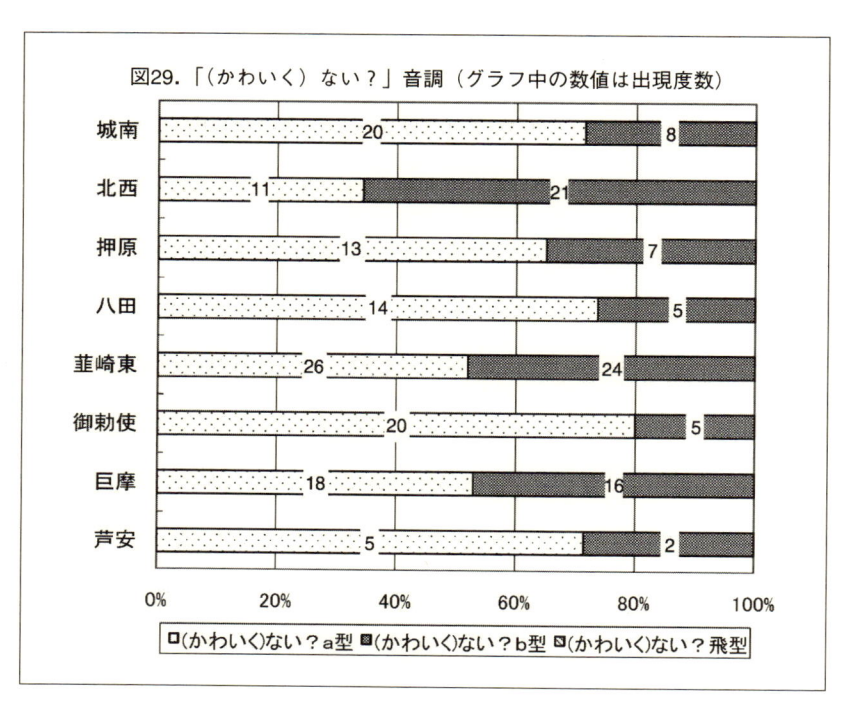

図30.「ビデオ」アクセント型（グラフ中の数値は出現度数）

地点	ビデオ1型	ビデオ0型	ビデオ3型
城南	35	1	
北西	43		
押原	39	2	
八田	38		
韮崎東	60	1	
御勅使	36	1	
巨摩	41		
芦安	9		

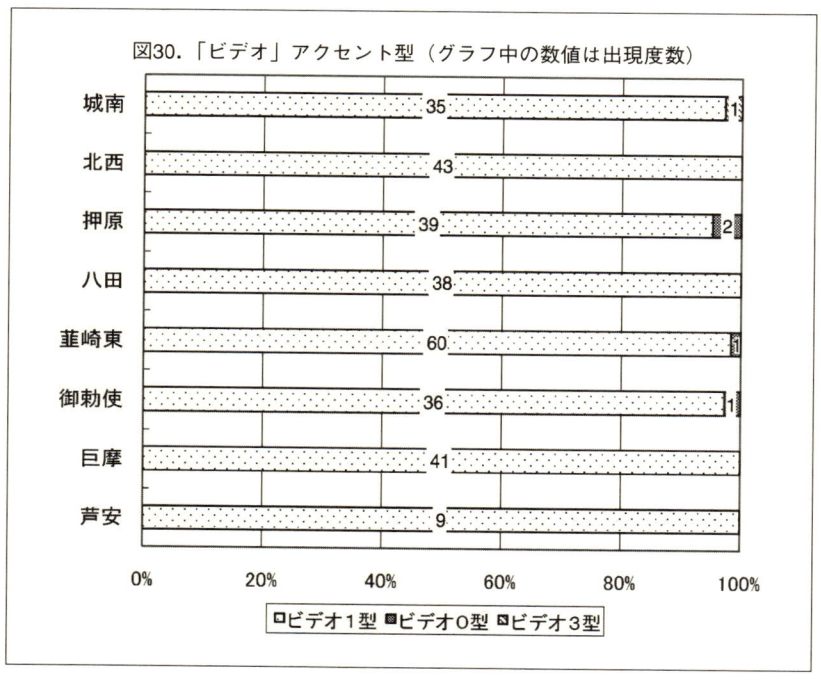

図31.「ドラマ」アクセント型（グラフ中の数値は出現度数）

地点	ドラマ1型	ドラマ0型
城南	36	
北西	38	5
押原	33	8
八田	36	2
韮崎東	51	10
御勅使	33	4
巨摩	37	4
芦安	7	2

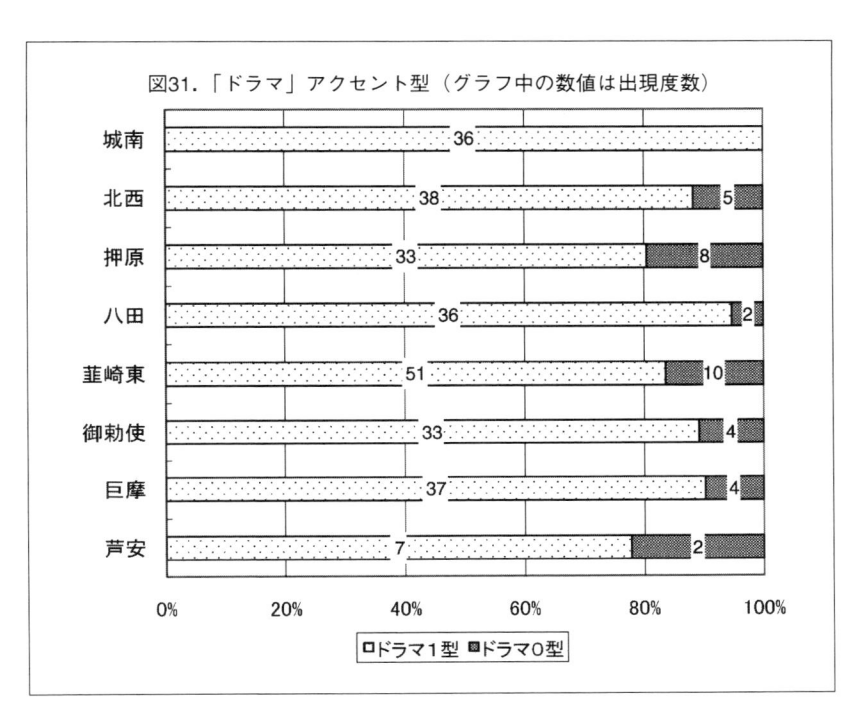

図32.「ショップ」アクセント型（グラフ中の数値は出現度数）

地点	ショップ1型	ショップ0型
城南	36	
北西	43	
押原	41	
八田	38	
韮崎東	61	
御勅使	36	
巨摩	41	
芦安	8	1

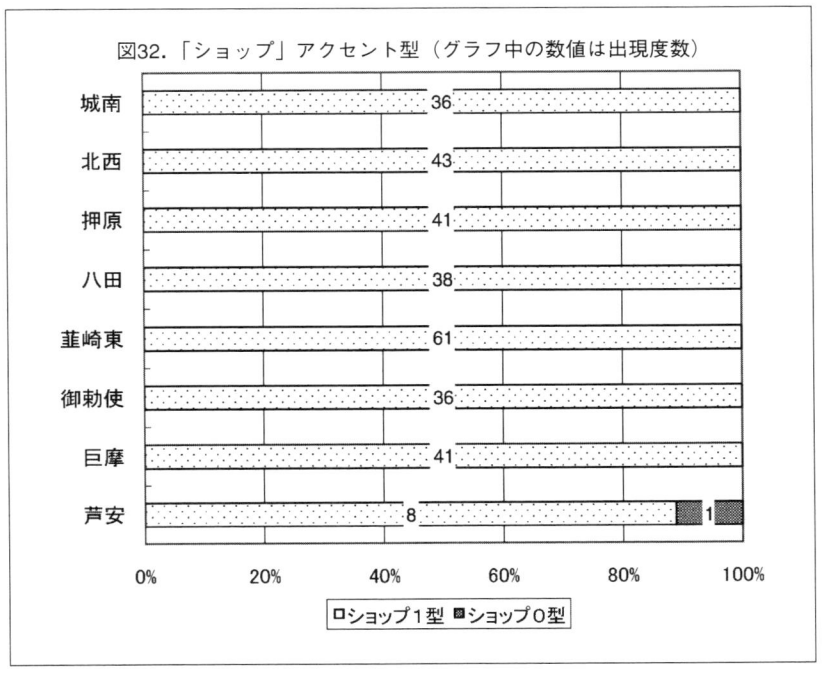

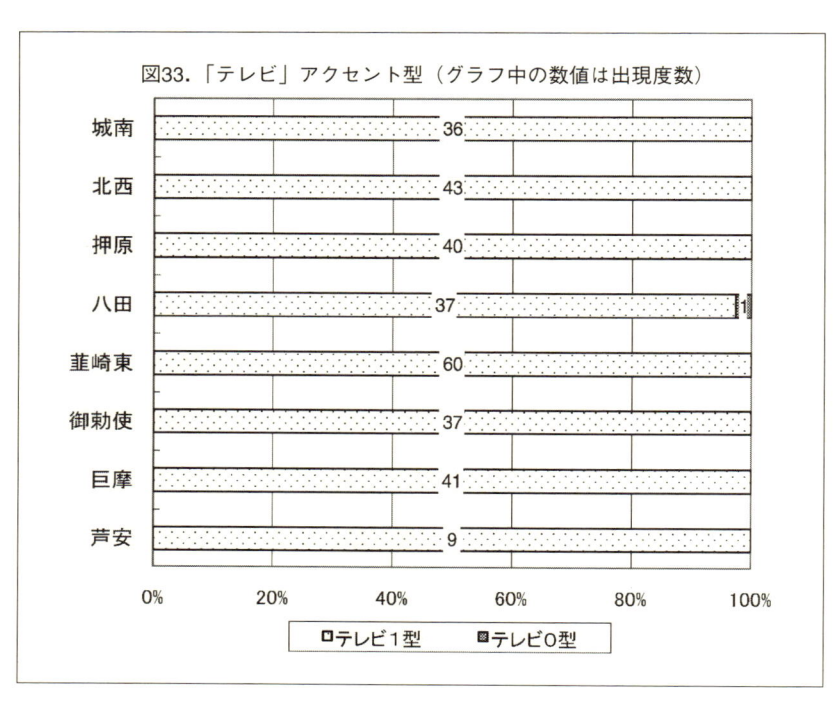

図33.「テレビ」アクセント型（グラフ中の数値は出現度数）

地点	テレビ1型	テレビ0型
城南	36	
北西	43	
押原	40	
八田	37	1
韮崎東	60	
御勅使	37	
巨摩	41	
芦安	9	

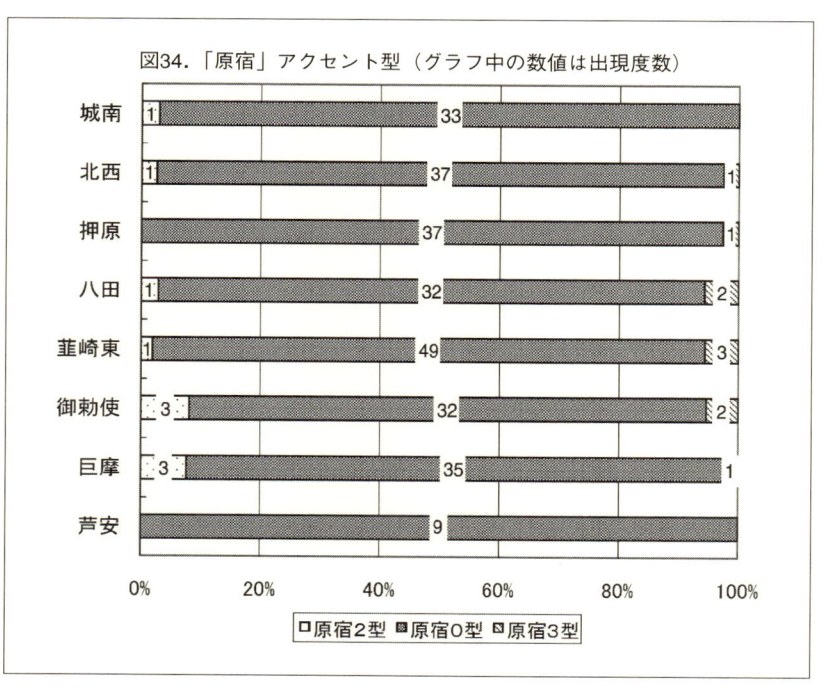

図34.「原宿」アクセント型（グラフ中の数値は出現度数）

地点	原宿2型	原宿0型	原宿3型
城南	1	33	
北西	1	37	1
押原		37	1
八田	1	32	2
韮崎東	1	49	3
御勅使	3	32	2
巨摩	3	35	1
芦安		9	

平板型が15％以上出現している中学は，芦安中・韮崎東中・押原中．

6.1.16.「原宿」

4拍地名「原宿」の結果を，図34に示す．平板型が主で，他の型はどの学校にもほとんど現れない．

6.2. 学校別の傾向

6.1.でカテゴリごとに学校差をみてきたが，項目全体として学校差のみられる項目またはカテゴリを抜き出し，相対的な差を表にして考察する（表2・表3）．

表2・表3からは，次のようなことが指摘できる．
［1］「山梨県方言的要素」の相対的に強い中学は，八田中・押原中．弱い中学は，市部の中学である韮崎東中・北西中・城南中．
［2］「新共通語的要素」の相対的に強い中学は，市部の中学である韮崎東中・北西中．弱い中学は八田中．
［3］［1］，［2］を総合すると，本調査においては，市部対町村部の中学

表2.「山梨県方言的要素」の中学校間の相対的比較（多い中学校のセルに●）

項目／中学	芦安中学	巨摩中学	御勅使中学	韮崎東中学	八田中学	押原中学	北西中学	城南中学
数詞+助数詞0型	－	－	－	－	●	－	●	－
3拍名詞2型	－	－	●	－	●	●	－	●
役場1型	●	●	●	－	●	●	－	－
八ケ岳1型	－	●	－	－	●	●	●	－
咲き出す0型	－	●	－	●	－	●	－	－
Ⅰ類動詞連用形尾高型	－	●	●	－	●	●	－	－
赤ければ3型	●	－	－	－	－	－	－	－
●合計	3	3	3	1	4	4	2	1

表3.「新共通語的要素」の中学校間の相対的比較（多い中学校のセルに○）

項目／中学	芦安中学	巨摩中学	御勅使中学	韮崎東中学	八田中学	押原中学	北西中学	城南中学
白くなる4型	－	○	○	○	－	－	○	○
浮き上がり調	－	－	－	○	－	－	○	－
とびはね音調	－	－	－	－	－	○	○	－
ドラマ0型	○	－	－	○	－	－	－	－
○合計	1	1	1	3	0	1	3	1

という対立が指摘できる．

　市部の中学が「山梨県方言的要素」を早く失い，「新共通語的要素」を早く取り入れていることが考えられる．

　八田中は，調査対象校の中においてもっとも「新共通語的要素」の影響の少ない，「山梨県方言的要素」をもつ中学であることが分かった．八田中は，無声化項目についても，もっとも回答者間のばらつきの少ない安定した回答をしており（田中ゆかり・吉田健二，1996），アクセント・音声・音韻項目において「山梨県方言的要素」を全体的によく保持している中学校といえそうである．

7．まとめ

　山梨県西部域若年層約500人を対象とした，リスト読み上げ式調査を基に「山梨県方言的要素」と「新共通語的要素」の残存・進行の状況を報告した．

　同域の高年層に比べ，共通語化が進んでおり，3拍名詞Ⅴ類他中高型などの「山梨県方言的要素」は，ほとんど出現しない．一方，「山梨県方言的要素」型が優勢な項目として，2拍名詞Ⅱ類平板型・Ⅰ類動詞「～に行く形」尾高型・3拍形容詞Ⅰ類「～ければ形」3型などがある．

　共通語化を，「山梨県方言的アクセント」から共通語アクセントへの置き換えと考えると，共通語化の遅いケースは，「非頭高型から非頭高型」という置き換えのパターンが共通している．また，これらとは別に地域アクセントに「頭高型」が関与しながら，「馴染み度」等とのかかわりによって，「山梨県方言的要素」を保持するパターンも確認できた．

　形容詞Ⅰ・Ⅱ類の統合傾向・外来語の平板化等の「新共通語的要素」は，まだ当該地においてはさほど大きな勢力となっていないことも分かった．

　「山梨県方言的要素」の残存と，「新共通語的要素」の採用という観点から調査中学校8校を分類すると，おおまかに市部の中学において「新共通語的要素」の採用が進んでおり，町村部の中学校において「山梨県方言的要素」が残存する，という対立が確認できた．

8．おわりに

　本章は，「山梨県方言的要素」・「新共通語的要素」という観点から，各アクセント型の出現率を主に用いて山梨県西部域若年層のアクセントをみてきた．

　アクセントの型の置き換えや，変化が生じやすいパターン・学校差の生じる要因などについての詳しい検討は，調査地の拡大・調査方法による結果の別などと併せて今後の課題としたい．

1　「とびはね音調」は，田中ゆかり（1993．05）で報告した首都圏若年層において勢力を拡大している起伏型アクセントのアクセント核を破壊し，上昇をつづける問いかけ音調．第2部参照．I類形容詞の場合は，形容詞部分の平板化が確認できないため，本章の「とびはね音調」の認定は，「II類形容詞＋ない？」に対して行なっている．

2　「浮き上がり音調」は，川上蓁（1963）による．「〜ましょう」等の文末のアクセント核が失われ，高く平らに「浮き上がる」イントネーション．「〜ない？」は，アクセント核を失い，文末まで浮き上がったままで実現される．秋永一枝（1966）にも同様の現象が，指摘されている．

3　頭高型が話者の注意を引きやすい例として，無アクセント地域若年層の共通語アクセントの獲得が頭高型から進行する現象（篠木れい子・佐藤和之，1990）等を指摘できる．なお，共通語アクセント型が1型で，地域語のアクセントが非1型である場合，もっとも共通語化が進みやすいという指摘は，馬瀬良雄（1981）にあり，五日市町における共通語化においても同様のことが「雲」・「織る」・「命」・「涙」・「花火」・「蕨」・「黄な粉」を例として三井はるみ（1996）で指摘されている．

4　「とびはね音調」の形容詞部分の核の消失は，アクセント単位が「〜なる」までとする複合タイプアクセントによる可能性を田中ゆかり（1993．05）で指摘した．第2部参照．

第4部
新しいメディアのインパクト

第1章
「携帯電話」と日本語社会
―携帯普及期における大学生アンケート調査から―

1．はじめに

　「携帯電話」という新しいメディアが台頭してきたことによって，日本語にとってどのような影響があるのであろうか．また，日本語を用いたコミュニケーションのパターンに対しては，どのような影響が与えられるのであろうか．さらに日本語や日本語コミュニケーションの研究テーマとして「携帯電話」を取り上げるとしたら，どのような研究テーマが成立するであろうか．

　これまでも，非対面の音声コミュニケーションである「電話」や，非対面・非音声・非同期コミュニケーションである「ファクシミリ（以下，FAX）」や「パソコン通信」が新しいメディアとして登場したことによって，日本語や日本語を用いたコミュニケーションに少なからぬ影響が与えられてきたし，それぞれをテーマとした新しい日本語や日本語コミュニケーション研究が進められてきた（巻末文献一覧［雑誌特集］参照）．

　ここでは，1990年代後半以降急速に一般化してきた携帯電話が，日本語や日本語を用いたコミュニケーションにどのような影響を与えうるのか，また研究テーマとしてどのようなテーマが成り立ちうるのか，ということについてみていく．この新しく生じつつある事態については，携帯電話のハードユーザー群のふるまいからみていくことが適当と考える．また，新しい動向をとらえる目的から，情報発信力の高い首都圏で生活するハードユーザー群の動態把握に重点を置くこととする．

　とくに断らない限り，「携帯電話」・「携帯」・「ケータイ」とする場合，PHSも含んだ「移動式電話」のこととする．従来の，有線式「イエデン（家電：「家の電話」の略語）」と対を成すかたちで，「移動式電話」を総称して「携帯電話」あるいは「携帯」・「ケータイ」と呼ぶことにする．

ここでは，携帯電話が一般の生活に浸透しつつある「携帯電話普及期」における日本語や日本語を用いたコミュニケーションに与える影響を，初期的なハードユーザーである大学生に的を絞ってみていく．本調査報告の基となる調査が行なわれた時期は，ちょうど携帯電話が大学生などの若年層を中心に主たる連絡手段化していった時期と重なる．また，本調査データは，言語や言語行動の観点からなされた「携帯電話」にかんするもっとも初期的なものといえる．本調査データの結果からは，のちに広く一般化していく，「携帯電話」ルールの萌芽がみてとれる．

2．調査概要

　初期的ハードユーザーである大学生を対象としたアンケート調査を実施した．調査対象校は，東京都内の2つの私立大学（A大学：新宿区・B大学：世田谷区）．
　アンケートの概要は次の通り．

実施時期：2000年7月上旬
対象：東京都内の二つの私立大学に通う学生（n＝178）
　　　A大学（n＝152）：一般教養系科目の地域言語関連講義の履修者
　　　　　　　　　　　（文学系学部在籍者の1・2年生中心）
　　　B大学（n＝26）：専門科目の日本語学関連演習の履修者
　　　　　　　　　　　（日本文学系学科の3年生中心）
　　※生育地は，関東地方生育者が48.8％（小数点第2位以下四捨五入．以下，同様）と約半数を占める．関東以外生育者が比較的多い地域は，「九州（9.7％）」，「北陸（8.5％）」，「中国（8.0％）」．「自宅生」と「下宿生」はほぼ半々．
　　※平均年齢（n＝178）は，19.7歳（18歳～24歳，41歳）．学年は，1年生が約半数を占めており，1・2年生までで7割を超える．
実施方法：集団記入（約20分）

3．携帯電話の所持率・所持時期・所持理由

　携帯電話の一般所持が急速に進んだ時期である2000年夏には，携帯電話の契約件数は6,000万台を越えた．調査時期はちょうどこの携帯普及期と重なる．

　調査時期を少しさかのぼる1997年初演の『ら抜きの殺意』（永井愛）[1]において，携帯電話は，OLが相手によって使い分けるコードの視覚的表象の小道具として用いられていた[2]．

　2000年調査当時における大学生の携帯電話所持の実態は，どのようなものであったろうか．また，もちはじめた時期や，その理由，所持している台数などは，どうであったろうか．大学生たちは，携帯電話に到るまでに，ポケットベル（以下，ポケベル）やPHSなどの段階を経ているのだろうか．パーソナルコンピュータ（以下，パソコン）利用との関連はどうだろうか，といったことなどを以下のデータから確認していく．

　携帯電話／PHSを問わないと，所持率は，95.5％（n＝178）．ほぼ全員が所持していることになる．「過去にもっていたが，現在はもっていない」は，1.1％，「過去ももっていないし，現在ももっていない」学生は，3.4％に留まる．

　ポケベルの現在所持率は0.0％（n＝132）．「過去に持っていた」は29.5％．「ポケベル使用開始年齢」の項目から，2000年調査時点における大学生にとってポケベルは，おおむね中・高生時代のアイテムであったことが分かる．

　パソコン使用頻度については，「毎日使う」が39.0％（n＝136）と，調査時点においては，まだ大学生にとってパソコンは日常的な「文房具」となっていないことが分かる．

　携帯電話をもち始めた平均年齢（n＝146）は，18.1歳となっており，大学入学前後に持ち始めていることがうかがえる．「持ち始めた理由」の回答には，「大学生になったので〜」・「大学受験を契機に〜」が目立つ．「〜」の部分には次のような「理由」が述べられている（表1．似たような回答はまとめた）．

　「みんながもっていた」には，その後が続く回答もあり，中には「みんながもっていたので，（もっていない自分に）危機感を感じた」というものも

表1. 携帯電話をもちはじめた主な理由

【大学受験を契機に】	「移動時の連絡用」
【大学生になったので】	「みんなもっていた」,「友達がもちはじめた」,「一人暮らしを始める」「一人暮らしで電話を引くのは不経済」,「一人暮らしでさびしがりだから」,「親戚の家に住んでいるので自分専用の電話として」,「友達との連絡用」,「親との連絡用」,「バイトの連絡用」,「大学生にとっての身分証のようなものだと思った」,「入学祝」,「親の許しが出た」
【受験・大学入学以外の理由】	「安かった」,「使い勝手がいい」,「流行に乗ってみたかった」,「もらった」,「ないと不便」,「景品で当たった」,「親の付き合いで購入」,「メイルをする」,「仕事用」,「帰りが遅くなる」,「興味があった」,「連絡の頻度が上がった」,「なんとなく」,「収入ができ支払いが自分でできるようになった」,「家族の生活サイクルがばらばらになった」,「周りに勧められて」,「帰宅時の危険防止のため」,「居場所が分かり便利」,「自分専用の電話として」
【PHSなどから携帯電話への移行した理由】	「周りに携帯電話利用者が多くなった」,「PHSはすぐ切れる」,「PHSはユーザーが少なくコストがかかる」

あった.「ケータイは大学生にとっての身分証」という回答は,とくに極端な考えではなさそうである.

「一人暮らしで電話を引くのは不経済」については,一人暮らしの35.1%(n=97)が,いわゆるイエデンはもっていないことから,一人暮らしにおける「ケータイのみでイエデンをもたない」という生活スタイルは,特別なスタイルではなくなりつつあったことがうかがえる.一方,「イエデン」ももっている一人暮らしは60.8%おり,イエデンとケータイの何らかの理由による「使い分け」も予想させる.

逆に,携帯電話を「もっていない」という少数派の「もたない理由」は次の通りである(表2).

表2. 携帯電話をもたない主な理由

【もたない理由】	「あまり使う機会がないので,料金が無駄になるから」,「面倒くさいから」,「わずらわしい,自分の時間がなくなり,人に全てのペースを合わさなければならなくなる」,「お金がない」,「必要がない」,「電話が苦手(掛ける方の都合で相手の時間を一方的に奪い取っているので)」,「もつ必要を感じなかった」

携帯電話を「もたない理由」においては，「時間を奪う／奪われる」感についての言及が特徴的である．

4．携帯電話の使用機能

ケータイの基本機能として「電話を掛ける」，「電話を受ける」，「メイルを送信する」，「メイルを受信する」，「インターネット閲覧」，「ゲーム」などがある．「株取引」，「銀行取引」なども，調査時点では簡単にできるようになっていた．

イエデンであれば，「電話を掛ける／受ける」が中心であるが，様々な機能をもつケータイでは，どうだろう．発信と受信の関係はどうだろうか．

アンケートでは，先に上げた基本的な8機能に「その他」を加えた9つの選択肢を示し，多く使う順に並べ替えてもらった．使用頻度の高い順に選択された機能上位3位までを示す（表3（ ）内有効回答数）．

表3．使用頻度の高い携帯電話の機能

第1位（160）：「メイル送信」33.8%・「電話受信」30.0%・「メイル受信」21.9%
第2位（160）：「メイル受信」36.3%・「メイル送信」26.2%・「電話掛ける」24.4%
第3位（150）：「電話受信」42.7%・「メイル受信」21.3%・「メイル送信」18.7%

第4位以下になって「インターネット閲覧」などの機能が上げられてくるが，選択者が減るので省略する．

2000年調査時点において，イエデンにおける電話のもつもっとも基本的な「電話を掛ける／受ける」という機能は，ケータイにおいては「メイルの送受信」機能に上位をすでに譲っているという状況が確認できる．

「電話」機能においても，「掛ける」が最上位に上がってこないことから，ケータイは，「受信」中心メディアであることも示している．ここから音声言語コミュニケーションの観点からは，ケータイは，ほぼ完全に「マチ」のメディアであることが分かる．

一日における平均件数（表4）からも，「メイル優先，電話は受信優先」が裏付けられる．最大件数においては，電話・メイルともに「受信」が多い．

表4．一日における携帯電話平均通話／メール送受信件数

	（有効回答数）	平均件数	［最小件数／最大件数］
電話を掛ける	（161）	2.0件	［0／10］
電話を受ける	（161）	2.7件	［0／20］
メール送信	（149）	6.7件	［0／30］
メール受信	（149）	6.8件	［0／40］

　「その他」の機能として回答があったもののうちでは，「時計」が最多であった．「ケータイをもちはじめてから腕時計をもたなくなった」という「変化」がアンケートで報告されていた．ついで，「辞書」，「電卓」，「メモ」，「占い」，「天気予報の配信」であった．
　携帯電話と比較するために，パソコンの使用目的などをみていく．主な使用目的について「ワープロ・表計算・インターネット閲覧・メール送受信・ゲーム・その他」という選択肢の複数回答可による結果を，表5に示す．

表5．パソコンの主な使用目的（n＝133）

第1位：インターネット閲覧（85.3％）
　　　　メール送受信（85.3％）
第2位：ワープロ（61.3％）
第3位：ゲーム（24.8％）
第4位：その他（10.5％）
第5位：表計算（9.8％）

※「その他」の内訳：「音楽を聴く」，「ホームページ作成」，「辞書」，「チャット」など

　パソコンでは使用目的の第1位となっているインターネット閲覧は，ケータイの使用目的としては，先にみたように上位に上がってこない．これは，ケータイとパソコンとの機能の振り分け，ということもあろうが，自身で支払う通信費が発生しない大学の学内パソコンを利用している場合が多いだろうことを考えると，調査時点においては，「インターネットはタダならばやる」が主流ということだろうか．
　一方，メール送受信はケータイでも使用者が多い．ケータイでもパソコンでも同程度メールを利用している理由として，大学のパソコン利用には台

数・利用時間など制限があるために，いつでも，また当然ながらどこでも通信できるわけではない．その「不自由」を避けるためとはいえ，「通信費を支払ってもやる」メイルは，大学生から「重要度が高い」手段と目されている通信手段である，といえようか．

5．つながる相手は誰か

携帯電話とイエデンでやりとりする相手は，同じだろうか．一人暮らしの学生の6割がイエデンをもっている上に，ケータイももっていることが分かっている．2種類の電話をもつのは，やり取りする相手の「住み分け」である可能性がありそうだ．

やりとりをする「相手」として，「同居親」，「別居親」，「同居兄弟姉妹」，「別居兄弟姉妹」，「恋人」，「親しい友人」，「友人」，「知人」，「仕事関係者」の9選択肢に，「その他」を加えた複数回答可の多肢選択式調査を行なった．同時に，選択肢をやりとり頻度の高い順に並べ替えるという指示も設問に含めた．携帯電話を「掛ける」／「掛けてくる」相手，携帯メイルの送信相手，自分が受信するメイルの送信者，それぞれについて，第3位までについて選択率の高い順に上位2項目の結果を示す（表6）．

表6．携帯電話でやりとりをする相手

【「掛ける」相手】
　第1位（156）：「親しい友人」59.0%，「恋人」21.1%
　第2位（155）：「友人」41.3%，「親しい友人」30.3%
　第3位（150）：「友人」27.3%，「知人」16.0%，「別居親」16.0%
【「掛けてくる」相手】
　第1位（152）：「親しい友人」51.6%，「恋人」22.9%
　第2位（152）：「友人」42.1%，「親しい友人」32.2%
　第3位（149）：「友人」29.5%，「別居親」14.8%
【メイル送信先】
　第1位（139）：「親しい友人」59.0%，「恋人」28.1%
　第2位（125）：「友人」45.6%，「親しい友人」32.0%
　第3位（ 84）：「友人」44.0%，「知人」19.0%
【メイル送信者】
　第1位（141）：「親しい友人」60.3%，「恋人」29.1%
　第2位（126）：「友人」52.5%，「親しい友人」32.5%
　第3位（ 84）：「友人」41.7%，「知人」21.4%

すべての場合において，もっとも頻繁にやりとりをしているのは，「親しい友人」・「友人」であることが分かる．同居・別居を問わず「兄弟姉妹」は上位に上がってこず，「親」は，通話において第3位に上がる程度である．
　では，イエデンで通話をする相手はどうだろうか．表7に示す．

表7．イエデンで通話をする相手

第1位（89）：親しい友人，別居親
第2位（79）：親しい友人，友人
第3位（60）：友人，親しい友人

　「親しい友人」・「友人」が上位に上がってくる点は同じだが，「別居親」が第1位となったところが，携帯電話によるやりとりと異なるところである．
　これは，イエデンとケータイでは，「どちらの番号を教えるほうが私的か」という質問に対して，71.5%（n＝130）が「イエデンが私的」と回答していることとも関連しているだろう．「ケータイが私的」という回答は，15.4%，「同程度」という回答は13.1%であった．

6．常時接続の携帯で話されることは何か

　携帯オンがふさわしくない場面があるという考えが「規範的」な考えとしてある一方，携帯は常時オンにしていてこそ，携帯の意味がある，という考えもある．実際のところ，どのような状態でケータイは，「携帯」されているのだろうか．
　「携帯電話をどのような状態にしていますか」という質問（n＝169）に対して，「常にオン」50.9%・「場合によってオフ」47.9%・「使用時のみオン」0.6%・「その他」0.6%，であった．半数が常時接続で携帯しているという回答である．
　また，ケータイのチェック頻度（n＝161）も「常に」が8.7%，「10分ごと」と「30分ごと」を併せて24.1%となる．
　では，常時接続で頻繁にチェックされるケータイで話されていることは何か．「自分が「掛ける」場合の通話内容について」複数選択可の選択肢（「要件」・「所在確認」・「おしゃべり」・「その他」）を提示した上で，多い順に並

べ替える質問をした結果は，表8の通り（（　）内は有効数字）．

表8．自分が掛ける場合の携帯電話の通話内容

第1位（145）：「要件」69.7%，「所在確認」16.6%，「おしゃべり」12.4%
第2位（118）：「所在確認」47.5%，「おしゃべり」27.1%，「要件」25.4%
第3位（ 87）：「おしゃべり」60.9%，「所在確認」26.4%，「要件」10.3%

　選択率の高い回答をみると，「要件」，「所在確認」，「おしゃべり」となった．携帯電話に特徴的な用途として「所在確認」が上げられるだろう．「おしゃべり」も目立つが，イエデンにおける「おしゃべり」も1970年代以降一般化しており，携帯電話特有の用途とはいえない．

　常時接続のケータイという結果からは，頻繁な「所在確認」が要求されるという実態をうかがわせ，「恋愛24時間態勢」（野浪まこと，2000）は，誇張ではないようである．

7．携帯電話で「便利になったか」，「変わったか」

　携帯電話が普及してきたことによって，「便利になった」か／「不便になった」か／「どちらともいえない」か，「変わった」か／「変わってない」か／「どちらともいえない」か，について，それぞれ「自分の生活」と「一般的に言って」と分けて質問した．その結果は表9の通り（（　）内は有効回答数）．

表9．携帯電話が普及して「便利になったか」，「変わったか」

	「自分（160）」	「一般（130）」
「便利になった」	76.9%	76.9%
「不便になった」	2.6%	2.3%
「どちらともいえない」	20.6%	20.8%

	「自分（148）」	「一般（119）」
「変わった」	64.2%	87.8%
「変わらない」	18.9%	5.9%
「どちらともいえない」	16.9%	6.7%

　便利さについては，「自分」と「一般」との回答の差はほとんどみられな

いが，「変化」についての判定は「自分」と「一般」で異なる．「他人は変わったかもしれないけど，自分は変わっていない」ということか．

「自分の生活」を「変わらない」とした理由に上げられているコメントは，「頻繁に使っていないから」，「あってもなくても普段の生活は変わらないから」，「自分の中でそれほど重要ではないから」，「無くてもやっていける」など．もちろんこれは「少数派」で，コメント数そのものが，「変わった」部分について述べたコメント数の4分の1に満たない．

「自分の生活」において，「変わった」点は，「自分の時間が減った」，「道で電話をするようになった」，「遊びが多くなった」，「時間にルーズになった」，「携帯を忘れると不安」，「異性の友人が増えた」，「常に拘束されていて窮屈」，「くだらないことで電話・メイルするようになった」，「気楽に電話できるようになった」，「電話代が増えた」，「友人関係が希薄になった」，「友人と親密になった」，「何事にもアグレッシブになった」，「行動がいつも誰かに把握されてる」，「さみしがりやになった」，「かならず話したい相手がでるので電話を掛けやすくなった」，「家の電話をあまり使わなくなった」，「イタズラ電話がよくかかってくる」，「腕時計をもたなくなった」，「仲良くなるきっかけが増えた」などである．

同じ事態の「変化」について，ポジティブ評価をしているコメントもあるし，ネガティブ評価をしているコメントもある．

8．通話ルールの改変

携帯電話における「かならず話したい相手が出る」という，ダイレクトなつながりは，電話の会話開始のルールを変えた．

イエデンの場合，掛ける時には「もしもし○○ですが，××さんのお宅ですか」，受ける時には，「はい，○○です」といった，名乗り／名乗られ形式が基本であったが，ディスプレイに「誰（の電話）から掛かってきているか」という情報が示される携帯電話においては，名乗り／名乗られというプロセスは省略されていることが，本調査から分かる．

さらに通話相手が，ディスプレイ表示などにより，「トモダチ」であることが既知情報として与えられているために，「何？」，「ウィー」，「暇？」，

「どこにいるのー？」,「何してるのー？」と親密コードを用いたイキナリな開始となる．イエデンにおいては,「トモダチ」ではない相手に対する敬体使用を経て，友人に対する親密コードに移行するという変種交替を伴うが，ダイレクトなつながりが保証される携帯電話においては，この変種交替も省略される．

　携帯電話に「非通知」や「知らない番号」からかかってきた場合はどうするかといえば，たいていは,「チャッキョ（着信拒否の略語）」か「無言」か「低い声」で迎えられることになっていることも分かった．

　しかし，仕事をもっている学生や就職活動中の学生は,「非通知」や「知らない番号」は,「会社からの連絡」や「取引先」などといった，別の意味をもつため，イエデンに近い敬体による会話導入部が選択されている．

　本調査では，ケータイとイエデンの談話開始部分についての簡単な比較項目を設けただけであるが，幅広く談話構造においても差異が見られる可能性も高い．また,「通話」による談話構造についての検討だけではなく，携帯メイルの文体について，パソコンにおけるメイルやチャットなどとの比較もできそうである．

9．携帯マナーについて

　携帯電話が一般化してきたのに伴い，変わった点があるかないか尋ねた．「変わった」という回答をした回答者には，どのように変わったと考えるかについても自由記述で回答を求めたところ,「一般」において「変わった点」については,「マナーが悪くなった」が目立つのだが,「自分自身」についての「変わった点」では,「マナーが悪くなった」という「言いまわし」が出てこない．

　「携帯をオフにしておくべき場面の有無」について,「ある」が84.1％なのに，自分自身は50.9％が常時オン状態である．「オフにしておくべき場面はない」とする学生の理由は,「電波の出す有害性がきちんと実証されていないから」,「マナーモードにしておけば周囲の迷惑にならないから」などが中心的なコメントである．「オフにすべき場面」としては「病院」,「混雑した電車」,「飛行機」,「図書館」,「美術館」,「コンサート会場」,「公的場面」，

「仕事中」,「試験中」,「授業中」などがあげられている．

実際に「オフにしている場面」は，先に示した「オフにすべき場面」に加え「寝る時」,「他人に干渉されたくない時」,「疲れている時」,「大事な授業の時」,「掛かってきて欲しくない時」,「人と会っている時」が加わる．

10．コミュニケーションの変化

携帯電話が一般化してきたことに伴い「コミュニケーションのあり方が変わったという考えがあります．その考えについてあなたはどう思いますか」と，「誘導的」な文言で聞いてみた（n＝102）．

その結果は，「大変に変わった」43.1％,「まあ変わった」39.2％,「あまり変わらない」15.7％,「全く変わらない」2.0％と,「変わった」が8割を超えた．

ケータイの電話帳の登録件数と，実際にふだんやりとりがある件数についての質問は，本アンケートにおいては行なえなかった．斎藤環（2000）からは,「電話帳への登録件数は100～200件，その中でふだんやりとりするのは10人程度」というところがうかがえる[3]．ふだんやりとりする範囲を大きく超えた登録件数については，そのケータイ所持者の「交友範囲の広さ」を「数量化」して他に示すことができることなどによると推測される．

11．「携帯コトバ」

新しい「空間」ができあがると,「新しい空間用のコトバ」が発生してくる．ケータイ周辺のコトバを集めてみた．これも，本調査から得られたものである．異なりを全て示す．単語の後の（ ）内数字はのべ出現度数である（表10）．

表10から,「コール1回で切る」にバリエーションが多くみられる．「コール1回」は「電話番号登録時に行なう場合」と「ただのお知らせ」と「返事をくれ（自分の料金を使わないために）」という3パターンの「機能」をもっている．「コール1回で切る」の「例文」を見ると,「ニュートラル」な使用方法と「ネガティブ」な使用方法があることが分かる．

その他複数バリエーションをもつものとして,「着信拒否」がある．「着信

表10.「携帯コトバ」

単語（表記）（延べ出現数）：意味
ワンコ（7）：コール1回で切ること
ワンギリ（ワン切り）（4）：コール1回で切ること
チャクギリ（着切り）（1）：コール1回で切ること
ワンコール（3）：コール1回で切ること
プルギリ（プル切り）（1）：コール1回で切ること
シャクル（1）：コール1回で切ること
チャッキョ（着拒）（1）：着信拒否
キョヒル（拒否る）（1）：着信拒否
バリサン（バリ3）（1）：電波状態がいいこと
サンボンタッテル（3本立ってる）（1）：電波状態がいいこと
ワルイ（悪い）（1）：電波状態が悪いこと
ヤマチョコボ（山チョコボ）（1）：山でもつながる
チャクメロ（着メロ）（1）：着信メロディー
シャー（西）（1）：携帯ストラップ
070（1）：PHSのこと
メルトモ（メル友）（2）：メイル友達
チェーンメール（2）：メイル版不幸／幸福の手紙
カラメール（からメール）（2）：送信者不明の何も書かれていないメイル

拒否」には，「怪しければ切ることが可能」と，「イヤなので切ることができる」という二つの面があることが分かる．

12. 携帯に関連した研究テーマ

以下では，携帯電話に関連した社会とのかかわりの観点から研究テーマとなりそうなものをみていく．

12.1. 公共交通機関等における「アナウンス」

公共交通機関等における携帯マナーにかんする放送・掲示などのアナウンスの開始時期とその変遷・路線差・地域差・乗り物差などがテーマとなりうるだろう．

公共交通機関におけるケータイ使用に関するアナウンスの開始時期，表現の変遷（「表現そのものの変遷」とその変遷の「社会的出来事」などとの関連）などが興味深い．

初期の携帯使用を抑制するアナウンスについては，1996年度に担当した授業における学生のレポートがある[4]．首都圏を走るJR・営団地下鉄・私鉄の8路線のうち，小田急線小田原線と東急東横線において，「最近始まった」という報告と，小田急小田原線において「ご迷惑にならないよう，ご注意下さい」から「ご使用は，ご遠慮下さい」に変わったことが報告されている．

　地域差については，関西より関東が厳しく，北海道はさらに厳しいという記述もみられる（岡田朋之，2000）．一方，新幹線については，JR東海による路線がもっとも「厳しい」アナウンスをしているという報道もかつてあった．列車かバスか，普通列車か新幹線か，などといった「乗り物差」や「料金差（指定席か自由席か）」といった違いもありそうだ．

12.2. 携帯使用についての「世論」

　新聞各紙投稿欄に，携帯電話に関する投稿が最初にされた時期はいつごろだろうか．現時点においても，しばしば携帯電話にかんする投書が掲載される．それらの「投書」を分析することによって，携帯電話に関する「世論」の形成の過程がたどれるであろう．投書の「内容」分析，投稿者の属性などが，紙面からの「情報」によって分析可能である．また，これは携帯電話についての「投書」だけではないが，ある「投書」をきっかけに，しばらくの間紙面において「議論」が展開される場合がある．この「議論」の展開の様子なども，興味深い．ただし，「議論の展開」といった側面の分析となるため，話題が「携帯電話」である必要はないかもしれない[5]．

12.3. 携帯電話関連雑誌の文体

　「パソコン雑誌」において携帯電話特集は，しばしば組まれている．最近は，一般の雑誌やファッション誌においても携帯電話特集が組まれるようになってきた．また，携帯電話に焦点を当てた「携帯雑誌」も急増しており，書店でも平積みにされているところが目立つ．「携帯雑誌」の内容は，ほぼ同様で，2000年に刊行が開始された『ケータイ攻略マガジン』[6]を例としてあげたい．2000年5月に発行された4号の主な目次は次の通り．

「速報特集　春の新機種最前線」
「難問解消!!　ケータイメール特捜部」
「春一番！　最新着メロ大全集」
「シリーズ連載　ケータイ知りたい！　実験隊」
「好評企画　知って得する裏ワザ大公開　ケータイ得情報室」

　もっとも頁数が割かれているタイトルは，「春一番！　最新着メロ大全集」で，全114頁中56頁と，誌面の半分以上を占めている．
　「携帯雑誌」の表紙・レイアウト・表現については，「パソコン雑誌」と「情報誌」のどちらか寄りという印象．『ケータイ攻略マガジン』においては，「もうすぐ出るゾ!!」（4号7頁）のような「〜ゾ!!」や，「もっと充実させよう」（同18頁）といった「呼びかけ」形式の文末表現が目立つ．また，「！」・「!!」・「？」のような「記号」が多用されているが，「呼びかけ」形式の文末表現とともに，若年層を主たる購買対象とした各種雑誌・若年層を中心とした私的な文書（手書き・メイル・ワープロなどは問わない）に多く見られる特徴であるために，「携帯雑誌」の特有表現というわけではないであろう．

13．おわりに

　本章は，「携帯電話と日本語」という観点からの研究がほとんどみられなかった時期におけるパイロットスタディーのようなものと位置づけることができる．携帯電話と日本語や日本語コミュニケーションにかんするアンケート調査としても，携帯電話が急速に一般化しつつある時期に実施された最初期のものといっていいだろう．
　どのようなことが生じつつあり，どのようなことが研究テーマとして成りたちうるのかという観点によるものであるため，大雑把なところが多いものの，この調査によって確認された「携帯電話ルール」や予想された変化の方向性は，その後，一般ルール化した部分も多い．これらは，初期的なデータがあることによって，事後的な検証が可能となるところであろう．
　今後も，新しいメディアの登場が日本語や日本語コミュニケーション，あ

るいは日本語社会に与える影響にどのようなものがあるのかについて，継続的に検討していきたいと考えている．

1　永井愛（1998）『ら抜きの殺意』（而立書房）．2000年刊行の光文社文庫版もある．
2　登場人物のひとりであるOLの「マブダチ用」・「恋人用」・「営業用」の言語変種切り換え行動を，3台の携帯電話を使い分けによって，視覚化している．
3　首都圏在住の10代男女6人へのインタビューによる．
4　田中が担当した，1996年度青山学院女子短期大学「国文法ならびに演習（現代の敬語）」の年度末レポート．東千津子・大川理恵・樺田さやか・阪本幸世・菅原佐和子氏の共同調査によるもの．タイトルは「気になる敬語表現　鉄道アナウンス」．レポートは，『レポート集』（私家版）としてまとめた．
5　掲載に際して，新聞社による投書の取捨選択・議論の限度回数などの「操作」もあるであろう．
6　『ケータイ攻略マガジン』（徳間書店）．

第2章
大学生の携帯メイル・コミュニケーション
―「打ちことば」親密コードルールの萌芽―

1. はじめに

　「携帯＝メイルだから」—2001年に実施した携帯電話と携帯メイルにかんする大学生アンケートにおける「携帯メイルを使いはじめた理由」についての設問に対して，このような回答が複数寄せられた．

　携帯電話（PHS 含む．以下同じ）の使用機能として，少なくとも若年層においては，通話機能よりもメイル機能が主となっていることは，2000年以降に発表された携帯電話にかんする論考から明らかとなってきていた（『日本語学』19（12）・『現代のエスプリ』405）．そのような状況をさらに押し進めたキャッチフレーズとして，冒頭の「携帯＝メイル」回答が得られたものと考える．

　2001年に実施したアンケートでは，「携帯電話の使用開始理由」と「携帯メイルの使用開始理由」を分けて質問したのだが，すでに大学生にとっては「何でわざわざ別々に聞くわけ？」という疑念が含まれた回答だったのではないか，と推測している．

　そこからは，「携帯電話」が「通話機能」しかもたない時代からの携帯ユーザーと，メイルやインターネット機能が一般的となった以降の携帯ユーザーとの「携帯電話観」の違いが浮かび上がってくる．

　本章では，最初期の「携帯＝メイル世代」である2001年当時の首都圏の大学に通う大学生を対象としたアンケート調査の結果を中心に，当時の携帯メイル事情についてみていく．そこからはすでに，以降次々に新しく登場してくる日本語の「打ちことば」における親密コードルールの基本形が確立していく過程がうかがえる．

2．調査概要

「携帯メイルにかんするアンケート」を次の通り実施した．アンケート調査の設問・選択肢を作成するにあたっては，『日本語学』19（12）（2000），『現代のエスプリ』105（2000），白石信子・加藤明・斎藤喜彦（2001），東洋大学広報課（2000），文化庁文化部国語課（2001）の文献ならびに，恩田ひさとし（2001），森田立夫（2001）のサイトを参考にした．

実施　2001年7月上旬
　　　　授業後協力を依頼，承諾した学生に配布・集団記入式（20分程度）
対象　東京都内私立大学に通う文学部を中心とした学部生（n＝134）[1]
　　　学年（n＝122）：1年生（70.5％）・2年生（18.0％）中心．
　　　　　　　平均年齢は19歳
　　　男女（n＝130）：女性が66.9％と多い
　　　主な生育地（n＝130）：「関東」が44.6％ともっとも多く，ついで「中部」10.0％
　　　家族と同居か：「家族と同居」（44.0％）・「一人暮らし」（45.5％）は，ほぼ半々

以下，本調査を01調査と呼ぶ．

3．首都圏大学生の「携帯環境」

東洋大学広報課（2001）によると，「大学生活を送る上で必要だと思うもの（n＝677）」は，1位「ケータイ・PHS」94.7％，2位「パソコン」85.4％という結果となっている．本アンケート回答者におけるメディア環境について聞いた結果は，表1の通り．

表1．大学生の電話・PC 環境

「携帯をもっているか」：「現在もっている」96.3％
「固定式電話があるか」：「直通のものがある」70.9％
「パソコンがあるか」：「個人専用がある」49.4％，「共用がある」28.4％

携帯電話の所持率は96.3％と，ほぼ全員がもっている．これは，2000年度同時期に行なった大学生アンケート調査における携帯所持率（95.5％（n＝178）・田中ゆかり（2000）［以下，00調査］，第4部第1章参照）に比べ，やや増加している．

2000年9月における全人口比普及率が48.6％（中村功，2001），文化庁文化部国語課（2001）の全国16歳以上の男女約2,200人における携帯使用率46.9％，総務省「通信動向調査」（2000年11月実施・4,238世帯）における世帯普及率75％に比べると，大学生の携帯電話所持率は格段に高い．

家族と離れて暮らす中，固定式電話をもたず携帯電話だけをもって生活をする学生も38.7％いる．00調査の同様項目においては，固定式電話をもたずに携帯だけをもつ一人暮らしの学生が35.1％（n＝97）であったことに比べると，これもやや増加しているといえるだろう．

携帯そのものを，もちはじめてからは平均24.5ヶ月（n＝128）で，「受験に際しての塾・予備校通い」，「受験に際しての連絡用」，「高校卒業」，「大学入学」を契機に，という回答が目立った．他に「彼氏ができたから」，「生活の中心が家ではなくなったから」，「メイルをしたいから」という回答もあった．

現在使用している携帯は平均2.1台目（n＝129）で，現在のものに変えてからは平均6.6ヶ月（n＝106）．機種変更の理由としてもっとも目立ったものは「Ｅメイル機能」，「ｉモード」，「インターネット機能」の拡充を上げるものであった．他に「より安い料金体系」への移行，ディスプレイの「カラー化」，「圏外の減少」などを上げている．

携帯電話の主な使用機能について聞いた結果（表2）からは，メイルは通話の上位にあり，インターネット検索機能は，00調査同様それほど使用されていないことが分かる．

表2．携帯電話の主な使用機能頻度順：上位3位（10％以上）

第1位（n＝117）「メイル」59.8％，「時計」29.9％，
第2位（n＝115）「通話」47.0％，「メイル」32.2％，「時計」17.4％
第3位（n＝103）「通話」36.9％，「時計」35.9％

平均的な一日における「携帯掛ける（n＝120）／受ける（n＝119）件数」と「携帯メイル送信（n＝124）／受信件数（n＝124）」の平均値（最小値／最大値）を比べると，メイルの優位性がさらに明確になる（表3）．

表3．一日あたりの携帯電話通話（掛ける／受ける）とメイル送受信件数

	平均	（最小値／最大値）
電話を掛ける	2.1	（0／30）件
電話を受ける	2.1	（0／30）件
メイルの送信	8.5	（0／30）件
メイルの受信	9.1	（0／40）件

　メイルアドレスの登録件数は平均79.2（n＝121），そのうち頻繁にやりとりするアドレスの件数は平均12.9（n＝125）であった．

4．メイル優位の背景

　携帯メイルを始めてからの期間は，冒頭で述べたように，平均18.6ヶ月（n＝128）なので，おおむね，機種変更の理由が携帯メイルをより重視する方向であったことと重なる．

　携帯メイルを始めた理由を聞いたところ，冒頭で述べたように，「携帯＝メイルだから」という回答が複数あった．「携帯メイルを使う理由（複数回答可）」を選択式で聞いたところ次のような結果となった（表4．回答の多

表4．携帯メイルを使う理由（複数選択可）

①「いつでも送受信できる」	89.1%	(115)
②「パソコンに比べて準備が簡単」	43.4%	(56)
③「音を気にしなくてよい」	26.4%	(34)
④「電話での話が苦手」	14.7%	(19)
⑤「必要時には電話に切り替えられる」	11.6%	(15)
⑥「パソコンが家にない」	10.1%	(13)
⑦「相手の反応を直接感じなくてよい」	6.7%	(9)
⑧「相手がすぐ分かる」	4.7%	(6)

※「その他」23.9%（32）
　主な「その他」：値段の安さ（「安い」，「長電話防止になる」）
　　　　　　　　　敷居の低さ（「気楽・気軽」）
　　　　　　　　　環境制限のなさ（「PCメイルが自宅でできる環境ではない」）
　　　　　　　　　書きことばの有利性（「形に残る」，「推敲できる」，「秘密の話ができる」）

い順）．

　安くて，敷居が低くて，簡単で，証拠になるし，ヒミツも守れるし，というところか．携帯電話の出現によって「コミュニケーションの閾値が下がっている（「座談会―携帯電話と社会生活」（『現代のエスプリ』405）主に水越伸氏の発言から）」ということが，このアンケート結果からもうかがえる．

5．PC メイルは携帯メイルに及ばない

　一方，パソコンの所持率は「個人専用」・「共用」をあわせると8割弱となり，近接時期に実施された2000年11月実施の総務省「通信動向調査」の世帯普及率51％をこれも携帯電話所持率と同程度上回る．

　しかし，「パソコンを1週間のうちどの程度使うか」（n＝126）という質問に対して「ほぼ毎日使う」は32.5％で，パソコンは頻度の高い使用者そのものが少ない上に，「パソコンメイル（以下，PC メイル）一日の平均送受信件数」も，受信4.7件（n＝80）・送信2.6件（n＝78）と，表3でみた携帯メイルの一日平均送受信件数に比べ少ない．

　PC メイルの送受信件数の少なさの背景として，「PC メイルの主な送信場所」（n＝84）が，「自分の家」50.0％や「学校」48.8％のように固定化されていることが要因と考えられる．パソコンはたいていの場合使用場所が限られるし，着信確認がしにくい．その点携帯は，「常時オン」63.3％（n＝128）な上に，着信チェックも「着信信号があるごと」40.5％（n＝126）か，「空き時間ごと」50.0％（n＝126）と頻繁になされている．送受信「場所」も，あまり選ばれていないことが次の結果から分かる．

　「送受信したことのある場面」を一応《実態》，「送受信に相応しくない場面」を《規範意識》としてとらえる（表5）．

　順位でみていくと，《実態》と《規範意識》が一致する場面，一致しない場面があることに気づく．「送受信したことがある《実態》」よりも「送受信にふさわしくない《規範意識》」で順位が下がっているものは，「実際にはしてしまっているが，規範的に考えるとまずい」と思われている場面と言えるだろう．表5において「↓」が付されている「歩きながら」，「電車やバスの中」，「授業中」が該当する．

表5．携帯メイルの送受信場面（複数選択可）

《実態》送受信したことがある場面(降順)		《規範意識》送受信にふさわしくない場面(昇順)
①「歩きながら」90.5%(114)	↑	⑧「複数の人と一緒」17.2%(22)
②「電車やバスの中」87.3%(110)	↓	⑦「歩きながら」21.9%(28)
③「複数の人と一緒」79.4%(100)	↑	⑥「電車やバスの中」43.0%(55)
④「授業中」66.7%(84)	↑	⑤「図書館」54.7%(70)
⑤「図書館」54.0%(68)	↑	④「相手と2人きり」62.5%(80)
⑥「相手と2人きり」47.6%(60)	↓	③「授業中」57.4%(70)
⑦「アルバイト中」19.8%(25)	=	②「アルバイト中」73.4%(94)
⑧「病院の待合室」9.5%(12)	=	①「病院の待合室」85.2%(109)

[凡例]
↑:《実態》より《規範意識》が低い
↓:《実態》より《規範意識》が高い

「携帯電話」の通話が「他者と同席している」場面でなされている光景はすでに珍しいものではないが，他者同席時のメイルも同様の様子である．ただし，「送受信したことがある場面《実態》」において，「複数の人と一緒」の場面では約8割が送受信したことがあるものの，「相手と2人きり」の場合は約5割と，1対1の場面におけるメイル送受信行動は抑制されていることが分かる．

6．送受信相手と連絡手段の私的性

携帯メイルとPCメイルでは、さまざまな観点から違いがみられる．ここでは，いくつかの観点から携帯メイルとPCメイルの違いについてみていく．

6.1. 送受信相手の違い

まず，それぞれのメディアで主にやりとりする相手が異なる．それぞれの「送受信相手」の上位に選択された相手を比較する（表6）．

「よく会う友人」とのやりとりが主となっている携帯メイルに比べ，PCメイルは，白黒反転で示した「あまり会わない友人」，「別居兄弟姉妹」と物理的距離の離れている相手が上位となる．

また上位3位までにおいて10％以上の回答があったものとして，「メイル上だけの友人・知人」があがってくるのもPCメイルであった．携帯メイル

表 6. 携帯メイルと PC メイル：送受信相手の比較

《携帯メイル》		
「送信相手・頻度順」上位 3 位（最多回答のみ）		
第 1 位 （n＝121）「よく会う友人」		49.6%
第 2 位 （n＝120）「よく会う友人」		32.5%
第 3 位 （n＝94 ）「あまり会わない友人」		26.6%
「受信相手・頻度順」上位 3 位（最多回答のみ）		
第 1 位 （n＝121）「よく会う友人」		47.1%
第 2 位 （n＝120）「よく会う友人」		32.5%
第 3 位 （n＝97 ）「あまり会わない友人」		27.8%
《PC メイル》		
「送信相手」上位 3 位（最多回答のみ）		
第 1 位 （n＝85） 「あまり会わない友人」		38.8%
第 2 位 （n＝66） 「あまり会わない友人」		39.4%
第 3 位 （n＝35） 「よく会う友人」, 「別居兄弟姉妹」		20.0%
「受信相手」上位 3 位（最多回答のみ）		
第 1 位 （n＝83） 「あまり会わない友人」		28.9%
第 2 位 （n＝88） 「あまり会わない友人」		47.1%
第 3 位 （n＝35） 「よく会う友人」		28.6%

は上記の他に「恋人」などがある．このようなことから携帯メイルは，物理的距離が近い，あるいはふだんから接触頻度の高い人とのやりとりが多く，PC メイルに比べるとより親密で身近な間柄における高頻度のやりとりに使われるメディアであることが確認できる．

　ここからは，メイル利用開始によるコミュニケーションパターンの変化として指摘されている「転居などによる物理的距離のできた友人との関係の継続」は，主として PC メイルによって維持されていると推測される．今後，メイルによるコミュニケーション手段が携帯メイルに一元化されていくとしたら，01調査時点で携帯と PC でふりわけられている相手は一元化していく，あるいはメイル導入以前と同様「物理的距離のできた友人の関係の継続」が再埋没していくかのいずれかとなるだろう[2]．

6.2. 私的な連絡手段，公的な連絡手段

　6.1.などより，携帯メイルは，やりとりをする双方がより親密につながる

ためのメディアといえそうだ．携帯アドレスとPCアドレスは，連絡手段としての公私の区別はなされているのだろうか．

「固定式電話番号」，「携帯電話番号」，「PCアドレス」，「携帯アドレス」の連絡先について，私的だと思う順番を聞いた結果が表7，自分から連絡をしやすい順について聞いた結果が表8．

表7．連絡手段の「私的な順番」

第1位（n＝116）「携帯メイルのアドレス」	58.6％
第2位（n＝116）「携帯電話の番号」	51.7％
第3位（n＝116）「PCメイルのアドレス」	41.1％
第4位（n＝108）「固定式電話の番号」	52.8％

表8．自分から「連絡しやすい連絡手段」

第1位（n＝117）「携帯メイルのアドレス」	74.4％
第2位（n＝117）「携帯電話の番号」	60.7％
第3位（n＝117）「PCメイルのアドレス」	43.6％
第4位（n＝115）「固定式電話の番号」	55.7％

メイルアドレスと電話番号については，アドレスが電話番号より私的という考えが多数派となっている．携帯と固定式（電話／パソコン）の関係では，携帯を固定式より私的とする回答が多数派であった．

これは，00調査と異なる結果である．00調査では「固定式電話と携帯電話，どちらの番号を教えるのが私的か」という質問を行なった（n＝130）．その際においては，「固定式電話が私的」が71.5％と，「携帯電話が私的」15.4％を大きく上回っていた．しかし，今回は「携帯電話の番号」の方が「固定式電話の番号」より「私的」という結果となっている．この二つの調査間の差異は何によるものだろうか．今回の「私的な順」は，別に質問した「自分から連絡しやすい順」とまったく同じ順位であることが関係していそうだ．01調査における「私的」は「確実にその個人と連絡をとれる順」すなわち，個人へのアクセスのよさ，と理解された結果といえそうだ．それに対して，00調査における「私的」は，「私的空間性の強さ」と理解された結果，「家」に固定されている固定式電話の番号が多く選ばれたと考えられる．ここからは，プライベートが「家」から携帯電話という装置に移行しつつあっ

たことがうかがえる．

　また，合コンで初対面の男女がいきなり携帯の電話番号を交換し，互いに登録しあう（「座談会─携帯電話と社会生活」松田美佐氏の発言）という現象からは，「親密な関係が構築された上での"私的"連絡先」というよりも，「親密を構築する機会のひとつとしての"私的"連絡先」という差異が感じられる．

7．携帯メイルの内容と構成要素
　ここでは，携帯メイルとPCメイルを比較しながら，携帯メイルの内容と形式や文体上の特徴をみていく．

7.1. 携帯メイルでやりとりする内容
　「携帯メイルでやりとりする内容（複数回答可）」を選択式で聞いた結果を，回答度数の多い順に示す（表9）．

表9．携帯メイルでやりとりする内容（複数選択可）

第1位「その場の出来事や気持ちの伝達」73.6%（95）
第2位「事務連絡」66.7%（86）
第3位「とくに要件のないおしゃべり」65.1%（84）
第4位「質問」59.7%（77）
第5位「相談」54.3%（70）
第6位「緊急連絡」49.6%（64）
第7位「所在確認」47.3%（61）
第8位「予約・注文」3.0%（4）
第9位「その他」0.7%（1）

　表9からは，「緊急連絡」や「所在確認」といった携帯の「役に立つ」機動性よりも，「その場の気持ち」を伝えるといった「臨場感」の伝達といったキブンの機動性が上位に位置していることが分かる．携帯メディアの普及に伴うキブンの「実況中継」化（「座談会─「携帯電話と社会生活」）が進んできていること示されている．

7.2. 従来伝達メディアとの対照

そこで，携帯メイルとPCメイルは既存の直接対話とデジタル系以外の伝達方法のどの方法に似ているかを聞いてみた（表10，表11）．

表10.「携帯メイルはどの伝達手段と似ているか」（n＝119）

第1位「手紙・ハガキ」	38.7%
第2位「メモ」	24.4%
第3位「電話」	16.8%
第4位「FAX」	13.4%

※「その他」6.7%　PCメイル・チャット

表11.「PCメイルはどの伝達手段に似ているか」（n＝90）

第1位「手紙・ハガキ」	61.1%
第2位「FAX」	22.2%
第3位「メモ」	10.0%
第4位「電話」	3.3%

※「その他」3.3%

携帯・PCいずれも「手紙・ハガキ」がもっとも「似ている」とされた点は同じだが，それぞれの選択肢の選択率を比較すると，PCメイルは携帯メイルに比べ「手紙・ハガキ」に似ており，携帯メイルはPCメイルに比べ「メモ」に似ているという結果となった．PCメイルは「FAX」に近く，携帯メイルはPCメイルに比べ「電話」に似ているという傾向も確認できる．

ここからPCメイルは携帯メイルより「書きことば」的であるという認識が浮かび上がる．携帯メイルは「書きことば」だが，PCメイルに比べると，より簡便な「メモ」的印象や「話しことば」の「電話」に近いという印象がもたれている．

これは，携帯メイルにおけるテクストがPCメイルよりも短いという長さの問題や，テクスト上で用いられている「ことば」自体もPCメイルの方が「書きことば」的で携帯メイルの方が「話しことば」的であるということも関係しそうだ．いずれにしても，携帯メイルの「気楽・気軽」な部分が反映された結果といえそうだ．また，携帯メイルを「メモ」に似ているという回答には，さらに具体的に「授業中に回す小さな手紙」という回答が自由記述

によって複数寄せられた．

7.3. 携帯メイルに入れる「情報」

　PCメイルと携帯メイルでは，伝えようとする「中味」以外に，基本的に入れる情報も違っているのではないだろうか．送信時に「ほとんどの場合入れる情報」を選択式（複数回答可）で聞いた（表12）．

表12．送信時に入れる情報（複数選択可）
表12-1　《携帯メイル》

第1位「はじめのあいさつ」	49.1%（57）
第2位「相手への呼びかけ」	43.1%（50）
第3位「おわりのあいさつ」	31.9%（37）
第4位「自分の所属・アドレス・住所などを示す署名欄」	10.3%（12）
第5位「自分の名乗り」	7.8%（9）

※「その他」3.4（4）「顔文字」，「絵記号」

表12-2　《PCメイル》

第1位「はじめのあいさつ」	66.3%（65）
第2位「おわりのあいさつ」	53.1%（52）
第3位「自分の名乗り」	35.7%（37）
第4位「相手への呼びかけ」	34.7%（34）
第5位「自分の所属・アドレス・住所などを示す署名欄」	30.6%（30）

※「その他」3／1%（3）

　携帯メイルにおいては，「相手への呼びかけ」以外はすべてPCメイルに比べ選択率が低く，もっとも選択率の高い「はじめのあいさつ」においても選択率は5割以下となっている．

　01調査の結果からは，携帯電話における会話導入部分では，固定電話における会話導入部分における基本フォーマットを構成する「はじめのあいさつ」，「相手への呼びかけ」，「自分の名乗り」，「自分の所属等」という要素をほとんど欠いた「いきなり」な導入を半数以上がしていることになる．固定式電話における会話導入部分に比べると，相当程度に「いきなり」な談話導入パターンが携帯メイルの基本フォーマットとして形成されつつあるようだ．

その中において，携帯メイルでは，「はじめのあいさつ」と「相手への呼びかけ」，「おわりのあいさつ」が比較的多く選択されている．「あいさつ」と「相手への呼びかけ」は，時間を共有しているという感覚を表す同期性への期待と親密さのアピールとして重要な意味をもつためと考えられる．
　携帯メイルにおいて「自分の名乗り」，「自分の所属等」が極端に低いのは，携帯間のやりとりにおいては着信時ディスプレイに「誰から」が表示されるので「自分の名乗り」や「自分の所属等」はいちいち示す必要がないということによるのだろう．00調査における携帯通話の「名乗りなし」の多さも同様の理由に基づくと考えられる．
　一方，PCメイルでは，携帯メイルに比べ「はじめのあいさつ」，「自分の名乗り」，「自分の所属等」が多く選択されている．携帯メイルとPCメイルでやりとりする相手が異なることはすでにみてきた通りだが，談話構成要素の観点からみてもやりとりする相手ばかりではなく，内容やそれに伴う文体の観点からも，携帯メイルとPCメイルでは，ある種の住み分けをしていることが示唆されている．
　携帯メイルには，「字数制限」，「ディスプレイ表示制限[3]」があるため，「自分の名前」や「自分の所属等」などの「削れる情報は削る」方向がより強化されていると考えられる．

8．携帯メイルにおける記号類の使用

　記号類を用いた視覚的なパラ言語・非言語情報的表記の使用程度について聞いた．携帯メイルとPCメイルでは，記号類の用い方にも差異がみられた（表13，表14）．
　4種類の記号すべてにおいて，PCメイルよりも携帯メイルにおける「使う」（「よく使う」＋「まあ使う」）が多い．PCメイルは「全く使わない」がすべての項目において3割を超えている．
　両者においてとくに差が大きいのが「絵記号」である．「顔文字」も携帯メイルに多く使われている．携帯メイルでは，「（　）記号」，「顔文字」が5割なのに対し，「絵記号」が76.4％と非常に多く使われていることが分かる．PCメイルは「（　）文字」の使用がもっとも多く，「顔文字」・「絵記号」の使

表13. 携帯メイルにおける各種記号類の使用程度 (n=127)

「(笑)」のような「( ) 文字」を使うか
「使う」55.9%　「全く使わない」24.4%
「♪」のような「絵記号」を使うか
「使う」76.4%　「全く使わない」7.9%
(＞＜)のような「顔文字」を使うか
「使う」53.5%　「全く使わない」17.3%

表14. PCメイルにおける各種記号類の使用程度 (n=90)

「(笑)」のような「( ) 文字」を使うか
「使う」46.7%　「全く使わない」30.0%
「♪」のような「絵記号」を使うか
「使う」38.5%　「全く使わない」35.2%
(＞＜)のような「顔文字」を使うか
「使う」32.2%　「全く使わない」36.7%

用程度は高くない．

「絵記号」と「顔文字」の使用程度の高さが，携帯メイルらしい記号の用い方ということになりそうだ．パソコン通信時代から「打ちことば」の記号として用いられてきている「( ) 記号」の相対的な少なさは，「パソコン通信」という経緯や目新しさの欠如，「顔文字」が「絵記号」に比べて「視覚性」が劣る，あるいは「カワイクナイ」，ということなどによるのだろうか．

携帯メイル・PC メイルいずれにおいても，これらの記号類の使用は不快感をもたれていない．それぞれのメイル使用上の「不快に思うこと」として，次の表15の通り，ほとんど指摘されることはない．

携帯電話の契約会社や機種の異なる携帯電話のやりとりにおいて絵記号が「＝」などに置き換えられるなどの文字化けが生ずる「機種依存文字・記号の使用[4]」を除くと，01調査においてはほとんど不快と感じることはないようだ．

一方，文化庁文化部国語課 (2001) の「電子メールのやりとりで感じること」において顔文字付のメイルに対して「ふざけた感じがして失礼だ」には大きな世代差がみられる．10代では「失礼だ」と感じるのは1.7%だが，20

表15.「携帯メイルの使用上,不快に思うこと」(複数選択可)

第1位「いたずらメイル」	93.7%	(119)
第2位「チェーンメイル」	87.4%	(111)
第3位「知らない人からのメイル」	58.3%	(74)
第4位「返信メイルがないこと」	40.2%	(51)
第5位「間違いメイル」	35.4%	(45)
第6位「機種依存の文字・記号」	15.7%	(20)
第7位「顔文字の使用」	5.5%	(7)
第8位「( )記号の使用」	4.7%	(6)
第9位「絵記号の使用」	3.1%	(4)

※「その他」5.6%(7)
《参考:「PCメイルの使用上不快に思うこと」のうち記号類についての回答の抜粋》
「顔文字の使用」6.9%(6),「( )文字の使用」4.6%(4),「絵文字の使用」2.3%(2)

代以上では一定以上の割合で「失礼」と感じている人がいることが分かる(30代は7.4%,50代が最大で28.6%).記号類の使用に対する好悪の感情は,世代間格差が大きい.

しかし,世代というよりも,携帯メイルや記号類への馴染み度の問題とみた方がよく,今後,携帯メイルの非若年層を含む他世代への浸透やそれに伴う記号類の使用の浸透によって,記号類使用に対する不快感は減少していく可能性が高い[5].

9.携帯メイルで人間関係は変化したか?

急速に使用層を広げてきた携帯メイルは,先行する「打ちことば」メディアであるPCメイルと似たような部分もあるが,基本的な談話構造,送受信する相手,記号類の用い方など,異なる部分がかなりあることを確認してきた.

それでは,携帯メイルのハードユーザーである大学生は,携帯メイルにかんする「変化」を全体的にはどのようにとらえているのだろうか.「携帯メイルの普及で便利になったか」(n=115)・「携帯メイルの普及で人間関係が変化したか」(n=117)という質問をしてみた.

その結果,「便利になって(76.5%),人間関係は変わった(60.7%)」という考えが多数派となっている.「不便になった」と考える人はほぼいない

(0.9％)が，「人間関係」は「変わらない」という回答は26.5％と少なくない．

「人間関係が変わった」とする理由を自由回答として求めたところ，次のような回答が得られた（似たような回答はまとめた．（ ）内の数字は回答度数を示す）．

「より親密に・長続きに（19）」，「すぐ伝達できる（10）」，「離れている人との関係の継続（9）」，「友人の増加（8）」とポジティブ表現をとる理由が目立つ．「1人ではない安心感（2）」，「ムダな会話が減った（1）」という理由もあった．

逆に，「希薄になった（4）」，「軽くなった」，「感情伝わらない」，「感情の起伏が激しくなった」，「対人能力の低下」，「テキトーな友人の増加」（各1）といったネガティブな表現をとる理由は少ない．

「人間関係が変化しやすい（1）」，「新しい手段の増加（1）」のようなどちらともいえないものも少数あった．

携帯メイルによる「変化」をポジティブにとらえているからこそ，使用層が拡大しているのだろうから，当然の結果ともいえるかも知れない．「人間関係は変わっていない」の理由には「メイルという新しいメディアを従来メディアと使い分けているだけだから人間関係は変わらない」という意見におおよそ集約できそうである．

10．おわりに

「携帯＝メイル」の第一世代ともいえる2001年時点の大学生におけるアンケート調査から当時の携帯メイルによるコミュニケーションの特徴を，先行する「打ちことば」メディアであるPCメイルと比較しながらみてきた．ここからは，携帯メイルの特質や基本ルールが，初期的ハードユーザーである首都圏大学生において，すでに確立していることが分かった．

その後，携帯メイルユーザーは一層の拡張をつづけ，若年層にかぎらず簡便なコミュニケーション手段として，一般の生活に相当程度浸透したといってよい．

初期的には批判の的であった携帯メイルにおける記号類の使用なども，も

はや親密コードとしては世代を超えて，携帯メイルユーザーにとっては「好ましいもの」に変質してきている．ここからは，初期的ハードユーザーのふるまいが，その後の一般ルールとなっていく様子がうかがえるし，一般化していくのに伴い初期的に反感を買われたふるまいも，「好ましいもの」として受け入れられていく様子がうかがえる．

「打ちことば」のような新しいメディアは若年層が初期的ハードユーザーとして台頭してくることが多い．今後の新しい動向についても継続的に検討していきたい．初期的ハードユーザーのふるまいが一般化していくことは，携帯電話においても，携帯メイルにおいても確認された．逆に初期的ハードユーザーのふるまいにはみられつつも，社会的な洗練を経ることによって失われていくふるまいはないのだろうか．これらについては，今後の課題としたい．

1　一つだけ回答する方式の設問については，有効回答数はそれぞれ（n＝有効回答数）で示す．とくに（　）内で有効回答数を示さない場合は，全員からの回答を得た134の場合．複数回答可の設問についてはそれぞれの回答について百分比と度数を示す．百分比を示す場合は，小数点第2位で四捨五入した数値を示すため合計が100％にならないこともある．

2　2008年現在では，若年層においては携帯メイルに一元化されつつあるようである．

3　ディスプレイをスクロールしないでみることができる字数はおおむね200字程度．01調査時点では存在していた「字数制限」がほぼなくなった時点においても「ディスプレイ表示制限」によって，携帯メイルの平均使用文字数は多くはならず，むしろ一層の短縮化傾向がみられた．

4　機種依存文字の文字化け問題は，2005年から2006年にかけておおむね解決された．他社携帯電話宛の絵文字を含むメイルの絵文字部分の自動変換機能が開始されたためである．

5　2008年7月30日発売の富士通「らくらくホンⅤ」は中高年層を対象とした携帯電話．「日差しの下でガーデニング．大きい画面と大きい文字で屋外でも見やすいらくらくホンⅤで娘からのメイルにすばやくかわいいデコメールで返信，"お母さん若～い"といわれる「エンジョイケータイ・見やすさ」篇」というテレビCMが放送された．ここでは，「かわいいデコメール（＝絵文字）を使えるお母さんは素敵」というポジティブ評価となっており，中高年女性にもこのような考え方が受け入れられていることを示す例となりそうだ．記号類使用に対するネガティブ評価にも変化がみられると推測される．

第3章
携帯メイルの「おてまみ」性

1．はじめに

 「携帯＝メイル」第一世代のハードユーザーである東京都内の私立大学に通う大学生を対象に，2001年7月上旬に，携帯メイルにかんするアンケート調査を実施した（調査対象者134人[1]・以下，01調査）．

 アンケートに回答した大学生たちの携帯電話（PHS含む．以下「携帯」）所持率は96.5％で，1年前の同時期に行なった同様調査における95.5％（n＝178人[2]・以下，00調査）から，大きな変化はみられなかった．2000年度以降の大学生を対象とした，携帯所持率についての各種調査結果をみても，同様の結果が示されており，「大学生」においては「ほぼ全員所持」が常態化していることが分かる．

 2000年9月における携帯の全人口比普及率は48.6％（中村功，2001），全国16歳以上の男女約2200人における携帯使用率46.9％（文化庁文化部国語課，2001），総務省「通信動向調査」における携帯電話の世帯普及率75％[3]（総務省「通信動向調査」2000年11月実施・4238世帯が対象）という一般における携帯普及率からみると，首都圏大学生の携帯所持率は，全国平均より一段階早く，ほぼ全員所持のレベルに達していることが分かる．所持率の高さばかりではなく，その利用頻度もきわめて高い首都圏大学生は，携帯ハードユーザーと位置づけることができる．同時に，そのようなハードユーザー群の携帯行動は，一般に比して先導的とみることができ，携帯における日本語や日本語コミュニケーションにおいて，"新しい標準"が形成されていく過程をみていくには，適した群だといえる．

 携帯電話は，従来の固定電話に比べると，そのON／OFFも，番号ディスプレイ機能に基づきその着信を受けるか否かも受信者が決定権をもつことができるメディアである[4]．この特性を行使したコミュニケーションを，従来の地縁・血縁・社縁のようなワイヤ付の人間関係とは別次元の「選択的人

間関係」と呼び，日常的に接触可能な人口が増大する都市化に伴う人間関係の変化を先駆的に示す姿とする解釈もすでにある（松田美佐，2000a；岡田朋之他，1999）．携帯は，「友人クローゼット」（NTTアドバンステクノロジ（株），2001）メディアである，という表現も出てきている．そのような携帯空間には，「チャッキョ／キョヒル（着信拒否）」・「シカメル（メイルに返信しないこと）」といった携帯の「選択性」を示すコトバもすでに広く流通している（01調査・00調査）．

　ここでは，「携帯＝メイル」第一世代のハードユーザー群である首都圏大学生たちが，携帯メイルをどのようなメディアとして認識しているのか，また，彼ら／彼女らが携帯メイルにおいてもちいる日本語表現や日本語コミュニケーションが，従来メディアによるそれらと，どのような点が共通し，どのような点において差異がみられるのか，についてみていくこととする．

2．「携帯＝メイル」ハードユーザーにおける携帯行動

　大学生たちがどのように携帯と過ごしているのか，先に示した01調査・00調査を中心にみていく．本文中で平均値，百分比などを示す場合は，小数点第2位で四捨五入をしたものを示す．

2.1.「携帯＝メイル」機能への移行

　00調査と01調査による携帯電話における一日の通話・メイル送受信行動についての結果を図1に示す．図1では，「通話・掛ける（00調査n＝120，01調査n＝161）」，「通話・受ける（00調査n＝119，01調査n＝161）」，「メイル・送信（00調査n＝124，01調査n＝149）」，「メイル・受信（00調査n＝124，01調査n＝149）」の一日の平均件数を示している．

　通話件数はほぼ横ばいであるのに対し，携帯メイル件数はこの1年の間にも伸びている．また，どちらの調査においても，通話件数がメイル件数に比較して少なく，大学生にとって，携帯はすでに音声情報（通話）をやりとりするメディアではなく，文字情報（メイル）優位のメディアとなっていること，つまり「携帯＝メイル」という傾向が強まってきていることが分かる．

　これは，この間に携帯電話によるEメイル（インターネットメイル）の

図1. 携帯電話における一日の平均通話・メイル送受信件数

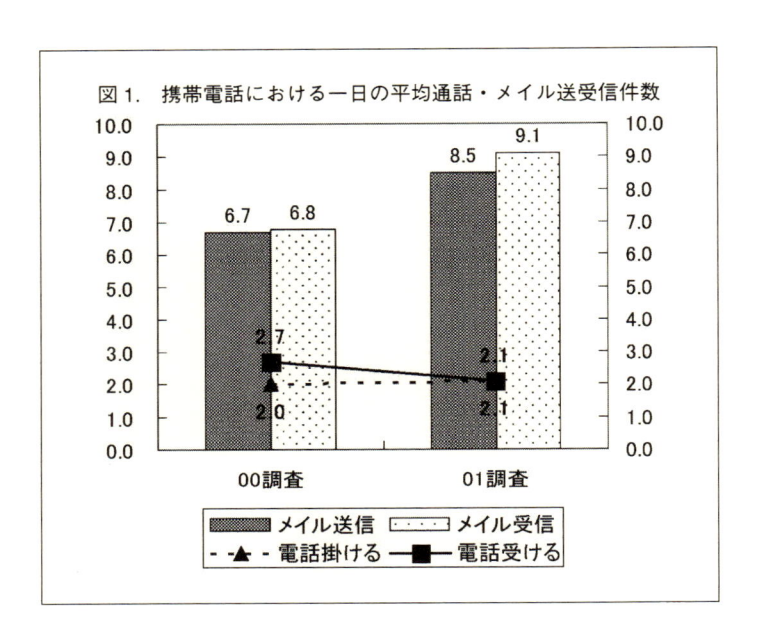

	00調査	01調査
メイル送信	6.7	8.5
メイル受信	6.8	9.1
電話掛ける	2.0	2.1
電話受ける	2.7	2.1

　やりとりを可能とする「iモード」サービスの利用者が2千万人を突破，類似サービスが拡大していったこととかかわってくる．

　このことは，携帯電話の所持動機からも確認できる．すでに00調査においても携帯所持動機の中に1件「メイルをするから」が現れている．また，01調査において，大学生は携帯をもち始めてからは平均24.5ヶ月（n＝128）で，現在使用している携帯は平均2.1台目（n＝129）であることが分かっている．2台目への機種変更の理由として，もっとも目立った回答は，「Eメイル機能」・「iモード」・「インターネット機能」の拡充で，まさにインターネットメイルを携帯電話でするために2台目に乗り換えたことが分かる．ちなみに，7月調査時点で所有している携帯電話に変えてからは平均6.6ヶ月（n＝106）であるため，新学期を機会としてメイル機能を重視した機種に変更したことが分かる．

　携帯の普及に伴い「声の復権」が指摘されたが，携帯電話のメイルへの機能移行という結果からすると，ふたたび「声」のコミュニケーションは「文字」のコミュニケーションに圧されつつあるようにみえる．

なお,「友人クローゼット」に格納されている「友人数」を示すメイルアドレスの平均登録件数は,01調査において,79.2件(n=121),そのうち,頻繁にやりとりするアドレスの件数は12.9件(n=125)であった.

2.2. 携帯メイルは「おてまみ」

00調査と01調査における「通話・掛ける(00調査n=120,01調査n=161)」,「通話・受ける(00調査n=119,01調査n=161)」,「メイル・送信(00調査n=124,01調査n=149)」,「メイル・受信(00調査n=124,01調査n=149)」の一日の平均件数を男女で比較したものが図2.

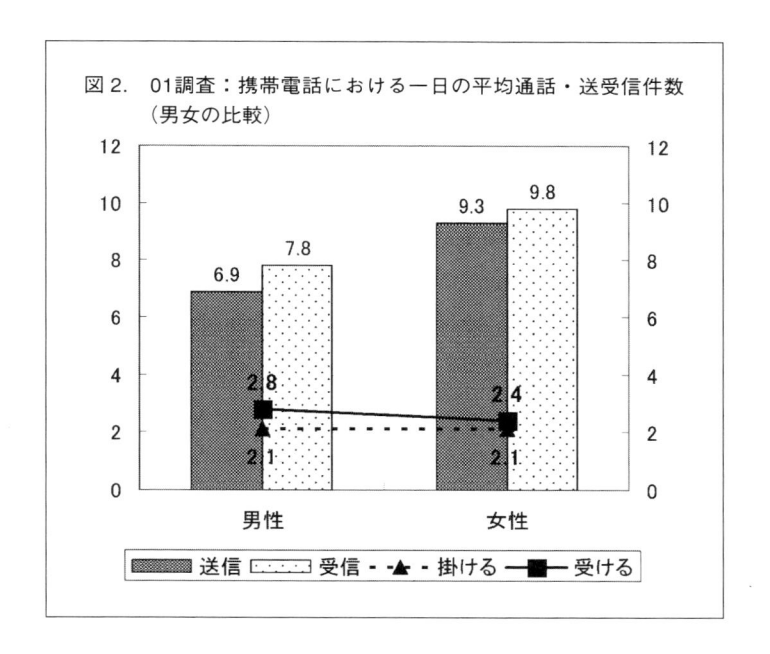

図2. 01調査:携帯電話における一日の平均通話・送受信件数(男女の比較)

男女で有意傾向がみられるのは「メイル送信件数」(t検定p値=0.06)のみで,女性に送信件数が多い[5].これは,携帯メイルの1世代前の文字通信サービス「ショート・メッセージ」[6]が女性を中心に受け入れられていた(高野公三子他,1998)ことの流れを受け継ぐものと言えそうだ.

さらにその前段階として,「仕事」という場面から離れたポケベルが「女

子高校生」色の強いコミュニケーション・ツールとなっていたことも記憶に新しい．

　ここからは，メイルがかつての「おてまみ（授業中に回す小さな手紙のこと．「お手紙」の"訛り"だが，濁音を避けマ行音を連続させるなどして「かわいい」ニュアンスがこめられている[7]）」の機能を担い始めていることが分かる．青年漫画誌『ビッグコミックスピリッツ』において世相を切り取ることを得意とする4コマ連載漫画『気まぐれコンセプト（ホイチョイ・プロダクションズ）』においても，「最近の高校では，こういうことは携帯のメーリング・リストでクラス全員に同時に伝わる．（これくらいメモで回せよ！）」というキャプション付で携帯メイルの「おてまみ」機能が表象されている（2002年9月30日号，図3）．

図3．ホイチョイ・プロダクションズ『気まぐれコンセプト』
　　『ビッグコミックスピリッツ』（小学館）2002年09月30日号（42号）

　このことは，「携帯メイルは次の（選択肢の）うち，何に似ていますか．

もっとも似ていると思うものを1つ選んでください」という01調査の問いに対して，次のような結果（表1）となっていることからもうかがえる．第2位の「メモ」については，「授業中に回す小さな手紙」と書き沿えられていた回答が2例あった．2例とも女性からの回答であった．

表1．携帯メイルは何に似ているか（n=119）

第1位：「手紙・ハガキ」 38.7%
第2位：「メモ」 24.4%
第3位：「電話」 16.8%
第4位：「ＦＡＸ」 13.4%

※「その他」6.7%　パソコンメイル・チャット

2.3. 女性に多い「かわいい」記号類の使用

携帯メイルにおける各種記号の使用程度においては，かなり明確な男女差が確認された．

01調査における「「(笑)」のような（　）文字」，「「♪」のような絵記号」，「「(＞＜)」のような顔文字」について使用程度を聞き，男女で比較したものが図4～図6．「絵記号（χ^2値=38.54［自由度=3］，p値=0.000）」と「顔文字（χ^2値=16.33［自由度=3］，p値=0.001）」は，女性に「使う」という回答が有意に多い．「（　）文字」は女性に使用が多い傾向がみられた（χ^2値=6.87［自由度=3］，p値0.076）．

絵記号・顔文字の使用程度が女性に多いという点は，携帯メイルに対する「ラブリー」への欲求の高さを示していると推測され，もともと女子的要素の強いコミュニケーション行動である「おてまみ」にふさわしい[8]．

記号類の使用については，その使用に対して世代によって受けとめかたに大きな差があることが文化庁文化部国語課（2001）で分かっている．Ｅメイルにおける顔文字に対して，若年層は「親しみ」を感じている人が多い（10代は81.7%）が，年代が上がってくると「失礼」と感じる人が増える（50代は最大で28.6%）．

01調査において携帯／ＰＣメイルともに，これら記号類を使ったメイルを

図4. （　）記号の使用程度（男女の比較）
グラフ中の数値は出現度数

女性　27　27　12　18
男性　7　9　11　13

□ よく使う　▨ まあ使う　▧ あまり使わない　▯ ほとんど使わない

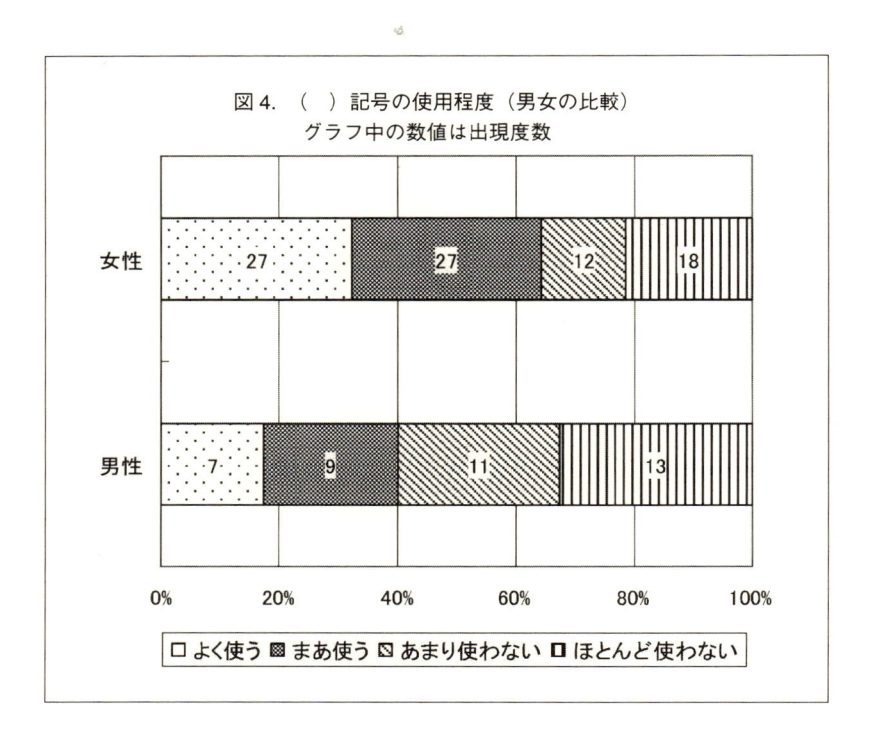

図5. 絵記号の使用程度（男女の比較）
グラフ中の数値は出現度数

女性　53　24　5　2
男性　6　12　14　8

□ よく使う　▨ まあ使う　▧ あまり使わない　▯ ほとんど使わない

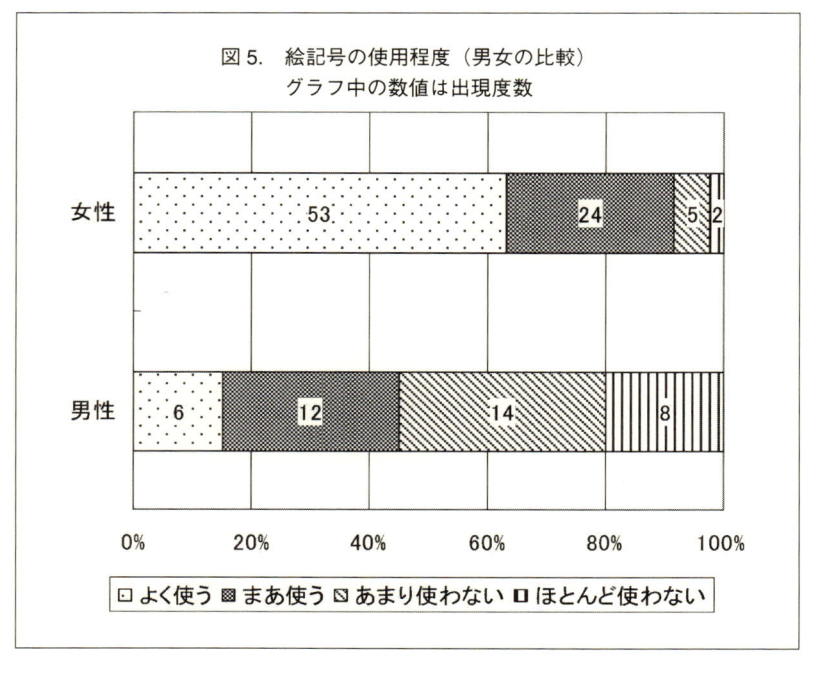

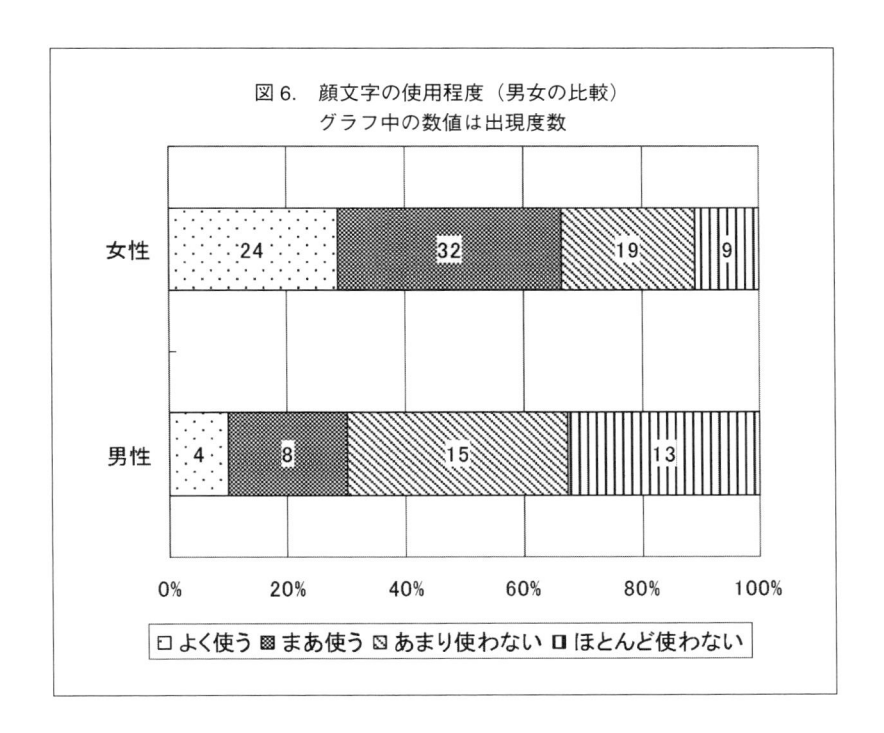

図6. 顔文字の使用程度（男女の比較）
グラフ中の数値は出現度数

女性　24　32　19　9
男性　4　8　15　13

□よく使う ▨まあ使う ▧あまり使わない ▥ほとんど使わない

不快に思うかどうか質問したところ，いずれもほとんど不快とは受けとめられておらず[9]，文化庁国語課（2001）の10代の結果と重なる．一方で，別途行なった，田中の卒業論文指導・演習系授業履修者から担当教員である田中への携帯メイル・パソコンメイル92件の分析結果（以下，メイル調査）においては，顔文字使用メイルは2件（1人），（　）文字・絵記号使用は0件と，場面による使い分け意識はあるようだ．

3．男女を問わない携帯メイルの「実況中継性」

携帯通話と携帯メイルでは，用途も微妙に異なる．00調査による「携帯を使って自分が掛ける場合の通話内容について」の結果を表2に，01調査による「携帯を使って自分でメイルを送信するときの内容について」の結果を表3に示す．それぞれ質問の仕方が異なるので，示し方が異なる．

通話とメイルを比較すると，メイルにおいて「要件」が下がり，「おしゃ

表2. 00調査：自分が「掛ける」場合の通話内容（複数選択の上，頻度順に並べ替え）

第1位（n=145）：「要件」69.7%・「所在確認」16.6%・「おしゃべり」12.4%
第2位（n=118）：「所在確認」47.5%・「おしゃべり」27.1%・「要件」25.4%
第3位（n=87）：「おしゃべり」60.9%・「所在確認」26.4%・「要件」10.3%

表3. 01調査：携帯メイルでやりとりする内容（複数選択可（ ）内度数）

第1位：「その場の出来事や気持ちの伝達」73.6%（95）
第2位：「事務連絡」66.7%（86）
第3位：「とくに要件のないおしゃべり」65.1%（84）
第4位：「質問」59.7%（77）
第5位：「相談」54.3%（70）
第6位：「緊急連絡」49.6%（64）
第7位：「所在確認」47.3%（61）
第8位：「予約・注文」3.0%（4）
第9位：「その他」0.7%（1）

べり」の順位が上がっているといえそうである．また，01調査では選択肢そのものがないため比較できないが，メイルでは「その場の出来事や気持ちの伝達」が最上位に位置する．この「その場の出来事や気持ちの伝達」は，先にも述べた女子的回し手紙「おてまみ」行動に類似する．

「その場の出来事や気持ちの伝達」がやりとりにおけるもっとも多い内容であることは，01調査で聞いた「携帯メイルの利点」の最上位が「いつでも送受信できる89.1%（115）」であることとかかわる．

メイルは，通話のように相手を「呼び出す」という関門がなく，通話に比べ「気楽度」が高い．このことにより，実況中継的な「その場の出来事や気持ちの伝達」がしやすくなったメディアということを示している．この携帯メイルによる「その場の出来事や気持ち」の伝達をするかしないか（図7）は，男女による差はみられないようだ（χ^2値=0.26［自由度=1］，p値=0.61）．

4．「メモ」化していく文体

文体の面からみると，01調査時点においては，先に述べたように大学生は携帯／PCを問わず，メイルにおいても送信相手によって文体をシフトさせ

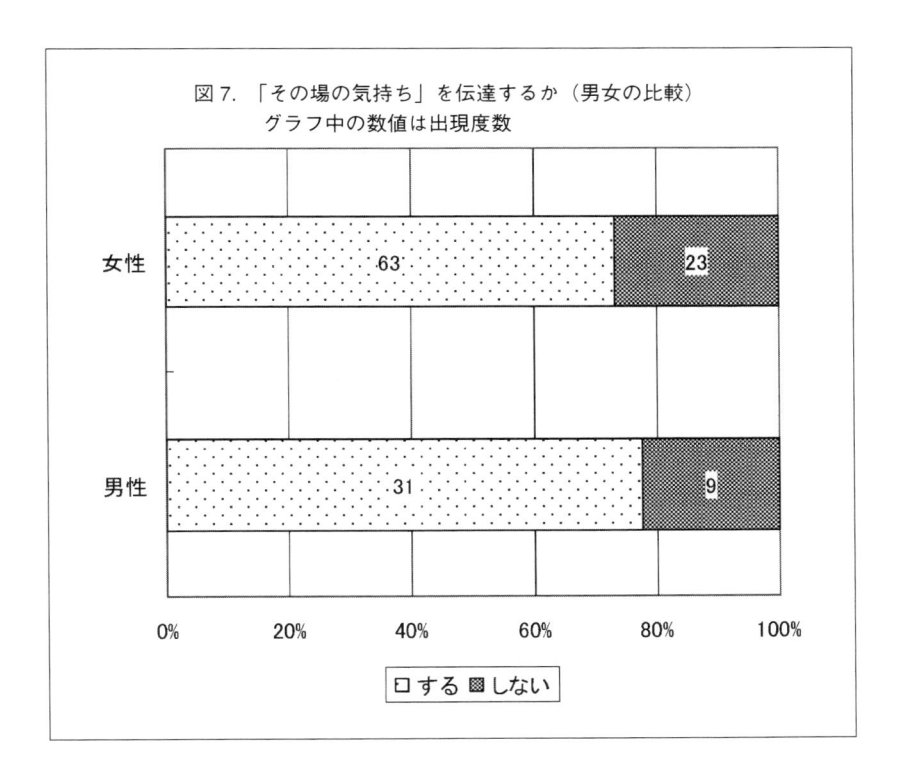

図7.「その場の気持ち」を伝達するか（男女の比較）
グラフ中の数値は出現度数

女性: する 63 / しない 23
男性: する 31 / しない 9

ている．しかし，若年層においてメイルが携帯メイルに一元化されていく可能性[10]が否定しにくいとすると，送受信されるメイル全体の「メモ化」がより促進されていくだろう．

すでに携帯メイルでは，パソコンメイルに比べ，「自分の名乗り」・「はじめのあいさつ」・「相手への呼びかけ」・「おわりのあいさつ」・「自分の所属・アドレス・住所などを示す署名」といった情報を5割以上の回答者が示さないことが分かっている（01調査）．

一方，携帯メイルにおいては，「あいさつ（とくに「はじめのあいさつ」）」は，比較的多く選択されている．これは携帯メイルの同期性（あるいは同期性への期待[11]）に支えられていると考えられる．メイル調査においても同様の傾向が確認された．

PCメイルと携帯メイルの必須情報における顕著な差異は，携帯メイルには宛名に相当する「相手への呼びかけ」や「時間以外のあいさつ（ごぶさたしております，失礼いたします，など）」が現れないことである．しばしば言及される携帯メイルの失礼感は，このような「欠落部分」によるものかも知れない[12]．

5．おわりに

　「携帯＝メイル」第一世代ハードユーザーである首都圏大学生の携帯メイル行動についてみてきた．

　メイル機能への移行が顕著な携帯電話を用いた日本語コミュニケーションは，従来の女子的回し手紙「おてまみ」コミュニケーションとの類似点が多いことをみてきた．

　記号類の多用，とくに「かわいい記号類」である絵記号や顔文字は女子に使用が多く，手書き書きことばである「おてまみ」の「ラブリー」側面が「打ちことば」に継承された部分とみられる．

　「気持ちの実況中継性」については，本調査結果からもホイチョイ・プロダクションズの漫画からも性差なく受け入れられている様子がうかがえる．

　これらからは，携帯メイルの一般化に伴い，初期的には女子的ふるまいであった携帯メイルにおける言語行動やコミュニーションパターンが，ジェンダーを超え，広く受容されつつある過程を示しているようにもみえる．親密コードにおける記号類の多用というような携帯ハードユーザーにおける世代限定のふるまいが，世代を超え，一般化しつつあることを考えると，女子的とみえるふるまいの一般化も，さらに進んでいく可能性も高い．

　これらについては，新しいメディアが一般化していく過程を観察しつづけることによって，今後の課題として検討していきたい．

　1　アンケートは，2001年7月上旬に，授業後協力を依頼，承諾した学生に配布・集団記入式（20分程度）で実施．対象は，東京都内私立大学に通う文学部を中心とした学部生134人．詳しくは田中ゆかり（2001.09）．第4部第2章参照．
　2　アンケートは2000年7月上旬実施．実施方法は01調査に同じ．対象は，東京都内

私立大学に通う文学部を中心とした学部生178人．詳しくは田中ゆかり（2000）．第4部第1章参照．
3　2001年8月14日付朝日新聞14版7面によると，同年7月末現在で，PHSを除く携帯だけで6,418万200台となり，人口普及率50.5％を突破した．
4　この「決定権」の行使による「選択的人間関係」の構築は，携帯利用者全体に現れるものではなく，「若年・未婚層」にほぼ限られ，そのうちのヘビー・ユーザーに顕著であることが岡田朋之他（1999），NTTアドバンステクノロジ（2001）で示されている．
5　PCメイルの送受信件数についても男女差について検討したが，統計的な傾向性・有意性は見出せなかった．
6　「文字メッセージ」．同じキャリアの携帯同士で文字をやり取りするサービス．NTTドコモ「ショートメール」，J―フォン「スカイメール」，au「Cメール」と呼ばれているサービスを指す．
7　田中が小中学生のころ（1970年代，神奈川県厚木市），女子間では「授業中の回し手紙」のことを「おてまみ」と呼び習わしていた．
8　01調査において，記号類の使用が女性に傾くのはPCメイルでも確認されているが，携帯メイルにより著しい．これは，PCメイルは携帯メイルに比べ同期性（への期待）が落ちるので，メモ的な「おてまみ」ではなく，「手紙・ハガキ」や「FAX」に感覚が近づくためと考えられる．実際にPCメイルは「メモ」に似ているという回答が少ない（9.2％（n＝87））．
9　01調査において，「不快」という回答はそれぞれ次の通り．「顔文字の使用」5.5％（7），「（　）記号の使用」4.7％（6），「絵記号の使用」3.1％（4）．
10　「ケータイによってPCを開始する動機がそがれてしまう可能性」（松田美佐，2000. 10）．注3の記事においても，パソコンの出荷台数は減速傾向色が強いが，携帯は好調という．
11　「時間あいさつ（おはよう，こんにちは，こんばんは，など時間性をもつあいさつ）」が多い．「今」を共有しているということの提示として，「時間あいさつ」が意味をもつと考える．
12　田中ゆかり（2001. 12）．第4部第4章参照．

第4章
携帯電話と電子メイルの表現

1．はじめに

　1990年代中盤以降に登場してきた新しいメディアといえば，携帯電話とパーソナル・コンピューター（以下，パソコン）である．新しいメディアが登場すれば，そのメディアに即したルールや表現が出現してくる．また，新しいメディアを用いたコミュニケーション手段の選択からはじまり，さまざまな受けとめ方のズレが生ずる．

　たとえば，携帯電話については，「音を選ぶ権利の侵害」・「プライバシーの侵害」・「見えない相手との会話が持つ不気味さ」・「公的空間の「私」化」といった不快感が1990年代初頭から新聞投書欄などで繰り返し指摘されてきた（川浦康至，2001）．また，パソコンや携帯電話の普及によってEメイルの使用層も拡大し，メイルの表現に関する不快感も新聞投書欄に登場した．Eメイルの表現やコミュニケーションに関する「不快感」を表す典型的な新聞投書を以下に示す．

　　食品に関する情報を掲載しているわたしの会社のホームページには，たくさんの問い合わせメールが寄せられます．このところとりわけ増えたのが，小学生からの質問メールなのですが，命令口調や言葉遣いの悪さがとても気になります．なかには，コンピューターが答えていると思っているのでは？　と感じるほど乱暴な書き方のものもあります．
　　先生方や家族の人は，パソコンの使い方だけではなく，メールに書く言葉遣いや，人に何かを尋ねるときのマナーもぜひ教えてあげるべきではないでしょうか．相手の顔が見えないためについ忘れてしまいがちですが，初対面の人と話をするのですから（以下略）．
（「子供のメールマナー必要ね」東京都・会社員・27歳　「朝日新聞」2001年8月6日「声」欄）

また，携帯電話からのEメイル（以下，携帯メイル）についても次のような論調が目立ってきていた．

（携帯メイル送信者が増加してきたことを受けて）一時，Eメールの文章が無機的で無礼になるっていうんで，ずいぶん取り沙汰されたけど，今度はそれプラス，ケータイってことになりそうで，いやな感じだなあ．
　　　　　　　（筒井康隆トークエッセー「朝日新聞」2001年6月17日）

　携帯電話のコミュニケーションについて，2000年前後あたりから雑誌などで特集されるようになり，同じころよりインターネット上でも携帯関連の調査報告が多くなっている．
　携帯電話にかんする先行研究に，次のようなものがある．コミュニケーションや表現にかかわる特集に限っても，短期間に次のような特集が組まれており，関心の高さがうかがえる．

「ケータイ空間」（『広告』41（3），2000）
「ケータイ・コミュニケーション」（『日本語学』19（12），2000）
「ケータイ・メールのコミュニーション」（『日本語学』20（10），2001）
「携帯電話と社会生活」（『現代のエスプリ』浅羽通明（編著），2001）

　これらの他，マナーに焦点を絞ったものに中村功・三上俊治・吉井博明（1999），メディア利用に焦点を絞ったものに橋元良明・石井健一・中村功・是永論・辻大介・森康俊（2000）がある．
　また，移動体メディアに関するネット上の報告書に，NTTアドバンステクノロジ（株）（2000，2001），NRI野村総合研究所（2000，2001）などがある．
　携帯電話にさきがける移動体メディア・ポケットベルから携帯電話の一般化にかけての利用者・社会の変容について記されている単行本に富田英典他（1997）がある．固定電話についてのコミュニケーション・言語表現につい

ては,「電話」(『日本語学』11 (10)),Eメイルにつながるコミュニケーションとして「パソコン通信」(『日本語学』12 (13)) がある.

　これらは,新しいメディアによる新しいコミュニケーションや言語表現について,社会心理学的・社会学的・情報学的・(談話研究・使用者の意識を中心とした) 社会言語学的観点からアプローチされたものであるが,技術の進展が急速なため,調査報告間の比較が出来る段階ではまだなさそうだ.

　なぜならば,「携帯電話の新しい技術そのものについての詳細な紹介は避けたい.ここ数年の関連分野の動向をみる限り,そうした記述はすぐに (たぶん数ヶ月以内に) 陳腐化することは確実であるからである (野島久雄,2001)」ということが,コミュニケーション・言語表現の調査報告にも当てはまるからである.ただし,その過程において,どのようなことが問題として生じたかについては,のちのコミュニケーションや言語表現の形態を考える上で意味をもってくる.

　本章では,メディアが急速な進展をみせながら使用者の意識や行動をどのように変えつつあったのか,を中心にみていく.とくに,使用頻度の高い若者に焦点を絞ることにより,変化の芽をみていくこととした.

　新しいメディアによるコミュニケーションや言語表現は,その新しさゆえにさまざまなギャップを生み出す.そのギャップのうちあるものは,新たなコミュニケーション・ルールとして定着していくものもあるだろうし,過渡的なものとして埋没していくものもあるであろう.その様相を「固定電話と携帯電話」,「パソコンメイル (以下, PCメイル) と携帯メイル」という従来型の固定式メディアと新しい型の移動式メディアという比較から,2000年から2001年にかけて実施した大学生を対象とした2種類のアンケート調査と大学生が送信者となったEメイルのテキスト調査を基に,みていく.

　調査実施時期は,大学生がほぼ1人1台携帯電話を持つようになり,「携帯＝メイル」という時代を迎えつつあった時期と重なる.すなわち,本章は,「携帯＝メイル」第一世代のハードユーザー群の当時のふるまいについて検討したものといえる.

2. 調査概要

大学生を対象とした2種類のアンケート調査と，Eメールのテキスト調査を行なった．その概要は次の通り．

2.1. アンケート調査概要

アンケート調査は，内容の異なるものを2種類行なっている．下記の2000年に実施した調査（以下，00調査）は，携帯電話と固定電話の通話行動にかんする項目を中心としたアンケートで，2001年に実施した調査（以下，01調査）は，携帯メイルとPCメイルにかんする行動を中心としたアンケートである．

この2種類のアンケートは，いずれも東京都内の私立大学に通う大学生を対象としたもので，対象大学生の内訳は，通っている大学・授業科目・属性内訳等ほぼ同じである．そのようなことを踏まえ，アンケートにおいて内容の重なる項目について，比較している．

00調査は，2000年7月上旬に，授業後協力を依頼，承諾した学生に配布，集団記入式で実施した．所要時間は，20分程度．対象は，東京都内私立大学に通う文学部を中心とした学部生178人．内訳は，女性62.1％．関東地方生育者が48.3％，「自宅生」と「下宿生」はほぼ半々であった[1]．

01調査は，2001年7月上旬に，授業後協力を依頼，承諾した学生に配布，集団記入式で実施した．所要時間は，20分程度．対象は，東京都内私立大学に通う文学部を中心とした学部生134人．内訳は，女性が66.9％，主な生育地（n＝130）は「関東」が44.6％ともっとも多く，「家族と同居」・「一人暮らし」は，ほぼ半々であった[2]．

2.2. Eメイルテキスト調査の概要

2000年10月下旬〜2001年8月初旬までの間に，3つの私立大学に通う大学生から授業担当者である田中アドレス宛に送信されたEメイルのテキスト調査を実施した[3]．送信されたテキストを，「タイトル」，「開始部」，「本文」，「終結部」，「署名」に分類し，いくつかの観点から分析を行なった．

以下，この調査をメイル調査とする．メイル送信者は東京都内の私立大

学・私立女子短期大学に通う「卒業論文指導（2大学36件）」，「演習（3大学27件）」，「演習系科目（1大学4件）」，「留学生を対象とした演習系科目（1大学23件）」，「講義科目（1大学2件）」履修者32人．

この32人から送信された92件のメイルを対象とした．送信者属性からみた内訳は，63件（68.5％）は女性からのもので，留学生[4]からのものを23件（25.5％）含む．

3．大学生における携帯電話とパソコンの普及状況

2001年7月末における携帯電話の累計加入者数は，6,418万200台，全人口比普及率は50.5％，世帯加入率は75％に達した（総務省「通信動向調査」2000年11月実施・4,238世帯）．

文化庁文化部国語課（2001）の全国16歳以上の男女約2,200人における携帯使用率も46.9％となっている．大学生においては，00調査では95.5％（n=178），01調査では96.5％（n=134）とほぼ全員がもっている．1995年度の人口普及率が9.7％（中村功，2001）であったことを考えると，急激に使用層を拡大している．また，若年層においてはとくにその傾向が著しい．

一方，パソコンについては，携帯電話ほど裾野が広がっていない．総務省「通信動向調査」（2000年11月実施・4,238世帯）における世帯普及率は51％，大学生の自宅（一人暮らし含む）所有率（01調査）も77.6％（n=134），個人所有率になると49.3％である．固定電話の自宅所有率（一人暮らし含む）が70.9％なので，パソコンは固定電話所有率よりやや高い程度で，携帯電話の普及率には及ばないことが分かる．

総務省「通信動行調査」を伝える2001年8月14日付「朝日新聞」記事によれば，携帯電話出荷台数は好調だが，パソコン出荷台数は減速傾向が強いという．

これらは，携帯電話の方が入手，立ち上げいずれの場合においてもコスト・労力ともに格段に「気楽」なものであることによる．1999年に携帯電話におけるインターネット接続サービスが開始され，対応機種が拡大していくことによって，インターネット閲覧・Eメイル送受信も「気楽」なものになり，「ケータイワンストップ」という表現も出てきた（NTTアド，2001）．

こうなると,「ケータイがデジタル・デバイドを解消する」という側面ばかりではなく,「ケータイによってPCの利用を開始する動機がそがれてしまう可能性」からその結果として「収入による情報格差」の拡大を懸念する考えも出てきている（松田美佐，2000．10）．また，これは「収入」だけによる格差拡大ではなく，コンピューター・リテラシーの程度による格差拡大も予見させる．

　選択肢が異なるので直接比較はできないが，文学部の学生が回答者の中心となっている00調査・01調査では，いずれも携帯電話の所持についてと，パソコンの使用程度について質問した．それらをクロス集計した結果,「携帯電話だけ使用する」層が微増しているようである．00調査では携帯使用者で「パソコンを使ったことがない」は2.2%（n＝136）だが，01調査では「パソコンを週に1日も使わない」は5.6%（n＝126）となっている．

　それぞれ準「携帯だけ使用する層」についてみても,「使ったことがない＋日常的に使用しない（00調査)」12.5%（n＝136）,「週に1日使うかどうか＋週に1日も使わない（01調査)」16.7%（n＝126）である．一方で携帯電話をもたず，パソコンだけという層は00調査では5.9%（n＝136），01調査では4.0%（n＝126）となっている．

　調査当時である2001年時点においては，携帯電話を用いた通信は，新しいメディアの宿命として，失礼感をもって語られることが多かったが，携帯電話がメディアとして圧倒的な首位に立つ今日においては，携帯電話のルールや表現が従来の表現を埋没させていく可能性は否定できないかもしれない．

　NTTアドバンステクノロジ（2001）によれば，若年層の携帯電話によるコミュニケーション・ルールは2001年時点において携帯使用頻度の高い30代男性を中心に拡大しつつあったことからもそのことは否定しにくい．

4．携帯通話・携帯メール・PCメールの送受信件数

　00調査・01調査から，1日あたりの携帯電話の通話（掛ける：00調査n＝161，01調査n＝120，受ける：00調査n＝161，01調査n＝119）・携帯メール（送信：00調査n＝149，01調査n＝124，受信：00調査n＝149，01調査n＝124）・PCメール（01調査送信n＝78，01調査受信n＝80）の送受信件数の

平均値を示す（図1）．

図1. 携帯電話，携帯メイル，PCメイル
一日通話／送受信平均件数

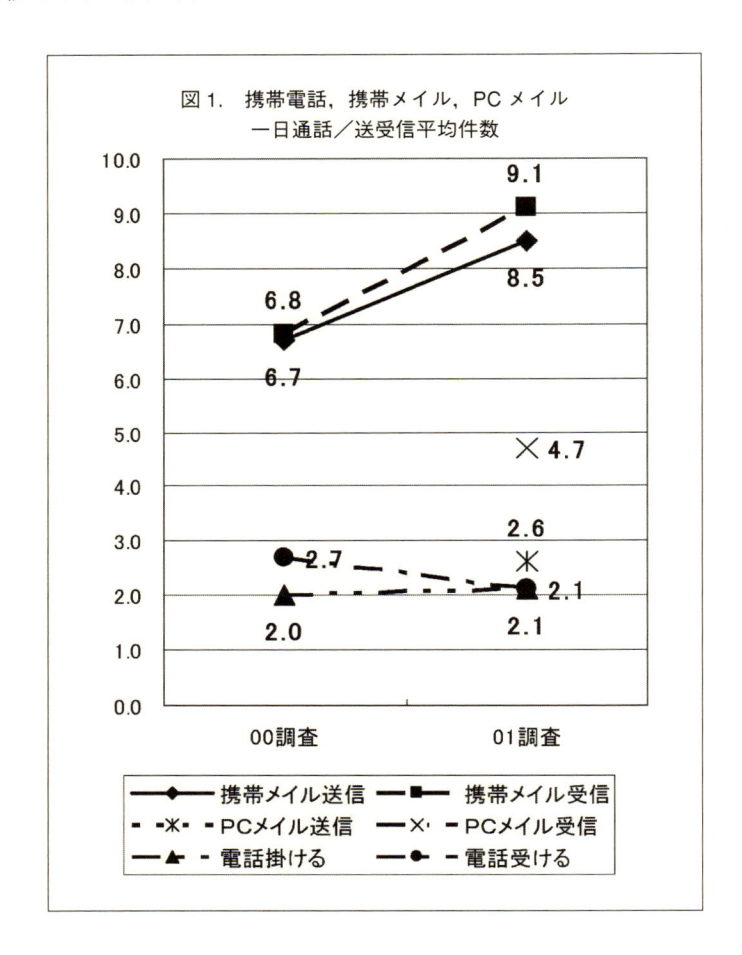

- 携帯メイル送信：6.7 → 8.5
- 携帯メイル受信：6.8 → 9.1
- PCメイル送信：2.0 → 2.6
- PCメイル受信：— → 4.7
- 電話掛ける：2.0 → 2.1
- 電話受ける：2.7 → 2.1

　携帯電話においては，通話よりメイルが優位である．EメイルはやりとりをしているPC人数・件数ともにPCメイルよりも携帯メイルが優位となっている．

　00調査から01調査にかけて，携帯通話件数は横ばいなのに対し，携帯メイル件数は送受信とも増加している．携帯メイルの優位性は，今後も拡大しそうである．

文化庁文化部国語課（2001）では，回答者全体の25.6％（n＝2,192）を占める電子メイル使用者を対象に，メイル送受信に用いる機器について尋ねている（n＝566）．その結果では，「パソコン・ワープロ」がもっとも多く70.1％，「携帯電話・PHS」は56.9％である．しかし，同調査においても20代以下では「携帯・PHS」使用者がもっとも多い．
　01調査からは，携帯メイルとPCメイルでは，送信相手や，情報内容，似ているメディアは何かといった印象，などにおいて異なっている（田中ゆかり，2001．09）．

5．固定電話と携帯電話の違い

　一般家庭において，固定電話は，おおむね世帯単位につながっており，携帯電話は個人単位につながっているものである．また，携帯電話においては，事前に登録されている相手からの着信であれば，「番号」と「登録名」が着信と同時にディスプレイ部分に表示されるのが一般的である．固定電話においても「番号表示」サービスを受けていて，ディスプレイ表示が可能な機種では着信時に「番号」や「登録名」の表示がなされるが，携帯電話ほどディスプレイ表示が一般的とは現段階では言いにくい．同時に，固定電話においては「電話をとるまでは相手が誰だか分からない」という時代が長かったため，ディスプレイ表示による情報が与えられていたとしても，習慣化した冒頭での「名乗り」行動に，大きな影響を与えるまでになっていないとも言える．
　一方，固定電話・携帯電話いずれも，相手が事前登録されていない場合や，「非通知」の場合は相手が誰であるかは知りえない．「未登録者」・「非通知」において差異はないものの，先に述べた両者の差異が，会話の展開にも影響を与えていそうである．まず，会話開始部分に注目し，固定電話と携帯電話の違いについて，みていく．
　00調査において，次のような質問を設けた．それぞれ，掛かってきた電話への「出方（会話導入部分）」と，そのような「出方」をする「理由」について，次のような質問をした（自由記述式）．

【携帯「掛ける」】移動式電話[5]を掛けて，相手が電話に出たとき，どのような出方をしますか．複数ある場合は，多い順に書いてください．場合によって出方が違う場合は，どのような場合にそのような出方をするのか説明してください．

【携帯「受ける」】移動式電話が掛かってきて，電話に出る時，どのような出方をしますか．複数ある場合は，多い順に書いてください．場合によって出方が違う場合は，どのような場合にそのような出方をするのか説明してください．

【固定「掛ける」】誰かの家の有線式電話[6]に電話を掛けた時，どのような掛け方をしますか．複数ある場合は，多い順に書いてください．場合によって掛け方が違う場合は，どのような場合にそのような掛け方をするのか説明してください．

【固定「受ける」】自分の家で有線式電話に出る時，どのような出方をしますか．複数ある場合は，多い順に書いてください．場合によって出方が違う場合は，どのような場合にそのような出方をするのか説明してください．

5.1. 掛ける場合

自分自身の「自分名乗り」と，相手の名前を呼びかけての「相手確認」について，固定電話・携帯電話を比較した（表1）．

表1. 会話導入部分の「自分名乗り」と「相手確認」出現率

		固定電話	携帯電話
掛ける	自分名乗り	66.2%(51)	6.3%(9)
	相手確認	37.4%(29)	0.7%(1)
受ける	自分名乗り	43.6%(34)	12.2%(9)
	相手確認	0.0%(0)	6.8%(5)

［注］( )の数字は出現度数

「掛ける」場合についてみると，「自分名乗り」・「相手確認」いずれも固定電話に比べ，携帯電話ではほとんど行なわれないことが分かる．

携帯電話では，「相手確認」は基本的に省略されていることが分かる．こ

れは，携帯電話においては「相手から掛かってきた電話番号をそのまま登録する」ことが多いので，相手の段階で相手自身の電話番号の登録ミスさえなければ，「間違い電話」は起こりえない，という「機械」への信頼による．

「自分名乗り」も自分自身が「非通知」設定にしていなければ，相手のディスプレイに表示されるため，携帯電話では現れない傾向にあると推測される．

固定電話と異なり，携帯電話は掛けた相手以外の相手が電話口に出ることはまずない，という共通理解の上にたっているので，「もしもし」といった「一般的な呼びかけ」も行なわないという回答も得られている．

携帯電話では，相手が「友人」という条件つきで「あ，オレオレ」，「ヘイ，チワー」，「ウィー！」，「暇ー？」という「くだけた」始まり方をする．また「今，大丈夫？」という通話可能かどうかについて確認する回答（3例）があった．さらに「すぐに要件から入る」という回答（2例）もあった．携帯電話を「掛ける」場合に「自分名乗り」をするケースは，「先輩」・「目上」・「突然の電話」の場合という「理由」が示されている．

文化庁文化部国語課（2001）で「(携帯電話では)「もしもし」などの呼び掛けや自己紹介などを省略することが多い」かどうかという質問をしており，携帯使用者全体の34％（n＝1,028）が「はい」としている．10代男性41.4％（n＝29）と10代女性39.5％（n＝43）が他の年代より多く「はい」と回答しているが，上記質問文に「「もしもし」などの呼び掛けや」の部分がなければ，「はい」はさらに多かったのではないだろうか．

中村功（2000）の松山市の大学生を対象とした調査では47.4％（n＝486）が「移動電話にかけたときは挨拶抜きで，いきなり本題に入ることが多い」としている．

西原鈴子（2000）の日本語母語話者同士による携帯電話の冒頭15秒の会話を分析した事例調査から，「はじまりの儀式抜きのずばり本題に入る」式は「好ましいスタイル」とはいえないという共通理解により，ほとんどみられないとしているが，この「共通理解」が維持されなくなっていくのは時間の問題かも知れない．

場面差は考慮されながらも，「自分名乗り」・「相手確認」・「一般的挨拶」

抜きの「本題ずばり」式が携帯電話で拡大し，さらに固定電話にも拡大していかない，という保証はなさそうである．

　固定電話においても「もしもし，○○の△△ですが，××さんのお宅でしょうか．……さんお願いします」というような「一般的挨拶」・「自分所属」・「自分名乗り」・「相手確認」フルセットそろった回答は3例のみであった．固定電話においても「自分名乗り」をしない回答に「番号表示機能により相手方に自分の名前が出るから」という「理由」が示されていることからも，携帯電話で一般化した方式は，携帯に馴染みの深い世代から固定電話にも拡大していくことがうかがえる[7]．

5.2. 受ける場合

　携帯電話では「受ける」場合も，「自分名乗り」の出現率は低い（表1）．
　一方，相手の名を呼びかける「相手確認」という行動は，固定電話には現れないが，携帯電話には少数ながら現れる．これは携帯電話のもつ「相手の番号と登録名」表示機能により，「受ける」電話にもかかわらず相手が特定され，呼びかけが可能となるためである．
　固定電話においても「掛ける」に比べると，「自分名乗り」が低い．これは「防犯対策」・「セールス対策」・「相手が誰だか分からない場合」・「なんとなくうざい」という「理由」によっている．相手が名乗らない場合は「どなた？」類が2例回答されている．
　番号表示機能を利用している回答者からは「未登録」・「非通知」に対しては「留守番電話」で対応し，「居留守」をつかうという回答が2例あった．これは，携帯電話の選択性に通じる対応方法である[8]．
　携帯電話で「受ける」場合，「自分名乗り」・「相手確認」は少ないが，相手の番号が分かっていようと分かっていなかろうと，「もしもし」・「はい（はい）」といった「一般的挨拶」はかなりの程度で行なわれている．一方でいきなり「何？」・「どうしたの？」・「呼んだ？」と「いきなり」会話が展開するパターンも4例回答された．
　また，携帯電話において「未登録」・「非通知」を「受ける」場合，「誰？」と丁寧表現がないケースや，「低い声で」・「無言」という回答もそれぞれ1

例ずつある．ただし，仕事をもっている学生の回答には「非通知」は「仕事関係の可能性があるので，かならず名乗る」という回答もある．これは，ライフステージによる携帯電話の利用方法の違いに基づくものである．

　大学生など若年層に多くみられる「いきなり」式の会話開始がライフステージの違いを超えて拡大するかについては，どのメディアがコミュニケーション・ツールとして主流化するかともかかわることが予想されるので，しばらく時間が経たないと分からない．

6．PCメイルと携帯メイルの違い
6.1. 何に似ているか

　携帯メイルとPCメイルは既存の直接対話とデジタル系以外の伝達方法のどの方法に似ているかについては次の通りである（01調査，表2・表3）．

表2．携帯メイルは何に似ているか（n＝119）

第1位：手紙・ハガキ	38.7%
第2位：メモ	24.4%
第3位：電話	16.8%
第4位：ＦＡＸ	13.4%

※その他　6.7%：PCメイル・チャット

表3．PCメイルは何に似ているか（n＝90）

第1位：手紙・ハガキ	61.1%
第2位：ＦＡＸ	22.2%
第3位：メモ	10.0%
第4位：電話	3.3%

※その他　3.3%

　PCメイルに対しては「電話」という意識はほとんどなく，「手紙・ハガキ」・「ＦＡＸ」のような比較的長文の書きことばという意識なのに対し，携帯メイルは「手紙・ハガキ」・「メモ」のような比較的短めの書きことばと，「電話」のような話しことばに近いという意識がもたれているということが分かる．

6.2. メイル調査からみた PC メイルと携帯メイルの違い
6.2.1. メイル調査の特徴

　メイル調査から，PC メイルと携帯メイルを比較していく．分析対象92件のEメイルは，PC メイルが66件，携帯メイルが26件である．これらはすべて，授業履修者が担当教員に送信したものであるので，「学生」から「教員」へ，という送受信者の「役割」が比較的はっきりした場面のものであり[9]，授業にかんする「質問」・「相談」・「報告」・「連絡」といった「要件」を伴うメイルという特徴をもっている．

　そのため，「親しい間柄におけるとくにこれといった要件のない」，「メイルらしい」[10]とされているメイルは含まないが，一方で上記の条件がそろっているため，パソコンと携帯という発信メディアによるメイルの比較はしやすい資料といえる．

　分析対象のメイルを，送信者の属性（送信者日・所属大学・学部・学年・履修科目名・性別）のほかに次のような観点から調査した．

【送信年月日】
【送信時間】[11]
【PC メイルか携帯メイルか】
【送信文字数】
【タイトル】　タイトルに含まれている内容を下記の観点から有無を確認
　　　［有無］［返信（タイトル）］［（送信者）名乗り］［（送信者）所属］［時間挨拶］［季節挨拶］［その他挨拶］［要件］［（受信者への）呼びかけ］［（　）文字］［絵記号］［顔文字］
【メイル開始部】　開始部に含まれている内容を下記の観点から有無を確認
　　　［（送信者）名乗り］［（送信者）所属］［（受信者への）呼びかけ］［時間挨拶］［季節挨拶］［その他挨拶］［書面挨拶］
【本文】　［（　）文字］［線記号］［顔文字］［記号］「引用」
【メイル終結部】　終結部に含まれている内容を下記の観点から有無を確認
　　　［時間挨拶］［季節挨拶］［その他挨拶］［書面挨拶］［追伸］［ＣＭ］
【添付ファイル】　［有無］［添付ファイル情報］

【署名】［有無］［(送信者) 氏名］［(送信者) 所属］［(送信者メイルアドレス以外の) 連絡先］［(送信者メイル) アドレス］

［返信(タイトル)］とは，先に送信者が受信していたメイルにつけられていたタイトルをそのまま送り返したもの．「Re:」や「re:」が元のタイトルにつくことから判断する．

［時間挨拶］は，「おはようございます」・「こんばんは」などの「時間」性を表す挨拶で，［季節挨拶］とは「寒中お見舞い申し上げます」・「暑い日が続きます」などを指す．［その他挨拶］は，「時間」・「季節」に分類できない「ありがとうございます」・「もうしわけございません」などとした．［書面挨拶］は，「前略」・「草々」のような「書簡」に用いられる書面的な表現とした．

［引用］は，送信者にすでに送られていたメイルの「引用」を指す．「＞」などの記号が引用部分に付された部分があるもののこととした．

「ＣＭ」と【ファイル添付】は，PCメイルに限られる項目である．たいていがフリーメイルの場合で，「フリー」にかかわる「宣伝」のことである．【ファイル添付】は携帯メイルでは2001年調査時点ではその機能をもたなかったため調査項目化していない．

6.2.2. 送信時間と送信文字数

PCメイルと携帯メイルの送信時間を，24時間を4時間刻みでみたものが図2．両者は，概略送信時間帯を相補う形をとっていることが分かる．

携帯メイルは深夜の時間帯である「0：00—3：59」には1件も送信されていない．携帯メイルの送信は「8：00—11：59」にやや多く，PCメイルの送信は深夜の時間帯である「0：00—3：59」にやや多いことが分かる．

PCメイルが深夜帯に多いのは，2001年調査当時の事象として回線が混雑する時間帯をはずすと深夜帯になってしまうことが関係しているだろう．これとは別に携帯メイルの場合は，当該時間にはすでに就寝している可能性も高い時間帯であるため，回避された可能性も高い．

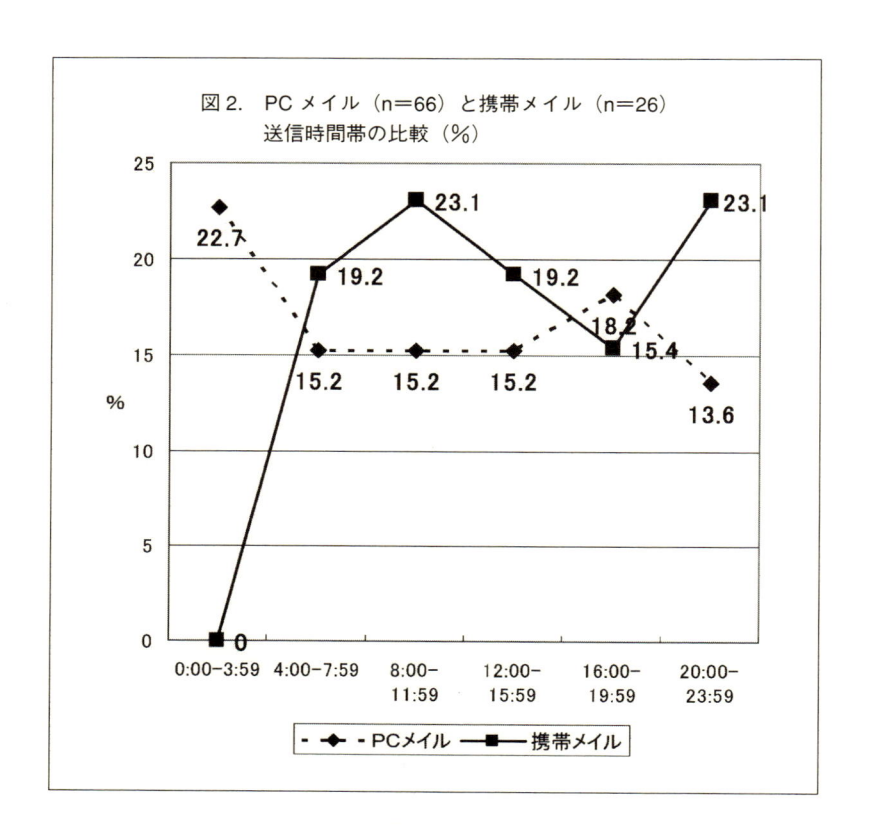

図2. PCメイル（n＝66）と携帯メイル（n＝26）送信時間帯の比較（％）

時間帯	PCメイル	携帯メイル
0:00-3:59	22.7	0
4:00-7:59	15.2	19.2
8:00-11:59	15.2	23.1
12:00-15:59	15.2	19.2
16:00-19:59	18.2	15.4
20:00-23:59	13.6	23.1

　携帯メイルの場合，このような「回線の混雑」についても考慮しなくてよい，ということもメリットといえる．00調査において「携帯をオフにしている場合」の回答として「寝ている時間」が複数みられたが，少なくともその時間帯において積極的には送信していない様子が確認できる．携帯メイルの送信が午前中にやや多いのは，午前中の授業への「遅刻」とその日の授業の「欠席」連絡が多いためである．

　送信文字数を比較すると，図3の通り．

　PCメイルに有意に文字数が多い（t検定 $p=0.000$）．2001年調査当時において，携帯メイルは送受信ともに下記の通りの字数制限があったので差が出たのは当然だが，制限文字数よりかなり少ない文字数で収めていることも分かる[12]．これは，その後"携帯メイルマナー"化してくる「スクロールせず

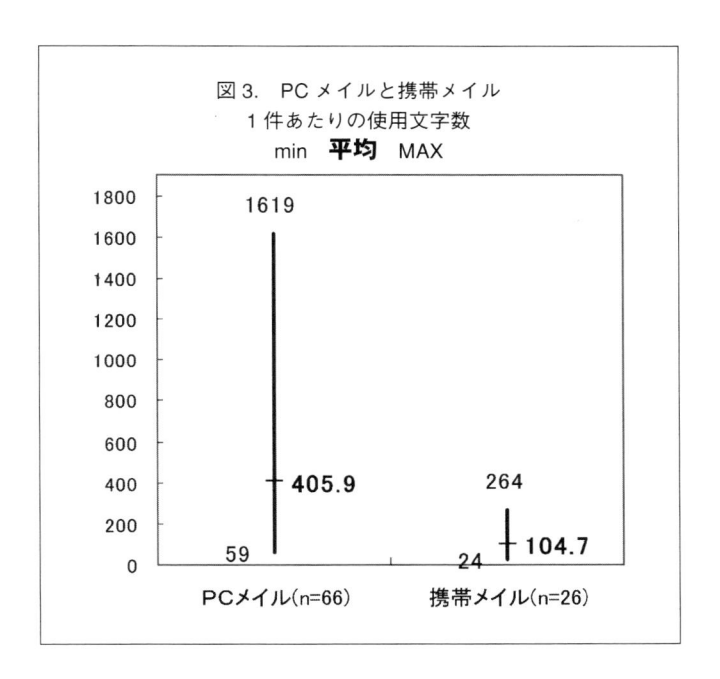

図3. PCメイルと携帯メイル
1件あたりの使用文字数
min 平均 MAX

PCメイル(n=66): 59 / 405.9 / 1619
携帯メイル(n=26): 24 / 104.7 / 264

に閲覧可能な文字数」制限の萌芽とみてもいいだろう．

　送信制限文字数は，2000年6月現在で，もっとも少ないもので全角61字（ツーカー「スカイメッセージEメール」），最大が1,500字（NTTドコモ「パルディオEメール」），「iモードメール」（NTTドコモ）では250字となっている（和田茂夫，2001）[13]．

　携帯メイルの平均使用文字数の少なさは，PCメイルでは含まれる構成要素のある部分がカットされることにより生じていると考えられる．以下，どのような部分が携帯メイルで省略され，どのような部分が省略されないのか，についてみていく．

6.2.3. 携帯メイルで省略されること

　PCメイルと携帯メイルにおいて，それぞれの項目が出現するかしないかについて検討する．

　PCメイルでは出現するが，携帯メイルでは出現しなかったものは，次の

通り．

　【タイトル】　［顔文字］
　【メール開始部】　［季節挨拶］［書面挨拶］［（受信者への）呼びかけ］
　【本文】　［顔文字］［引用］［添付ファイル情報］
　【メール終結部】　［時間挨拶］［季節挨拶］［書面挨拶］［追伸］［ＣＭ］
　【ファイル添付】　［添付ファイル有無］［添付ファイル情報］

　［顔文字］は，PCメールのみの送信者であるある１人からのものに現れるため，PCメールにのみ現れている．PCフリーメールの特色である［ＣＭ］が現れないのも当然である．［添付ファイル］［添付ファイル情報］は先に述べた通り調査時点では携帯メールではその機能をもたないために現れていない．

　これらを除くと，携帯メールに現れない構成要素の特徴として，［季節挨拶］・［書面挨拶］のような書面語に近いものが現れない，［引用］・［追伸］など文面が長くなる構成要素は用いられない．開始部と異なり，終結部には［時間挨拶］が現れないが，その理由はよく分からない．

　それぞれについての具体的な言語表現は，表4-1〜表4-4（PCメール）・表5（携帯メール）の通りである．

　PCメールと携帯メールを比較して，PCメールに有意に多く出現する構成要素[14]は，表6の通り．

　ここから，携帯メールはPCメールに比べ，［タイトル］が少なく，タイトルがあってもタイトル中に［要件］が示されない場合が多い．また，開始部においても終結部においても［その他挨拶］が少なく，［署名］部分をもつものが少なく，［署名］があっても送信者の［氏名］や［アドレス］が示されない傾向にあることが分かる．

　［署名］は携帯間のやりとりにおいて，事前登録されている場合は，ディスプレイに「送信者名（場合によって所属）」や「アドレス」が表示されるために，省略される傾向にある．携帯メールをPCで受信する場合は，［署名］がなく，［（送信者）名乗り］がないと，送信者が不明という事態とな

表 4-1. PC メール出現言語表現一覧［タイトル］

タイトル	名乗り	姓
		姓名
		姓です(2)
		姓名[ローマ字](2)
		by姓
		from姓
	所属	大学学部
		大学学部授業
		授業(11)
		授業班(2)
	呼びかけ	先生
		姓+先生
		姓名+先生へ(2)
		姓名+殿
	挨拶	good evening…
		good morning…
		good morning again …
		thanks again …^^
		ありがとうございました(2)
		ありがとうございます
		メールありがとうございました
		メールありがとうございます
		遅くなって大変申し訳ありません
		遅くなりました
		ご無沙汰しております

る．実際に，そのようなケースも少なくなかった．携帯間でのやりとりが，携帯からの送信者の意識の前提となっていることが分かる．

　携帯メールの，［時間挨拶］は，PC メールと同程度現れる数少ない構成要素である．「おはようございます」類と「こんばんは」類はどちらにも現れるが，「こんにちは」類は携帯メールに現れない．送信時間（図2）をみると「こんにちは」の時間帯はどちらも同程度送信されていることが分かる．それにもかかわらず，携帯メールに「こんにちは」類が現れる理由は，口頭語において「こんにちは」が使用されにくいため「おはよう」が代用的に使用領域を拡大していること[15]を反映した結果だろうか．

　一方，携帯メールでは，PC メールではかなり出現する［その他挨拶］の現れ方が少ない．表4・表5において複数出現している具体的な言語表現を分類すると，次のようになる．

表4-2. PCメイル出現言語表現一覧［開始部分，本文］

開始部	名乗り	姓です(16)
		姓名です(19)
		姓名と申します(4)
		姓名でございます
	所属	大学
		大学学年
		大学学部学年(2)
		大学学部学年授業
		大学学部学科
		大学学部学科学年(2)
		大学学部学科授業
		大学学部授業(2)
		大学学科
		学部学年
		学部学年(2)
		学科学年クラス班
		学年
		授業(9)
	呼びかけ	先生(3)
		姓+先生(9)
		姓+先生：
		姓+先生に：
		姓+先生へ
		姓名 先生(4)
	時間挨拶	おはようございます(4)
		こんにちは(11)
		こんばんわ(3)
		夜分遅くに申し訳ございません
	季節挨拶	寒中お見舞い申し上げます
	その他挨拶	いつもお世話になっております(7)
		返信遅くなり、申し訳ございません
		メールの返信ずいぶんと遅くなって申し訳ありません
		お返事が遅くなりまして申し訳ありません
		I am sorry for being late.
		遅くなって申し訳ありません(2)
		メールありがとうございました(2)
		メールありがとうございます
		お返事ありがとうございました
		ご連絡いただきありがとうございました
		返信ありがとうございます
		突然のメールにて失礼いたします
		突然のメール申し訳ありません
		すいません(2)
		本当に申し訳ございません
		申し訳なく思っています
		一ヶ月以上ご無沙汰いたしました
		このごろどうすごしていらっしゃいますか
		お元気ですか
		おかえりなさい
	書面挨拶	前略(3)
本文	顔文字	^^(2)
	日付	有(3)

［注］( )内数字は2度数以上の出現度数

表 4-3. PC メイル出現言語表現一覧 ［終結部］

終結部	時間挨拶	それでは、おやすみなさい
	季節挨拶	猛暑が続いているので、気をつけてください
	その他挨拶	よろしくおねがいいたします
		よろしくお願い致します(7)
		よろしくお願いします(10)
		どうぞよろしくお願いいたします
		どうぞ宜しくお願いいたします
		何卒、よろしくお願い申し上げます
		アドバイスよろしくおねがいします
		お手数お掛けいたしますが宜しくお願いいたします
		ご意見の程よろしくお願いいたします
		御指導お願いいたします
		宜しく
		到着確認の返信お願いいたします(2)
		ご返事おまちしております
		ご連絡のほういただけますよう、お願いいたします
		本当にすみません
		本当にすみませんでした
		本当に申し訳ありません(2)
		本当に申し訳ありませんでした
		ごめんなさい
		遅くなって申し訳ありません(2)
		間違った敬語表現等あると思いますが、お許しください
		若干意味が通らないところがあるかも知れませんが、ご容赦願います
		ありがとうございました(3)
		ありがとうございます
		一年間ありがとうございました
		長い間まことにありがとうございました
		それでは授業で
		では、金曜日に
		それでは、また来週の授業で
		以上です(2)
		では(2)
		ご報告いたします
		要件のみにて失礼しました
		それじゃ今週も楽しい時間をお過ごしになりますようにゃ

［注］（　）内の数字は2度数以上の出現度数

表 4-4. PC メイル出現言語表現一覧 ［署名］

署名	氏名	姓名(17)
		姓名班
		姓名［ひらがな］
		姓名［ローマ字］(15)
		姓名・姓名［ローマ字］(3)
		姓名より(4)
		姓より(2)
	所属	大学学年
		大学学部学年(9)
		大学学部学年学籍番号
		大学学部学年クラス
		大学学科学年
		学科学年学籍番号(2)
		授業
		学籍番号
	アドレス	有(21)

［注］（　）内の数字は2度数以上の出現度数

【開始部】　「いつもお世話になっております」類
　　　　　　「メイルありがとうございます」類
　　　　　　「返信遅くなって申し訳ありません」類
　　　　　　「突然のメール失礼致します」類
　　　　　　「ご無沙汰しました」類
　　　　　　「いかがお過ごしですか」類
【終結部】　「よろしくお願い致します」類
　　　　　　「ありがとうございました」類
　　　　　　「ご容赦ください」類
　　　　　　「次の授業でお目にかかります」類
　　　　　　「要件のみにて失礼します」類
　　　　　　「以上です」類

　時間や季節，明らかな書面的挨拶以外の挨拶を［その他挨拶］としたので，さまざまなものが出現している．
　今回の分析対象メイルにおいては，携帯メイルの送信者も PC メイルの送

表5. 携帯メイル出現言語表現一覧

タイトル	名乗り	姓名です(2)
	所属	大学(2)
	呼びかけ	―
	挨拶	返事遅れてすみません 夜分申し訳ありません！
開始部	名乗り	姓です(7) 姓名です(8)
	所属	大学 大学学籍番号 大学学科 大学学科学年(4) 大学学科学年クラス 大学学科学年クラス学籍番号 学科学年(2) 学科学年クラス 授業
	呼びかけ	―
	時間挨拶	おはようございます(3) こんばんは(3)
	季節挨拶	―
	その他挨拶	ありがとうございます すみません 携帯から失礼します
	書面挨拶	―
本文	顔文字	―
	日付	―
終結部	時間挨拶	―
	季節挨拶	―
	その他挨拶	よろしくお願い致します(2) よろしくお願いします お願いします ありがとうございました それでは失礼します ではまた連絡します
	書面挨拶	―
署名	氏名	姓名(6) From名姓[ローマ字](3)
	所属	大学学年クラス学籍番号 学科学年学籍番号(2)
	アドレス	有(0)

[注]（　）内数字は2度数以上の出現度数

表6. PCメイルと携帯メイルに含まれる構成要素（%）

構成要素	PCメイル n=66	携帯メイル n=26
タイトル	93.9%	53.8%
タイトル要件	53.0%	30.8%
開始部その他挨拶	50.0%	11.5%
終結部その他挨拶	93.9%	26.9%
署名	63.6%	34.6%
署名氏名	63.6%	34.6%
署名アドレス	37.9%	11.5%

信者も基本的には「送信者―受信者」の関係は同じものであるし，場合によっては同じ送信者があるときは携帯から，あるときはパソコンから送信しているメイルである．

「携帯メイル」の文面に「失礼だ」という感覚がもし生じているのならば，ここに示したような，あってもなくても［本文］の「伝達内容」は変わらないが，「前振り」・「後締め」のような役割を持つ［その他挨拶］の省略による「いきなり感」による丁寧度の低下によるものといえそうである．

PCメイルの文章語的言語表現は他にもみられる．たとえば，［（受信者への）呼びかけ］において「姓+先生へ」・「姓+先生に」，［署名］において「姓名より」・「姓より」のように「へ」・「に」・「より」といった口頭語では基本的に用いられない助詞付の「呼びかけ」形式が現れていることを指摘することができる．また，PCメイルでは「ございます体」が時に出現するが，携帯メイルにおいては「ありがとうございます／ございました」の挨拶以外に現れないという特徴も指摘できる．

全般的に［名乗り］も携帯メイルでは，「姓名」より「姓」のみが多く出現するなど，より「短い」形式が用いられていることも分かる．

01調査では，PCメイルと携帯メイルそれぞれについて，基本的な構成要素について質問した．送信時に「ほとんどの場合入れる情報」を選択式（複数回答可）で聞いた結果を回答の多い順に示す（表7・表8　（　）内の数字は回答度数）．

この結果においても，携帯メイルは，すべての選択肢の選択率が5割以下となっており，「基本的な構成要素」が少ない．PCメイルに比べ，入ることの多い情報は「相手への呼びかけ」だけである．これは上述のメイル調査

表7.《携帯メイル》送信時に入れる情報（複数選択可）

①「はじめのあいさつ」	49.1%	(57)
②「相手への呼びかけ」	43.1%	(50)
③「おわりのあいさつ」	31.9%	(37)
④「自分の所属・アドレス・住所などを示すフッター[16]」	10.3%	(12)
⑤「自分の名乗り」	7.8%	(9)

※「その他」3.4%（4）　「顔文字」,「絵記号」

表8.《PCメイル》送信時に入れる情報（複数選択可）

①「はじめのあいさつ」	66.3%	(65)
②「おわりのあいさつ」	53.1%	(52)
③「自分の名乗り」	35.7%	(37)
④「相手への呼びかけ」	34.7%	(34)
⑤「自分の所属・アドレス・住所などを示すフッター[17]」	30.6%	(30)

※「その他」3.1%（3）

の結果においては携帯メイルの構成要素として出現しない要素である．01調査では送信相手を規定しておらず，メイル調査は授業担当教員が送信相手で固定されているという，それぞれの調査における「送信相手」の違いによるものである可能性がある．

　携帯メイルにおいては，「あいさつ」（とくに「はじめのあいさつ」）は今回の選択肢の中では，比較的多く選択されている．これは携帯メイルの同期性への期待に支えられていると考えられるが，具体的な挨拶表現はPCメイルとかなり異なることは，先にメイル調査から確認した通りである．

7．おわりに

　新しいメディアが台頭してくることによって日本語や日本語コミュニケーションに与えられたインパクトについて検討してきた．とくに，携帯電話と電子メイルにかかわるものについてみてきた．しかし，ここで取り上げたメディアは，メディアそのものが新しく，まだまだ変わっていく可能性が大きい．「打ちことば」に期待されるマナーについても，変化していく可能性が高い．近年では，研究者からの提案としての「打ちことば」マナー本も現れている（井上史雄・荻野綱男・秋月高太郎, 2007）．

日本語社会における「打ちことば」のコミュニケーションパターンや表現，あるいは期待されるマナーなど，今後も継続的に観察をしていきたい．

1　詳しくは，田中ゆかり（2000）参照．第4部第1章参照．
2　詳しくは，田中ゆかり（2001．09）参照．第4部第2章参照．
3　メイル送信者からテキスト使用の許可を得ている．
4　日本語のレベルは事前の所属大学の日本語能力テストによるクラス分けで，「上級」から「超上級」と判定された学習者．学部生と大学院生がいる．文系・理系など専門はまちまち．今回の観察対象レベルでは，留学生に特徴的な事象はほとんど観察されなかったため同列に扱う．「終結部その他挨拶」において日本語ネイティブにはみられなかった「週末を楽しく過ごしてください」類が一例現れた程度である．
5　携帯電話に同じ．アンケート時に移動式という表現を用いたため，ここではアンケートの文言通りに示した．
6　固定電話に同じ．理由は注5に同じ．
7　固定電話においても番号表示機能により「名乗り」不要がルール化されていくだろうが，ケータイ・ルールにより顕著である．また，別に「固定電話」においても「防犯対策」・「セールス対策」としての「名乗り」なし行動も拡大しているが，このことを加えてもなお，携帯電話には「名乗り」が少ない．
8　固定電話においても番号表示機能によって，このような選択的行動がとられるようになってきているのだが，ケータイ・ルールにおいてより顕著である（岡田朋之・松田美佐・羽渕一代，1999）．ケータイ・ルールが拡大していくことによって固定電話にも，より選択的行動が推進されていくだろう．
9　基本的に「です・ます」や「敬語」を用いた高い文体が用いられていることからも確認できる．いわゆる「タメ口」文体のものはない．同じ送信者においても，口頭で話す場合や，授業以外のメイルでは「タメ口」文体が出現しているので，意識して高い文体を用いていることが推測される．
10　松田美佐（2000．03，2000．10），岡田朋之・松田美佐・羽渕一代（1999），田中ゆかり（2001．09，2001．10）．
11　送信者の「時計」に従っている．
12　立川結花（2005）では，携帯メイルの平均文字数は，文字制限がなくなったにもかかわらず，平均使用文字数がより減少していることを示している．これは，スクロールせずに読みきることができる文字数で送信をするのが携帯メイルのマナーとして強化されていることを示す．
13　2001年調査当時の受信文字数制限は全角192字から10,000字．「iモードメール」（NTTドコモ）では250字（和田茂夫，2001）．
14　5％水準で有意な項目．【タイトル】［要件］のみ「傾向性（10％未満）」．
15　何時であっても，その日最初に会ったときの挨拶として行なわれる「おはよう」のこと．
16　署名のこと．アンケートの文言のまま示した．
17　注16に同じ．

第5章
携帯メイルハードユーザーの「特有表現」意識
―携帯メイル第一世代の大学生調査から―

1. はじめに

　1990年代後半以降，急速に一般化した通信手段である携帯メイルの表現をとりあげる．

　携帯メイルは，非対面性・同期性の高さ，通信機器そのもののサイズや機能，文字制限・機種制限・通信会社制限の大きさなど，従来のメディアとは異なる点を多く含む．しかも，若年層においては，携帯メイルは，もっとも頻繁に行なうコミュニケーションの手段となっている．

　「打ちことば」の一種として新しく登場してきた携帯メイルにおいて，従来メディアにおける日本語表現とは異なる「携帯メイル特有表現」というものが存在するのか否か．携帯メイルハードユーザーを対象に実施したいくつかの意識調査データを基に，報告を行なう．

　本章は，主に携帯メイルが若年層においてもっともよく用いるコミュニケーション手段となったことが明確になった2004年に実施したアンケート調査（04調査）に基づくものである．補助的に携帯電話が若年層に一般化しつつあった時期に実施した2000年，2001年に実施したアンケート調査の結果なども適宜用いる（00調査，01調査[1]）．

　いずれも調査対象は，携帯電話や携帯メイルの初期的なハードユーザーである若年層の代表として，東京都内の私立大学に通う大学生とした．新しい表現やルールなどはハードユーザー集団において形成されることが強く予想されるためである．

2. 調査当時における携帯電話・携帯メイルの状況

　2000年に固定電話加入数を抜いた携帯電話契約数は，その後も契約数を伸ばし，本章で用いる04調査調査実施時点である2004年9月末現在において

は，8,384万件に達していた（総務省情報通信統計データベース http://www.johotsusintokei.soumu.go.jp/2004年12月最終閲覧）．また，携帯電話の世帯普及率をPCやファックスなど他の情報機器類と比較すると，例をみない速さで普及したメディアだということが分かる（総務省情報通信政策局，2004；pp. 1-20）．

一方で，携帯電話の利用状況の観点からは，世代差が大きい状態にあった．利用したことがある人の比率は，20代の81.0%をピークとして，10代から40代が比較的高く，65歳以上は13.3%と低いという世代差がみられた．とくに電子メールのやりとりが可能なインターネット対応型携帯電話の利用率においては，その差はよりはっきりとしており，利用率が30%を超えているのは，10代から40代のみであった．（総務省統計研修所，2003；表10）．

インターネット対応型の携帯電話が普及するにしたがい，携帯電話の機能は，通話から電子メールの送受信に強くシフトしてきた．図1は，東京都区

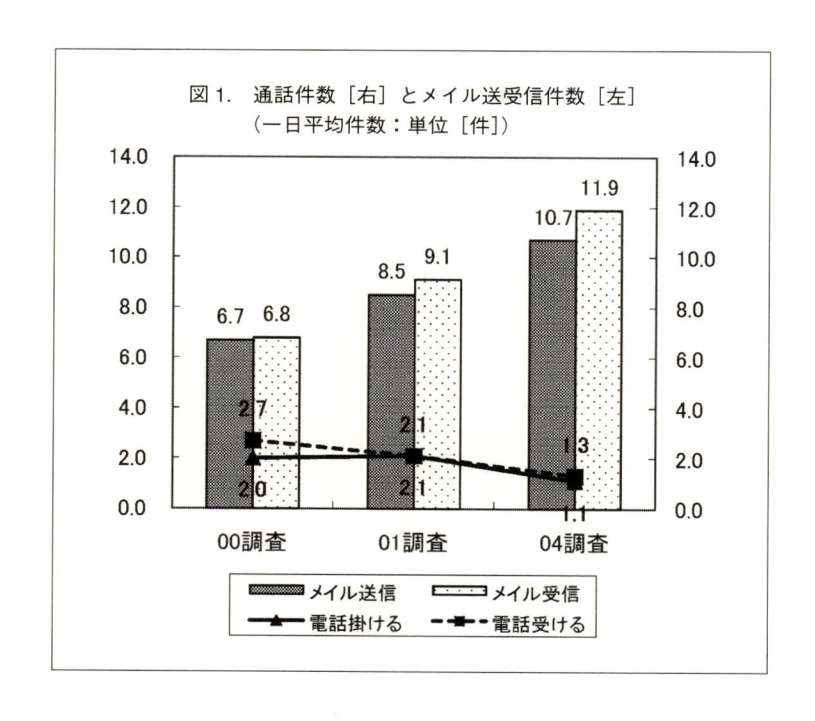

図1. 通話件数［右］とメール送受信件数［左］
（一日平均件数：単位［件］）

	00調査	01調査	04調査
メール送信	6.7	8.5	10.7
メール受信	6.8	9.1	11.9
電話掛ける	2.0	2.1	1.1
電話受ける	2.7	2.1	1.3

内の2私立大学に通う大学生を対象とした調査にみられる通話・メイル送受信件数（一日平均）の推移を示す．通話から電子メイル送受信へという機能のシフトがはっきりと観察できる．

橋元良明他（2001）からは，携帯メイル（文字メッセージ含む）の利用経験がもっとも多いのは，20〜24歳女性（94.1％）で，10代・20代が携帯メイルのハードユーザーであることが確認できる．

3．携帯メイル表現先行研究

携帯メイルが普及するにしたがい，その表現についても注目が集まるようになってきた．2000年以降の『国語に関する世論調査』において，繰り返し調査項目として登場するようになっている（文化庁文化部国語課，2001；同，2002；同，2004）．

携帯メイルは，30代以下においては，書きことばによる通信手段として，第1位に選択されており，40代以上の手紙・ハガキ文化とはっきりとした対立をみせる．とくに10代においては，携帯メイルが他の手段を大きく引き離し66.9％となっており（文化庁文化部国語課，2002），書きことば通信の第1選択肢となっている．

携帯メイルは，頻繁に直接接触する親しい相手とのやりとりが中心となっている点，送受信の相手においても特徴的である．（田中ゆかり，2001．09；第4部第2章参照）．

携帯メイルの利用実態や，コミュニケーション・パターンなどについて検討したものに，橋元良明（2001），太田一郎（2001），岡田朋之・松田美佐（2002）がある．携帯メイルの表現については，文字表記の観点から検討したもの（笹原宏之，2002；三宅和子，2004．02），記号類の観点から分析を行なったもの（田中ゆかり，2001．09；同，2001．10；同，2001．12；三宅和子，2004．09），言語行動の観点から検討したもの（三宅和子，2003；宮嵜由美，2004）などがある．

いずれの観点からも，携帯メイルの特徴を言及する際のキーワードとして，「かわいさ」・「女子っぽさ」が登場し，女性が「携帯メイル特有表現」といえそうなものを先導している「ジェンダー差」が報告されている．

4. 調査概要

04調査[2]の概要について以下に示す.

実施時期：2004年01月実施

調査対象：東京23区内の2私立大学に通う大学生137人を対象に実施.

調査内容：「携帯メイルらしさ」,「携帯メイル特有表現」意識についてのアンケートと，回答者が携帯電話にストックしているメイルデータのうち,「もっとも携帯メイルらしい」と判断したデータを，そう判断した理由と併せて調査用PCアドレスに送信してもらう形式.

回答者概要：回答者の98.5%[3]が携帯電話を所持し，所持者は全員，携帯メイルを利用している．有効回答者には，女性（70.5%），首都圏生育者（47.8%），NTT DoCoMo ユーザー（54.9%）が多い.

5. 携帯メイルの「特有表現」

5.1.「特有表現」意識

「携帯メイルならではの表現を，自分はしていると思いますか，していないと思いますか」という問に対する回答を全体・男女別に示したものが図2．女性は，男性よりも「特有表現をしていると思う」が有意に多い（χ^2検定：p=0.000[4]）.

自分自身が「特有表現をしているかどうか」という意識調査からも，女性は男性に比べて「特有表現」をしていると意識していることになる．このことは，先行研究における携帯メイル表現で確認されてきた，具体的現象としての「女子っぽさ」を，ハードユーザー自身が意識するところであることも示している.

では，具体的にどのようなメイルを「携帯メイルらしい」と感じているのだろうか．04調査では,「A．携帯電話のメモリに残っている受信メイルデータのうち，もっとも携帯メイルらしい，と思うメイル」と「B．携帯電話のメモリに残っている送信メイルデータのうち，もっとも携帯メイルらし

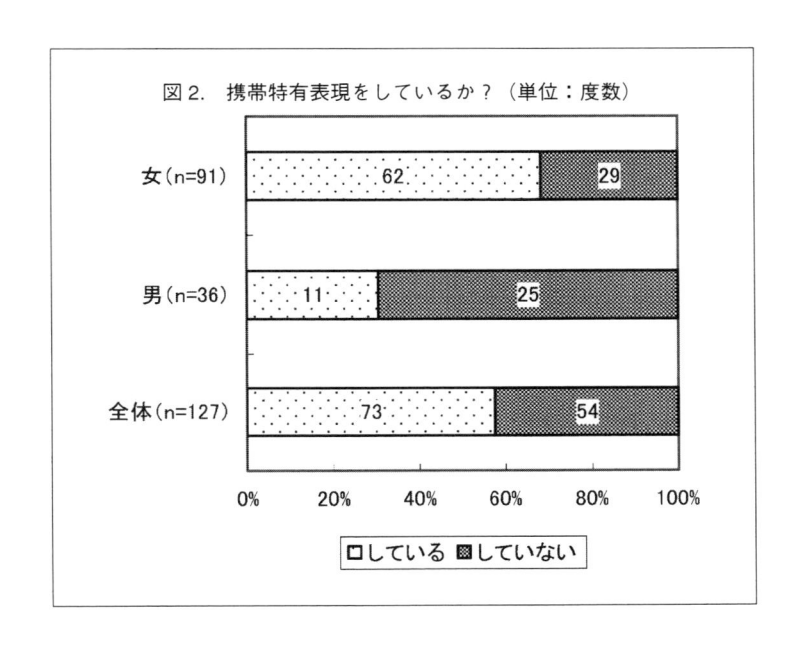

図2. 携帯特有表現をしているか？（単位：度数）

女（n=91） している 62 / していない 29
男（n=36） している 11 / していない 25
全体（n=127） している 73 / していない 54

い，と思うメイル」を調査者のPCアドレスに送信してもらった．

04調査では，携帯メイルらしいメイルの送信と同時にメイルの送信者，または受信者の属性についても質問している．そのデータに基づいて，どのような相手とやりとりしたメイルを「携帯メイルらしい」と意識しているのか，それぞれについて，もっとも優勢な回答を〈度数（%）〉で以下に示す．

【A．受信メイル送信者属性】
 親しい 82（86.3%）
 同輩 70（72.2%）
 同性 65（67.0%）
 大学の友人 39（41.1%）

【B．送信メイル受信者属性】
 親しい 79（90.8%）
 同輩 58（65.9%）

```
同性        51（58.0%）
大学の友人   37（42.0%）
```

　ハードユーザーにとって,「親しい・同輩・同性・大学の友人」という,頻繁な直接接触を伴う親しい同輩間において送受信されたものに「携帯メイル」らしさが,よく現れると意識していると,解釈できる.携帯メイルに現れる各種表現に「たわむれ性」が強く示されるのは,このためであろう.

　なお,「同性」が多くなっているのは,04調査の回答者において女性が7割を超えているためで,男女別に同性／異性回答を検討すると,女性は「同性からのメイル」・「同性へのメイル」が多く,男性は「異性からのメイル」・「異性へのメイル」が多くなり,回答者の性にかかわらず,「女子からのメイル」・「女子へのメイル」を手もちのデータの中から,もっとも「携帯メイルらしいメイル」として選択していることが分かる.

　これは,携帯メイルが,「女子っぽい」メディアであると意識されている,あるいは,女子のメイルが「携帯メイル」の特徴をよく備えたものと意識されている結果といえるだろう（田中ゆかり,2001.10；三宅和子,2004.09）.「かわいさ」が重視されるのは,この「女子っぽさ」と強くかかわることによって顕在化してくる.

5.2. どの部分に「特有表現」は現れているのか？

　特有表現について,「どのような点に携帯メイルならではの「表現」が現れていると思いますか.当てはまると思うものすべてに○をつけて,（　）の中に具体類をあげてください」と質問した.

　「どのような点」にかんする選択肢として「独特の単語」,「独特の文末表現」,「独特の記号」,「独特の言い回し」,「独特の人称」,「独特の表記」,「自分の方言の使用」,「ニセ方言の使用」,「その他」を,提示した.

　「どのような点」に関して,それぞれ何度数の回答が得られたかについて示したものが,図3.一つでも○を付した回答者は76人だった.

　特有表現が現れる箇所として,もっとも多く回答された項目は,「文末（42度数）」である.文末表現はモダリティー表現にかかわる部分であるため,

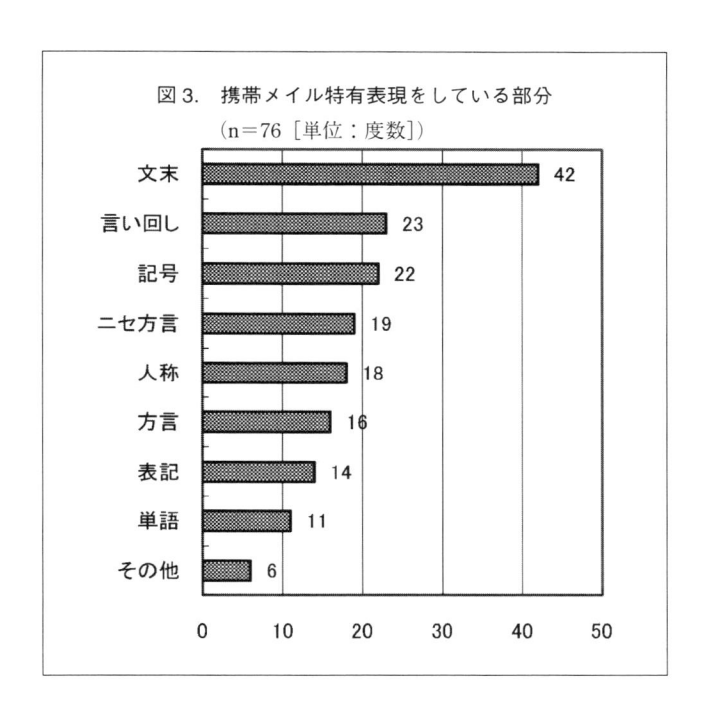

図3. 携帯メイル特有表現をしている部分
(n＝76 [単位：度数])

- 文末　42
- 言い回し　23
- 記号　22
- ニセ方言　19
- 人称　18
- 方言　16
- 表記　14
- 単語　11
- その他　6

目立ちやすく，気づきやすいためにコントロールしやすい部分でもある．

「特有表現」が「文末表現」にあると意識しているのは，女性が男性に比して有意に多い（χ^2検定：p値＝0.048）．その他の項目においては，性差は確認できなかった．

携帯メイル特有表現として，「言い回し」，「記号」，「人称」と同程度「ニセ方言」が選択されている．携帯メイル特有表現において，「ニセ方言」が「役割語[5]」として十分に意識された上で用いられていることが分かる．

先行研究で注目されてきた「表記」は，04調査においては，上位には出現してこない．

「単語」の少なさは，「人称」，「方言」など「単語」の下位区分ともいえる具体的な選択肢に回答が流れた結果とみることができそうである．

5.3. 携帯メイルにおける記号類の使用

「記号」については，記号類の使用について不快に思うものについて，4

つの選択肢から選択させる方式で質問した（選択肢：記号類の全くないメイル，記号類を多用したメイル，記号類を誤用したメイル，機種依存記号を使用したメイル）．その結果を，図4に示す．

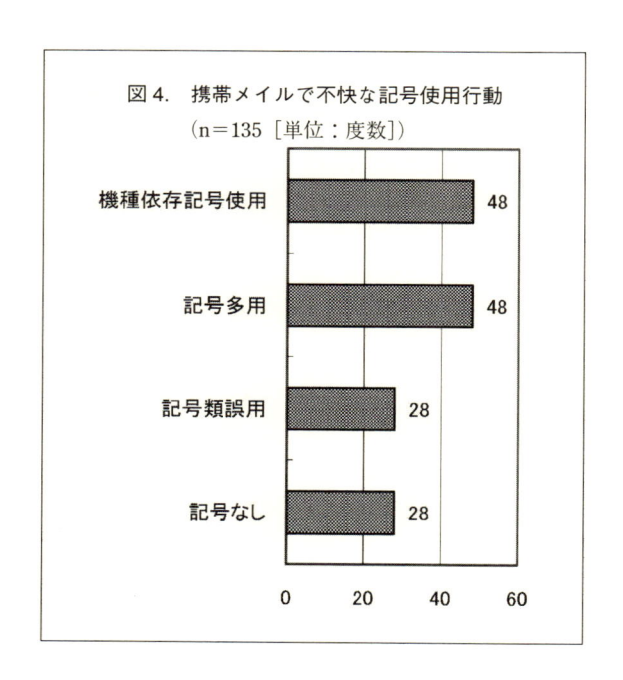

図4．携帯メイルで不快な記号使用行動
（n＝135 ［単位：度数］）

- 機種依存記号使用　48
- 記号多用　48
- 記号類誤用　28
- 記号なし　28

図4からは「機種依存記号使用」・「記号多用」はそれぞれ全体の35.4％の回答表に，「不快」ととらえられていることが分かる．

10・20代において「顔文字を見ると発信者への親しみを感じる」が多数を占めている（文化庁文化部国語課，2001・問21）としても，「多すぎる記号類」は，「ウザい」ということだろう．

また，機種依存記号は，04調査時点においては，互換性のない機種に送信しても，「〓」などの記号や，意味の通らない文字列に変換されてしまったため，発信者の受信者への「配慮のなさ」がもっとも顕著に確認される部分であるため，「不快」回答が多く現れたと考えられる．

一方，「記号誤用」・「記号なし」に対する「不快」は，20.7％と，「記号多用」や「機種依存記号使用」に比べると低い．

ただし,「記号なしメイル」を「不快」と思うかどうかについては,女性が男性に比べて「不快」とする回答が有意に多い（χ^2検定：p＝0.006）．これまでの調査で得られている,「記号類のないメイルは冷たい印象をもつ」・「怒っているメイルに思える」という,女性に顕著にみられるコメントと重なる．記号類使用によって「「配慮」を示す」言語行動は,若年女性にとってはより重要な意味をもつと解釈できる．

　また,「記号」については,どの記号[6]をより多く使うか,という観点においても,性差が多く観察される．

　「（　）記号」,「絵記号」,「顔文字」,「機種依存記号」それぞれについての使用程度を聞いた（必ず使う／なるべく使う／なるべく使わない／まったく使わない）．その結果を,図5～図8として示す．「（　）記号」,「絵記号」,「顔文字」については,01調査でも同様の質問をしているため,図中で04調査の結果と比較する．

　04調査では,すべての記号において,女性は男性に比べて「必ず使う＋なるべく使う」が多い（χ^2検定：「（　）記号」・「絵記号」・「顔文字」・「機種依存記号」すべて p＝0.000）．ここでも,女性の記号使用の優位性が確認できる．

　01調査と比較すると04調査における記号使用程度は,すべての記号において,「必ず使う」は減少しているが,「必ず使う＋なるべく使う」の合計は,増加している．04調査の結果を記号種類間で比較すると,「絵記号」・「顔文字」に比べ,「機種依存記号」・「（　）記号」は「あまり使わない＋まったく使わない」の比率が高い．これは,「不快な記号使用」のトップとして「機種依存記号使用」が選択されていたことと連動する．

　顔文字については,01調査から04調査の間で,使用傾向が強まった．これは,顔文字のバラエティーの増加,入力の容易化[7]によるものと考えられる．

　記号類の入力の容易化は,既成記号の使用を増加させる一方で,既成記号の陳腐化も促進している．このため,「オリジナル顔文字」の作成・送付が,より親密な配慮機能を示すようになった．

　メモリにストックしている受信メイルのうち,「携帯メイルらしいメイル」

図5. （ ）記号使用意識（単位：％）
（01調査 n＝127／04調査 n＝130）

01調査: 27.4 / 29.0 / 18.5 / 25.0
04調査: 12.4 / 42.6 / 30.2 / 6.5

□ 必ず使う　▨ なるべく使う　▨ なるべく使わない　▥ まったく使わない

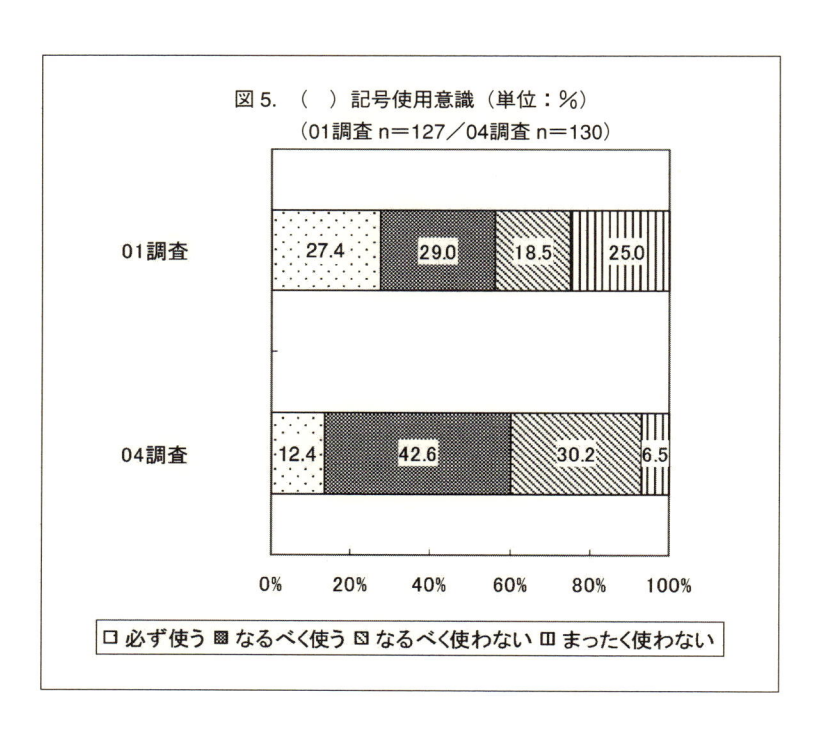

図6. 絵記号使用意識（単位：％）
（01調査 n＝127／04調査 n＝130）

01調査: 47.6 / 29.0 / 15.3 / 8.1
04調査: 33.3 / 45.0 / 13.2 / 8.5

□ 必ず使う　▨ なるべく使う　▨ なるべく使わない　▥ まったく使わない

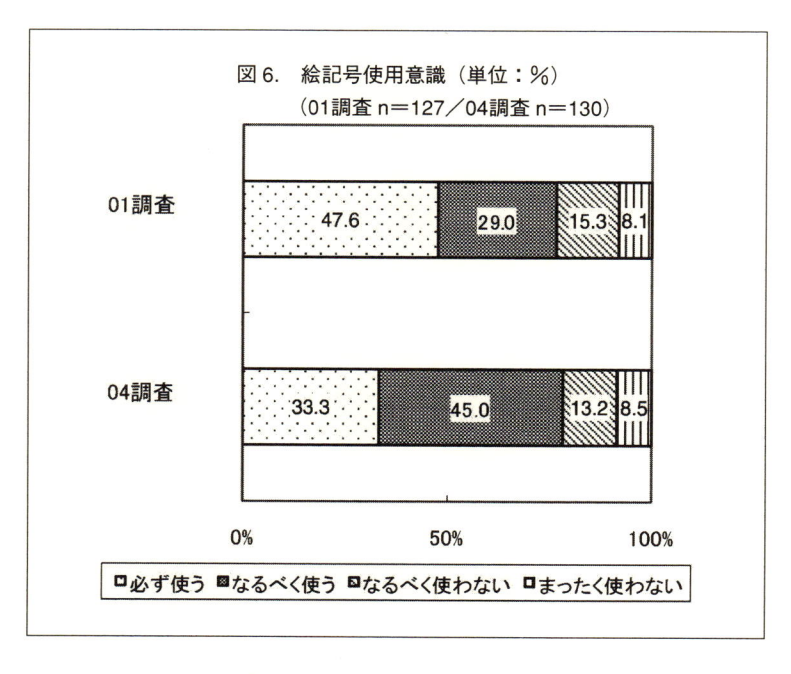

図7. 顔文字使用意識（単位：％）
（01調査 n＝127／04調査 n＝130）

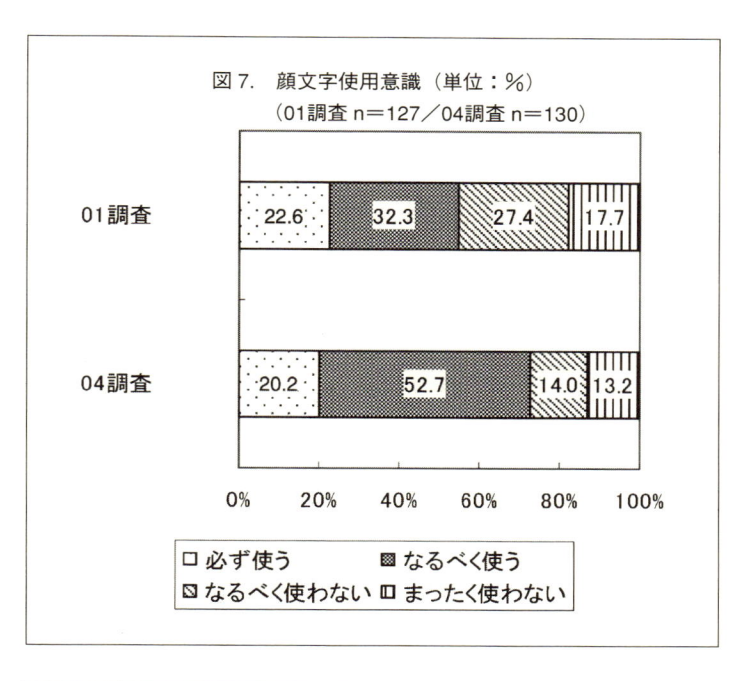

調査	必ず使う	なるべく使う	なるべく使わない	まったく使わない
01調査	22.6	32.3	27.4	17.7
04調査	20.2	52.7	14.0	13.2

図8. 機種依存記号使用意識（単位：％）
（04調査 n＝130）

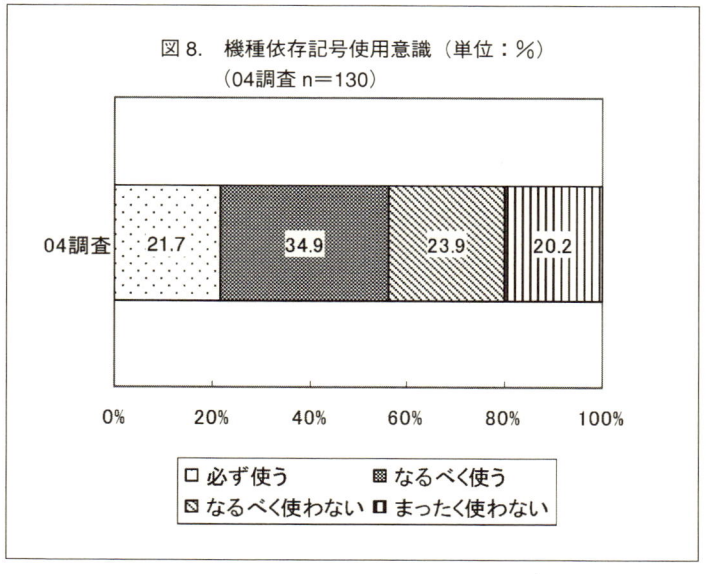

調査	必ず使う	なるべく使う	なるべく使わない	まったく使わない
04調査	21.7	34.9	23.9	20.2

第5章　携帯メイルハードユーザーの「特有表現」意識

として送信されたデータから，「オリジナル顔文字」への「好感」を示すコメントと「オリジナル顔文字」の事例を複数抽出できる．以下，2例提示する．いずれも女性によるコメントである．

例1） ちゃぶ台替えしっ(#`ε′)//┳━┳
　　　：（データ提供者のコメント）：彼が自分で作った力作の絵文字

例2） ⊂((∂ω∂))⊃
　　　☆☆申　年☆☆
　　　：（データ提供者のコメント）顔文字もオリジナルで作ってくれたらしい（そういうところがうれしい）

　これらは，携帯特有表現において，「オリジナル性」の付加が，「配慮」表現として，重視されていく可能性を示している．

6．おわりに

　携帯メイルのハードユーザーを対象に実施した調査データ（04調査）を中心に，携帯メイルの特有表現意識について報告してきた．以下，報告内容をまとめる．

［1］携帯メイル特有表現をしていると6割弱が意識している．
［2］携帯特有表現をしていると意識しているのは，男性に比べて女性に多い．
［3］携帯メイルらしいメイルは，「親しい」・「同輩」・「女性」・「大学の友人」という属性をもつ「相手」と送受信するメイルに現れる，と意識されている．
［4］携帯メイル特有表現は，「文末表現」としてもっともよく現れる，と意識されている．
［5］「文末表現」に特有表現が現れると意識するのは，男性に比べて女性に多い．

［6］不快な携帯メイル記号使用行動としては，「機種依存記号使用」がもっとも多く意識されている．
［7］男性に比べ女性は，「記号類のないメイル」を「不快」と意識している．
［8］記号類の使用傾向をみると，他の記号に比べ，「顔文字使用」が増加している．
［9］「オリジナル顔文字」に対する「好感」コメントが，女性から送信されたデータにみられる．

以上のことから，携帯メイル特有表現に関連する言語行動は，女性が先導的であることが強く推測される．また，女性は記号使用を配慮表現の一種と位置づけており，手間とひまをかけたオリジナル性の付加を配慮表現として重視していることが分かった．

携帯メイルにおいて「女子っぽさ」は，重要な要素といえる．「かわいさ重視」・「たわむれ性」・「オリジナル性重視の傾向」など，具体的な事例から，さらに検討することができる．これらについての具体的な事例に基づく報告は，田中ゆかり（2005；第4部第6章参照）で述べている[8]．

1　00調査の詳細は，田中ゆかり（2000）第4部第1章参照．01調査の詳細は，田中ゆかり（2001．09，2001．10，2001．12）第4部第2章〜第4章参照．
2　一部データについて，すでに報告している（田中ゆかり，2004）．
3　本章で示す％は，小数点第2位を四捨五入しているので，必ずしも100％とならない場合がある．以下，同様．
4　SPSS Ver. 11. 0による結果．小数点第3位までの表示で0.000であることを意味する．以下，同様．
5　金水敏（2003）．
6　(笑)のような「（　）記号」，♪のような「絵記号」，(^.^)のような「顔文字」，♡や✉のような「機種依存記号」．「機種依存記号」は「機種依存文字」とも．機種依存文字の問題は，2005年から2006年にかけてほぼ解決した．
7　たとえば，多くの携帯電話において，「かお」と入力したり，用途に応じて「ごめん」などと入力したりすると既成の顔文字のリストから選択できるようになっている．
　　例：かお⇒(^.^)，ごめん⇒m(_ _)m
8　第4部第6章参照．

第6章
携帯メイルの「キブン表現」
――携帯メイル第一世代の大学生調査から――

1．はじめに

　携帯メイルは，1990年代後半から，入力する書きことばである「打ちことば」の一種として登場し[1]，携帯電話の普及[2]に伴い，一般化が進んでいる[3]．携帯メイルの特性は，コンピュータによる電子メイル（以下，PCメイル）と比較すると，「同期性の高さ」・「簡便性」・「機種依存度の高さ[4]」などである．

　2000年代前半には，30代以下の若年層，とくに10代の若者にとっては，もっとも使用頻度の高い書きことばメディアとなった．10代の約7割が，携帯メイルを，もっとも使用頻度の高い書きことばメディアとして選択している（文化庁文化部国語課，2002）．

　その急速な普及に伴い，携帯メイルは，新しい「書きことば」として注目を集め，コミュニケーション・パターンや，言語的特徴の観点から，研究が進みつつある．「入力する書きことば」である「打ちことば」の新しい表現やルールを作り出す先導的な群として，携帯メイルハードユーザー[5]を対象とした携帯メイル分析がとくに進みつつある．

　ハードユーザーを対象とした先行研究には次のようなものがある．

　コミュニケーション・パターンに関しては，中村功（2000），松田美佐（2000），橋元良明（2001），岡田朋之・松田美佐（2002），三宅和子（2003. 03），宮嵜由美（2004），橋元良明・松田美佐（2005）などがある．

　文字表記の観点から検討したものに，笹原宏之（2002），三宅和子（2004. 02），記号類の観点から分析を行なったものに，田中ゆかり（2001. 09），同（2001. 12），三宅和子（2004. 09）などがある（第4部第2章・3章参照）．

　これらの先行研究より，ハードユーザーにおける携帯メイルは，「親しい」・「同輩」・「頻繁に直接接触する」相手との間で，頻繁にやりとりされる

ものであることが分かっている．また，女性の方が男性よりも，送受信件数，記号使用数などの各方面からメイル行動に積極的でかつ先導的であるという，ジェンダー差も観察されている．

携帯メイルを特徴づける言語的特徴として，「記号類[6]」とくに「絵記号」・「顔文字」の使用が多く，「ひらがな」使用が多いということも明らかとなっている．一方で文字数省略をねらった，漢字のみを使用する「擬似漢文調」メイルや，遊びの一環として，漢字の誤変換をそのまま用いたり，各種の文字や記号などを組み合わせて平仮名や片仮名にみなす「ギャル文字」を使用したりするなど，「たわむれ性」を示す「おもしろさ重視」・「新鮮さ重視」の要素も多く含む．

携帯メイルの「非対面性」という特徴から，送信者の性などをフェイクする「よそおい性」も持ち（田中ゆかり，2004），直接対面場面の話しことばとしては，用いられない変種使用も，報告されている．

携帯メイルは，これらの先行研究により，「かわいさ」・「省略」・「おもしろさ」・「新鮮さ」・「よそおい性」というキブン（気分，以下，キブン）重視の，キブン・メディアといえる．

実際のところにおいては，携帯メイルの表現は，必ずしも携帯メイル特有のものではない．たとえば，PCメイル，インターネット掲示板，チャットのような近隣メディアとの相互交流性も指摘されているし[7]，先導的なハードユーザーである若年女性の私的手書きメディア（「授業中に回す小さな手紙（おてまみ）」・「手紙」・「日記」など）との相互交流性も高い．

近年では，PCや携帯メイルで用いる記号類，とりわけ「絵記号」・「顔文字」の手書きメディアへの進出が著しく，さまざまな場面で観察されている[8]．

本章は，上記先行研究などにおける観察を含め，携帯メイルの表現を「キブン表現」と名づけ，「キブン表現」には，具体的にどのようなものが用いられているのか，そして使用者がどのような使用意識をもちつつ使用しているのか，について調査データから述べていく．

なお，この携帯メイル「キブン表現」における回答者意識については，田中ゆかり（2005；第4部第5章参照）で，一部，報告している[9]．そこでは，

企業による記号類の既製化に対抗するように，発信者が独自に作成した記号類への「好感」コメントが示され，「オリジナル性重視」という方向も確認されている．

2．調査概要

以下の報告において，使用する04調査[10]データについて示す．

調査時期：2004年01月実施．

調査対象：東京23区内の2私立大学に通う大学生137人．

調査内容：「携帯メイルらしさ」，「携帯メイル特有表現」意識についてのアンケート調査と，回答者が携帯電話にストックしているメイルデータのうち，「もっとも携帯メイルらしい」と判断したデータを，そう判断した理由と併せてPCに送信してもらう調査[11]．

回答者概要：回答者の98.5%[12]が携帯電話を所持し，所持者は全員，携帯メイルを利用している．回答者には女性が多く（70.5%），首都圏生育者が多い（47.1%）．NTT DoCoMo ユーザーが多い（54.9%）．回答者の性・生育地内訳を，それぞれ以下に表1，表2として示す．

表1．性別内訳

性	人数(%)
女性	93(70.5)
男性	39(29.5)

【注】不明者5人を除いた%

表2．言語形成期生育地内訳（降順）

生育地	人数(%)
首都圏	64(47.1)
北関東	12(8.8)
九州	12(8.8)
近畿	10(7.4)
中国	9(6.6)
東海	8(5.9)
東北	7(5.1)
北陸	4(2.9)
国外	4(2.9)
東山	2(1.5)
四国	2(1.5)
北海道	1(0.7)
沖縄	1(0.7)

【注】不明者1人を除いた%

なお，本章では，補助的に以下の誕生日 RP 調査データを用いた【未刊行レポート】[13] に適宜触れる．

　誕生日 RP 調査：2003年12月に実施した東京都区内の2私立大学に通う大学生72人から回答を得た誕生日を祝う携帯メイルのロールプレイ調査．

3．調査結果からみる「キブン表現」
　以下では，04調査データに基づき，携帯メイルに現れる「キブン表現」について具体的にみていく．

3.1.「キブン表現」はどこに現れると意識しているか
　「携帯メイルならではの表現を，自分はしていると思いますか，していないと思いますか」という問いに対して，全体の56.1%が「している」と回答している（n=127）．また，女性は，男性よりも「特有表現をしていると思う」が多く，84.9%が「している」と意識している（χ^2検定：p=0.000[14]）．ここでも，女性の携帯メイル表現における先導性がうかがえる．
　以下では，携帯メイルならではの表現を「している」と答えた回答者を対象とした次の設問で得られた263の具体例を分析対象とする．

　設　問：どのような点に携帯メイルならではの「表現」が現れていると思いますか．当てはまると思うものすべてに○をつけて，（　）の中に具体例をあげてください．
　選択肢：「単語」，「文末表現」，「記号」，「言い回し」，「人称」，「表記」，「自分の方言の使用」，「ニセ方言の使用」，「その他」

　なお選択肢に○をつけたが，具体例の示されない回答や，1選択肢について，複数具体例を示す回答もあるので，具体例の総回答度数は，「携帯メイルならではの「表現」をしている」と回答した人数（73人）とは一致しない．

3.2. どこに「キブン表現」が現れているか

263の具体例を，選択肢「その他」に回答されていたものに含めて，「語彙」，「表現」，「挨拶」，「文末」，「記号」，「呼称」，「表記」，「方言」，「ニセ方言」に再区分した．選択肢「その他」に回答されていたものも，いずれかに再区分した．

再区分したキブン表現具体例回答度数を，男女別に示したものが図1．女性の回答度数の多い順に示している．

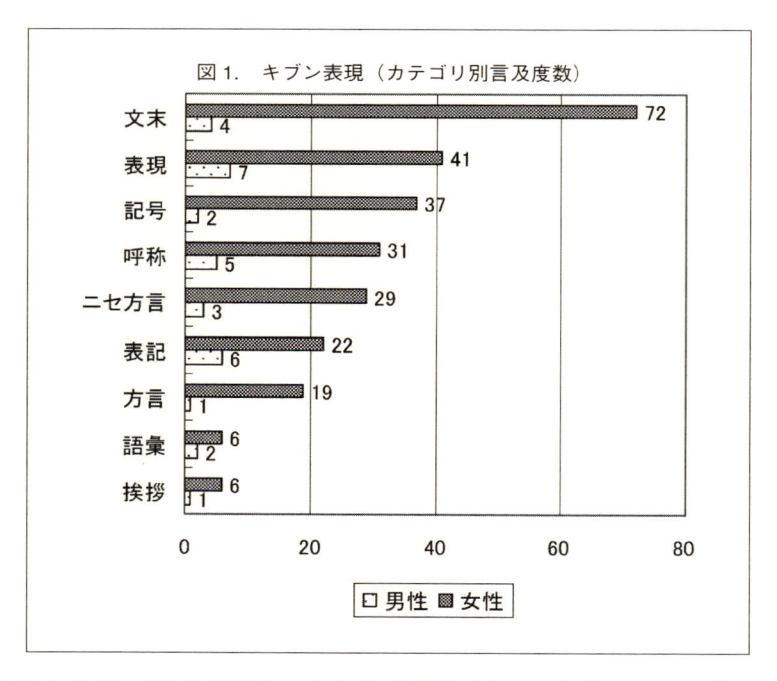

図1. キブン表現（カテゴリ別言及度数）

カテゴリ	男性	女性
文末	4	72
表現	7	41
記号	2	37
呼称	5	31
ニセ方言	3	29
表記	6	22
方言	1	19
語彙	2	6
挨拶	1	6

図1からは，「文末表現」にかんする回答がもっとも多いことが分かる．意識しやすくコントロールしやすいモダリティー表現にかんする部分であるためであろう．また，「文末表現」は，「よそおい性」を提示しやすい．「呼称」も同様の理由によると推測できる．「ニセ方言」が「呼称」についで現われているのも，回答者に「よそおい性」が意識されていることの現れと推

測される．

　また，「表現」，「記号」が上位に位置している．先行研究で，特徴的表現として検討されてきた「表記」は，さほど上位に位置していない．

　ここで，男女による言及数の差について，注目したい．男性回答がそもそも少ないデータで，携帯メイルならではの「表現」をしていると回答した男性は11人（全回答者のうち15.1％）と少ないが，具体例回答度数（263）に占める割合は，31度数（11.8％）とさらに低下する．

　この結果からは，携帯メイル表現において，記号使用の女性優位性は，すでにいくつかの先行研究で指摘されているが，その他の表現においても，女性が積極的・先導的であることがうかがえる．

　以下，図1の区分ごとに，キブン表現の具体例を示しつつみていく．

3.3. 文末表現

　文末表現の回答度数が多い要因は，回答された文末表現のバラエティーが豊富であったことによる．具体的な文末表現を提示した回答が，57度数と他の言及に比して多い（図2）．このうち，複数回答のあった具体例は，次の通り（（　）内は，回答度数）．

　　〜なり（6），〜ちょ（3），〜なのだ（3）[15]，〜にゃ（3），〜よん（3），〜あるよ（2）[16]，〜だべ（2），〜わい（2）[17]

　もっとも回答度数の多い「〜なり」は，回答者の多くが小学生時代に放送されていたアニメーション番組（1996年8月までの約9年間，フジテレビ日曜夜放送）『キテレツ大百科（原作者：藤子・F・不二雄）』の主要登場人物である「コロ助」のキャラクター文末表現「〜ナリ」に重なる．「〜あるよ」は，異人キャラクターの役割語[18]として知られる文末表現である．

　既存の割り振られた役割語に同定できるかは別として，「いつもの自分とは違う誰か／何か」をよそおう役割語意識が濃厚な例が複数回答されている．なお，インターネット掲示板「2ちゃんねる用語」[19]とされる「〜ぽ」も1例回答されている．

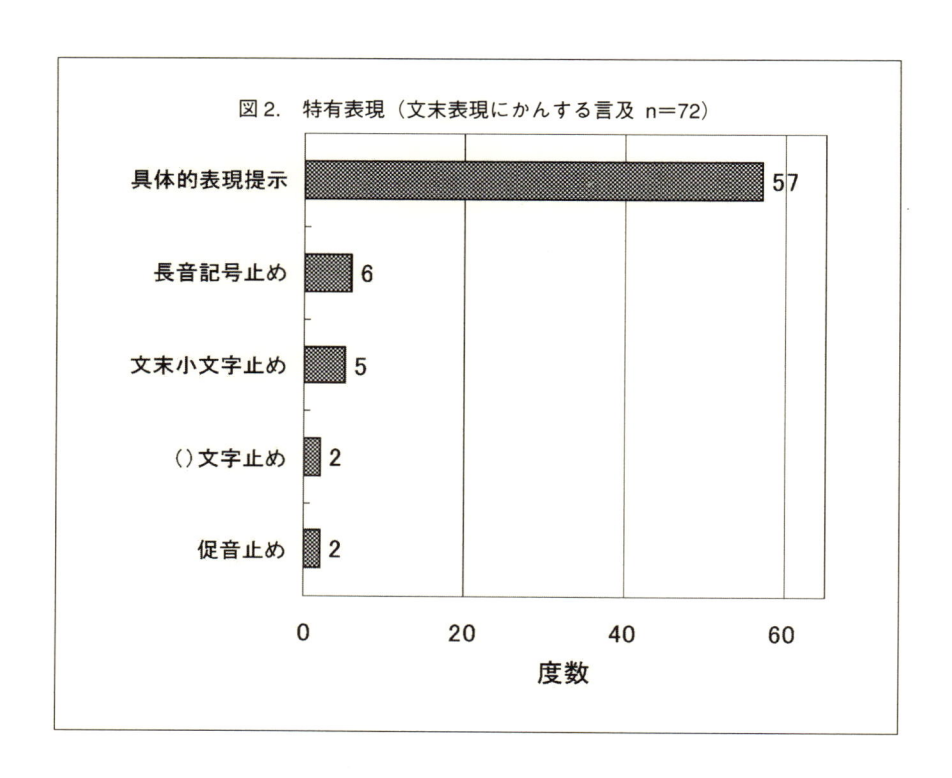

図2. 特有表現（文末表現にかんする言及 n=72）

具体的表現提示 57
長音記号止め 6
文末小文字止め 5
（）文字止め 2
促音止め 2

度数

　「長音記号止め」，「小文字止め」は，いずれも本来の語形で長音化しないものを長音化したケースが多い．「小文字止め」は，もともとの語形では小文字で表記しないケースも含む．「促音止め」も本来語形では促音を持たないものに促音を累加したもの．
　「（　）文字止め」も含め，これらは，「やわらげ」，「ずらし」，「強め」，「なんらかの感情表出」などのキブン表現として用いられていることが推測できる．以下，具体例を示す．

　　長音記号止め：だよね〜，だよ〜
　　小文字止め：だよぉ，だゎ
　　促音止め：だろっ，頑張ろっっっ
　　（　）文字止め：（笑），（焦）

「〜」は，誕生日 RP のデータを用いた足立葉名（2004）において，報告されているように，単語末または文末にくることがほとんどで，「ー」のように語中に位置することは少ない．

3.4. 表現

「表現」としての回答が得られたのは，41度数であった．言語事象についての回答のうち，複数回答が得られたものは，「感嘆詞」，「接続的表現」の具体例にかんする回答が，もっとも多く5度数，ついで，「あいづち」，「省略表現」が4度数，「笑いを表現する」3度数，「駄洒落」2度数であった．

それぞれ，具体例を示す．（　）内の数字は度数を，［　］内は省略に関する説明．

　　感嘆詞：う〜む，うゎー，おおっ，む〜ん，うきょ〜
　　接続的表現：〜だもんで，〜ってか，〜っていうか，〜んじゃ，〜んで
　　あいづち：うぃ（2），うむうむ，ん〜
　　省略表現：うぇるこ［ウェルカム］，遅レス失礼［遅いレスポンスで失
　　　　　　　礼］，了・了解（2）［分かった］，忘忘［忘れた］
　　笑い表現：あはは，きゃはは，にゃはは，ヒヒ
　　駄洒落：おやすみみずく，こんばん和歌山／こんばん早稲田

「2ちゃんねる用語」は「ハァハァする」1度数であった．

言語事象とは別に，「送信テクニック」とでも表現できるような回答が4度数あった．［　］内は，データ送信者による送信内容についてのコメント．

　　「1〜2文字だけのメール」
　　　　例：や［同じ家の二階にいる姉からの用事を頼まれて断った］
　　「2回に分けて送信して関心をひく」
　　　　例：1回目「やばいっ！！！」
　　　　　　2回目「社会の窓全開だった…」

「相手のディスプレイの1行の文字数に合わせて文の長さを決定する」
「画像メールを使った表現」

　これら，「送信テクニック」にかんする表現は，携帯メイルのキブン表現として，他の区分に比べ，携帯電話というメディア特性への依存度が高いものと推測される．ただし，同期性の高い近隣メディアとの相互交流性が高く，インターネット掲示板やチャット，2004年あたりから注目を集めたソーシャルネットワーキングサービスにおいても，極端に短いコメントを連続させる表現方法は観察されており，携帯メイルが「送信テクニック」表現の発信源とは断定しにくい．

3.5. 記号

　記号に関する言及（37度数）を分類したところ，顔文字，絵記号の使用にかんする言及が目立った（図3）．

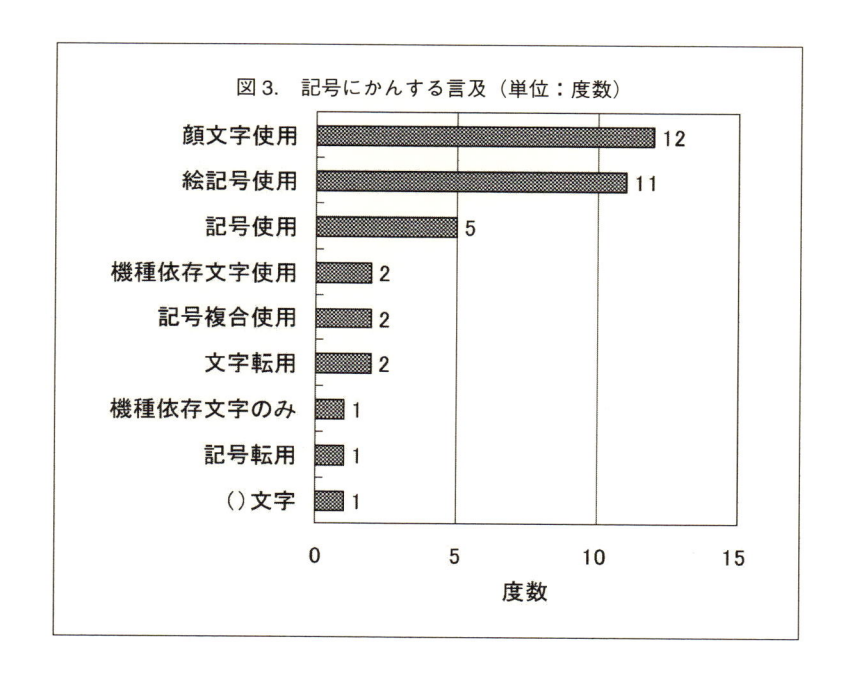

図3．記号にかんする言及（単位：度数）

項目	度数
顔文字使用	12
絵記号使用	11
記号使用	5
機種依存文字使用	2
記号複合使用	2
文字転用	2
機種依存文字のみ	1
記号転用	1
()文字	1

絵記号についての言及のうち，☆または★の使用にかんする言及が7と目立つ．☆使用は，誕生日RP調査の結果を分析した森瀬哲之（2004）においても，回答者72人の作成したメイルにおいて，1回でも☆使用のあったものが全体の72.2％を占めている．
　「文字転用」は，アルファベットやロシア文字を絵文字として転用したものである．具体例を以下に示す．

　　ё（顔文字として転用），Vv（ピースサインとして転用）

3.6. 方言・ニセ方言
　「方言使用」について回答者生育地別に回答度数を示したものが図4．「ニセ方言使用」について，回答者の生育地ごとに示したものが図5．
　携帯メイル表現として自分の生育地の方言を使用する，という回答が「方言使用」である．「ニセ方言使用」は，生育地の方言ではない「方言」を，

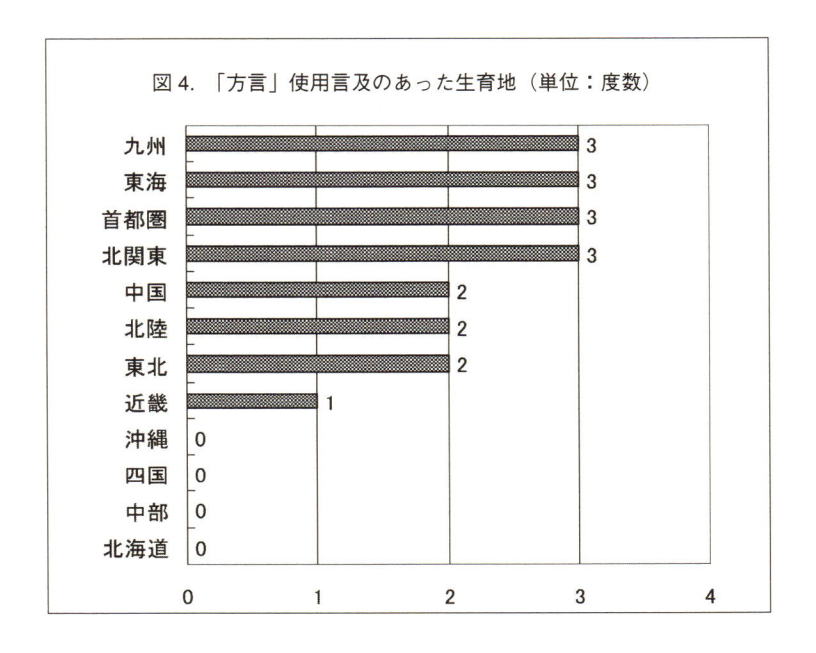

図4．「方言」使用言及のあった生育地（単位：度数）

生育地	度数
九州	3
東海	3
首都圏	3
北関東	3
中国	2
北陸	2
東北	2
近畿	1
沖縄	0
四国	0
中部	0
北海道	0

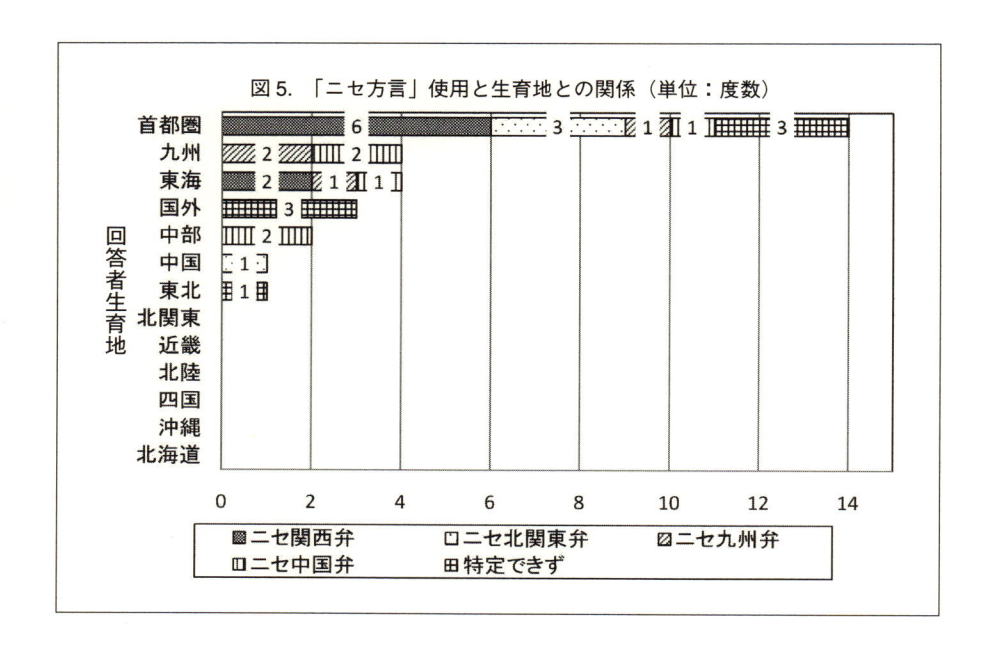

図5.「ニセ方言」使用と生育地との関係（単位：度数）

回答者生育地別に、首都圏：ニセ関西弁6、ニセ北関東弁3、ニセ九州弁1、ニセ中国弁1、特定できず3／九州：ニセ関西弁2、ニセ九州弁2／東海：ニセ関西弁2、ニセ北関東弁1、ニセ九州弁1／国外：特定できず3／中部：ニセ九州弁2／中国：ニセ中国弁1／東北：ニセ九州弁1／北関東・近畿・北陸・四国・沖縄・北海道：0

携帯メイル表現として使用する，としたものを指す．

「ニセ方言」としての使用回答度数の高かったものは，「ニセ関西弁」・「ニセ北関東弁」であった．「ニセ方言」の具体的回答については（表3）に示す．

また，それら「ニセ方言」使用言及をした回答者の生育地をみると，首都圏が多い．方言的特徴の稀薄な地域で生育した首都圏生育者は，「よそおう」ために，他地域生育者に比べて，「ニセ方言」使用に傾くことがうかがえる．言語形成期を「国外」で過ごした回答者が地域を特定できない「ニセ方言」について言及していることは，首都圏生育者に通じる．

3.7. 表記

表記にかんする言及22度数について示したものが（図6）．

母音等の小文字表記にかんする言及が6，仮名遣い関連の言及が5と多い．母音等の小文字表記については，小文字化することができる「ぁぃぅぇ

表3．携帯メイルで使う「ニセ方言」

地域	「ニセ方言」 具体例	具体例へのコメント	回答者 ID	性	生育地
関西	～やから	―	14	女	首都圏
	なんでやねん	―	32	女	首都圏
	そうやねん。	ちょっと無理してる。	38	女	東海
	あるけぇー	関西方言一般	61	男	首都圏
	～やん	―	84	女	首都圏
	～やろ	―	90	女	首都圏
	なにしとんねん	―	101	男	東北
	～じゃ	―	102	女	首都圏
	なんでやねん	―	108	女	東海
北関東	～だべ	―	15	女	九州
	～だべ	―	23	女	中部
	～だべさ	―	23	女	中部
	～だべさ	―	29	女	九州
	～っぺか	―	116	女	首都圏
	～だべさ	―	116	女	首都圏
	んだども	―	116	女	首都圏
九州	～けん	―	43	女	首都圏
	～たい	博多弁(ニセ)を使うことが多い	72	女	東海
	～ですたい	―	123	女	九州
	～でごわす	―	123	女	九州
中国	～やけ	～やけーを短縮形で書く、等	1	女	＊中国
	あるけぇー	中国方言一般	61	男	首都圏
	～じゃけん	四国地方の方言のメールの受信に対して、「広島方言」の「～じゃけん」で返信	71	女	東海
不明	～なんさ	―	14	女	首都圏
	～なんよ	―	25	女	国外
	～やね	―	25	女	国外
	～さ	―	25	女	国外
	～だがよ	―	43	女	首都圏
	～だやね	―	53	女	首都圏

［注］ID1は，山口県生育者．自身の生育地方言ではない中国地方方言とのコメントからリストに掲載している

ぉゃゅょゎ」についての言及である．長音部分（例：ねぇさん），長音添加部分（例：～だよぅ）ばかりでなく，本来小文字で表記する必要のない箇所も小文字表記する．以下に具体例を示す．

　ぉはょぅ，こんにちゎ

この「小文字表記」については，「女子的行動のステレオタイプ」とする表象が，すでに2002年10月28日号（46号）の『気まぐれコンセプト』（ホイ

図6. 表記についての言及 (n=22)

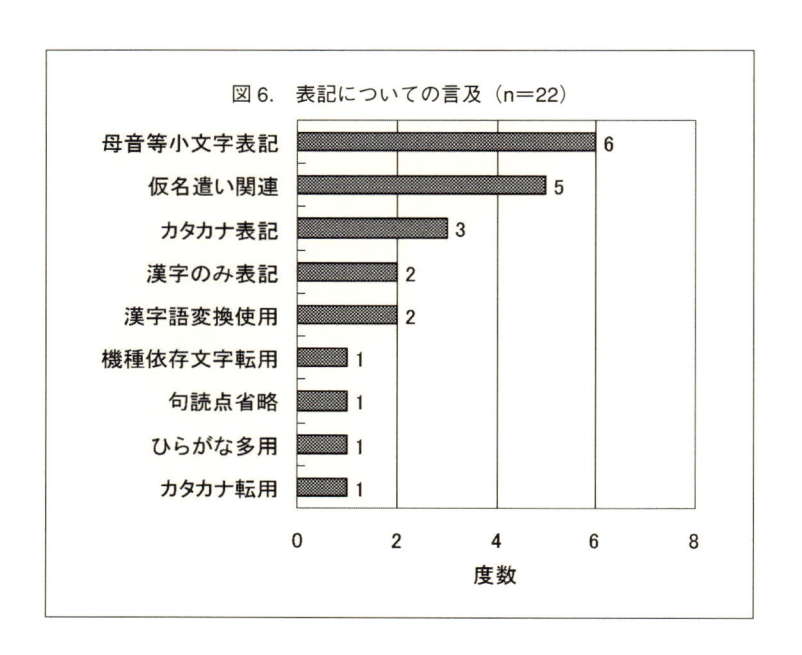

項目	度数
母音等小文字表記	6
仮名遣い関連	5
カタカナ表記	3
漢字のみ表記	2
漢字語変換使用	2
機種依存文字転用	1
句読点省略	1
ひらがな多用	1
カタカナ転用	1

チョイ・プロダクションズ『ビッグコミックスピリッツ』）にみられる（図A）．

仮名遣い関連の言及は次のようなものである．

・「係助詞は＞わ」，「じ＞ぢ」のような現代仮名遣いから逸脱した仮名遣い
・「あ゛」，「え゛」，「な゛」のような濁点の新しい用法
・「歴史的仮名遣い」，擬似「歴史的仮名遣い」の使用

また，「機種依存文字転用」とは，機種依存文字を句読点代わりに用いる装飾的使用である．「カタカナ転用」は，いわゆる「ギャル文字」のパーツとしての使用である．具体例を以下に示す．

　　ナニ（ひらがな「た」としての使用）

図A.「女のフリをするならなぜ,母音とヤ行のひらがなをときどき小さくせんかということだ！このほうが女っぽいだろっ！」ホイチョイ・プロダクションズ『気まぐれコンセプト』『ビッグコミックスピリッツ』（小学館）2002年10月28日号（46号）

3.8. その他

　その他，語彙・挨拶などについての言及があったが，少数であった．語彙・表現・文末を通じて，「2ちゃんねる用語」にかんする言及[20]が3度数あった（萌える，ハァハァする，〜ぽ）．このうちの2度数が男性による言及であった点が，他の言及と異なる．この他の言及については，女性によるコメントが主であることは，すでにみた通りである．

4．おわりに

　以上，携帯メイル「キブン表現」について，04調査データを中心にみてきた．「キブン表現」の基本は，どのように「たわむれ性」や「よそおい性」，「オリジナル性」を示し，より「かわいく」みせるか，という「工夫」とい

える．総じて，その「工夫」は，規範からの逸脱，装飾性の重視という方向を示すものであった．

　今回は，ハードユーザーの代表として，大学生の携帯メイル表現について検討してきたが，より若い層において，一層の装飾性重視の傾向がみられることも分かってきた．たとえば，立川結花（2005）では，これまで観察されてこなかった次のような例が増加していると報告している．

［1］主として文末に配置されていた記号類が，10代では10％程度文中で用いる
　　　　例：おいしそうなラーメン屋🍜があって行列できてたんですよ😋

［2］機種依存文字．ロシア文字・ギリシャ文字などを複合的にデザイン文字として使用し，ネームプレートのように用いる[21]
　　　　例）🍎Дsaκσ🍎（Д［ロシア文字デー］＋s＋a＋κ［ギリシャ文字カッパ］＋σ［ギリシャ文字シグマ］：Asako）

　この傾向は，誕生日RP調査データを用いた「ハッピーバースデー」の表記についての分析からもうかがえる（内山進，2004）．送信タイトルをあたかもバースデーケーキの上にのせるプレートのように，表現している．

```
    ☆★☆★☆★☆★☆★☆★
    ★              ☆
    ☆  HAPPY   BIRTHDAY  ★
    ★              ☆
    ☆★☆★☆★☆★☆★☆★
```

　これらの装飾性重視の方向は，携帯メイルのもつ「女子性」と親和性の高いものといえる．
　女子の授業中の回し手紙「おてまみ（田中ゆかり，2001．10；第4部第3章参照）」の「打ちことば」バージョンとしてとして，展開している様子がうかがえる．また，たいていの新しいキブン表現は若年女子が先導し，若年

男子に拡張するという，女子の先導性が確認された．

　もちろん，これらの言語行動は，若年女子においても，ライフステージが変われば，用いられなくなっていくものではあるだろう．しかし，携帯メイルにおいて主流化した表現については，手書き顔文字の増加にみられるような，「打ちことば」ルールの手書きへの還流現象が増加していくものと推測される．

1 　インターネット・メイルが可能なiモード機能を持つ機種がNTTから発売されたのが1999年．
2 　2000年に固定電話加入数を抜いた携帯電話契約数は，その後も契約数を伸ばし，2004年9月末現在に，8384万件に達した（総務省情報通信統計データベース http://www.johotsusintokei.soumu.go.jp/）．また，世代普及率をPCなど他の情報機器類と比較すると，例をみない速さで普及したメディアだということが分かる（総務省情報通信政策局，2004）．
3 　04調査では，携帯電話所持者の100%が携帯メイルをやりとりしている．通話行動よりもメイル送受信が優勢化している（田中ゆかり，2005）．第4部第5章参照．
4 　04調査時点においては，「機種依存文字」など機種による差異が大きかったが，2005年から2006年にかけて「機種依存文字」の問題はほぼ解決された．携帯メイルにおいては，しだいに機種依存性は少なくなりつつある．
5 　橋元良明（2001）において，携帯メイル（文字メッセージ含む）の利用経験がもっとも多いのは，20〜24歳女性（94.1%）で，10代・20代が携帯メイルハードユーザーであることが確認できる．
6 　「♪」のような「絵記号」，(^.^)のような「顔文字」，✉・♥のような携帯電話の機種・会社による制限を持つ「機種依存文字」などのこと．
7 　浅尾幸次郎（1996），伊藤雅光（1993），太田一郎（2001），田中ゆかり（2001.10；第4部第1章参照.），笹原宏之（2002）など．
8 　たとえば，大学の授業において学生から提出される質問や意見などを書き込んだ授業コメント票には，しばしば手書きの「絵文字」，「顔文字」，「機種依存文字」が添えられている．このような言語行動は，携帯メイルの普及とともに増加している印象を受ける．授業規模やタイプによる偏りは，とくに観察されていない．
9 　第4部第5章参照．
10 　一部データを報告している（田中ゆかり，2004）．
11 　機種依存文字については，PCによる受信のため「＝」のような記号などに変換されたデータとなっている．
12 　本章で示す%は，小数点第2位を四捨五入しているので，必ずしも100%とならない場合がある．以下同様．
13 　この調査データを用いた．大学院生（当時）による．巻末文献一覧【未刊行レポート】参照．
14 　SPSS Ver11.0による結果．小数点第3位までの表示で0.000であることを意味す

る．以下，同様．
15 「〜なのだ」,「〜なのだが」,「〜なのだよ」の3例．
16 「〜あるよ」,「〜するあるよ」の2例．
17 「〜わい」,「〜ワイ」の2例．
18 金水敏（2003）．
19 「2ちゃんねる・巨大掲示板，用語辞典サイト」(「2典Plus」http://www.media-k.co.jp/jiten/2004年12月最終閲覧）に掲載されているものを「2ちゃんねる用語」とした．
20 注18に同じ．
21 立川結花（2005）では，浜崎あゆみのネームプレート記号（&）にインスパイアされたものと推測している．

第5部
「方言受容」の新しい姿

第1章
首都圏における関西方言の受容パターン
―「間接接触」によるアクセサリー的受容―

1．はじめに

　「間接接触」における他地域方言の受容について，首都圏（東京都23区・都下・神奈川県・埼玉県・千葉県）における関西方言の受容を例に検討する．

　地理的に近接していない関西方言の首都圏における使用拡大は主にテレビを中心としたマスメディアによる「間接接触」によるものと考えられる．ここでは，関西方言語形（語彙）と関西方言新型アクセントを取り上げ，首都圏における受容パターンを検討する．

　「直接接触」による関西方言の受容については，関西方言域に移住した他方言域生育者の受容パターンを検討したものにダニエル・ロング（1990），余健（2003）がある．

　ダニエル・ロング（1990）は語形の受容程度と生育地方言へのほこりの有無と移住先と移住先方言への好悪との関連を，余健（2003）は動詞否定形とそのアクセント型の受容について使用意識と使用実態から検討している．ダニエル・ロング（1990）では，方言を「変える意思」を持つ移住者は「出身地でも（移住先）方言」を「使用」する「方言変容群」，移住先と移住先方言を「好き」な移住者は移住先「方言の使用意識」をもつ「京阪志向群」とに群化したことを報告している．

　余健（2003）では，語形のみ受容しアクセントを受容しない移住者がもっとも多く，アクセントのみを受容し語形を受容しない移住者は1人観察されたのみであった．

　これらから，「直接接触」においては，次のようなことが観察されてきたことになる．

［１］接触方言への志向性の高さが接触方言の受容の高さと関連する
［２］語形の受容がアクセントの受容に先行する
［３］アクセントのみ受容する移住者は受容に「気づいていない」可能性を示唆している

　また，地理的に隣接する方言間の「直接接触」においては，アクセントは「気づきにくく変わりやすい方言」であるらしいことが分かっている（田中ゆかり，2002．06；同，2003．06；第１部第１章：第５章参照）．
　以上を踏まえ，本章では，「間接接触」における方言受容について，語形とアクセントの観点から，検討していく．受容の程度を「気づき」と「変わりやすさ」の程度とみるならば，本章における検討は，「間接接触」における語形とアクセント受容を例とした，「気づき」と「変わりやすさ」のパターンについての検討といえるだろう．

２．調査概要
2.1. 使用するデータ
　使用するデータは以下に示す３種類のデータである．これらは，田中が研究分担者として参加した平成12年度〜14年度科学研究費補助金・基盤研究（B）（1）「コミュニケーションの地域性と関西方言の影響力についての広域的研究」（研究代表者：陣内正敬　課題番号：12410111）によるものである[1]．調査は研究分担者・同協力者を中心に実施された[2]．
　【首都圏聞取有調査】は，2.2.で説明する「聞き取りアンケート調査」の回答が得られた【首都圏調査】の一部．いずれのデータも，個人面接調査・集団面接調査・郵送集団記入調査によるものが混在している．
　「聞き取りアンケート」の受け入れ団体に私立女子高・関西に本社のある株式会社があるため，10代女子と，移動歴有の30・40代男性の比率が【首都圏】に比して高くなっている．

【大阪調査】（以下【大阪】）
　　　調査時期　2000年11月

対象　大阪府在住者
　　　調査実施人数　177人（男性87人，女性90人）
　　　　　　　　　　（10代37人，20代27人，30代45人，40代26人，
　　　　　　　　　　50代19人，60代13人，70代10人）
【首都圏調査】（以下【首都圏】）
　　　調査時期　2002年9月～11月
　　　対象　首都圏在住者
　　　調査実施人数　417人（男性200人，女性217人）
　　　　　　　　　　（10代189人，20代67人，30代50人，40代33人，
　　　　　　　　　　50代38人，60代26人，70代以上14人（70代13
　　　　　　　　　　人，80代1人））
　　　　　　　　　　（移住有57人，移住無356人，不明4人）
【首都圏聞取有調査】（以下【首都圏聞取有】）
　　　調査時期　2002年9月～11月
　　　対象　首都圏在住者
　　　調査実施人数　233人（男性98人，女性135人）
　　　　　　　　　　（10代94人，20代57人，30代41人，40代9人，
　　　　　　　　　　50代16人，60代8人，70代8人）
　　　　　　　　　　（移住有36人，移住無195人）

2.2. 調査方法と調査項目

　語形項目は語形を提示し，「1．言う，2．言わないが聞く，3．聞かない」の選択式とした．調査項目は，「マッタリ，ハンナリ，ウチラ，（対称詞の）ジブン，シンドイ，ドンクサイ，コテコテ，コレ何円？」の8項目．

　アクセント項目は，【首都圏聞取有】にのみ実施した「聞き取りアンケート調査」[3]による．「聞き取りアンケート調査」は，特定のアクセント型で発音する刺激音声テープ[4]を流し，それぞれのアクセント型について「○：使用する，？：迷う，×：不使用」を，回答者自身が記入する選択式とした．

　聞き取りアンケート調査実施項目は，次の3つの群に分けられる．それぞれの項目の後のアラビア数字は，アクセント型を表し，↑は上昇イントネー

ションを表す．
　①関西方言由来項目（「ごっつ1」・「ごっつ0」・「めっちゃ1」・「めっちゃ0」）
　②縮約語項目（「ミスド1」・「ミスド2」・「ミスド0」・「生協1」・「生協2」・「生協0」）
　③3拍形容詞活用形項目（「高い・Ⅱ類（終止形起伏タイプ）」・「赤い・Ⅰ類（終止形平板タイプ）」それぞれについて，「終止形1・2・0」・「連体形1・2・0」・「〜ケレバ1・2・3」・「〜クナル1・2・4」・「〜ナイ？　1-1↑・1-0↑・2-1↑・2-0↑・0-1↑・0-0↑」）[5]

①は，語形が関西方言由来で，両型とも首都圏でも観察されているアクセント型．アクセント型記載のキャンパス言葉辞典類（表1「各種キャンパス言葉辞典におけるアクセント型」参照）においては，1型のみ記載されている．

②の縮約語については，首都圏従来型は1型，新型が0型，関西方言新型が2型．アクセント型記載のキャンパス言葉辞典類（表1参照）においては，ミスド0・2（＝L2）型，生協1・0・2（＝L2）型が記載されている．

③は，首都圏における従来型と新型，関東方言アクセント型，その他先行研究データにおいて少数ながらも確認されていた型に，ありうる型を加えた．

本章では，このうちの①関西方言由来項目と②関西新アクセント型項目を分析に用いる．

表1から分析に使用する項目について記す．「ごっつ」・「めっちゃ」は関西方言語形とアクセントについての項目．「ごっつ」については中東靖恵（編）（2002）に1型が掲載されている．「ごっつー」という語形について中東靖恵（編）（2001）では1型と3型，「ごっつい」という語形についてH2型が都染直也研究室（編）（1992）に記載されている．「めっちゃ」については，0型が都染直也研究室（編）（1992）に掲載されている．

「ミスド」・「生協」は，語形が首都圏でも同一でアクセント型のみが問題となる項目．「ミスド」はファーストフードチェーン店「ミスタードーナツ」の，「生協」は「生活協同組合」の縮約語．

表1. 各種キャンパス言葉辞典におけるアクセント型

辞典 項目	甲南大学92	専修大学00	フェリス女学院大98	岡山大学01	岡山大学03
ゴッツ	-	-	-	1	1
ゴッツー	ゴッツイH2	3(92年版)	-	1,3	-
生協	L2,L0	-	-	1,0,2	1,0
マクド	L2	2(88,90,92,96,99年版)	1	1,2	1,2(語彙使用率31.5%)
マック	H2	1(96,99年版)	1	-	-(語彙使用率58.7%)
ミスド	-	0(96,99年版)	0(ミスターより使用頻度高)	2,0	2,0(語彙使用率91.3%)
ミスドー	-	-	-	2,0	2,0
ミスター	-	1(90年版)	1(ミスドより使用頻度低)	-	-
メッチャ	L0	-	-	0,1	0
メチャ	-	-	1	-	-

[凡例]　アラビア数字はアクセント核の位置，Hは高起式・Lは低起式を表す．「—」は記載無．

※甲南大学92は都染直也研究室(編)(1992)，専修大学00は永瀬治郎(編)(2000)，フェリス女学院大98は馬瀬良雄他(編)(1998)，岡山大学01は中東靖恵(編)(2001)，岡山大学03は中東靖恵(編)(2003)．
※マクド(マクドナルドの縮約語)参考掲載

　中井幸比古（1988，03）・吉本紘子（2000）などから「ミスド2，生協2」の2型（=L2）[6]は，関西若年層において勢力を拡大中の新型アクセントとされている型[7]．「ミスド2（=L2）」は中東靖恵（編）（2001，2002）に，「生協2（=L2）」は都染直也研究室（編）（1992）・中東靖恵（編）（2001，2002）に記載がある．

　調査項目のアクセント型は，いずれも首都圏方言としてありうる型であるが，調査項目のうち「ミスド2」・「生協2」は馴染みのない型である．とくに「生協2」は，特殊拍である長音拍にアクセント核が置かれる型であるため，首都圏方言においては馴染みのない型である．

3．テレビによる「間接接触」

　まず，首都圏における関西方言の受容は「間接接触」によるものであることを言語意識項目から確認しておく．2.1.で示した【首都圏】・【首都圏聞取有】において「関西弁の好悪に影響を与えたものは何ですか？」という質問を選択式で調査した．図1は，その選択肢ごとの回答度数を降順に棒グラフで示したものである．

　「友人・知人」・「仕事」・「家族」という「直接接触」の単独回答をすべて

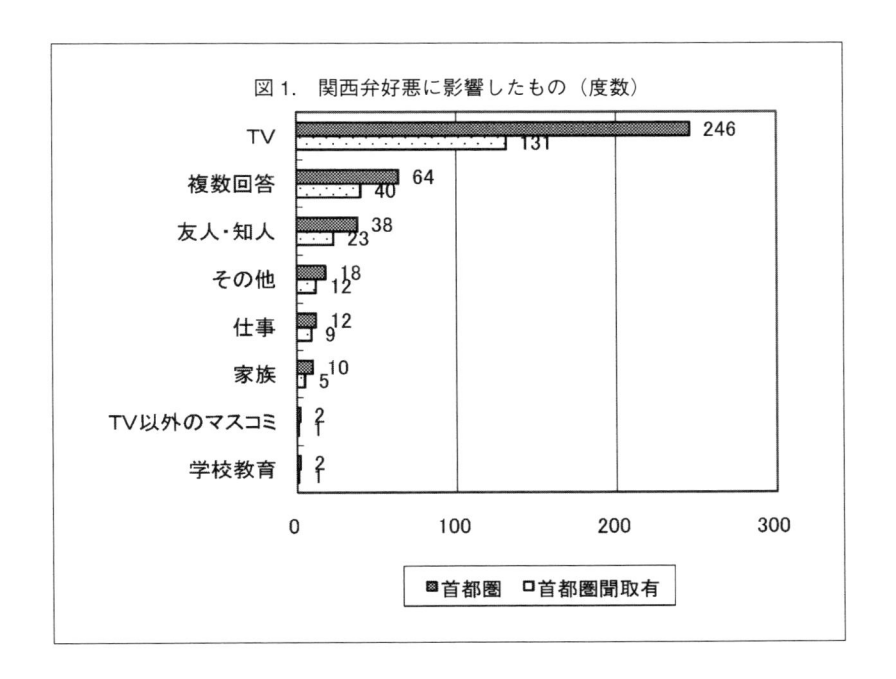

図1. 関西弁好悪に影響したもの（度数）

	首都圏	首都圏聞取有
TV	246	131
複数回答	64	40
友人・知人	38	23
その他	18	12
仕事	12	9
家族	10	5
TV以外のマスコミ	2	1
学校教育	2	1

合計した度数よりも，「間接接触」の「TV」の回答度数が大きい．首都圏における関西弁は主にTV経由の「間接接触」であることが確認できる．

　年層別に「関西お笑い番組の視聴程度」を示したものが，図2．概ね若年層に向けて視聴程度が高くなっていることが分かる．

　「関西弁の好悪」は，より年層による違いが大きい（図3）．若年層になるほど関西弁が「好き」という結果になっている．TVの関西お笑い番組の視聴程度との関連がうかがえる．

　ここから，首都圏居住者にとって，関西弁はTVによる「間接接触」が主であること，TVのうち関西系お笑い番組は若年層ほど視聴し，関西の言葉についても若年層ほど「好き」であることが分かる[8]．

4．関西方言語形項目の受容パターン

　関西方言語形項目10項目について，【大阪】と比較しながら受容パターンをみていく．それぞれの項目の回答を，世代差，性差，移動歴有無による差

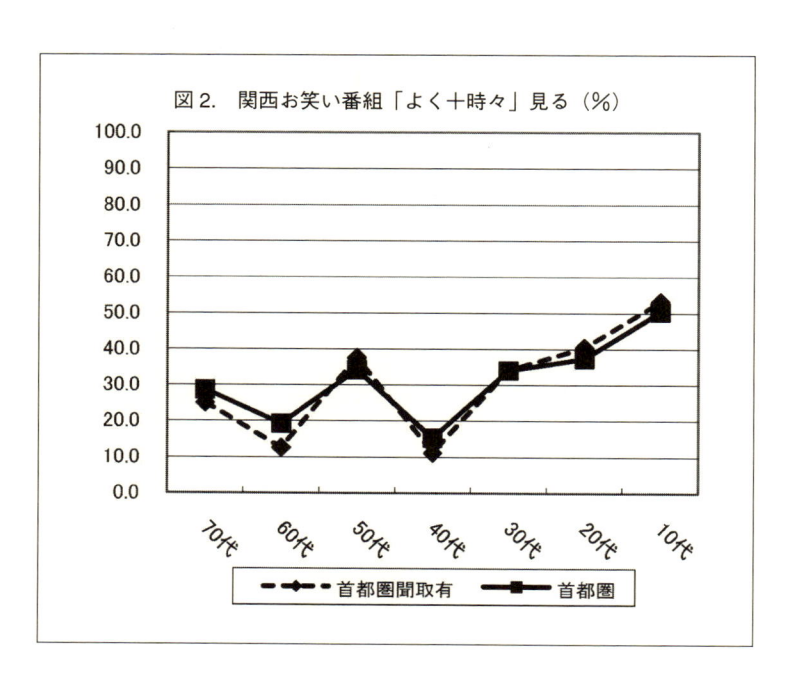

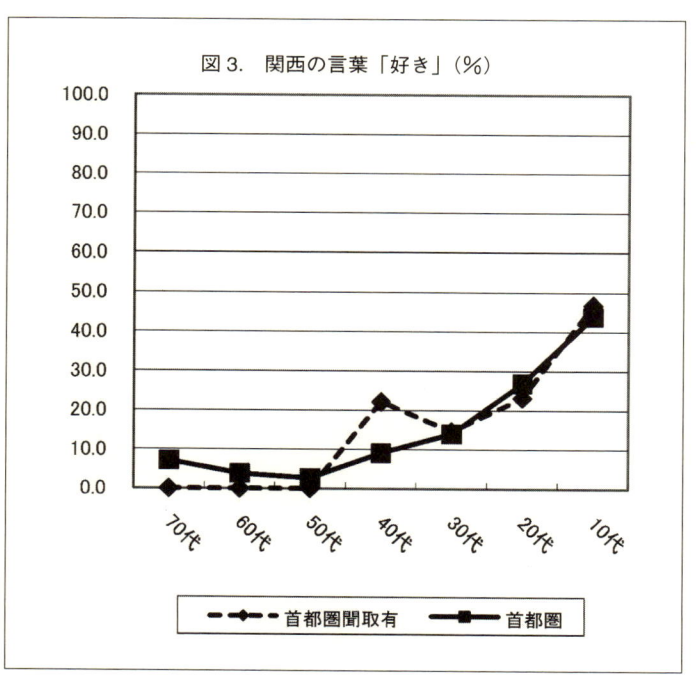

図2. 関西お笑い番組「よく＋時々」見る（％）

――◆―― 首都圏聞取有　　―■― 首都圏

図3. 関西の言葉「好き」（％）

――◆―― 首都圏聞取有　　―■― 首都圏

があるかについて，各属性とのクロス集計をした上で，χ^2検定を行ない，5％水準で有意差がみられた場合，世代差有，性差有，移動歴有無による差あり，と言及していく．

4.1. 非受容パターン

ハンナリの「言う」の％を年代ごとに示したものが図4．

【首都圏】【首都圏聞取有】で30代以上ではわずかに受容が確認されるが，若年層には，ほとんど受容されていないパターンとなっている（年代差有）．【大阪】において若年層に向けて使用が縮小しているケース（年代差有）である．それぞれ女性に「言う」が多い（性差有）．【首都圏聞取有】では移動歴有に「言う」が多い．

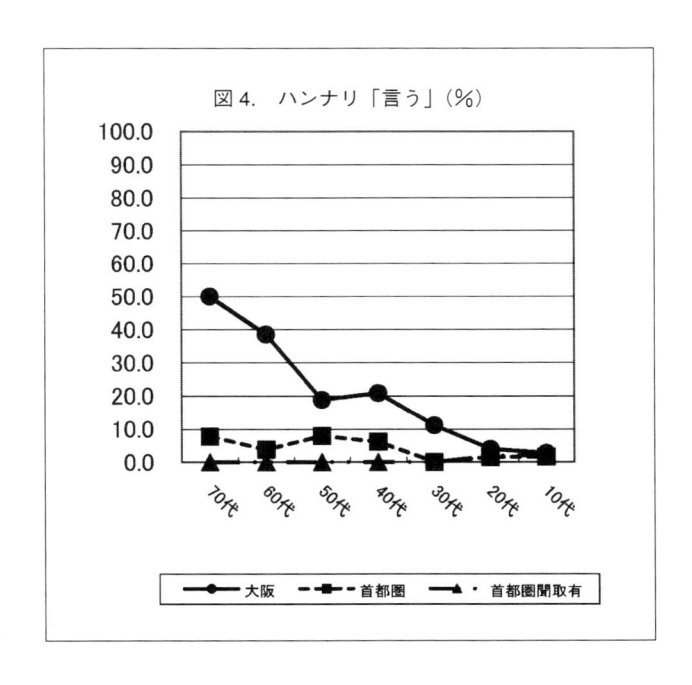

図4．ハンナリ「言う」（％）

4.2. 中興受容パターン

【首都圏】【首都圏聞取有】において，いったん中年層で受容したものの若年層に向かって縮小傾向にあるもの．【大阪】においても同様の中興パターンが確認できる．次の3項目が該当する．

　　ジブン（図5）：【首都圏】年代差有
　　コテコテ（図6）：【大阪】【首都圏】【首都圏聞取有】年代差有
　　　　　　　　　　【首都圏聞取有】移動有に「言う」多い
　　ドンクサイ（図7）：【大阪】【首都圏】【首都圏聞取有】年代差有

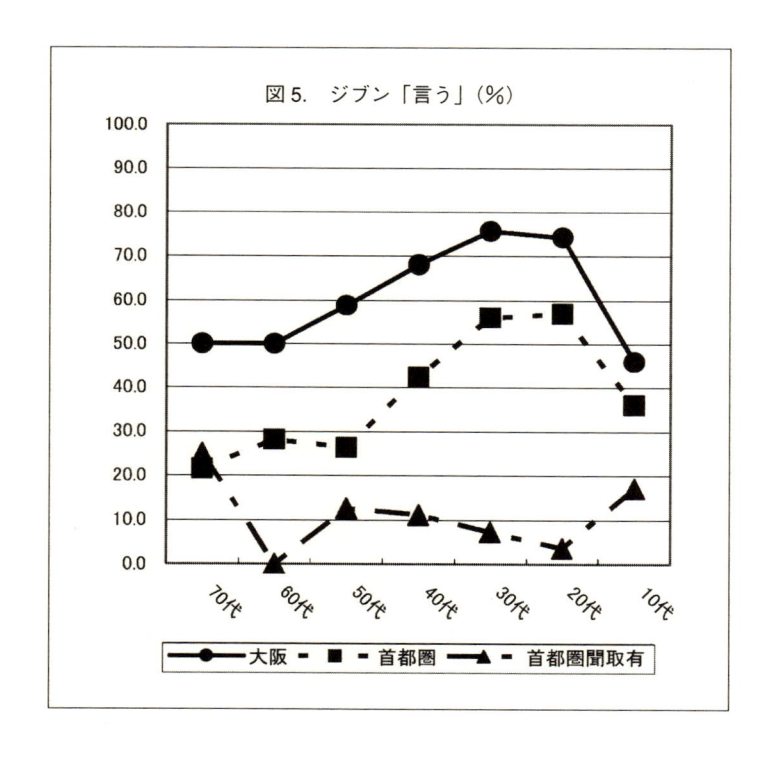

図5. ジブン「言う」（％）

図6. コテコテ「言う」(%)

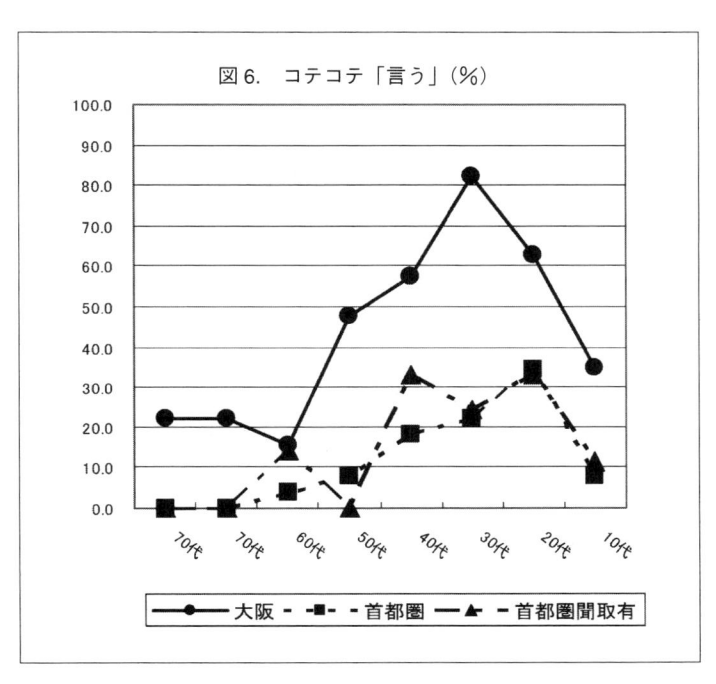

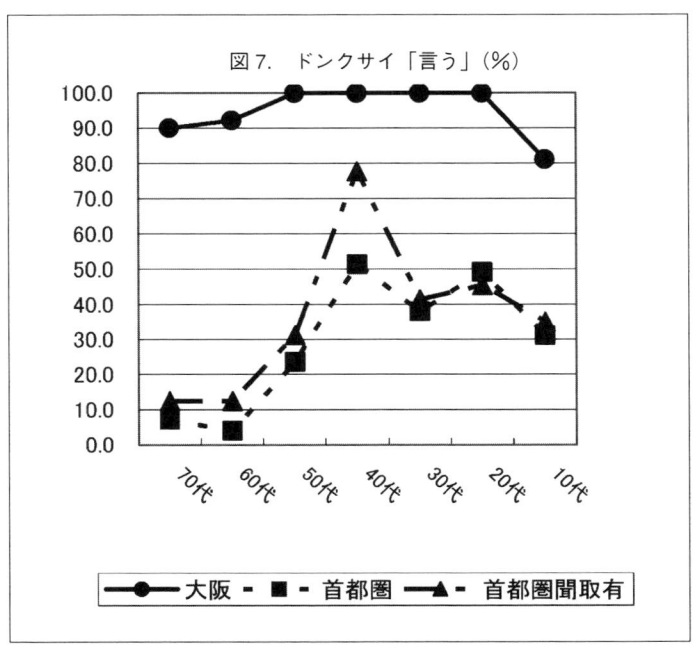

図7. ドンクサイ「言う」(%)

4.3. 受容拡大パターン

　【首都圏】【首都圏聞取有】において，10代の最若年層にむけて受容が拡大しているパターン．【大阪】においても最若年層（10代）の使用度が高いまたは増加しているもの．次の2項目が該当する．

　　シンドイ（図8）：【首都圏】年代差有
　　コレ何円？（図9）：【大阪】【首都圏】【首都圏聞取有】年代差有
　　　　　　　　　　　【首都圏聞取有】女性に「言う」多い

4.4. 首都圏受容逆転パターン

　若年層において【首都圏】【首都圏聞取有】における「言う」が【大阪】の同世代の「言う」よりも多くなるパターン．次の2項目が該当する．

　　ウチラ（図10）：【首都圏】【首都圏聞取有】年代差有
　　　　　　　　　　【大阪】【首都圏】【首都圏聞取有】女性に「言う」多い[9]
　　マッタリ（図11）：【首都圏】【首都圏聞取有】年代差有
　　　　　　　　　　　【首都圏】女性に「言う」多い

　マッタリは，首都圏において従来の「味・舌触り」から新しい「雰囲気」に意味領域を転化したことによる逆転と考えられる[10]．マッタリにおける意味領域の年代差について示したものが，図12．【首都圏】では，30代で従来の関西方言的意味である「味」を，新しい意味である「雰囲気」が上回る．【大阪】では，「雰囲気」が「味」を上回るのは20代となっており，「雰囲気」の意味をもつマッタリの拡大については，【首都圏】が先行したことを示す．しかし，いずれの意味としても，受容のピークは20代で，最若年層の10代においては縮小傾向にある．

4.5. 受容拡大の要因

　4.3.「受容拡大パターン」と4.4.「首都圏受容逆転パターン」において最若年層にむけて受容が拡大している項目の共通点は，【大阪】において年代差なく使用度が高い（シンドイ），または，最若年層に向けて使用度が高くなっている（コレ何円？，ウチラ）ことである．

図8. シンドイ「言う」(%)

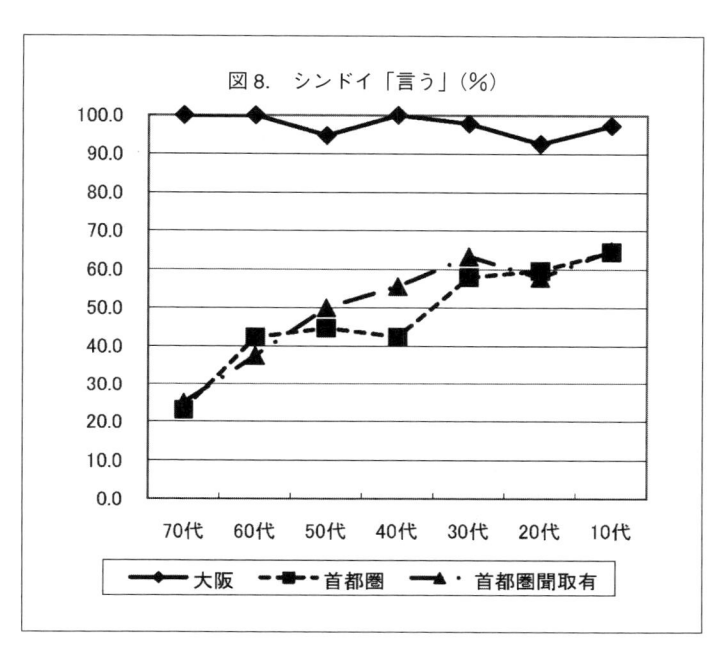

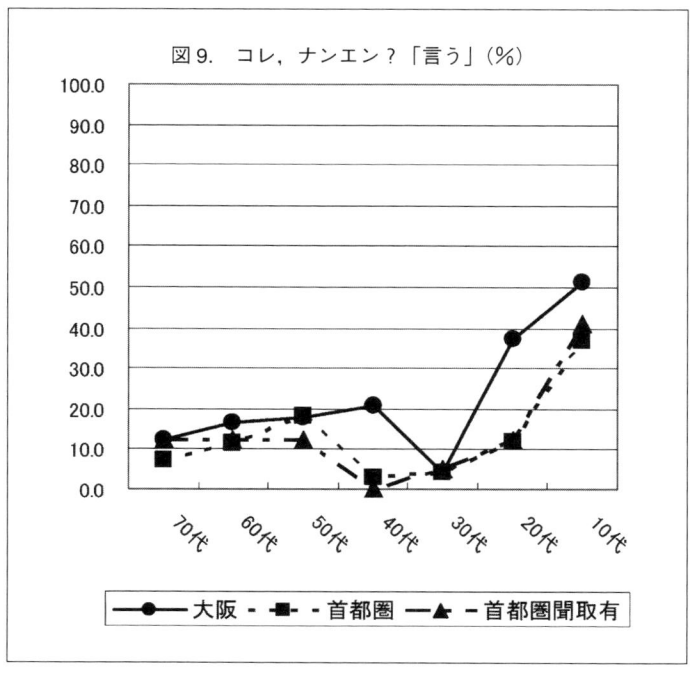

図9. コレ, ナンエン?「言う」(%)

図10. ウチラ「言う」(％)

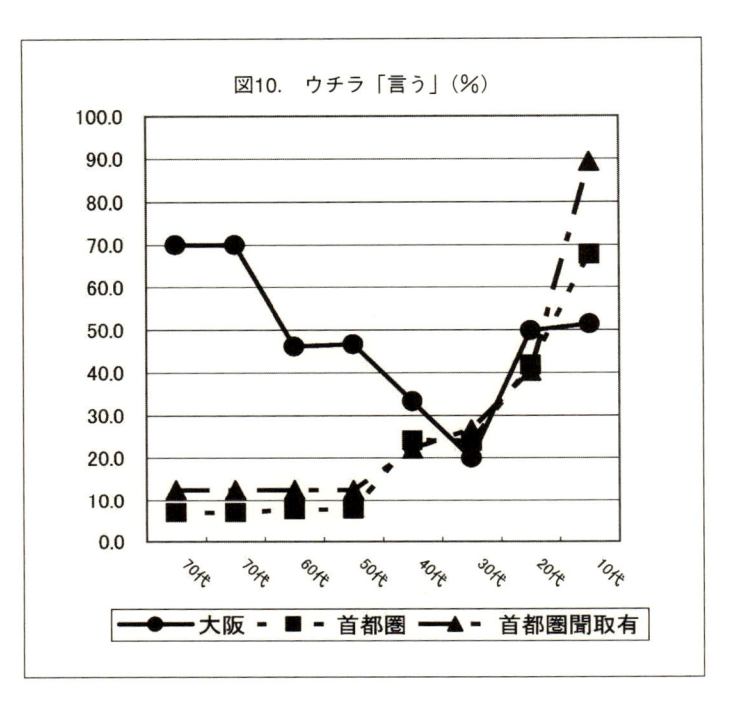

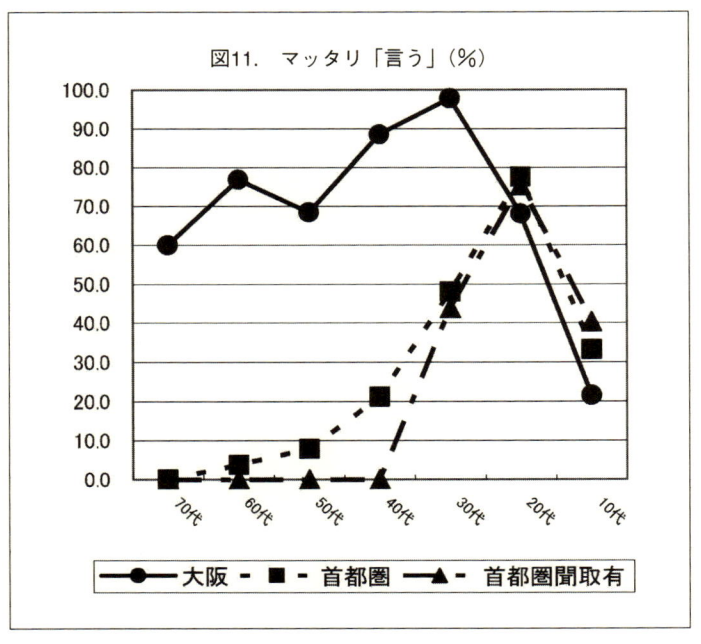

図11. マッタリ「言う」(％)

図12. マッタリの意味（％）

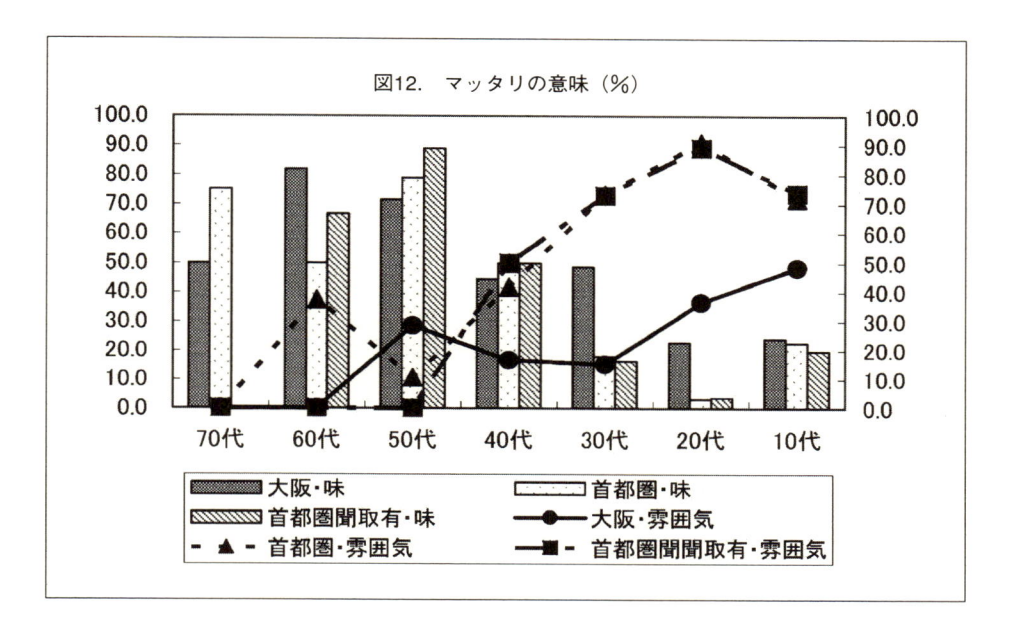

凡例：
- 大阪・味
- 首都圏・味
- 首都圏聞取有・味
- 大阪・雰囲気
- 首都圏・雰囲気
- 首都圏聞取有・雰囲気

首都圏最若年層の受容は，【大阪】最若年層の使用度の高さと相関性の高いものであることが分かる[11]．

5．アクセント項目の受容パターン

聞き取りアンケート調査によるアクセント項目の受容パターンについて検討する．分析対象とするのは，①関西方言由来項目（「ごっつ1」，「ごっつ0」，「めっちゃ1」，「めっちゃ0」），②縮約語項目（「ミスド1」，「ミスド2」，「ミスド0」，「生協1」，「生協2」，「生協0」）の10項目．

聞き取りアンケート調査の調査結果は，回答者が○をつけたからといって，実際にその型を使用している型かどうかは分からないが，少なくとも「使用しているという意識をもつ型（意識型）」であることを意味する．×についても同じで，×はかならずしも「使用しない」という実態と重なるとはかぎらない．「使用しないという意識を持っている型」である．聞き取りアンケート調査の結果解釈については，田中ゆかり（1998）などで検討している（第1部第2章参照）．

以下では，関西方言語形・アクセント項目と縮約語・アクセント項目について報告していく．各クロス集計表に対して，χ^2検定を行ない，5％水準で有意差がみられたものについて，回答の傾向性について述べていく．

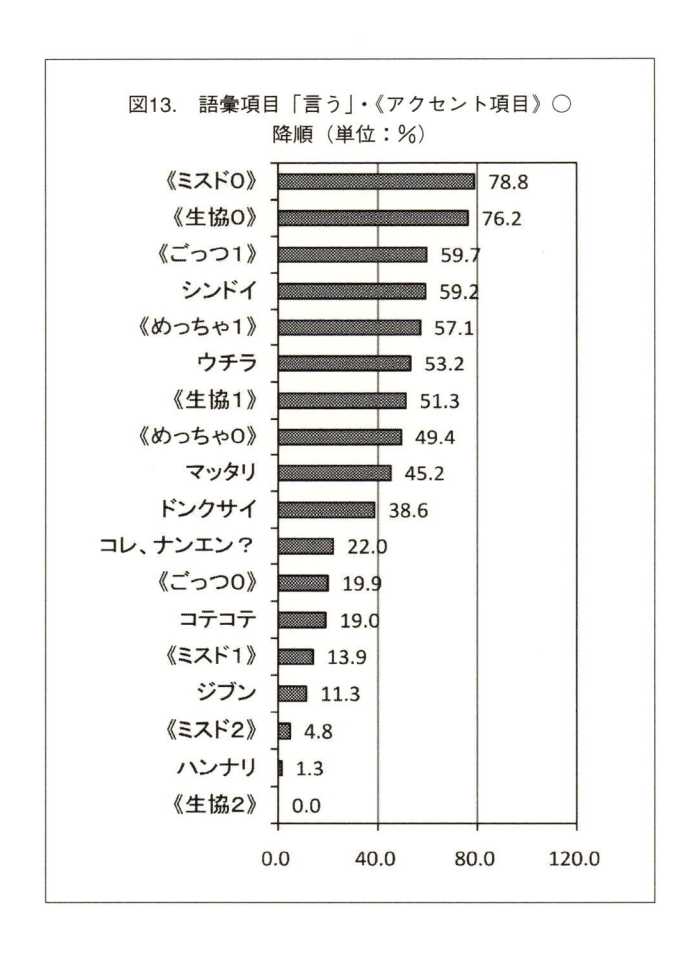

図13. 語彙項目「言う」・《アクセント項目》○ 降順（単位：％）

項目	％
《ミスド0》	78.8
《生協0》	76.2
《ごっつ1》	59.7
シンドイ	59.2
《めっちゃ1》	57.1
ウチラ	53.2
《生協1》	51.3
《めっちゃ0》	49.4
マッタリ	45.2
ドンクサイ	38.6
コレ、ナンエン？	22.0
《ごっつ0》	19.9
コテコテ	19.0
《ミスド1》	13.9
ジブン	11.3
《ミスド2》	4.8
ハンナリ	1.3
《生協2》	0.0

アクセント項目「言う（○）」の％を，語形項目とあわせて降順で示したものが図13．

関西方言語形・アクセント項目の「ごっつ1（59.7％）」，「めっちゃ1（57.1％）」，「めっちゃ0（49.4％）」，「ごっつ0（19.9％）」は，ある程度の

使用率があることから，受容されていることが分かる．

　語形・アクセント項目において年代差のみられた項目は，「ごっつ1」・「めっちゃ1」でいずれも最若年層にむけて「言う」が多くなっている．「ごっつ1」は女性・移動歴無に「言う」が多い．これらは，「言う」の百分比のパターンからみると，アクセント項目のうち首都圏若年層に拡大中の平板型項目「ミスド0」・「生協0」や，関西方言語形項目の最若年層に向けて受容拡大中の「シンドイ」，「ウチラ」，「コレ何円？」などと似たようなパターンを示しているようにみえる．

　一方，関西若年層アクセント項目の「ミスド2（4.8％）」・「生協2（0.0％）」は，ほとんどあるいはまったく受容されていない結果となっている．

　「ミスド2」については，年代差（40代に多い）・男性・移動歴有に「言う」が多い．この40代・男性・移動歴有は，関西にある本社転勤によるものがほとんどで，転勤の際の「直接接触」により受容したものと推測される．

　一方，「生協2」がまったく受容されていないのは，「特殊拍にアクセント核は置かない」という首都圏方言アクセントの特性に違反する型であるためと考えられる．

　以上より，「間接接触」においては，アクセント型の受容は，【大阪】で若年層に使用が拡大している型であっても，受容しない傾向がうかがえる．また，居住地方言アクセント特性に違反する型の受容はとくに阻害されることがうかがえる．

6．クラスター分析による考察

　関西語形項目とアクセント項目の回答者の反応の類似度について検討するために，クラスター分析（Ward法）を行なった[12]．使用した項目とデータは次の通り．

　　【大阪】【首都圏】【首都圏聞取有】関西語形項目8項目
　　【首都圏聞取有】関西語形項目8項目＋アクセント項目10項目

6.1.【大阪】関西語形項目クラスター分析結果

　【大阪】データは，大きく2群，細かく4群に群化された．主に使用度の

観点から次のように各群を命名した．
　《大阪メジャー群》
　　　〔大阪メジャー群1〕シンドイ，ドンクサイ
　　　〔大阪メジャー群2〕ウチラ，ジブン，コテコテ
　《大阪マイナー群》
　　　〔大阪マイナー群1〕マッタリ，ハンナリ
　　　〔大阪マイナー群2〕コレ何円？
　《大阪メジャー群》は「言う」の百分比の高いもので，とくに〔大阪メジャー群1〕は90％以上の使用度がある項目が群化している．《大阪マイナー群》は，使用度がもっとも高い「マッタリ」でも31.6％．「コレ何円？」はマイナー群項目の中で唯一最若年層に向けて拡大中であることから小区分されたと解釈できる．

6.2.【首都圏】関西語形項目クラスター分析結果

　【首都圏】データは大きく2群，細かく4群に群化された．主に使用度の観点から次のように各群を命名した．《大阪マイナー群》の項目に下線を付す．
　《首都圏メジャー群》
　　　〔首都圏メジャー群1〕ウチラ，シンドイ
　　　〔首都圏メジャー群2〕マッタリ，ドンクサイ
　《首都圏マイナー群》
　　　〔首都圏マイナー群1〕ハンナリ，コテコテ，ジブン
　　　〔首都圏マイナー群2〕コレ何円？
　《首都圏マイナー群》に，《大阪マイナー群》の「マッタリ」を除く2項目が群化されている．「間接接触」における受容に際しては，【大阪】において《大阪メジャー群》であることが重要であることを示す．「マッタリ」は4.4.で述べたように首都圏で意味の転化を機に逆転して使用度が高くなったタイプの項目で例外的なものであることから，《首都圏メジャー群》に群化されたものである．

6.3.【首都圏聞取有】関西語形項目クラスター結果

　【首都圏聞取有】データは大きく2群，細かく5群に群化された．主に使用度の観点から次のように各群を命名した．《大阪マイナー群》の項目に下線を付す．

　　《首都圏聞取有メジャー群》
　　　　〔首都圏聞取有メジャー群1〕ウチラ，シンドイ
　　　　〔首都圏聞取有メジャー群2〕<u>マッタリ</u>，ドンクサイ
　　《首都圏聞取有マイナー群》
　　　　〔首都圏聞取有マイナー群1〕<u>ハンナリ</u>，ジブン
　　　　〔首都圏聞取有マイナー群2〕コテコテ
　　　　〔首都圏聞取有マイナー群3〕<u>コレ何円？</u>

　基本的な構造と群化の解釈は，元データの【首都圏】に同じであることが確認された．

6.4.【首都圏聞取有】関西語形項目＋アクセント項目クラスター結果

　6.3.で【首都圏聞取有】データにおいて，関西語形項目のみのクラスター分析（Ward法）を行なったところ，【首都圏】とほとんど同じ構造を持つことが確認できた．そのデータに，アクセント項目を加えた分析が6.4.となる．

　ここから，【首都圏聞取有】のみで実施したアクセント項目の受容について，どのような関西語形項目と群化するか，という観点から推測していく．

　アクセント項目を加えた【首都圏聞取有】データによる，クラスター分析結果の樹状図を示す（図14）．

　クラスター分析の結果，項目は大きく2群，細かく5群に群化された．主に使用度の観点から次のように各群を命名した．《大阪マイナー群》の項目に下線を付す．

　　《首都圏聞取有メジャー群》
　　　　〔首都圏聞取有メジャー群1〕
　　　　　　シンドイ，ドンクサイ，<u>マッタリ</u>，コテコテ
　　　　〔首都圏聞取有メジャー群2〕
　　　　　　ウチラ，ミスド0，生協0，めっちゃ0

図14. 関西語形項目＋アクセント項目 クラスター分析結果樹状図（Ward法）

Rescaled Distance Cluster Combine

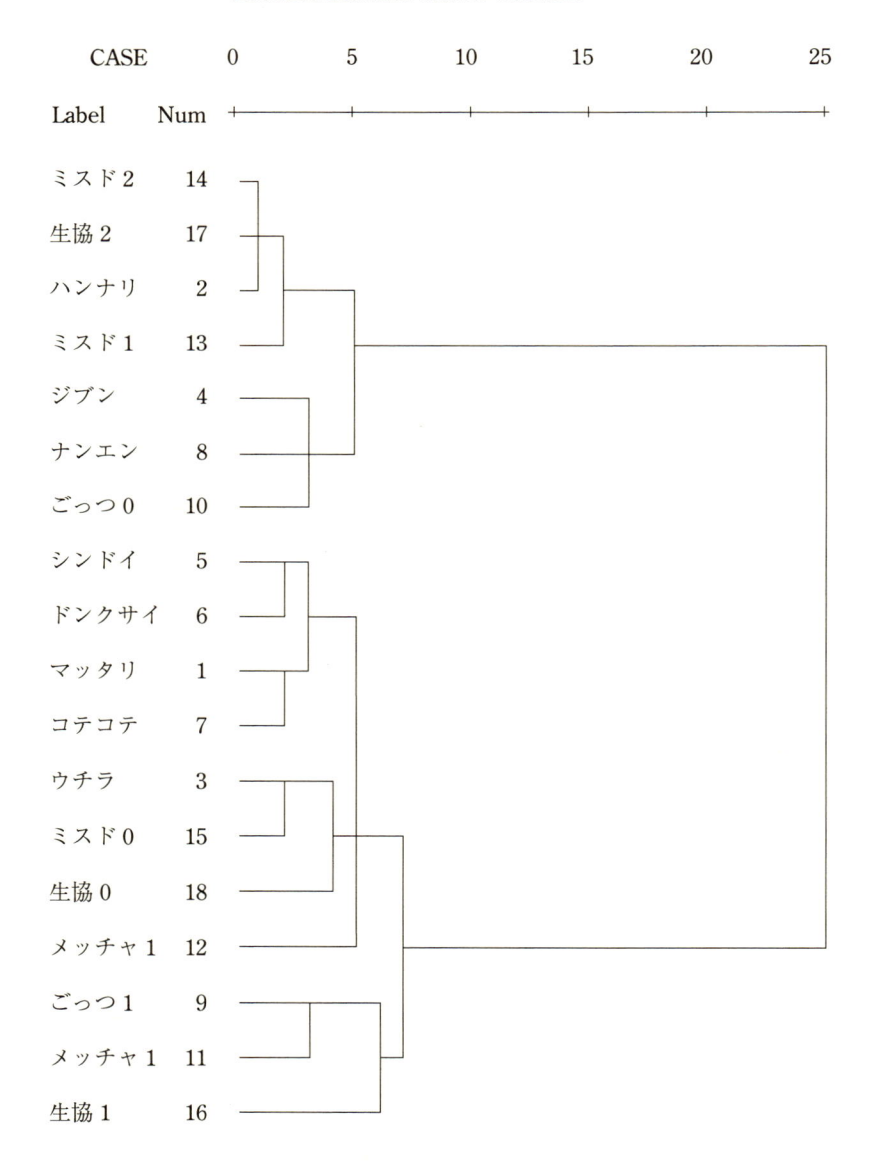

```
        CASE      0         5        10        15        20        25
       Label    Num  +---------+---------+---------+---------+---------+

       ミスド2    14  ─┐
       生協2     17  ─┤
       ハンナリ    2  ─┤
       ミスド1    13  ─┤
       ジブン      4  ─┤
       ナンエン    8  ─┤
       ごっつ0    10  ─┘
       シンドイ    5  ─┐
       ドンクサイ  6  ─┤
       マッタリ    1  ─┤
       コテコテ    7  ─┤
       ウチラ      3  ─┤
       ミスド0    15  ─┤
       生協0     18  ─┤
       メッチャ1  12  ─┤
       ごっつ1     9  ─┐
       メッチャ1  11  ─┤
       生協1     16  ─┘
```

〔首都圏聞取有メジャー群3〕
　　　ごっつ1，めっちゃ1，生協1
《首都圏聞取有マイナー群》
〔首都圏聞取有マイナー群1〕
　　　ミスド2，生協2，ハンナリ，ミスド1
〔首都圏聞取有マイナー群2〕
　　　ジブン，コレ何円？，ごっつ0

　関西語形・アクセント項目の「めっちゃ」・「ごっつ」については，「めっちゃ1」・「めっちゃ0」・「ごっつ1」が《首都圏聞取有メジャー群》に，「ごっつ0」のみが《首都圏聞取有マイナー群》に群化された．

　《首都圏聞取有メジャー群》には，首都圏若年層で拡大中の縮約語平板型項目（「ミスド0」，「生協0」）が関西方言語形項目とともに群化されている．このことは，関西語形項目は首都圏内で進行するアクセントの平板化現象とかかわる平板型アクセント型と同様の「新しいもの」の一種として受容されていることがうかがえる．

　一方，アクセント項目の「ミスド2」・「生協2」は《首都圏聞取マイナー群》のうち〔首都圏聞取マイナー群2〕に群化された．ほとんど受容されていない関西語形項目の「ハンナリ」，首都圏若年層に向けて縮小中の3拍縮約語頭高型の「ミスド1」と群化している．これらより，「間接接触」においては，語形を伴わないアクセント型による項目は受容されていないということが，語形項目とのかかわりからも確認できた．

7．おわりに

　首都圏におけるTVなどの「間接接触」による関西方言の受容パターンとして次のようなことが確認できた．

［1］語形項目は，【大阪】最若年層の使用度が高いものを受容する．
［2］語形の違いを伴わないアクセント項目は【大阪】最若年層に支持されているものでも受容しない．
［3］関西方言は，首都圏方言における流行語的な「新形」と同様の受容

のされ方であるようだ．

　［1］に関しては，小林隆（2004．09）で提示されている「アクセサリー」的方言使用を一段進めた形での「方言受容」の一例といえる．小林隆（2004．09）との違いとして，首都圏における関西方言の受容は，他方言の受容であること，またマス・メディアによる「間接接触」による受容であること，の2点である．

　その際に，語形の受容に比べ，アクセントの受容が低いことは，「アクセサリー」的受容においては，語形が受容されやすいことを示す．つまり，語形はこのようなケースにおいても「気づきやすく変えやすい」部分であることを，アクセントは意識的な受容の対象になりにくい部分であることを含意していると指摘できる．

　［3］については，今回の分析対象としなかった形容詞活用形アクセント型を含む，他の首都圏新形とのかかわりを検討していくことにより，関西方言の受用が「直接接触」とは異なるパターンを示すことがより明確になるのではないか，と考えている．この点については，今後の課題としたい．

1　【大阪】は陣内が，【首都圏】は田中が主にコーディネートした．調査は科学研究費のチーム員があたった．
2　調査全体や研究組織については陣内正敬（編）（2003．03a，2003．03b）を参照．本科学研究費の研究成果として，陣内正敬・友定賢治（編）（2005）が刊行されている．各論の最終報告については同書参照．
3　田中ゆかり（1998；第1部第2章）参照．
4　30代女性アナウンサーによるテープ．
5　「〜ナイ？」のハイフンの後の1または0は，「ナイ」の下がり目が「有＝1」あるいは「無＝0」を表している．
6　Lは京阪式アクセントの低起式を示す．L2は，LHLなので東京式の2型と同じ型となる．
7　中井幸比古（1988．12）では「保守的」な話者はL2が多いとはいえない，としている．都染直也研究室（編）（1992）・中東靖恵（編）（2001，2002）などで確認したところでは，関西文化圏大学生においては縮約語のL2は一般化しているようである．
8　このほかにも「関西の言葉」志向についての項目として「ボケ・ツッコミという関西流の会話は好きですか」・「関西弁が使えたらいいなあと思うことはあります

か」・「会話の中でわざと関西弁を交えることはありますか」など調査している．すべての項目で若年層ほど関西弁志向が高くなっている．これらについては陣内正敬（編）（2003．03b）参照．
9 　年代ごとに性差を検討したところ，すべての調査において10代では女性に「言う」が多かった．他の世代においては，【首都圏聞取有】の40代女性と【大阪】70代女性に「言う」が多い．
10 　意味領域の転化については，陣内正敬（2003）でも指摘している．具体的な味覚・舌触りから抽象的な雰囲気への転化は指し示す領域の拡大といえそうである．首都圏における同様の意味領域拡大に「ウザッタイ」がある．
11 　高橋顕志（2003）でも「関西若年層」の支持が直接・間接接触を問わず拡大の大きな要因になっていることが示されている．ただし，関西若年層において語形の不統一があるもの，「あまりに関西的すぎる」ものなど，拡大しないケースを提示している．
12 　クラスター分析は，類似度により変数などを群化する多変量解析の一手法．それぞれの項目の回答を「1：言う（○），2：聞く（?），3：聞かない（×）」のように数値に置き換え分析した．

第2章
現代における「首都圏方言」とは何か
——「方言意識」と「方言使用」——

1. はじめに

　首都圏に「方言」はあるのか，ないのか．しばしば受ける質問である．そこには，一般の意識として首都東京のお膝元である首都圏に「方言」などないのではないか，という素朴な感覚がある．

　ここでは，首都圏生育者や首都圏居住者の自身のことばに対する「方言意識」と，「方言使用」の観点から，首都圏方言の現況についてみていきたい．

2. 言語意識としては，首都圏に「方言」はない

　首都圏居住者の意識として，自分たちのことばに「方言」はない，という感覚は，すでに1970年代には存在していたようだ．

　NHK放送文化研究所（編）(1979)の全国県民意識調査において，「標準語が話せなかったり，地方なまりが出るのははずかしいことだと思いますか」という質問に対して，首都圏の1都3県の「はい」の比率は非常に低い．東京都8.5%，神奈川県8.4%，埼玉県13.6%，千葉県12.8%となっている．とりわけ，神奈川県と東京都は，全国平均よりも統計的に有意に「はい」の比率が低く，全国1・2位の低さである．

　この傾向は，1990年代ではより強化される．NHK放送文化研究所（編）(1997)では，似た質問「あなたは，地方なまりが出るのは恥ずかしいことだと思いますか」に対する首都圏の「はい」結果は，次の通りである．東京都6.6%，神奈川県7.7%，千葉県8.6%，埼玉県10.3%と，いずれも全国平均より統計的に有意に「はい」の比率が低く，東京都・神奈川県は，やはり全国1・2位の低さである．

　また，東京都を除けば，上記2種類のNHKによる県民意識調査において，首都圏3県は「土地の言葉が好き」，「土地のことばを残してゆきたい」

に対する「はい」が全国平均よりも統計的に有意に低い（柴田実，2001．07）．

　これは，首都圏3県の居住者の地域やことばに対する意識が「東京」と一体化しており，県単位での違いを意識していないこと，また生育あるいは居住地域のことばを「何の特徴ももたない東京あたりのことば」であると解釈していることを示しているのだろう．

　他の先行研究からも，首都圏居住者の多くにおいて，当該地域生育者でなくとも，自身のことばに対しては，標準語あるいは共通語意識を強くもつ傾向が1980年代より顕著であることが確認される[1]．

　この首都圏における「自分の話すことばに方言はない」という意識の背景には，首都圏在住者の「○○都民」意識が存在する．

　東京都の昼夜間人口比率は124.2％と全国一（1995年度国勢調査）である．これは，近隣の埼玉県・神奈川県・千葉県からの通勤・通学者を日中に吸収した結果である．このような「昼間都民」の約2割は，自分自身について自分の居住する「県民」・「市町村民」というよりも「昼間都民」である，と認識している（東京都生活文化局，2002）という報告もある．

　このような首都圏生育者あるいは居住者たちの言語意識からみると，首都圏に「方言」はない，ということになりそうであるが，実際のところはどうなのであろうか．

3．しかし，「方言」は存在している

　実態としては，首都圏においても当然のことながら「方言」は存在する．それは，ある話者が実際に発話することばはすべて「方言」であるという観点からばかりではなく，「標準語／共通語」と異なる形式をもつもの，という観点からみても「方言」は使用されているからである．ただし，それらはさまざまなレベルや意味合いにおいて「気づかない方言」であるため，2．でみてきたような「首都圏には「方言」はない」という意識が形成されているのである．

　実態としては，首都圏居住者は「方言意識」をもたずに，実際には居住している当該地域の伝統方言由来[2]の「地域方言」を用いていることも少なく

ない．

　「方言がない」という意識の背景には，「気づきにくい」ということとは別に，「非共通語形」をとる語彙については，それらが高い文体の期待される場面では現れにくいことから，「共通語の俗語」という「解釈」を施している，ということも強く推測される．

4．世田谷中学生調査からみる方言意識と使用意識

　以下では，首都圏居住者とくに若年層の事例を上げつつ，これまでみてきた首都圏における「言語意識としての方言のなさ」と，その意識とは反した「方言使用」についてみていく．

　2004年に実施した世田谷区立中学に通う生徒を対象とした言語調査結果のデータを用いる．調査概要などの詳細については，田中ゆかり（編）(2005) 参照．

　世田谷区立中学に通う中学生に対して，「ふだん自分が話していることば」はどの程度共通語または方言か，という質問をしたところ (n=108)，「全くの共通語」と「ほとんど共通語」を併せて91.7％，「共通語と方言の半々」が8.3％，「ほとんど方言」・「全く方言」はそれぞれ0.0％だった．中学生たちは，自分たちの使用することばをほぼ「共通語」ととらえており，「方言」寄りであるととらえる生徒は1人もいないことが分かる．

　一方で，関東圏各地の伝統方言由来の20項目について，その項目を「使用するかどうか（「使う」・「たまに使う」・「使わない」）」と，その項目を「共通語だと思うか方言だと思うか」とを尋ねた結果からは，生徒たちが「方言」項目をまったく使用していないわけではないことが確認される（図1[3]）．

　「ショッパイ（塩辛い）」，「シチャッタ（〜してしまった）」，「ワカンナイ（わからない）」，「イカシタ（行かせた）」，「ジャン（〜ではないか）」の5項目のように「使う」が半数を超えている項目は，関東圏とりわけ首都圏の伝統方言由来項目にもかかわらず，「共通語だと思う」生徒が「方言だと思う」生徒より，はるかに多い．逆に，「使わない」が半数を超える「先生ンダヨ（先生のだよ）」，「アッカラ（あるから）」，「ソースット（そうすると）」，「ナ

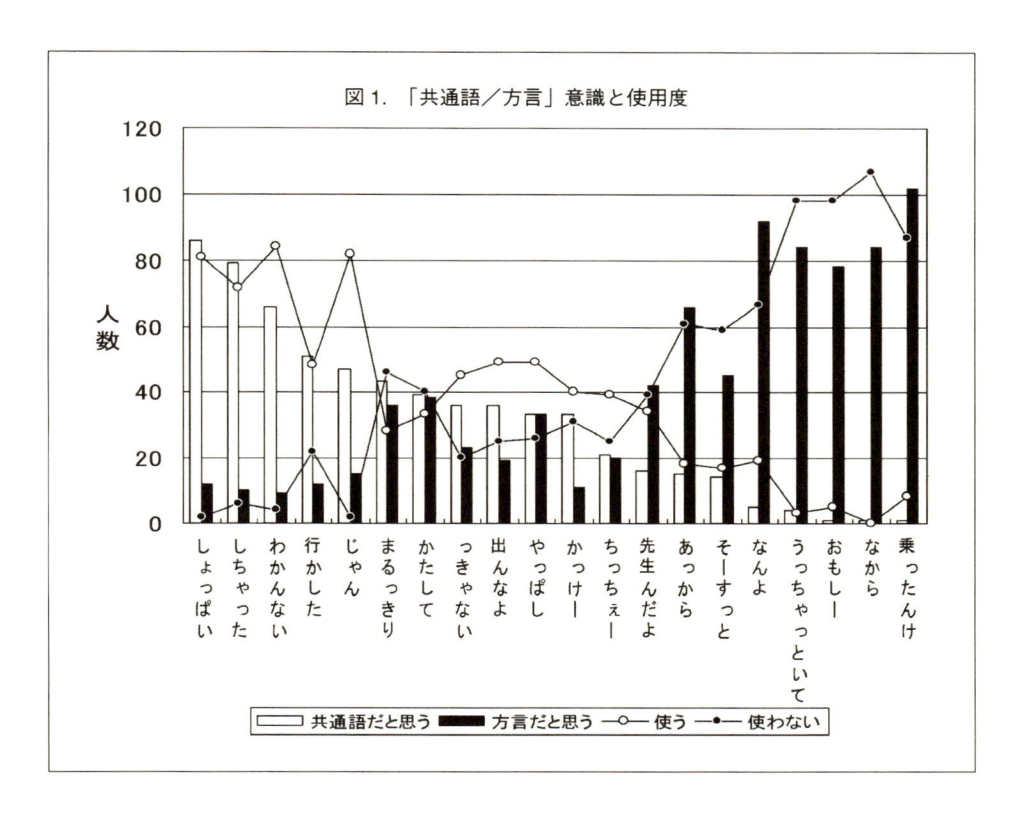

図1.「共通語／方言」意識と使用度

凡例：共通語だと思う／方言だと思う／使う／使わない

項目：しょっぱい、しちゃった、わかんない、行かした、じゃん、まるっきり、かたして、っきゃない、出んなよ、やっぱし、かっけー、ちっちぇー、先生んだよ、あっから、そーすっと、なんよ、うっちゃっといて、おもしー、なから、乗ったんけ

ンヨ（なのよ）」、「ウッチャットイテ（ほっておいて）」、「オモシー（おもしろい）」、「ナカラ（とても）」、「ノッタンケ（乗ったのか）」などの「使わない」項目については、「方言だと思う」生徒が「共通語だと思う」生徒よりもはるかに多い。つまり、中学生たちには、自分たちがふだん使用する項目は「共通語」で、使わない項目は「方言」という認識が存在していることが浮かびあがってくる。首都圏に居住する「大人」の認識もほぼ同様であると推測される。これが、「首都圏には「方言」はない」という意識の実態である、ということになるだろう。

ただし、「非共通語形」に対しては、文体差があるものだという認識はなされていることが次に示す表1のデータから確認できる。

表1は、図1と同じ調査に基づくもので、「ジャン（〜ではないか）」、「ミ

表1. 相手による使用程度の違い（単位＝人数，調査人数109人）池田美穂（2005）改変

		親	担任	友達	先輩	後輩	面接
①（いい）じゃん	使う	60	5	**90**	13	64	0
	たまに	31	20	15	34	28	3
	使わない	18	83	3	61	16	**105**
	無回答	0	1	1	1	1	1
②見して	使う	84	14	**93**	23	70	1
	たまに	14	16	12	25	19	4
	使わない	10	78	4	60	19	**103**
	無回答	1	1	0	1	1	1
③（食べ）ちゃった	使う	86	26	**91**	37	68	3
	たまに	17	28	11	21	20	3
	使わない	6	54	6	50	19	**102**
	無回答	0	1	1	1	2	1
④なにげに	使う	61	28	**78**	36	57	2
	たまに	22	18	18	25	21	5
	使わない	26	62	12	47	30	**101**
	無回答	0	1	1	1	1	1
⑤（行く）っぽい	使う	58	18	**78**	31	51	0
	たまに	31	27	18	29	27	6
	使わない	19	63	13	48	30	**102**
	無回答	1	1	0	1	1	1

シテ（みせて）」，「チャッタ（〜てしまった）」，「ナニゲニ（なにげなく）」，「イクッポイ（行くようだ）」の5項目について，話し相手が異なる6つの場面における使用の程度を質問した結果である．

6つの場面とは，「親（お父さん・お母さん）」，「クラス担任の先生」，「クラスの友だち」，「学校の後輩」，「学校の先輩」，「高校入試の面接官」で，「クラスの友だち」をもっともくだけた場面，「高校入試の面接官」をもっとも公式度の高い場面として設定した．表1では，項目ごとに「使う」，「使わない」のもっとも多く出現した場面の回答度数を白黒反転で示している．

5項目すべてにおいて，もっとも「使う」が多い場面は「クラスの友だち」，もっとも「使わない」が多い場面は「高校入試の面接官」という結果となった．「ジャン」と「チャッタ」は図1で確認したように，多くの生徒においては「共通語」という認識をされている項目である．

5．おわりに

以上，世田谷区立中学校に通う中学生データを例として，首都圏居住者の

自身のことばに対する「共通語／方言意識」と，伝統的な関東方言由来の語彙に対する「方言意識」と「使用意識」についてみてきた．

ここでは，現代の首都圏方言のもつ課題についてふれたい．

まず，都県のような行政区画による「方言」の特色付けはとくに若年層については困難であることが指摘できるだろう．これまでにおいてもその特徴は顕著であったが，首都圏方言は，今後一層，広域都市方言的性質が強化されていくと予想される．

近過去における首都圏方言の広域性を示す例として，世田谷区立中学生調査において取りあげた20項目のうちから，都県の領域を超えた首都圏の伝統方言が語形変化と意味拡張を伴いながら使用域を広げた例として，「ウザッタイ」を取り上げることができる．

「ウザッタイ」は，東京都多摩地区の伝統方言である「ウザ（ラ）ッコイ（細かいものや露などが直接肌に触れたり，細かい虫などがうごめくさまを直接目にしたりして，ぞっとするようないやなかんじを抱く）」などがその由来となる．「ヒヤッコイ（冷たい）」などにも現れる方言形容詞的な「〜コイ」から共通語形容詞的な「〜タイ」に語形を変え，意味領域も1980年代には直接の感覚刺激を伴わない「うっとうしさ」を表す感覚形容詞化してきた．その結果，広域方言として勢力を拡張し，のちにイ形容詞的に語形縮約を伴いつつ東京発の「俗語」として全国に放射されたものである（井上史雄，1994）．

伝統方言例：下草の露が足元を濡らすのでウザ（ラ）ッコイ（いやなかんじがする）
　　　　　　［小さな虫がうじゃうじゃとうごめいているのを目にして］
　　　　　　ああ，ウザ（ラ）ッコイ！
直接接触例：前髪が長くなってきてウザッタイ（うっとうしい）
非直接感覚刺激例：親が勉強しろと何回もいうのでウザッタイ（うっとうしい，気に障る）
全国俗語例：ウザイ（うっとうしい，気に障る）

地域方言であったものが首都圏全域方言化したものとして,「神奈川方言」であった「ヨコハイリ（割り込み）」も,その例とみることができる（井上史雄,1988）．
　これらは,「気づきやすい」語彙項目であるが,「気づきにくい非共通語形」として,形容詞活用形のアクセントやイントネーションの首都圏方言域における拡張なども例にあげることができる（田中ゆかり,1993；同,2003；第2部第1章・第5章参照）．
　いずれの項目においても首都圏内における地域差がないわけではない．しかし,ある地域限定の現象としてとらえるわけにはいかず,広域的都市方言としてとらえるべき問題といえる．都県レベルのローカルな視点の分析ももちろん重要だが,広域的都市方言として「首都圏方言」を観察する視点も重要である．
　では,今後,「首都圏方言」は,その内部の地域差を失い,まったくのフラットな広域都市方言となるのか,というとそうでもなさそうである．
　従来の伝統的方言区画による地域差や,都県レベルの地域差がまったくなくなるわけではないだろう．ここでは,首都圏内における新しい地域差として,従来の方言区画や都県域を超えた「○○線沿線」という地域差が立ち上がってくる可能性を指摘したい．
　大都市圏居住者の生活基盤は,鉄道網に大きく依存しているため,従来の方言区画や行政区画とは異なる「○○線沿線」という要因が,大都市圏を下位区分していきそうである．いくつかの主要鉄道沿線において,形成されてきた「○○線沿線文化圏」が「沿線方言」や「沿線方言意識」の形成を後押ししそうである．
　比較的伝統をもつ文化圏として,東京圏の拡張に初期から貢献したJR中央線沿線の「中央線文化圏」域,小田急小田原線沿線の「小田急線文化圏」域,比較的新しい文化圏として「東急東横線文化圏」域などである．「つくばエクスプレス」の開業は,茨城県南部まで「首都圏方言域」を拡張させ,「つくばエクスプレス沿線文化」や「沿線方言」を確立させていくかもしれない．これらについては,今後の課題としたい．

1 国立国語研究所 (1981)，東京都教育委員会（編）(1986)「標準語・共通語／方言意識」項目結果参照．1960年代後半に調査された非東京生育者も含めた大石初太郎 (1969) においても，東京居住者の半数以上は標準語意識をもっている．
2 「伝統方言由来」としたのは，以下の理由による．「～ジャン」,「～ダベ」など現在においても使用が盛んな形式は，それぞれ伝統方言形式が体系や接続形式や語形が単純化した方言形式が主流であること，「ヨコハイリ」や「ウザッタイ」など新しい地域方言由来の形式も多く含むことによる．伝統方言そのものも含む場合もあるが，前述の変化した形式や新しい形式を含むため，「伝統方言由来」とした．
3 原図は四方田麻希子 (2005) による．図1は改訂したものを掲出している．

第3章
メイルの「方言」は，どこの方言か

1．はじめに

　電子メイルや携帯メイル，SNS（Social Networking Service）やブログ（Web Log）などの「打ちことば」における新しい表現として，「方言」が用いられている．親しいもの同士でのやりとりや，くだけた親密感を表す「親密コード」において「方言」がしばしば現れる．

　1980年代以降，日本語社会で生活する多くの日本語話者が「共通語」と「生育地方言」のバイリンガル状態となり，それぞれの「生育地方言」は，それぞれの話者にとっての「親密コード」となった．「親密コード」としての「生育地方言」は，「同じ方言を話す方言話者」や，「同じ方言を話さなくとも親しい相手」に対して用いられてきたことがさまざまな先行研究によって明らかとなっている[1]．

　「打ちことば」における「親密コード」として現れる「方言」は，「目新しさ」への欲求と，ある効果を期待して用いられている様子がうかがえる．そして，打ちことばに現れる「方言」は，従来の「親密コード」としての「生育地方言」にとどまらない．では，「打ちことば」に現れる「方言」は，いったいどこの「方言」なのか．そして，なぜ「方言」が用いられるのだろうか．これらの疑問に対してここでは，「携帯メイル」に現れる「方言」に焦点を当て，検討していく．

2．「打ちことば」に現れる「リアル方言」と「バーチャル方言」

　「打ちことば」に現れる「方言」には，3つの層が存在している．この3つの方言層を，携帯メイルのハードユーザーである若年層は，ときに目的に従い，ときに無意識に行き来する[2]．ここでは，「打ちことば」における「方言」についてみていくが，3つの方言層を行き来するという言語行動は，「話しことば」の領域においても，観察されるものである．

「方言」の第1層は「自分の生育他の方言で自分自身がふだん使用している方言」，第2の層は「自分の生育地の方言だが，自分は使用しておらず祖父母世代が使用しているような「より濃厚な方言」」，第3の層は「自分の生育地でもない他地域の地域方言」または地域不明の「どこかの地域方言」である．

　第1の層である「生育地方言」は，自身の身についた「リアル方言」で，従来の「生育方言」の「親密コード」使用と同様の用法をもつ．他の2つ層との区別のため「本方言」と呼ぶことにする．

　第2層の「濃厚生育地方言」と第3層の「非生育地方言」は，自分の手もちの言語変種ではない，いわば借りてきた言語変種である点が共通している．第2層と第3層を分けるのは，「地元性」の有無だけである．借りてくるソースが「地元」か否かという点が異なるだけで，手もちではない言語変種を借りてきてわざわざ「親密コード」として用いるという大きな枠組みは共通している．これらは，第1層の「リアル方言」と異なる「バーチャル方言」ということができる．

　第2層は，自身は使わないが，親や祖父母などの生育地の年長者が使用する，若年層にとってはその地域らしさがより濃厚に感じられる「伝統方言」をソースとし，「親密コード」として用いるものである．第3層との違いとして，採用対象である「濃厚生育地方言」や「濃厚生育方言の使用されている地域」とは，直接的な接触をもち，直接接触の結果，第2層が成立するという点である．

　第2層方言は，地元色をより濃厚に示す目的で用いられることが多い．典型的な使用例は，東京の大学に通う発信者が，地元の親しい友人に対して送信するメイルなどにおける使用だ．このような行動について，使用者からは，「地元」という紐帯を太くする目的のためであるとする説明がなされることが多い[3]．この用法の拡張として，非地元の友人に対しても親密さを強調するためにこの「より濃厚な地域方言」が選択されるケースがある．第1層「本方言」の対非地元人に対する「親密コード」の用法と同様であるが，より手の込んだ「親密コード」選択である[4]．

　第1層の「手もちの方言」と区別するために，第2の層の「より濃厚な方

言」を「ジモ方言[5]」と呼ぶ大学生もいる．ある表現意図を装うために取り入れた「オプション方言」で，方言の「アクセサリー化（小林隆，2004.09）」を一段進めたものともいえるだろう．

　第3層は，生育地にはかかわらないいずれかの地域の「方言」をソースとし，「親密コード」として用いるものである．ここには，「地域」や本物の「方言」との直接的な接触は必要とされない．ただし，どこの地域の「方言」でも等しくそのソースとなりうるか，といえば，そうではない．ドラマ，バラエティー，アニメなどのTV番組，映画，漫画，小説などの創作物において「役割語（金水敏2003）」として地位を確立している「方言」や，マス・メディア等での露出度の高い「地域」の「方言」にほぼ限られる．

　第3層は，用いられ方においても，大きく第1層・第2層と異なる部分をもつ．典型的には，複数地域の複数地域方言形式をひとつの発話単位に脈絡なく混用させる使用方法をもつことである．

　第3層は，第2の層の人工的な様相をより強化した側面をもつ．方言の「アクセサリー化」から，さらに「おもちゃ化」した段階にあるといってもよいだろう[6]．ある地域方言を「新しいことば」として採用し，ひとつの発話単位において異なる地域方言形式を併用する．このように用いられる非生育地域の方言のことを，仮に「ニセ方言」と呼ぶ．

　第3層「ニセ方言」の摂取は，直接接触した地域方言話者の用いる「方言」からであるケースもないではないが，ドラマやCM，バラエティー番組などのTV番組や映画，漫画，小説などの創作物や，マス・メディアに登場する「方言」が，個人レベルの言語活動において摂取されたケースが多いといえるだろう[7]．

　これら創作物やマス・メディアに登場する「方言」は，それらのメディアにおいて「役割語（金水敏，2003）」の地位を獲得した「方言」や，それぞれの「方言体系」を構成する要素のうちの限られた形式である．このため，差異化を求める携帯メイルハードユーザーの欲求に応えようと，若年層女子をターゲットとした各種「かわいい方言本」が数多く刊行された[8]．ひとつの発話単位に異なる地域方言形式を併用する典型として「かわいい方言本」そのもののタイトルが上げられる．典型例を図A・図Bとして示す．

左：図A．異なる方言がタイトルに含まれる『ちかっぱめんこい方言練習帳！』（主婦と生活社 2005年7月刊行）
右：図B．「ギャル」を想起させるイラストを表紙に用いた『ザ・方言ブック』（日本文芸社2005年7月刊行）

3．大学生調査からみる「ニセ方言」

2004年1月に大学生を対象とした調査[9]（回答者総数137人：04調査）データを用いる．「携帯メイルに特有の表現をするかどうか」という質問に対して「する」と回答した回答者に，「どのような表現をするか」と選択肢を与えて質問している．その質問に対して「ニセ方言」を選択し，具体例を伴う回答のあった29度数について，回答者生育地ブロックと具体例の「ニセ方言」の地域[10]を分類したものが図1．

「ニセ方言」として回答された度数の高かったものは，「関西（9）」，「北関東（7）」であった．ブロック単位としてまとめても出現してこない地域は，「北海道」，「首都圏」，「中部」，「沖縄」である．

「ニセ方言」を使用すると言及し，具体例の報告をした回答者には，首都圏生育者が多い[11]．方言的特徴の少ない方言話者である首都圏生育者は，第1層「本方言」はもたないという意識が強く[12]，その結果，第2層「ジモ方

第3章 メイルの「方言」は，どこの方言か　475

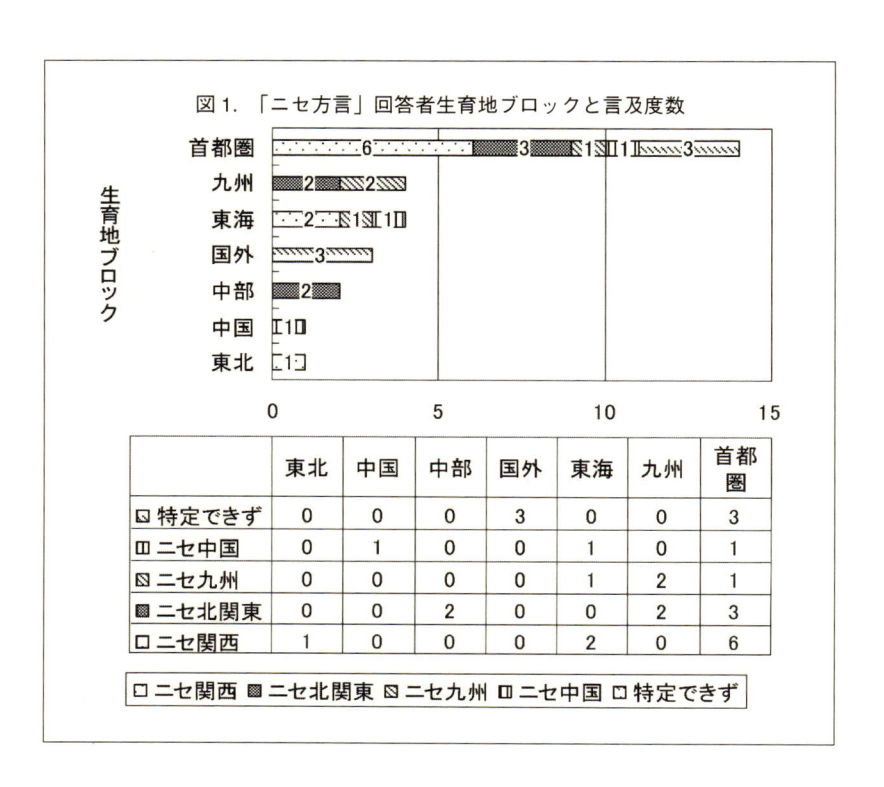

図1.「ニセ方言」回答者生育地ブロックと言及度数

	東北	中国	中部	国外	東海	九州	首都圏
特定できず	0	0	0	3	0	0	3
ニセ中国	0	1	0	0	1	0	1
ニセ九州	0	0	0	0	1	2	1
ニセ北関東	0	0	2	0	0	2	3
ニセ関西	1	0	0	0	2	0	6

言」も使えないと思っているケースが多く，他地域生育者に比べて，「ニセ方言」使用に傾くことが推測される．

　「ニセ方言」として使用した形式についての具体例は，表1の通り．具体例のほとんどが，「～やん」，「～だべ」，「～たい」のような方言文末詞や，「なんでやねん」，「そうやねん」のような慣用的な短いフレーズとなっている．「要素」の観点からみても，「役割語」としての用いられ方に近いことが分かる．これらは，活用などのめんどうな手続きを経ることなく，「共通語」の談話や文章に「挿入」したり，「累加」したりすることが可能な「要素」で，その時々のキブンや表現意図によって着脱自在なものであるからである．

表1．回答者が「ニセ方言」として言及した使用事例およびコメント
（生育地の分かる回答者134人中「ニセ方言」回答事例29例の内訳）

地域	具体例＆コメント	ID	性	生育地	ブロック
関西	〜やから	14	女	東京都	首都圏
	なんでやねん	32	女	埼玉県・蓮田市	首都圏
	そうやねん。←ちょっと無理してる。	38	女	岐阜県・各務原市	東海
	あるけぇーなど、関西方言一般	61	男	埼玉県・深谷市	首都圏
	〜やん	84	女	東京都・八王子市	首都圏
	〜やろ	90	女	東京都・江東区	首都圏
	なにしとんねん	101	男	秋田県・高巣町	東北
	〜じゃ	102	女	千葉県・東金市	首都圏
	なんでやねん	108	女	愛知県・大府市	東海
北関東	〜だべ	15	女	佐賀県・福富町	九州
	〜だべ	23	女	長野県・塩尻市	中部
	〜だべさ	23	女	長野県・塩尻市	中部
	〜だべさ	29	女	大分県・玖珠町	九州
	〜っぺか？	116	女	東京都・世田谷区	首都圏
	〜だべさ	116	女	東京都・世田谷区	首都圏
	んだども	116	女	東京都・世田谷区	首都圏
九州	〜けん	43	女	神奈川県・鎌倉市	首都圏
	博多弁(ニセ)を使うことがおおい。「〜たい」とか。	72	女	三重県・松阪市	東海
	〜ですたい	123	女	大分県	九州
	〜でごわす	123	女	大分県	九州
中国	「〜やけー」を「〜やけ」と短縮形で書く、等	1	女	山口県・宇部市	中国
	あるけぇーなど、中国方言一般	61	男	埼玉・深谷	首都圏
	四国地方のメールを受信し、広島方言「じゃけん」で返信	71	女	三重県・桑名市	東海
不明	〜なんさ	14	女	東京都	首都圏
	〜なんよ	25	女	ドイツ	国外
	〜やね	25	女	ドイツ	国外
	〜さ	25	女	ドイツ	国外
	〜だがよ	43	女	神奈川県・鎌倉市	首都圏
	〜だやね	53	女	埼玉県・狭山市	首都圏

4．おわりに

　「ジモ方言」や「ニセ方言」の機能は，「規範／ふつうからの逸脱」，「親密さのアピール」，「かわいくみせる」といった表現や感情の装いを示す機能ばかりでない．「手もちの変種ではない変種を用いている」といった一手間かけた「わざわざ感」によって，相手に対する配慮を示す，という機能も併せもっている．

　「目新しさ」や「わざわざ感」という「オプション」をつける行動は，「打ちことば」，とりわけ親しい間における頻繁なやりとりに用いられる携帯メイルにおいて，顕著に観察される装飾性の高い表現と平行的な新しい「配慮表現」の一種といえる．

携帯メイルに代表される「打ちことば」は，パラ言語情報，非言語情報の欠落を補うために，「各種記号（！・～・…）」，「（　）文字（（笑）・（泣））」，「顔文字（(^_^)・＜(m(_ _)m)＞」，「絵記号（★・♪）」，「機種依存文字（✉・♥）」[13]など各種記号類の多用や，現代仮名遣いなどの「規範」から逸脱した表記や文体・表現が盛んとなっている（田中ゆかり，2005.03a；同，2005.03b；第4部第5章・第6章参照）。「打ちことば」において，これらが多用されることは，「女子的コミュニケーション」のステレオタイプとしてすでに表象されている（図C）。このようにステレオタイプ化した表現からは，さらなる「逸脱」や「一手間かけた感」が「打ちことば」の「親密コード」としては期待される。新しい表現模索の1つとして「ニセ方言」使用はあるといえるだろう。

また，「打ちことば」はそのメディアがもつ「不完全な同期性」によって，自己を装う機能が強化されている。その結果，「役割語」や「キャラ助詞，キャラコピュラ（定延利之，2005；定延利之，2006）」，3層の「方言」などの意識的な使用が個人において一般化，顕在化してきたものと考えられる。

図C．ホイチョイ・プロダクションズ『気まぐれコンセプト』『ビッグコミックスピリッツ』（小学館）2003年6月23日号（28号）

1 たとえば，佐藤和之・米田正人（編）（1999）など．
2 田中ゆかり（2005．03a，2005．03b），第 4 部第 5 章，第 6 章参照．三宅和子（2006）では，関東圏の大学生による携帯メイルテキスト分析と意識調査，関東圏大学生・関西圏女子大学生によるメイル書き換え調査を用いて「携帯メイルにおける方言使用」について言及している．
3 田中が早稲田大学文学部（文学学術院）で担当していた「地域・社会とことば（1997年度〜2007年度）」，日本大学文理学部で担当していた「現代日本語学講義（社会言語学）2000年度〜2007年度」などにおける毎授業後に学生から提出されるコメント票に記載されているコメント．授業外において匿名でコメントを使用することがあることは説明の上，了承を得ている．
4 仮に受信者が「濃厚生育地方言」で書かれた本文を理解しない可能性があったとしても，「これ，どういう意味？」というコミュニケーションのきっかけ作りとなるので，より親しくなる効果をもつ，というコメントをした学生がいる．
5 「地元の方言」．1990年代の流行語「ジモティー（地元人）」+「方言」の略．
6 「第 3 層」については，陣内正敬（2006）が示すように首都圏と西日本地域では，同程度存在するとはいいにくいかも知れない．手もち方言である明確な「本方言」がある地域生育者かどうか，手もち方言が「役割語」として「メジャーな方言」であるかどうか，などがかかわるだろう．
7 間接的なデータだが，首都圏生育若年層の「関西弁」に対する「好悪」の決定要因として「テレビ」が圧倒的多数で，直接接触はほとんど見られない（田中ゆかり，2005．12）．「関西弁」形式の摂取に際しても，「テレビ」の「関西弁」がソースとなっていることが強くうかがえた．
8 『ちかっぱめんこい方言練習帳！』（かわいい方言で日本を幸せにする会・主婦と生活社2005年07月刊行）を刊行した森本泉編集長のことばに集約される．「調べた方言をノートにつけている子がいて，『辞書があれば』と言っているのを聞いたのが，本を作るきっかけでした」（2005年10月27日読売新聞 2 版20面 KODOMO 伝える「女子高生"方言"ブーム」より）．類書に『全国方言スラスラブック』（本の森辞典編集部・セントラル SOG 2005年06月刊行），『ザ・方言ブック』（コトバ探偵団・日本文芸社2005年07月刊行），『かわいい方言手帖』（ふるさとナマリ研究会・河出書房新社 2005年09月），『ばり・でら方言スラスラ帳』（本の森辞典編集部・シーエイチシー 2005年11月刊行），「なまり亭マシューズ・ベスト・ヒット TV ブラウズ」（朝日 TV・2005年11月刊行 ワニブックス）［刊行順］．
9 調査概要，データの詳細は田中ゆかり（2005．03a，2005．03b）．第 4 部第 5 章，第 6 章参照．
10 「ニセ方言」地域については，回答者の言及があった「地域」をブロックにまとめなおしている．正しく「地域」言及がなされているかはここでは問わない．
11 全回答者のうち生育地のわかった136人中64人が首都圏生育者なので，データそのものにおいて首都圏生育者は多い．
12 1970年代中盤以降の首都圏居住者は「共通語話者」意識が高く，「方言」使用意識をほとんどもたない（田中ゆかり2006）．第 5 部第 2 章参照．
13 機種依存文字の文字化け問題は，2005年から2006年にかけておおむね解決された．他者携帯電話宛の絵文字を含むメイルの絵文字部分の自動変換機能が開始されたためである．

第4章
「方言コスプレ」にみる「方言おもちゃ化」の時代

1．はじめに

　たとえば，気の置けない友だちとおしゃべりをしていて，その友だちがありえない冗談やつまらない冗談を言ったとしよう．そんな時，関西人でもないのに「なんでやねん！」と「つっこむ」．あるいは，ちょっと無理かな，と思う要求をされたと思いつつも，九州人でもないのに「お引き受け申したでごわす」，と「男らしく」お引き受けする．またあるいは，ちょっとハードルの高いお願いを友だちにするとき，「おねげえですだ」と，東北人でも北関東人でもないのに「純朴な感じで」お願いしたりする….

　ここで，とりあつかう"「方言」を用いた「ことばのコスプレ」"とは，先に示したような，話し手自身が本来もつとされている生まれ育った土地の「方言」とはかかわりなく，縁もゆかりもない土地の「方言」を，その場その場で演じようとするキャラクター，雰囲気，内容にあわせて着脱することを指す．ある意味，ことばによるコスチューム・プレイの方言バージョンである[1]．たとえば「つっこみキャラ」は「関西弁」，「男キャラ」は「九州弁」，「純朴キャラ」は「東北弁」や「北関東弁」と，ある個人がその場で示したい「キャラクター」に従って，「方言」を着けたり外したりするようなことである．

　もちろんこれは，「親しい間柄のおしゃべり」相当場面に特徴的に現れる現象で，全国津々浦々，老若男女に等しく観察される事象でもない．場面，地域，性，個人の志向性などに強く依存する現象ではある．といって，特別に変わった志向をもつ極限的な地域の人が使用する，というレベルの現象でもない．

　それから，この場合においては，「方言」といっても，何重もの意味において「本当」の「方言」である必要もない．まず，話し手自身が生まれ育つ過程で身につけた「生育地方言」である必要もないし，「○○弁」や「△△

方言」といっても本当にその「○○弁」や「△△方言」が期待されているわけでもないし，使用される際に正確性が要求されるわけでもない．もっといえば，その「本当」の「方言」に触れたことがあるか，知識があるのかさえ問わない．多くの人が「○○弁」や「△△方言」として共有する「らしさ」が感じられればよいのである．典型的なステレオタイプとしての「方言」である．

2．前景化する「方言コスプレ」

　従来の「方言」研究は，話者が言語形成期を過ごした土地（生育地）の地域方言の使用と使用意識を対象としたものが中心であった[2]．

　非生育地方言の使用については，移住などに伴うアコモデーション（歩み寄り）に関する研究[3]があるが，移住などの直接接触を伴わない非生育地方言の使用や使用意識については，臨時的なアコモデーション行動についての分析・研究を除けば，ほとんど関心はもたれてはこなかったように思える．

　それは，本章で述べるような「キャラ」によって，ある「方言」を臨時的に着脱するような用法が，親密な間柄における遊び的要素が強い，「つけたし」的な言語行動であるためと推測される．

　しかし，ここで述べるような非生育地方言の臨時的着脱行動は，たしかに遊び的な「つけたし」行動ではあるが，近年，とくに首都圏の若年層においては無視できないほど多く観察される行動になっている．また，「首都圏の若年層」という限られた使用層ばかりではなく，私的で親密な間柄における携帯メイルや電子メイルはもちろんのこと，ブログ（Web-log），掲示板，SNS（Social Networking Service）などの「打ちことば」において，かなり広く使用が認められる現象となってきている．

　この観点からも，この現象を単に「遊び」，「つけたし」，「限られた人々の行なう特殊な行動」と切り捨てる段階ではないことが指摘できそうであるし，また，じつは，この非生育方言をある意図をもって着脱するという行動は，着脱の対象となる「方言」になんらかの「らしさ」を求めた行動であるため，当該方言のステレオタイプとかかわってくるものでもある．

　そのステレオタイプの形成には，もともとの各地の「方言」や，「方言」

の使用されている「地域」に対してもたれている現実の世界（ゲンジツ界）におけるステレオタイプ[4]が関与しているだけではなく，バラエティー番組やドラマ，アニメ，CMなどのTV番組，小説，映画，漫画のような創作物の世界（ツクリモノ界）で使用される「役割語（金水敏，2003）」におけるスレテオタイプとの連関が強い．

ただし，ツクリモノ界とゲンジツ界それぞれにおける「方言」のステレオタイプは，完全に一致するものではないし，また一方的な関係ではなく循環する双方向的な関係にありそうである．

「役割語」とゲンジツ界において，その「役割」に顕著な差が観察される典型的なものとして「標準語」あるいは「全国共通語」を上げることができるだろう．ツクリモノ界における「標準語」／「全国共通語」は，物語の筋に集中させる機能を強くもち，筋を運ぶヒーロー／ヒロインの使用変種となる（金水敏，2003）が，ゲンジツ界では，「標準語」／「全国共通語」で通す話し手は「変な人」扱いとなる（小森陽一，2000；清水義範他，2006など[5]）．

また，ある「方言」に対するステレオタイプやイメージにも，地域差が観察される[6]．これは，主として，その方言を実態としてもつか，実態を知っているかということにかかわってくるようだ[7]．

ゲンジツ界における言語行動という観点からは，「キャラ語，キャラ語尾（定延利之，2004；同2006）」との相関性も高い現象である．しかし，「キャラ語尾」が「キャラクター」か「非キャラクター」か，という1／0的な側面を強くもつのに対し，「方言」の場合は，生育地方言か非生育地方言か，という1／0ではなく，生育地方言，生育地方言の強調変種，非生育地方言と，運用に際して「方言」の「層」が観察される点が，「キャラ語」や「キャラ語尾」と異なるところといえそうである．

3．「方言コスプレ」前景化の背景

「方言コスプレ」が前景化してきた背景として，大きく2つの要因を指摘することができそうである．1つはインターネットや携帯メイルの普及によって「打ちことば」が日常化し，「打ちことば」の特徴のひとつである自己

装い表現の一般化が進んだこと，もう一つは，現代が方言の「おもちゃ化」の時代を迎えていること——である．

3.1.「打ちことば」の一般化

　携帯メイルやブログや掲示板の書き込み，SNS は，非対面・非同期の「打ちことば」コミュニケーションである．そのため，自己装い表現を取り入れやすい．とりわけ「親しさ」・「非公式性」を示すための「親密コード」においては，記号類が多用されてきた（田中ゆかり，2005．03a；同，2005．03b；立川結花，2005）．記号類の多用は，「打ちことば」に欠落しがちな，感情などを表現するパラ言語や非言語要素の補塡という意味ももちろん大きなものであるが，相手への配慮や表現効果を期待する自己装い表現として，そのバリエーションと使用頻度を拡張してきたという背景ももつ．そこに，従来一部のコミュニティー[8]では話しことばとしても存在していた「ことばのコスプレ」事象がこの非対面・非同期・非公式なコミュニケーションのツールとして採用され，使用層が拡張，顕在化してきたものと考えられる．

3.2. 地域方言変種の価値の上昇

　また，「方言」がコスプレ・ツールとして採用されるようになった背景に，現代が地域方言変種に代表される非共通語変種の価値が上がった時代であることも指摘できる．

　「方言」は，真田信治（2000）で示されたように，共通語化がほぼ完了した第二次世界大戦後の「完成期」，1980年代の「ポスト期（「共通語／方言のバイリンガル状態の完成」）」を経て，「アクセサリー化（小林隆，2004）」から「おもちゃ化」の時代を迎えたといっていいだろう．

　小林隆（2004）は，共通語が当たり前の時代になった今日，方言が希少価値をもつにいたったとして，比喩的に「現代は，共通語が方言を引き立ててくれる時代」と述べている．同時に「現代方言の機能は（中略），心理的なメッセージの提示に重心が移ってきている」とし，方言の使用はもはや「スタイル」としての包括的な変種使用ではなく「要素」としての部分使用とみ

るのが妥当，と指摘している．

　小林隆（2004）の指摘する「方言のアクセサリー化」現象は，話者自身がもつ生育地方言に焦点を当てたもので，以下で述べる生育地方言の強調変種「ジモ方言」の前段階的用法に位置づけられる．

　一方，ここでいう「方言」の「おもちゃ化」とは，「「方言」を目新しいもの，おもしろいもの，価値あるものとして，それが生育地方言であるか否かを問わず，表現のバリエーションを広げたり，楽しんだりすることを主目的に採用・鑑賞する」という「方言」の受容態度と言語生活における運用態度のことである．

　「ニセ方言」を用いた「方言コスプレ」や，生育地方言の強調変種「ジモ方言」使用の顕在化は，「方言おもちゃ化」の典型的事象といえる．

　「方言おもちゃ化」の現れの程度は，当該のコミュニティが「方言主流社会」であるか「共通語主流社会」であるかによって，相当異なると想像される（陣内正敬，2006；三宅和子，2006）が，少なくとも首都圏若年層においては，すでに「方言おもちゃ化」の時代がやってきている．この「方言おもちゃ化」現象が社会的に顕在化した例として，2005年から2006年にかけてマスメディアで盛んに取り上げられた「女子高生方言ブーム」を指摘できるだろう[9]．

4．3つの「方言」の層

　「方言おもちゃ化」の時代である現代における方言使用の層としては，「本方言」，「ジモ方言」，「ニセ方言」の少なくとも3層が存在している[10]．

　第1層の「本方言」は，自分自身が生育する過程で自然に身についた生育地方言[11]のことである．生育地方言は，自分自身が「方言話者」であるかどうか，という認識とは別に，本来，どの話者ももつもので，いわば「手もちの方言」である．ここで述べる3層のうち，話者自身の固定的属性ともっとも切り離しにくい言語変種である．生育地方言は，一般に「同じ地域方言を話す相手」や，「親しい相手」に対して使用する「親密コード」として用いられることが多い．

　第2層の「ジモ方言[12]」は，話し手自身が話ことばとしては使用しないも

のの理解語の範囲にある「より濃厚な生育地方言」を指す．自分の生育地の方言だが，自身は使用しておらず，親や祖父母世代が使用しているのを見聞きして認識しているような方言を指す．

　話者にとってみれば，「ジモ方言」は，生育地方言の地域性を強調した変種であり，地元色をより濃厚に示す目的で用いられることが多い．地方出身で東京の大学に在学している発信者が地元の親しい友人に対して送信する携帯メイル等における使用が典型的だ．「地元」という紐帯を太くするために「ジモ方言」を選択するという用法である[13]．第1層の「本方言」が，非地元の親しい相手に対しても「親密コード」として選択されることと同様に，第2層の「ジモ方言」も，非地元の親しい相手に対する「親密コード」としての用法をもつ．一方，第1層「本方言」がいわば手もち方言からの選択であるのに対し，「ジモ方言」は，地縁のあるものとはいえ，わざわざ借りてくる「方言」を用いたものであるため，一段，手の込んだ地域方言変種の運用といえる．

　第3層「ニセ方言」は非生育地の方言で，第2層「ジモ方言」のもつ人工的な側面をより強化した完全な借り物の「方言」を用いた「親密コード」といえる．

　「ニセ方言」は，間接接触による摂取が主なものと考えられる[14]．ツクリモノ界における「方言」や，マスメディアによって露出度の高い「方言」[15]をその「参照枠」とするもので，直接接触による摂取はあまりない．

　「ニセ方言」の「方言」としての正確性については，発話者・受信者側ともにあまり期待しない[16]．また，「ニセ方言」として採用される要素も限定的だ．語彙の一部や特定の言い回し，自称詞や対称詞，「キャラ語尾（定延利之，2004；同，2006）」に近い限られた形式が採用される．これは，「共通語化をまぬがれ活力を維持する方言要素」として小林隆（2004）で指摘されている部分と大きく重なる．すなわち，「文末詞や感情語彙，程度副詞など心的なもの」である．

　「ニセ方言」は，親しい間柄における目新しい「遊び」的コミュニケーションや，不特定多数が相手となるブログにおける「くだけた」，「気楽な」雰囲気をかもし出すために用いられる．単に「目新しい」，「楽しい」，「くだけ

た」,「気楽な」雰囲気の演出のためだけではなく,「役割語」として定着しているようなレベルのツクリモノ「方言」のステレオタイプを「臨時キャラクター」として発動させるという機能ももつ．その機能によって,「ニセ方言」使用の特徴として，ひとつの発話単位において異なる地域方言形式を併用することが一般に観察されることになる[17]．

　「ニセ方言」の摂取は，間接接触によるものが主とみられる．直接接触した地域方言話者の用いる「方言」から摂取されるケースもみられるが,「役割語」やマスメディアに登場するツクリモノの「方言」から摂取したとみられるケースが多い．

　ここで述べた「本方言」,「ジモ方言」,「ニセ方言」の3層を特性という観点からまとめると，表1のようになる．

表1.「本方言」,「ジモ方言」,「ニセ方言」の特性

	地元固定度	着脱度	ステレオタイプ度	フェイク度	遊び度	親密度
本方言	++	−〜±	−	−〜±	−〜±〜+	±〜+
ジモ方言	+	+	+	+	+	+
ニセ方言	−	++	++	++	++	+

　以下では,「方言おもちゃ化」現象の実態を，各種調査データを用いながら，示していきたい．

5．携帯メイルに現れる「ニセ方言」

　"携帯メイルで「ニセ方言」が使われている","とくに女子学生が「ニセ方言」を含む携帯メイルならではの表現を使用している"ということが次のデータから確認できる．

　以下で示すデータは，2004年1月に東京23区内の2つの私立大学に通う大学生を対象としたアンケート調査[18]（有効回答数127：首都圏生育者64人，非首都圏生育者63人．以下，04調査）による．この調査を実施した2004年1月時点では，マスメディアにおける「女子高生の方言使用」に代表される「方言おもちゃ化」現象が社会的に顕在化していない段階である．このデー

タからは,「ニセ方言」使用が流行として世間にフィーチャーされる前段階の首都圏の大学に通う大学生の意識が確認できる.

5.1. 携帯メイル「特有表現」としての「ニセ方言」

まず,携帯メイルならではの表現(以下,「特有表現」と呼ぶ)をしているかどうか尋ねたところ,はっきりとした男女差が確認された(図1).女子学生では7割弱が「使用している」と回答したのに対し,男子学生は3割強しか「使用している」という回答をしていない.

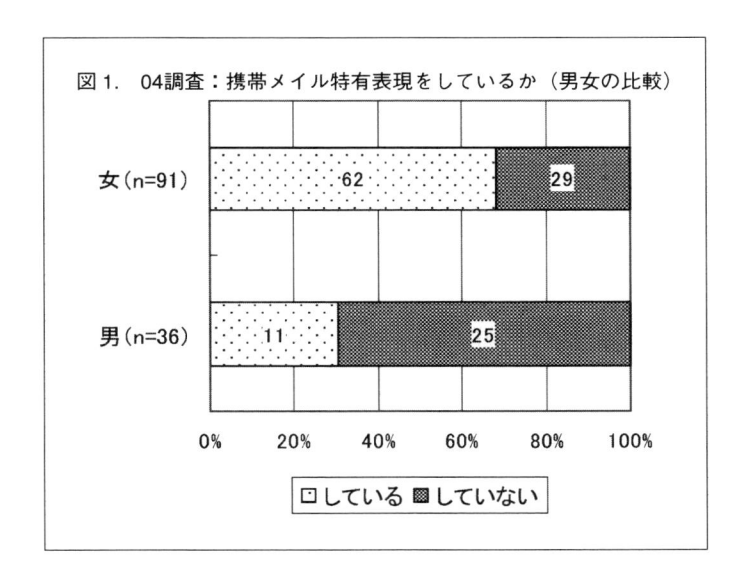

図1. 04調査：携帯メイル特有表現をしているか(男女の比較)

女(n=91) している 62 / していない 29
男(n=36) している 11 / していない 25

次に,9つの選択肢を示した上で,どのような表現を自分自身は用いているのか,という質問を行なった(複数回答可：図2).図2からは,「文末表現」がもっともよく用いられており,ついで「定型表現」,「記号」,「呼称」,「ニセ方言」の順で用いられている.

「ニセ方言」とは別に選択肢として示した「方言」は,「ニセ方言」よりも「使用する」という回答が少ない.また,有効回答者数に差があるものの,

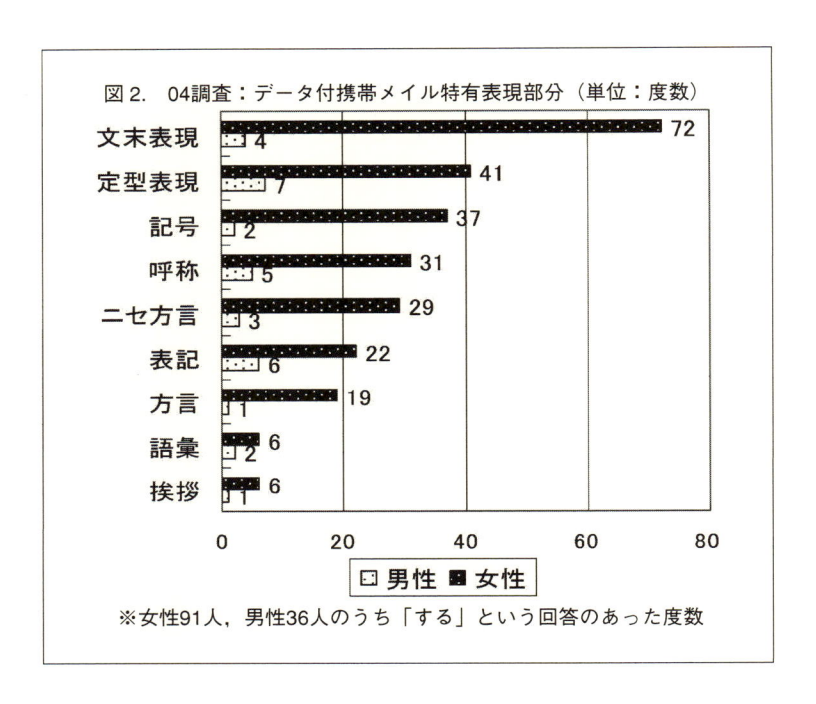

図2. 04調査：データ付携帯メイル特有表現部分（単位：度数）

項目	男性	女性
文末表現	4	72
定型表現	7	41
記号	2	37
呼称	5	31
ニセ方言	3	29
表記	6	22
方言	1	19
語彙	2	6
挨拶	1	6

※女性91人，男性36人のうち「する」という回答のあった度数

すべての特有表現は，男子学生より女子学生により活発に用いられていることが分かる．

5.2.「ニセ方言」の具体例

また，「ニセ方言」について，具体例が記述されていた回答29例は，15例が首都圏生育者からの回答，14例が非首都圏生育者（うち3例は日本語を第1言語とする国外生育者）からの回答であった．ここから首都圏生育者の「ニセ方言」使用の活発さが確認できる．

29例のうち，回答者本人の「申告」も含め，おおよその地域が特定できた「ニセ方言」23例を分類すると，「ニセ関西弁」が9例ともっとも多く，ついで「ニセ北関東／東北弁」7例，「ニセ九州弁」4例，「ニセ中国方言」3例であった．「ニセ方言」具体例として示された回答は，以下に示すような「文末表現」や「定型表現」で，いずれも「部分性」の強いものであった．

［ニセ関西弁］　～やん，～やろ，～じゃ，～やから，
　　　　　　　　　なんでやねん，そうやねん，なにしとんねん
　［ニセ北関東／東北弁］　～だべ，～だべさ，～っぺか，んだども
　［ニセ九州弁］　～けん，～たい，～ですたい，～でごわす
　［ニセ中国方言］　～やけ，～けぇー，～じゃけん

　地域分類できなかった具体に示された6例についても，次の通り，文末詞に限られる．

　［未分類ニセ方言］　～なんさ，～なんよ，～やね，～さ，
　　　　　　　　　　～だがよ，～だやね

　以上のデータから，携帯メイルにおいて「ニセ方言」を用いるという言語行動は，女子学生，首都圏生育者に顕著であること，「ニセ方言」の対象方言や，「ニセ方言」として採用される要素は限られたものであることが確認できる．

5.3. 携帯メイル「ニセ方言」の背景

　首都圏生育者に「ニセ方言」使用言及が多い理由として，こんにちの首都圏方言は，「方言らしい方言」となりうる「気づきやすい方言」が少なく[19]，その結果，首都圏生育者は「本方言」をもっていないと思うことになり[20]，「本方言」はもちろんのこと「ジモ方言」も使えない（と思っている），という理由を指摘することができる．「本方言」を意識しやすい非首都圏生育者が，「親密コード」として，手もちあるいは半手もちの「本方言」，「ジモ方言」を使用できるのに対し，首都圏生育者は「方言」にかんする「親密コード」が手ぶら状態にあるためである．その空白を埋めようと首都圏生育者が「親密コード」として「ニセ方言」を希求した結果が，調査結果として確認された，とみることができる．
　女子学生に「ニセ方言」使用言及が多いのは，先に述べたように女子学生の言語活動一般に観察される「装飾志向[21]」にマッチする言語行動であるた

めだろう．

「ニセ方言」の対象方言は，大方言でかつ「イメージ濃厚方言（友定賢治，1999）」であり，ツクリモノ界において「役割語」の地位を確立している「方言」といえる．また，新聞記事［1］で示された，全国読者に対するアンケートで回答の多かった「使ってみたい方言」，「好きな方言」ともほぼ重なっている．後述する07調査において，「ニセ方言」として使用する方言を尋ねているが，そこで数多く回答された「方言」も「関西」，「九州」，「東北」，「北関東」，「北海道」，「沖縄」，「広島」と，04調査と大差のない結果となっており，「ニセ方言」の「参照枠」は限られた範囲のものであることが分かる．

採用される要素には「文末表現」や「定型表現」が多いことはすでに述べた通りであるが，それらのほとんどは，「標準語」や「全国共通語」変種の文末に直接装着したり，共通語変種の間にそのまま挿入したりすることができる形式である．この着脱の「簡単さ」も，「ニセ方言」採用行動において重視されるものであることが分かる．この「部分性」は，アクセサリー的に用いられる生育地方言の採用対象（小林隆，2004）と重なる問題である．

6．若年層にとっての3つの方言層

若年層における「本方言」，「ジモ方言」，「ニセ方言」の使用意識は，どのようなものだろうか．2007年7月に，東京都23区内にある私立大学に通う大学生に3層の「方言」の使用意識にかんするアンケート調査を実施した（以下，07調査）．日本語を第1言語としない回答者を除いた265人[22]のデータからみていく．

6.1. 場面差・属性差を示す3層の方言

「本方言」，「ジモ方言」，「ニセ方言」それぞれについて，9つの場面（対家族会話，対地元友人会話，対大学友人会話，対家族手紙，対地元友人手紙，対大学友人手紙，対家族メール，対地元友人メール，対大学友人メール）を提示し，各場面においてどの程度各「方言」を使用するかについて尋ねた．回答は，3段階（よく使う，たまに使う，使わない）で求めた．

表2は「使う(よく使う+たまに使う)」の比率を，回答者の出身地[23]が首都圏(n=188)か非首都圏(n=77)か，で比較したものである．統計的に有意に回答の比率が高いセルを白黒反転させて示した[24]．

　表2から，明らかとなるのは，出身地が首都圏であるか否かによって3層の「方言」の使用パターンがはっきりと異なることである．概ね，次のようなことが読み取れる．

表2．07調査：「本方言」「ジモ方言」「ニセ方言」場面別使用率（単位：％）
＊[＜/＞：5％水準で有意差有，≪/≫：1％水準で有意差有]

方言種類	場面	首都圏		非首都圏
本方言	対家族会話	42.5	≪	85.7
	対地元友人会話	41.9	≪	86.8
	対大学友人会話	34.4	≪	59.7
	対家族メイル	33.3	≪	59.7
	対地元友人メイル	34.4	≪	63.6
	対大学友人メイル	30.1		33.8
	対家族手紙	24.7		35.1
	対地元友人手紙	27.4	＜	40.3
	対大学友人手紙	24.7		22.1
ジモ方言	対家族会話	14.5	≪	49.4
	対地元友人会話	9.1	≪	46.8
	対大学友人会話	6.5	＜	15.8
	対家族メイル	9.1	＜	24.7
	対地元友人メイル	7.5	≪	29.9
	対大学友人メイル	7.5		10.5
	対家族手紙	5.9	＜	19.7
	対地元友人手紙	6.5	≪	22.4
	対大学友人手紙	5.4		10.5
ニセ方言	対家族会話	41.2		37.7
	対地元友人会話	47.1		44.2
	対大学友人会話	54.0		42.9
	対家族メイル	26.2		15.6
	対地元友人メイル	48.1	＞	29.9
	対大学友人メイル	47.1	＞	33.8
	対家族手紙	11.2		9.1
	対地元友人手紙	12.8		13.0
	対大学友人手紙	12.8		19.5

［1］「本方言」は，非首都圏出身者における「会話」・「地元メイル（家族・友人）」・「地元友人手紙」の使用が多い．
［2］「ジモ方言」は，非首都圏出身者における「会話」・「地元メイル（家族・友人）」・「地元手紙（家族・友人）」の使用が多い．
［3］「ニセ方言」は，首都圏出身者の「友人メイル（地元・大学）」に使用が多い．
［4］各「方言」ともほぼ「会話」＞「メイル」＞「手紙」の順に使用率が下がる．

以上より，少なくともこの3層の「方言」が別々の機能をもちつつ存在することは明らかで，出身地が首都圏か非首都圏かで3つの「方言」のどの層をどのように使用しているかも異なることが浮かび上がる．07調査においては，3層の「方言」使用に際しての男女差は確認されなかった．これは，先述した04調査とは異なり，「方言おもちゃ化」現象が顕在化したのちの調査であるためであろうか．

「手紙」場面における「方言」使用が少なく現れるのは，「手紙」が，そもそも若年層にとって3つのメディアのうちもっとも「馴染み度」が低い[25]のと同時に，「会話」や「メイル」に比べ高い文体が期待される「書きことば」度の高いメディアであるためだろう．

6.2.「ニセ方言」の対象

07調査では，「ニセ方言」を使用すると回答した回答者に，さらに47都道府県のリストを選択肢として示し，「どこの方言」を使用するかについて，複数回答可で質問している．また，やはり47都道府県のリストを提示しながら，12の評価語（「おもしろい」，「つまらない」，「かわいい」，「かわいくない」，「かっこいい」，「かっこわるい」，「男らしい」，「女らしい」，「洗練されている」，「素朴」，「あたたかい」，「冷たい」）に当てはまる方言を3つまで回答を求めた．その結果をまとめたものを表3として示す．

表3からは，「ニセ方言」の対象として選ばれる方言としては，「大阪」が

表3. 07調査：5度数以上「ニセ方言」として使用したことがある方言（単位：度数　n＝265）

	度数	イメージ（回答者のうち5%以上の回答があったもの〈降順〉　[]内度数）
大阪	114	おもしろい[123]、怖い[85]、かっこいい[53]、男らしい[34]、冷たい[26]、かわいい[22]
京都	45	女らしい[160]、かわいい[98]、洗練されている[78]、やさしい[52]、かっこいい[18]、あたたかい[15]
北海道	21	素朴[19]、あたたかい[17]、やさしい[14]
福岡	14	男らしい[31]
沖縄	13	あたたかい[56]、やさしい[53]、おもしろい[48]、かわいい[21]、素朴[20]
東京	12	つまらない[98]、冷たい[79]、洗練されている[54]、かわいくない[24]、かっこいい[17]
広島	12	男らしい[48]、怖い[31]、かっこいい[25]
兵庫	9	―
青森	8	素朴[35]、おもしろい[21]、かっこ悪い[20]、あたたかい[18]、かわいくない[17]
神奈川	7	―
茨城	6	素朴[15]、かわいくない[14]
愛知	6	―
静岡	5	―
熊本	5	男らしい[15]

圧倒的に多く，ついで「京都」となり，「ニセ方言」といえば関西弁が第1候補となっていることが分かる．関西弁は，それぞれの評価語選択数が他方言に比べ多く，イメージ喚起力も強い．「大阪」の「おもしろい」，「京都」の「女らしい」の回答度数は100度数を超えており，認識度の一致する強いステレオタイプをもつことを示している．「大阪」において喚起される6つイメージは，「かわいい[26]」を除くと，おおむね金水敏（2003）で示される「役割語」としての「大阪人・関西人のステレオタイプ[27]」に重なる．

「東京」の「ニセ方言」としての選択は，主として非首都圏生育者によるもので，その第1イメージは「つまらない」である．これは，東京方言が，現代の「全国共通語基盤方言」であることによる．

このほかイメージ喚起を伴いつつ「ニセ方言」として選択されている「方言」を第1イメージとともに示すと，「北海道（素朴）」，「福岡（男らしい）」，「沖縄（あたたかい）」，「広島（男らしい）」，「青森（素朴）」，「茨城（素朴）」，「熊本（男らしい）」となっている．

それぞれにおいて喚起されるイメージが，当該「ニセ方言」使用者の臨時的な「キャラ」として発動されていることが想像される．

6.3. それぞれの「方言」を使用する理由

　3層の「方言」を使用する理由として回答されたもののうち，10度数以上の回答があった理由を示すと次の通りである（（　）内は回答度数，《非》としたものは非首都圏，《首》としたものは首都圏それぞれの出身者に，統計的に有意に多く回答されたもの[28]）。

「本方言」を使う理由
　　　1位：「ふだんの自分のことばだから（99《非》）」
　　　2位：「地元で使われることばだから（44《非》）」
　　　3位：「親しい感じを出せるから（21《非》）」
　　　4位：「面白い感じを出せるから（10）」

「ジモ方言」を使う理由
　　　1位：「地元で使われることばだから（33）」
　　　2位：「親しい感じを出せるから（15）」
　　　3位：「面白い感じを出せるから（13）」
　　　4位：「地元とのつながりを示せるから（11）」

「ニセ方言」を使う理由
　　　1位：「面白い感じを出せるから（95）」
　　　2位：「雰囲気にふさわしい感じを出せるから（41）」
　　　3位：「友人・知人の使う方言だから（33）」
　　　　　「親しい感じを出せるから（33《首》）」
　　　5位：「内容にふさわしい感じを出せるから（27）」
　　　6位：「家族や親戚の使う方言だから（22）」
　　　7位：「新しい感じを出せるから（17）」
　　　8位：「かわいい感じを出せるから（17）」

　使用理由からも，「本方言」・「ジモ方言」は非首都圏生育者の地元性を生かした「親密コード」としての使用がメインで，「ニセ方言」は首都圏生育

者の「親密コード」であることが浮かび上がる．このことからも，首都圏で「ニセ方言」使用が高いことは，非首都圏の「本方言」・「ジモ方言」の「親密コード」の代替物として採用が促進されているためと言えそうである．一方，「ニセ方言」の使用理由に，「友人・知人が使う方言だから」・「家族・親戚が使う方言だから」という直接接触に基づくアコモデーション用法に関するものも，一定量確認された．

　ここで注目しておきたいこととして，「面白い感じを出せるから」という理由である．非手もち方言である「ニセ方言」や「ジモ方言」は，その表現意図のためにわざわざ借り出してくる「方言」である．それらの使用理由に「面白いから」があることは，ある意味当然といえる．しかし，ここでは「本方言」の使用理由においても「面白い感じを出せるから」という回答が少なくない回答として現れている．

　また，前掲の表2からは，非首都圏出身者が「本方言」・「ジモ方言」を，家族や地元友人に対してばかりではなく，東京の大学友人に対する「会話」・「メイル」においても使用していることが確認できる．同時に，「ジモ方言」においても「地元のつながり」という地元紐帯効果と同程度，「面白い感じを出せるから」という回答が出現している．

　これらの回答傾向からは，「本方言」さえも，演出効果を狙う手もちの変種のひとつと認識する回答者が一定量存在することを含意しており，ここからも「方言」の使用が「面白さ」という「効果」をもつと，非首都圏出身者にも意識されていることがうかがえる．

6.4.「方言おもちゃ化」の時代

　「本方言」，「ジモ方言」，「ニセ方言」は，表1で示したような特性や，使用パターンにおいて，違いがある一方で，通奏低音として「方言」使用そのものに「演出効果」が意識されている様子がうかがえる．

　「ニセ方言」使用にみられるような「方言おもちゃ化」は，たしかに首都圏に顕著な現象であるが，非首都圏においても「おもちゃ化」的感性が浸透しつつあるように見える．

　表2からは非首都圏出身者においても少なからず「ニセ方言」が使用され

ていること，また「本方言」の使用理由としても「面白さ」を指摘する回答者が出現してきていることが分かる．これらは，非首都圏における「方言おもちゃ化」的感性の萌芽を十分に感じさせる．

7．おわりに

　主として「ニセ方言」，「ジモ方言」のような話し手自身が本来「もっている」言語変種ではない「方言」を着脱することに焦点をあて，「方言コスプレ」現象というものをみてきた．

　「ニセ方言」を目新しい表現として着脱する行為は，「もんじろう」という言語変換サイトにおける「方言変換」の人気の高さからも確認できる（図A）．流行語に混じって，「沖縄語」が1位となっているだけではなく，「大阪弁（4位）」，「京都弁（7位）」，「博多弁（9位）」，「宮崎弁（14位）[29]」，「津軽弁（15位）」とバラエティーに富んだ地域方言変種がならんでいる．

　また，現代小説においても「方言コスプレ」が表象されるようになってきた．以下は，東京近郊に住む小学生男子の生活についての描写部分である．「照れ隠し」と「あけすけさのカモフラージュ」として「朴訥キャラ」や「野卑キャラ」を発動させるために「流行の北関東弁」が選択されている場面と推測される（下線部は著者による）．

　　…例えば放課後，クラスの男同士が顔を合わせれば，
　　「な，お前，ぶっちゃけ河口のこと好きだっぺ？　言ってみ，ここだけの話」
　　<u>流行のニセ北関東弁</u>で腹の探り合いを延々繰り返してもまだ飽きない，…
　　（藤野千夜『親子三代，犬一匹』　朝日新聞　第3版8面　2008年7月29日）

　「方言おもちゃ化」現象は，方言的特色の薄い首都圏に生育した若年層に顕著に観察されるものであった．しかし，一部においては「本方言」使用に際しても「面白さ」を理由としてあげる層が出てきていることから，「本方

変換ランキング		
♛❶	—	沖縄語
♛❷	—	武士語
♛❸	—	2ちゃん風味
4位	—	大阪弁
5位	↑	ギャル語
6位	↓	ヤンキー語
7位	↓	京都弁
8位	—	ナベアツ風味
9位	—	博多弁
10位	↑	死語
11位	↓	ルー語風味
12位	—	業界語
13位	—	よしお語
14位	↑	宮崎弁
15位	↓	津軽弁
16位	—	練馬ザ語

図A．ブログ用言語変換サイト「もんじろう」の人気ランキング
（別に携帯用「もんじろう」もある）
（http://monjiro.net/2008年8月18日最終閲覧）

言」のレベルにおいても，「おもちゃ化」的な考え方が芽生えつつあることを感じさせる．

　それは，「本方言」に対する意識として，従来の生育地という属性に固定的な地元志向的「親密コード」から，「ジモ方言」や「ニセ方言」的な「遊び用法」も併せもつ「親密コード」へ，というような転換が生じつつあることの現れと解釈できるからである．

　「方言コスプレ」は，ある表現意図を示すための「選択肢のひとつ」に地域方言変種が入ってきたことを示している．この「方言コスプレ」に代表される「方言おもちゃ化」現象は，「方言」というものの日本語社会における

位置づけが，また一段新しい段階に入ってきたことをうかがわせる事象と言えそうである[30]．

ただし，表現を探る言語活動の中で，「新しいもの」，「物珍しいもの」，「手垢のついていないもの」として，「方言」が採用されるという行動は，今回述べた「方言おもちゃ化」現象に限られたものでもないようである．

たとえば，古くは近世期俳諧における新規性・土着性などを求めた「方言」語彙の採用[31]や，言文一致がほぼ完成した時期の近代文学における，方言や方言に対する視点を取り入れた作品の出現や文体模索[32]などが想起される．こんにちの文学においても，「方言」や「ニセ方言」を取り入れた標準語文学に対する異化作用のもくろみなどが盛んとなってきている[33]ことなどを指摘できるだろう．

また，「役割語」との往還，という観点から考えると，作家や脚本家に代表されるような製作者（玄人）が作り出したツクリモノ界における変種が存在し，そのツクリモノ変種自体や，ツクリモノ変種の編み出し／操作方法が，玄人集団から素人集団にとりこまれた結果が，今日の一般人の日常生活における「ことばのコスプレ」事象だともいえそうだ[34]．

ある変種を用いた着脱属性は，たんに目新しい試みとしてエンコードされればよいものではなく，受け手が発信者の意図通りにデコードされることが期待される．そのため，当該変種の意味や意図において一定の共通理解がある変種でなければならないという制約が存在する[35]．また，着脱部分が文末表現や定型表現，一部語彙などと限定的なのも，広範囲の逸脱や脚色はエンコード／デコードいずれの局面においても不経済だから[36]，ともいえそうである．「方言コスプレ」や「方言おもちゃ化」現象の奥は案外と深そうである．

1 　非生育地方言の臨時的着脱に限定すると，定延利之（2004）の「キャラ語」の「方言」バージョンともいえる．定延利之（2006）では，「話し手が打ち出そうとする態度やジャンルによって，それを「得意技」とする発話キャラクタが発動される」結果，ふさわしい「キャラ語尾」が選択される，としている．本章で述べる非生育地方言の臨時的着脱行動は，「方言」と「キャラクター」が結びつき，それぞれの「方言」のステレオタイプに基づく「得意技」を繰り出すことを目的とした行

動といえる．
2　国立国語研究所（1981）は，例外的に東京・大阪大都市圏における移住者も含めた言語調査を実施している．佐藤和之・米田正人（編）（1999）は，「方言イメージ」に関する調査が中心であるが，移住者も視野に入れた調査を行なっている．
3　杉戸清樹（1982），ダニエル・ロング（1990）など．
4　現実における方言イメージの形成についての仮説は井上史雄（1977.08，1977.09，1980），沖裕子（1986）などにおいて，示されている．いずれも，「方言そのものとの接触」，「方言そのものへの知識」，「方言の使用されている地域の情報」の有無や程度が，方言ステレオタイプの形成に影響を与える可能性を示している．馴染み度の高い方言は，「方言そのもの」・「地域」に対する知識がいずれも高く，接触頻度も高いものであるため，間接接触のみによるイメージ形成とは異なるものと当然なる．また，情報・知識いずれもない方言は，ステレオタイプが形成されにくい傾向を示すだろう．方言のイメージについては，全国14都市における大規模調査に基づく佐藤和之・米田正人（編）（1999）がさまざまな観点からのアプローチを示している．大石初太郎（1970）では，東京在住者における「方言イメージ」調査の結果にふれている．その後の調査との大きな齟齬はない結果であるため，1960年代後半にはおおむね現在と同様の「方言ステレオタイプ」は形成されていたといえそうだ．
5　「私は，ずっと教科書にかかれているような，あるいはNHKのアナウンサーのような文章語としての日本語をずっと話していたのであり，そのことを笑われていたわけです（小森陽一，2000）」，「こいつ，書いた通りにしゃべっているなあ，変な人だなって．（清水義範他，2006における清水自身の発言）」など．標準語あるいは書いた通りのような話しことばを用いる人物は，「笑われ」たり，「変な人」という位置づけになることが多い．
6　ある変種に付与される意味や意図には，コミュニティー差が存在する．そこに新しい軋轢も発生する可能性が潜む．新聞記事［3］における，東京の大学生の「東北弁＝かわいい」に対する東北地方の大学生たちの違和感には，当該方言への馴染み度だけではなく，「東京」から「地方」を「かわいいと下に見る」という違和感が含まれる．
7　注3，注6．
8　「女子コミュニティー」などが想定される．田中ゆかり（2001）では，携帯メイル表現が，女子の「授業中に回す小さなお手紙」と類似性があることを指摘した．第4部第3章参照．都市部の女子において「手紙」に「方言」を使用するという言語行動が顕著であることは徳川宗賢（1985）で確認できる．また，「女子コミュニティー」書きことばにおける相手への配慮あるいは表現効果を狙った装飾志向については「打ちことば」に限らないことは，山西由里子（2007）に詳しい．
9　『ちかっぱめんこい方言練習帳！』（かわいい方言で日本を幸せにする会・主婦と生活社2005年07月）を刊行した森本泉編集長のことばに集約される．「調べた方言をノートにつけている子がいて，『辞書があれば』と言っているのを聞いたのが，本を作るきっかけでした」（2005年10月27日読売新聞2版20面 KODOMO伝える「女子高生"方言"ブーム」より）．その後類書の刊行が相次いだ．TVにおいても，方言クイズ（「タモリのジャポニカロゴス」）や，芸能人の方言切り替えをゲーム化したコーナー（「なまり亭　マシューズ・ベスト・ヒットTV」）など，いずれも方言を「おもちゃ」としておもしろおかしくとりあげる番組が目立った．以降

も，方言研究者によって監修，執筆されてはいるものの「遊び性」を前景化した「方言本」の刊行が続いている．
10　この3層とは別に，「観光方言」／「らしさ方言」とでも呼びたいようなカテゴリがありそうではある．たとえば，地域社会における実際の使用は少ないが，行政やローカルメディアなどにおいてキャッチ・フレーズ的に使用されることによって，露出度が高く，地元における認知度が高いものなど．北山紗弥子（2004）参照．「らしさ方言」はいかにも「ジモ方言」には採用されそうであるし，また，なんらかのきっかけ（ベストセラーやマスメディアに露出するような全国的な出来事）によって，「ニセ方言」としても採用されることになりそうである．たとえば，新聞記事［4］など．
11　一般に，言語形成期（5～15歳）を過ごした地域の方言を生育地方言と呼ぶ．
12　第1層の「手もちの方言」と区別するために，第2層の「より濃厚な方言」を「ジモ方言」と呼ぶ大学生がいたことからの命名．「ジモティー（地元人）方言」の略．
13　田中授業履修者のコメントにおいて，「ジモ方言」は「地元の友だちとのやりとりで地元っぽい感じを出すために使う」という指摘が目立った．
14　間接的なデータだが，首都圏生育若年層の「関西弁」に対する「好悪」の決定要因として「テレビ」が圧倒的多数で，直接接触を理由とした回答はほとんど見られない．「関西弁」形式の摂取に際しても，中井精一（2004），新聞記事［2］などで示された「吉本弁」といってよい「テレビ関西弁」が「参照枠」となっていることが強くうかがえた（田中ゆかり，2005.12）．
15　たとえば，ある地域方言や地域が何らかの事情でクローズアップされることがある．ベストセラー小説で用いられた「方言」が，当該地域関連の話題に繰り返し使用されることによって拡張したり（新聞記事［4］），宮崎県知事に元タレントが就任したことをきっかけに，「方言」の実態についてはともかく「宮崎方言」に関心が集まったりするようなことを指す．
16　ただし，田中授業受講者のコメントとして「自分の出身地の方言がヨソモノに間違って使われているのを聞くと気分がよくない」というコメントもある．主として関西圏生育者を中心とする西日本地域生育者によってこのコメントはなされる．
17　注9で示した若年層女子を対象とした方言指南本類のタイトルがひとつの典型．タイトルにおける異方言同士の組み合わせは，キャラクターの発動というよりも，がちゃがちゃと装飾的に「盛る（00年代以降の若年層女子を中心とする流行語．化粧や装飾などを過剰に施すこと）」という方向性における典型．キャラクターの発動として，ひとかたまりの談話・文章における異方言の併用については，三宅和子（2006）でも，その実態が報告されている．
18　調査概要，データの詳細は田中ゆかり（2005.03a，2005.03b）参照．第4部第5章・第6章参照．
19　田中ゆかり（2002）で示したように，首都圏方言においても，非共通語形式は存在するものの，「気づきやすい」俚言などがこんにちの状況としてはもともと少なく，アクセント型などの「気づきにくい」ものが多い．第1部第1章参照．また，田中ゆかり（2006.04b）で示したように非共通語形の語彙が存在する場合についても，「方言」ではなく，「（共通語の）俗語」という認識が広くあることにもよっている．第5部第2章参照．
20　首都圏生育者の多くは「自分の使用していることばに方言はない」と感じている

(田中ゆかり，2006．04b)．第5部第2章参照．同時に自分たちのことばには「特徴がない」，「標準語なので冷たい」と感じており，「方言のある人はうらやましい」と感じている（田中授業受講者コメントから）．
21　「ラブリーにみせる」と「相手への配慮行動」という2方面からの要求に応えるための「志向」といえそうだ．
22　日本国内で生育した265人のデータ．女性173人，男性92人で女性が多い．国文学科1年生の必修科目における調査であるため国文学科の学生（194人），1年生（180人）がもっとも多い．
23　調査票では，居住歴と自分でイメージする出身地を別々の項目として質問している．その結果，それぞれ一番長く居住している地域を「出身地」とする回答が100％であったため，ここでは，一番長く過ごした居住地のことを「出身地」と呼ぶ．言語形成期の生育地とも重複する．
24　χ^2検定の結果，5％水準で有意差の認められたもの．
25　文化庁国語課（2003）における，10～20歳代の書きことばとしての第1選択肢は「携帯メール」で，「手紙」は最下位．
26　田中授業受講者コメントの中で目立つものとして，男子による「関西弁を話す女子には萌える」というものがある．関西弁に限らず，「方言を話す女子はかわいい」というコメントがある程度みられる．一方，「方言を話す男子はかわいい」という「対男子コメント」は「対女子コメント」に比べると少ない．"方言萌え"を一致検索したところ，Googleでは6,610件，yahoo!では10,600件がヒットした（2008年8月21日）．「漫画の方言ヒロイン」，「どの方言が萌えるか（男女とも）」，「方言萌えの是非」など「方言萌え」に関する話題とともに，「妹キャラ」に代表されるような年下女性に対する萌えと共起する性的な話題も目立つ．「方言萌え」のある部分については，「方言」を「標準語／共通語」の下位言語とみる感性から派生したものが存在することは否定できない．注6で，東京の大学生たちが「東北弁＝かわいい」とすることへの東北地方の大学生たちの違和感もここに根ざすものと考えられる．「方言萌え」という語については，2006年2月10日に発売開始された『萌える都道府県　もえけん』（マニュスクリプト著，エンターブレイン刊行）の「帯」に「方言萌え」と記されたあたりから定着が進んだようである．
27　金水敏（2003；pp. 82-83）で示された「関西弁」ステレオタイプは，次の7つ．「1　冗談好き，笑わせ好き，おしゃべり好き」，「2　けち，守銭奴，拝金主義者」，「3　食通，食いしん坊」，「4　派手好き」，「5　好色，下品」，「6　ど根性」，「7　やくざ，暴力団，こわい」．
28　χ^2検定の結果，5％水準で有意差が認められた場合を，「多い」としている．
29　これは，宮崎県知事に元タレントが就任したことによる「話題」としてのランクインの事例だろう．
30　もちろん，今回示したデータには，非首都圏生育者も「東京の大学に通う大学生」のデータであるという「制限」はあるだろう．すなわち，同じ大学生でも，「非首都圏生育地元志向で地元の大学に通う大学生」と，「非首都圏生育だが，東京の大学に通う大学生」とは，「方言」に対して同じ感覚をもっているか，といえば，おそらく異なるものがあると推測されるからである．卒業後の進路として，地元を志向しているか，東京を志向しているか，ということなども関連しそうである．
31　『諸国方言物類称呼』（越谷吾山1775［安永4］）の存在など．
32　たとえば東京下町生育の谷崎潤一郎が「卍」（1928-1930年連載）などにおいて

「学習した大阪弁」を用いた小説を書いたことは「ニセ方言」的な視点を感じさせるし，宇野浩二の「大阪弁」小説（「美女」1920年など）や太宰治の「津軽弁」小説（「雀こ」1935年），農民文学に分類される小説（和田伝「鰯雲」1957年）などからは，「本方言」／「ジモ方言」的視点の加えられた用法がうかがえる．井伏鱒二「「槌ツア」と「九郎ツアン」は喧嘩して私は用語について煩悶すること」（1937年）は，地方における「標準語」，「ニセ大阪弁」と「ニセ東京弁」移入に関する顛末を描いている．これらは，近代文学における「言文一致」完成期以降に確立してきた「標準語」文学に対する「もがき」のようなものを感じさせる．また，木下順二の戯曲作品における非"純粋日本語"としての複数方言を混在させた〈田舎ことば〉の「ニセ方言（金水敏，2003）」は，「方言」の異化作用を意識した一種の玄人の技法といえる（木下順二，1982）．

33　2007年度下半期（第138回）芥川賞受賞作品「乳と卵」（川上未映子）における「大阪弁」使用や，古川日出夫が発表している長編連作『聖家族』における東北各地の方言をとりこんだ文体など．背景として「田舎なら都会ではできないファンタジックな表現が可能になる（桜庭一樹；2008年3月29日日本経済新聞14版44面「現代文学にラテンアメリカの流れ　地方の姿，神話仕立て　虚実交ぜ異空間に」より）」からは，「地方」や「方言」の異化作用に関する期待が感じられる．ラテンアメリカ文学がイメージされていることから，ピジン文学，クレオール文学がイメージされていることが想像される．今後は，日本語社会においても，日本語を第1言語としない書き手によるピジン日本語，クレオール日本語などが新しい日本語文学のことばとして迎えられていく可能性を予感させる．たとえば，2008年上半期（第139回）芥川賞受賞作品「時が滲む朝」（楊逸）などがそのさきがけとなるのかも知れない．

34　視覚的イメージからこの属性着脱行動を示すとすれば，言語活動における属性着脱行動は，漫画のコマにおける，ギャグ・ずらし・はぐらかし・息抜きの効果をもつ「コスプレキャラ」や「ギャグ絵」，「三頭身キャラ」に相当する．定延利之（2006）でも，キャラ語尾の使用を「マンガに見られる登場人物の「変身」」にたとえている．

35　田中授業履修者コメントに「「ジモ方言」を用いて，もし意味が通じなくても，「これ，どういう意味？」という新しいコミュニケーションのきっかけづくりになる」というものがあるが，これは「ジモ方言」の少し高度な「用法」といえるだろう．

36　絵文字や機種依存文字に比べ，手書き感と手間暇かけた感を示すために一時話題となった記号類を組み合わせた表記「ギャル文字」がブームで終わったのは「打ちにくく」「読みにくい」というコミュニケーション上の不経済さが強かったことによると推測される．

終　章

　本書は，首都圏の言語動態について，首都圏で使用されている日本語のさまざまな言語変種の実態把握と成立背景の分析を通じ，当該地域で生じている事態が日本語社会においてどのような意味をもつのか，について検討してきた．ここでは，全体を通してのまとめと今後の課題について触れたい．

　大きく，第1部から第3部は，地域方言変種としての「首都圏方言」の動態についての分析を行ない，第4部・第5部においては，地域方言変種としての「首都圏方言」からはなれた，首都圏における各種言語変種にかんする動態についての分析を行なった．いずれも首都圏における「現在進行形」の言語動態について検討したものである．

　第1部から第3部は，首都圏の地域方言変種の動態について，「気づき」と「変わりやすさ」という観点から，アクセントやイントネーションの変化にかかわる事象を主として取り扱ってきた．そこからは，首都圏方言が関東方言的特徴をこの100年の間に急速に失い，いったん共通語的あるいは東京中心部方言的な姿を示したが，その姿で安定したのではなく，すぐに脱共通語的動きを示したことが確認された．

　首都圏方言において観察されたその新しい脱共通語的動きは，整理統合されたある1つの方向を目指しているとは現時点ではいいにくい．いくつかの要素がそれぞれの事象ごとに，強く出たり，弱く出たりしながら，複雑な様相を形成しているようにみえる．

　また，アクセントが変わっていく，ということに対して，多くの場合，「気づき」があまりなく，そして非常に「変わりやすい」性質をもつ，ということも本研究を通じて確認されたことだということができそうだ．

　このアクセントの「気づきにくく変わりやすい」という側面について，今後注目していきたいと考えていることの一つに，アクセントの「共振」のしやすさがある．

　芦安中学校（調査時点：山梨県芦安村）における生え抜きの子どもたちのアクセントは，山梨県西部域若年層調査を実施した調査域中で，より首都圏

に近い市部を含む地域で居住・生育した子どもたちよりも，首都圏的様相を強く示した．芦安村は，調査域の中において，地理的位置関係，日常的な通勤・通学による首都圏との接触頻度いずれにおいてももっとも低い地域であるにもかかわらず，活用形アクセントなど「気づき」の弱い部分においてとくに首都圏的アクセントが多く観察された．その理由としては，芦安村の子どもたちが，在校生として半数以上受け入れている首都圏からの山村留学生たちの首都圏アクセントに「共振」した，ということのほかに見当たらない．

世田谷区立中学校に通う生徒たちのアクセントにおいても，転出入の多い学校の生徒の方が新しい型の採用や古い型の不採用の態度が明確となっており，異なる変異との接触度の高さが変化の推進役となっている可能性がうかがえる．

第2部で取り上げた「とびはね音調」は，首都圏に生じたアクセント変化とイントネーション変化のコラボレーションにより出現した音調である．こんにちにおいては，ネガティブなものも含めて社会的コメントも形成された「気づき」のある事象であるのだが，それにもかかわらず，その拡張は急速である．これは，以前はその音調を用いていなかった人々が「気づき」をもたずに，用いはじめていることの証左といえるだろう．数詞＋助数詞，複合動詞のアクセント変化など他にも，「気づき」のない中，進行中の変化は少なくない．首都圏のこの流動的な様相と，アクセントや音調のもつ「変わりやすさ」という側面については，今後も追求していきたい研究テーマである．

第4部と第5部では，首都圏がもつ都市としての側面に注目した新しい社会方言変種や言語行動が生み出されていく「現場」に立ち会ってきた．新しいメディアの登場によって成立しつつある新しい「社会方言変種」と，「都市」における新しい言語変種に対する受容態度と受容感性についてみてきたことになる．

第4部・第5部で取り上げた事象は，それぞれ「現在進行形」の事象である．また，「どのように表現するのか」といったものであるため，従来の言語研究においては「つけたし」あるいは「遊び」の範疇にあるとして，あま

り研究対象とはみなされてこなかった事象だろう．

　しかし，第4部・第5部で取り上げてきたさまざまな新しい言語行動は，「都市」や「若者」に限られた極限的な流行的事象ではなく，日本語社会における"新しい標準"が形成されていく一つの過程であることが，事後的に確認されつつある．

　たとえば，携帯メイルにおける絵文字や顔文字の使用に対して，ほんの数年前である2000年代初頭時点において，中年層の反応としては，「不快」・「ふざけている」が主流であったにもかかわらず，2008年には，携帯電話のTVコマーシャルで絵文字や顔文字が使えるお母さんは「若い」とポジティブに表象される例が現れた．実際のところ，親密コードにおける絵文字や顔文字のないメイルは，2008年時点では女性がその中心ではあるものの，「失礼」，「冷たい」とネガティブな反応を引き起こすまでになっている．また，若年層においても初期的には女子的なふるまいであった記号類の多用や「ことばのコスプレ」なども，最近の調査結果においては男女による差がみられなくなりつつあるものが多い．

　第2部でみたように「とびはね音調」も，登場期である1990年代前半には女子に使用率ならび採用意欲が高く，イメージとしても「女子」的なものが喚起されていたが，2000年以降は，他の研究者の調査結果からもその「女子性」は観察されなくなってきている．

　これらはみな，初期的には何らかの意味において「特殊」であったものの，後からみれば，「普通」と化しつつある，あるいは化したものである．しかし，これらが，初期的には「特殊」であったことを知るためには，初期のデータがあってはじめて，事後に当該の事象の評価が可能となる．そして，のちに「普通」となった言語や言語行動を，「どんな人」が，「どうして」とりはじめたのか，ということを知る手がかりも与えることになるだろう．

　「今的なもの」は，流動性が高く，その「価値」も，多くは事後的にしか知りえない．しかし，わたし自身は，この「今」，目の前で生じつつある言語や言語行動が，なぜ，どうして，このように現れているのか，ということに強い関心がある．また，同時にその事態が生じた背景も知りたいと思う

し，そのことがどのように表象されるのか，についても関心がある．

　「"ことば"を通じて，社会の変化を観察していく」ということが，今後も自身の関心の核となるものであることは変わらぬことのように思う．以降も，言語や言語行動に関する「現場」の観察と報告をつづけていきたいと考えている．どのような事象に注目すべきか，それが日本語や日本語社会，あるいは言語にとってどのような意味をもつのか，また，適切に観察するためには，どのような方法を用いるべきか，などが今後の大きな課題となると考えている．

文献一覧

　文献一覧を，各部・各章ごとに示す．文献情報の示し方は，以下の凡例に従う．［文献］，［雑誌特集］，［新聞記事］，［サイト］の順に示す．文献の配列は，和文文献（著者名姓50音順），欧文文献（著者名アルファベット順）とする．同一著者によるものについては，古いものから順に配列した．同一章内において，同一著者による同一年に刊行された文献がある場合は，刊行年月まで示し，さらに同一著者による同一刊行年月の文献のある場合は，刊行年月にアルファベットの小文字を付して区別した．

［凡例］

［1］［文献］和文書籍については，「著者名（刊行年）．著書名　出版社」とする．
　　　例：秋永一枝（1999）．東京弁アクセントの変容　笠間書院
［2］［文献］和文雑誌などの定期刊行物に掲載された文献については，「著者名（刊行年）．論文タイトル　定期刊行物名，巻号．」とする．
　　（通巻）例：石垣幸雄（1961）．大都市言語学　言語生活，112．
　　（巻号）例：氏家豊（2004.06）．調査不能の実態－「調査拒否」を中心にして－　日本語学，23（8）．
［3］［文献］和文書籍所収文献については，「著者名（刊行年）．論文タイトル　掲載書籍編著者　掲載書籍タイトル　出版社」とする．
　　　例：倉沢進（2004）．東京圏の空間構造とその変動　1975-1990　倉沢進・浅川達人（編）　新編 東京圏の社会地図　1975-90　東京大学出版会
［4］再録本による引用は，［2］・［3］に準じて，次のように示した．初出情報［再論本情報］．
　　　例：金田一春彦（1942）．関東地方に於けるアクセントの分布［金田一春彦（1977）．日本語方言の研究　東京堂出版による］

［５］［文献］欧文書籍については，「著者名（刊行年）．著書タイトル；出版社．出版社所在地．」とする．
　　例：W. Labov (1966). The Social Stratification of English in New York City ; Cambridge University Press. Cambridge.
［６］［文献］欧文定期刊行物掲載文献については，「著者名（刊行年）．論文タイトル，定期刊行物名，巻号；出版社．出版社所在地．」とする．
　　例：Anne Querrien (1986). The Metropolis and The Capital, *Zone*, 1 (2) ; Urzone, Inc. New York.
［７］［文献］欧文書籍所収文献については，「著者名（刊行年）．論文タイトル．書籍タイトル，発行所．発行所所在地：編者名．」とする．
　　例：Hibiya, Junko (1996). Denasalization of the velar nasal in Tokyo Japanese : observations in real time. *Towards a Social Science of Language,* Vol 1. Variation and Change in Language and Society. Amsterdam : Jhon Benjamins.
［８］雑誌特集は，「特集名　掲載雑誌，巻号（刊行年月）」とする．
　　例：特集　現代の東京語　言語生活，225 (1979.06)
［９］新聞記事は，「「見出し」新聞名　掲載年月日　掲載版　掲載面」とした．
　　例：「方言の戦い　好きも嫌いも関西弁」　読売新聞 2006年05月29日　14版13面
　　ただし，ウェブサイトに基づく新聞記事は，次のように示した．サイトに掲出された記事の見出しと，その記事が掲出されている URL, ならびにサイトによる記事掲出年月日時間を記した．
　　例：「「がばい旋風」がばいの使い方が変？　地元でも誤用浸透」(asahi.com http://www.asahi.com/　2007年9月1日（土）15：57)
［10］サイトは，「管理者あるいはサイト名　URL（最終閲覧日）」を原則とする．ただし，2005年以前に閲覧したものについては，ウェブ上のデータ情報記載に関して，最終閲覧日の記載をする習慣のない掲載誌などが多かったため，最終閲覧日不明のものもある．それらについては，最終閲覧日の記載がないものもある．

例：総務省統計局統計データ　http://www.stat.go.jp/data/kokusei/2000/jutsu1/00/02.htm
例：ウィキペディア　http://ja.wikipedia.org/wiki/（最終閲覧日2008年7月11日）

序章
［文献］
秋永一枝（1999）．東京弁アクセントの変容　笠間書院
石垣幸雄（1961）．大都市言語学　言語生活，112．
井上史雄・荻野綱男（編）（1983）．《新方言》と《言葉の乱れ》に関する社会言語学的研究　科学研究費研究成果報告書
井上史雄（1977.08）．方言イメージの多変量解析（上）　言語生活，311．
井上史雄（1977.09）．方言イメージの多変量解析（下）　言語生活，312．
井上史雄（1980）．方言のイメージ　言語生活，341．
井上史雄（1994）．方言学の新地平　明治書院
井上史雄（編）（1987）．東京・神奈川言語地図　私家版
氏家　豊（2004）．調査不能の実態　―「調査拒否」を中心にして―　日本語学，23（8）
NHK放送文化研究所（編）（1997）．現代の県民気質　―全国県民意識調査―　日本放送出版協会
NHK放送文化研究所（編）（1998）．ＮＨＫ日本語発音アクセント辞典　日本放送出版協会
大石初太郎（1969）．東京人の標準語使用　―その意識調査―　佐伯梅友博士古稀記念 国語学論集　表現社
大石初太郎（1970）．東京の中の方言コンプレックス　―「ことばについてのアンケート」報告3―　専修国文，7．
大島一郎・久野マリ子（1991）．東京都の言語実態　佐藤亮一（編）　東京語音声の諸相（1）　文部省重点領域研究『日本語音声』．Ａ1班研究成果刊行書

大橋勝男（1974，1976.02，1976.10）．関東地方域方言事象分布地図　1〜3　桜楓社

大橋勝男（1989，1990，1991，1992）．関東地方域の方言についての方言地理学的研究　1〜4　桜楓社

大橋純一（1995.08）．埼玉県蓮田市高虫方言のアクセント―2拍名詞の変化動向に注目して―　音声学会会報，209.

大橋純一（1996）．埼玉特殊アクセントの個人差と地域差―三領域間における2拍名詞の体系的変化動向と比較しつつ―　国語学，187.

沖　裕子（1986）．方言イメージの形成　国文学，63.

加藤正信（1970）．変化する郊外のことば　言語生活，225.

北村甫（1952）．子どもの言葉は移住によってどう変わるか　言語生活，8.

金田一春彦（1942）．関東地方に於けるアクセントの分布［金田一春彦（1977）．日本語方言の研究　東京堂出版による］

金田一春彦（1948）．埼玉県下に分布する特殊アクセントの考察　私家版

金田一春彦（1953）．国語アクセント史の研究が何に役立つか　金田一博士古稀記念論文集刊行会（編）　言語民俗論叢　三省堂　［金田一春彦（2005）．金田一春彦著作集　9　玉川大学出版　による］

倉沢　進・浅川達人（編）（2004）．新編　東京圏の社会地図　1975-90　東京大学出版会

倉沢　進（2004）．東京圏の空間構造とその変動　1975-1990　倉沢進・浅川達人（編）　新編　東京圏の社会地図　1975-90　東京大学出版会

月刊アクロス編集部（1987）．「東京」の侵略　PARCO出版

国学院大学日本文化研究所（1996）．東京語のゆくえ　東京堂出版

国立国語研究所（1981）．大都市の言語生活　分析編，資料編　三省堂

佐藤亮一（編）（1991〜1993）．東京語音声の諸相　(1)〜(3)　文部省重点領域研究『日本語音声』．A1班研究成果刊行書．

佐藤亮一・三井はるみ（1997）．標準アクセントの基盤としての東京アクセントの実態―東京における多人数調査を資料として―　佐藤亮・真田信治・加藤正信・板橋秀一（編）　日本語音声［1］　諸方言のアクセントとイントネーション　三省堂

真田信治・小沼民子（1978）．大都市東京の北辺における方言分布の実態　日本方言研究会第26回発表原稿集

真田信治（1988）．日本における社会言語学的研究文献リスト　1981～1986　科学研究費成果報告書

真田信治（1994）．日本における社会言語学的研究文献リスト　1987～1992　科学研究費成果報告書

柴田　武（1983）．埼玉県南部・東京都北部の方言分布（２）―アクセント―　埼玉大学紀要，19．

立川徳子（2004）．家族からみた東京圏　倉沢進・浅川達人（編）　新編　東京圏の社会地図　1975-90　東京大学出版会

田中章夫（1983）．東京語―その成立と展開―　明治書院

田中ゆかり（2002）．「地味な方言」，日々「更新中」　第10回社会言語科学会研究大会予稿集

田中ゆかり（2004）．国語　方言・社会言語学　文学・語学，178．

田中ゆかり（編）（2005）．フィールドワーク入門2004年度版　言語実地調査報告―世田谷区編―　私家版

田中ゆかり（2006.04）．「東京首都圏」に「方言」はあるのか　国文学　解釈と鑑賞，51（４）．

田中ゆかり（2006.07）．社会言語・言語生活　日本語の研究，2（３）．

都染直也（1982）．東京北部及びその周辺地域におけるアクセントの実態　日本方言研究会第34回発表原稿集

土屋信一（2009）．江戸・東京語研究　勉誠出版

東京都教育委員会（編）（1986）．東京都言語地図　東京都情報連絡室

友定賢治（1999）．「つくられた」方言イメージと共通語イメージ　佐藤和之・米田正人（編）　どうなる日本のことば―方言と共通語のゆくえ―　大修館書店

中井精一（2008）．地域言語・方言　日本語の研究4（３）．

野村雅昭（1970）．現代東京語の展望　言語生活，225．

早野慎吾（1996）．地域語の生態シリーズ関東篇　首都圏の言語生態　おうふう

飛田良文（1992）．東京語成立史の研究　東京堂出版
松村　明（1957）．江戸語東京語の研究　東京堂
三井はるみ（1996）．大都市と周辺地域の方言　小林隆・篠崎晃一・大西拓一郎（編）　方言の現在　明治書院
横山詔一・真田治子（2008）．言語変化のS字カーブによる鶴岡市の共通語化予測　日本語学会2008年度春季大会予稿集
Anne Querrien (1986). The Metropolis and The Capital, *Zone*, 1 (2) ; Urzone, Inc. New York.
W. Labov (1966). The Social Stratification of English in New York City : Cambridge University Press. Cambridge.
W. Labov (2006). The Social Stratification of English in New York City. Second Edition : Cambridge University Press. Cambridge.

［雑誌特集］
特集　現代の東京語　言語生活，225（1979.06）
特集　東京語論　月刊言語，27（1）（1998.01）

［サイト］
総務省統計局統計データ　http://www.stat.go.jp/data/kokusei/2000/jutsu1/00/02.htm

第1部

第1部　第1章

［文献］
秋永一枝（1999）．東京弁アクセントの変容　笠間書院
井上史雄（1996）．現代方言のキーワード　小林隆他（編）　方言の現在　明治書院
上野善道（2009）．通時的にしか説明できない共時アクセント現象—句頭の上昇と語音の関係　言語，38（2）．
加治木美奈子（1998）．若い世代は平らなアクセントがメジャー〜アナウンサーアクセント調査報告①〜　放送研究と調査，48（7）．
川上　蓁（1963）．文末などの上昇調について　国語研究，16．

川上蓁（2006）．最近の首都圏のアクセント変化　音声研究，10（2）．
北村甫（1952）．子どもの言葉は移住によってどう変わるか　言語生活，8．
金田一春彦（1953）．国語アクセント史の研究が何に役立つか　金田一博士古稀記念論文集刊行会編『言語民俗論叢』（三省堂）金田一春彦2005『金田一春彦著作集　9』（玉川大学出版）による
小林滋子（1961）．三多摩方言アクセントの推移　国語学，46．
定延利之（2005）．ささやく恋人，りきむレポーター　岩波書店．
佐藤亮一・三井はるみ（1997）．標準アクセントの基盤としての東京アクセントの実態 ―東京における多人数調査を資料として―　佐藤亮・真田信治・加藤正信・板橋秀一（編）　日本語音声［1］　諸方言のアクセントとイントネーション　三省堂
篠崎晃一（1996）．気づかない方言と新しい地域差　小林隆他（編）　方言の現在　明治書院．
柴田武（1977）．現代イントネーション　言語生活，304．
柴田武（1975）．シンポジウム日本語⑤　日本語の方言　学生社．
柴田武（1983）．埼玉県南部・東京都北部の方言分布（2）―アクセント―　埼玉大学紀要，19．
陣内正敬（1992）．第5章 言語接触　社会言語学　桜楓社．
田中ゆかり（1993）．「とびはねイントネーション」の使用とそのイメージ　日本方言研究会第56回研究発表会発表原稿集．
田中ゆかり（2003）．首都圏方言における形容詞活用形アクセントの複雑さが意味するもの ―「気づき」と「変わりやすさ」の観点から―　語文，116．
田中ゆかり（2005）．世田谷区立中学校に通う中学生のアクセントとイントネーション―聞取りアンケート調査による―　論集，Ⅰ．
田中ゆかり（2006）．「とびはね音調」の採否とイメージ ―東京首都圏西部域高校生調査から―　語文，126．
田中ゆかり（2007）．「とびはね音調」の成立と拡張 ―アクセントとイントネーションの協同的（collaborative）関係―　今石元久（編）　音声言語研究のパラダイム　和泉書院．

田中ゆかり（2008）．「気づきにくく変わりやすい方言」―東京首都圏におけるⅠ類動詞連用形尾高型の消失― 論集, Ⅳ.

三井はるみ（1996）．大都市と周辺地域の方言 小林隆・篠崎晃一・大西拓一郎（編） 方言の現在 明治書院

R.M.Wディクソン（2001）．言語の興亡（大角翠訳） 岩波書店

第1部 第2章

［文献］

秋永一枝（1994）．アクセント核の移りと聞こえの方言差 ―母音の無声化を中心に― 音声の研究, 23.

稲垣滋子（1984）．アクセントのゆれに関わる要素について 現代方言学の課題第2巻記述的研究編 明治書院

井上史雄（1973）．方言音認知のメカニズム 国語学, 95.

井上史雄（1984）．アクセントの生成と知覚 ―関東における地域差と年齢差― 金田一春彦博士古稀記念論文集 三省堂

井上史雄（1992.02）．尻上がりイントネーションの認知 文部省科学研究費重点領域研究『日本語音声』 研究成果報告書.

井上史雄（1992.03）．専門家アクセントの使われ方 国広哲弥（編）日本語イントネーションの実態と分析 文部省科学研究費研究成果報告書

井上史雄（1997）．社会方言学資料集―全国中学校言語使用調査― 私家版

川上蓁（1984）．アクセント研究の問題点 現代方言学の課題第2巻記述的研究編 明治書院

郡史郎（1992）．日本語文音調の研究課題 日本語音声の研究と日本語教育2 明治書院

郡史郎（2008）．東京方言におけるアクセントの実現度と意味的限定 音声研究, 12（1）.

佐藤栄作（1995）．音声アンケート方式によるアクセント調査の可能性 ―実現形だけでは見えないもの― 日本方言研究会第60回研究発表会発表原稿集

佐藤栄作（1996）．ゆるやかな下降調の聞き取りと内省について 言語学林

1995—1996　三省堂
佐藤栄作（1997）．イ￣トかイト￣か —アクセントの実態把握と音声アンケート式調査— 山手国文論攷，18．
杉戸清樹（1988）．言語行動というコトの研究にむけて　言語研究，93
杉藤美代子（1982）．アクセントの生成と知覚の個人差および方言差 —心理実験による研究— 日本語アクセントの研究　三省堂
田中ゆかり（1993）．「とびはねイントネーション」の使用とそのイメージ 日本方言研究会第56回研究発表会発表原稿集
田中ゆかり（1994）．首都圏西部におけるアクセント平板化現象の一側面 —外来語・地名アクセントの平板化現象— 早稲田大学文学研究科紀要，別冊20文学・芸術編．
P. トラッドギル（1975）．言語と社会（土田滋訳）　岩波書店

第1部　第3章

[文献]

秋永一枝（1967）．江戸アクセントから東京アクセントへ　国語と国文学，44（4）．
秋永一枝（1996）．東京弁アクセントから首都圏アクセントへ　言語学林 1995-1996　三省堂．
秋永一枝（編）（1996）．山梨県芦安村を中心とした言語調査報告　私家版．
稲垣滋子（1986）．2．アクセント　東京都教育委員会編　東京都言語地図 東京都教育委員会．
稲垣正幸・清水茂夫（1983）．山梨県の方言　講座方言学 6　中部地方の方言　国書刊行会．
井上史雄（1992）．業界用語のアクセント—専門家アクセントの性格—　言語，21（2）．
井上史雄（1996）．現代方言のキーワード　小林隆他（編）　方言の現在　明治書院．
大橋勝男（1989）．関東地方の方言についての方言地理学的研究1　桜楓社．
沖裕子（1991）．気づかれにくい方言 —アスペクト形式『〜かける』の意味とそ

の東西差— 日本方言研究会第53回研究発表会発表原稿集．

沖　裕子（1996）．アスペクト形式「しかける・しておく」の意味と東西差—気づかれにくい方言について—　平山輝男博士米寿記念会編　日本語研究諸領域の視点　上巻　明治書院．

川上　蓁（1992）．うなづきと下降調　学芸国語国文，24．

川上　蓁（1993）．伸ばし下げ音調をめぐって　音声学会会報，203．

金田一春彦（1942）．関東地方に於けるアクセントの分布　日本方言研究会（編）　日本語のアクセント　中央公論社［金田一春彦（1977）．日本語方言の研究　東京堂出版　による］

金田一春彦（1943）．静岡・山梨・長野県下のアクセント　音声学会会報，72・73合併号［金田一春彦（1977）日本語方言の研究　東京堂出版　による］

金田一春彦（1957）．東京アクセントの特色は何か　言語生活，83．

小林滋子（1961）．三多摩方言アクセントの推移　国語学，46．

駒澤　勉・林知己夫（1982）．数量化理論とデータ処理　朝倉書店．

佐藤亮一（1989）．現代日本人の標準語感覚　玉藻，24．

佐藤亮一（1996）．方言の衰退と安定　小林隆他（編）　方言の現在　明治書院．

篠崎晃一（1996）．気づかない方言と新しい地域差　小林隆（編）　方言の現在　明治書院．

柴田　武（1983）．埼玉県南部・東京都北部の方言分布（2）—アクセント—　埼玉大学紀要，19．

清水茂夫（1994）．方言　芦安村誌　芦安村．

白勢彩子（1996a）．6.1.　フェース項目　秋永一枝（編）　山梨県芦安村を中心とした言語調査報告　私家版．

白勢彩子（1996b）．6.4.　言語意識項目　秋永一枝（編）　山梨県芦安村を中心とした言語調査報告　私家版．

白勢彩子（1996c）．6.2.　語彙項目　秋永一枝（編）　山梨県芦安村を中心とした言語調査報告　私家版．

陣内正敬（1992a）．第5章　言語接触　社会言語学　桜楓社．

陣内正敏（1992b）．第6章　言語変化　社会言語学　桜楓社．
田中ゆかり（1993.05）．「とびはねイントネーション」の使用とそのイメージ　日本方言研究会第56回研究発表会発表原稿集．
田中ゆかり（1993.12）．方言接触からみた首都圏西部のアクセント －2・3拍名詞の場合－　音声学会会報．204．
田中ゆかり（1994）．首都圏西部におけるアクセント平板化現象の一側面 －外来語・地名アクセントの平板化現象－　早稲田大学文学研究科紀要　別冊20文学・芸術編．
田中ゆかり（1996）．山梨県西部域若年層調査におけるアクセント　秋永一枝（編）　芦安村を中心とした山梨県西部域における言語調査報告　私家版．
田中ゆかり・吉田健二（1996）．山梨県西部域若年層における母音の無声化 －数量化Ⅲ類を用いて－　日本行動計量学会第24回大会発表論文抄録集．
田中ゆかり・吉田健二（1997）．変異消失の過程とその制約 －山梨県西部域若年層におけるガ行鼻音－　計量国語学，20（8）．
都竹通年雄（1951）．動詞の連用形とアクセント　国語アクセント論叢　法政大学出版［都竹通年雄（1994）．都竹通年雄著作集1　音韻・方言研究篇　ひつじ書房　による］
中條　修（1983）．静岡県の方言　講座方言学6中部地方の方言　国書刊行会．
林知己夫（1993）．数量化－理論と方法－　朝倉書店
馬瀬良雄（1983）．東京語における語アクセントの世代的推移　井上史雄（編）《新方言》と《言葉の乱れ》に関する社会言語学的研究　文部省科学研究費研究成果報告書．
馬瀬良雄（1987）．山村留学生のことば －地元小中学生のことばに与えた影響を中心に　言語生活，429．
三井はるみ（1996）．大都市と周辺地域の方言　小林隆他（編）　方言の現在　明治書院．
三原裕子（1996）．4.2．若年層アンケート調査から　秋永一枝（編）　山梨県芦安村を中心とした言語調査報告　私家版．

山口幸洋（1982）．アクセントにおける移行性分布の解釈　国語学，130．
山口幸洋（1993）．撥ね下がりイントネーションについて　音声学会会報，202．
吉田雅子（1996）．山梨県西部方言における推量方言　国文学論集，29．
渡辺喜代子（1983）．所沢市のアクセント分布とその推移―二・三・四音節名詞―　所沢市史研究，7．
渡辺富美雄（1957）．共通語と山梨県下のアクセントの相違　音声の研究，8．

第1部　第4章

[文献]

秋永一枝（1958）．アクセント習得法則　明解日本語アクセント辞典．三省堂．
秋永一枝（1965）．川本崇雄氏「外来語アクセントの一特質」への疑問　国語学，60．
秋永一枝（編）（1998）．首都圏における外来語アクセントの平板化 ―馴染み度との関係を考える―　私家版．
石野博史（1989）．外来語　講座日本語と日本語教育6　日本語の語彙・意味（上）　明治書院
稲垣滋子（1984）．アクセントのゆれに関わる要素について　平山輝男博士古稀記念会（編）　現代方言学の課題　第2巻　記述的研究　明治書院
井上史雄（1984）．アクセントの生成と知覚―関東における地域差と年齢差―　金田一春彦博士古稀記念論文集編集委員会（編）　金田一春彦博士古稀記念論文集　第2巻　言語学編　三省堂
井上史雄（1986）．ジュニア言語学　言語．13（6）．
井上史雄（1992.02a）．業界用語のアクセント〈専門家アクセントの性格〉　言語，21（2）．
井上史雄（1992.02b）．専門家アクセントの使われ方　日本語イントネーションの実態と分析　文部省科学研究費重点領域『日本語音声』C3班研究成果報告書．

井上史雄（1998）．日本語ウオッチング　岩波書店

大橋勝男（1992）．関東地方域の方言についての方言地理学的研究　4　桜楓社

加治木美奈子（1998）．若い世代は平らなアクセントがメジャー〜アナウンサーアクセント調査報告①「外来語」〜　放送研究と調査，48（7）．

加藤大鶴（1999）．首都圏における外来語平板アクセントと馴染み度　早稲田大学日本語研究，7．

金田一春彦（1942）．関東地方に於けるアクセントの分布　日本方言学会（編）　日本語のアクセント　中央公論社［金田一春彦（1977）．日本語方言の研究　東京堂出版　による］

窪薗晴夫（1999）．現代言語学入門　2　日本語の音声　岩波書店

駒澤　勉（1982）．数量化理論とデータ処理　朝倉書店

駒澤　勉・橋口捷二・石崎龍二（1999）．新版　パソコン数量化分析　朝倉書店

坂梨隆三（1990）．最近の外来語のアクセント　三省堂ブックレット．88．

佐藤栄作（1997）．イトかイトか —アクセントの実態把握と音声アンケート式調査— 　山手国文論攷，18．

佐藤大和（1989）．外来語アクセントの分析と規則化　日本音響学会平成元年度春季大会研究発表会講演論文集．

篠原朋子（1984）．オ'ーディオは平らにサスペ'ンスは前へ　アナウンサーの外来語アクセント　放送研究と調査，34（2）．

高木広文（1994）．HALBAU-4　マニュアルⅢ．多変量解析　現代数学社

田中ゆかり（1993.05）．「とびはねイントネーション」の使用とそのイメージ　日本方言研究会第56回研究発表会発表原稿集．

田中ゆかり（1993.12）．方言接触からみた首都圏西部のアクセント—2・3拍名詞の場合— 　音声学会会報，204．

田中ゆかり（1994）．首都圏西部におけるアクセント平板化現象の一側面 —外来語・地名アクセントの平板化現象— 　早稲田大学文学研究科紀要，別冊20文学・芸術編．

田中ゆかり（1998）．社会言語学的調査 —音声アンケート式調査の検討を中心

に―　日本語学，17 (10)．

林　知己夫 (1993)．数量化―理論と方法―　朝倉書店．

日野資純 (1964)．神奈川県の方言区画　日本方言研究会（編）　日本の方言区画　東京堂出版

馬瀬良雄・安平美奈子 (1992)．外来語アクセントの平板化について ―首都圏高校生と地方の高校生の場合を中心に―　佐藤亮一（編）　東京語音声の諸相（2）　文部省科学研究費重点領域『日本語音声』A 1 班研究成果報告書

湊　吉正 (1963.06)．標準アクセント選定のための試み（2）―アクセント抵抗感の調査―　NHK放送文化研究所年報，8．

湊　吉正 (1963.09)．標準アクセント選定のための試み（3）―東京と千葉県館山市でのアクセント抵抗感の調査結果―　文研月報，9月号．

村上　隆・柳井晴夫 (1999)．数量化 3 類と対応分析　繁桝算男・柳井晴夫・森敏昭（編著）　Q&Aで知る統計データ解析　サイエンス社

最上勝也 (1984)．デンシャ（電車）からデンシャへ　アクセントの平板化現象　放送研究と調査，34 (1)．

最上勝也 (1987)．平らになる外来語アクセント　放送研究と調査，37 (10)．

最上勝也・篠原朋子 (1984)．ハンケツ（判決）は気になりませんか？　視聴者アクセント抵抗感調査　放送研究と調査，34 (3)．

柳井晴夫 (1994)．多変量データ解析法 ―理論と応用―　行動計量学シリーズ 8　朝倉書店

レオナルド・リングィスト (1985)．ザ・言語楽　大修館書店

W. Labov (1966). The Social Stratification of English in New York City. Washington, DC: Center for Applied Linguistics.

第 1 部　第 5 章

［文献］

秋永一枝 (1957)．アクセント推移の要因について　国語学，31．

秋永一枝 (1958)．アクセント習得法則 52．口語の単純形容詞及び例用紙の

口語活用形・表 4　金田一春彦監修　明解日本語アクセント辞典　三省堂.

秋永一枝（1966）．共通語のアクセント　第 4 章　形容詞のアクセント・表 7．

秋永一枝（1967）．江戸アクセントから東京アクセントへ　国語と国文学，44（4）．

秋永一枝（1981）．アクセント習得法則 52．口語の単純形容詞及び例用紙の口語活用形　秋永一枝（編）（2001）　新明解日本語アクセント辞典

稲垣滋子（1970）．言語地理学的方法によるアクセント研究　平山輝男博士還暦記念会（編）　方言研究の問題点　明治書院．

稲垣滋子（1984）．アクセントのゆれに関わる要素について 平山輝男博士占稀記念会（編）　現代方言学の課題 第 2 巻 記述的研究篇　明治書院．

稲垣滋子（1986）．アクセント　東京都教育委員会（編）　東京都言語地図 東京都地図「アクセント　36〜55」「図 7 〜図 9 」．

稲垣滋子・堀口純子（1979）．東京語におけるアクセントのゆれ－地域差・意識と実態－　F.C. パン・堀素子（編）　社会言語学シリーズ No. 2 ことばの諸相　文化評論出版．

井上史雄（1997）．イントネーションの社会性　国広哲弥・廣瀬肇・河野守夫（編）　日本語音声 2　アクセント・イントネーション・リズムとポーズ　三省堂.

井上史雄・鑓水兼高（2002）．とびはねイントネーション　辞典〈新しい日本語〉　東洋書林

大橋勝男（1974）．関東地方域方言事象分布地図　第一巻／音声篇 桜楓社

大橋勝男（1989）．関東地方域の方言についての方言地理学的研究 第 1 巻 桜楓社

大橋勝男（1992）．関東地方域の方言についての方言地理学的研究 第 4 巻 桜楓社

川上　蓁（2003）．東京アクセント末核型の行方　国語研究, 66．

川上　蓁（2006）．最近の首都圏語のアクセント変化　音声研究, 10（2）．

北村　甫（1952）．子どもの言葉は移住によってどう変わるか 言語生活, 8．

金田一春彦（1941.08）．東京語アクセントの再検討（一）―諸方言との比較から観た東京語アクセント―　国語教育誌，4（7）．

金田一春彦（1941.09）．東京語アクセントの再検討（二）―諸方言との比較から観た東京語アクセント―　国語教育誌，4（8）．

金田一春彦（1942）．関東地方に於けるアクセントの分布　日本方言研究会（編）　日本語のアクセント　中央公論社［金田一春彦（1977）．日本語方言の研究　東京堂出版　による］

金田一春彦（1948）．埼玉県下に分布する特殊アクセントの考察　私家版

金田一春彦（1953）．国語アクセント史の研究が何に役立つか　金田一博士古稀記念論文集刊行会（編）　言語民俗論叢　三省堂［金田一春彦（2005）．金田一春彦著作集　9　玉川大学　による］

金田一春彦（1958）．東京アクセントの特徴は何か　言語生活，83．

小林滋子（1961）．三多摩方言のアクセントの推移　国語学，46．

佐藤亮一・今井紀子・上田美穂・加藤和夫・高野直美・三井はるみ・渡辺喜代子（1990）．東京都五日市町のアクセント―本調査結果一覧―　佐藤亮一（編）　文部省科学研究費重点領域『日本語音声』研究成果報告書　東京語音声の諸相（1）．

佐藤亮一・三井はるみ（1997）．標準アクセントの基盤としての東京アクセントの実態―東京における多人数調査を資料として―　佐藤亮一・真田信治・加藤正信・板橋秀一（編）　日本語音声［1］諸方言のアクセントとイントネーション　三省堂

柴田　武（1975）．シンポジウム日本語⑤　日本の方言　学生社

柴田　武（1983）．埼玉県南・東京都北部地域の方言分布（2）―アクセント―　埼玉大学紀要，19．

清水郁子（1958）．東京アクセントの近況　音声学会会報，97．

清水郁子（1970）．東京方言のアクセント　平山輝男博士還暦記念会（編）　方言研究の問題点　明治書院

田中ゆかり（1993.05）．「とびはねイントネーション」の使用とそのイメージ　日本方言研究会第56回研究発表会発表原稿集

田中ゆかり（1994）．首都圏西部におけるアクセント平板化現象の一側面―

外来語・地名アクセントの平板化現象— 早稲田大学文学研究科紀要，別冊20文学・芸術編．

田中ゆかり（1998）．社会言語学的調査 —音声アンケート式調査の検討を中心に— 日本語学，17（10）．

田中ゆかり（1999）．指向性解釈の可能性 —首都圏西部域高年層アクセントデータによる検討— 国語研究，62．

田中ゆかり（2000）．アクセント型の獲得と消失における意識型と実現型 —首都圏西部域若年層における外来語アクセント平板化現象から— 国語学，51（3）．

田中ゆかり（2002）．気づきにくく変わりやすい方言 佐藤亮一・小林隆・篠崎晃一（編著） 21世紀の方言学 国書刊行会．

田中ゆかり（2003）．リアル関西弁とイメージ関西弁 —首都圏聞き取りアンケート調査からみた関西方言の受容レベル— 陣内正敬（編） コミュニケーションの地域性と関西方言の影響力についての広域的研究 研究成果報告書 No. 1 平成12年度〜14年度科学研究費補助金（基盤研究 B（1））研究成果報告書

平山輝男（編）（1960）．X 形容詞の活用形，及び形容詞に助詞・助動詞が付いたアクセントの一覧表 全国アクセント辞典 東京堂出版．

馬瀬良雄（1983）．東京における語アクセントの世代的推移 〈新方言〉と〈言葉の乱れ〉に関する社会言語学的研究 文部省科学研究費研究成果報告書．

馬瀬良雄（1997）．放送音声が地域言語の音声に与える影響について 佐藤亮一・真田信治・加藤正信・板橋秀一（編） 日本語音声1 諸方言のアクセントとイントネーション 三省堂

馬瀬良雄・佐藤亮一（編）（1985）．東京語アクセント資料 上巻 文部省科学研究費特定研究「言語の標準化」資料集．

三井はるみ（1996）．大都市と周辺地域の方言 小林隆・篠崎晃一・大西拓一郎（編） 方言の現在 明治書院

R.M.W.ディクソン（2001）．言語の興亡（大角翠訳） 岩波書店

第 1 部　第 6 章
［文献］
秋永一枝（1996）．高年層アクセント　秋永一枝（編）　山梨県芦安村を中心とした言語調査報告書　私家版
秋永一枝（編）（1996）．山梨県芦安村を中心とした言語調査報告書　私家版
秋永一枝（1999）．Ⅶ 東京・芦安両アクセントにみる接合型の衰退　東京弁アクセントの変容　笠間書院
上野善道（2009）．通時的にしか説明できない共時アクセント現象―句頭の上昇と語音の関係　言語，38（2）．
川上 蓁（2006）．最近の首都圏語のアクセント変化　音声研究，10（2）．
北村 甫（1952）．子どもの言葉は移住によってどう変わるか　言語生活，8．
金田一春彦（1953）．国語アクセント史の研究が何に役立つか　金田一博士古稀記念論文集刊行会（編）　言語民俗論叢　三省堂［金田一春彦（2005）．金田一春彦著作集 9　玉川大学出版　による］
小林滋子（1961）．三多摩方言アクセントの推移　国語学，46．
佐藤亮一・今井紀子・上田美穂・加藤和夫・高野直美・三井はるみ・渡辺喜代子（1991）．東京都五日市のアクセント ―本調査の結果一覧―　東京語音声の諸相（1）　文部省科学研究費重点領域研究『日本語音声』研究成果報告書．
柴田 武（1975）．シンポジウム日本語⑤日本語の方言　学生社
柴田 武（1983）．埼玉県南部・東京都北部の方言分布（2）―アクセント―　埼玉大学紀要，19．
田中ゆかり（1993）．「とびはねインネーション」の使用とイメージ　日本方言研究会第56回研究発表会発表原稿集．
田中ゆかり（1995）．言語共同体を構成するもの―山梨県中巨摩郡芦安村若年層の場合―　国文学研究，117．
田中ゆかり（1996）．山梨県西部域若年層調査におけるアクセント　秋永一枝（編）　山梨県芦安村を中心とした言語調査報告書 私家版
田中ゆかり（2002）．気づきにくく変わりやすい方言　日本方言研究会

（編）　21世紀の方言学　明治書院
田中ゆかり（2003）．首都圏方言における形容詞活用形アクセントの複雑さが意味するもの ―「気づき」と「変わりやすさ」の観点から―　語文，116．
田中ゆかり（2005）．東京首都圏における関西方言の受容パターン―「間接接触」によるアクセサリー的受容―　陣内正敬・友定賢治（編）　関西方言の広がりとコミュニケーションの行方　和泉書院．
都竹通年雄（1951）．動詞の連用形とアクセント　寺川喜四男他（編）国語アクセント論叢　法政大学出版局［都竹通年雄（1994）．都竹通年雄著作集1　音韻・方言研究篇　ひつじ書房　による］
Hibiya, Junko (1996) Denasalization of the velar nasal in Tokyo Japanese: observations in real time. *Towards a Social Science of Language, Vol 1. Variation and Change in Language and Society.* Amsterdam: Jhon Benjamins.
R.M.W.ディクソン（2001）．言語の興亡（大角翠訳）　岩波書店

第2部

第2部　第1章

［文献］

秋永一枝（1966）．発音 ―イントネーションなど―　講座日本語教育2，早稲田大学語学教育研究所．
秋永一枝（1999）．Ⅶ東京・芦安両アクセントにみる接合型の衰退　東京弁アクセントの変容　笠間書院．
井上史雄（1994）．「尻上がり」イントネーションの社会言語学　佐藤喜代治（編）　国語論究4現代語・方言の研究　明治書院
井上史雄（1997）．イントネーションの社会性　国広哲也・廣瀬肇・河野守夫（編）　日本語音声［2］　アクセント・イントネーション・リズムとポーズ　三省堂
井上史雄（2008）．ことばの散歩道123　新方言じゃね　日本語学，27-9．
井上史雄・鑓水兼貴（2002）．辞典〈新しい日本語〉　東洋書林
今石元久（編）（2005）．音声研究入門　和泉書院

川上蓁（1963）．文末などの上昇調について　国語研究，16．

金田一春彦（1942）．関東地方に於けるアクセントの分布　日本方言研究会（編）　日本語のアクセント　中央公論社［金田一春彦（1977）．　日本語方言の研究　東京堂出版による］

金田一春彦（1951）．コトバの旋律　国語学，5．

郡史郎（1997）．日本語のイントネーション ―型と機能―　国広哲也・廣瀬肇・河野守夫（編）　日本語音声［2］　アクセント・イントネーション・リズムとポーズ　三省堂

小林滋子（1962）．西多摩方言における終助詞・間投助詞とイントネーション　国語研究，14．

小林めぐみ（2003）．東京語における形容詞アクセントの変化とその要因　音声研究，7（2）．

蔡雅芸（1995）．東京語話者にみられる文末の「浮き上がり調」について―「意志表現」と「勧誘表現」の場合―　東北大学文学部日本語学科論集，5．

蔡雅芸（1996）．同意要求的疑問文のアクセント核破壊型音調 ―「これ，面白くない？」について―　東北大学文学部日本語学科論集，6．

定延利之（2005.04）．日本語のイントネーションとアクセントの関係の多様性　日本語科学，17．

佐藤亮一・三井はるみ（1997）．標準アクセントの基盤としての東京アクセントの実態 ―東京における多人数調査を資料として―　佐藤亮一・真田信治・加藤正信・板橋秀一（編）　日本語音声［1］　諸方言のアクセントとイントネーション　三省堂

柴田武（1977）．現代イントネーション　言語生活，304．

田中ゆかり（1993.05）．「とびはねインネーション」の使用とイメージ　日本方言研究会第56回研究発表会発表原稿集．

田中ゆかり（2000.12）．アクセント型の獲得と消失における意識型と実現型 ―首都圏西部域若年層における外来語アクセント平板化現象から―　国語学，51（3）．

田中ゆかり（2002.06）．コラム「気づきにくく変わりやすい方言」佐藤亮

一・小林隆・篠崎晃一（編）　21世紀の方言学　国書刊行会
田中ゆかり（2003.06）．首都圏方言における形容詞活用形アクセントの複雑さが意味するもの―「気づき」と「変わりやすさ」の観点から―　語文，116.
田中ゆかり（2005.09）．世田谷区立中学校に通う中学生のアクセントとイントネーション―聞き取りアンケート調査から―　論集，Ⅰ．
田中ゆかり（2006）．「とびはね音調」の採否とイメージ―東京首都圏西部域高校生調査から―　語文，126.
田中ゆかり（2007）．「とびはね音調」の成立と拡張―アクセントとイントネーションの協同的（collaborative）関係―　今石元久（編）　音声言語研究のパラダイム　和泉書院．
轟木靖子（1993）．東京語の文末詞の音調と形容詞・動詞のアクセントについて　Studium，2．
服部四郎（1961）．音声学　岩波書店
原　香織（1994）．いわゆる「尻上がりイントネーション」の玉造町における調査　言語・文化研究，12．
早田輝洋（1999）．音調のタイポロジー　大修館書店
日比谷潤子（1990）．アクセントの変化と変異―2・3・4・5・6拍形容詞―　SOPHIA LINGUISTICA, 28, The Graduate School of Languages and Linguistics Institute for international Communication.1990.
Hibiya, Junko. (1996). Denasalization of the velar nasal in Tokyo Japanese : observation in real time. *Towards a Social Science of Language,* vol. 1, Variation and Change in Language and Society. Amsterdam : John Benjamins.
古屋昭弘（2000）．『三国志玉璽伝』の言葉のことなど　開篇，20．
三井はるみ（1996）．大都市と周辺地域の方言　小林隆・篠崎晃一・大西拓一郎（編）　方言の現在　明治書院
宮地　裕（1963）．Ⅳイントネーション　話しことばの文型（２）　国立国語研究所報告23
森山卓郎（1989）．文の意味とイントネーション　宮地裕（編）　講座日本語

と日本語教育1　日本語学要説．
吉沢典男（1960）．4．イントネーション　話しことばの文型（1）　国立国語研究所報告
湧田美穂（2003）．「い形容詞＋ナイ」の韻律的特徴　─アクセント・イントネーション・持続時間の側面から─　早稲田大学日本語教育研究，3．

第2部　第2章
［文献］
井上史雄（1994）．「尻上がり」イントネーションの社会言語学　佐藤喜代治（編）　国語論究4　現代語・方言の研究　明治書院
井上史雄（1997）．イントネーションの社会性　国広哲也・廣瀬肇・河野守夫（編）　日本語音声［2］　アクセント・イントネーション・リズムとポーズ　三省堂
今石元久（編）（2005）．音声研究入門　和泉書院
川上蓁（1992）．うなづきと下降調　学芸国語国文，24．
郡史郎（1997）．日本語のイントネーション　─型と機能─　国広哲也・廣瀬肇・河野守夫（編）　日本語音声［2］　アクセント・イントネーション・リズムとポーズ　三省堂
定延利之（2005.07）．ささやく恋人，りきむレポーター　─口の中の文化　岩波書店
柴田武（1977）．現代イントネーション　言語生活，304．
田中ゆかり（1993.05）．「とびはねインネーション」の使用とイメージ　日本方言研究会第56回研究発表会発表原稿集．
田中ゆかり（2003.06）．首都圏方言における形容詞活用形アクセントの複雑さが意味するもの　─「気づき」と「変わりやすさ」の観点から─　語文，116．
田中ゆかり（2005.09）．世田谷区立中学校に通う中学生のアクセントとイントネーション─聞き取りアンケート調査から─　論集，I．
田中ゆかり（2006）．「とびはね音調」の採否とイメージ─東京首都圏西部域高校生調査から─　語文，126．

田中ゆかり（2007）．「とびはね音調」の成立と拡張 ―アクセントとイントネーションの協同的（collaborative）関係―　今石元久（編）　音声言語研究のパラダイム　和泉書院．

原　香織（1994）．いわゆる「尻上がりイントネーション」の玉造町における調査　言語・文化研究，12．

第2部　第3章
［文献］

今石元久（編）（2005）．音声研究入門　和泉書院

川上　蓁（1963）．文末などの上昇調について　国語研究，16．

金田一春彦（1951）．コトバの旋律　国語学，5．

小林滋子（1962）．西多摩方言における終助詞・間投助詞とイントネーション　国語研究，14．

田中ゆかり（1993.05）．「とびはねインネーション」の使用とイメージ　日本方言研究会第56回研究発表会発表原稿集

田中ゆかり（1998）．社会言語学的調査 ―音声アンケート式調査の検討を中心に―　日本語学，17（10）．

田中ゆかり（2000.12）．アクセント型の獲得と消失における意識型と実現型 ―首都圏西部域若年層における外来語アクセント平板化現象から―　国語学，51（3）．

田中ゆかり（2005.09）．世田谷区立中学校に通う中学生のアクセントとイントネーション ―聞き取りアンケート調査から―　論集，Ⅰ．

田中ゆかり（2007）．「とびはね音調」の成立と拡張 ―アクセントとイントネーションの協同的（collaborative）関係―　今石元久（編）　音声言語研究のパラダイム　和泉書院．

服部四郎（1961）．音声学　岩波書店

第2部　第4章
［文献］

＊秋永一枝（1957）．アクセント推移の要因について　国語学，31．

*秋永一枝（1958）．アクセント習得法則52．口語の単純形容詞及び形容詞の口語活用形・表4　金田一春彦監修　明解日本語アクセント辞典　三省堂

*秋永一枝（1966）．共通語のアクセント第4章形容詞のアクセント・表7　日本放送協会（編）　日本語発音アクセント辞典　日本放送協会出版

*秋永一枝（1966）．日本語の発音―イントネーションなど―　講座日本語教育2　早稲田大学語学研究所

*秋永一枝（1967）．江戸アクセントから東京アクセントへ　国語と国文学, 44（4）．

*秋永一枝（1981）．アクセント習得法則52．口語の単純形容詞及び例用紙の口語活用形　秋永一枝（編）2001　新明解日本語アクセント辞典による

*秋永一枝（1995）．デースマース調（デースマース音調）　音声学会会報, 208．

*秋永一枝（1999.03）．東京弁アクセントの変容　笠間書院

*稲垣滋子（1970）．言語地理学的方法によるアクセント研究　平山輝男博士還暦記念会（編）　方言研究の問題点　明治書院

*稲垣滋子（1984）．アクセントのゆれに関わる要素について　平山輝男博士古稀記念会（編）　現代方言学の課題　第2巻記述的研究篇　明治書院

*稲垣滋子（1986）．アクセント　東京都教育委員会（編）　東京都言語地図　東京都教育委員会

*稲垣滋子・堀口純子（1979）．東京語におけるアクセントのゆれ―地域差・意識と実態―　F.C.パン・堀素子（編）社会言語学シリーズNo.2ことばの諸相　文化評論出版

井上史雄（1997）．イントネーションの社会性　国広哲弥・廣瀬肇・河野守夫（編）　日本語音声［2］　アクセント・イントネーション・リズムとポーズ　三省堂

井上史雄・鑓水兼高（2002）．とびはねイントネーション　辞典〈新しい日本語〉　東洋書林

上村幸雄（1989）．日本語のイントネーション　言語学研究会（編）　ことばの科学 3　むぎ書房
＊NHK 放送文化研究所（編）（1998）．NHK 日本語発音アクセント辞典　日本放送協会出版
＊大橋勝男（1974）．関東地方域方言事象分布地図　第 1 巻／音声篇　桜楓社
＊大橋勝男（1989）．関東地方域の方言についての方言地理学的研究　第 1 巻　桜楓社
＊大橋勝男（1992）．関東地方域の方言についての方言地理学的研究　第 4 巻　桜楓社
＊川上　蓁（1956）．昇降調の三種　日本音声学会会報，92．
＊川上　蓁（1963）．文末などの上昇調について　国語研究，16．
＊川上　蓁（2003）．東京アクセント末核型の行方　国語研究，66．
＊金田一春彦（1941.08）．東京語アクセントの再検討（一）—諸方言との比較から観た東京語アクセント—　国語教育誌，4（7）．
＊金田一春彦（1941.09）．東京語アクセントの再検討（二）—諸方言との比較から観た東京語アクセント—　国語教育誌，4（8）．
＊金田一春彦（1942）．関東地方に於けるアクセントの分布　日本方言研究会（編）　日本語のアクセント　中央公論社　［金田一春彦（1977）　日本語方言の研究　東京堂出版による］
＊金田一春彦（1958）．東京アクセントの特徴は何か　言語生活，83．
郡　史郎（1997）．日本語のイントネーション：型と機能　国広哲弥・廣瀬肇・河野守夫（編）　日本語音声［2］　アクセント・イントネーション・リズムとポーズ　三省堂
郡　史郎（2003）．イントネーション　上野善道（編）　朝倉日本語講座 3 音声・音韻　朝倉書店
＊小林滋子（1961）．三多摩方言のアクセントの推移　国語学，46．
＊小林めぐみ（2003）．東京語における形容詞アクセントの変化とその要因　音声研究，7（2）．
＊佐藤亮一・今井紀子・上田美穂・加藤和夫・高野直美・三井はるみ・渡辺

喜代子（1990）．東京都五日市町のアクセント —本調査結果一覧—　文部省科学研究費重点領域『日本語音声』．研究成果報告書　佐藤亮一（編）東京語音声の諸相（1）
＊佐藤亮一・三井はるみ（1997）．標準アクセントの基盤としての東京アクセントの実態 —東京における多人数調査を資料として—　佐藤亮一・真田信治・加藤正信・板橋秀一（編）日本語音声［1］諸方言のアクセントとイントネーション　三省堂
＊柴田　武（1983）．埼玉県南・東京都北部地域の方言分布（2）—アクセント—　埼玉大学紀要，19.
＊清水郁子（1958）．東京アクセントの近況　音声学会会報，97.
＊清水郁子（1970）．東京方言のアクセント　平山輝男博士還暦記念会（編）方言研究の問題点　明治書院
　鈴木義一郎（1998）．現代統計学小事典　講談社
＊田中ゆかり（1993.03）．首都圏西部域の言語変化　早稲田大学大学院文学研究科日本文学専攻1992年度修士論文　未刊行
＊田中ゆかり（1993.05）．「とびはねイントネーション」の使用とそのイメージ　日本方言研究会第56回研究発表会発表原稿集
＊田中ゆかり（1993.12）．方言接触からみた首都圏西部のアクセント —2・3拍名詞の場合—　音声学会会報，204.
＊田中ゆかり（1998）．社会言語学的調査 —音声アンケート式調査の検討を中心に—　日本語学，17（10）．
＊田中ゆかり（1999）．指向性解釈の可能性 —首都圏西部域高年層アクセントデータによる検討—　国語研究，62.
＊田中ゆかり（2000.12）．アクセント型の獲得と消失における意識型と実現型 —首都圏西部域若年層における外来語アクセント平板化現象から—　国語学，51（3）．
＊田中ゆかり（2002.06）．コラム「気づきにくく変わりやすい方言」佐藤亮一・小林隆・篠崎晃一（編）21世紀の方言学　国書刊行会
＊田中ゆかり（2003.06）．首都圏方言における形容詞活用形アクセントの複雑さが意味するもの —「気づき」と「変わりやすさ」の観点から—　語文，

116.

東京都教育委員会（編）（1986）．東京都言語地図　東京都教育委員会
* 轟木靖子（1993）．東京語の文末詞の音調と形容詞・動詞のアクセントについて　Studium，20
* 日比谷潤子（1990）．アクセントの変化と変異－2・3・4・5・6拍形容詞－　SOPHIA LINGUISTICA，28．
* 平山輝男（編）（1960）．X形容詞の活用形，及び形容詞に助詞・助動詞が付いたアクセントの一覧表　全国アクセント辞典　東京堂出版
* 馬瀬良雄（1983）．東京における語アクセントの世代的推移〈新方言〉と〈言葉の乱れ〉に関する社会言語学的研究　科学研究費成果報告書
* 馬瀬良雄（1997）．放送音声が地域言語の音声に与える影響について　佐藤亮一・真田信治・加藤正信・板橋秀一（編）日本語音声［1］諸方言のアクセントとイントネーション　三省堂
* 馬瀬良雄・佐藤亮一（編）（1985）．東京語アクセント資料上巻・下巻　文部省科学研究費特定研究「言語の標準化」資料集

松崎寛・河野俊之（2005）．アクセントの体系的教育を目的とした音声評価研究　日本語教育，125．
* 三井はるみ（1996）．大都市と周辺地域の方言　小林隆・篠崎晃一・大西拓一郎（編）方言の現在　明治書院

宮地裕（1963）．Ⅳイントネーション　話しことばの文型（2）　国立国語研究所
吉沢典男（1960）．4．イントネーション　話しことばの文型（1）　国立国語研究
和田実（1969）．辞のアクセント　国語研究，29．

第2部　第5章

［文献］

井上史雄（1995）．共通語化の所要年数 －鶴岡・山添実時間調査－　国語学，181．
今石元久（編）（2005）．音声研究入門　和泉書院

川上 蓁 (1963). 文末などの上昇調について　国語研究, 16.

川上 蓁 (2006). 最近の首都圏語のアクセント変化　音声研究, 10 (2).

定延利之 (2005). 日本語のイントネーションとアクセントの関係の多様性　日本語科学, 17.

田中ゆかり (1993).「とびはねイントネーション」の使用とそのイメージ　日本方言研究会第56回研究発表会発表原稿集.

田中ゆかり (1999). 指向性解釈の可能性 ―首都圏西部域高年層アクセントデータによる検討― 国語研究, 62.

田中ゆかり (2002). コラム「気づきにくく変わりやすい方言」 佐藤亮一・小林隆・篠崎晃一（編）21世紀の方言学　国書刊行会

田中ゆかり (2003). 首都圏方言における形容詞活用形アクセントの複雑さが意味するもの ―「気づき」と「変わりやすさ」の観点から― 語文, 116.

田中ゆかり (2005.09). 世田谷区立中学校に通う中学生のアクセントとイントネーション―聞き取りアンケート調査による― 論集, Ⅰ.

田中ゆかり (2005.12). 東京首都圏における関西方言の受容パターン ―「間接接触」におけるアクセサリー的受容― 陣内正敬・友定賢治（編）関西方言の広がりとコミュニケーションの行方　和泉書院

田中ゆかり (2006).「とびはね音調」の採否とイメージ―東京首都圏西部域高校生調査から― 語文, 126.

Hibiya, Junko. (1996). Denasalization of the velar nasal in Tokyo Japanese: observation in real time. *Towards a Social Science of Language,* vol. 1, Variation and Change in Language and Society. Amsterdam: John Benjamins.

R.M.W.ディクソン (2001)　言語の興亡（大角翠訳）　岩波書店

第3部

第3部　第1章

[文献]

秋永一枝（編）(1958). 明解日本語アクセント辞典　三省堂

秋永一枝 (1967). 江戸アクセントから東京アクセントへ　国語と国文学,

44（4）．

秋永一枝（1989）．文部省重点領域研究『日本語音声』での一連の調査で使用された調査項目．

秋永一枝（編）(2001)．新明解日本語アクセント辞典　三省堂

飯豊毅一・日野資純・佐藤亮一（編）(1984)．講座方言学5関東地方の方言　国書刊行会

稲垣滋子（1970）．言語地理学的方法によるアクセント研究　方言研究の問題点　明治書院

井上史雄・荻野綱男（1983）．《新方言》と《言葉の乱れ》に関する社会言語学的研究　文部省科学研究費補助金研究成果報告書

NHK放送文化研究所（編）(1998)．NHK日本語発音アクセント辞典　日本放送出版協会

大橋勝男（1974）．関東地方域方言事象分布地図音韻篇　桜楓社

大橋勝男（1989）．関東地方域の方言についての方言地理学的研究1　桜楓社

大橋勝男（1992）．関東地方域の方言についての方言地理学的研究4　桜楓社

大橋純一（1995）．埼玉県蓮田市高虫方言のアクセント　－2拍名詞の変化動向に注目して－　音声学会会報，209．

大橋純一（1996）．埼玉特殊アクセントの個人差と地域差　－三領域間における2拍名詞の体系的変化動向と比較しつつ－　国語学，187．

川上蓁（2003）．東京アクセント核末型のゆくえ　国語研究，66．

金田一春彦（1941.08）．東京語アクセントの再検討（一）－諸方言との比較から観た東京語アクセント－　国語教育誌，4（7）．

金田一春彦（1941.09）．東京語アクセントの再検討（二）－諸方言との比較から観た東京語アクセント－　国語教育誌，4（8）．

金田一春彦（1942）．関東地方に於けるアクセントの分布［金田一春彦（1977）．日本語方言の研究　東京堂出版　による］

金田一春彦（1948）．埼玉県下に分布する特殊アクセントの考察　私家版

金田一春彦（1958）．東京アクセントの特徴は何か　言語生活，83．

国立国語研究所（1966-1974）．日本言語地図 1 - 6　大蔵省印刷局
国立国語研究所（1970）．日本言語地図 4　大蔵省印刷局
国立国語研究所（1981）．大都市の言語生活分析編・資料編　三省堂
小林滋子（1961.09）．三多摩方言アクセントの推移　国語学，46．
小林滋子（1961.12）．三多摩方言のアクセントを地理的にみる　都大論究語学，1．
佐藤亮一他（1991）．東京都五日市町のアクセント －本調査の結果一覧－　佐藤亮一（編）　文部省科学研究費重点領域研究『日本語音声』成果刊行書　東京語音声の諸相（1）
佐藤亮一他（1993）．東京アクセントの地域差と世代差 －下町および五日市町－　佐藤亮一（編）　文部省科学研究費重点領域研究『日本語音声』成果刊行書　東京語音声の諸相（3）
真田信治・小沼民子（1978）．大都市東京の北辺における方言分布の実態　日本方言研究会第26回発表原稿集
柴田武（1983）．埼玉県南部・東京都北部地域の方言分布（2）－アクセント－　埼玉大学紀要，19．
田中ゆかり（1991）．人口急増地帯における若年層の言語 －神奈川県中央地区の場合－　国文学研究，103．
田中ゆかり（2003）．首都圏方言における形容詞活用形アクセントの複雑さが意味するもの－「気づき」と「変わりやすさ」の観点から－　語文，116
田中ゆかり（2008）「気づきにくく変わりやすい方言」－首都圏におけるⅠ類動詞連用形尾高型の消失－　論集，Ⅳ
都染直也（1982）．東京北部及びその周辺地域におけるアクセントの実態　日本方言研究会第34回発表原稿集．
寺田泰政（1970）．遠州方言のアクセント　美哉堂出版
東京都教育委員会（編）（1986）．東京都言語地図　東京都教育委員会
日本放送協会（編）（1985）．日本語発音アクセント辞典　日本放送出版協会
日野資純（1984.04）．アクセント研究に対する一つの提言　音声学会会報，175．
日野資純（1984.06）．神奈川県の方言　飯豊毅一・日野資純・佐藤亮一

（編）講座方言学 5　関東地方の方言　国書刊行会
日野資純（1986）．国語学叢書14　日本の方言学　東京堂出版
山口幸洋（1972）．"東三河"方言の旅　豊橋地方の方言　豊橋文化協会
山口幸洋（1982）．アクセントにおける移行性分布の解釈　国語学，130．
渡辺喜代子（1983）．所沢市のアクセント分布とその推移 ―二・三・四音節名
　　詞―　所沢市史研究，7．

第 3 部　第 2 章
［文献］
相澤正夫（1984）．アクセント変化の要因　日本語学，3（11）．
秋永一枝（1957）．アクセント推移の要因について　国語学，31．
秋永一枝（1967）．江戸アクセントから東京アクセントへ　国語と国文学，
　　44（4）．
秋永一枝（1996）．東京弁アクセントから首都圏アクセントへ　言語学林
　　1995-1996　三省堂
秋永一枝他（1997）．日本語アクセント史総合資料　研究篇　東京堂出版
穐山貞登（1993）．数量化のグラフィックス　朝倉書店
飯豊毅一・日野資純・佐藤亮一（編）（1984）．講座方言学 5 関東地方の方言
　　国書刊行会
稲垣滋子（1970）．言語地理学的方法によるアクセント研究　方言研究の問
　　題点　明治書院
稲垣滋子（1986）．2．アクセント　東京都教育委員会（編）　東京都言語地
　　図　東京都教育委員会
上野善道（1978）．アクセントの個人差をめぐる研究概観　言語生活，320．
NHK 放送文化研究所（編）（1998）．NHK 新版日本語発音アクセント辞典
　　NHK 出版
大橋勝男（1989）．関東地方の方言についての方言地理学的研究 1　桜楓社
大橋勝男（1992）．関東地方の方言についての方言地理学的研究 4　桜楓社
金田一春彦（1942）．関東地方に於けるアクセントの分布　日本方言研究会
　　（編）日本語のアクセント　中央公論社［金田一春彦（1977）．日本語

方言の研究　東京堂出版による]

金田一春彦（1943）．静岡・山梨・長野県下のアクセント　音声学会会報，72・73合併号．

金田一春彦（1958）．東京アクセントの特徴とは何か　言語生活，83．

金田一春彦（1964）．四座講式の研究　三省堂

金田一春彦（1974）．国語アクセントの史的研究 原理と方法　塙書房

駒澤　勉・林知己夫（1982）．数量化理論とデータ処理　朝倉書店

小林滋子（1961.09）．三多摩方言アクセントの推移　国語学，46．

小林滋子（1961.12）．三多摩方言のアクセントを地理的にみる　都大論究，1．

佐藤亮一他（1991）．東京都五日市町のアクセント ―本調査の結果一覧―　佐藤亮一（編）　文部省科学研究費重点領域研究『日本語音声』成果刊行書 東京語音声の諸相（1）

佐藤亮一他（1993）．東京アクセントの地域差と世代差 ―下町および五日市町―　佐藤亮一（編）　文部省科学研究費重点領域研究『日本語音声』成果刊行書　東京語音声の諸相（3）

真田信治・小沼民子（1978）．大都市東京の北辺における方言分布の実態 日本方言研究会第26回大会発表原稿集．

柴田　武（1983）．埼玉県南部・東京都北部の方言分布（2）―アクセント― 埼玉大学紀要，19．

田中ゆかり（1993）．方言接触からみた首都圏西部のアクセント ―2・3拍名詞の場合―　音声学会会報，204．

中井幸比古（1987）．現代京都方言のアクセント資料（1）　アジア・アフリカ文法研究，15．

野元菊雄（1978）．言語における社会と個人　言語生活，320．

林知己夫（1993）．数量化―理論と方法―　朝倉書店

日野資純（1984.04）．アクセント研究に対する一つの提言　音声学会会報，175．

日野資純（1984.06）．神奈川県の方言　飯豊毅一・日野資純・佐藤亮一（編）　講座方言学5関東地方の方言　国書刊行会

日野資純（1986）．国語学叢書14日本の方言学　東京堂出版
武藤真介（1995）．統計解析ハンドブック　朝倉書店
三井はるみ（1996）．大都市と周辺地域の方言　小林隆・篠崎晃一・大西拓一郎（編）　方言の現在　明治書院
山口幸洋（1982）．アクセントにおける移行性分布の解釈　国語学，130．
渡辺喜代子（1983）．所沢市のアクセント分布とその推移 ―二・三・四音節名詞―　所沢市史研究，7．

第3部　第3章
［文献］
秋永一枝（1958）．アクセント習得法則　明解日本語アクセント辞典　三省堂
秋永一枝（1965）．川本崇雄氏「外来語アクセントの一特質」への疑問　国語学，60．
井上史雄（1992.02a）．業界用語のアクセント〈専門家アクセントの性格〉　言語，21（2）．
井上史雄（1992.02b）．専門家アクセントの使われ方　文部省科学研究費重点領域『日本語音声』C 3班研究成果報告書　国広哲弥（編）　日本語イントネーションの実態と分析．
加治木美奈子（1998）．若い世代は平らなアクセントがメジャー〜アナウンサーアクセント調査報告①「外来語」〜　放送研究と調査，48（7）．
加藤大鶴（1999）．首都圏における外来語平板アクセントと馴染み度　早稲田大学日本語研究，7．
金田一春彦（1942）．関東地方に於けるアクセントの分布　日本方言学会（編）　日本語のアクセント　中央公論社［金田一春彦（1977）．日本語方言の研究　東京堂出版による］
窪薗晴夫・太田聡（1998）．音韻構造とアクセント（日英語比較選書10）　研究社
窪薗晴夫（1999）．現代言語学入門2日本語の音声　岩波書店
坂梨隆三（1990）．最近の外来語のアクセント　三省堂ブックレット，88．

佐藤大和（1989）．外来語アクセントの分析と規則化　日本音響学会平成元年度春季大会研究発表会講演論文集
篠原朋子（1984）．オ'ーディオは平らにサスペンスは前へ　アナウンサーの外来語アクセント　放送研究と調査，34（2）．
馬瀬良雄・安平美奈子（1992）．外来語アクセントの平板化について —首都圏高校生と地方の高校生の場合を中心に—　文部省科学研究費重点領域『日本語音声』研究成果刊行書　佐藤亮一（編）　東京語音声の諸相（2）．
馬瀬良雄（1997）．放送音声が地域言語の音声に与える影響について　佐藤亮一・真田信治・加藤正信・板橋秀一（編）　日本語音声［1］諸方言のアクセントとイントネーション　三省堂
最上勝也（1987）．平らになる外来語アクセント　放送研究と調査，37（10）．
最上勝也・篠原朋子（1984）．ハ'ンケツ（判決）は気になりませんか？　視聴者アクセント抵抗感調査　放送研究と調査，34（3）．
W. Labov (1966). The Social Stratification of English in New York City. Cambridge University Press.

第3部　第4章
［文献］
秋永一枝（1958）．アクセント習得法則　明解日本語アクセント辞典　三省堂
秋永一枝（1965）．川本崇雄氏「外来語アクセントの一特質」への疑問　国語学，60．
秋永一枝（1999）．東京弁アクセントの変容　笠間書院
井上史雄（1992）．専門家アクセントの使われ方　文部省科学研究費重点領域『日本語音声』C3班研究成果報告書　国広哲弥（編）　日本語イントネーションの実態と分析
NHK放送文化研究所（1974）．放送文章と用語　第807回放送用語委員会［甲信越4局］の記録から　文研月報．
NHK放送文化研究所（編）（1998）．NHK日本語発音アクセント辞典新版　日本放送出版協会
NHK放送文化研究所（編）（2005）．NHKことばのハンドブック第2版

日本放送出版協会

大橋勝男（1997）．地名アクセントの年代的様相―新潟市多人数調査から―　佐藤亮一・真田信治・加藤正信・板橋秀一（編）　日本語音声［1］　諸方言のアクセントとイントネーション　三省堂

鏡味明克（1965）．地名のアクセント―愛知岐阜両県による―　都大論究，5．

佐久間鼎（1930）．日本音声学［復刻版1963風間書房による］．

真田信治（1997）．音声の社会言語学　佐藤亮・真田信治・加藤正信・板橋秀一（編）　日本語音声［1］　諸方言のアクセントとイントネーション　三省堂

田中ゆかり（1993）．「とびはねイントネーション」の使用とそのイメージ　日本方言研究会第56回研究発表会発表原稿集

田中ゆかり（2007）．「方言コスプレ」にみる「方言おもちゃ化」の時代　文学，8（6）

W. Labov（1966）. The Social Stratification of English in New York City. Cambridge University Press.

［参考サイト］

ウィキペディア　http://ja.wikipedia.org/wiki/　（最終閲覧日2008年7月11日）

第3部　第5章

［文献］

秋永一枝（1967）．江戸アクセントから東京アクセントへ　国語と国文学，44（4）．

秋永一枝（1999）．東京弁アクセントの変容　笠間書院

佐藤亮一（1990）．現代東京語のアクセント―年齢差および辞典との差を中心に―　佐藤喜代治（編）　国語論究2　文字・音韻の研究　明治書院．

佐藤亮一（編）（1991）．東京語音声の諸相（1）　文部省科学研究費重点領域研究『日本語音声』究成果報告書．

馬瀬良雄・佐藤亮一（編）（1985）．東京語アクセント資料上・下　文部省科学研究費特定研究『言語の標準化』資料集．

第3部　第6章

［文献］

秋永一枝（1966）．発音 ―イントネーションなど―　講座日本語教育2　早稲田大学語学研究所

秋永一枝（1967）．江戸アクセントから東京アクセントへ　国語と国文学，44（4）．

秋永一枝（1996.03）．東京・芦安両アクセントにみる接合型の衰退　国文学研究，118．

秋永一枝（1996.04）．東京弁アクセントから首都圏アクセントへ　言語学林1995-1996編集委員会（編）　言語学林1995-1996　三省堂．

秋永一枝（編）（1996）．山梨県芦安村を中心とした言語調査報告　私家版．

稲垣滋子（1986）．2．アクセント　東京都教育委員会（編）　東京都言語地図　東京都教育委員会

稲垣正幸・清水茂夫（1983）．山梨県の方言　講座方言学6中部地方の方言　国書刊行会

井上史雄（1992）．業界用語のアクセント―専門家アクセントの性格―　言語，21（2）．

大橋勝男（1974）．関東地方域方言事象分布地図　第一巻　音声篇　桜楓社

大橋勝男（1989）．関東地方の方言についての方言地理学的研究1　桜楓社

菅野　謙・臼田弘（1981）．これからの放送と「アクセント辞典」（2）―全国アナウンサーのアクセント調査―　文研月報，11．

川上　蓁（1963）．日本語アクセント法　学書房出版

金田一春彦（1942）．関東地方に於けるアクセントの分布　日本方言研究会（編）　日本語のアクセント　中央公論社［金田一春彦（1977）．日本語方言の研究　東京堂出版による］

金田一春彦（1943）．静岡・山梨・長野県下のアクセント　音声学会会報，72・73合併号［金田一春彦（1977）．日本語方言の研究　東京堂出版による］

金田一春彦（1957）．東京アクセントの特色は何か　言語生活，83．

小林滋子（1961）．三多摩方言アクセントの推移　国語学，46．

佐藤亮一（1990）．現代東京語のアクセント　―年齢差および辞典との差を中心に―　佐藤喜代治（編）　国語論究2　文字・音韻の研究　明治書院

佐藤亮一（1991）．東京都五日市町のアクセント　―本調査の結果一覧―　佐藤亮一（編）　東京語音声の諸相（1）　文部省科学研究費重点領域研究『日本語音声』研究成果刊行書

佐藤亮一（1992）．東京下町のアクセント　―本調査の結果一覧―　佐藤亮一（編）　東京語音声の諸相（2）　文部省科学研究費重点領域研究『日本語音声』　研究成果刊行書

佐藤亮一（1993）．東京アクセントの地域差と世代差　―下町および五日市町―　佐藤亮一（編）　東京語音声の諸相（3）　文部省科学研究費重点領域研究『日本語音声』　研究成果刊行書

柴田武（1983）．埼玉県南部・東京都北部の方言分布（2）―アクセント―　埼玉大学紀要，19．

清水茂夫（1994）．方言　芦安村誌　芦安村

篠木れい子・佐藤和之（1990）．無アクセント地域における発話実相に関する研究　―栃木県氏家町方言を例にして―　研究成果中間報告書1990総括班　文部省重点領域研究『日本語音声』　研究成果報告書

田中ゆかり（1993.03）．首都圏西部の言語変化　1992年度早稲田大学修士論文

田中ゆかり（1993.05）．「とびはねイントネーション」の使用とそのイメージ　日本方言研究会第56回研究発表会発表原稿集

田中ゆかり（1994）．首都圏西部におけるアクセント平板化現象の一側面　―外来語・地名アクセントの平板化現象―　早稲田大学文学研究科紀要，別冊20文学・芸術編．

田中ゆかり（2008）「気づきにくく変わりやすい方言」―首都圏におけるⅠ類動詞連用形尾高型の消失―　論集，Ⅳ

田中ゆかり・吉田健二（1996）．母音の無声化　秋永一枝（編）　芦安村を中心とした山梨県西部域における言語調査報告

田中ゆかり・吉田健二（1997）．変異消失過程とその制約　―山梨県西部域若年

層におけるガ行子音— 計量国語学，20（8）．

都竹通年雄（1951）．動詞の連用形とアクセント 国語アクセント論叢 法政大学出版［都竹通年雄（1994）．都竹通年雄著作集1 音韻・方言研究篇 ひつじ書房による］

中條 修（1983）．静岡県の方言 講座方言学6中部地方の方言 国書刊行会

馬瀬良雄（1981）．言語形成期に及ぼすテレビおよび都市の言語の影響 国語学，125．

馬瀬良雄他（1995）．山陽地方 岡山―広島―下関ライン方言アクセントグロットグラム― 私家版

馬瀬良雄（1997）．放送音声が地域言語の音声に与える影響について 佐藤亮一・真田信治・加藤正信・板橋秀一（編） 日本語音声［1］ 諸方言のアクセントとイントネーション 三省堂

馬瀬良雄・安平美奈子（1992）．放送音声の地域言語に与える影響と標準語教育 佐藤亮一（編） 東京語音声の諸相（2） 文部省科学研究日重点領域研究『日本語音声』 研究成果刊行書．

三井はるみ（1996）．大都市と周辺地域の方言 小林隆・篠崎晃一・大西拓一郎（編） 方言の現在 明治書院

山口幸洋（1982）．アクセントにおける移行性分布の解釈 国語学，130．

渡辺喜代子（1983）．所沢市のアクセント分布とその推移―二・三・四音節名詞― 所沢市史研究，7．

渡辺富美雄（1957）．共通語と山梨県下のアクセントの相違 音声の研究，8．

第4部

第4部 第1章

［文献］

岡田朋之（2000）．携帯はなぜ目の敵にされるのか 広告，341．

斎藤 環（2000）．地元がポータブルになる若者たちの『わたしどういう人ですか？』若者インサイト2000 広告，339．

永井 愛（1998）．ら抜きの殺意 而立書房

野浪まこと（2000）．ケータイ・ラヴァーズ　恋を持ち歩く人びと　広告，339，41（3）．

［雑誌特集］

特集　電話　日本語学，11（10）（1992.09）

特集　パソコン通信　日本語学，12（13）（1993.12）

特集　パソコンの言語学，言語，25（9）（1996.09）

第4部　第2章

［文献］

川浦康至・松田美佐（2001）．現代のエスプリ　携帯電話と社会生活，405．

白石信子・加藤明・斎藤喜彦（2001）．テレビは欠かせない　インターネット・携帯電話でも多彩な情報行動〜「デジタル情報社会における青少年とメディア」調査から〜　放送研究と調査，51（7）．

田中ゆかり（2000）．「ケータイ」という研究テーマ ―都内2大学アンケートを中心に―　日本語学，19（12）．

東洋大学広報課（2001）．『新・大学生の生活感　平成13年度　新・大学生意識アンケート調査』．東洋大学．

中村　功（2001）．携帯電話の普及過程と社会的意味　現代のエスプリ，405．

藤竹　暁・水越伸・松田美佐・川浦康至（2001.04）．座談会　携帯電話と社会生活　現代のエスプリ，405．

文化庁文化部国語課（2001）．世論調査報告書平成12年度国語に関する世論調査　大蔵省印刷局

［雑誌特集］

特集　ケータイ・コミュニケーション　日本語学，19（12）．（2000.10）

［参考サイト］

恩田ひさとし（2001）．携帯メール研究所　http://www2k.biglobe.ne.jp/〜onda/keitai/keitai.html（2001年7月最終閲覧）⇒ http://www.onda-honpo.com/keitai/（2008年8月13日最終閲覧）

森田立夫（2001）．携帯メール活用術　http://page.freett.com/tatsuom/keitai/index.html（2001年7月最終閲覧）

第4部　第3章
［文献］
岡田朋之・松田美佐・羽渕一代（1999）．移動電話利用におけるメディア特性と対人関係 ―大学生を対象とした調査事例より―　平成11年度情報通信学会年報
高野公三子・松本浩（1998）．"ネオ・メーラー"マーケットの誕生！　アクロス，6月号．
田中ゆかり（2000）．「ケータイ」という研究テーマ ―都内二大学アンケートを中心に―　日本語学，19（12）．
田中ゆかり（2001.09）．大学生の携帯メイル・コミュニケーション　日本語学，20（10）．
田中ゆかり（2001.12）．携帯電話と電子メイルの表現　佐藤武義・飛田良文（編）　現代日本語講座　第2巻表現　明治書院．
中村功（2001）．携帯電話の普及過程と社会的意味　現代のエスプリ，405．
文化庁文化部国語課（2001）．世論調査報告書平成12年度国語に関する世論調査　大蔵省印刷局
松田美佐（2000.03）．若者の友人関係と携帯電話利用 ―関係希薄論から選択的関係論へ―　社会情報学研究，4．
松田美佐（2000.10）．携帯による電子メール急増とその影響　日本語学，19（12）．
［参考サイト］
NTTアドバンステクノロジ（株）（2000・2001）．Wireless Wave, 1, 2
http://www.ntt-ad.co.jp/menu_s.html（2001年7月最終閲覧）

第4部　第4章
［文献］
浅羽通明（編著）（2001）「携帯的（モバイル）人間」とは何か　宝島社
井上史雄・荻野綱男・秋月高太郎（2007）．デジタル社会の日本語作法　岩波書店
岡田朋之・松田美佐・羽渕一代（1999）．移動電話利用におけるメディア特

性と対人関係 ―大学生を対象とした調査事例より― 平成11年度情報通信学会年報．

川浦康至（2001）．携帯・自動車電話とコミュニケーション空間の変容 現代のエスプリ，405．

立川結花（2005）．若年層の携帯メールにおける各種絵記号の使用―メールのテキスト分析― 語文，122．

田中ゆかり（2000）．「ケータイ」という研究テーマ ―都内二大学アンケートを中心に― 日本語学，19（12）．

田中ゆかり（2001.09）．大学生の携帯メイル・コミュニケーション 日本語学，20（10）．

田中ゆかり（2001.10）．ケータイ・メイルの「おてまみ」性 国文学 解釈と教材の研究，46（12）．

富田英典・藤本憲一・岡田朋之・松田美佐・高弘伯彦（1997）．ポケベル・ケータイ主義！ ジャストシステム

中村 功（2000）．携帯電話を利用した若者の言語行動と仲間意識 日本語学，19（12）．

中村 功（2001）．携帯電話の普及過程と社会的意味 現代のエスプリ，405．

中村 功・三上俊治・吉井博明（1999）．電子ネットワーク時代における情報通信マナーに関する調査研究 財団法人マルチメディア振興センター

西原鈴子（2000）．ケータイ会話といえども，日本語は日本語 日本語学，19（12）．

野島久雄（2001）．携帯端末としての次世代携帯機器 日本語学，20（9）．

橋元良明・石井健一・中村功・是永論・辻大介・森康俊（2000）．携帯電話を中心とする通信メディア利用に関する調査研究 東京大学社会情報研究所紀要，14．

文化庁文化部国語課（2001）．世論調査報告書平成12年度国語に関する世論調査

松田美佐（2000.03）．若者の友人関係と携帯電話利用 ―関係希薄論から選択的関係論へ― 社会情報学研究，4．

松田美佐（2000.10）．携帯による電子メール急増とその影響 日本語学，

19（12）．

和田茂夫（2001）．おじさんの携帯メール術　始めてみれば，やめられない！　ダイヤモンド社

［雑誌特集］

特集　ケータイ空間　広告，41（3）．（2000）

携帯電話と社会生活　現代のエスプリ，405．（2001）

特集　電話　日本語学，11（10）．（1992.09）

特集　パソコン通信　日本語学，12（13）．（1993.12）

特集　ケータイ・コミュニケーション　19（12）．（2000.10）

特集　ケータイ・メールのコミュニケーション　日本語学，20（10）．（2001.09）

［引用サイト］

NTTアドバンステクノロジ（株）（2000，2001）．Wireless Wave 1, 2. http://www.ntt-ad.co.jp/menu_s.html（2001年12月最終閲覧）

NRI野村総合研究所（2000）．http://www.nri.co.jp/news/2000/001025/2001025.pdf（2001年12月最終閲覧）

NRI野村総合研究所（2001）．http://www.nri.co.jp/news/2001/01510/index.html［2001年12月最終閲覧］

第4部　第5章

［文献］

太田一郎（2001）．パソコン・メールとケータイ・メール ―「メールの型」からの分析― 　日本語学，20（10）．

岡田朋之・松田美佐（2002）．ケータイ学入門　有斐閣

金水　敏（2003）．ヴァーチャル日本語　役割語の謎　岩波書店

笹原宏之（2002）．携帯メールにおける文字表記の特徴とその影響　社会言語科学，5（1）．

総務省統計研修所（2003）．平成15年度IT関連統計資料集

総務省情報通信政策局（2004）．平成15年度通信動向調査報告書世帯編

田中ゆかり（2000）．「ケータイ」という研究テーマ ―都内二大学アンケートを

中心に— 日本語学,19(12).

田中ゆかり(2001.09). 大学生の携帯メイル・コミュニケーション 日本語学,20(10).

田中ゆかり(2001.10). ケータイ・メイルの「おてまみ」性 国文学解釈と教材の研究,46(12).

田中ゆかり(2001.12). 携帯メイルと電子メイルの表現 飛田良文・佐藤武義(編) 現代日本語講座 第2巻表現 明治書院

田中ゆかり(2004). フェイクするメディア—携帯メイル— 早稲田学報,1145(復刊58(8)).

田中ゆかり(2005). 携帯メイルにおける「キブン」表現 語文,121

橋元良明・斑目幸司・小松亜紀子・アヌラーグ＝カシャプ・栗原正輝(2001). 首都圏若年層のコミュニケーション行動 —インターネット,携帯メール利用を中心に— 東京大学社会情報研究所調査研究紀要,16.

橋元良明(2001). 携帯メールの利用実態と使われ方 —インターネットによるEメール利用との比較を中心に— 日本語学,20(10).

文化庁文化部国語課(2001). 平成12年度国語に関する世論調査報告書(問20,問21)

文化庁文化部国語課(2002). 平成13年度国語に関する世論調査報告書(問6)

文化庁文化部国語課(2004). 平成15年度国語に関する世論調査報告書(問7,問16SQ1-1・SQ1-3・SQ1-4・SQ1-6,問18,問18SQ1)

三宅和子(2001). ポケベルからケータイ・メールへ —歴史的変遷とその必然性— 日本語学,20(10).

三宅和子(2003). 対人配慮と言語表現 —若者の携帯電話メッセージ分析— 東洋大学文学部紀要日本文学文化編,77.

三宅和子(2004.02).「規範からの逸脱」志向の系譜 —携帯メールの表記をめぐって— 東洋大学文学部紀要日本文学文化編,78.

三宅和子(2004.09). 携帯メールにおけるジェンダー —文末に現れる様々な記号の使われ方に注目して— 社会言語科学会第14回大会発表論文集.

宮嵜由美(2004). 携帯メールにおける言語行動のストラテジーと対人配慮

―深刻さの違う場面を通して―　社会言語科学会第14回大会発表論文集．

第4部　第6章
［文献］
浅尾幸次郎（1996）．パソコン通信の文体論　言語，25（9）．
伊藤雅光（1993）．「チャット」と呼ばれる電子おしゃべりについて　日本語学，12（13）．
太田一郎（2001）．パソコン・メールとケータイ・メール―「メールの型」からの分析―　日本語学，20（10）．
岡田朋之・松田美佐（2002）．ケータイ学入門　有斐閣選書
金水　敏（2003）．ヴァーチャル日本語役割語の謎　岩波書店
笹原宏之（2002）．携帯メールにおける文字表記の特徴とその影響　社会言語科学，5（1）．
総務省情報通信政策局（2004）．平成15年度通信動向調査報告書世帯編．
立川結花（2005）．若年層の携帯メールにおける各種絵記号の使用―メールのテキスト分析と意識調査―　語文，122．
田中ゆかり（2000）．「ケータイ」という研究テーマ―都内二大学アンケートを中心に―　日本語学，19（12）．
田中ゆかり（2001.04）．観察法・実験法と日本語研究　日本語学4月臨時増刊号日本語の計量研究法，20（5）．
田中ゆかり（2001.09）．大学生の携帯メイル・コミュニケーション　日本語学，20（10）．
田中ゆかり（2001.10）．ケータイ・メイルの「おてまみ」性　国文学　解釈と教材の研究，46（12）．
田中ゆかり（2001.12）．携帯メイルと電子メイルの表現　飛田良文・佐藤武義（編）　現代日本語講座　第2巻表現　明治書院
田中ゆかり（2004）．フェイクするメディア―携帯メイル―　早稲田学報，1145（復刊58（8））．
田中ゆかり（2005）．携帯メイルハードユーザーの「特有表現」意識　中村明先生記念論文集　表現と文体　明治書院

中村 功（2000）．携帯電話を利用した若者の言語行動と仲間意識　日本語学，19（12）．

橋元良明・斑目幸司・小松亜紀子・アヌラーグ＝カシャプ・栗原正輝（2001）．首都圏若年層のコミュニケーション行動 ―インターネット，携帯メール利用を中心に―　東京大学社会情報研究所調査研究紀要，16．

橋元良明（2001）．携帯メールの利用事態と使われ方 ―インターネットによるEメール利用との比較を中心に―　日本語学，20（10）．

橋元良明・松田美佐（2005）．ケータイ電話は情報行動を変化させるか　言語，34（1）．

文化庁文化部国語課（2001）．平成12年度国語に関する世論調査報告書（問20，問21）

文化庁文化部国語課（2002）．平成13年度国語に関する世論調査報告書（問6）

文化庁文化部国語課（2004）．平成15年度国語に関する世論調査報告書（問7，問16 SQ 1-1・SQ1-3・SQ1-4・SQ1-6，問18，問18 SQ1）

松田美佐（2000）．ケータイによる電子メール急増とその影響　日本語学，19（12）．

三宅和子（2001.09）．ポケベルからケータイ・メールへ ―歴史的変遷とその必然性―　日本語学，20（10）．

三宅和子（2003.03）．対人配慮と言語表現 ―若者の携帯電話メッセージ分析―　東洋大学文学部紀要日本文学文化編，77．

三宅和子（2004.02）．「規範からの逸脱」志向の系譜 ―携帯メールの表記をめぐって―　東洋大学文学部紀要日本文学文化編，78．

三宅和子（2004.09）．携帯メールにおけるジェンダー ―文末に現れる様々な記号の使われ方に注目して―　社会言語科学会第14回大会発表論文集．

宮嵜由美（2004）．携帯メールにおける言語行動のストラテジーと対人配慮 ―深刻さの違う場面を通して―　社会言語科学会第14回大会発表論文集．

［未刊行レポート］

2003年度日本大学大学院文学研究科国文学専攻日本語学特殊講義Ⅲ年度末レポート

足立葉名（2004）．ケータイメールで使われる長音記号の「〜」について．
内山　進（2004）．ケータイメールにおける「HBD」表記について．
森瀬啓之（2004）．ケータイメールにおける「☆」の使用について．

第5部

第5部　第1章
［文献］
小林　隆（2004）．アクセサリーとしての現代方言　社会言語科学，7（1）．
陣内正敬（2003）．関西的コミュニケーションの広がり─　陣内正敬（編）コミュニケーションの地域性と関西方言の影響力についての広域的研究．1，日本学術振興会科学研究費研究成果報告書．
陣内正敬（編）（2003a）．コミュニケーションの地域性と関西方言の影響力についての広域的研究．1，日本学術振興会科学研究費研究成果報告書．
陣内正敬（編）（2003b）．コミュニケーションの地域性と関西方言の影響力についての広域的研究．2，日本学術振興会科学研究費研究成果報告書．
陣内正敬・友定賢治（編）（2005）．関西方言の広がりとコミュニケーションの行方　和泉書院
高橋顕志（2003）．関西方言の広がり─県ごとデータファイルより─　陣内正敬（編）　コミュニケーションの地域性と関西方言の影響力についての広域的研究．1，日本学術振興会科学研究費研究成果報告書．
田中ゆかり（1998）．社会言語学的調査─音声アンケート式調査の検討を中心に─　日本語学，17（10）．
田中ゆかり（2002）．コラム「気づきにくく変わりやすい方言」　佐藤亮一・小林隆・篠崎晃一（編）　21世紀の方言学　国書刊行会．
田中ゆかり（2003）．首都圏方言における形容詞活用形アクセントの複雑さが意味するもの─「気づき」と「変わりやすさ」の観点から─　語文，116．
ダニエル・ロング（1990）．大阪と京都で生活する他地方出身者の方言受容の違い　国語学，162．

中井幸比古（1988a）．現代京都方言のアクセント資料（2）　アジア・アフリカ文法研究，16．
中井幸比古（1988b）．京都方言における外来語のアクセントについて　言語学研究，7．
中井幸比古（2001）．7.3．京都アにおける「基本ア」からはずれる外来語のアについて　京都市方言アクセント小辞典付．京都府中川・滋賀県野洲方言アクセント　―方言アクセント小辞典（5）―　科学研究費研究成果報告書．
永瀬治郎（編）（2000）．専修大学キャンパス言葉事典　第5版　私家版
中東靖恵（編）（2001）．岡大生の言語生活1　私家版
中東靖恵（編）（2002）．現代キャンパスことば辞典　吉備人出版
馬瀬良雄他（編）（1998）．首都圏女子大生のキャンパスことば―横浜・フェリス女学院大学　長野・言語文化研究会
余　健（2003）．首都圏出身移住者の京阪式語形・アクセントの受容実態―2,3拍動詞否定形に焦点を当てて―　三重大学教育学部研究紀要，54．
吉本紘子（2000）．関西における省略語の新形式アクセントについて　中井幸比古（編）大阪アクセントの史的変遷　科学研究費研究成果報告書

［参考サイト］
都染直也研究室（編）（1992）．甲南大学キャンパスことば辞典 HP版
http://ha8.seikyou.ne.jp/home/wexford/newpage100.htm　（2003年2月/18日最終閲覧）

第5部　第2章
［文献］
池田美穂（2005）．ことばの使い分け　田中ゆかり（編）　言語実地調査報告　―世田谷区編―　私家版
井上史雄（編）（1988）．東京・神奈川言語地図　私家版
井上史雄（1994）．方言学の新地平　明治書院
NHK放送世論調査所（編）（1979）．日本人の県民性　日本放送出版協会
NHK放送文化研究所（編）（1997）．現代の県民気質　―全国県民意識調査―

日本放送出版協会
大石初太郎（1969）．東京人の標準語使用 ―その意識調査― 佐伯梅友博士古希記念 国語学論集　表現社
国立国語研究所（1981）．大都市の言語生活 分析編・資料編　三省堂
柴田 実（2001）．方言への愛着意識　日本語学，20（8）．
田中ゆかり（1993）．「とびはねイントネーション」の使用とそのイメージ　日本方言研究会第56回研究発表会発表原稿集
田中ゆかり（2003）．首都圏方言における形容詞活用形アクセントの複雑さが意味するもの ―「気づき」と「変わりやすさ」の観点から― 語文，116．
田中ゆかり（編）（2005）．言語実地調査報告―世田谷区編―　私家版
東京都教育委員会（編）（1986）．東京都言語地図　東京都教育委員会
東京都生活文化局（2002）．「首都圏と東京に関する世論調査」結果報告　東京都生活文化局
四方田麻希子（2005）．「気づきにくい方言」 田中ゆかり（編） 言語実地調査報告―世田谷区編―　私家版

第5部　第3章
[文献]
金水 敏（2003）．ヴァーチャル日本語　役割語の謎　岩波書店
小林 隆（2004）．アクセサリーとしての現代方言　社会言語科学，7（1）．
定延利之（2005）．ささやく恋人，りきむレポーター ―口の中の文化　岩波書店
定延利之（2006）．ことばと発話キャラクター　文学《特集》ステレオタイプ，7（6）．
佐藤和之・米田正人（編）（1999）．どうなる日本のことば　方言と共通語のゆくえ　大修館書店
陣内正敬（2006）．方言の年齢差―若者を中心に― 日本語学，25（1）．
田中ゆかり（2005.03a）．携帯メイルハード・ユーザーの「特有表現」意識　中村明先生記念論文集表現と文体　明治書院．
田中ゆかり（2005.03b）．携帯メイルにおけるキブン表現　語文，121．

田中ゆかり（2005.12）．東京首都圏における関西方言の受容パターン —「間接接触」におけるアクセサリー的受容—　陣内正敬・友定賢治（編）　関西方言の広がりとコミュニケーションの行方　和泉書院

田中ゆかり（2006）．「東京首都圏」に「方言」はあるのか　国文学　解釈と鑑賞，51（4）．

三宅和子（2006）．携帯メールに現れる方言 —「親しさ志向」をキーワードに—　日本語学，25（1）．

第5部　第4章

［文献］

井上史雄（1977.08,09）．方言イメージの多変量解析（上・下）　言語生活，311，312．

井上史雄（1980）．方言イメージの評価語　東京外国語大学論集，30．

大石初太郎（1970）．東京の中の方言コンプレックス —「ことばについてのアンケート」報告3—　専修国文，7．

沖　裕子（1986）．方言イメージの形成　国文学，64．

北山紗弥子（2004）．消え行く富山弁と，使われ続ける富山弁 —マスメディアとの関係から—　語文，119．

木下順二（1982）．戯曲の日本語　大野晋・丸谷才一（編）　日本語の世界12　中央公論社

金水　敏（2003）．ヴァーチャル日本語　役割語の謎　岩波書店

国立国語研究所（1981）．大都市の言語生活（分析編，資料編）　三省堂

小林　隆（2004）．アクセサリーとしての現代方言　社会言語科学，7（1）．

小森陽一（2000）．小森陽一，ニホンゴに出会う　大修館書店

定延利之（2005）．ささやく恋人，りきむレポーター —口の中の文化　岩波書店

定延利之（2006）．ことばと発話キャラクター　文学　《特集》ステレオタイプ，7（6）．

佐藤和之・米田正人（編）（1999）．どうなる日本のことば—方言と共通語のゆくえ　大修館書店

真田信治(2000).脱・標準語の時代 小学館
清水義範・小林幸夫・山田俊治・金水敏(2006).《座談会》ステレオタイプとは何か 文学《特集》ステレオタイプ,7(6).
陣内正敬(2006).方言の年齢差―若者を中心に― 日本語学,25-1.
杉戸清樹(1982).企業内アンケート調査 国立国語研究所(編) 企業の中の敬語 三省堂
立川結花(2005).若年層の携帯メールにおける各種絵記号の使用―メールのテキスト分析― 語文,122.
田中ゆかり(2001).ケータイ・メイルの「おてまみ」性 国文学 解釈と教材の研究,46(12).
田中ゆかり(2002).コラム「気づきにくく変わりやすい方言」 佐藤亮一・小林隆・篠崎晃一(編) 21世紀の方言学 国書刊行会.
田中ゆかり(2005.03a).携帯メイルハード・ユーザーの「特有表現」意識 中村明先生記念論文集 表現と文体 明治書院.
田中ゆかり(2005.03b).携帯メイルにおけるキブン表現 語文,121.
田中ゆかり(2005.12).東京首都圏における関西方言の受容パターン ―「間接接触」におけるアクセサリー的受容― 陣内正敬・友定賢治(編) 関西方言の広がりとコミュニケーションの行方 和泉書院
田中ゆかり(2006.04a).メールの「方言」は,どこの方言か 国文学 解釈と教材の研究,51(4).
田中ゆかり(2006.04b).「東京首都圏」に「方言」はあるのか 国文学 解釈と教材の研究,51(4).
ダニエル=ロング(1990).大阪と京都で生活する地方出身者の方言受容の違い 国語学,162.
徳川宗賢(1985).ことばづかいの風土性 九大学連合日本の風土調査委員会(編) 日本の風土 弘文社
友定賢治(1999).「つくられた」方言イメージと共通語イメージ 佐藤和之・米田正人(編)(1999).どうなる日本のことば―方言と共通語のゆくえ― 大修館書店
中井精一(2004).お笑いのことばと大阪弁―吉本興業の力とは― 日本語学,

23（10）．

文化庁国語課（2002）．平成13年度　国語に関する世論調査［平成14年1月調査］日本人の言語能力を考える　財務省印刷局

三宅和子（2006）．携帯メールに現れる方言　―「親しさ志向」をキーワードに―　日本語学，25（1）．

山西由里子（2007）．女子大生の書き言葉コミュニケーション　―媒体差表現の男女差から―　語文，128．

［新聞記事］

［1］「新・日本語の現場」「方言の戦い好きも嫌いも関西弁」読売新聞　2006/05/29　14版13面

［2］「新・日本語の現場」「38「吉本弁」ほとんど共通語」読売新聞　2006/06/13　14版37面

［3］「新・日本語の現場」「68「東北弁かわいい」に憤然」読売新聞　2006/08/16　14版33面

［4］「「がばい旋風」がばいの使い方が変？　地元でも誤用浸透」（asahi.com http://www.asahi.com/ 2007年9月1日（土）15：57）

以上

初出一覧

　各章の初出を下記一覧に示す．いずれも初出時のものに，書式や表記の統一，表現の統一，本文の一部改訂などを施している．複数の初出論文によるものについては，その主となるものを［１］，副となるものを［２］以下に示した．
　複数の初出論文を統合あるいは分割したもの，データの再検討や追加などしたもの，初出時の本文・図表などに大幅な改訂を施したものについては，初出論文の末尾に［※］を付した．

第１部　「気づき」と言語変化

第１章　［１］「気づきにくく変わりやすい方言」佐藤亮一・小林隆・篠崎晃一（編）『21世紀の方言学』（国書刊行会）p. 337（2002年06月）［※］

　　　　［２］「地味な方言，日々「更新中」」・「シンポジウム　日本語方言の社会的地位変動」『第10回　社会言語科学会研究大会予稿集』（社会言語科学会）pp. 295-297（2002年09月）［※］

第２章　「社会言語学的調査 ―音声アンケート式調査の検討を中心に―」『日本語学』（明治書院）17（10）pp. 50-61（1998年09月）［※］

第３章　「「気づき」に関わる言語事象の受容 ―山梨県西部域若年層調査を中心に―」『国語学』189（国語学会）pp. 01-14（1997年06月）

第４章　「アクセント型の獲得と消失における意識型と実現型 ―首都圏西部域若年層における外来語アクセント平板化現象から―」『国語学』51（3）（通巻203）（国語学会）pp. 16-32（2000年12月）

第５章　「首都圏方言における形容詞活用形アクセントの複雑さが意味するもの ―「気づき」と「変わりやすさ」の観点から―」『語文』116（日本大学国文学会）pp. 左01-左25（2003年06月）

第６章　「「気づきにくく変わりやすい方言」―東京首都圏における I 類動詞連用形尾高型の消失―」『論集』IV（アクセント史資料研究会）pp.

51-67（2008年09月）

第 2 部　「とびはね音調」の成立とその背景

第 1 章　「「とびはね音調」とは何か」『論集』Ⅴ（アクセント史資料研究会）pp.97-109（2009年09月）

第 2 章　「「とびはねイントネーション」の使用とそのイメージ」『日本方言研究会第56回研究発表会発表原稿集』pp. 59-68（日本方言研究会）（1993年05月）［※］

第 3 章　「「とびはね音調」の採否とイメージ―東京首都圏西部域高校生調査から―」『語文』126（日本大学国文学会）pp. 左01-左13（2006年12月）

第 4 章　「世田谷区立中学校に通う中学生のアクセントとイントネーション―聞き取りアンケート調査による―」『論集』Ⅰ（アクセント史資料研究会）pp. 25-48（2005年09月）

第 5 章　「「とびはね音調」の成立と拡張―アクセントとイントネーションの協同的（collaborative）関係―」今石元久（編）『音声言語研究のパラダイム』（和泉書院）pp. 147-174（2007年12月）

第 3 部　アクセント変容からみた首都圏方言

第 1 章　「方言接触からみた首都圏西部のアクセント―2・3拍名詞の場合―」『音声学会会報』204　pp.01-12（日本音声学会）　（1993年12月）［※］

第 2 章　「指向性解釈の可能性―首都圏西部域高年層アクセントデータによる検討―」『国語研究』62（国学院大学国語研究会）pp. 01-16（1999年03月）

第 3 章　「首都圏西部におけるアクセント平板化現象の一側面―外来語・地名アクセントの平板化現象―」『早稲田大学大学院　文学研究科紀要』別冊20文学・芸術学編（早稲田大学文学研究科）pp. 03-15（1994年02月）［※］

第 4 章　「首都圏西部におけるアクセント平板化現象の一側面―外来語・地

名アクセントの平板化現象—」『早稲田大学大学院　文学研究科紀要』別冊20文学・芸術学編（早稲田大学文学研究科）pp. 03-15（1994年02月）［※］

第5章　「「東山道」・「東海道」・「中山道」について」佐藤亮一（編）『東京語音声の諸相（1）』（科学研究費重点領域『日本語音声』研究成果刊行書）pp. 02-06（1991年03月）［※］

第6章　「山梨県西部域若年層調査におけるアクセント」秋永一枝（編）『芦安村を中心とした山梨県西部域における言語調査報告』（私家版）pp. 162-194（1996年03月）［※］

第4部　新しいメディアのインパクト

第1章　「「ケータイ」という研究テーマ —都内二大学アンケートを中心に—」『日本語学』19（11）（明治書院）pp. 18-31（2000年10月）［※］

第2章　「大学生の携帯メイル・コミュニケーション」『日本語学』20（10）（明治書院）pp. 32-43（2001年09月）［※］

第3章　「ケータイ・メイルの「おてまみ」性」『国文学　解釈と教材の研究』46（12）（学燈社）pp. 48-54（2001年10月）［※］

第4章　「携帯電話と電子メイルの表現」佐藤武義・飛田良文（編）『現代日本語講座　第2巻　表現』pp. 98-127（明治書院）（2001年12月）［※］

第5章　「携帯メイルハード・ユーザーの「特有表現」意識」『表現と文体』（明治書院）pp. 425-436（2005年03月）［※］

第6章　「携帯メイルにおけるキブン表現」『語文』121（日本大学国文学会）pp. 左01-左13（2005年03月）［※］

第5部　「方言受容」の新しい姿

第1章　「東京首都圏における関西方言の受容パターン —「間接接触」によるアクセサリー的受容—」陣内正敬・友定賢治（編）『関西方言の広がりとコミュニケーションの行方』（和泉書院）pp. 159-178（2005年12月）

第 2 章　［ 1 ］「「東京首都圏」に「方言」はあるのか」『国文学　解釈と教材の研究』51（ 4 ）（学燈社）pp. 60-62（2006年04月）［※］

　　　　　［ 2 ］『東京新聞』連載コラム「ことばNIE」：「東京の言葉①「方言」はある？　ない？（2006/10/4・20面掲載）」「東京の言葉②　近隣方言取りこみ再発信」（2006/10/11・25面掲載）」［※］

　　　　　［ 3 ］「都下のことばと新しい「東京」のことば」秋永一枝（編）『東京都のことば』pp. 20-46　（明治書院）（2007年03月）［※］

第 3 章　［ 1 ］「メールの「方言」は，どこの方言か」『国文学　解釈と教材の研究』51（ 4 ）（学燈社）pp. 63-66（2006年04月）［※］

　　　　　［ 2 ］『東京新聞』連載コラム「ことばNIE」：「東京の言葉③　若者が関西弁を使うわけ（2006/10/18・19面掲載）」［※］

第 4 章　「「方言コスプレ」にみる「方言おもちゃ化」の時代」『文学』8（ 6 ）（岩波書店）（2007年11月）pp. 123-133［※］

以上

図表一覧

序章
[図]
 4頁 『20世紀方言研究の軌跡』における「動態」を含む論考数の推移
 13頁 地域方言関連論考対象地域別件数

第1部 第2章
[表]
 28頁 「聞き取りアンケート調査」的調査の概要一覧

第1部 第3章
[図]
 38頁 共通語アクセント出現率
 42頁 非共通語アクセント型重み係数成分1
 44頁 被調査者属性群別重み係数成分1平均値
[表]
 41頁 アクセント型重み係数成分1
 42頁 アクセント型等とのかかわりからみた「気づかない非共通語」
 47頁 山村留学生の方言形受容状況
[地図]
 37頁 甲府市・韮崎市周辺地図略図

第1部 第4章
[図]
 67頁 外来語アクセント「意識型項目」「実現型」数量化3類分析結果成分1
 69頁 学校別重み係数成分1平均値
[表]
 59頁 調査1・調査2被調査者学校別内訳
 60頁 首都圏西部域高校生における外来語アクセント型
 62頁 首都圏西部域高校生外来語アクセント刺激音声に対する反応
 63頁 「Sデッキ」「Vデッキ」「ショップ」「テレビ」○/×反応出現率

第1部 第5章
[表]
 74頁 先行研究に現れた東京首都圏方言形容詞アクセント型
 75頁 関東方言・共通語・新首都圏方言形容詞活用形アクセント型
 76頁 その他の形容詞活用形アクセント型
 81頁 「厚い（終止形）」と「暑い（終止形）」
 81頁 「厚い（終止形）」と「熱い（終止形）」
 81頁 「厚い（連体形）」と「暑い（連体形）」
 81頁 「厚い（終止形）」と「熱い（終止形）」
 84頁 I類形容詞「～カッタ形」アクセント型出現率

89 頁　II類形容詞「〜カッタ形」アクセント型出現率
93 頁　形容詞活用形アクセント型出現率／選択率　調査間比較
［地図］
　78 頁　3拍I類形容詞終止形5語総合図
　79 頁　4拍I類形容詞終止形5語総合図
　82 頁　3・4拍I類形容詞連体形各5語総合図
　83 頁　3拍II類形容詞終止形・連体形5語総合図
　85 頁　3拍I類形容詞〜カッタ形5語総合図（3型，1型）
　86 頁　3拍I類形容詞〜カッタ形5語総合図（0型，1型）
　87 頁　4拍I類形容詞〜カッタ形5語総合図
　90 頁　3拍II類形容詞〜カッタ形5語総合図

第1部　第6章
［図］
107 頁　山梨県西部域中学生「買いに」アクセント型0型出現率
107 頁　山梨県西部域中学生「言いに」アクセント型0型出現率
108 頁　山梨県西部域中学生「洗いに」アクセント型0型出現率
［表］
102 頁　I類動詞連用形（Vニイク）アクセント型出現率
［地図］
103 頁　I類動詞連用形「Vニイク」平板型出現数総合図
108 頁　山梨中学生データ対象中学の位置

第2部　第1章
［図］
119 頁　「これ，かわいくない？（とびはね音調）」ピッチ曲線

第2部　第2章
［図］
135 頁　これ，かわいくない？（とびはね音調）
135 頁　それで⌒，わたしは⌒，あきらめました（尻上がりイントネーション）ピッチ曲線
137 頁　「これ，かわいくない？」実現音調
137 頁　「とびはね」実現音調・男女差
138 頁　「とびはね」実現音調・学校差
138 頁　「尻上がり」実現音調
140 頁　聞き取りアンケート結果一覧
140 頁　「とびはね」意識・男女差
141 頁　「とびはね」意識・学校差
141 頁　「尻上がり」意識・男女差
142 頁　「尻上がり」意識・学校差
144 頁　「とびはね」・「尻上がり」実現音調と意識の出現率
144 頁　「非とびはね」・「非尻上がり」実現音調と意識の出現率
［表］
146 頁　聞き取りアンケート調査の結果

[地図]
133頁　首都圏高校生調査高校所在地地図

第2部　第3章
[図]
154頁　これ，かわいくない？（とびはね音調）ピッチ曲線
154頁　これ，かわいくない？（従来型音調）ピッチ曲線
155頁　実現型における「とびはね音調」出現率
156頁　実現型における「とびはね音調」出現率（性差）
156頁　実現型における「とびはね音調」出現率（学校差）
158頁　「とびはね音調」刺激音声に対する反応
158頁　「従来型音調」刺激音声に対する反応
159頁　「とびはね音調」聞き取り結果出現率（性差）
159頁　意識型「とびはね音調」聞き取り結果出現率（学校差）
160頁　意識型「従来型」聞き取り結果出現率（学校差）
161頁　とびはね音調と従来型イメージの違い
163頁　性によって選択率の差がみられたイメージ語
163頁　意識型反応による選択率の差のみられたイメージ語
[表]
162頁　意識型と回答者属性によるイメージ語選択

第2部　第4章
[図]
184頁　形容詞活用形項目の回答者反応によるクラスター分析（Ward法）結果
185頁　「高くない？」「赤くない？」の回答者反応によるクラスター分析（Ward法）結果
[表]
174頁　世田谷中学生調査における聞き取りアンケート調査結果
175頁　世田谷中学生調査における聞き取りアンケート調査結果（属性による偏り）
182頁　世田谷中学生調査における「高くない？　0-0」と他項目との関係

第2部　第5章
[図]
192頁　「高くない？　1-1↑」ピッチ曲線
192頁　「高くない？　1-0↑」ピッチ曲線
192頁　「高くない？　2-1↑」ピッチ曲線
192頁　「高くない？　2-0↑」ピッチ曲線
192頁　「高くない？　0-1↑）」ピッチ曲線
192頁　「高くない？　0-0↑」ピッチ曲線
196頁　「高くなる」各刺激に対する○反応の年代差
197頁　「赤くなる」各刺激に対する○反応の年代差
198頁　「高くない？」各刺激に対する○反応の年代差
199頁　「赤くない？」各刺激に対する○反応の年代差
201頁　「高くなる4」「赤くない？　0-0↑」「高くない？　0-0↑」年代ごとの○反応率
203頁　「高くない？」「赤くない？」「高くなる4」クラスター分析結果（70代）
204頁　「高くない？」「赤くない？」「高くなる4」クラスター分析結果（60代）

204 頁　「高くない？」「赤くない？」「高くなる 4」クラスター分析結果（50代）
205 頁　「高くない？」「赤くない？」「高くなる 4」クラスター分析結果（40代）
205 頁　「高くない？」「赤くない？」「高くなる 4」クラスター分析結果（30代）
206 頁　「高くない？」「赤くない？」「高くなる 4」クラスター分析結果（20代）
206 頁　「高くない？」「赤くない？」「高くなる 4」クラスター分析結果（10代）
［表］
194 頁　聞き取りアンケート調査結果
202 頁　「高くない？　0-0」と他項目との関係
208 頁　刺激音声の年代別群間異動

第3部　第1章
［図］
222 頁　高校生調査「梨」のアクセント型
［表］
226 頁　「柱」1型話者の 3拍名詞 2型出現度数
227 頁　高校生調査「枕」のアクセント型出現度数
232 頁　高校生調査「かぼちゃ」のアクセント型出現度数
［地図］
219 頁　「雲」のアクセント
220 頁　2拍Ⅱ類名詞アクセント総合図
224 頁　「柱」のアクセント
225 頁　「枕」のアクセント
229 頁　「油」のアクセント
231 頁　「かぼちゃ」のアクセント

第3部　第2章
［図］
241 頁　2・3拍名詞（11項目・25変異）3類重み係数
244 頁　話者（2・3拍名詞11項目）3類重み係数
［表］
239 頁　試行に用いるアクセント調査項目の変異と「解釈」
240 頁　試行に用いたデータセットの構造
246 頁　同一地点話者の所属する群と話者の属性
［地図］
245 頁　数量化 3類重み係数（成分1・2）を用いたクラスター分析による話者の群

第3部　第3章
［図］
255 頁　外来語アクセント実現型出現度数
257 頁　「Vデッキ」実現型・男女差
257 頁　「ギター」実現型・男女差
258 頁　「Sデッキ」実現型・学校差
258 頁　「ドラマ」実現型・学校差
259 頁　「ショップ」実現型・学校差
260 頁　外来語アクセント 0型出現率　高年層と高校生の比較

262 頁　外来語聞き取りアンケート調査結果一覧
263 頁　外来語実現型と意識型 0 型出現率
263 頁　外来語実現型と意識型 1 型出現率
265 頁　「V デッキ」意識 0 型・男女差
265 頁　「ドラマ」意識 0 型・男女差
266 頁　「S デッキ」意識 0 型・男女差
266 頁　「V デッキ」意識 0 型・学校差
267 頁　「ギター」意識 0 型・学校差
267 頁　「バイク」意識 0 型・学校差
268 頁　「データ」意識 0 型・学校差
268 頁　「ショップ」意識 0 型・学校差
［表］
254 頁　高年層外来語アクセント実現型
256 頁　「V デッキ」・「S デッキ」実現型組み合わせ
270 頁　外来語項目聞き取りアンケート調査結果

第 3 部　第 4 章
［図］
286 頁　「原宿」実現型・高年層と高校生の比較
286 頁　「吉祥寺」実現型・高年層と高校生の比較
287 頁　「伊勢原」実現型・高年層と高校生の比較
287 頁　高校生「伊勢原」実現型・学校差
［表］
279 頁　高年層読み上げ式調査地名項目
282 頁　高年層地名アクセント実現型出現率
284 頁　「由比ガ浜 1 型」・「七里ガ浜 2 型」をもつ回答者10人の属性
290 頁　聞き取りアンケート調査の結果

第 3 部　第 5 章
［図］
295 頁　「東山道」・「東海道」・「中山道」馴染み度調査結果
［表］
294 頁　「東山道」・「東海道」・「中山道」辞書記載アクセント
296 頁　「東海道」沿い若年層における街道名馴染み度
296 頁　「中山道」沿い若年層における街道名馴染み度
297 頁　浦和市旧中山道沿い商店街における街道名アクセント型
298 頁　旧「中山道」宿場町における「中山道」アクセント型アンケート調査結果
299 頁　群馬県内「中山道」アクセント型（篠木れい子氏調査による）
300 頁　東京都23区生育者の街道名馴染み度とアクセント型
301 頁　毎日 .jp 記事検索における「東海道」・「中山道」出現度数

第 3 部　第 6 章
［図］
312 頁　共通語アクセント型出現率
317 頁　「10点」アクセント型

317 頁　「20回」アクセント型
318 頁　「30回」アクセント型
319 頁　「梨」アクセント型
319 頁　「靴」アクセント型
320 頁　「命」アクセント型
320 頁　「涙」アクセント型
321 頁　「きのこ」アクセント型
321 頁　「眼鏡」アクセント型
322 頁　「役場」アクセント型
324 頁　「八ヶ岳」アクセント型
324 頁　「読み上げる」アクセント型
325 頁　「咲き出した」アクセント型
325 頁　「買いに行く」アクセント型
326 頁　「言いに行く」アクセント型
326 頁　「洗いに行く」アクセント型
327 頁　「採りに行く」アクセント型
328 頁　「赤い（終止形）」アクセント型
328 頁　「白い（終止形）」アクセント型
329 頁　「赤い（連体形）」アクセント型
329 頁　「白い（連体形）」アクセント型
330 頁　「赤くなる」アクセント型
330 頁　「白くなる」アクセント型
332 頁　「赤ければ」アクセント型
332 頁　「白ければ」アクセント型
333 頁　「(赤く) ない？」音調
333 頁　「(白く) ない？」音調
334 頁　「(かわいく) ない？」音調
334 頁　「ビデオ」アクセント型
335 頁　「ドラマ」アクセント型
335 頁　「ショップ」アクセント型
336 頁　「テレビ」アクセント型
336 頁　「原宿」アクセント型
［表］
311 頁　共通語アクセント出現率
337 頁　「山梨県方言的要素」の中学校間の相対的比較
337 頁　「新共通語的要素」の中学校間の相対的比較

第4部　第1章
［表］
345 頁　携帯電話をもちはじめた主な理由
345 頁　携帯電話をもたない主な理由
346 頁　使用頻度の高い携帯電話の機能
347 頁　一日における携帯電話平均通話／メイル送受信件数
347 頁　パソコンの主な使用目的
348 頁　携帯電話でやりとりをする相手

349頁　イエデンで通話をする相手
350頁　自分が掛ける場合の携帯電話の通話内容
350頁　携帯電話が普及して「便利になったか」，「変わったか」
354頁　「携帯コトバ」

第4部　第2章
[表]
359頁　大学生の電話・PC環境
360頁　携帯電話の主な使用機能頻度順
361頁　一日あたりの携帯電話通話とメイル送受信件数
361頁　携帯メイルを使う理由
363頁　携帯メイルの送受信場面
364頁　携帯メイルとPCメイル（送受信相手の比較）
365頁　連絡手段の「私的な順番」
365頁　自分から「連絡しやすい連絡手段」
366頁　携帯メイルでやりとりする内容
367頁　「携帯メイルはどの伝達手段と似ているか」
367頁　「PCメイルはどの伝達手段に似ているか」
368頁　送信時に入れる情報
370頁　携帯メイルにおける各種記号類の使用程度
370頁　PCメイルにおける各種記号類の使用程度
371頁　「携帯メイルの使用上，不快に思うこと」

第4部　第3章
[図]
376頁　携帯電話における一日の平均通話・メイル送受信件数
377頁　携帯電話における一日の平均通話・送受信件数（男女の比較）
378頁　『気まぐれコンセプト』携帯のメーリング・リスト
380頁　（　）記号の使用程度（男女の比較）
380頁　絵記号の使用程度（男女の比較）
381頁　顔文字の使用程度（男女の比較）
383頁　「その場の気持ち」を伝達するか（男女の比較）
[表]
379頁　携帯メイルは何に似ているか
382頁　自分が「掛ける」場合の通話内容
382頁　携帯メイルでやりとりする内容

第4部　第4章
[図]
392頁　一日通話／送受信平均件数（携帯電話，携帯メイル，PCメイル）
400頁　送信時間帯の比較（PCメイルと携帯メイル）
401頁　1件あたりの使用文字数（PCメイルと携帯メイル）
[表]
394頁　会話導入部分の「自分名乗り」と「相手確認」出現率
397頁　携帯メイルは何に似ているか

397頁　PCメイルは何に似ているか
403頁　PCメイル出現言語表現一覧［タイトル］
404頁　PCメイル出現言語表現一覧［開始部分，本文］
405頁　PCメイル出現言語表現一覧［終結部］
406頁　PCメイル出現言語表現一覧［署名］
407頁　携帯メイル出現言語表現一覧
408頁　PCメイルと携帯メイルに含まれる構成要素
409頁　《携帯メイル》送信時に入れる情報
409頁　《PCメイル》送信時に入れる情報

第4部　第5章
［図］
412頁　通話件数とメイル送受信件数（一日平均件数）
415頁　携帯特有表現をしているか？
417頁　携帯メイル特有表現をしている部分
418頁　携帯メイルで不快な記号使用行動
420頁　（　）記号使用意識
420頁　絵記号使用意識
421頁　顔文字使用意識
421頁　機種依存記号使用意識

第4部　第6章
［図］
428頁　キブン表現（カテゴリ別言及度数）
430頁　特有表現（文末表現に関する言及）
432頁　記号類についての言及
433頁　「方言」使用言及のあった生育地
434頁　「ニセ方言」使用と生育地との関係
436頁　表記についての言及
437頁　『気まぐれコンセプト』メールの決め手は絵文字と小文字
［表］
426頁　性別内訳
426頁　言語形成期生育地内訳
435頁　携帯メイルで使う「ニセ方言」

第5部　第1章
［図］
447頁　関西弁好悪に影響したもの
448頁　関西お笑い番組「よく＋時々」見る
448頁　関西の言葉「好き」
449頁　ハンナリ「言う」
450頁　ジブン「言う」
451頁　コテコテ「言う」
451頁　ドンクサイ「言う」
453頁　シンドイ「言う」

453頁　コレ，ナンエン？「言う」
454頁　ウチラ「言う」
454頁　マッタリ「言う」
455頁　マッタリの意味
456頁　語彙項目「言う」・《アクセント項目》〇
460頁　関西語形項目＋アクセント項目クラスター分析結果樹状図（Ward法）
［表］
446頁　各種キャンパス言葉辞典におけるアクセント型

第5部　第2章
［図］
467頁　「共通語／方言」意識と使用度
［表］
468頁　相手による使用程度の違い

第5部　第3章
［図］
475頁　『ちかっぱめんこい方言練習帳！』（主婦と生活社2005年7月刊行）表紙
475頁　『ザ・方言ブック』（日本文芸社2005年7月刊行）表紙
476頁　「ニセ方言」回答者生育地ブロックと言及度数
478頁　『気まぐれコンセプト』出会い系サイトのサクラたち
［表］
477頁　回答者が「ニセ方言」として言及した使用事例およびコメント

第5部　第4章
［図］
487頁　携帯メイル特有表現をしているか（男女の比較）
488頁　データ付携帯メイル特有表現部分
497頁　ブログ用言語変サイト「もんじろう」の人気ランキング
［表］
486頁　「本方言」，「ジモ方言」，「ニセ方言」の特性
491頁　「本方言」「ジモ方言」「ニセ方言」場面別使用率
493頁　5度数以上「ニセ方言」として使用したことがある方言

あとがき

　本書で分析に用いたデータは，調査にご回答下さった方，そのご回答下さる方をご紹介下さった方など多くの方のご協力によるものである．お一人お一人のお名前をここに上げることはできないが，改めてお礼を申し上げたい．所収した論考の中には，お誘いいただいた共同研究の調査データによるものも含んでおり，また中には，とくに発表の機会を与えていただいたものもある．共同研究にお誘い下さった方々，そのような発表の機会を与えて下さった方々にもお礼申し上げたい．また，学会などにおいて口頭発表したものや，講演の機会を与えていただいたテーマについては，それぞれの機会にいろいろな方から，貴重なコメントを頂戴した．これも，改めて感謝申し上げる．

　修士課程から博士課程，日本学術振興会特別研究員（PD）の立場から，研究に従事しつつあった1990年代は，ちょうどパーソナル・コンピューターの一般化や，インターネットの急速な普及期に相当していたということもあり，コンピューター操作やそれに付随する知識や技法，新しく登場してきた各種メディアに対する対応の仕方や考え方などについて，さまざまな方面の方からご教示いただいた．論文中のあやまりは執筆者個人に当然帰するところであるが，ご教示下さったすべての方に対して，改めて厚くお礼申し上げたい．

　また，本書刊行に際して，異なる専門分野から率直な意見を下さった加藤大鶴氏，索引作成などにご協力くださった林直樹氏にもお礼申し上げる．編集・装丁の労をとって下さった笠間書院の橋本孝氏・竹石ちか氏・相川晋氏・岡田圭介氏にもお礼申し上げる．

　本書は，「はしがき」でも示したように，早稲田大学大学院文学研究科に提出した博士号申請論文『首都圏における言語動態の研究』（平成21（2009）年1月21日・博士（文学）授与）に，加筆・修正を加えたものである．

　最後になってしまったが，学部時代からこんにちまでご指導下さっている秋永一枝先生，本書の基盤となった博士論文の主査・副査をご担当下さった

上野和昭先生・野村雅昭先生・高梨信博先生からは，終始丁寧なご指導とアドバイスを頂戴した．深く感謝申し上げる．

　学部卒業後，望んで新聞社勤めをしていたわたしにとっては，秋永先生がわざわざ赴任先の札幌までお越しになり，卒業論文をまとめ直して投稿するようご指導下さらなければ，現在の道には入っていなかったことは，ほぼ確実と思われる．あの日，社の守衛からの思いもかけぬ急な知らせを受けて，出先から先生のお待ちになっている勤務先まで夕暮れの札幌の街を一気に駆け抜けた記憶は忘れられない．

　なお，本書は，独立行政法人日本学術振興会・平成21（2009）年度科学研究費補助金（研究成果公開促進費）学術図書（課題番号：215058）の助成を受けて刊行されたものである．

2009年12月
田中ゆかり

索　引

調査域，調査対象，調査項目，術語を中心に収める．
調査項目はゴシック体で示す．

● あ　行

あいづち　431
/ai/連母音　121
赤い　76
赤い（終止形）　38, 91, 170, 178
赤い（連体形）　38, 91, 170
赤い（Ⅰ類形容詞・終止形0型）＋ナイ？
　　122
赤かった　91
赤くない　91
赤くない？　170, 179, 191, 195, 198, 199, 202
赤くなる　38, 91, 170, 179, 191, 194, 196
赤ければ　38, 170, 178
明るい　76
秋永研究室共同調査　305
アクセント　8, 10, 11, 15, 35, 36, 73
アクセント核の破壊　122
アクセント型　186, 187, 190, 240, 243, 299
アクセント型置き換え　53, 314
アクセント型の獲得／消失　53
アクセント型の同定　29
アクセント型の「振り分け」　63
アクセント型の「ゆれ」　72
アクセント項目　45, 455, 461
アクセント辞書記載型　57, 215
アクセント単位　111
アクセントとイントネーションの関係観
　　128
アクセントとイントネーションの変化　167
アクセントの「変わりやすさ」　111
アクセントの受容　443
アクセントの体系変化　99
アクセントの破壊　128
アクセントの平板化現象　22
アクセントの変化　98, 124, 127
開ける　100

アコモデーション　481, 495
痣　218
味・舌触り　452
芦安小中学生調査　44
芦安中学（山梨県芦安村）　44, 101, 109, 110, 305
遊び用法　497
遊ぶ　100
頭　169, 173
新しい　272
新しいアクセント型　127
新しいイントネーション　131
新しい音調の受容と回避　148
新しい書きことば　424
新しい発音　134, 253, 281
新しい標準　374
「新しい変化」指向　247
新しい方言形　12
新しいメディア　342, 386, 409
厚い　76
厚い（本）　81
暑い　76
暑い（夏）　81
熱い　76
アッカラ（あるから）　466
厚木　279
アナウンス　354
危ない　76
油　215, 223, 228, 239
甘えた　131
雨（名詞1型）＋ジャナ］イ？　123, 124
雨（名詞1型）＋ジャナ］イ　126
誤った類推　88, 89, 308
誤り　146, 147, 162, 272
歩み寄り　35, 46, 48, 315
洗いに　38
洗う　100, 101

アルファベット　433
アンケート調査　14, 45, 168, 294, 305, 343, 358, 359, 389, 411, 426, 486, 490
いいかげんな回答　32
言いに　38
言う　100, 101
イエデン　342, 349
イカシタ（行かせた）　466
いきなり式　397
イクッポイ（行くようだ）　468
「い形容詞＋ナイ」の韻律的特徴　120
威光　6, 23, 43, 54, 261
威光形　105
意識型　55, 56, 58, 61, 70, 139, 157, 160, 164, 171, 260
意識型促進イメージ語　273
意識型抑制イメージ語　273
意識形　54, 55
意識調査　25, 139, 147, 157
「意識」と「実態」　25, 27, 30, 33, 54, 96
移住者　45, 46
伊勢原　279, 281, 283
痛い　76
一型アクセント話者　128
1.5％通勤通学圏　6
Ⅰ・Ⅱ類形容詞活用形アクセント型の混同傾向　210
Ⅰ類3拍形容詞「〜カッタ形」　88, 91, 92
Ⅰ類3拍形容詞終止形　92
Ⅰ類3拍形容詞終止形「赤い0型」　95
Ⅰ類3拍形容詞「〜ナル／〜ナイ」形　92
Ⅰ類3拍形容詞連体形　92
Ⅰ類形容詞共通語ア＋浮き上がり調　201
Ⅰ類形容詞「赤く」＋「ない」＋問いかけイントネーション　178
Ⅰ類動詞連用形　23, 98, 99, 101, 104〜106, 111, 308, 323
移動歴　155
意図的な着脱　23
田舎　146, 162, 272, 289
命　38, 239, 318
意味的な対立をもつペア　63, 66
イメージ　14, 30, 131, 147, 152, 253, 269, 276, 281
イメージ濃厚方言　12, 490

言わせる調査　55
印象調査　32
インターネット　16
イントネーション　15, 124, 127, 187, 190
Wikipedia　279
ウェブ調査　33
浮き上がり調　21, 120〜125, 127, 162, 171, 186, 194, 195, 197〜201, 203, 209, 210, 309
ウザッタイ　469
歌　218
打ちことば　5, 14〜16, 358, 370〜373, 409〜411, 424, 438, 439, 472, 477, 478, 481〜483
ウチラ　444, 452
ウッチャイトイテ（ほっておいて）　467
埋める　100
浦和　279, 283
浦和市立浦和高校（埼玉県浦和市）　59, 100, 132, 154, 216, 253, 281
浦和市旧中山道沿い商店街飛び込み調査　297
売る　100
A型B型のゆれが観察される4拍名詞　170, 176
絵記号　369, 370, 379, 419, 425, 432, 478
Sデッキ　62, 253
エンコード／デコード　498
演出効果　495
沿線方言　470
大阪最若年層　455, 461
大阪人・関西人のステレオタイプ　493
大阪調査　443
置き換え　99
置く　100
押原中学（山梨県昭和町）　37, 40, 101, 305
遅い　76
尾高型　101, 102, 104〜106, 109, 110, 112, 283, 288
尾高−1型　101, 102, 104〜106, 109, 110
おてまみ　378, 379, 382, 384, 425, 438
音　218
男キャラ　480
脅す　100
オプション　477
重い　76
オモシー（おもしろい）　467

おもしろさ　425
重たい　76
親（お父さん・お母さん）　468
『親子三代，犬一匹』　496
オリジナル顔文字　419, 423
オリジナル性　422, 423, 426, 437
音声録聞見（フリー版）　119, 134, 153, 191

● か　行

開始部　406
外住歴　169, 180
回答者　157, 179
街道沿い生育者　296
街道名　293
買いに　38
回避行動　148, 150
外来語アクセント　57, 58, 62, 250, 252, 253, 255
外来語・地名の平板型　310
外来語の平板化　31, 95, 165
会話導入部分　368, 393
買う　100, 101
顔文字　369, 370, 379, 419, 425, 432, 478
鏡　169, 173
書きことば　397, 424, 492
ガ行音　99
ガ行鼻音　45
学術論文の展望　13
獲得　54, 171
過剰修正　223, 228, 232, 242
仮説検証的多人数調査　26
カタカナ転用　436
学校　157, 180
学校差　43, 60, 68, 136, 139, 142, 256, 264, 288, 316, 337
学校の後輩　468
学校の先輩　468
（　）記号　369, 370, 419
（　）文字　379, 478
（　）文字止め　430
かっこ悪い　147, 289
活用形アクセントの特質　75
神奈川県　6〜8
神奈川県東部域　89
神奈川県立生田高校（神奈川県川崎市）　59, 100, 132, 154, 216, 253, 281
神奈川県立海老名高校（神奈川県海老名市）　59, 101, 132, 154, 216, 253, 281
神奈川県立相模原高校（神奈川県相模原市）　59, 101, 132, 154, 216, 253, 281
神奈川県立七里ガ浜高校（神奈川県鎌倉市）　59, 101, 132, 154, 217, 253, 281
神奈川県立横須賀高校（神奈川県横須賀市）　59, 101, 132, 154, 217, 253, 281
神奈川方言アクセント　215, 232, 239, 242, 246
仮名遣い　434
かぼちゃ　215, 223, 230, 239, 243
雷　170, 176
借りる　100
軽い　76
かるた札読み上げ時　299
川　218
かわいい　145〜147, 161, 164
かわいい（II類形容詞・終止形3型）＋ナイ？　121, 122
かわいい方言本　474
かわいくない？（とびはね音調）　119
かわいくみせる　477
かわいさ重視　423
変わりにくさ　73
変わりやすさ　15, 20, 45, 99
関西新アクセント型項目　445
関西弁　447, 493
関西方言　442, 445, 447, 456, 461
間接接触　442, 443, 446, 447, 458, 461, 462, 486
感嘆詞　431
関東大都市圏（首都圏）　6
関東方言アクセント　69, 74, 75, 84, 88, 99, 102, 104, 105, 215, 218, 239, 242, 246, 254, 307
慣用的な短いフレーズ　476
聞き取りアンケート調査　25〜31, 33, 55, 61, 91, 93, 95, 120, 132, 134, 139, 147, 152, 153, 157, 160, 167, 168, 171, 172, 190, 193, 210, 252, 253, 260, 261, 264, 269, 272, 276, 280, 281, 285, 289, 443, 444, 455
聞く　100

記号　369, 371, 417, 418, 432, 478
擬似漢文調　425
機種依存記号　419, 423
機種依存文字　370, 436, 478
擬似歴史的仮名遣い　436
季節挨拶　402
着せる　100
ギター　58, 62, 252, 253
北　218, 239
吉祥寺　279, 281
気づかない非共通語　35, 36, 39, 41〜43
気づかない方言　20, 35, 232, 465
気づき　8, 15, 20, 35, 99, 110, 118, 167
気づきにくい　94, 470
気づきにくく変わりやすい　21〜23, 72, 96, 98, 112, 167, 443
気づきやすい　95, 148, 250, 273
気づきやすく変わりやすい　149, 165, 167
「気づき」を伴う言語変化　129
『キテレツ大百科』　429
帰納的解釈　238
きのこ　38, 318
規範意識　362
規範性　57
規範／ふつうからの逸脱　477
起伏型名詞＋ジャナ］イ　126
キブンの「実況中継」化　366
キブン表現　425, 427, 428, 430, 432, 437
基本アクセント型　53, 283
『気まぐれコンセプト』　378, 437, 478
気持ちの実況中継性　384
疑問型上昇調　118, 186
キャラクター　480, 482
キャラ語尾　482, 485
キャラコピュラ　478
キャラ助詞　478
ギャル　128, 149, 152
ギャル文字　425
95山梨中学生データ　101, 106
92高校生データ　100, 105
92高年層データ　100, 106
旧中山道沿い中学校通信調査　297
競合的（conflictive）な関係　118
行政形態　43
共通語　7, 9, 10, 214, 223

共通語アクセント　8, 9, 36, 39, 40, 73〜75, 84, 88, 89, 98, 99, 104, 105, 215, 217, 239, 242, 246, 310
共通語化　6〜8, 10, 11, 14, 99, 105, 109, 111, 214, 233
共通語基盤方言　14, 214
共通語の俗語　466
「共通語読み」変種　36
協同的（collaborative）関係　210
居住歴　173
許容アクセント型　91
ギリシャ文字　438
着る　100
綺麗だ（形容動詞・終止形1型）＋ジャナ］イ？　123
綺麗だ（形容動詞・終止形1型）＋ジャネ］（ー）？　123
キーワード検索　301
近隣メディアとの相互交流性　425, 432
くだけた　146, 147, 161, 165, 272
靴　38, 318
〜くない？　191
〜くなる　191
句末の昇降調　119
雲　217, 221, 230, 239
クラスター分析（Ward法）　181, 185, 202, 207, 237, 240, 244, 457, 459
クラス担任の先生　468
クラスの友だち　468
クルズラ（来るだろう）　47
クルラ（来るだろう）　47
句レベル化　111
玄人集団　498
「携帯＝メイル」第一世代　374, 375, 384, 388
携帯コトバ　353
携帯雑誌　355
携帯電話　342, 386, 393, 409
携帯電話ルール　343, 356
携帯普及期　344
携帯メイル　358, 361, 366, 368, 369, 372, 374, 381, 384, 387, 391, 398, 411, 413, 422, 424, 472, 486
携帯メイル特有表現　411, 414, 422, 423, 426
軽薄　131, 147, 161
京浜アクセント　72

京浜系アクセント　8, 9, 215
京浜地域　10, 61, 89, 164
京浜地区　77, 157
形容詞Ⅰ・Ⅱ類の活用形　125
形容詞Ⅰ・Ⅱ類の統合　309
形容詞活用形　23, 72, 76, 91, 94, 98, 181, 462
形容詞活用形＋ナイ　125
形容詞活用形＋ナル　125
形容詞Ⅱ類＋ナイ　118
形容詞Ⅱ類＋ナイ？　120
形容詞＋ナイ？　122
形容動詞＋ジャナイ？　122
ケーキ　252
消す　100
『ケータイ攻略マガジン』　355
ケータイワンストップ　390
結合アクセント型　307
〜ケレバ形　73
牽引役　44, 164
県央地域　164
県央地区　157
研究テーマ　342
言語意識　11, 49
言語形成期　21, 94, 95, 98, 216, 434, 481
言語実態　11
言語使用　12
言語接触　6
言語動態　3〜5, 7, 11
言語動態学　5
言語内的条件　251
言語変異　5
言語変化　6, 7, 11, 187, 235
言語変種　3, 5〜7
検索エンジン　301
ゲンジツ界　482
語彙　10, 12
語彙・文法・言語意識　45
語彙・文法事象　46
広域都市方言的性質　469
郊外　10
公共交通機関　354
高校生調査　216, 227, 232, 252, 255, 280, 285
高校入試の面接官　468
高座＝戸塚方言　69
公的な連絡手段　364

高年層聞取02　91, 95
高年層調査　216, 252, 278
高年層発音92調査　95
『国語に関する世論調査』　413
『国語年鑑2005年度版』　13
『国語発音アクセント辞典』　294
語形　443, 444, 461
「古形」保持　187
ございます体　408
コーシ（来い）　47
個人差　104
個人内　88, 95, 196
ごっつ　445, 455
固定電話　393
コテコテ　444, 450
ことばのコスプレ　480, 483, 498
子供　147
語法　12
巨摩中学（山梨県白根町）　37, 40, 101, 305
コミュニケーションの閾値　362
「コミュニケーションの地域性と関西方言の
　影響力についての広域的研究」　443
コミュニケーションの変化　353
コミュニティー規則　66
小文字止め　430
小文字表記　434
コール１回で切る　353
これ，かわいくない？　132, 153
コレ何円？　444, 452
混交形アクセント型　214, 215, 223, 227, 228
混乱　74, 80

● さ 行

埼玉特殊アクセント　8, 22, 76, 77, 96, 216,
　217, 221, 228, 230
採否行動　149, 152
相模川東部方言　69
相模湾沿岸方言　69
咲き出す　323
「サーファー」志向　290
『ザ・方言ブック』　475
30代　207
30代男性　391
30回　38
参照枠　485, 490

山村留学生　35, 44, 46, 109, 110, 315
3拍Ⅰ類形容詞　76
3拍形容詞「〜ければ形」　331
3拍形容詞「〜なる形」　327
3拍形容詞Ⅰ類「〜ければ形」　307
3拍形容詞終止形　327
3拍形容詞連体形　327
3拍Ⅱ類形容詞　76
3拍名詞　169, 176, 307
3拍名詞Ⅳ・Ⅴ類　214
散発的　80, 84, 106
3・4拍形容詞活用形アクセント型　73
3類→数量化理論第3類を見よ
ジェンダー差　413
シカラレタラ（叱られただろう）　47
時間挨拶　403
敷く　100
刺激音声　31, 61, 134, 153, 171, 190, 191
指向性　160, 235〜237, 240, 242, 243, 247, 248
自己装い表現　482
辞書記載アクセント型　293
静岡県東部地域　9
シチャッタ（〜してしまった）　466
七里ガ浜　279, 284
実現音調　135, 147
実現型　55, 56, 58, 59, 155, 164, 171, 253
「実現型」と「意識型」　65, 69, 261
実現形　54, 55
実態　362
実態調査　25
実態と動向　5
質問紙　14
私的手書きメディア　425
私的な文書　356
私的な連絡手段　364
『辞典〈新しい日本語〉』　120
篠木れい子氏調査　299
市部対町村部　337
渋谷　279
ジブン　444, 450
地元アクセント型　276, 277, 282, 283, 288〜290
地元性の有無　473
地元紐帯効果　495
ジモ方言　474, 475, 477, 484〜486, 489, 490, 492, 494〜497
社会的コメント　128, 131, 136, 149
社会方言　5, 7, 15
〜じゃね？　123
ジャン（〜ではないか）　466, 467
終結部　406
終止形　73, 76
終止形起伏型形容動詞　126
終止形起伏型動詞　126
集団語　53, 290
集団面接　101, 217, 305
従来型　120, 153, 191
従来の発音　134, 253, 281
授業中に回す小さな手紙　367, 379
縮約語項目　445, 456
受信メール送信者属性　415
10代　208
10点　38
首都圏アクセント　126
首都圏外周方言　214, 243
首都圏聞取02　92
首都圏聞取有調査　444
首都圏言語　14, 15
首都圏高校生調査　132, 147
首都圏受容逆転パターン　452
首都圏整備法　6
首都圏西部域　58, 69, 72, 73, 99, 100, 105, 106, 164, 214, 216, 232, 233, 236, 238, 239, 308
首都圏西部域高校生調査　59, 152
首都圏西部域高年層　76, 238
首都圏大学生　359, 372, 374, 375, 384
首都圏調査　444
首都圏方言　7, 9, 10, 13, 14, 214, 464
首都圏方言アクセント　128, 217, 227
首都圏方言研究　12
受容　46, 447, 452
純朴キャラ　480
使用意識　55, 469
使用機能　360
昇降調　131
消失　54, 142, 171
上昇　121, 171
昇調　121, 194, 197, 199, 203, 210
湘南地域　61, 68, 164

湘南地区　157
城南中学（山梨県甲府市）　37, 40, 101, 305
湘南ロコ　290
上毛かるた　298
省略　425, 431
上流階級の発音　261
初期的ハードユーザー　343, 372, 373
所在確認　350
女子からのメイル　416
女子高生　128, 152
女子性　438
女子っぽさ　413, 414, 416, 423
女子的コミュニケーション　478
女子的なかわいさ　145
女子の先導　147
女子へのメイル　416
女性　422
ショッパイ（塩辛い）　466
ショップ　38, 58, 62, 252, 253
ショート・メッセージ　377
書面挨拶　402
尻上がり　131, 132, 134, 139, 142, 143, 145, 147, 148
尻上がりイントネーション　22, 29, 119, 128, 131
「尻上がり」回避行動　136, 143
尻上がり実現音調　136
白い　76
白い（終止形）　38
白い（連体形）　38
白い＋ナ］イ／ナ］ル　126
素人集団　498
白くなる　38
白ければ　38
シロシ（しろ）　47
新奇な音調　128
新共通語的要素　305, 308～310, 312, 314, 316, 327, 331, 337～339
新形採用　187
『新字海』　294
新宿　279
新首都圏方言　74, 75, 77, 89, 92
新鮮さ重視　425
シンドイ　444, 452
新問いかけイントネーション　179

新聞投書欄　386
新方言　10, 12
親密コード　358, 373, 384, 472～474, 478, 483～485, 489, 494, 495, 497
親密さのアピール　477
数量化理論第3類　40, 43, 58, 65, 66, 237, 238, 243, 244, 246, 248
好きな方言　490
ステレオタイプ　128, 152, 481, 482, 486
住み分け　348
する　100
スルジャー（するなら）　47
スルズラ（するだろう）　47
スルラ（するだろう）　47
性　157, 180
生育地方言　473
生協　445, 455
性差　60, 105, 110, 136, 139, 162, 195, 256, 264, 449, 452
製作者（玄人）　498
声調　45, 73
世代差　370
世田谷区立松沢中学校　168
世田谷区立緑丘中学校　168
世田谷中学生調査　466
世田谷ネイティブ　187
接触地域　226, 227
接触地帯　223
00調査　365, 369, 374, 375, 389, 411
01調査　359, 370, 374, 375, 379, 389, 411
04調査　411, 414, 426, 475, 486
07調査　490, 492
先験的知識　235, 239
『全国アクセント辞典』　294
全国共通語　72, 482, 493
全国県民意識調査　464
全国俗語　469
潜在的威光　290
全人口比普及率　360, 390
先生ンダヨ（先生のだよ）　466
選択的人間関係　374
専門家アクセント　277
専用意識　63
相関係数　46, 49
送受信相手　363

送受信件数　391
相乗効果　127
装飾志向　489
装飾性　438, 477
送信時間　399
送信テクニック　431
送信メイル受信者属性　415
送信文字数　400
総務省情報通信統計データベース　412
総務省「通信動向調査」　360, 362, 374, 390
促音止め　430
属性　152
属性差　490
属性分析　238, 247
ソースット（そうすると）　466
その他挨拶　403
それで，わたしは，あきらめました　134

●た　行

大学生　343, 358, 374, 389, 411, 413, 426, 475, 486
大学生の携帯電話所持率　360
体系の外　112
体系の内部　112
大都市言語学　10
タイトル　402
高い　76
高い（終止形）　91, 170, 176
高い（連体形）　91, 170, 176
タカイジャー（高いなら）　47
タカイズラ（高いだろう）　47
タカイダラ（高いなら）　47
タカイラ（高いだろう）　47
高かった　91
高くない　91
高くない？　170, 177, 181, 191, 194, 196, 199, 200, 202
高くなる　91, 170, 177, 183, 191, 193, 195, 202
高ければ　170, 176
タク（野菜等を煮る）　47
濁点の新しい用法　436
駄洒落　431
正しい　146, 161, 165, 272, 289
脱共通語　7, 10, 74, 214
脱東京中心部化　214

脱標準語　7
多人数調査　26, 33, 36
食べ物　170, 176
食べる（Ⅱ類動詞・終止形2型）＋タイ？　121
食べる（Ⅱ類動詞・終止形2型）＋タ］クナ］イ？　122
多変量解析　236
多方言接触　14
だらだら上がり　120
たわむれ性　416, 423
探索的調査　26
単純数詞＋助数詞　316
誕生日RP調査　427, 438
男女差　379
短大生聞取02　91
談話構造　371
談話調査　55
地域言語　12
地域コミュニティー　5
地域差　61, 105, 110
地域の複雑さ　95
地域の問題　112
地域方言　5, 6, 9, 10, 13
『ちかっぱめんこい方言練習帳！』　475
チゴー（違う）　47
千葉　279
千葉県　6, 7, 8
千葉県西隅　8
千葉県松戸市　12
地方都市　252
（野球の）チーム　252
（若者の）チーム　252
地名アクセント　276, 277, 280, 281, 288, 290
地名の基本アクセント化　289
地名平板化現象　285, 288
地名平板型アクセント　277
着信拒否　353
着脱属性　498
チャッキョ　352
チャッタ（～てしまった）　468
注意の集中点　31
中学生　167
中学校　305
昼間都民　465

中興受容パターン　450
長音記号止め　430
聴取実験　33
直接接触　442, 446, 462, 469, 495
地を這うような伝播　80
通信調査　297
通話・メイル送受信件数　413
使ってみたい方言　490
ツクリモノ界　482, 490, 498
ツクリモノ変種　498
つっこみキャラ　480
冷たい　76
定型表現　488
丁寧　146, 161, 165
手書きへの還流現象　439
テキスト調査　14, 389
データ　58, 62, 252, 253
データ内部の構造　236
（ビデオ）デッキ　58, 252, 253
（船などの乗り物の）デッキ　58, 252
手もちの方言　473, 484
寺　218, 239
テレビ　38, 58, 62, 252, 253
TV　447
電子メイル　409
伝統的地域方言　10
伝統的な地元アクセント型　284
伝統的方言色　69
伝統方言　12, 14, 465, 469
電話の会話開始のルール　351
問いかけイントネーション　170, 171, 199, 210, 310, 313, 331
問いかけ音調　118, 120, 124
同一地点の話者　246
同意求め　21, 118, 120, 128, 136
同意要求疑問文のアクセント破壊型音調　120
同音異義語　254, 256
同音項目　80, 88
東海道　293
東海道線・中央線沿線　77
同期性　383, 411, 432
東京語　7, 9〜12
東京式アクセント域西部　110
東京周辺部　5

東京首都圏西部域　238
東京新方言　10
東京中心部（23区）　5〜7, 10, 11, 256
東京中心部アクセント　99, 105, 109, 111, 215, 232
東京中心部化　214, 228, 233
東京中心部方言　214, 223
東京都　6, 9
東京都23区東北部　7, 8
東京都五日市町　11
東京東部域　10
東京都下　7, 125
東京特別区（23区）　6
東京都多摩地区　469
東京都23区　299, 442
東京都立田柄高校（東京都練馬区）　59, 100, 132, 153, 216, 253, 281
東京都立武蔵野北高校（東京都武蔵野市）　59, 100, 132, 153, 216, 253, 281
東京23区内西南部　10, 167
東京の「郊外」のことば　10
東京のことば　11
東京の若者　128, 152
東京発の俗語　469
東京府　8
東京方言　9, 10
頭高型から非頭高型　315
東山道　293
動詞＋タクナイ？　122
動詞＋ンジャナイ？　122
投書　355
動態　4
東北方言　10
都会　145〜147, 252, 289
特殊な話者／変異　238
特有表現　414, 416, 417, 422, 427
都市圏　6
都市言語　11, 15
都市方言　75
年寄り　289
飛び込み調査　297
飛び地　247
とびはねイントネーション　118〜120, 149, 152, 179
とびはね音調　21, 22, 29, 43, 118, 120〜125,

索引　581

127〜129, 131, 152, 153, 155〜158, 160〜162, 164, 165, 167, 170, 178, 181, 183, 186, 187, 191, 193〜195, 197, 198, 200, 201, 203, 209, 210, 285, 289, 290, 309, 313, 331
ドラマ　38, 58, 62, 252, 253
ドラム　252
採り（に行く）　38, 323
ドンクサイ　444, 450

●な　行

〜ナイ（ネ（ー））？　118
長い単位　81, 177
中山道　293
中高化現象　80
中高型に向かいつつある3拍名詞　169, 173
長野市方言アクセント　88
ナカラ（とても）　467
梨　38, 218, 221, 318
馴染み度　26, 215, 230, 251, 293, 296, 299, 302, 315, 322, 338, 371, 492
なぞなぞ式　55
70代　207
ナニゲニ（なんとなく）　468
名乗り／名乗られ形式　351
涙　38, 318
〜ナル形　73
ナンヨ（なのよ）　466
新潟方言　243
憎らしい　146, 147, 162
2・3拍名詞　238
西多摩地域　125, 162
20代　208
20回　38
『20世紀方言研究の軌跡』　4
ニセ関西弁　488, 489
ニセ北関東／東北弁　488, 489
ニセ九州弁　488, 489
ニセ中国方言　488, 489
ニセ方言　416, 417, 427, 428, 433, 434, 474〜477, 484〜490, 492〜498
日常的な接触　109, 111
2ちゃんねる　149, 429, 431, 437
2拍名詞II類　214, 218, 306
2拍名詞III類　217
『日本語アクセント辞典』　294

『日本語音声』　294
日本語社会　7
『日本語発音アクセント辞典』　39, 294
日本語変種　3, 6
『日本大辞書』　294
入力の容易化　419
韮崎東中学（山梨県韮崎市）　37, 40, 101, 305
II類3拍形容詞「〜カッタ形」　92
II類3拍形容詞「〜カッタ形」2型　89
II類3拍形容詞「〜カッタ形」3型　89
II類3拍形容詞終止形　92
II類3拍形容詞「〜ナル形／〜ナイ形」　92
II類3拍形容詞連体形　92
II類形容詞　125
II類形容詞「高く」＋「ない」＋問いかけイントネーション　176
II類形容詞＋ナイ／ナル　126
II類形容詞終止形・連体形　80
II類動詞＋タ］イ＋ナ］イ／ナ］ル　126
人間関係　371
塗る　100
ネオ方言形　12
ネガティブイメージ　146〜149
眠たい　76
寝る　100
年代差　195, 449, 450, 452
年齢差　110
濃厚生育地方言　473
ノッタンケ（乗ったのか）　467
昇り調　121
乗り物差　355

●は　行

バイク　58, 62, 252, 253
配慮機能　419
配慮表現　422, 477
パイロットスタディー　356
生え抜き　14
橋　218
柱　170, 176, 223, 227, 239, 242
パソコン　347, 362, 386
バーチャル方言　473
八田中学（山梨県八田村）　37, 40, 101, 305
（音楽の）パート　252
パート（タイム）　252

ハードユーザー　374, 375, 388, 424
話しことば　397, 472
花火　239
場面差　490
はやりのイントネーション　150
パラ言語　369, 478
原宿　38, 279, 281, 289, 337
晴れる（動詞Ⅱ類・終止形2型）＋ン＋ジャナ］イ？　123
晴れる（動詞Ⅱ類・終止形2型）＋ン＋ジャネ］（ー）？　124
ハンナリ　444, 449
東関東方言域　10
非共通語アクセント　39, 74, 125
非共通語形　467
低い声　352
非言語　478
PCに送信してもらう調査　426
PCメイル　362, 391, 398, 424
非首都圏生育者　486
非受容パターン　449
非生育地方言　473
非生育地方言の臨時的着脱行動　481
非対面性　411
被調査者の「許容度」　32
非通知　352
ピッチ曲線　119, 134, 153, 191
否定的な社会的コメント　148
否定的・抑制的傾向　147
ビデオ　38
ビデオ（デッキ）　252
ビデオ（テープ）　252
非手もち方言　495
人　218, 239
非頭高型から頭高型　315
非頭高型から非頭高型　338
火箸　239
表記　434
標準語　7, 9〜11, 482
標準語化　6, 7, 11, 14
標準語／方言意識　11
標準的威光形　110
ひらがな　425
頻繁にやりとりするアドレスの件数　361
Vデッキ　62, 253

フィールド調査　236
不快な携帯メイル記号使用行動　423
不完全な同期性　478
拭く　100
複合（Ⅰ類型）アクセント　201, 210
複合アクセント　191, 200
複合的な調査　25
複合動詞　307
複合名詞　307
複雑な言語データ　236
不使用意識　55
ブチャール（捨てる）　47
福生　279
ふてぶてしい　131
「部分」の問題　112
古い　162, 272, 289
古いアクセント型　293, 296〜298, 301, 302
雰囲気　452
文体差　467
文末表現　47, 416, 422, 429, 488
平板化　59, 63, 64, 66, 68, 69, 110, 264, 276, 277, 461
平板型　101, 104
変異　5
変化の「きっかけ」　187
変化の先導役　32
変種交替　352
変種の優先順位　112
弁別意識　60
母音の無声化　45, 121
方言　146, 162, 272, 289, 433, 472
方言意識　11, 464, 465, 469
方言おもちゃ化　291, 484, 486, 492, 496〜498
方言形アクセント　40, 43
方言研究　12
方言語彙調査　230
方言コスプレ　481, 482, 484, 496〜498
方言差　31
方言使用　464, 466
方言接触　233
方言のアクセサリー化　474, 484
方言ブーム　484
方言変換　496
北西中学（山梨県甲府市）　37, 40, 101, 305
朴訥キャラ　496

索引　583

ポケベル　344, 377
ポジティブイメージ　146, 149
ポテンシャル　164, 261, 269
本題ずばり式　396
本方言　473, 484, 486, 489, 490, 492, 494, 495

●ま　行

毎日 .jp　300
枕　223, 226, 227
マチョー（待て）　47
マッタリ　444, 452
○○都民意識　465
三浦半島　69
三浦半島方言　69
磨く　100
ミシテ（みせて）　467
ミスド　445, 455
御勅使中学（山梨県白根町）　37, 40, 101, 305
「耳だつ」特徴　128
見る（II類動詞・終止形1型）＋タ］クナ］イ？　122
無アクセント　96
無標の中高型　72, 93
目新しさ　477
『明解国語辞典』　294
『明解日本語アクセント辞典』　39, 294
名詞＋ジャナイ？　122
明大中野八王子高校（東京都八王子市）　59, 100, 132, 154, 216, 253, 281
メイルアドレス　361, 377
メイル開始部　402
メイル終結部　402
メイル全体の「メモ化」　383
メイル調査　389, 398
メイルの優位性　361
眼鏡　38, 318
目白　279
めっちゃ　445, 455
メディア　5, 14, 16
メディアアクセント　277, 278, 290, 314
メディア露出度　276, 277, 279〜281, 283, 284, 285, 288, 290, 299, 300
面接調査　14, 216, 252
文字情報（メイル）優位　375
文字転用　433

モダリティー　48
紅葉　239
もんじろう　496

●や　行

役場　38, 308, 322
役割語　417, 429, 474, 476, 478, 482, 486, 490, 493, 498
やだ（形容動詞・終止形1型）（＜嫌だ・終止形2型）＋ジャナ］イ？　123
八ヶ岳　38, 323
野卑キャラ　496
山梨県芦安村小中学生調査　35, 45
山梨県西部域　36, 99, 101, 305, 315
山梨県西部域若年層調査　35, 305
山梨県方言的要素　305, 306, 314, 316, 337
山梨若年調査　36, 37, 40, 45
山梨方言　243
やりとりする相手　348, 363
由比ガ浜　279, 283, 284
結う　100
有意抽出　14
優先インデックスの決定根拠　238
有標性　59
雪　218
ゆれ　66, 124, 235, 239
幼稚な　131
ヨコハイリ（割り込み）　470
横浜・川崎地域　69
よそおい性　425, 428, 437
「呼びかけ」形式　356
読み上げ式調査　36, 55, 56, 76, 95, 100, 101, 120, 132, 152, 155, 216, 217, 239, 252, 253, 280〜282, 285, 297, 305
読み上げる　38, 323
40代　207
4拍I類形容詞　76
4拍I類終止形中高型　77

●ら　行

ライフステージ　397, 439
『ら抜きの殺意』　344
リアル方言　473
流行　118, 496
流行語　53, 70, 461

流動性　169, 180, 187
両型意識　63
料金差　355
両形並存期　128
臨時キャラクター　486
類推　102, 110
類推による尾高－1型　104
類別　243
歴史的仮名遣い　436
劣勢型　57
ローカル地名　283, 288〜290
60代　207

ロシア文字　433, 438
露出度　302

●わ　行

若い女性　131
若者　146, 147, 161, 162, 165, 252, 272, 289
ワカンナイ（わからない）　466
わざわざ感　477
話者の指向性　246
話者の属性データ　239
詫びる　100
笑い　431

著者略歴

田中　ゆかり

神奈川県厚木市生育
1993年4月　早稲田大学文学部助手
1997年4月　日本学術振興会特別研究員PD
1998年4月　静岡県立大学国際関係学部専任講師
2000年4月　日本大学文理学部助教授
2006年4月　日本大学文理学部教授（現職）
2009年1月　博士（文学）早稲田大学

（著書）

『なっとくする統計』(共著, 2003年2月, 講談社)
『講座 社会言語科学6 方法』(共編著, 2006年8月, ひつじ書房)
『東京都のことば』(共著, 2007年3月, 明治書院)

首都圏における言語動態の研究

2010年3月31日　初版第1刷発行

著　者　田中 ゆかり

装　幀　笠間書院装幀室

発行者　池田 つや子

発行所　有限会社 笠間書院
〒101-0064　東京都千代田区猿楽町2-2-3
☎03-3295-1331(代)　FAX03-3294-0996
振替00110-1-56002

NDC分類：801.8

ISBN978-4-305-70506-8　ⓒTANAKA2010　　シナノ印刷
落丁・乱丁本はお取りかえいたします。　（本文用紙：中性紙使用）
出版目録は上記住所までご請求下さい。
http://kasamashoin.jp